굿쟁이, 로뗀바리, 이동영사

굿쟁이, 로뗀바리, 이동영사
순회 영화 상영 구술 채록 자료집

초판 인쇄 2021년 2월 22일
초판 발행 2021년 2월 28일

지 은 이 위경혜
펴 낸 이 박찬익

펴 낸 곳 ㈜ **박이정**
주 소 경기도 하남시 조정대로45 미사센텀비즈 7층 F749호
전 화 02-922-1192~3 / 031-792-1193, 1195
팩 스 02-928-4683
홈페이지 www.pjbook.com
이 메 일 pijbook@naver.com

등 록 2014년 8월 22일 제2020-000029호

ISBN 979-11-5848-608-2 93680

* 책값은 뒤표지에 있습니다.

굿쟁이, 로뗀바리, 이동영사

순회 영화 상영 구술 채록 자료집

위경혜 지음

(주)박이정

머리말

『굿쟁이, 로떼바리, 이동영사: 순회 영화 상영 구술 채록 자료집』은 한국 전쟁 이후부터 1970년대까지 순회 영화 상영 종사자의 구술 증언을 담고 있다. 증언자 가운데 일부는 2000년대까지 상영 활동을 지속하였다. 일반적으로 '가설극장'으로 불린 순회 영화 상영은 주로 도시 변두리 또는 비도시 상설극장 부재 지역에서 이뤄진 영화 상영 방식이었다. 순회 상영에 종사한 자들은 이윤을 좇는 흥행사이거나 국민 계몽을 앞세운 공적 기관에 속한 사람들이었다.

순회하며 영화를 상영한 사람들은 끊임없이 이동하는 삶을 살았다. 그들이 상영한 영화는 전국을 하나로 연결했으며, 그들 역시 순회하며 현지에서 수집한 소식을 각지에 전파하는 매체가 되었다. 그들의 기억에 따른 구술은 공식 역사가 기록하지 않은 무수한 이야기를 전한다. 따라서 이 책은 단일하지 않은 역사의 목소리를 담은 '영화사들'에 관한 것이다. 당연히 이 책은 나만의 성과가 아니며 구술에 참여한 순회 영화 상영 종사자와 협동한 결과물이다. 2009년 시작한 순회 영화 상영 종사자의 구술 증언 채록 작업은 2021년 현재에도 진행 중이다. 증언자 가운데 일부는 노쇠하여 몸을 움직일 수 없거나 작고하신 분들도 계신다. 하지만 이 책에 담긴 그들의 목소리와 그들에 대한 나의 기억은 언제나 현재진행형이다.

이 책의 출간을 위하여 경제적으로 지원한 전남대학교에 감사드린다. 또한, 적지 않은 분량을 모두 읽으며 세심한 노력을 기울인 박이정출판사 한병순 편집장님의 노고에 감사드린다. 무엇보다도, 한 시대를 살아낸 구술 증언자들에게 진심 어린 고마움을 전하며 그들의 삶에 존경을 표한다. 모쪼록 한 시대 영화와 함께 한 그들의 열정이 현재 청춘들에게도 전해지길 바랄 뿐이다.

위경혜 씀

차례

❑ 일러두기

1. 인터뷰 당시 구술자의 구술 내용을 온전히 수록하려고 하였다. 하지만 도서의 분량을 고려하여 순회 영화 상영 주제와 관련성이 현저히 떨어지는 질문과 구술 내용은 삭제하거나 요약하여 기술하였다. 특히, 마산문화원의 이승기 구술의 경우가 이에 해당한다.
2. 구술자와 면담자의 대화 가운데 일부 감탄사나 반복되는 어투, 중복되는 단어는 일부 삭제하였다. 전라도 지역 구술자의 경우, 단어 사이 '인자' 또는 '인제'를 습관적으로 말하는 경향이 있어서 이를 최대한 삭제하였다. 하지만 구술자가 주저하거나 생각하는 동안의 표현은 남겼으며, 가필은 하지 않았다.
3. 박종민, 서아귀, 박형훈, 이기화, 서양수, 김정섭의 구술은 국사편찬위원회의 '2009년도 구술자료수집사업'을 실시하면서 채록한 것이다. 이들의 구술 주제는 '한국전쟁 이후 1960년대 이동영사 활동 증언 자료 수집 : 전라남북도 지역을 중심으로'이었으며, 구술 형식은 생애사에 해당한다.
4. 장한필, 김영준, 박영동, 이승기, 황충민, 정형진의 구술은 연구자가 개인적으로 만나서 채록한 것이다. 이들의 구술 형식은 주제사에 가깝다.

순회 영화 상영 구술 증언 해제

1. 극장 밖 극장의 이야기

세계 역사상 최초의 영화 상영은 프랑스 파리의 그랑(Grand) 카페에서 이뤄졌다. 한국도 마찬가지였다. 1903년 동대문 한성전기회사 기계 창고에서 '활동사진'을 상영하면서 영화의 존재가 대중에게 알려졌기 때문이다. 즉, 영화 상영 역사는 건물 형태의 극장이 아니라 극장 밖 공간에서 시작되었다. 게다가 영화는 특정 도시를 떠나서 다른 지역으로 장소를 옮겨가며 관객을 만났다. 일제강점기 흥행작 〈아리랑〉(나운규, 1926)이 경성을 벗어나서 전국에서 상영된 것은 흥행사 임수호의 지방순회대 덕분이었다. 극장 밖 관객을 찾아서 영화를 상영하는 일은 상업 영화뿐만 아니라 선전(propaganda)과 계몽을 위한 영화에서도 나타났다. 조선총독부는 영화를 앞세우며 문화를 통하여 조선인을 지배하고자 했으며, 식민지 조선의 청년단체는 근대 지식 확산의 주요 매체로서 영화를 이용하였다.

순회 영화 상영은 순업(巡業), 로뗀바리(露天張り) 그리고 이동영사로 불렸으며 가설극장이라는 이름으로 통칭되었다. 세 용어를 구분한다면 순업과 로뗀바리는 일제강점기부터 흥행 현장에서 사용된 것이고, 이동영사는 국민

을 계도하기 위하여 국가 권력이 수행한 영화 상영을 말한다. 가설극장으로 불린 순회 영화 상영의 전성기는 한국전쟁 이후였다. 1950년대 중후반 도시를 중심으로 대규모 상설극장이 등장하기 이전까지 순업은 도시와 비도시를 막론하고 이뤄졌다. 순업에 나선 사람들은 흥행업에 종사한 사람도 있었지만, 계몽 운동을 앞세운 청년단체와 생계를 위해 모여든 퇴역 군경이었다. 1960년대 중후반 전국의 군읍(郡邑) 단위 마을까지 상설극장이 들어선 이후에도 순업은 여전히 인기를 누렸다. 대중교통의 미발달과 자연에 순응할 수밖에 없는 비도시 지역 노동의 특성상 극장에 갈 수 없었던 다수의 관객이 존재했기 때문이다. 따라서 '찾아오는' 순회 영화는 반가운 존재였다.

35mm뿐만 아니라 16mm 순업에 대한 수요 역시 여전했다. 정부의 대국민 공보 전달과 국민 계몽을 위하여 전국을 순회할 수 있는 가벼운 무게의 영사기가 필요했기 때문이다. 16mm 영화 상영은 영사기사 자격증 취득 의무에서도 벗어나 있었기 때문에 누구든 시작할 수 있었다. 순업은 1960년대 중후반 이후에도 비도시의 영화 소비 방식의 중요한 축을 형성했으며, 흑백 TV가 전국적으로 보급되기 시작한 1970년대에도 일부 지역에 남아 있었다.

순회 영화 상영은 흥행 이윤뿐만 아니라 국가 시책 홍보의 주요 통로였다. 1961년 공보부 소속 국립영화제작소 설립과 함께 본격적으로 제작된 〈대한뉴스〉와 문화영화는 대중매체 보급이 저조한 당시 주요한 선전 매체였기 때문이다. 한국전쟁 이후 미국 공보원(United States Information Service, Korea)의 지원을 받아 급증한 문화원(Cultural Center) 역시 영화 상영의 주된 수행자였다. 문화원의 영화 상영 주요 목록은 미국 공보원이 제공한 〈리버티 뉴스 Liberty News〉였다. 해당 뉴스영화는 UN의 활동과 보편적 자유세계 모델로서 미국을 전시하는 내용을 담고 있었다. 이윤을 좇는 흥행이든 국민 계몽과 미국 문화 전파를 위한 것이든 순회 영화 상영의 목록은 같았다. 상설극장과 마찬가지로 극영화 상영에 앞서 〈리버티 뉴스〉 또는 〈대한뉴스〉와 문화영화를 의무적으로 상영하였기 때문이다. 따라서 순회 영화 상영은 한국전쟁 이후 대중매체의 중심이었던 영화 산업을 이해하는 한편으로 세계적 차원에서 구축

된 미국 정점의 문화냉전 체제와 일국적인 차원에서 형성된 국민국가의 성격을 이해하는 주요한 통로라 할 것이다.

순회 영화 상영에 관한 일차적인 자료는 정부에서 발행한 것에 국한된다. 그것은 1961년 9월 12일 현재 기준 '공보부 조사반'에서 발표한 「각종홍보선전간행물 배포·각종영화반순회상영 실태조사보고서」이다. 해당 보고서는 정부 산하 각종 기관의 영화반 — 도이동영화반(道移動映畫班), 농림부영화반(農林部映畫班), 보사부영화반(保社部映畫班), 기타정부영화반(其他正府映畫班) 등 — 의 활동을 기록한 것이다. 해당 보고서에 따르면, 순회 영화 상영이 전국적으로 시행된 것을 알 수 있다. 하지만 영화 상영에 참여한 사람들과 상영 현장의 이야기를 들을 수 없는 한계를 지닌다. 따라서 『굿쟁이, 로뗀바리, 이동영사 : 순회 영화 상영 구술 채록 자료집』은 한국전쟁 이후 순회 영화 상영에 종사한 사람들의 구술 증언을 담았다. 각각 1부와 2부로 구성하였는데, 1부 '순업과 흥행 그리고 영화 상영의 전국화'는 흥행을 목적으로 전국을 유랑한 다섯 명의 생애를 증언한 것이다. 2부 '이동영사, 계몽 그리고 국민의 탄생'은 지역 행정 기관 또는 문화원에서 공보 또는 문화 향유를 앞세우며 영화를 상영한 여섯 명의 구술자와 이들 기관에서 영화를 관람한 한 명의 향토사가 이야기를 담고 있다. 한국의 영화 상영이 제도화된 공간에서만 이뤄진 것이 아니라는 점에서, 이 채록집은 복수(複數)의 극장사 서술을 포함한 지역의 대중문화사를 이해하는 데 이바지할 것이다.

2. 흥행을 좇는 순업 또는 로뗀바리 : '굿쟁이'로 불린 그들

흥행을 좇아 영화를 상영한 순업 종사자들은 당연히 사람들이 많이 모이는 곳을 찾았다. 순업이 선호하는 지역은 다수의 주민이 존재하고 교통편의 시설이 좋은 소위 '돈이 잘 도는' 곳이었다. 면사무소(面事務所)가 자리하고 '장(場)마당'이 열려서 사람들의 이동이 잦은 곳은 흥행에 더욱 유리했다. 순업 종사자는 흥행 성적에 따라서 순회하는 마을을 차등적으로 정하여 한 달에 한 번, 몇 달에 한 번 또는 일 년에 한 번씩 들렀다. 특정한 마을에 도착하면 흥행 상황을 봐가며 닷새에서 일주일 또는 열흘 동안 머물며 영화를 상영하였다.

순회 영업은 먼저 가설극장을 만드는 일에서 시작되었다. 말목으로 불리는 성인 신장의 3배에 달하는 6m 정도의 나무를 깎아서 땅을 파고 세웠다. 말목을 세우기 위해 현지 청년들을 동원하는 때도 있었다. 사각형의 가설극장 틀이 만들어지면 말목을 빙 둘러 마대(麻袋)로 감쌌다. 마대는 주로 미군 부대에서 구할 수 있었다. 스크린은 광목(廣木)을 이용하여 만들었으며 가로 6~8m에 세로 3~3.5m로 설정하여 시네마스코프(cinemascope) 규격에 맞췄다. 매표소도 만들어 극장의 안과 밖을 구분했으며 기도(きど, 木戸)는 관객 출입을 책임졌다. 일반 상설극장과 다를 것이 없었다. 하지만 영업 시작에 앞서 손수레를 이용하여 마찌마와리(まちまわり)로 불린 선전을 마치고 나서야 상영 준비는 마무리되었다.

순업은 뭐라 해도 '고무신짝이 와야' 흥행에 성공하였다. '고무신'은 미혼의 여성을 지칭하는 속어였다. 다시 말하여, 처녀들을 보려고 총각들이 몰려야 수입을 올릴 수 있다는 말이었다. 사람들이 단순히 영화만을 보기 위하여 가설극장으로 몰렸다는 말이 아니었다. 사람 구경 그중에서도 연애 상대를 만날 수 있는 곳이 극장이었다. 하지만 기상 변화로 인하여 비라도 내리면 그날은 "꽝치는 날"이었다. 가설극장은 '임도 보고 뽕도 딸 수' 있는 곳이었지만 비를 맞으면서 영화를 보려는 사람은 없었다.

특정의 마을에서 상영을 마치고 다른 마을로 이동하려면 무게만 1톤에 달하는 영사 도구를 옮길 차량이 필요했다. 7~8명의 사람을 포함하여 말목과 포장, 영사기와 발전기 그리고 확성기 등 상영에 필요한 모든 비품을 옮기는 일은 쉽지 않았다. 다음 장소로 이동하기 이전에 새로운 마을을 물색하고 해당 기관에 공연 신고와 집회 신고를 마쳐야 했다. 이러한 일은 사업부장의 몫이었다. 순업은 영화 이외에 비도시 지역민이 선호하는 오락을 제공하여 영업 이익을 다각적으로 꾀하였다. 전남 진도군에서 판소리를 선호하는 지역민을 위하여 소리꾼을 불렀으며, 경기도 일대에서 순회한 흥행사는 장소팔과 고춘자와 같은 만담가와 배뱅이굿 소리를 맛깔나게 전하는 이은관을 초청해서 인기를 누렸다. 하지만 순업은 이윤이 높은 사업이 아니었다. 혹독한 날씨의 겨울 동안 순회는 엄두를 낼 수 없었고, 여타 계절에도 일기(日氣)의 변화에 따라서 흥행이 좌우되었다. 경기도 일대를 순회한 흥행사의 경우, 한 해 평균 상영 일수 180일을 채우지 못한 일도 허다했다.

순업 흥행사에 대한 사회적 편견은 흥행사의 마음을 불편하게 만들었다. 비도시 지역민은 순업 일행을 '굿쟁이' 또는 '남사당패'로 불렀는데, 이는 순업 일행을 근대 이전 신분이 낮은 유랑예인과 같은 맥락에서 바라본 결과였다. 모두 남성으로 구성된 순업 일행은 남사당패의 그것과 닮았고, 비도시 지역 영화 상영은 신기한 볼거리였기에 '굿'에 비유되었다. 또한, 1950년대 영화 상영의 기술적인 이유, 즉 순업이 동반한 변사의 존재는 순업을 굿쟁이로 부르는 요인이었다. 당시 변사는 필름의 소리를 증폭시킬 기자재의 부족을 대신하고 소실된 필름의 영화 줄거리를 보충하기 위하여 동원되었다. 경비 절감을 위하여 대부분 영사기사가 변사를 겸했는데, 이들은 연행 전문가라기보다 해설자에 가까웠다. 따라서 순업의 변사는 근대 이전 강담사(講談師)와 같은 유랑예인을 연상시켰다. 순업을 굿쟁이로 부른 이유는 한국전쟁 이후 필름 배급과 순업 종사자 대부분이 상이군인과 퇴역 경찰이라는 사실과도 연관된다. 즉, 공보처 출신의 16mm 필름 총판권 관리자, 미군부대에서 유출된 16mm 필름으로 흥행에 종사한 대한상이군인회 정양원 소속 부산 흥행사, 그리고 테러 정치에 동원된 대한청년당 출신의 해남군 '기도' 등 순업 종사자들은 한국전쟁과 불가분의 관계에 있었다. 근대 이전 시기 임진왜란에 따른 유민(流民)의 증가로 유랑예인 문화가 정착한 것처럼 순업의 발흥 역시 한국전쟁 이후의 일이었다.

근대 이전 유랑예인을 대표하는 굿쟁이를 순업과 동일시 한 것은 그들의 활동 영역과 시기 그리고 순회 지역과 사회적 역할이 닮았다는 점에서 기인하였다. 즉, 유랑예인과 순업 모두 주로 장터를 중심으로 활동하였다. 순업은 창고와 같은 임시 건물 또는 버스 정류장이나 노천(露天) 등지에 천막을 펼쳤다. 마을 규모에 따라서 부락민 가운데 가장 넓은 마당을 소유한 집에서 가설극장을 세우는 일도 있었다. 마을 세도가(勢道家)의 마당에서 영화를 상영하는 순업 역시 남사당패를 연상시켰다. 또한, 계절과 절기의 변화를 좇아서 움직인 순업도 유랑예인과 닮아 있었다. 근대 이전 유랑예인이 가을 추수 이후 또는 풍어(豊漁)로 물자 이동이 잦은 시기에 움직인 것과 마찬가지로 순업은 봄철과 농번기를 포함한 정월 대보름과 추석 이후를 흥행의 적기(適期)로 여겼기 때문이다.

이유가 어떻든 '굿쟁이'라는 명명은 순업 일행에 대한 우호적인 표현은 아니었다. 비도시 지역민 가운데 영화 상영을 마치고 다른 곳으로 이동하는 순업 일행을 좇아 마을을 떠나는 사람이 있어서 더욱 그러했다. 일거리를 찾아 자신의 고향을 떠나는 일은 1970년대 본격적인 산업화 개시 이전까지 비도시 유휴 인력의 자연스러운 선택이었지만, 지역 공동체의 안정을 고려했을 때 그리 환영할 만한 일은 아니었다.

3. 순업과 비도시 지역민의 영화 관람 : 청춘 남녀의 '보리밭 연애' 사건

영화를 관람하는 일은 언제든지 신나는 경험이었다. 지역민은 면사무소 소재지에서 가설극장이 열리면 그곳을 중심으로 반경 8km 이내의 밤길을 마다하고 찾았다. 특히, 1950년대 대중매체 미발달은 비도시 지역민이 순업을 환영하는 이유 가운데 하나였다. 순업은 라디오 보급률이 낮은 '빈한한' 마을에서 더욱 환영을 받았다. 오락을 제공하는 상업 영화뿐만 아니라 국내외 소식을 전하는 뉴스영화와 문화영화도 반가울 수밖에 없었다. 흥미롭게도, 영화뿐만 아니라 순업 종사자 스스로 새로운 정보의 전달 매체가 되어 전국을 하나의 네트워크로 연결하였다. 그들은 '공식적으로 기록된' 뉴스를 전달했지만 동시에 각 지역을 돌며 얻은 '사적인 경험과 정보'를 전하는 매개자(agent)였다. 그것은 행정 기관 또는 특정인에 의해 형성되는 여론의 영향력이 절대적인 비도시 지역에서 일반인이 접할 수 있는 대안적인 정보 창구이기도 하였다.

천막으로 만들어진 가설극장은 상영 환경의 특성상 언제든지 관객을 동요시킬 수 있는 곳이었다. 가설극장은 영사 발전기 소음을 포함하여 외부의 소리를 완벽히 차단할 수 없었고 당일 날씨의 변화에 따라서 상영을 중단할 수도 있었다. 영사기사가 변사를 겸하는 경우, 1인 2역의 역할 수행에 따른 정신 분산으로 필름의 릴(reel) 순서가 바뀌는 일도 있었다. 따라서 영화는 관람의 대상이라기보다 구경거리에 가까웠다. 상영 환경은 영화를 온전히 감상하기에 충분하지 않아서 비도시 지역민은 사색하는 관객(spectator)이라기보다 집단적 실체로서 관객(audience) 또는 청중에 가까웠다. 집단으로서 관객은 영화 상영과 관람의 규율을 주도하는 처지에 설 수 있었다. 관객의 입장 상황에 따라서 상영 시간과 종료를 탄력적으로 조절할 수 있었고, 관객이자 지역민의 입소문은 흥행 성적에 치명적인 영향을 끼쳤기 때문이다.

비도시 지역 순업을 더욱 흥미롭게 만든 것은 순업과 함께 회자한 '보리밭 연애 사건'이었다. 보리밭 연애 사건이라는 말은 한 해 농사를 준비하는 초여름, 영화를 관람한 청춘 남녀의 은밀한 만남이 보리밭에서 이뤄진 것에서 유래한다. 보리밭은 마땅히 만날 곳이 없던 비도시 지역 청춘들에게 안성맞춤의 공간이었다. 보리는 품종에 따라서 1미터까지 자라기 때문에 성인이 밭에 누우면 외부에서 쉽게 볼 수 없었다. 1960년대 중반 통일벼 보급으로 곡식 수확량이 증가하기 이전까지 농촌 사회는 매년 '보릿고개'로 불리는 춘궁기를 겪어야 했다. 1950년대 경제적 빈곤과 일상의 폐허는 보리가 여물지 않은 음력 4~5월 누군가에 의해 망쳐진 보리밭을 순업의 탓으로 돌리기에 충분하였다. 도시에서 〈자유부인〉(한형모, 1956)의 개봉으로 성(性) 도덕에 관한 이야기가 세간에 떠도는 동안 비도시 지역 마을은 '보리밭 연애 사건'

으로 술렁거렸다.

4. 『굿쟁이, 로뗀바리, 이동영사 : 순회 영화 상영 구술 채록 자료집』의 구술 방식에 관하여

자신에게 일어난 과거의 사건 또는 경험을 시간 순서에 따라서 일목요연하게 말할 수 있는 구술자는 드물다. 구술자는 자신의 어투나 화법 그리고 예기치 않은 순간에 떠오르는 기억 등으로 인하여 비인과적이고 비논리적으로 이야기를 할 수밖에 없다. 또한, 구술자가 마주한 대상, 즉 면담자이자 청취자에 따라서 구술 내용의 범위와 주장하는 바가 달라지는 특성이 있다. 따라서 구술자와 면담자의 대화가 서로 조응하지 않는 부분이 발생할 수도 있다. 구술사의 주요 특징 가운데 하나인 현장성 역시 중요하다. 구술 현장을 철저히 통제할 수 없는 상황에서 예기치 않는 사건이 발생하고 초청하지 않은 사람이 인터뷰에 참여하는 때도 있다.

저자는 구술자들을 만나는 동안 연구자임을 알렸으며, 구술자 역시 자신들의 경험을 면담자와 공유하고자 적극적으로 참여하였다. 하지만 구술자에 따라서 구술 증언의 성격에 편차가 존재한다. 2009년 국사편찬위원회의 '구술자료수집사업'에 응한 구술자의 경우, 증언 채록 이전에 몇 차례 사전 인터뷰를 가진 적이 있어서 상대적으로 안정적인 환경에서 구술하였다. 하지만 나머지 구술자 가운데 일부는 처음 만난 자리에서 자신의 이야기를 나누기도 하였다. 또한, 사전에 약속하지 않은 사람이 인터뷰에 개입한 일도 있었다. 『굿쟁이, 로뗀바리, 이동영사: 순회 영화 상영 구술 채록 자료집』은 이러한 모든 상황을 담고 있음을 알린다.

1부

순업과 흥행 그리고 영화 상영의 전국화

전국을 유랑한 '건달 사업' 흥행사, 진도군 박종민

1900년 진도군 출생인 박종민은 일제강점기 세무 공무원 부친을 따라 전남 지역 일대를 옮겨 다녔고 국민학교를 졸업하고 목포시 목포극장에서 영화 세계를 처음 접하였다. 외가 인척인 손재형(孫在馨)이 소유한 목포극장을 자유롭게 들락거릴 수 있었기 때문이다. 손재형은 그의 호를 딴 '소전체(素荃體)'라는 필체를 만든 명필가였다.

일제 강점 말기 박종민은 전남 화포(靴布) 배급조합 서기로 일했으며, 해방 이후 한국전쟁 동안 진도읍에 전력을 제공하는 전업(電業) 회사를 운영하였고, 휴전 이후 진도군 벽파진에서 염전을 운영하였다. 진도 군내 사업가로서 박종민의 경험치 축적은 목포극장 직원들과 인연을 이어가는 데 도움을 주었고 이후 흥행사로서 그의 이력을 쌓는 발판이 되었다. 1950년대 중반 목포극장 영사기사가 진도군에서 순업(巡業)을 시작하자 지역 사정에 밝은 박종민이 그들에게 편의를 제공한 것이다. 이후 박종민은 흥행 활동에 직접 뛰어들었고, 전라도 지역 흥행사들이 모이는 당시 광주시 호남동 태평극장 옆 일등여관을 들락거리며 연예계에 관한 정보를 얻었다. 박종민은 창(唱)을 선호하는 진도군민을 위하여 영화 상영 이외에 소리꾼을 불러 공연을 개

최하였다. 그가 영화 상영을 통하여 본격적인 수익을 올린 것은 국산 영화 작품 수가 늘어나고 필름의 간접 배급 체계가 정착된 이후의 일이었다.

1960년대 초반 박종민은 한양영화사라는 상호를 걸고 전남 곡성군 곡성읍을 시작으로 전국 순회 흥행의 길에 나섰다. 곡성에서 영화를 상영한 곳은 논밭이나 마을 공터가 아니라 곡성문화원 건물이었다. 곡성문화원을 빌린 박종민은 상설극장과 마찬가지로 이틀에 한 번꼴로 35mm 영화를 상영하여 손님을 끌었다. 흥행 실적은 좋았고 그것은 1960년대 중반까지 지속되었다. 하지만 지역민의 텃세로 곡성읍을 떠날 수밖에 없었던 그는 충남 천안시 성환면(현 성환읍) 성환문화원을 빌려서 영화 상영을 이어갔다. 1958년 이미 천안시 천안극장이 개관하여 영업 중이었지만, 해당 극장은 천안시 동남쪽에 있었기 때문에 천안시 서북쪽 지역인 성환면 지역민은 극장을 쉽게 찾을 수 없었던 상황이었다. 박종민의 35mm 영사기를 이용한 낮과 밤 하루 두 번 정기적인 영화 상영은 성환면에서 대단한 인기를 누렸다. 이전까지 그곳을 간헐적으로 들렀던 16mm 영사기 흥행사들과 비교할 수 없는 만족을 선사했기 때문이다.

하지만 박종민이 곡성군에서 경험한 텃세는 성환면에서도 나타났다. 성환 지역 청년과 상이군인 단체의 등쌀에 '타지(他地) 사람' 박종민은 다시 유랑의 길로 들어섰다. 순회하는 지역에서 며칠 동안만 머무르며 영화를 상영하는 문자 그대로 '방랑의 순업' 길을 떠난 것이다. 그의 이동 경로를 살펴보면 1960년대 순업이 영화 상영의 전국화를 달성하는 데 톡톡히 공헌한 것을 짐작할 수 있다. 그가 방문한 지역은 천안시 입장면과 예산군 삽교읍 및 덕산면 그리고 충남 당진군과 충북 옥천군 안남면 지수리 일대였다. 또한, 경기도 남쪽의 평택군과 화성군, 동쪽의 양평군 용문면과 이천시 장호원, 그리고 북쪽의 남양주시 덕소리를 지나 연천군 군부대 마을까지 두루 거쳤다. 한마디로 전국을 '구석구석' 찾아다녔다. 영화를 상영하면 가설극장이 열리는 장소를 중심으로 반경 8km 이내 부락민들이 밤길을 마다하고 몰려들어서 흥행을 이어갔다.

1970년대 후반 박종민은 건강상의 이유로 고향 진도군으로 돌아온 이후에도 순업을 계속했다. 그에게 순회 흥행은 때로 낭만이었고 때로 남에게 말하기 '껄끄러운' 일이었다. 그가 보기에 순업은 '건달 사업'이었기 때문이다. 건달은 해방 전후 등장하여 1960년대까지 명맥을 유지한 '놀고먹는 사나이'라는 뜻으로 사용된 말이다. 그렇다고 하더라도 건달의 정의는 그리 단순하지 않았다. 박종민의 표현대로, 건달은 '다방면으로 유능한 사람들'이었다. '다방면으로 주먹도 잘 쓰고 말도 잘하고 술도 잘 먹고 연애도 잘하고. 말하자면 다방면으로 능숙한 사람들'이 건달이었다. 건달이 되어야만 낯선 타지에서 흥행을 계속할 수 있었기 때문이다.

순업에 대한 박종민의 정의는 격동의 한국 현대사에서 흥행사로 평생을 보낸 자의 애환을 담고 있다. 그것은 예측할 수 없는 흥행 보장을 위해 다양한 술수를 동원할 수밖에 없었던 시대상을 반영한다. 그의 구술은 1950년대부터 1970년대까지 비도시 지역 영화 상영의 관행을 파악할 수 있는 소중한 자료를 제공한다. 또한, 필름 배급 업무를 하면서 순업을 지속한 그의 활동은 순회 영화 상영업자들의 다양한 모습을 보여준다. 박종민의 구술은 2009년 3월 23일과 4월 11일 총 2차례에 걸쳐 이뤄졌는데, 이 책에 실린 것은 제일 처음 실행한 구술이다.

• **구술자**

박종민(전남 진도군 순회 영화 상영 영화사 '한양영화사' 대표)

• **면담자**

위경혜

• **구술 주제**

한국전쟁 이후 1960년대 이동영사 활동 증언 자료 수집: 전라남북도 지역을 중심으로

• **구술 일시**

2009년 3월 23일 14:00~18:18

• **구술 장소**

사회복지법인 이랜드 복지재단 진도노인복지관(전남 진도군 진도읍 성내리 22-11)

• **구술 상세 목차**

1. 일제강점기 사회생활
   1) 출생과 목포 화포배급조합 서기 활동
   2) 서예가 손재형(孫在馨)과 친척 관계 그리고 목포극장과의 인연
   3) 목포극장 운영권을 둘러싼 손재형과 임대운영자의 법적 다툼
2. 해방 이후 목포에서의 활동
3. 1950년대 순회 흥행 영화 상영 사업의 시작
   1) 1950년대 초반 진도에서의 '진도전업회사' 운영과 경찰기관의 행패, 그리고 진도군 벽파진의 염전 매입
   2) 1950년대 중반 박재룡의 진도군 순회 흥행업 로뗀바리(露天張り) 지원 활동
   3) 16mm 영사기로 시작한 흥행업 그리고 '건달 사업'으로서의 로뗀바리
   4) 전남 광주의 16mm 필름 배급사와 연예계의 집합 장소 '일등여관'
   5) 진도군에서의 명창 초청 공연과 인기
   6) 진도군 유일의 상설극장 '옥천극장'의 사라짐

7) 해남군 순회 흥행 영화 상영업자 '서대호'의 35mm 영사기 구입 권유
8) 진도군 영화 상영 변사(辯士) '최봉'
9) 흥행을 위한 계몽 영화 순회 상영의 병행
10) 논 30마지기를 팔아 구입한 일제 신제품 35mm 영사기

4. 1960년대 전국 순회 흥행 영화 상영 시작
1) 곡성군 공공건물의 임대와 자칭 '곡성극장'에서의 영화 상영
2) 전남 광주 미문화원에서의 〈대한뉴스〉 대여
3) 미공보원(USIS)의 지방 문화원 설립과 영사 활동 지원
4) 외지에서 문화원을 접한 진도 출신 영사기사의 진도군 문화원 설립
5) 곡성군 문화원에서의 흥행 성공과 광주 배급사와의 거래
6) 곡성군 지역 단체의 텃세로 인한 영화 상영업 중단
7) 대전의 순회 흥행 영화 배급사 소개와 충남 성환읍에서의 흥행업 시작
8) 충남 성환읍 수양리 미군부대에서의 영화 상영
9) 충남 성환읍 의용소방대와 문화원 건물 임대 계약
10) 도시 상설극장과 같은 횟수의 영화 상영과 흥행
11) 흥행의 성공요인, 35mm 영사기와 안정적인 필름 공급
12) '한양영화사'라는 정식 명칭의 등록
13) 충남 성환읍 지역의 텃세

5. 경찰기관 권력자의 후원과 충남 성환읍에서의 영화 상영업 지속
1) 진도군 후배와의 인맥
2) 진도군 유일의 상설극장 '옥천극장'의 사라짐과 '옥천극장'의 건립자 '한참사' 집안
3) 경찰 기관의 협조와 흥행 순항(順航)
4) 영화 흥행 협조 빌미의 경찰 근무자들의 청탁 쇄도
5) 충남 성환읍에서의 영화 상영 독무대
6) 퇴역 경찰 공무원의 지방 영화 배급 영업에의 종사
7) 다시 일어난 성환읍 지역 청년들의 텃세
8) 퇴역 경찰 공무원의 영화 배급업 종사와 지방의 영화 배급사
9) 예측할 수 없었던 영화 흥행

1. 일제강점기 사회생활

1) 출생과 목포 화포배급조합 서기 활동

면담자 : 박종민 선생님이시고요. 어떻게 해서 이동영사 일을 하게 되셨고 이런 이야기를 다시 한 번 해주셨으면 하는 거예요.

구술자 : 제가 이제 목포서 사업을 하다가…….

면담자 : 태어나신 거는 몇 년도신가요?

구술자 : 19OO년.

면담자 : 그럼 OO년 혹시 몇 월 며칠 생이신가요?

구술자 : 19OO년 O월 O일.

면담자 : O월 OO일이요? 진도에서 태어나셨죠?

구술자 : 예.

면담자 : 진도에서 태어나서 진도에선 언제까지 사셨던 거예요?

구술자 : 여기서 이제 그때는……. 그 보통학교.

면담자 : 예, 보통학교.

구술자 : 보통학교에서 졸업을 타고 저희 할아버지가 목포서 사업을 하고 있었어……. 할아버지 앞으로 사업을 하는데…… 나갔지. 그런데 그것이 다행히 목포극장에서 인자 세 번째 집이여. 그니까 그때 목포극장 있으면 하나, 둘, 세 번째 집 위치에서 할아버지 사업체가 있네.

면담자 : 할아버지가 박종민 할아버지의 할아버님이세요? 그 할아버님이 어떤 사업을 하셨어요?

구술자 : 할아버지가 일제시대 때 목…… 저 일본 가 있다가, 와 갖고 목포 와서 큰 사업을 했제.

면담자 : 어떤 사업인지 기억 안 나세요?

구술자 : 화포(靴布). 구두. 말하자면 구두를 만드는 재료 조합을 했어 일제 시대에. 인제 거가 있어서 전라남북도. 일제시대 말이제. 전라남북도 그 구두 만드는 조합 배급을 다 하는, 내가 서기를 했어.

면담자 : 서기요? 그러면 선생님은 학교는 어디서……?

구술자 : 그때는 초등학교…… 진도 보통국민학교만 나왔지.

면담자 : 여기서 졸업하시고 그리고 목포로 가신 거구요?

구술자 : 그때 다니고 그러고서 있는데.

면담자 : 편하게 말씀하십시오. 〔웃음〕

2) 서예가 손재형(孫在馨)과 친척 관계 그리고 목포극장과의 인연

구술자 : 거가 있었는데. 그때 마침 서울 가 있는 손재형 씨라고.

면담자 : 손재형 씨?

구술자 : 어. 재형 씨가 그러니까 어머니하고는 사촌간이여 그 나하고는 오촌간이여 외가로. 외간께 그라제. 성이 다르제 외간께. 그래서 오촌 간인데, 그때 그 서울대학교 교수를, 전임 교수 같애. 서울대학교에서 글씨 쓰는 강사. 그라고 또 그때는 서울고등법원 필적 감사장이여.

면담자 : 아, 그러셨어요? 그때 일제 때?

구술자 : 일제 때 감사장. 그랑께 위조 서류가 들어가면 서울고등법원에서 그 이가 판정을 하면 '이 사람 것이다.' 그라믄 끝난 것이여, 재판이. 그러니깐 고위직에 있었어.

면담자 : 일제 때 벌써 다 그 일을 하셨네요?

구술자 : 어. 일제 때부터 그랬어.

면담자 : 그때 미술 입선하고 그러셨다는 기록이 있더라구요.

구술자 : 일제 때. 그랑께 일제 때부터 동양에선 명필이라 그랬지.

면담자 : 추사 김정희 선생님 이후로 최고의…….

구술자 : 어. 최고의 명필이었지, 일제 때부터. 그 이 할아버지가 진도서 갖구 왔네, 책을. 그랑께 부잣집 아들로 태어나서 서울 가서 공부를 해 가지고 중국도 많이 드나들고. 인자 우리 어렸을 때라 잘 모르는데. 그래서 중국도 잘 알고 일본도 잘 아는 명필이었어. 돈이 많은 사람이라 글씨도 ***. 그래서 우리 어머니 누이동생들, 동생들은 이제 사촌간이니까 손재형 씨가 데려다가 전부 서울서 유학을 시켰어. 그런데 지금은…… 그랑께 우리 어머니가 살았으믄 백에 ***. 그란데 우리 이모도 지금 백 몇 살이 되는데 이모들이 그 때…… 그때는 유학 간다고 진도서 서울로.

면담자 : 예, 그랬죠.

구술자 : 어. 유학 간다 그럴 때. 그 어머니 바로 밑에 동생은 조선총독부 장학생이 돼서 히로시마 고등사범으로 갔어.

면담자 : 어머님 동생 분이요? 그니까 이모님이요?

구술자 : 어. 이모지.

면담자 : 굉장히 다 재원이었네요, 그 집은?

구술자 : 어. 그라고 그 밑에 이모도 서울서 전부 진명여고 댕겼더만.

면담자 : 진명여고요?

구술자 : 어. 진명. 그때는 진명여학교제. 여고가 아니라. 그래서 그렇게 다녔었어. 일제시대 우연히 내가 알았는데 그때 손재형 씨가 목포극장을 사게 되었어.

면담자 : 일제 때요?

구술자 : 일제 때 샀어. 일제 때 그것을 7만 원에 샀어.

면담자 : 목포극장을요?

구술자 : 어. 목포극장을. 이제 내가 동기에 들어간 것이 거그여.[1] 일제시대

---

1 내가 그곳에 들어간 동기가 그것이여.

7만 원 주고 샀는데. 그 돈이 어디서 나왔냐하면 우리 할아버지 목포에 있는 사업하는 할아버지의 돈 주머니에서 나왔다 그것이여.

면담자 : 화포 배급 조합하셨던 그 분이요?

구술자 : 어. 거기서 7만 원을 빌렸어.

면담자 : 그랬어요?

3) 목포극장 운영권을 둘러싼 손재형과 임대운영자의 법적 다툼

구술자 : 어. 그래가지고 목포극장을 샀어, 일제강점기.

면담자 : 일본인 것을 인제 사신 거죠?

구술자 : 아니. 강진 사람 것이여 그것이. 강진 부잣집 아들 것인데.

면담자 : 누군지 혹시 아세요?

구술자 : 그건 잘 모르겄어. 강진 사람이여. 강진 사람이 목포극장을 하고. 운영권은 목포 재판소에 그…… 서기로 있던 사람이 나와서 그것을 임대를 해갖고 목포극장을 운영을 했어.

면담자 : 그럼 저기 소유자는 그……?

구술자 : 소유자는 손재형 씨가 되고, 인자 샀응께! 운영권을 이 사람이…… 강진 사람한테 운영권을 갖고 있었어. 그래갖고 운영을 하는데. 이제 샀다고 손재형 씨가 샀는데. 손재형 씨도 사업이 그라고 있으고 그랑께, 서울서 일제시대 사업이 그라고 있응께. 인제 사기만 했지. 운영한 사람도…… 일임을 해서 돈만 받아갔어, 돈만. 그래갖고 이제 그 일제시대 해방직후 그럴 때는 수입이 엄청 좋은 것이거든, 극장허믄.

면담자 : 그래요?

구술자 : 그람. 말도 없이 돈이 들어올 판인데. 그래갖고 해방이 되았어. 일제시대 샀응께, 그돈을! 해방이 되았는데, 해방이 된께 인제 손재형 씨가 운영을 할라고 내놓으라 한께, 안 내놓는 거여. 극장을 안

내놔. 그래서 재판이 걸렸어.

면담자 : 재밌네요. 손재형 씨가 소유인데 왜 운영한 사람이? '나가.' 그럼 나가야 되는데.

구술자 : 아니, 근데 돈이 엄청, 하루라도 더하면 돈이 더 나오거든. 그러니까 쫓겨나갈지는 알아도…….

면담자 : 끝까지 붙들고 있었던 거네요?

구술자 : 끄는 거지, 끌어. 다만 몇 회라도 더 하면 돈이 더 나옹께. 질지는 알제, 그것이. 그런데 그때 재판을 삼년인가 사년인가 했을 거여.

면담자 : 굉장히 오래했네요?

구술자 : 어. 그 운영하고 있는 사람이 목포재판소에 있던 서기랑께! (법에 대해서) 잘 알제. 그래갖고 목포에서 하고 광주에서 하고 서울로 올라갔어.

면담자 : 진짜 재밌네요. 〔웃음〕

구술자 : 어. 목포서 지제. 밤나 지제.[2] 목포서 지고, 광주서 지고. 그땐 서울 가면 마지막이여. 서울 가면 마지막인데. 그때 이제 해방 후로 (손재형이) 서울 그 고등법원 필적 검사장을 하고 있었다, 그것이여. 경장이[3] 막강하잖애. 그래서 그 재판 서류가 전부 한 것이 서울고등법원으로 들어간 거 아니여 어?! 목포서 한 거, 광주서 한 것. 들어가서 서울서 하는데. 정식으로 판결을 내려 보내면, 뭐 물건이나 이런 게 손상이 되제, 거기서 판결을 해버리면. 그랑께 판결장을 손재형 씨가 직접 갖고 내려왔어.

면담자 : 진도까지요?

구술자 : 아니. 목포.

면담자 : 목포, 목포요.

구술자 : 서울서 고등법원 판결장을 본인이 직접 갖고 내려와서. 그때……

2 재판에서 매번 패소했다는 말이다.

3 굉장히.

그때는 낮에 하고 저녁에 하고 영화를 하거든.

면담자 : 그 해방되고 나서도?

구술자 : 어. 해방, 해방되고 나서. 일제시대 사갖고 나가라고, 내노라 해도 안 내 놓은께. 그래갖고 그 재판 서류를, 판결장을 딱 갖고 왔어. 갖고 와서 정식으로 보내갖고 통보를 해서 이렇게 재판 이것을 갈려 주는데.[4] 그라믄 모든 것이 기물 같은 것이 빼내가고 어짜고 그라믄 성가시고 그랑께 손재형 씨가 본인이 딱 갖고 내려왔어. 그래갖고 재판소에 가서 내놓고 그날 집행을 해 분거여, 기냥 바로 영화 하는데. 낮에 가 한 시부터 하지 그런 때. 한 시부터 하고 저녁에 또 하고 그라는데. 낮에 와서 손님들이 있는데 집들이[5] 데리고 와서 영화 하는 도중에 봉쇄해 버린 거여. 그랑께 암 것도 못 갖고 나가제, 어!

면담자 : 참 잘 하셨네요.

구술자 : 응. 그 권리여, 그 고등법원 필적 검사장이. 그래서 영화 하는데 그 아저씨가 와서[6] "전부 다 좀 나가자." 그러드만. 그래서 강께, "영사실 잘 좀 보거라, 너." 그래놓고서 그냥 목포사람들 재판소 집달이들이 나가서 전부 그냥 딱지를 때려 부쳐분 거야. 그러자 "기왕에 손님이 들어와서 영화를 보니께 영화만 끝내자." 그것이여. "영화 하나만 끝내고 봉쇄하자." 그래갖고. 그냥 딱 봉쇄해 불었어. 그래논께 그대로 몸만 빠져 나갔제 인자.

면담자 : 그러면 박종민 선생님이 이렇게 이 과정을 잘 아시는 건 일제 때부터 계속 거기 극장에서 일을 도와주셨기 때문에 그런 거예요?

구술자 : 아니. 나는 그 옆에 있었어. 그 돈을 우리 할아버지한테서 나가서. 뭐 의논할라면 재형 씨 오촌이 와서 같이 의논을 해.

---

4 알려 주는데.

5 집달이.

6 손재형이 와서.

면담자 : 예. 그래서?

구술자 : 어. 그래서 내가 극장 사정을, 사는 사정, 극장 하는 사정을 잘 알제.

면담자 : 그럼 극장도 자주 가서 영화도 보고 그러셨어요?

구술자 : 매일. 한 집, 두 집, 세 집 차인께. 저녁에 문 닫히면 걍 가서…… 우리 것인께 만나러 와서 걍 왔다 갔다 보고 잪으믄 보고, 말고 잪으믄 말고.[7] 그렇게 해서 극장 아그들하고 친해졌다 그것이여.

면담자 : 그럼 할아버지께서는 해방되고 나서도 그 화포 조합에 계속 운영을 하셨던 거예요?

구술자 : 어. 계속하다가. 일제시대에 그 화포 하다가 그 뒤로 하다가 나이 자시고 그랑께 폐쇄되어서 젊은 사람들이 많이 생기고 그랑께 안 해 불었제.

면담자 : 그래서 그때 그렇게 해서 영화하고 인연을 맺은 것?

구술자 : 응. 그래서 그 극장하고 연관 있고. 그래서 그 목포기사 영사기사 삼룡이.

면담자 : 예. 박삼룡 씨요?

구술자 : 박삼룡이 가하고도 알게 되고. 그래서 내가 영화사에 발을 디디는 원인이 그래서 디딘 거제.

2. 해방 이후 목포에서의 활동

면담자 : 그러면 목포 해방되고 나서 계속 목포에 있지 않고 그럼 진도로 오셨던 거예요?

구술자 : 응. 내가 그래서…… 한 가지만 했으면 승부했을랑가 모르는데. 다

---

7 영화가 보고 싶으면 보고, 보고 싶지 않으면 안 보고.

각적으로 내가 영업을 했어. 내가 어째 젊어서도 목포 사회에서는 신용이 참 좋았어. 그래서 사방 데 그 기업체에서 나를 이렇게 끌어갈라 하고. '내가 한다.'믄 협조를 할라하고 그러는 뭣이 많이 있었어. 그래서 내가…….

면담자 : 그때 서기를 참 잘 보셨나 봐요? 그러니까 여기저기서 이렇게…….

구술자 : 응. 아니 그 젊었고, 이상[8] 이뻤어!

면담자 : 지금도 이렇게…….

구술자 : 그런 때는 이뻤었는데. 그 정미…… 정미소?

면담자 : 예, 정미소.

구술자 : 정미소에서 목포가 남도 일대를 해서 찧어서 서울로 올려 보내는 그런 중심지 역할을 했어. 서울로 호남 쌀 가는데. 거기서 스카웃을 해서 내가 진도 출장 소장도 하고.

면담자 : 그러셨어요?

구술자 : 돈 줘서 나를 책임을 지고. 전세 돈으로 하~안 뭉탱이로 줘. 그라고 그 배가 또 옥소호라고 손재형 씨 오촌 배를! 그랑께 배도 좋고 교통도 좋고.

면담자 : 배 이름이 뭐예요?

구술자 : 옥소호.

면담자 : 옥소호요?

구술자 : 옥소호라고 손재형 씨 배였어. 손재형 씨가 그래갖고 해방되어 갖고 박정희 대통령 그 필적 스승이 아니라고?! 스승이 되어갖고 한참 우게로 나설 때[9] 옥소호도 인자 돈 있응께 사고. 국회의원도 하고. 저…… 예술, 한국예술원 원장 있제? 예술원 원장도 하고 국회에도 들어가고 국회 문광부 문교분과 위원장도 하고 그랬어, 그이가. 그래갖고 결국에 인자 그 정치에 망하는데, 정치하던 사람 정

---

8 매우.

9 서울에서 사회적 활동을 할 때.

치에 망하드만!

면담자 : 근데 그 선생님 그러면 그 정미소 일도 하셨는데…….

구술자 : 응. 그래갖고 돈도 많이 벌었제, 정미소…….

면담자 : 해방되고 나서…….

구술자 : 해방돼서, 그때는 해방되어 갖고. 그래서 돈도 많이 벌고 그래서 그 진도 발전소를 내가 했지.

면담자 : 진도 오셔가지고요?

구술자 : 어. 진도 와서. 그 해방되어 갖고.

면담자 : 그게 6·25 터지기 전의 일이에요? 해방되고 6·25 터지기 전에?

구술자 : 6·25 터졌는…… 6·25 터지기 전까진 내가 목포에 있었고. 6·25 터진 후로 진도 와서 진도의 전기회사, 발전소.

면담자 : 그때 그 정식 명칭이 혹시 기억나세요?

3. 1950년대 순회 흥행 영화 상영 사업의 시작

1) 1950년대 초반 진도에서의 '진도전업회사' 운영과 경찰기관의 행패, 그리고 진도군 벽파진의 염전 매입

구술자 : 진도전업회사라고 그랬는데.

면담자 : 진도전업회사요?

구술자 : 어. 그것이 어찌게 되었냐면. 6·25 때 인민군이 들어올 때 그 여기가 일제시대 전기가 들어왔거든, 진도가!

면담자 : 예. 빨리 들어왔어요, 다른 데 비해서.

구술자 : 아, 일제시대 때 전기가 왔었어, 여기가.

면담자 : 그 완도 같은 경우는 해방되고 나서 전기가 들어왔다고 그러던데…….

구술자 : 어, 여기 진도는 일제시대 전기가 왔어. 일제시대 전기가 와서 일제시대 전기를 썼거든, 여기가! 그래가지고 전기를 썼는데, 6·25 때 인민군 들어옴시롱 전선이 끊어졌어. 인민군 들어옴시롱 전선이 끊어졌어.

면담자 : 인민군이 그러면 잘라버린 거예요?

구술자 : 그랑게 인민……. 말이, 인민군이 옴시롱 쏘아부렀다고 그라는데, 전선을! 그래서 끊어졌다고 말은 그라는데. 말이 그라는데 그것이 정설인가 아닌가는 몰라. 그니까 그때는 인민군이 들어옴시롱 쏴부렀다, 그랬어. 전선을 그래갖고 끊어졌는데. 그때 끊어지니 깜깜세상에서 석유를 쓰고 살았어. 그랬는데, 그 전기선이랑 다 있었거든! 그래서 그것을 서울 사람이 와서 한전에서 불하를 받아갖고 그때. 한전에서 불하를 받아갖고 진도 전기를 전부 불하를 받았어, 개인이. 한데 그 사람이 누구냐 하면 해군 중령인데 내가 이름을 모르겄구만, 잊어버려서. 해군 중령인데 그 사람이 서울서 불하를 받아갖고 여기 와서 녹진(리)에서 진도읍에까지만 썼어. 읍에…… 읍에가 있었어, 그때 일제시대가. 녹진서 진도는 들어오는 질로[10] 해서 군내면 분토리만 전기를 썼어.

면담자 : 군내면 분토리요?

구술자 : 어. 군내면 분토리에서 경유해서 들어오는 전기선이, 전신주가 있응께. 전신주 있는데만 써주고는 진도읍만 줄을 썼어, 다른 데는 안주고. 그런 것을 거기 선을 전부 걷어다가 진도 위에다 증설을 해 부렀지.

면담자 : 선생님이요?

구술자 : 아니.

면담자 : 아, 그게 서울서 그……?

---

10 길이어서.

구술자 : 서울서 그 사장이. 하자난께[11] 안돼야.

면담자 : 근데 그게 인제 6·25 지나고서……?

구술자 : 어. 6·25 지나고여.

면담자 : 근데 그분은 여기 진도에 있고 어떻게 인척 친척이 없고…….

구술자 : 없어.

면담자 : 그냥……?

구술자 : 어. 서울서 그 해군 중령인데.

면담자 : 퇴역하시고요?

구술자 : 어. 퇴역해갖고 왔었어. 그래갖고 그 발전소에 있는 기사들도 자기가 중령 때 해군함정. 중령 해군 함정 함장이드만. 중령이 함장이여, 함장인데. 함장으로 있을 때 자기가 데리고 있던 기관사들을 델꼬 갔었어. 두 놈을, 경상도 애제. 그라고는 델꼬 와서 발전을 해갖고 전기를 썼어. 한데 그것이 안 된께 저한테 인계를 해준 거지.

면담자 : 근데요 선생님은 어떻게 해서 그걸…… 사업이 될 거 같아서 딱 받으신 거예요?

구술자 : 아니, 내가 그…… 그땐 내가 너무 어렸고 내가 사업에 좀 못했으면 안 했을 것인데. 그 젊은 혈기로 그 진도 전기회사 내가 허믄 쓰겄다고 그라고는 덥석 받았다 그것이여.

면담자 : 그래 그때가 한 이십대 후반 정도 됐겠네요.

구술자 : 그때 한 삼십대 미만이제.

면담자 : 삼십대 미만이요?

구술자 : 어. 삼십대 미만. 그래 그걸 받아갖고 전기회사를 해보니께 애로가 그렇게 많애.

면담자 : 어떤 애로가 있으셨어요?

구술자 : 인자 수복 후로 나서…….

---

11 하찮으니까.

면담자 : 예. 수복 후요? 아직 휴전은 안 되구요?

구술자 : 아니. 6·25 수복 후라.

면담자 : 아, 6·25 끝나고……?

구술자 : 어. 6·25 끝나고…… 인민군 몰아내고 한국 경찰이 인자 매핍을 막 하는 판이제.[12]

면담자 : 근데, 지금 죄송한데요. 선생님은 6·25 때 어디 전쟁터 가거나 그러지 않고 6·25 때를 어떻게 나셨어요?

구술자 : 6·25 때 전쟁 안 가고 나갔제.

면담자 : 어떻게?

구술자 : 그것이 그…… 헤쳐나가지대!

면담자 : 〔웃음〕

구술자 : 〔웃음〕 어. 헤쳐나가졌어. 어떻게 나가든지 헤쳐나갔는데. 그 전기회사 딱 해놓고 난께 그 경찰이라고 하면 총살권을 갖고 있었어.

면담자 : 그 전쟁 끝나고 나서도 그렇게 경찰들이 힘이 셌던 거죠?

구술자 : 6·25 수복으로 막, 즉결심판. 즉결, 막 쏴부렀제. 막 몇 백명이 싹 죽이는 거야 진도서도.

면담자 : 그 빨갱이 잔당 소탕……?

구술자 : 그라제 그것이…… 빨갱이 잔당이라고 하긴 뭐 한디 그때는 그 보도연맹이라고…….

면담자 : 보도연맹……?

구술자 : 어. 6·25 전에 그 있던 단첸데. 그런 단체에 가입한 사람들 그때 그 '중공군이 다시 내려온다.' 그랑께 잡어다 걍 막 죽여부러……. 저기다 막 한 200명 한 번에 묻어 불고 그랬었지.

면담자 : 진도에서도요?

구술자 : 진도에서도 그래 많이 죽었제.

---

12 경찰이 전횡을 휘두른다는 뜻.

면담자 : 전국적으로 다……?

구술자 : 전국적으로 다 그랬제. 그땐 뭐 중앙에서도 다 보도연맹 다 죽여버리라고 죽여분 거 아니여 그때. 그래서 진도 저 성주골로 가면 한 200명이 한 방에 그냥 몰살당한 데가 있어.

면담자 : 어디 지역이요?

구술자 : 저 성주골이라고 있어 저 안에.

면담자 : 성주골이요?

구술자 : 응. 거기가 있는데. 그런데 경찰관이 뭔 CIC,[13] 뭔 수사대, 뭣해서 기관이 그때는 많았거든 6·25 수복 후로. 얼마나 기관이 많았어? 그 정부 기관들이, 권력 있는 기관들이! 그네들이 와서 인제 전기를 쓰는 거여 말하자믄. 그런데 그것들은 그 삐삐선이라고 미군부대에서 쓰는 그 통신지에서 쓰는 그 까매갖고 비니루 입혀진 빠딱, 빠닥한 선이 있어 그걸 삐삐선이라 그랬는데.

면담자 : 무전기 선이에요?

구술자 : 응 무전기 선, 그 통신선이제! 군인들 통신선. 통신할 때 쓰는 것은 전기 쓰면 안 되거든, 그것이. 그런데 그 선을 갖다가 전깃줄에다 매갖고 그냥 200미터고 300미터고 끌어가는 거여 그냥 무턱대고 경찰관들이. 그래갖고 전기세를 주면 되는데, 전기세도 안 줘, 권력 믿고.

면담자 : 그래요? 〔웃음〕 그럼 그때 진도에 선생님 그 전기회사만 한 개가 있었던 거죠?

구술자 : 그러지. 하나제. 그런데 그때 전기를 돌리려면 열두 시까지밖에 안 돌리거든.

면담자 : 밤 열두 시까지요?

구술자 : 어. 밤 열두 시까지 돌리면 딱 기름이 한 드럼이 들어가. 한 드럼

---

13 CIC(Counter Intelligence Corps). 8·15 해방 이후 남한 주둔 미군의 전투부대인 24군단에 소속되어 첩보활동 등을 담당한 정보기관.

을 때야 저녁 햇받이 해갖고 12시까지 기계가 돌아가는데. 매일 기름을 현찰 주고 사와야 돼. 그런데 돈은 안 들어와.

면담자 : 그럼 가서 돈 달란 소리 안 하셨어요?

구술자 : 주라 그러면 '준다.' 그러는데 안 주는데.

면담자 : 아. 그러니까 말은 '준다.' 하는데 미루고 있었던 거? 그런데 말은 또 세게 못 하고 무서우니까?

구술자 : 그라제 경찰관들이니께. 그라고는 총살 해불어 그때는 막.

면담자 : 아, 그렇게 무서웠어요?

구술자 : 그렇게 무서웠지 그럼. 전부 총살해 불었는데.

면담자 : 뭐 감정 있고 그러면 쏴버렸던 모양이죠?

구술자 : 그럼. 잡아다가…….

면담자 : 그러면 이제 전기회사가 망해버린 거 아니에요?

구술자 : 그래갖고 내가 완전히 망해불었지. 망할꺼 아니여?! 달마다 돈은 들어가제. 그래갖고 인자 있는 돈 갖고 저 염전을 샀어.

면담자 : 그 저 지난번에 말씀하셨던 벽파 염전?

2) 1950년대 중반 박재룡의 진도군 순회 흥행업 로뗀바리(露天張り)[14] 지원 활동

구술자 : 어. 벽파 염전. 어, '이거 다 없어지면 큰일난다.' 그라고 염전을 사서 그 육종인께 상당히 큰 것인데. 사놓고 할 것이 있어야제?! 그래서 목포로 가니께 삼룡이가…….

면담자 : 그 화포조합 사무장이요?

구술자 : 아니.

---

14 순회 흥행 종사자들의 용어로 순회 흥행 영화 상영을 일컫는 일본어이다. '로뗀바리'의 '로뗀'은 노천을 의미하는 '露天(ろてん)'에서, '바리'는 포장을 펴고 고정시키는 의미의 '張る(ばる)'의 명사형인 ばり의 조합으로 추정된다. 연구자에 따라 순회 의미의 영어 rotation과 ばり의 결합으로 해석하기도 한다.

면담자 : 어디……?

구술자 : 목포극장 기사지.

면담자 : 아, 목포극장 삼룡이요?

구술자 : 어. 기사지 삼룡이가.

면담자 : 아, 박삼룡 씨?

구술자 : 어. 박삼룡이가 그때 그 아가 목포극장 기사주임이여.

면담자 : 아, 기사주임이셨어요?

구술자 : 어. 그때 일제시대는 그 저 견습생으로 들어와서 기계 봤어. 그런데 해방 후로 이제 기사주임이 된 거여.

면담자 : 아, 승진하신 거군요?

구술자 : 어. 승진을 했어, 위에 사람들 나간께. 그래서 저 내가 그냥 목포극장 드나들고 그랑께 친척들이 알고 그랑께 친하게 지냈제. 그래서 "너 뭐하냐?" 긍께 "나 그냥 논다." 그랑께, 자기 삼룡이 형님을 시켜서 여기서 했거든! 그것을 좀 도와주라 그라드만.

면담자 : 아, 그니까 박삼룡 기사주임의 형님이?

구술자 : 어. 형님이 재룡이라고 있어. 재룡이라고 있는데 "도와주라." 그라드만. "좀 도와주라."

면담자 : 진도 가서 이제 이동영사한다구요?

구술자 : 응. "이동영사한께 도와주라." 그때는 거시기 내가 진도서 웬만씩이는 아니고 그래도[15] 내 말이라 그러면 잘 먹는[16] 동생들도 또 많고 그랬어. 그 건달 아니면 못 해 먹는 그런 사업이여 로뗀바리 사업이. 그래서 신신 부탁하길래, "노느니 그람 도와준다." 그라고 도와준다고 한 것이 발목이 잽혔제.

면담자 : 그때가 한 50년대 말 정도?

구술자 : 그랑께 그런 것이 기억이 안 나. 딱 집어서 몇 년인가는 내가 기억이

15 대단한 영향력을 행사하는 것은 아니지만.

16 잘 따르는.

안 나는데. 50년대가 아니라 내가 한 서른, 서른 살, 서른한 살 그런 땐가 어쩐가 모르겠네. 내가 서른 살이라 하믄 지금 내가…….

면담자 : 선생님이 OO년생이니까 서른 살이었으면 55년도…….

구술자 : 어. 55년 되었네.

면담자 : 55년…….

구술자 : 어. 55년 전 얘기네, 55년 전 얘기여. 그래서 선을 이 영화업에 대 갖고, 진도서 노는 동생들 모여 갖고 '협조해라.' 그래갖고 영화사를 시작한 거이제.

면담자 : 그러면 그때 저한테 말씀하셨을 때 '박재룡 선생님이 미국 RCA 영사기 가지고 왔다.'라고…….

구술자 : 응. 삼룡이가 보낸 거이제.

면담자 : 박재룡 씨가 여기서 하면서요?

구술자 : 어. 그 저 RCA인데. 삼룡이가 해갖고, 지 형님을 욜로 보냈제. 그래서 안 된께 형님 갖고는 안 된께, 나를 인자 거기다 좀 도와주라고 부탁을 한 거지, 첫 번에는. 그래서 내가 그걸 봐줬지.

면담자 : 그럼 그때 박삼룡 씨가 보낸 것이 그 RCA 미제 영사기하고, 군대에서 쓰는 발전기하고 이렇게 해서 보내셨던 거예요?

구술자 : 응.

면담자 : 그걸 가지고 박재룡 씨가 여기서 이동영사를 하고 돌아다니셨던 거예요? 한 몇 년 정도 다니셨던 거예요?

구술자 : 몰라 한…… 1년이나, 나마 했을 것 같애…… 확실히는 기억이 안 나는데. 한 1년이나 해갖고 안 된께 나한테 삼룡이가 부탁을 했어. "네가 좀 봐 주라." 그래서 내가 그 뒷을 봐주다가 이제 영화사를 발을 들인 것이지.

면담자 : '가서 뒤를 봐 준다.'는 것은 뭐 어떤 일을 말씀하시는 거예요?

구술자 : 그때는 즈그 형님이 하고 있응께. 안 된께 형님 사업하는데 안 된께 삼룡이하고 나하고는 일제시대부터 아는 사인께 "너라면 되꺼 아니

냐?"라고 해서 나를 부탁을 해서 내가 봐준다 하고 내가 봐줬제.

면담자 : 예. 그럼 그때 영화를 상영하려면, 신고하려면 어디 가서 신고를 하셨어요?

구술자 : 처음에는 그…… 보안과에다 신고를 했제.

면담자 : 아, 경찰서요?

구술자 : 응. 경찰서 보안과에다가. 보안과에다 신청을 하고 보안과를 하다가…… 그 전에는 교육구청 학무과에다 신청을 하고 그랬어.

면담자 : 교육구청 학무과요?

구술자 : 어. 학무과에다가.

3) 16mm 영사기로 시작한 흥행업 그리고 '건달 사업'으로서의 로뗀바리

면담자 : 그러면 그런 일을 좀 도와주셨던 거예요?

구술자 : 어. 그렇게 하다가 도와주다가…… 그 놈이 나한테 떠넘겨 버렸지.

면담자 : 장사가 안 되니까요?

구술자 : 어. 안 된께. 떠넘겼어 나한테.

면담자 : 그럼 그때 영사기가 16mm 영사기였죠?

구술자 : 그 RCA. 그걸 몽땅 하던 것을 내가 인수를 받았지.

면담자 : 그럼, 그래서 선생님이 한 일 년간 하셨던 거예요?

구술자 : 어. 내가 하다가…… 내가 혼자는 안 된께. 내가 다른 사업도 있고 염전도 있고, 못 해서 안 된께. 내가 말하자면 건달 아니면 못해 먹는 사업이라, 내 밑에 있는 김인제라고 갸도 건달이여. 갸도 주먹으로 해서는 진도서는 인자 서럽지 않은 건달인데, 그 동생을 끌어들여갖고 같이 했제.

면담자 : 그러면 그때 진도 읍내를 막 돌면서 영화 상영하셨어요?

구술자 : 그라지 진도 전 군(郡) 쪽으로.

4) 전남 광주의 16mm 필름 배급사와 연예계의 집합 장소 '일등여관'

면담자 : 그러면 그때 필름들은 다 어디서 가져오셨어요?

구술자 : 광주에서 가져왔제.

면담자 : 광주에서요? 광주에서 그때 그렇게 필름이 많지 않았을 텐데요?

구술자 : 그때는 35mm는 있었는데, 16mm는 그렇게 많지 않았어. 한국영화는 아주 좋은 영화 아니면 16mm는 안 빼거든.[17]

면담자 : 복사로 안 바꾼다는 거죠? 전환을 안 했다는 거죠?

구술자 : 아니. 원래 만들 때는 35mm로 만들었는데. 16mm로 이제 뺄 때는 돈을 많이 줘야 할 수 없이 쪼까씩[18] 빼주고 그랬어. 그렇게 많지 않았어.

면담자 : 그러니까 35mm 필름을 16mm로 전환한다는 그런 말씀이시죠?

구술자 : 아니, 그때 내나 보면…….

면담자 : 크기가 다른데요, 35mm하고 16mm하고는?

구술자 : 원래는 그 35mm로 *** 나 있을 때는 촬영을 하는데. 16mm 축소해서 하는 거 아니여?! 그 원본을 축소해서 16mm로 빼는 거 아니여?! 그래서 이동 영화를 주관하는 업체들이 돈을 많이 부탁해서 빼 오제.

면담자 : 50년대, 그때 50년대 말에도요?

구술자 : 어. 그런 때.

면담자 : 광주에서요?

구술자 : 어. 광주만 아니라 대한민국적으로 빼냈을 거여. 그걸 빼내면 서울서 배급을 하는 거제. 전라남도, 가령 충청도, 경상도 이렇게 해서 그것만 배급하는 영화사가 있었어.

---

17 영화 배급사에서 16mm 영사기 순업 종사자를 위하여 16mm 필름으로 복사된 영화를 챙겨놓는다는 뜻이다.

18 조금씩.

면담자 : 그 혹시 그 영화사 이름도 기억?

구술자 : 그건 잘 모르는데. 좌우지간 그땐 내가 그 영화 묻혔지마는, 그게 짚이[19] 모르고 광주서만 필름을 가져다만 할지 알제, 그 몰랐어. 나중에서 내가 서울 중앙에 가서 알았제. 그때는 광주 가면 최 영감이라고…….

면담자 : 최 영감이요?

구술자 : 최 영감이라고. 그 이가 그 필름을 관계했는데.

면담자 : 16mm요?

구술자 : 어, 16mm만. 16mm만. 그때가 태평극장 옆에 '일등여관'이라고 있었어, 옛날에.

면담자 : 일등여관이요?

구술자 : 일등여관. 태평극장 옆에 '일등여관'이라는 여관이 있었어.

면담자 : 그때도 태평극장이 있었어요?

구술자 : 그람, 있었지.

면담자 : 그 태평극장이 1959년에 생겼는데 그 전에는 좀 '하꼬방'같이 있었나 봐요?

구술자 : 그랑께 '하꼬방'같이 생긴 게 태평극장이여, 그것이. '후리다시'가, 첫 번에 생길 때가…….

면담자 : 아, 후리다시요?

구술자 : 〔웃음〕 어. '후리다시'가 태평극장이 '하꼬방'극장인데. 그래서 태평극장이 된 거여. 이제 지어서.

면담자 : 건물 지어가지고요?

구술자 : 어. 그래가지고. 영화사 물 먹는 사람들이 '일등여관'에서 전부 모여.

면담자 : 광주에서는요?

---

19 깊이.

구술자 : 광주에서.

면담자 : 전라남도에서 사람들이 올라온 거예요?

구술자 : 전라 광주권에 있는 예술계, 소위 예술계 물 먹는 사람들은 거의 '일등여관'에서 요리를 해. 그래서 우리 영화만이 아니라 연예계, 연예계도 거기서 열열해.[20]

면담자 : 그럼 악극도 하셨던 분들도 오셨겠네요, 그리로?

구술자 : 그럼. 거기 가면…….

면담자 : 거기서 먹고 자고 하셨겠네요?

구술자 : 어. 악극하는 사람들, 노래 부르는 사람, 나도 거기서 그 최 영감 머시로 해서, 그때 국악을 해서 명창…….

면담자 : 명창 홍갑수?

5) 진도군에서의 명창 초청 공연과 인기

구술자 : 어 홍갑수. 홍갑수를 소개를 했어, 최 영감이. "영화만 하지 말고. 너도 쪼까 뭐항께 예술계 쪽으로 해서 홍갑수 한 번 데려다가 너도 한 번 해볼래?" 그라드만.

면담자 : 그게 더 돈이 많이 남았나 봐요?

구술자 : 그럼. 그때 애로가 또 많애. 대한민국 예술 계통만치로[21] 복잡헌데가 없어. 질서도 없고. 그때 홍갑수를 만나서, 그때도 홍갑수가 대한민국에 한국 국창 계열에서는 일류거든, 무대에 서는 것이. 그런데 홍갑수를 딱 만나서 말한께 좋게 승낙을 하더만. 내가 진도서 왔당께. 그때도 명창들이 진도는 오는 것을 좋아해. 왜냐면 노래 부르면 그 추임새? "좋다" 하고 "얼씨구" 하고 소리를 이라고 그러니 '기가 돋는다.' 그것이여! 다른 데 가면 몰라. 다른 데 가면 그런

20 영화를 포함한 연예계에 관한 이야기들이 오고갔다는 말이다.

21 예술 계통만큼.

것을 모릉께 그 연예인들이 재미가 없다, 그것이여 잉.

면담자 : 그런데 '진도는 가면 흥이 난다.' 그거죠?

구술자 : 그럼. 흐~ 하고서 꺾어 넘어가고. 흐~ 할 때 '얼씨구, 좋아!' 하고 그 추임새를 넣어주면 '기가 살아난다.' 그것이여. 그런데 다른 데 가면 그런 것이 없어. 그래서 그런 사람들이 참 좋아해 진도 오는 것을. 그래 갖고 지가 안채봉이라는 기생을 데리고 갈란다, 그것이여.

면담자 : 아, 오라 그러니까 안채봉이라는 기생을 데리고 온다고?

구술자 : 어. 안채봉이라는 기생이 그때는 아마 대한민국에서 안 빠졌을 거여 그 기생이. 광주 여잔데, 안채봉이라는 여자가.

면담자 : 그 분도 소리를 하셨던 분이에요?

구술자 : 기생이니까 소리를 기청차게[22] 잘한 여자여 대한민국에서도. 그런 때는 국악계는 전부 기생들이여 말하자면.

면담자 : 소리하셨던 분들이요?

구술자 : 어. 소리하던 사람들이 기생들이여. 그런데 그 기생이, 그때 말로는 그 자리에 앉혀버리니까 진도에서 노래 한 곡 불렀대, 손재형 씨가 데꼬 가서.[23] 그랬는데, 진도 사람들은 안채봉이라는 것은 머리에서 안 떠나. 어찌 잘 부르던지. 그래서 안채봉이를 엮어주더만.

면담자 : 영화 16mm 로뗀바리하면서 안채봉 님을 불러오셨던 거죠? 홍갑수 님이랑요?

구술자 : 어, 하면서. 그라제. 광주 최 영감이 '영화만 하지 말고 이것도 한번 해봐라.' 그것이여. 그래서 그것이 손을 댄 것이여. 그래갖고 이름을 명창대회라고 붙였어.

면담자 : 여기 진도 와가지고요?

구술자 : 어. 진도에다 내가 포스터를 붙일 때.

---

22 기똥차게. '기막히게'의 속어이다.

23 데리고 가서.

면담자 : 그냥 명창대회요?

구술자 : 명창대회.

면담자 : 포스터를 손으로 써서 이렇게?

구술자 : 그땐 손으로 썼었지, 할 수 없이.

면담자 : 선생님하고 아그들하고 써 가지고?

구술자 : 광주서 작업을 해갖고 진도로, 내 밑에 있는 가한테서 '이러저러한 작업에 들어갔다. 포스터 붙여라.' 그래서 시킨 것이여. 그래서 포스터는 천지는 다 붙여놨제. 그래갖고 "내일 진도를 내려간다." 그라는데 딱 '브레끼'[24]가 걸린 것이여.

면담자 : 어떻게요?

구술자 : 안채봉이가 못 간다, 그것이여.

면담자 : 무슨 이유 때문에 못 간다, 그랬대요?

구술자 : 그때 안채봉이 말은 그때는 일등여관에 와서 "어째 못가냐?" 그때 기생인데 "그 철공소 하는 서방을 얻었다."고 그라드만 잉. 기생이라 철공소 하는 서방을 얻었는데 "그날 갔다 오는 거는 보내 주는데 잠자고 오는 데는 못 보내준다." 그것이여.

면담자 : 진도가 머니까요?

구술자 : 어. "서방이 이라 하는데 어찌케 할 것이냐." 그것이여 잉. 〔웃음〕 그니까 환장하지. 포스터 다 붙여놨제. 내일 끝나는데. 그때는 광주서 아침 첫 차를 타야 여기 와서 낮에 공연을 해. 일이 그렇게 딱 시간이 짜졌는데 갑자기 빵꾸를 낸께 환장하제. 때려죽이지도 못 하고. 그래서 "갑수, 네가 책임을 져라 잉." 갑수도 국창이면 국창이지 뭐 돈을 책임질 것이여?! 그니까 갑수도 한숨을 하제. 둘이 술집 가서 술을 잔뜩 먹어불었어. "에이. 제기, 망허믄 망하고 죽으면 죽어. 좌우간 술이나 먹자 갑수야."

---

24 브레이크(brake).

면담자 : 공연하기 전날에요?

구술자 : 아니, 광주서.

면담자 : 광주서.

구술자 : 안채봉이가 빵꾸를 낸께. 서방이 "그날 가서 일을 하고 올 때는 가는데, 잠자고 오는 데는 안 보낸다." 이것이여, 그 철공소 사장이. 그래서 술 먹으면서 서방 불러서 욕을 뒤지게 해놨어, '개상놈의 새끼.'라고. 그래서 "이래서 사람이 살 겄냐?" 그것이여 잉. 욕을 해놓고 술을 잔뜩 먹고 일등여관에서 잠을 자는데 열두 시가 좀 넘었는데 전화가 왔어, 채봉이한테서.

면담자 : 〔웃음〕 내일 아침에 간다고요?

구술자 : "서방을 설득을 했더니 요번만 허락을 합니다, 그랑께 내일 가겄습니다." 크으~ 그렇게 반갑든가! 〔웃음〕

면담자 : 〔웃음〕 축하드립니다.

구술자 : 〔웃음〕 어. 그래서 그때 홍갑수, 안채봉이 둘이 하고, 고수 하나, 북치는 고수하고, 춤추는 무용…….

면담자 : 고전 무용 하시는 분이요?

구술자 : 응. 가이나들. 처녀들.

면담자 : 몇 명이요?

구술자 : 그때 서인가[25] 그래서 딱 여섯이 광주서 진도 오는 첫차를 탔어, 아침에.

면담자 : 몇 시인지 기억나세요?

구술자 : 그땐 몰라. 첫차가 다섯 시든가 몇 시인가 있어. 그때는 도로가 포장이 안 돼서 한 여섯 시간이나 달려야 여기 올꺼여.

면담자 : 굉장히 멀었네요?

구술자 : 응. 덜그덩, 덜그덩.

---

25 셋인가.

면담자 : 그때는 진도대교도 없이 배타고 건넜을 거 아녜요?

구술자 : 배타고 건넜지. 배타고 와서 또 여기서 도리[26] 건너서. 그렇게 와서 여기서 하루를 할라고 했는데, 안 보내고 그때 삼 일을 했던가?!

면담자 : 〔웃음〕 그 집 난리났겠네요?

구술자 : 응. 이제 한 번 왔응께 못 떠나제! 말이 그라제. 화악~ 낮에, 저녁에 해도 그냥 아우성을 치고 못 들어오는데!

면담자 : 그러면 그 말이 영화를 상영했을 때 보다 그렇게 명창대회를 했을 때 손님들이 더 많이 들었단 얘기네요?

구술자 : 그라제!

면담자 : 그럼, 그때 읍내에서만 했어요?

구술자 : 읍에서만 하지. 어, 읍에서만 하고.

면담자 : 그럼 사람들이 면에서 와 가지고, 다른 읍에서 와 가지고 보던가요?

구술자 : 그라제. 각 면에서 명창대회를 한께, 진도 사람들이 노래를 얼마나 좋아한다고! 그래서 그런 것이 있어서 일등여관이라는 그 자리가, 그 영화 상영만 하는 것이 아니라 연예계도 전부 거기서 이루어져.

면담자 : 광주의 명물이었겠군요?

구술자 : 어. 일등여관이란데가.

면담자 : 예전엔 서울에서 낙원상가 옆에 여관들에서 지방서 올라온 사람들이 묵고 그랬는데. 광주에서는 일등여관이 그런 자리……?

구술자 : 어, 일등여관이.

면담자 : 지금은 없어졌죠?

구술자 : 없어졌어. 일등여관도 없어졌드만. 태평극장도 안 하대.

---

26 다리.

6) 진도군 유일의 상설극장 '옥천극장'의 사라짐

면담자 : 예. 진작 안 하고 있어요. 오다보니까 옥천극장도…….

구술자 : 어. 뜯어부렀대.

면담자 : 언제 뜯어부렀어요? 너무 마음 아파요.

구술자 : 여기서 사갖고.

면담자 : 어디요?

구술자 : 여기서 사갖고 뜯어버렸어.

면담자 : 복지재단에서요?

구술자 : 어, 복지재단에서.

면담자 : 뜯지 말고 어떻게 좀 하지!

구술자 : 그랑께 저런 것을 뒀으면 옛날에 추억이 남는데.

면담자 : 그리고 잘 하면 또 명물이 될 수 있는데.

구술자 : 그랑께 그 뜯어불고…….

면담자 : 그거 보는 순간, '너무 했어…….'

7) 해남군 순회 흥행 영화 상영업자 '서대호'의 35mm 영사기 구입 권유

면담자 : 그러면 그런 명창대회 잘 됐는데, 그 이후로도 영화를 쭉 영화를 상영하셨죠? 지난번 말씀하셨을 때 '여기서는 장사가 안 돼서 로뗀바리 그만두셨다.'라고?

구술자 : 근데 이렇게 하는데. 사람이란 게 차츰 발달하잖어?! 사람은 뭣을 하다보면 참 앞을 보고 발달하지? 그래서 내가 16mm를 진도서만 했는데, 이웃 해남을 가 봤어.

면담자 : 16mm를 가지고요?

구술자 : 아니, 그냥! 이 로뗀바리는 서로가 알어, 서로가. 그래서 해남을 가 봤더니 서대호라는 사람이 상이경찰인데, 우리보다 한 댓 살 더 먹

었을까, 한 댓 살! 확실히는 몰라. 댓 살은 넘은 것 같애. 내가 서대호 형님이라 했응께. 그이는 우리보담 조금 더 앞서 나가서 16mm로 하다가 35mm로 개조를 해불었어.

면담자 : 그거는 어떻게 빨리 하신 거네요?

구술자 : 그랑께 여긴 섬이고, 거긴 육지라. 광주권이 더 가찹고[27] 그러잖애. 그래서 경험을 해서 35mm로 로뗀바리를 하드라고.

면담자 : 그러니까 벌써 50년대에 35mm 하셨던 거예요?

구술자 : 어. 35mm가 들어왔어. 그런데 그것이 일제 '도끼와'라는 영사긴데. 그걸 수입을 해갖고 하고 있더라고.

면담자 : 그런데 그분은 돈이 어디서 나서 벌써 이렇게 35mm……?

구술자 : 그랑께 16mm해서 해남에서 많이 번 거여.

면담자 : 돈 벌으신 거예요?

구술자 : 말하자면 해남이 진도 인구 배도 더 되는데.

면담자 : 예. 넓어요.

구술자 : 사람 숫자가 많으니까 돈을 많이 번 거제. 그래갖고 35mm로 개조를 해 불었지. 그래갖고 우리한테 기별이 와서 가봤어. 가본께, 정말 우리는 생각도 안 한 35mm. 극장에서 쓰는 35mm 영사기여. 그니까 이제 울화통이 터지고 눈이 뒤집어지고.

면담자 : 크기는 일단 크니까요, 아주 크니까.

구술자 : 벌써 달라불지, 규모가.

면담자 : 화질도 다르고?

구술자 : 화질도 다르고 필름 자체가.

면담자 : 필름도 다르고.

구술자 : 36mm 하니까 별 영화가 다 들어오지. 극장이 하는 필름은 전부 거기다 끼워서 영화를 해. 그랑께 필름이 무한정으로 들어오는 거

---

27 가깝고.

여. 16mm는 한정이 있어. 몇 개밖에 안 되야. 그때 내가 한 제기[28] 한국 필름이 한 열댓 가지 되었나?!

면담자 : 외국 필름은요? 할리우드, 양화 같은?

구술자 : 양화를 많이 썼지, 그랑께.

면담자 : 양화를 그것 때문에 광주배급사에서 가져 오신 거예요?

구술자 : 어. 양화를.

8) 진도군 영화 상영 변사(辯士) '최봉'

면담자 : 그러면 양화 할 때도 영어 때문에 변사 쓰셨다고?

구술자 : 변사를 썼지.

면담자 : 최봉이 씨요?

구술자 : 어. 최봉이라고.

면담자 : 그 분이 성씨가 최 씨예요?

구술자 : 최 씨. 최봉.

면담자 : 최봉. 그니깐 외자예요? 최봉희예요?

구술자 : 최봉.

면담자 : 많이 헛갈려 하시더라구요.

구술자 : 최봉.

면담자 : 최 자, 봉 자.

구술자 : 최봉. 최봉희라고 하는데. 희는 그냥 따라온 말이고. 최봉.

면담자 : 원래 이름은, 호적의 이름은 최봉!

구술자 : 목포 아인데. 그 형님이 말 구르마 사장. 말 구르마가 한 댓 개 있었어.

면담자 : 목포에서요? 구르마요?

---

28 한 것이.

구술자 : 어. 일제시대는 목포가 참 자동차가 없었응께. 말 구르마로 전부 운영을 하는데, 그 말 구르마가 한 댓 개 가지고 있어. 부자여. 말 구르마 한 대만 해도 재산이라 했거든.

면담자 : 예. 60년대까지 서울에서도 구루마 했었거든요. 혹시 선생님 〈마부〉(강대진, 1961)라는 영화 기억나세요?

구술자 : 어. 〈마부〉 있제.

면담자 : 김승호 선생님 나오는 거기서도 보면, 서울에서도 60년대에 말 구루마로…….

구술자 : 내가 〈마부〉 할 때가, 곡성극장에 할 때가 〈마부〉가 나왔거든.

면담자 : 그러셨어요?

구술자 : 어. 곡성극장 할 때.

면담자 : 곡성극장 할 때 〈마부〉가 나왔다구요?

구술자 : 어. 〈마부〉가, 그때 〈마부〉가 있었어.

면담자 : 그때 〈마부〉 상영하셨다구요?

구술자 : 아니. 그때 모르겄구만. 그때 〈마부〉라는 그 포스터를 본 거 같애, 광주서. 그랑께 〈마부〉를 했는가 안 했는가는 모르는데. 거 〈마부〉가 그때 있었어.

면담자 : 선생님은 곡성에서 영화 상영할 때 〈마부〉라는 영화를 광주에서 봤다고요, 포스터를?

구술자 : 어. 포스터를 봤어. 〈여자의 일생〉(신경균, 1962), 〈마부〉 모두 그런 것.

면담자 : 그런데 〈마부〉는 제 기억으로는 1961년도 영화거든요. 그럼 선생님이 지난번 말씀하셨을 때 5·16 지나고 나서 곡성문화원으로 가셨잖아요? 그때 그럼 1961년도에 가신 거 같아요. 5·16이 61년도 났거든요.

구술자 : 모르겄어. 그런데 그때 〈마부〉라는 것이 붙었어.

면담자 : 예. 서대호 선생님이…….

구술자 : 그래서 서대호가 '형님, 동생.' 하고 그랑께, "16mm 때려 치고 이것 해라." 그것이여. 필름이 무한정이잖아, 필름이! 그 16mm 필름이 없어 못할 때가 있어. 필름이 없응께. 그랑께 진도 오면 한 20일간 돌아다니거든. 그랑께 아쉬운 대로 필름이 1년에 한 열 개 가지면, 거의 열 한 댓 개 가지면 돌아댕길 수가 있제.

면담자 : 그러니까 여기 진도군에 있는 읍면을 다 도셨다는 얘기이신가요?

구술자 : 그라제.

면담자 : 수입은 좋으셨어요?

구술자 : 운영은 할 수 있을 정도로 된께 돌아댕겼제. 그래갖고 못 허건 놈은 양놈으로 때는 거여 인자.[29]

면담자 : 그러면 당시에는 진도읍내에 극장이 없었던, 그때 옥천극장이 생기기 전이었죠?

구술자 : 전이제. 옥천극장 생기기 전이제.

9) 흥행을 위한 계몽 영화 순회 상영의 병행

면담자 : 그때 선생님은 흥행을 위해서 돈을 벌려고 돌아다니셨잖아요? 그때 혹시 군청에서나 아니면 뭐, 뉴스영화, 계몽 영화라고 상영 안 하던가요? 돌아다니면서 그 사람들이?

구술자 : 안 했어.

면담자 : 그런 건 없었어요, 진도는?

구술자 : 진도는 어두웠어.[30] 그럴 때는 군(郡)에 가 그런 기계도 없었고.

면담자 : 선생님은 오직 계몽 영화 같은 건 안 하시고 그것만 하시고, 흥행 영화.

구술자 : 우리가 계몽 영화를 학교 가서 한 번씩 하제.

---

29 한국 영화를 상영하지 못한 경우 외화를 상영했다는 말이다.

30 근대화되지 않았다는 말이다.

면담자 : 언제, 몇 년도에?

구술자 : 그런 때. 학교 가서 일인당 얼마씩 받고 학생들한테 학교에다가 검은 포장을 치고.

면담자 : 임막 치고?

구술자 : 암막 치고 영화를 하고 돈 받고 그런 적이 있지.

면담자 : 그럼 그 필름은 어디서 가져 오신 거예요?

구술자 : 그것이 대본에가…….

면담자 : 어디요?

구술자 : 필름 있으면 대본이 있어. 대본이 있는데. 대본에가 '학생 가(可)', '학생 불가(不可)'가 있어. 그래 '학생 가(可)'는 교육구청에 가서 인가를 맡어. 그래 '학생이 볼 수 있는 필름입니다. 그랑께 건의를 해주쇼.' 학교다가. 그렁께는 역시 주먹이 더 가까워, 교육구청보다. 학무과장들 그냥 말 안 들으면 휘어잡고 두드려 패면 팰 수 있는 그런 정도여. 그래야만이 해 먹는다고, 이것이. 그랑께 압력을 넣은 거지. 학생 대본에가 있응께, 문교부에서 나온 거. "이거 각 학교에다 공문을 내라." 한 거지. 그럼 학교도 영화를 할 수 있는 학교, 할 수 없는 학교가 있을 거 아니여? 학생들 적은 데는 안 되고, 학생들 큰 데만 '내라.' 이것이여. "공문을 내 줘라." 그럼 내 주면 거기 가서 하는 거지, 인자. 학교가 또 안 할라 그래, 성가싱께. 돈 받기 성가시고. "왜 으째 새끼야 상부에서 하란 데 안 하냐?" 그럴 때 학교 선생 같은 것은 아무것도 아니제. 그래서 반 강제적도 있고, 순리적도 있고 막 그렇게 해서 하는 거지. 그래서 계몽 영화는 '학생 가'는 큰 학교, 진도서. 면 소재지 정도 되면 가서 반드시 영화를 강제로도 하고 뭐 억지로도 하고. 그렇게 해서 영화를 했지.

면담자 : 그게 먹혀요? 반 억지 강제로 하면?

구술자 : 거의 거 가제. 아니 문교부에서 '학생 가' 이렇게 했으면, 교육구청에서 '얘한테 해줘라.' 그라면 지방 사람인데 안 해줄 수 없제 잉!

당연히 보호 받어. 그럼 선생들은 저~ 밑엔디. "교육구청에서 해줬는데, 이 새끼들 안 해줘야?" 하고 따지면 이거 만날 얼굴 보며 "형님, 동생"하고 고향에서 다 아는 얼굴들인데 뭐. 지 것도 주는 거 아닌데, 뽕 하는 것이제. 그렇게 해서 하고. 그럴 때는 진도에는 문화원이라는 것이 없었어. 그래서 군에는 영사기도 없었고, 아무것도 없었어, 나 할 때는. 그래가지고 영화를 했는데 35mm가 된께 필름이 무한대여. 1년이면 한 200개씩 나왔다고?!

면담자 : 예. 50년대 말에서 60년대 초.

구술자 : 한국 영화계 제일 전성기가 1년에 나온 것이 한 200개 정도 나왔다고 봐. 필름 자체가, 영화가 나온 것이. 그렇게 무한정인데. 16mm 필름은 한 열댓 개, 열 개, 잘 나오면 1년에 그것밖에 안 나온디. 그래서 서대호가 '바까라'[31] 그것이여. '바까라' 그래서 인자 35mm로 바꾼 거지.

면담자 : 바꿨는데. 〔웃음〕 중요한 것은 영사기만 바꿨는데, 그 이후에 필요한 기자재들이?

구술자 : 기자재들이…… 서대호는 그때 자동차도 있었고, 모든 것이 다 있었는데. 우리는 영사기만 딱 일본서 온 놈으로 수입만 했제.

10) 논 30마지기를 팔아 구입한 일제 신제품 35mm 영사기

면담자 : 영사기는 종류가 어떤 것이었나요?

구술자 : '도끼와' 영사긴데.

면담자 : '도끼와'요? 35mm요?

구술자 : '도끼와' 영사긴데.

구술자 : '도끼와' 영사긴데. 그것이 일젠데.

---

31 바꿔라.

면담자 : 중고로 사셨어요?

구술자 : 아니. 새 걸로 샀지.

면담자 : 돈 많이 쓰셨겠네요?

구술자 : 그림. 그때 우리가 살 때 350만 원 줬응께.

면담자 : 우와, 굉장히 비싸네요.

구술자 : 무지무지하니 큰돈을 주고 산 거여

면담자 : 지금 돈으로 하면 3,500[32] 정도일까요?

구술자 : 3,500이 더 되제. 내가 저 일곱 마지기 논 폴고,[33] 저놈 폴고 해서.

면담자 : 일곱 마지기나 파셨어요?

구술자 : 열 닷 마지기. 한 삼십 마지기 넘어 판 거제, 그때.

면담자 : 논을요? 와아, 돈 굉장히 많이 드셨네요.

구술자 : 어, 굉장히 많이.

면담자 : 거의 전 재산 투자하신 것 아니었어요? 〔웃음〕

구술자 : 그래가꼬 서대호같이 자동차 사야지, 발전기 사야지, 발전기도 커야 돼야.

면담자 : 35mm용?

구술자 : 전기가 더 먹은께 16mm는 전기가…….

면담자 : 조그만 하잖아요, 16mm는.

구술자 : 1킬로 같은 전구가 들어가는데. 35mm는 두 배 아니여? 기계가 잉! 배가 들어가야지, 전기가. 그란게 전기 발전기는 안 돌아가. 꺼져불어, 두 대가 불이 켜지면. 그래서 발전기 사야지. 그 놈이 구할 수가 없어, 그때. 그란다고 해서 염전 팔 수도 없고. 그래서 할 수 없이 그때 내가 돌아댕겨놔서. 이상하게 광주 가서 좀 돌아댕긴께 곡성서 그 말을 하더만, "너 곡성으로 들어가거라." 그래서 곡성으로 간 거제.

---

32 3,500만 원.

33 팔고.

4. 1960년대 전국 순회 흥행 영화 상영 시작

1) 곡성군 공공건물의 임대와 자칭 '곡성극장'에서의 영화 상영

면담자 : 그럼 그때 곡성도 극장이 없었다는 거죠?

구술자 : 없었제. 곡성가 그 옛날에 문화원이 좋게 지었드만.

면담자 : 그때도 이름이 곡성문화원이었어요?

구술자 : 문화원이었어. 그런데 내가 바까 버렸어.[34] 곡성극장이라고. 내가 운영하면서.

면담자 : 이름을 바꿔버렸어요? 이름을 밖에다 걸어놓으셨어요?

구술자 : 그냥 곡성극장이라고 했어.

면담자 : 그냥 부르고. 간판은 안 바꾸고요?

구술자 : 곡성극장이라고 하고 극장을 했어. 그랑께 곡성을 간께 문화원이란 것이 있더라고.

면담자 : 그게 5·16 지나고 나서 가신 거죠?

구술자 : 그런 거이제. 박정희 시절에 간 거이제.

면담자 : 박정희 61년부터 박정희 시절이니깐.

구술자 : 몰라. 박정희 시절에 간 거 같애. 내가 마흔 살에 갔던가?

면담자 : 마흔 살에요?

구술자 : 45년 되네?!

면담자 : 곡성 가니깐 마흔 살이셨죠?

구술자 : 그럼, 마흔 살 같애.

면담자 : 그렇다면 64년 정도 된 거 같거든요. OO년생이니깐 마흔 살이면 63~4년 정도.

구술자 : 모르것어. 내가 마흔 살인가 서른아홉 살인가. 그때 곡성을 강께

34 바꿔버렸어.

곡성문화원이란 게 있더라고.

면담자 : 문화원요?

2) 전남 광주 미문화원에서의 〈대한뉴스〉 대여

구술자 : 그래서 내가 곡성극장을 했어도 뉴스를 문화원에서 갖다 했어, 그럴 때. 〈대한뉴스〉를. 그런데 그것이 이해가 안 가. 광주 수기동에가 있었거든. '백기'네 '전국흥업'으로 해서 뒤로 돌아가면…….

면담자 : 영화 배급사였죠?

구술자 : 어어. 백기네 집에서 쪼까 더 가면 미문화원이 있었어.

면담자 : 예예. 알아요. 황금동에 있었던 문화원.

구술자 : 거기서 극장에 쓰는 필름을 내가 가져왔거든, 〈대한뉴스〉를.

면담자 : 〈대한뉴스〉를 그니깐 영화 배급사에서 가져오신 거예요?

구술자 : 아니.

면담자 : 아니면 미문화원에서 가져오신 거예요?

구술자 : 미문화원에서 가져왔어, 그때.

면담자 : 〈대한뉴스〉를요?

구술자 : 응. 〈대한뉴스〉를.

면담자 : 그러면은 그게 〈대한뉴스〉하고 〈리버티 뉴스 Liberty News〉도 가져오셨어요?

구술자 : 몰라, 그때 모르고. 좌우간 뉴스를 거기서 가져왔어.

면담자 : 그러면 그거를 따로 문화원에서 상영을 한 게 아니라 선생님이 상영을 한 거죠?

구술자 : 그니깐 곡성극장에서 할 때 문화원에서 갖다 했다, 이거시여.

면담자 : 곡성문화원에서 할 때.

구술자 : 응. 할 때. 내가 곡성서 할 때. 나중 판에는 도청으로 이관을 했지, 그것이 뉴스가.

면담자 : 나중에는 도청으로 이관을 했다?

구술자 : 응. 도 공보과에서 뉴스를 배급하드만.

면담자 : 나중에.

구술자 : 나중에. 그때는 문화원이라는 것이 상당히 거 세력이 좋았어.

면담자 : 그러니까 선생님은 일반 상업 영화, 흥행 영화 상영하기 전에 뉴스 영화를 상영하셨던 거예요, 〈대한뉴스〉를?

구술자 : 아니, 여기서는 안 하고, 곡성 가서.

면담자 : 곡성 가서?

구술자 : 곡성 가서.

면담자 : 곡성문화원에서 선생님이 하신 거죠?

구술자 : 응. 그때.

면담자 : 재밌네요.

구술자 : 문화원에 가서 한 건데. 그때 기사가 정재철이었어, 여기 있던.

면담자 : 예.

구술자 : 그래서 곡성 가서 문화원이라는 것을 처음 알았어, 진도 아그들이. 문화원이 뭔지도 모르고, 여기서는 문화원 이름도 몰랐제. 문화원이 상당히 힘이 쎄더라고.

면담자 : 그때 곡성문화원이요?

구술자 : 곡성문화원에 강께. 미공보문화원에서…….

면담자 : 미공보원이요? 미공보원.

3) 미공보원(USIS)의 지방 문화원 설립과 영사 활동 지원

구술자 : 그럼, 그 미국 공보원이제. 그 문화원에서 각 군마다 문화원 설립을 하면 영사기하고 발전기하고 주더라고, 그때.

면담자 : 미공보원(United States Information Service, USIS)에서? 우리 정부가 아니라?

구술자 : 미문화원에서 그 구역 문화원 설립을 하면 영사기하고 발전기하고 줘. 그래갖고 그것을 운영을 시키는데. 홍보 영화 아니면 배급에 있어서 '학생 가(可)하는 영화를 갖다가 학교 같은데 댕김시로[35] 영업을 해서 먹고 살아.' 그것이여.

면담자 : 예.

구술자 : 그렇게 해서 대여를 해주드만.

면담자 : 일반 흥행업자한테요?

구술자 : 아니, 문화원 직원한테…….

면담자 : 문화원 직원한테요?

구술자 : 어.

면담자 : 그럼 돈을 받고 문화원 직원이 상영을 했다는 얘기예요?

4) 외지에서 문화원을 접한 진도 출신 영사기사의 진도군 문화원 설립

구술자 : 그라제. 학교 가서 학생들한테 해주고 돈 받고. 그런데 그 기계나 발전기는 미문화원에서 공짜로 대여를 해준 것이고. 그때 말이 '미국 첩보기관이라고.' 그렇게 말을 들었어, 문화원이라는 것이. 그렇게 말을 들었어, 그럴 때. 그랑께 그렇게 해서 재철이 갸가 "캬~ 문화원이 이런 것이구나." 이것을 알았어.

면담자 : 그때 정재철 선생님은 영사기사로 같이 가셨던 거예요?

구술자 : 기사로 데꼬 갔었지. 성환까지 데꼬 갔었제. 성환까지 데꼬 가서 인자 각시가 젊은 시절이라, "못 산다고, 나 안 살란다."고 "너 혼자만 돌아댕기기만 한다."고 해서 다시 와불었제. 그래서 여기서 문화원이란 것을 설립했어. 진도문화원이라는 것이 한참 뒤에사. 그 객지서 보고 와서시[36] 설립을 했어.

---

35 다니면서.

36 와서야.

5) 곡성군 문화원에서의 흥행 성공과 광주 배급사와의 거래

면담자 : 선생님은 계속 곡성문화원에서 영화 상영하시고요? 그럼 박종민 선생님은 언제 얼마 동안 곡성에서 하셨습니까?

구술자 : 거기서 1년 조깐, 1년 한 반이나 있었던가?! 1년 반이나 있었는데. 그때는 어두운 때여. 그때는 곡성이 아주 미개지라 해야 되까?! 곡성서 더 가면 구례가 있어. 구례에는 극장이 있는데 곡성에 극장이 없더라고. 그래서 내가 문화원을 대여를 해갖고 들어간 것이제.

면담자 : 거기서 장사는, 수입은 좋으셨어요?

구술자 : 캬~ 좋았제. 기맥히게 좋았지.

면담자 : 배급은 광주에 있는 배급사에서 갖다 쓰시고요?

구술자 : 어어, 광주. 그랑께 '전국흥업' '백기'도 알고. 그래서 모도[37] 난리여. 영화사 필름을 전부 돌아다니면서 추려갖고 날짜별로 해서 계약을 하니께.

면담자 : 그럼 거기에 며칠마다 한 번씩 프로를 바꿨어요, 거기서 하실 때?

구술자 : 그랑께 일주일에 한 번씩은 광주로 가야 돼. 프로 따메[38] 일주일에 한 번씩.

면담자 : 그럼 영화 프로가 인제 1주일에 1번씩 바뀌었던 거예요, 새로?

구술자 : 아니, 이틀씩 해.

면담자 : 이틀에 한 번씩이요?

구술자 : 어, 이틀에 한 번씩 가니껜. 일주일이면 세 프로 내지 네 프로가 베껴야[39] 되지. 인제 그것을 날짜별로 해서 광주에서 계약을 해야 돼. 음 그러면 광주고속으로, 안 가도 오제,[40] 계약해서 돈 딱 주고

---

37 모두.

38 때문에.

39 바뀌어야.

40 필름을 인수하러 광주의 영화사에 직접 찾아가지 않고 고속버스 화물을 통하여 받았다는 말이다.

나면. 그랑께 될 수 있으면 좋은 프로 빨리 가져오는 것이 임무제. 그랑께 광주 가서 영화사 직원들 하고 술 한 잔도 하고.

면담자 : 아, 그러면 선생님 굉장히 바쁘셨네요, 이렇게?

구술자 : 그냥 왔다갔다.

면담자 : 곡성 있다, 광주 있다 가고 인제 영사하는 사람은 계속 영사하고 선생님은 왔다 갔다 하시고 그렇겠네요? 그럼 재정 업무도 선생님 다 이렇게 혼자……?

구술자 : 그라제.

면담자 : 체크 하신 거예요?

구술자 : 아침에 갔다가 일 보고, 저녁에 오후에 점심 먹고, 광주에서 점심 먹고 곡성 가면 저녁 영화 하제.

면담자 : 예. 뭐 그럼 그때에 하루에 한번 저녁에 가……?

구술자 : 첫 번에 한 번 했는데, 해본께 참 손님이 많애. 그래서 나중에서는 낮에, 저녁에 해버렸지.

면담자 : 낮에 한 번 저녁에 한 번? 그럼 낮에는 몇 시경쯤 하셨어요?

구술자 : 낮엔 한 시부터.

면담자 : 그리고 저녁에는요?

구술자 : 저녁에는 인자 밥 먹고 나면, 요새 같으면 7시 반이나 시작할랑가?! 저녁에는 농촌이라서 역시 조금 늦제, 광주보다는.

6) 곡성군 지역 단체의 텃세로 인한 영화 상영업 중단

면담자 : 근데 곡성에서는 잘 됐는데, 한 1년 반밖에 못 하셨어요?

구술자 : 너무 잘 되아서 그라제.

면담자 : 잘 되아서요?

구술자 : 그것이 내 극장 같으면 계속 할랑거이제. 계속 할랑가제만은. 그것이 인자 잘 되어서 돈이 팍 번다고 소문이 나대. 소문이 날 거 아

니여?! 그럼 곡성도 건달도 있고 상이군인도 있고 뭐 여러 가지 단체가 많은 거 아니여! 그래서 그 단체에서 일어나대. "왜 객지 사람을 줘야? 곡성 것을! 곡성 사람들이 해야 된다." 그래서 달라고 준 거여, 그래서 인자 할 수 없이 나갔제, 우리가 비워주고.

7) 대전의 순회 흥행 영화 배급사 소개와 충남 성환읍에서의 흥행업 시작

면담자 : 그래서 인제 그 다음은 어디로 가셨나요? 〔웃음〕

구술자 : 충청남도 성환읍으로 갔제. 성환읍.

면담자 : 그러면 그때 말씀하실 때 그 이동영사 1호는 언제 따신 거예요?

구술자 : 성환 가서.

면담자 : 성환 가서요? 성환은 또 어떻게 소개를 받으셨던 거예요?

구술자 : 그랑께 제가 그…… 발이 넓어야 돼, 사람은. 발이 넓어야. 그 진도에서 영화사 할 때 내가 대전 아그들을 좀 알았어.

면담자 : 아, 진도에서 벌써 아셨던 거예요?

구술자 : 대전 영화사 아그들을 두어씩 알아 두었어, 여기서 영화할 때도.

면담자 : 그 말씀은 광주에서 필름을 갖다 쓰기도 했지만 대전에서 필름을 갖다 썼단 얘기도?

구술자 : 아 필름은 안 갖다 썼어도.

면담자 : 그냥 알았어요?

구술자 : 어어. 그 영화 물 먹는 사람들은 이상하게 알게 돼야. 묘하니 알게 돼야. 그래가지고 그 박 머시라고, 이름도 잊어 버렸구만. 그놈을 알았는데, 곡성서 갑자기 못 하게 된께 생각이 탁 나더라고. 그래서 대전을 올라갔제. 그래서 대전서 역전 앞에 영화사가 있어, 많이. '치현'이 영화사도 있고 모도 골로[41] 영화사가 있는데. 그 로뗀

---

41 그곳에.

바리 영화사도 대전도. 거기 가서 그 놈을 만났어. 그랬더니 거기는 35mm 영화가, 로뗀바리하는 영화는 꿈도 꾸지도 못 하더만. 있는지도 몰라.

면담자 : 아, 그때 곡성에서 35mm로 잘 장사를 했는데, 대전을 갔는데 대전은 아직 16mm…….

구술자 : 16mm밖에 몰라. 35mm 갖고는 이동용을 할 수 있는 것을 모르고 있었더만.

면담자 : 그때 있었던 배급사들은 로뗀바리만 거래를 했어요?

구술자 : 대전도 로뗀바리 영화사가 있고, 극장용 영화사가 있고, 두 가지가 있어. 김치현이라는 사람은 로뗀바리 영화사를 하고.

면담자 : 그럼 그때 그분은 16mm만 하고 계셨어요? 35mm 안 하고요?

구술자 : 응 16mm만. 그래서 그 가서 술 먹으면서 얘기를 한께, "성환이 비어 있다, 성환극장이." 그곳이 문화원이여.

면담자 : 성환극장이 아니라 문화원?

구술자 : 문화원이여. 극장이면 개인이 했제.

면담자 : 예, 그렇죠.

8) 충남 성환읍 수양리 미군부대에서의 영화 상영

구술자 : 그란데 읍 소재지거든 그때. 긍께 곡성보다 훨씬 더 큰데제, 읍이란 것은. 곡성은 면이고. 그래서 가서 본께 "그냥 답사를 해보자!" 돈 주고 대전서 가서 답사를 딱 했제. 그냥 확 평야지댄데. 미군부대가 있고.

면담자 : 성환읍에요?

구술자 : 어, 미군부대. 수양리라고 미군부대가.

면담자 : 수양리요?

구술자 : 어, 수양리. 수양리라는 데가 미군부대가 있는데. 그것이 05, 05,

군대 머시라 053이더만!

면담자 : 053이요?

구술자 : 053부대여.

면담자 : 053부대.

구술자 : 어, 053부대가 한국 탄약 기지창이, 한국에 탄약이 미국서 들어오면 골로 들어가.

면담자 : 그래요?

구술자 : 아, 그게 큰 기지창이야. 탄약 기지창이 성환가 있어.

면담자 : 그럼 미군이 많았단 이야기네요?

구술자 : 전부 미군이 관리하제. 한국 사람은 경비만 서.

면담자 : 그럼 그 인근에 마을도 있었고요?

구술자 : 거가 성환이랑께. 성환에가 수양리가 있는데, 우리가 영화 함시로 거기를 가봤어. 그 한국 군인, 경비용 군인이 있는데, 그 안에서 영화를 해주라 해서 영사기를 뜯어 갖고 가서 부대 안에 들어가서 영화를 한 번 한 적이 있어. 그래서 한국군은 탄약을 산에다 쌓아놨더만. 그라고 이제 비만 개리게[42] 덮어놨어. 그것은 한국 군인이 지키고, 진짜 좋은 탄약은 땅 속으로 들어가 버려. 안 뵈여. 그 수양리를 가본께. 큰 트레일런가? 미군부대 막 짐 끄꼬 댕기는 트레일러. 미군 깜딩이도 운전하더만 고놈들은! 큰 차, 근데 그냥 땅속으로 들어가면 그만이야. 어디로 가는지도 모르제. 그냥 굴이라고 그냥 들어가면 없어져불어. 한국 053부대 한국 탄약 기지창이여. 그랑께 군인에게 경장히 많애.[43]

면담자 : 미국인도 있었고?

구술자 : 미군부대, 양색시, 한국부대 이래 갖꼬 인구가 굉장히 많애. 그 자원이 사람이 많아야, 자원이 많아야 이것이 되제.

---

42 가리게.

43 군인들이 굉장히 많았다는 말이다.

면담자 : 그땐 극장이 없었어요? 문화원만 있었던 거죠?

구술자 : 문화원을, 소개를 해서 갔는 거여. 그래서 본께 군부대가 자원이 좋고. 그라고 목장 지대가 좋아 거가.

면담자 : 목장 지대가요?

구술자 : 목장이. 이승만 씨가 거기다 목장을 차렸는데. 그가 목장 별장이 있드만.

면담자 : 아, 성환읍에요?

구술자 : 어, 성환읍에가. 그래서 대한민국 내에 목장 소키(우)는 사람들이 다 망해도 성환서는 안 망했어. 왜 그러냐면은 거가 국립검역소가 있대.

면담자 : 검역소가요? 아, 선생님 참 기억력이 굉장히 좋으세요. 저 예전에도 느꼈었는데.

구술자 : 검역소가 있어갖꼬 수의사들이 주재해 갖고 병만 나면 즉시 고쳐줘, 국가에서. 그래서 병이 나도 그냥 고쳐서 안 망하고. 다른 데는 전부 그 병들어서 죽었어. 미국서도 소 갖다, 젖소. 그랑께 그때 성환 목장에가 우유 수가 300마리가 있었는데, 목장에가. 그 옆에가 이승만 씨 별장이 있더만. 그라고 돼야지가[44] 2천 마리.

면담자 : 강아지가요?

구술자 : 돼야지, 돼야지.

면담자 : 그럼 그 목장을 누가 운영을 했었는데요?

구술자 : 그 국가 것이제.

면담자 : 아, 그래요?

구술자 : 국가 1호. 근데 목장 있고, 또 과수원이 경장히 많애, 과수원이. 성환 참외가 유명하지. 성환 배. 그래가지고 본께 겁이 나,[45] 그 시내가. 그래서 아침에는 그럴 때는 목장에서 우유를 서울로 보내더만.

---

44 돼지가.

45 대단한 규모에 겁이 날 정도로 놀람.

아침 5시에 서울로 가는 차를, 목장에서 우유를 짜. 일반 그 희건 통 그런 거를 그냥 수 백 개를 올려. 그렇게 돈이 흔한 때여. 돈이 흔해야 이것이 흥행이 되제. 그래서 본께 참 욕심이 나. 그래서 그 계약을 했제.

9) 충남 성환읍 의용소방대와 문화원 건물 임대 계약

면담자 : 그 누구하고 계약을 하신 거예요?

구술자 : 문화원을, 권리를 갖고 있는 것이 의용소방대더만. 성환읍 의용소방대가 그거를 갖고 있어, 권리권을.

면담자 : 성환문화원에 대한 권리권을요?

구술자 : 어, 성환의용소방대야. 성환문화원인데도 그 권리권은 의용소방대라는 데가 갖고 있어, 권리권을.

면담자 : 그럼 소방대장이 문화원장이세요?

구술자 : 아니, 문화원장은 따로 있고, 소방대장이 따로 있드만.

면담자 : 아, 그래요? 재밌네요. 근데 왜 소방대에서 그 권리를?

구술자 : 그니깐 소방대, 의용소방대란 것이, 그런 때는 경찰서 직속 부하기관이거든, 어디든지. 그래서 권력이 좀 쎘제, 서가 더. 군청보다 더 세지. 그래서 그 놈을 빌려주고 행사 때 쓰면 의용소방대에서 수금을 해서 그 놈 갖고 비용을 쓰고 그라드만. 그래서 그 놈을 계약을 했어, 내가.

면담자 : 임대 계약을 하신 거죠? 문화원을 쓰겠다? 몇 년 계약을 하셨어요?

구술자 : 거기서 그 무한정이로 계약을 했제. 무한정이로 계약을 했어.

면담자 : 그리고 영화를 상영하는 공간으로 여기를 빌린다?

구술자 : 어어, 그래서 내가 '극장' 말을 내가 해 버렸지.

면담자 : 그럼 소방대장하고 계약을 하신 거예요?

구술자 : 그렇제, 소방대장하고. 그래서 계약을 해갖고 가본께. 곡성은 이거

아무것도 아니여. 진짜 곡성서 장난했어. 이건 돈이 아니여. 이건 막 담는 것이여, 싣어서.

10) 도시 상설극장과 같은 횟수의 영화 상영과 흥행

면담자 : 그럼 그때도 이틀에 한 번 꼴로 영화를 했어요?

구술자 : 아니 그거는 막 감시로부터 밤낮으로 해버렸어, 영화를.

면담자 : 아, 하루에 몇 번이요?

구술자 : 두 번씩.

면담자 : 하루에 두 번씩.

구술자 : 어, 도시하고 똑같이. 광주하고 똑같이. 낮에 하고 저녁하고.

면담자 : 낮에 하고 저녁에 하고? 그러면 프로는 며칠에 한 번씩 바뀌었어요?

구술자 : 이틀에.

면담자 : 그러고 필름은 광주에서 갖다가?

구술자 : 아니 그거는 충청권이나 대전.

면담자 : 그럼 그때는 대전에서 극장용 필름을 갖다 썼어요? 아님 로뗀바리?

구술자 : 그라지. 극장용 등록이 난거 극장 필름 갖다 쓴 거제.

면담자 : 35mm거요?

구술자 : 응. 그래가지고…….

면담자 : 부대 안에 들어가서도 상영 영화 상영을?

구술자 : 하고 있응께 군인들이 확 나오거든. 그라니 군대 부대에서 성가슨 게[46] "부대에 들와서 해주라, 그 돈 받고."

면담자 : 그럼 미군을 상대로 해요? 아니면 한국?

---

46 귀찮으니까.

구술자 : 그냥 미군도 보고 한국도 보고 같은 부대 낸께. 음 그라믄 양색시 도 들어오고 수양리.

면담자 : 부대로요?

구술자 : 어, 부대로 또 극장이 있더만. 부대가 큰 극장이 있어 아주.

면담자 : 극장이 있었단 거죠?

구술자 : 극장이 있어, 큰 극장이 있어 아주. 이 철로에서 똥그라니 이렇게 되 갖고 극장이 있대. 근데, 거가서 극장하면 양색시들, 한국, 미군 막 이렇게 해서 보재. 근데 거가서 한 달에 한 번씩이나 했을까?! 좋은 프로 오면 꼭 가서 부대장이 와서 해주라면 가서 해주고.

11) 흥행의 성공요인, 35mm 영사기와 안정적인 필름 공급

면담자 : 선생님이 성환문화원 들어가서 극장 하시기 전에 그 전에 따로 로뗀바리 하셨던 분은 안 오셨대요, 그 동네에?

구술자 : 어디가?

면담자 : 성환에요, 그 선생님이 가서 계약한.

구술자 : 어, 그것이 극장이 아닌께 로뗀바리로 대전서 한 달에 한 번이나 이렇게 댕겼어.

면담자 : 인구가 많았는데도, 그렇게 됐어요?

구술자 : 근데 어째 이것이 안 되었냐 그 원인을 내가 분석을 한께, 16mm 라는 것이여, 16mm. 필름도 낡아갖고 가다가 "탈탈탈탈"하다 떨어지고 어?! 발전기도 고장 나다, 기계도 고장 나다 그랑께. 영화 하다 고장 나면 그냥 내빼불고, 돈 만 갖고 내빼버리는 거야, 기냥. 가령 200명이 들어왔을 때 기계가 고장 나서 영화를 못 했다 변상할 때는 200명이 돈 받았으면 한 300명이나 돈을 내줘야 되야. 공것 들어온 놈이 있거든. 그럴 거 아니여?! 그런데 망한께 그냥 갖고 내빼버리는 거야. 돈만 갖고 그냥 내빼버려. 그런 짓거리를 위

해서 아주 신용이…… 〔구술 장소에 있던 어떤 할아버지가 말씀 참견하다.〕 그래서 내가 대전 가서 안 것이 그것이 그래서 안 것이여, 거가. 대전서 극장이 없는 데는 대전 로뗀바리 아그들이 해먹은 자리여. 거가 젤 좋다는 것이 아그들이 알제. 그란데 만날 가도 껨이거든.[47] 그랑께 천안으로 굿 보러 가제, 잉. 35mm 천안으로 가제, 성환서 볼 것이여?! 그거 30리 길인데.

면담자 : 아, 30리 꽤 멀죠?

구술자 : 응, 30리여. 30린데. 그랑께 천안으로 굿 보러 가지. 있는 사람이 보겄어?![48] 음 그러다가 내가 정식으로 일제 35mm 영사기를 갖다 놓고 대전서 필름 같은 걸 돌리니께 바뀌지는 거지.

12) '한양영화사'라는 정식 명칭의 등록

면담자 : 그럼 선생님이 성환에서 인제 영화를 상영하실 때 그때 정식으로 그 영화사 이름을 내셨죠?

구술자 : 어, 한양영화사라고 했지

면담자 : 그때 그 곡성 그니까 곡성에서.

구술자 : 곡성 할 때는 그런 것이 없었어. 성환 가서.

면담자 : 성환 가서 아까 말씀하셨던 서울의 법제천가요?

구술자 : 어, 거기 가서.

면담자 : 한양영화사란 이름을…….

구술자 : 한양영배사라고 했어.

면담자 : 한양영배사. 그게 정식 명칭이죠?

구술자 : 어, 한양영배사라고.[49]

---

47 '껨이거든'은 '별로'라는 뜻이다.

48 형편이 좋은 사람들은 천안 소재 극장에서 35mm 영화를 보고 성환에서 16mm 영화를 관람하지 않았다는 말이다.

면담자 : 영화 배급사 준 말이죠?

구술자 : 어, 영화도 배급하고 하기도 하고. 이게 또 크게 해서 영배사라고 이름을 그렇게 해서 등록을 했어. 한양영배사.

면담자 : 근데 등록한 데가 법제처였어요?

구술자 : 저, 공보, 공보실.

면담자 : 공보실이요? 공보실?

구술자 : 어, 공보실. 그란데 공보실에서 그 일을 보는데 참 맥혀.

면담자 : 그때가 문교부 공보실이었어요?

구술자 : 어, 문교부 공보실.

면담자 : 그냥 공보부…….

구술자 : 아니, 문교부가 아니고 그냥 공보부, 공보부 것이구만.

면담자 : 그냥 공보부요?

구술자 : 어, 공보부 같애.

면담자 : 그럴 거예요. 공보부예요.

구술자 : 공보부여.

면담자 : 왜냐하면 61년도부터 공보부로 이관이 됐거든요, 영화 관련 일이.

구술자 : 그랑께, 공보부일 거 같애. 공보부에서 했는데. 자꾸 댕기다 본께 법제처란 것이 있더라고. 그래서 거기 가서 법을 안 거여. 그 사람들이 갈쳐줘. 즈그가 차 타가 주고. 사람들이 뭐 하루 적시도[50] 한 사람도 안 와.

---

49 박종민과 동행한 영사기사 정재철이 기록한 영사일지의 첫 장에 '한양영화사 흥행부 대표 박종민'이라는 공식 직인이 찍혀 있다. 곡성에서 흥행업을 시작한 날짜는 1963년 7월 27일로 기록되어 있다.

50 하루 종일 있어도.

13) 충남 성환읍 지역의 텃세

구술자 : 그래가지고 거기서 영화를 잘 하는데, 돈도 잘 벌고 영화를 하는데. 역시 그…… 객지를 타더라고.[51]

면담자 : 객지요?

구술자 : 역시 객지를 타제. 객지 사람이 그 사업은 어디든지 극장 사업이 그 건달들이 해먹는 사업 아니여, 어디든지?! 우리가 객지 사람들이 해 먹은께 거그 지방 건달들이 생겨. 한나거 묵고 나오드만.[52] 뭐 태권도 사범이다, 뭐 어짠다고 하고 모두 오고 그래.

면담자 : 장사가 잘되니깐 와서…….

구술자 : 그라제. 엄청, 엄청 되는 판이제. 그랬는데 그래도 살 길이 생길랑가 내가 대전에 1주일에 1번씩 댕기거든, 필름 땀에.

면담자 : 광주는 거래를 안 하셨던 거죠? 대전으로만?

구술자 : 충청도는 충청도 판권이 대전이여. 광주는 전라남북도 판권. 그랑께 광주로 갈 필요가 없제. 충청도는 대전. 그란데 사람이 살라고, 대전을 강께, 대전을 가면 역에 가면 헌병이 있대.

면담자 : 헌병이요?

5. 경찰기관 권력자의 후원과 충남 성환읍에서의 영화 상영업 지속

1) 진도군 후배와의 인맥

구술자 : 어. 대전역에 가면 대전역이 그 호남선, 경부선, 서울로 올라가는 길에 있어서 그 교통 요지로 그때는 군대들이 넉설 판이라[53] 헌병

---

51 객지에서 텃세를 경험했다는 뜻이다.

52 하겠다고 들고 나섰다는 말이다.

이 그 주둔돼 갖고 있었어, 그 역에가. 근데 헌병이 이렇게 저 시커먼 라이방 쓰고[54] 헬멧 쓰고 뭐 이랑께 누군지를 모르겄어. 막 경례를 붙이는 데. 표주고 나갈라고 그라는데.

면담자 : 역에서요?

구술자 : 역에서 아침에 내가 성환서 9시 차 타고 가면 대전에 가면 딱 2시간 되니께 11시 그때 딱 내려. 그란데 탁, 헌병이 권총 차고. 이라고 보니껜 아무리 알 수가 없어.

면담자 : 라이방 때문에요?

구술자 : 시커머니 라이방 차고, 이케 바가지 모자는 이케 쓰고, 권총은 차고, 군복 입고 워카 신고 이렇게 해서 통 알 수가 있어야제! 그래 내가 "모르겄다. 모자 좀 벗고 안경 좀 벗고 그래야 알제. 내가 누군지 알겄냐?" 그랑께는 딱 벗대! 그랬더니, 진도서 '십일시' 아이여?

면담자 : 어디요?

구술자 : '십일시'. '십일시.'

면담자 : '십일시'요?

구술자 : 어, '십일시'란 데가 있어. 진도 저어까. 그니깐 거기 아해여.

면담자 : 아, 그래요?

구술자 : 응. 그래 거기 아핸데. "아니, 니가 여기 헌병되었냐?" 그랑께 "군대 갔다가 헌병 배치받아서 여가 있습니다." 그러더라고. "근데 형님 우째 여가 와 있소?" 그라더라고. 그래서 내가 그 말 했제. "내가 성환서 극장을 하는데 필름 가지러 일주일에 한 번씩 여기를 온다." 그랑께는 "극장을 해요?" 그라드만. "그란다." 그랑께는 "좋은 수가 있습니다!" 그래. 그래서 "뭔 좋은 수가 있냐?" 그랑께 그…… 진도 출신 그 정시채라고 있어.

면담자 : 정시채요?

53 판을 치니까.

54 레이반(Ray Ban) 상표의 선글라스를 쓰고.

구술자 : 어. 도 부지사도 하고. 국회 예산 결산위원장도 하고, 국회의원도 오래 하고, 문교부 저…… 농림부 장관도 하고 진도의 거물이제. 그 사람이 행정고시를 패스 했거든, 젊어서. 행정고시를 패스해갖고 젤 첫 번에 발령을 받은 데가 대전경찰학교 부교장 발령을 받았어. 행정고시 패스 해갖고. 경찰학교 부교장으로 발령 받아갖고 경찰학교 부교장으로 있을 때여. 그랑께 "형님, 시채가 경찰학교 부교장이 됐소." 그랑께 "경찰을 우겨먹을라면, 형님 내가 말해봅시다." 그라드만. 그래, "그래라." 그러더니 내가 그때 갔다 오고 그 뒤로 대전 갔다 성환으로 딱 간께, 성환극장 그 경찰서 앞에 가 딱 있더라고!

면담자 : 누가요?

구술자 : 정시채가.

면담자 : 예.

구술자 : 어, 그래서 "형님이 고생한다고 해서 왔습니다." 그래서 "동생, 감사하네." 내가 그랬어. 그래서 "어찌게 왔냐?" 그랑께 그 헌병이 '형님들이 성환에서 고생한다고 함 가보라고 그래서 왔습니다.' 그러더라고. 그때 경찰학교 부교장하면 뭔 할 일이 없제.

면담자 : 근데 굉장히 젊으신 분이었을 거 아니에요, 그때요?

구술자 : 그때는…… 한 서른 살 그런 때제. 서른 살. '시채'가 서른 살 못 먹었을 땐가?! 막 행정고시 패스해 갖고 처음 발령받은 것이여.

면담자 : 그니깐 일종의 고향 후배가 행정고시 패스해 가지고 거기 와 버린 거죠?

구술자 : 어어, 거기였어. 응, 그래갖고 그래서 딱 왔더라고.

2) 진도군 유일의 상설극장 '옥천극장'의 사라짐과 '옥천극장'의 건립자 '한참사' 집안

면담자 : 예, 저도 딱 들어와서 보니깐 시설이 되게 좋더라구요.[55] 그런데

좀 앞에 옥천극장 없어진 게 젤 너무 마음이 아팠어요.

구술자 : 어, 그것이 이랜드 서울서 사장이 원래는 진도 사람인데.

면담자 : 그래요?

구술자 : 어, 진도 사람이 사장이여.

면담자 : 그 분이 저기 사버린 거예요, 저기 땅을?

구술자 : 그 사람이 사서 군에다 희사를 했어.

면담자 : 아, 저 극장을요? 근데 그럼 군에서 밀어버린 거예요?

구술자 : 그라제, 군에서 밀었제. 〔웃음〕 그란데 아까운 것을 밀었제, 지금.

면담자 : 그니까요. 아까워 죽겠다.

구술자 : 요 터도 이 옛날의 진도의 제일 고간데. 그 문화재로 둘라 그러는 것을 군에서 밀어버리고. 이 자리가 진도에서는 제일 고가(古家)여. 그라고 옛날 양식으로 제일 잘 지어진 집이라고 그라고 문화 가치가 있다고 보존할라고 애썼는데, 군에서 사갖고 밀어버렸어.

면담자 : 여기가 그러니깐 그 한씨네 집 고가가 있던 자리죠?

구술자 : 어, 이 자리여.

면담자 : 그럼, 고가를 밀어버린 거예요?

구술자 : 어, 밀어버렸지 그 좋은 자리를 〔웃음〕.

면담자 : 하아. 〔웃음〕 안타깝지만. 옥천극장이 없어지고 예전에 여기 옥천극장 소유주였던 한명이 씨네 집 고가를 싹 밀어버리고 이 자리에…….

구술자 : 한명이 씨네 고가는 요 우개제.[56] 조거, 저것이고.

면담자 : 아, 이 보이는 게 지금.

구술자 : 이것이 한명이 씨네 큰 집이여.

면담자 : 이 쪽, 이 땅이.

구술자 : 이 땅이 큰 집 자리지.

---

55 인터뷰를 진행한 사회복지법인 이랜드 복지재단 진도노인복지관을 말한다.

56 위쪽이지.

3) 경찰 기관의 협조와 흥행 순항(順航)

면담자 : 안타깝습니다. 아까 마저 하셨던 것 말씀 계속 들을께요. 그래서 이제 그 행시 패스한 고향 후배가 와서 이제 성환 극장에 딱!

구술자 : 어, 성환 경찰모 쓰고. "어찌게 해서 왔냐?" 그랑께 "고향 형님들이 고생한다고 해서 왔습니다." 그라고. 천안 경찰서장 출장증을 끊어 갖고 왔더라고, 3일간. 그랑께 그 양반이 3일간 경찰서장을 한 거여, 천안경찰서장을. 3일간을 천안경찰서장 발령을 받아갖고 왔어. 그랑께 3일간을 서장을 해. 그래서 전 서장은 서장이 아니제. 그래 갖고 저녁밥을 먹었어, 초대를 해서, 전 서장하고. 그래서 '시채' 그 동생이 "형님들 그 애로가 젤 무엇이냐." 그랑께. 내가 "서장, 경찰서장이 협조를 안 해준다." 내가 그래버렸어.

면담자 : 어떤 점을 안 도와주셨던 것 같아요?

구술자 : 역시 객지를 탄다고.

면담자 : 아, 객지요? 객지 사람이라고 이렇게 좀?

구술자 : 어, 그람. 그 건들거리고 그라믄 공것으로 구경하면 어쩔 것이여? 그래서 그랑께 그 서장이 웃음시로 "고향 선후배 지간인데 내가 낄 자리가 아닙니다." 그라고 나가버리더라고. 그라더니 3일 하고는 갔는데, 그 뒤로부터는 사복 경찰들이 둘 썩[57] 와서 반드시 와서 지켜, 극장에서.

면담자 : 왜요? 공것 못 보게 하려구요?

구술자 : 응, 그 서장 덕분에. 시채가 부탁을 해놓고 가서. 그라고는 일주일에 한 번씩 전화를 해, 서장한테. "우리 고향 형님들 잘 사는가? 으짠가?" 그라니 경비 안 설 수가 없어. 그래서 참 흥행하기가 참 솔았제.[58]

---

57 '둘 썩'은 '둘 씩'을 의미한다.

58 쉬웠지.

4) 영화 흥행 협조 빌미의 경찰 근무자들의 청탁 쇄도

구술자 : 그란데 단 애로운[59] 것이 거기는 그때는 경찰관 계급이 순사, 경사여 잉. 그라고 경위여. 지금은 순사, 경정, 경산가? 그 순사하고 한 단계가 또 있어. 그란데 그땐 순사, 경사여. 순사하다 경사하면 그냥 지서장이여.

면담자 : 그래요?

구술자 : 어, 그니깐 순사가, 순사하고 경사는 대전경찰학교로 교육을 가. 경위는 서울로 경찰전문학교로 교육을 받고. 그란데 탁 경사, 탁 순경이구만. 탁 순경이 와서 그냥 "형님 제가 점심 한번 삽니다." 그래 순사가! 그래서 먹었제. 그랬더니 그 말을 해. "경찰학교 교육 중인데……." 한 달씩 받어, 교육을 순사들이. "내일 모레면 끝납니다, 교육이." "그랑께 형님이 부교장한테 글씨 하나만 써 주쇼." 그것이여. 그래서 "뭣을 써주리?" 그랑께 "간단하다."는 것이여. "탁 순경이 극장에 많이 협조한다고만 써 주쇼." 그것이여. 그래 써주라는 것이여. 그래서 무턱대고 써 줬제. 아, 그랬더니 경찰학교 가서 한 달 교육받고 나옴시로[60] 순사가 경사가 돼 버렸네.

면담자 : 그래요? 무슨 일 때문에요?

구술자 : 경찰학교 부교장이 승진을 시켜줘불었어, 그놈을. 근데 이거 '내가 극장에 많이 협조한다.'는 말을 듣고 승진을 시켜분 것이여. 졸업타고 나갈 때, 순사를 경사로. 그랑께 이것이 그냥 소문이 나.

면담자 : 뭐라고 소문이 나요?

구술자 : 경찰계에서.

면담자 : 뭐라구요?

구술자 : 내가 써주면 한 등급 진급한다는 것이여. 그래갖고 천안 경찰 순사

59 애가 탔던.

60 나오면서.

들이 와서 그걸 써주라고 난리여.

면담자 : 아, 그래요?

구술자 : 어. 그래서 고역을 치른…….

면담자 : 근데, 이 이야기는 지난번에 만났을 때 저한테는 안 하셨던 이야긴데요. 재밌는 이야긴데요.

구술자 : 그래서 고역을 치뤘어, 참말로. 고역을.

면담자 : 그니깐 진급을 하려는 경찰들이 와서 이렇게 '극장 사업에 협조적이다.'라고?

구술자 : 어, 그리고 그냥 순사가 경사 되었다고. 그라고 '시채'가 경찰학교 부교장을 하고. 서울 옛날 서울역으로 올라가면 경찰 전문학교로 갔어. 경찰 전문학교 교수로 갔어.

면담자 : 그랬었어요?

구술자 : 그럼.

면담자 : 그 분 존함이 그니까 정 자. 시 자. 채, 차이?

구술자 : 어, 정시채, 정시채. 그랑께 두 번차 발령이 경찰학교 부교수.

면담자 : 굉장히 진급이 빨랐네요, 그 분은요?

구술자 : 응 고시패스 했으니께. 고시 패스를 제일 첫 번에 그걸로 발령받고, 그 둘째는 경찰전문학교 교수로 갔어. 그런데 그것부터는 경위 ***. 경위들이 그것을 써주라고 그래.

면담자 : 선생님한테 와서요? 〔웃음〕

구술자 : 어, 그거 한번 보고.

면담자 : 그니까 선생님하고 정시채 그분 하고 이렇게…….

구술자 : 그냥 고향 선배인께 잘 인자…….

면담자 : 친분이 있으니깐.

구술자 : 친분이 있으니까 그렇제. 그래서 그냥 고역을 치러갖고.

면담자 : 좋은 고역이었네요, 그게.

구술자 : 어, 근데. 그란데 안 써주제. 아이, 그게 징하더라고 참말로.

5) 충남 성환읍에서의 영화 상영 독무대

면담자 : 예, 그래 성환에서 그러면은 꽤 장사도 잘 되시고 그랬는데, 그럼 그때 왔던 관객들은 주로 누구였어요? 성환에서 잘 될 때? 그니깐 뭐 미군부대도 있었으니깐 군 양색시도 있고…….

구술자 : 양색시들도 있고. 뭐 좌우간 성환 사람들 전 면민이 그렇게 많이 몰려들었어.

면담자 : 그니깐 뭐 나이에 상관없이?

구술자 : 어, 그럴 때는 뭐.

면담자 : 그리고 먼저 선생님이 워낙 성환문화원에서 영화가 잘 되니깐 다른 로뗀바리들은 못 왔겠네요?

구술자 : 극장으로 한께 인자 뭣은 못 들어 오제. 정식으로 날마다 한께.

면담자 : 이제 사람은 극장으로 알고 있는 거죠?

구술자 : 어, 극장으로 알고. 극장으로.

면담자 : 하루에 두 번씩?

구술자 : 어, 하루에 두 번씩.

면담자 : 낮 하고 저녁 하고.

구술자 : 낮 하고 저녁 하고.

면담자 : 이틀에 한 번씩 프로 바꾸고?

구술자 : 어, 이틀에 한 번씩 프로 바꾸고.

면담자 : 그럼 필름들은 이제 로뗀, 대전에 있는 로뗀…….

구술자 : 어, 대전에.

면담자 : 거기서 가져오셨고?

구술자 : 그래갖고.

면담자 : 김치현 씨한테 가져온 것인가요?

구술자 : 아니, 치현이는 로뗀바리고. 정식 극장, 극장.

6) 퇴역 경찰 공무원의 지방 영화 배급 영업에의 종사

면담자 : 그때 배급사들 기억나세요, 이름이?

구술자 : 그것이 많이 있는데. 영화사가 광주에도 있지만 한 열댓 군데 되었어, 대전도. 그란데 그런 때 보면 거의 영화사가 경찰 퇴물들이 많이 하더라고.

면담자 : 경찰 퇴물요? 경찰 퇴역하신 분들이요?

구술자 : 어, 퇴역하신 분들이. 광주도 그래, 광주도 그때 많이 있었어. 광주도 경찰 퇴역한 사람들이. 역시 권력 기관을 찌고 있어야 그런 것이 된께.

면담자 : 그 말씀 좀 더 좀 해주실래요? 대전에서 보니깐 영화 배급사 하시던 분들이 예전에 경찰하고 퇴역하신 분들?

구술자 : 퇴역한 사람들이 많이 있었어.

면담자 : 좋게 하면 퇴역이고, 나쁘게 말하면 퇴물들이 와서 이렇게 배급 일을 하셨던 거죠?

구술자 : 어어. 그 돈 갖고 인자 권력, 역시 권력이 있어야 해 먹어, 그것이. 그라고 '순흥영화사'라고 하는 것이…….

면담자 : '순흥영화사'. 대전에 있던 것.

구술자 : 대전에 '순흥영화사'라고 하는 것이 제일 컸었는데. 그 함평 사람이었어. 함평 사람이었는데.

면담자 : 그럼, 그 분 성함은 기억 안 나시구요? 순흥영화사?

구술자 : 기억은 안 나. '순흥영화사'인데 함평 사람이야. 그게 제일 건실하니, 제일 크게 했었어. 그런데 고것도 한 2년인가 3년 하다가 망해불대, 그것이.

면담자 : 왜 그랬던 것 같아요?

구술자 : 몰라. 그 내용은 모르제. 어째 그랐는가 해도 그 속은 몰라.

면담자 : 그때가 그 선생님 연세가 몇 살 때 했던 기억이 나세요?

구술자 : 그때가 한 마흔두 살, 한 살 그런 땐가?! 음 그런 때거여. 곡성서 하고 바로 올라가서 했으니깐. 그라고 한 가지는, 내가 진도서 뜰 때 그 RCA 영화사 영사기를 김인제라는 동생보고 내가 벌어먹으라고 하고 주고 나갔지.

면담자 : 그 분은 진도에서도 하셨던 거네요?

구술자 : 그냥 진도에서 했어. 진도에 했는데. 역시 건달 주먹만 갖고도 안 돼야, 이 영화란 것이. 기운만 갖고 안 되는 거고. 그래서 한 2년 동안 했을 거여. 그라다가 인자 못 쓰게 되었어.

7) 다시 일어난 성환읍 지역 청년들의 텃세

면담자 : 그럼 선생님은 성환에서 계속 한 몇 년 동안 하셨나요?

구술자 : 성환에서 한 2년 아마 했을 거 같애. 2년 쪼깐 더 했는가?!

면담자 : 그럼 재정, 이런 거는 혼자서 다 관리를 하셨던 거예요?

구술자 : 어어, 둘이 했제.

면담자 : 누구 어떤 분이랑 하신 거예요?

구술자 : 이종춘이라고.

면담자 : 그 분이랑 같이 하셨던 거예요?

구술자 : 어어, 같이 가서 했었제. 그래갖고 역시 거기도 오래 한께 그 청년들이…….

면담자 : 또 청년들이요?

구술자 : 어, 들러붙어.

8) 퇴역 경찰 공무원의 영화 배급업 종사와 지방의 영화 배급사

면담자 : 잠깐만요 죄송합니다. 그 청년들 들러붙기 전에 대전 배급사 갔을 때 경찰 퇴물들이 많이 했다고 그러던데요…….

구술자 : 그냥 영화사니껜.

면담자 : 구체적으로 기억나시는 거 있으세요?

구술자 : 내가 듣기로는, 그 물어보면 경찰 하다가 그만두고 나와서 영화사 한다고 그란 것 같더만.

면담자 : 그니깐 경찰은 그만 두고요?

구술자 : 어어, 그라니깐 내가 보믄 광주서도 내가 영화 배급사에 가면 그런 영화사가 많이 있었어.

면담자 : 기억나는 영화 배급사 이름 기억나세요?

구술자 : 기억은 안 나는데. 대전서는 '건풍영화사'가 그 기였어, '건풍영화사'는.

면담자 : '건풍영화사'는 로뗀바리 취급한 게 아니라……?

구술자 : 아니여, 극장.

면담자 : 극장, 극장 영화사.

구술자 : 그래서 '건풍영화사'가 그때 〈비나리는 호남선〉(윤예담, 1963)을 그때 필름을 샀거든.

면담자 : 선생님 그 〈비나리는 호남선〉 판권을 사셨어요?

구술자 : 응, 그랑께 '건풍영화사'에서 판권을, 서울 가서 영화사한테 가서 계약을 해. 그라믄 그 계약서를 갖고 가서 대전, 충청남북도에 있는 극장에 감시로[61] 선금을 받어. "네 극장에다 이 필름을 줄 것인게 선금을 주라." 해서 선금을 받어. 그 놈을 갖고 가서 서울 다 갖다 줘. 근데, 그 돈이 모지라서 나한테 요구를 하더만, 돈을 좀.

면담자 : 아, '건풍영화' 사장님이요?

구술자 : 응, '건풍영화' 사장님.

면담자 : 그럼 그 분들이 경찰 퇴역하셨던 분들이에요?

구술자 : 퇴역했다 그러드만. 내가 확실히는 몰라도 그때 내가 말 듣기로.

---

61 가면서.

면담자 : 그 분 사장님 이름은 기억 안 나시구요?

구술자 : 어, '건풍영화사'여. '건풍영화사'인데. 〈비 내리는 호남선〉 판권인데. 그래서 "좋다. 그라믄, 대전 영화를 끝나면 그 필름을 나한테 준다는 조건으로 하면 내가 돈을 주마."

면담자 : 아, 판권을요?

구술자 : 어, "대전 끝나고 판권을 나한테 넘겨주라."

면담자 : 〈비 내리는 호남선〉 그 판권을 '건풍영화사'에서 샀고, 부족한 돈을…….

구술자 : 어, 샀는데. 그 놈을 서울서 샀는데 돈이 부족한께 나한테 손을 벌려서 그때 20만 원이야, 그때 돈으로.

면담자 : 그럼 지금 얼마일까요?

구술자 : 모르겄제. 지금은 얼마인지. 그때 돈 20만 원인데. 하여간 45년 전 얘기, 20만 원인께 상당히 큰 돈이여.

면담자 : 엄청 큰 돈이네요.

구술자 : 엄청 큰 돈이지. 하는데, 주는데…….

면담자 : 그때 쌀 한 가마니가 얼마였어요?

구술자 : 모르겄어.

면담자 : 아니면 자장면 한 그릇이 얼마였는지 혹시 기억나세요?

구술자 : 몰라. 〔웃음〕

면담자 : 아니면 밥값이라도. 〔웃음〕

구술자 : 모르겄어.

면담자 : 예예, 좋습니다.

9) 예측할 수 없었던 영화 흥행

구술자 : 모르는데. 그래가지고 "대전만 해먹고 그 판권을 주라." 그래서 계약을 해서 줬어,

면담자 : 그러니깐 거의 본 상영이네요? 그니깐 재상영 판권을 산 꼴이 되네요.

구술자 : 응 그라제. 그란데 〈비 내리는 호남선〉이 대전만 딱 되더니, 일절 안 되아부러.

면담자 : 아 그러면 그때 '건풍영화사' 사장님은 그 판권을 얼마주고 사셨대요?

구술자 : 모르제. 얼마에 산지는 그냥 모르는데. 모지란 놈을…… (말 안 해주던가요?) 말 안 해주제. (그러죠. 말 안 해주죠) 난 "돈 20만 원만 주면 판권을 준다." 했응께 내가 줬는데. 대전을 딱 붙인께 대전만 딱 되고는 대전도 시원치 않아. 대한민국 전적으로 그냥 망해불었어.

면담자 : 광주는 안 되구요? 광주는 어땠어요?

구술자 : 광주도 안 되었어. 그때 내가 말 듣기는 광주도 안 되고 대전만 쪼깐 되아 갖고. 다른 데는 대전 외에는 또 안 되어버렸어. 그래서 내가 판권도 안 가져오고 그냥 "돈으로 얼른 주라. 판권도 필요 없다." 그라고는…….

면담자 : 그래도 돈 주시던가요?

구술자 : 어.

면담자 : 20만 원 다시 돌려줘요?

구술자 : 어, 그라제. 주고 그래서 〈비나리는 호남선〉을 내가 대전 끝나고 바로 갖다 해버렸제, 그 대가로.

면담자 : 아니 판권 돈도 다시 돌려받았는데?

구술자 : 어, 돈 받고.

면담자 : 아, 굳이 돈 주고 할 필요가 없다?

구술자 : 어. 아니. 그 성환이란 데가 대전이란 데가, 대전이 있제. 청주, 충주, 대천, 논산, 온양 이런 데를 전부 차근차근 큰 데부터 돌거든. 근데 가믄 밑져. 사그리 안 되불어. 흥행이 그랑께 내가 돈을 회수

해 버렸제. "나 판권 필요 없다." 그 대신 대전 끝나고 천안 같은데 하기 전에 내가 미리 갖다…….

면담자 : 아, 빨리 갔다가 해버렸다고?

구술자 : 빨리 갔다 해 버렸제.

면담자 : 굳이 판권 돈 줄 필요 없이 그냥 갖다가 했죠? 그럼, 성환에서는 잘 됐어요, 그게?

구술자 : 아니, 별로 그게 안 되더만. 그것이 이상해.

면담자 : 왜 안됐을까요? 이름도 '호남선' 들어가고 좋은데.

구술자 : 나도 그래서 그 판권 갖고 내가 재상영도 하고 나중에 그 필름 두었다가 내가 혹시 고향에 내려가면 해먹을까 하고 그런 계산을 하고 내가 돈을 줬는데. 안 돼, 흥행이 안 돼 버렸어.

면담자 : 그럼 이제 돈 돌려받았으니깐, 판권 없으니깐 영화 상영권을 다시 '건풍영화사'에 돌려주면 되겠네요?

구술자 : 응, 내가 도로 줘불고 내가 영화만 해먹고 말아부렀어.

면담자 : 수입도 별로였구요?

구술자 : 어, 수입도 별로고.

면담자 : 참 신기하네요?

구술자 : 그, 안 되었어.

면담자 : '호남선' 이름 들어가서는 될 거 같은데. 〔웃음〕

구술자 : 〈비 내리는 호남선〉 해갖고 별로 그렇게 안 되아부렀어, 흥행이.

면담자 : 선생님, 지난번에 말씀하실 때 〈칠공주〉(정창화, 1962)나 〈불러도 대답 없는 이름이여〉(전응주, 1962) 이것도 판권을 사셨다고 그러지 않으셨어요?

구술자 : 〈칠공주〉는 '순흥영화사' 것인데. 망하고 날 때 그 놈을 인제 그 내가 잡을라다가 함평 사람, 고향 사람들이여. 모도 말하자면 전라도 저 대전인께 그래서 내가 줘불고.

면담자 : 줘 불어요? 그게 무슨 말이에요, 줘불다니?

구술자 : 그냥 판권을 줘부렀제.

면담자 : 아, 그 분이 선생님한테 줬어요?

구술자 : 어, 줘불고.

면담자 : 그럼 이제 필름을 갖고 계셨던 거네요?

구술자 : 아니. 내가 갖고 와야 쓰것인디 줘부렀당께 도로.

면담자 : 왜요?

구술자 : 다 해놓은 거 보면 인자 별 뭣이 없거든. 극장 해먹으면 불면 아무것도 쓰잘데기 없는.

면담자 : 그럼 선생님 그때 판권을 갖고 계셨던 거예요?

구술자 : 아니, 주기로 하고 했는데…….

면담자 : 했는데 그냥 줘버렸다?

구술자 : 돈이 안 된 것인께 줘 불고. 내가 대전서 천안서 있을 때부텀 서울 가서 충무로에서 영화사하고도 접촉을 많이 했거든. 내가 이게 이상한……. 〔웃음〕

면담자 : 아니, 되게 적극적이신 거죠. 〔웃음〕

10) 지역별 영화 배급 판매권 준수의 균열

구술자 : 전라도 있을 때는 대전하고도 거래 했고, 대전하고. 그래서 내가 충청도에 있음시로도 내 뒤로는 곡성극장으로도 내가 충청도 필름을 한 대여섯 개 해먹은 적이 있어, 전라도 사람 몰래.

면담자 : 〔웃음〕 그때는 그렇게 몰래 몰래. 그때는 그게…….

구술자 : 그라니께 판권을 걸리면 안 되제. 충청도는 충청도만 해먹지, 전라도 그놈 갖고 전라도 해먹으면 걸려. 뺏어부러 그냥. 그런데 곡성서도 대여섯 번 내가 충청도 필름을 갖다가…….

면담자 : 그럼, 광주에서 일반 극장보다 빨리 영화를 틀었겠네요?

구술자 : 그라제.

면담자 : 그럼 돈도 좀 많이 버셨겠네요?

구술자 : 곡성서도 전라도 필름은 곡성 갈라믄 이게 석 달 만에 간다 그라믄, 내가 충청도서는 한 달 만에 빼져 버리거든. 그라믄 시 돌아댕길 때 곡성이 들어간단 것이여. 어?! 그라니 얼마나 좋아! 필름도 깨끗하제!

면담자 : 그니깐 충청도 판권은 빨리 끝났던 모양이네요?

구술자 : 아니, 내가 극장을 하니께, 영화사는 많은께, 좀 빨리 빼주라 그래서, 내가 우리 극장한다, 그라고 미리 그냥 곡성을 빼먹어 버렸제. 그런데서 영화 상으로는 내가 묘한히[62] 알음이 많이 있어갖고, 성환 있을 때 서울 충무로 영화사하고 내가 또 아는 사람이 많이 있었어.

면담자 : 지난번에 저한테 말씀하실 때 충무로 3가의 경남영화사 이야기하셨죠?

구술자 : 나중 판. 성환을 그만두고 충무로 3가에 가서 경남영화사를 했제. 헌데 그 전에도 극장함시로도 서울 판권을 갖다가 많이 해묵었제, 내가.

면담자 : 몰래, 몰래? 〔웃음〕

구술자 : 응. 왜 그러냐면.

면담자 : 근데 그게 선생님만 그런 게 아니라 그때 로뗀바리 하셨던 분들은…….

구술자 : 아니, 로뗀바리 극장에서 했는디. 극장서 했능께 이것이 걸리제. 그란데 그만치 힘도 있고 좌우간 버틸 힘이 있어야.

면담자 : 로뗀바리는 안 걸리는 거죠? 극장 것 가져다 하면 걸리는 거죠?

구술자 : 그라제. 그 권리가 있응께. 그래서 서울 경기도 판권을 갖다 성환

---

62 묘하게.

서 많이 돌렸제. 대전서 온 놈은 두 달 만에 올 것인데, 이건 한 달 만에 해먹어분께 바로 손님이 더 온다 것이여. 그렇게 해서 성환서 있을 때부텀 서울 영화사하고도 긴밀한 연락이 많이 있어서 나하고는.

11) 충남에서의 영화 상영 중단과 성환읍 문화원

구술자 : 그래갖고 그래서 성환극장은 그만두고…….

면담자 : 그 성환은 결정적으로 뭣 때문에 그만 두신 거예요? 청년단체가 나가라 그랬어요?

구술자 : 예. 지방에서 인자 일어난께 그라제. 돈을 객지 놈이 번다, 그것이여 말하자면 이유는.

면담자 : 그래서 누가 결정적으로 나가라고 그랬어요?

구술자 : 그 문화원서.

면담자 : 더 이상 계약을…….

구술자 : 성환문화원에서 성화문화원에서 일어나갖고. 제일 처음엔 이 "극장을 다시 짓는다."고 이라고 달라 들었어.

면담자 : 아, "다시 지을 테니깐 가라?"

구술자 : 어어. "다시 헐란다." 그것이여. 그래갖고 부탁해갖고 나가게 되었는데. 그래갖고는 서울로 갈 영화사를 한 거지.

면담자 : 그러면 선생님 그 성환 뜨고 나서 거기서 누가 인수받아서 했대요? 소방대원들이, 소방대에서 영화 상영했대요?

구술자 : 아니. 정식으로 극장 허가를 낸 것이여.

면담자 : 아, 공회당을 정식으로 극장 허가를 냈군요?

구술자 : 어, 정식으로.

면담자 : 그리고 인제 누가 사 가지고 한 거군요?

구술자 : 아니, 사 가지고가 아니라. 그것이 천원군 성환읍이여. 그랑께 천

안이 읍이 돼있을 때여. 그때 천안이 읍이었어 내가 극장할 때는. 천안이 지금은 시이지만. 천안 가 천원군이라는 것이 있었어.

면담자 : 천안군이요?

구술자 : 천원군.

면담자 : 천원이요?

구술자 : 어.

면담자 : 천원군 천안읍.

구술자 : 천안읍, 성환읍 그랬어.

면담자 : 아 예. 촌이었군요? 〔웃음〕 거기서 사 가지고 했군요?

구술자 : 응, 군(郡)에서 개조를 해 부렀지. 싸악 극장으로, 정식 극장으로.

면담자 : 그럼 운영은 군이 주인이 돼서?

구술자 : 군에서 주최를 해 가지고 문화원에서 주관을 했제.

면담자 : 그래도 거기서 문화원에서 상업 영화를 튼 것이었어요?

구술자 : 정식 극장으로 발족을 항께 주고 나와부렀지.

6. 서울 경남영화사와의 동업과 경기도 순회 흥행 영화 상영 시작

1) 경남영화사와의 협력

구술자 : 그래갖고 인자 서울 충무로 3가에 가서 경남영화사란 것을 차렸지.

면담자 : 선생님, 그러면은 지금 그니까 경남영화사를 합자를 한 게 아니라 경남영화사를 차려 버린 거예요?

구술자 : 그라제.

면담자 : 그때가 선생님 연세가, 언제 몇 살 정도?

구술자 : 그랑께. 마흔 네 살이나 되는가? 어째…….

면담자 : 아, 그럼 그때 돈을 좀 많이 버셨단 이야기네요, 영화사를 차릴 정

도면?

구술자: 그랑께, 그랑께 충무로에 가서 영화사로 돈을 억수로 벌었제.

면담자: 아, 그럼 영화사 그럼 영화사. 그럼 영화 상영은 안 하고 영화사만?

구술자: 어, 영화사.

면담자: 몇 년 동안 운영하셨어요? 대략 정도?

구술자: 영화사를 차려놓고 이제 기계는 있응께, 경기도 일대를 순회를 나댕겼제.

면담자: 그럼 영화사는 배급을, 배급을 위한 영화사였어요?

구술자: 배급을 위한 영화산께.

면담자: 배급도 하고 또 순회도 도시고요?

구술자: 응. 순회도 하고.

면담자: 아, 예. 〔웃음〕

구술자: 그래서 경기도 일대.

면담자: 잠시만요. 그러면 경남영화사 등록을 할 때 어디서 하신 거예요?

구술자: 그것은 등록이 아녀.

면담자: 허가?

구술자: 허가도 아니제.

면담자: 신고예요?

구술자: 신고만 하면 될 꺼여.

면담자: 신고는 어디 가서 하셨어요?

구술자: 서울시에다 하면 되제.

면담자: 시에다만 하셨어요?

구술자: 어.

면담자: 경남영화사는 한 몇 년간 일을 하셨, 운영을 하셨어요?

구술자: 1년 쪼깐 못 했는가?!

면담자: 영화 배급사는 1년 조금 못 하고 나머지는 계속 이제 로뗀바리하셨다는 거죠?

구술자 : 아니, 영화사 함시로 로뗀바리 돌리고 그랬제.

면담자 : 그런데 영화사 1년 했지만 로뗀바리는 계속하셨잖아요, (진도) 돌아와서까지도?

2) 월남군 파병 당시 경기도 용문에서의 경험

구술자 : 그때는 경남영화사를 서울서 하고 있응께, 경기도 일대 가까운 데만 로뗀바리를 돌렸제. 그랑께 그때가 '용문'이라는 데가 있는데.

면담자 : 용문.

구술자 : 용문 알까?

면담자 : 예. 용문산 있는데?

구술자 : 용문산 있는데 거 은행나무 크~ 대한민국에서 제일 큰대.

면담자 : 경기도 양평 쪽에 말씀하시죠?

구술자 : 응. 용문사 역전 앞에다가 극장을, 로뗀바리를 쳤는데. 그때가 월남군 파병할 사람들 월남으로 군인들을 파병할 사람을 양성하더만. 교육시킬 때여.

면담자 : 월남이 65년도에 월남전이 터졌으니깐 그때가 65, 66년 정도?

구술자 : 그랑께 그때가 밤에 자다나면 총소리가 "빵빵빵빵" 나. 그럼 "우째 이렇게 총소리가 난댜?" 그러면 "훈련생이 탈영한께 쏴 분다." 것이여. 그때 월남으로 갈 군인들을 거그서 용문서 훈련시켰어. 용문서 그랑께 총 세 발 빵빵 나면 "또 세 사람 죽었구나." 그라드만.

면담자 : 그니까 그 로뗀바리 영화 상영할려고 포장 쳐 놓으면 그런 소리가 들린다는 거죠, 밤에?

구술자 : 그라제, 밤에.

3) 경기도 각 지역에서의 영화 상영 양상

면담자 : 그러면 어느 동네에 가서 하루 저녁에 보통 며칠 정도?

구술자 : 한 일주일씩 하제. 그땐 내가 필름을 서울서 영화사를 하니께.

면담자 : 그러면 그 경남영화사가 개봉 영화사였어요? 재개봉 영화사였어요?

구술자 : 개봉도 하고……. 재…….

면담자 : 재개봉도 하고요?

구술자 : 응. 그 서울은……. 이상해. 금방 샀다가 또 폴아 먹고,[63] 뭔 아주 난장판이여. 지방하고 틀려서.

면담자 : 그때 대박났던 영화 기억나세요?

구술자 : 응?

면담자 : 판권을 샀을 것 아니에요, 영화사 하시면?

구술자 : 판권은 못 사제.

면담자 : 왜요?

구술자 : 원체 돈이 비싸, 서울은. 대전이나 광주는 이거 아무것도 아니제.

면담자 : 거기서 배급일 하셨을 거 아니에요? 그럼 지방에서 하는 분한테 또.

구술자 : 그란디 다시 한 번 넘어온 놈, 어디 어디 빼고 누구, 원체 큰께. 서울은 서울 시내만 해도 얼마여?!

면담자 : 그렇죠.

구술자 : 경기도. 그랑께.

면담자 : 참 치열할 것 같애요, 서울은.

구술자 : 원체 큰께 이렇게 판권을 쪼개는 거여. 하나 서울 사갖고 여기는 동대문구, 남대문구 쪼개서 또 이렇게…….

면담자 : 그때 서울 쪽 판권이 필름이 그럼 한 개만?

구술자 : 서울 한 개, 경기도 한 개, 전라도…….

---

63 팔아먹고.

면담자 : 종로구 다 돌고 그 다음에 다른 구로 갔겠네요?

구술자 : 그랑께 큰 극장만. 국제극장 그때는 국제극장 응?! 단성사. 모도 그런데 큰 극장부터 차근차근 이렇게 내려가지. 그랑께 극장 두 개만 사논 놈, 판권을. 세 개 사 논 놈 모두 그래. 그랑께 지방은 전라남북도 하나여. 충청남북도 하나, 부산 하나, 경상도 하나, 경상남북도 하나, 경기·강원 하나 그렇게 판권이 그래.

면담자 : 예 그래서 그 용문사 그 쪽에서 하시고 또 다음 경기도 쪽 어디, 어디 도셨어요?

구술자 : 근데 댕긴 데가 하도 여러 군데라서.

면담자 : 그때 지난번에 저하고 이제 예전에 제가 인터뷰 했을 때 그때 말씀해주셨던 곳은?

구술자 : 이태원도 있었고, 뭔 여러 군데가 되는데.

면담자 : 뭐 굉장히 많이 도셨더라고요?

구술자 : 어. 많이 돌아다녔지, 경기도에서.

구술자 : 충청도까지 돌아댕겼는데. 실래원, 합덕, 고덕.

면담자 : 다 어디 있는 겁니까?

구술자 : 충청도. 덕산.

면담자 : 거기가 면인가요, 지금?

구술자 : 예산군 덕산면이제. 실래원 거가 저…….

면담자 : 장호원도 가셨다고?

구술자 : 장호원도 가고. 장호원.

면담자 : 예.

구술자 : 장호원이 경기도하고 거 세여.[64] 많이 돌아댕겼어.

면담자 : 혹시 안성 쪽은 오지 않았어요? 장호원이면 안성 쪽…….

구술자 : 안성? 안성 골로는[65] 저 화성영화사라고.

---

64 거기 사이여.

65 거기로는.

면담자 : 화성영화사?

구술자 : 화성영화사 걔가 그거를 해. 안성, 화성 고걸로 해서. 그럼, 서울서 그 자주 만나서 필름 나눠 쓰고 그라거든.

면담자 : 그분은 혹시 지금도 살아 계실까요?

구술자 : 몰라. 죽었는지 살았는지 그것은 모르겠구먼. 그건 모르겄어.

면담자 : 그러면 경기도 쪽은 한 몇 년 동안 거기서 이동영사를 하셨었는데요?

구술자 : 일 년 나마 했지.

면담자 : 일 년 나마 했어요?

구술자 : 저 서울서 영화사 활동을 했응께.

4) 겨울 동안의 영화 상영업의 중단

면담자 : 그리고 나서 이제 나중에 그⋯⋯ 연천까지 가셨다고 말씀하셨는데요?

구술자 : 거기는 어찌 갔는가니⋯⋯. 이제 시한되면[66] 못 하는 것 아니여.

면담자 : 겨울 되면요?

구술자 : 겨울 되면.

면담자 : 시한 되면.

구술자 : 시한이 되아서 못 하는데. 연천이 아니라 백일이라는 데가 있어.

면담자 : 백일이요?

구술자 : 백일이라는 데가 있는데.

면담자 : 거기 강원도가 아니라 혹시 지금 백일면이 경기도 아니에요?

구술자 : 강원도꺼여. 38이북인데.

면담자 : 아, 그래요?

---

66 겨울이 되면.

구술자 : 그란디 들어갈 때는 우리가 그때 내가 마흔댓 살 먹었는가, 마흔네 살 먹었는가 모르지만. 백일을 들어가면 연천으로 해서 들어갔어. 연천으로 해서 전곡으로 해서.[67]

면담자 : 전곡이요?

구술자 : 어, 전곡이. 전곡으로 해서, 전곡서 '돌아오질 못할 다리'를[68] 건너갖고 들어가. 그람 그걸 들어가면 미군 포 사령부가 있어, 백일이라는 데가.

면담자 : 주로 이제 미군부대, 군부대 쪽을 좀 많이 도셨네요?

구술자 : 응. 거가 극장이 있었응께.

면담자 : 극장이 있었어요?

구술자 : 거가 극장이 있었응께. 시한[69]이라 극장으로 갔제.

면담자 : 아, 그러니깐 정식 명칭이 극장이었어요?

구술자 : 응. 백일극장이.

면담자 : 그럼 개인이 운영하는 극장이었어요?

구술자 : 그라제. 개인이.

면담자 : 문화원 아니에요?

구술자 : 아니. 개인 극장 같애. 그란데 개인 극장이 아주 허름하더만.

면담자 : 그럼, 누가 운영을 하고 있었다는?

구술자 : 아니. 운영을 하다가 못 한께 비워 놓은 극장인데. 우리가 **에 논께, 할 수 없응께. 이제 영화사는 하고 필름은 있고 그랑께 이제 그 놈을 계약을 했제. 그래서 가서 봉께, 우덜이 일제시대 학교 댕길 때 공부한 것이, 저 만주 가면 변소간에서 똥을 누면 똥이 내려가서 탁 꼿꼿해서 똥꾸녕을 쑤신다고 그랬어. 안 떨어지고.

면담자 : 하도 추우니깐.

---

67 경기도 연천군 전곡읍을 말한다.

68 '돌아오지 않는 다리'를 말한다.

69 겨울.

구술자 : 어…… 내가 거길 가서 그 짓꺼릴 당했어.

면담자 : 너무 추워서요?

구술자 : 똥이 딱딱해져분께. 똑 서고, 거길 해서 딱 서고, 딱 서고 그래. 그렇게 추운 데더만. 그런데 거기는 24사단인가, 한국 사단이 또 있어. 그랑께 엄청 군사도시라 사람들이 많애. 맨 군인들, 군인들 각시들, 양색시들이여.

면담자 : 그러면 미군도 있었고 한국군도 있었고?

구술자 : 응. 한국군도 있고. 뭐 없는 기관이, 권력 기관이 없는 것이 없어. 거가 그래갖고 아주 잘 되야, 극장은. 그란데 엄청 추워서 우리 남도 사람들은 남쪽 사람들은 견디지를 못 해. 그래서 내가 못 먹는 술을…….

면담자 : 그때도 혼자 다니셨던 거예요?

구술자 : 둘이 갔제.[70]

면담자 : 가족은 여기 계시고?

구술자 : 여그. 혼자 다니제, 그럼.[71]

면담자 : 그때 이종춘 씨랑 같이 다니고 영사기사님은 따로 다니시고요?

구술자 : 아니 없었어, 그때는.

면담자 : 아, 이종춘 님이 이렇게 영사하시고 선생님은 대표를 하시고?

구술자 : 어 같이, 같이 서로 인자 돌리고 그랬는데. 극장 끝나면 집으로 갈 때 중국집 가서 빼갈을 먹어야 돼야.

면담자 : 하도 추워서?

구술자 : 추워서. 그리고 집에 가서 먹을 빼갈을 한 통을 사. 그라고 이불 속에 들어가서 마셔야 돼야. 술기운, 술기운으로 잠자야 돼, 아침까지.

면담자 : 하도 추워서요?

---

70 로뗀바리 동료랑 같이 갔다는 말이다.

71 가족과 떨어져서 돌아다녔다는 말이다.

구술자 : 추워서. 보면 여관 안에 벽이 하얗게 서리가 쪄불어.

7. 1970년대 진도군에서의 순회 영화 상영

1) 건강 악화와 진도로의 귀향

면담자 : 여관이 보온이 안 되었나 봐요?

구술자 : 그랑께 전선이라놔서. 보온을 하는 거 집이 아니고 보로쿠 집이라니까 전부가. 그래갖고는 그 독주를 그렇게 계속 한 달을 먹어제낀게 입병이 생기더라고, 입병이. 그래서 먹으면 기고 토하고 사람이 죽게 생겼어. 그래서 고향으로 내려 온 것이, 인제 죽께 된께. 뭐이든 죽는 것이 제일 무섭더만. "가자. 고향 가서 약도 먹고 그라제." 그래서 고향에 내려갔어. 그래 안 했으면 거기서 살았을 것이여.

면담자 : 그래 가지고 오신 게 한 70년대 초반이나 되죠?

구술자 : 모르겄어. 그랑께, 70년이면 지금 38년인가?[72]

면담자 : 그렇죠. 38년도에 39년 되죠.[73]

구술자 : 그래……. 그 전에꺼 같구나. 박정희가 몇 년에 돌아가셨던고?

면담자 : 79년이요.

구술자 : 진도 가서 한참 있다 박정희 죽었다고 그랬응께.

면담자 : 그럼, 진도 와서도 또 그……?

구술자 : 진도 와서 할 것이 뭐 있어! 밴 것이[74] 그것밖에 안 뱄는데, 그래서 진도 와서 "노느니 또 시작하자."

---

72 구술자가 인터뷰 당시 연도를 착각한 것이다. 2009년을 기준으로 38년 전의 일이었는지 묻는 것으로 추정된다.

73 구술자의 기억 방식에 대한 면담자의 답변이다. 2009년을 기준으로 39년 전의 일이었다고 답한 것이다.

74 배운 것이.

면담자 : 또 진도 읍내를 다 도신 거예요?

구술자 : 진도군을 또 다 돌았제.

2) 진도군 순회를 위한 서울과 대전으로부터 필름 대여

면담자 : 다 돌으셨어요? 그때 영화는 어디서 또 배급받으셨는데요?

구술자 : 그때는 서울하고 대전하고.

면담자 : 아 광주는 안 하고, 서울하고 대전하고?

구술자 : 광주 영화사는 덜 친하고, 대전하고 서울은 더 친하고 그랑께 가격이 훨씬 싸. 말하자면 광주서 만 원 줄 놈은 대전 가면 내가 5천원이면 가져올 수 있어. 그렇게 차이가 나고.

면담자 : 지역별로 그 판권 가격도 좀 다르지 않았어요, 그때?

구술자 : 판권 가격이 다르제. 전라도하고 대전 판권하고는 판이 틀리제. 그라고 전라도는 더 광범위하고 그랑께 더 오래 걸리고. 대전은 덜 큰께 더 얼른 끝나고.

면담자 : 근데 영화는 똑같고……?

3) 진도읍 상설극장과 마찰 및 협동

구술자 : 영화는 똑같고 필름은 더 깨끗하고. 또 글안하면 걍 서울 가서 가져오고. 그전에 살던 거 뭐시까 알음으로 해서 필름은 구애 없이 걍 빨리, 여기 옥천극장 필름 돌리기 전에 그냥 내가 갖다 해분께.

면담자 : 그럼 옥천극장하고는 좀 마찰 같은 거 없었어요?

구술자 : 그래도 동생인데. 많이 해봤자.

면담자 : 그럼 그냥 봐 주신 거예요, 그냥?

구술자 : 아니, 기냥 주먹다짐도 하고 뭐 같이 술도 먹고.

면담자 : 주먹다짐도 하고 술 자시고. 〔웃음〕

구술자 : 술도 먹고, 또 내가 여기 안 한 놈은 내가 하면 "야, 줘서 한 번 돌려라." 그라고. 내가 비오고 놀면, 비오면 로뗀바리 못 하잖애. "오늘 비옵니다. 필름 줄께 그냥 한번 해 먹어라 진도 우에." 그럼 해먹고 그랬제. 산 것이여 뭐.[75]

4) 텔레비전의 등장과 순회 흥행 영화 상영업의 중단

면담자 : 그럼 진도 그 오셔가지고 그럼 몇 년도까지 로뗀바리를 하신 거였어요?
구술자 : 그것이 몇 년돈가, 테레비 나갖고. 진도에.
면담자 : 테레비 흑백 말고 칼라 TV요?
구술자 : 칼라. 아니 흑백.
면담자 : 흑백은 70년대 나오거든요. 칼라는 80년대에 나오고.
구술자 : 흑백 나오고, 흑백 나오고…… 진도에 테레비가 퍼져서 안 되더만. 안되야. 테레비가 나와서 각 동네마다 테레비가 막 집으로 보급된께 안 되는 거 아니여! 그래서 걷어 치웠지.
면담자 : 그럼 그 이후로는 뭐 하셨어요? 그럼 여기 진도읍에 읍이 총 몇 개 읍이죠? 두 개 읍인가요?
구술자 : 하나.
면담자 : 진도읍에 7개 면이죠?
구술자 : 7개 면.
면담자 : 7개 면을 다 도셨던 거예요?
구술자 : 그럼.
면담자 : 그럼 이제 로뗀바리 그만 두시고는 어떤 일을 하셨어요?
구술자 : 로뗀바리 그만두고는 염전 하던 것도 하고. 염전…….

75 '그렇게 살아온 것'이라는 뜻이다.

8. 순회 흥행 영화 상영과 관련된 이야기

1) 순회 시절 연애 이야기와 흥행 종사자들의 인기

면담자 : 지금 그럼 로뗀바리 하시면서 기억에 지금까지 남는 그런 재밌는 이야기들은?

구술자 : 재밌는 얘기는 그때 젊어서 한 얘기라 맨[76] 여자관계 얘기제. 뭐 다른 것이 없어.

면담자 : 아우, 그것도 재밌는 이야기잖아요?

〔구술자의 개인 정보 보호를 위하여 일부 비공개〕

면담자 : 아, 예 그럼 영화를 하셨던 분들, 영화관계자 분들 그만큼 인기가 있었단 얘긴가요? 아니면 선생님께서?

구술자 : 그런 때는 참 영화 하는 사람들이 돈이 많고 다 깨끗하지 않애.[77] 돈도 잘 쓰고 푼돈이 있어. 날마다 현찰인께 외상이 없잖아. 밤만 되면 현찰로 들어온께 낮이고. 그래서 돈도 잘 쓰제.

면담자 : 잠깐 쉬겠습니다.

2) 순회 흥행 영화 상영업자들 사이의 알력과 구역 다툼

구술자 : 영기는 우리 나이나 되아 쓰것인디. 그때 서대호 집이서 같이 만났제?

면담자 : 아니요. 그 분은 안 만나고, 서대식 선생님 만났어요.

구술자 : 서대호?

---

76 모두.

77 돈이 많아서 남녀 관계가 복잡하다는 말이다.

면담자 : 서대호 선생님은 돌아가셔서 서대식 선생님 만났어요.

구술자 : 그랑께 그 집 아들.

면담자 : 아, 길영 씨[78] 말하는가요? 서길영 씨?

구술자 : 길영이, 서길영이 말고. 저…… 서대호는 해남서 하고. 영암서 로뗀바리 한 사람이 있었어.

면담자 : 김영기 씨요?

구술자 : 잉. 김영기라고.

면담자 : 그 분은 제가 못 만났어요.

구술자 : 어, 못 만났지?

면담자 : 이야기를 뭐 지금 살아계신대요?

구술자 : 우리 나이나 될까 그랬어, 그때.

면담자 : 서대식 님한테 연락 한 번?

구술자 : 나도 그 사람을, 그 사람을 서대호네 집에서 가면 만나, 그런 때. 딱 보니께 그라드만, "어째 형님이 영암 와서 해 묵으요?"

면담자 : 선생님이 영암서도 하신 적이? 아, 서대식[79] 선생님이요?

구술자 : 어. 서대호가 해남 허다 영암도 한 번 해묵거든. 거 덕천인가[80] 거기 가서. 덕천이 큰 데거든. 그니까 덕천이 영암 갈래거든. 거기를 그란디 서대호가 해묵어. 그니깐 영기가 와서 서대호보고 막 항의를 하더만.

면담자 : 그니깐 로뗀바리 하시는 분들끼리도 알력이 있으셨고?

구술자 : 어, 그람!

면담자 : 자기 구역이 있으셨던 거네요?

구술자 : 어. 김영기라고, 내가 그게 기억이 나. 그라고 완도는, 완도도 하나

---

78 서길량의 착각이다. 서길량은 해남에서 순업에 종사한 서대호의 큰 아들 서아귀의 아명(兒名)이다.

79 면담자가 서대호를 서대식으로 착각한 것이다.

80 전남 영암군 학산면 독천리를 지칭하는 것으로 보인다.

있었어. 최 뭐시라고 하나 있었는데. 완도는 완도 그때 한 사람이 하나 있었어. 최 뭐이라고 그거도 건달이여. 완도 건달.

3) 미공보원의 이동영사 활동 부재와 진도군청의 계몽 영화 상영

면담자 : 저는 또 한 가지 듣고 싶은 게 뭐냐면 그…… 선생님께서는 인제 흥행을 위해서 로뗀바리 쭉 하셨잖아요. 근데 선생님이 그니까 지역마다 돌아다니시면서 보면 그때 우리나라 정부에서, 미공보원이 와서 직접 영화를 상영하거나 그런 거 보신 적은 없으세요?

구술자 : 그런 것은 못 봤어.

면담자 : 못 보셨어요? 그러면 아까…….

구술자 : 어. 아, 그런 때 진도 군청에서 공보 영화를 한 번씩 한 기억들은 있는데.

면담자 : 언제 적 기억이세요?

구술자 : 그게 우리 영화할 때 그 맘 땐 거 같은데.

면담자 : 진도 떠나기 전에 여기서요?

구술자 : 응, 진도읍에서.

면담자 : 진도읍에서요?

구술자 : 어. 진도읍에서.

면담자 : 5·16 나기 전에?

구술자 : 훌란 것이제.[81]

면담자 : 선생님은 5·16 나고 나서 곡성으로 가셨잖아요?

구술자 : 응, 그랑께.

면담자 : 5·16 나고 나서 잠깐 뭐…….

구술자 : 그랑께 인자 그것이 도에서 공보부가 생겨 갖고 그 한 번씩 있었던

81 이후의.

모양 같어. 그런 기억이 나는데.

면담자 : 자주는 있지 않았어요?

구술자 : 응. 자주는 안 있고. 도에서 계몽 영화를 한 번 한 거 같어, 그런 때. 계몽 영화.

면담자 : 혹시 그러면 여기 선생님이 해방되기 전에, 그 여기서?

구술자 : 해방되기 전에?

면담자 : 예. 선생님 여기서 해방되기 전에 그 목포에 계셨죠?

구술자 : 응. 목포.

면담자 : 그럼 진도 기억은 안 나시겠네요?

구술자 : 해방되기 전에 진도가 극장이 없었제.

4) 진도군의 창극단 인기와 여성국악단의 흥행 대성공

면담자 : 아니 그래도 돌아다니면서 그때 로뗀바리들이…….

구술자 : 없어. 그런 것은 없었어. 그때는 그때는 저 임방울 창극단이라고.

면담자 : 협률하셨던 분들이요?

구술자 : 임방울이가 그때 진도를 자주 왔어. 임방울이가 일제시대에, 일본놈 시절에. 다른 데는 안 가고 진도를 정기적으로 찾아 왔제. 1년에 한 번씩이면 한 번씩. 그럼 여그 오믄 진도 오믄 내나 노래 부르는 사람들이 진도 와야 신이 난다 그것이여. 그래서 진도를 많이 찾아 댕겼어, 임방울이가.

면담자 : 제가 듣기로는 전쟁 끝나고 나서 이제 사람들이 악극 같은 게 유행을 했거든요, 전국적으로요. 악극이나 여성국극이요. 근데 진도에서는 여성국극 같은 건 없었나요? 창극 같은 것도?

구술자 : 내가 젊어서 그때 '우리국악단'이라고 있어.

면담자 : 네. '우리국악단'.

구술자 : '우리여성국악단'이라고. 그 박옥진이 하고.

면담자 : 김성녀 선생님 어머니.

구술자 : 응. 그 진도 여자거든, 옥진이가. 옥진이 잘 알제. 저그 저 진도…….

면담자 : 저 김성녀 그…… 중앙대 교수 그 양반 어머니죠.

구술자 : 어머니, 맞어 거가 큰 애기 때 그 옛날 말하믄 그 진도서는 당골넨데.

면담자 : 당골네요?

구술자 : 당골넨대, 전부 당골네여. **** 당골네 집안인데.

〔개인 정보 보호를 위해 일부 비공개〕

구술자 : 그래 갖고 내가 서울 가서도 그거를 많이 보고 목포서도 국악단이라고 많이 왔었는데, 그땐가 언젠가 장성서 왔어, 장성서 그것을 했어. 국악을 했어.

면담자 : 우리국악단이요? 공연을?

구술자 : 응. 그래갖고 거그서 밑졌어. 장성 와서 밑져부렀어. 그래 갖고 어디 갈 데가 없응께 진도로 SOS를 쳤어. 그래서 그 소개하는 사람이 여기를 와서 우리를 찾아왔더만. "장성 가 국악을 하다가 적자가 나 갖고 뜰 여비가 없어서 묶여 있다." 그랑께 "진도서 그 놈을 좀 갚아 주고 진도 와서 하믄 어짜것냐? 고향이고 그랑께!" 그래서 "좋다." 해서 내가 가서 한번 데꼬왔제. 그때가 섣달 스무 닷새 날이나 될 거여. 인제 굿도 안 되제, 섣달 다 되아불면. 설 된께. 그래서 장성 가서 데려와서, 그때 그 세트가 구르마로 2개 돼, 세트만 해도.

면담자 : 그때가 언제 적?

구술자 : 그때가 내가 몇 살 먹었었는지 기억이 안 나네. 그때 젊었을 땐데 아주.

면담자 : 그니까, 여기 저 곡성 가기 전에.

구술자 : 그랑께 가기 전인가? 가기 전인 것 같애. 가기 전이여! 여기 진도 가기 전인데 그래서 와갖고 여그서, 설에까지 공밥을 멕이고, 진도 여관에다가 멕이고 해서, 설날부텀 시작을 했어 하루에 세 번. 오전, 오후, 저녁.

면담자 : 설인데 시작했어요?

구술자 : 설날부텀. 여기 저 여기 저 헌대 밑에 그 저 이층 학원 같은 거 있었제? 그것이 진도문화원인데. 옛날 진도공회당인데.

면담자 : 어디가 진도공회당? 지금 뭐가 있어요, 진도공회당 자리에는?

구술자 : 거가 지금 학원 같은 거 하고 있제.

면담자 : '허바허바사장'에서 가까워요?

구술자 : 고 앞에. 그 앞에, 지금 고 우에[82] 읍사무소는 헐어불고, 고 밑에 바로 읍사무소가 진도읍 공회당이라고 있었어.

면담자 : 그 공회당은 언제 만들어진 거예요? 혹시 기억나세요?

구술자 : 그때 해방 후로 기냥 짓었제.

면담자 : 해방되고 나서 짓은 거예요?

구술자 : 해방되고 짓었어.

면담자 : 누가 짓었어요, 그거를?

구술자 : 그때 진도읍에서 짓었지.

면담자 : 읍에서요.

구술자 : 읍에서, 읍에서 짓었는데. 거기서 그 국악 아그들 데려다가 한 번 한 적 있어, 내가. 그런데 일주일간을 했어

면담자 : 1주일간요?

구술자 : 1주일간.

면담자 : 잘 됐네요.

구술자 : 엉. 잘 되았제. 하루에 세 번씩 했으니까.

---

82 그 위에.

면담자 : 언제?

구술자 : 진도 첨 일이다, 그것이.

면담자 : 시간대가 어떻게 되었는데요, 시간대가?

구술자 : 오전에 한 번, 오후에 한 번, 저녁에 한 번.

면담자 : 근데 잘됐기 때문에?

구술자 : 그래서 그 사람들 그 빚 갚으고 돈 좀 갖고 나갔어.

면담자 : 그럼 그 우리국악단 말고는 다른 국악단은?

구술자 : 다른 국악은 안 왔지, 한 번도.

면담자 : 여기가 좀 멀어서 그럴까요?

구술자 : 멀어서, 멀어서 안 오제. 이 지역은 적은 데라.

5) 일제강점기 진도군에 도입된 전기의 혜택

면담자 : 근데요 선생님 저는 좀 궁금한 게 그…… 여기가 저기 일제 때 전기가 먼저 들어왔고 여기에 그 벽파진에서 바로 오사카 가는 배가 한 번씩 섰다고 그랬잖아요?

구술자 : 그람 일주일에 한 번씩 떴제.

면담자 : 그렇다면 그때 일본을 통해서 일본 영화들이 와서 여기서 상영 안 했대요? 그런…….

구술자 : 극장이 없었는데 안 되지.

면담자 : 아니 이렇게 마치 로뗀바리처럼 안 왔어요?

구술자 : 어어, 안 왔어. 어째 진도가 전기가 모나[83] 들어오고 그랴나믄, 일제 문화가 들어와서 섬이로기[84] 발달한 거여. 일본 문화가 모냐 들어왔어. 그랑께 제주도가 제일 발달한 데여, 일제시대. 제주도 사람은 일제강점기 보믄 일본 안 갔다 온 사람이 없이 전부 일본을

83 먼저.

84 섬이.

갔다 왔어. 그런께 우리랑 발달되고. 그 담에는 이 섬들이여. 이 섬들인데, 진도가 그 발달한 원인이 목포서 진도 벽파진을 지켜서[85] 일본으로 가는 배가, ***라고 그 배가 있어서 진도가 이렇게 발달한 거지. 그러니까 진도 사람들이 일본을 우리 동네 사람들도 보믄 거의가 일본을 한 번 다 쓱 지켜온[86] 사람들이여. 그랑께 일제강점기에 이 진도는 기계로 보리를 쳤다 그것이여.

면담자 : 기계로 뭘 쳐요?

구술자 : 보리.

면담자 : 보리, 보리! 보리타작을?

구술자 : 보리타작을 기계로 했어, 일제시대도. 해방 후나 곡성 간께 보리하고 서숙[87] 그런 것을 나무통 크낭[88] 것을 놔두고 단위로 묶어가꼬 때려서 이 원시적인 이것을 하드라고. 그라고 천안을 가도 그것을 해.

면담자 : 아, 그때 천안.

구술자 : 천안도. 그랑께 내륙 지방은 완전히 일본문화가 안 들어오고. 이 해변 가에는 일본 문화가 들어와서 그래서 진도가 전기가 들어오고 그란 것 같애. 그라고 이 진도가 이 목화 재배 단지여. 목화가 많이 난데여. 그것이 일본으로 전부 수출하거든. 그래서 일본 놈들이 여그를 주도해서 그때 전기를 세워준 것 같애.

면담자 : 그래서 저는 이제 궁금한 게 그랬다면 이제 일본 문화가 일본인이, 뭐 이렇게 전기 혜택도 빨리 받았고 일본인들도 들어왔고 일본도 가는 배들고 있고 그랬으면 일본에서 영화를 보고 그랬던 게 진도에 있을 건데 꼭 극장이 없다 하더라도, 그것이 참 궁금해요. 그래

---

85 거쳐서.

86 다녀.

87 수수.

88 커다란.

서 그때…….

구술자 : 그것은 없었어, 일제시대에는.

9. 순회 흥행 영화 상영 공간의 관람객

1) 영화 상영 공간 : 청춘남녀의 연애와 마을 간 소소한 충돌

면담자 : 그때 이제 영화 보러 왔었던 사람들의 풍경인데요. 그때 사람들이 인제 로뗀바리 하면 말목 쳐가지고 포장 둘러놓고 영화를 상영하잖아요? 사람들이 와서 가마때기에 앉아 가지고 그냥 영화를 보게 되잖아요, 극장처럼 탁탁 의자에 앉는 게 아니라.

구술자 : 그래 가마니때기에 앉아서.

면담자 : 그때 사람들의 인제 풍경들 있잖아요. 와서 어떻게 오는지, 남녀 청춘남녀들이 뭐 하러 오는지, 뭐 다 현금만 받았는지?

구술자 : 그때는 진도 인구가 13만 그랬어.

면담자 : 그때가 지금 선생님이 말씀하신 그때는 그…….

구술자 : 진도 인구가 많았어.

면담자 : 곡성 뜨기 전에요? 곡성으로 뜨시기 전에요?

구술자 : 응, 뜨기 전에. 인구가 13만 그랬거든, 그럴 때는. 최고 많았을 때가 13만 갔을 꺼여. 12만, 13만 그랬는데. 생전 그 젊은 청춘남녀들이 자기 동네 사람들밖에는 모르제. 그럴꺼 아니여? 그란데 영화가 가믄 한 열 한 댓 군데 동네를 중심을 하고 가운데서 영화를 하거든. 그라믄 열댓 군데 동네가 처녀들이고 총각들이고 전부 굿 보러 나와.

면담자 : 굿 보러 와요? 영화 보러 와요? 〔웃음〕

구술자 : 응, 영화 보러 응? 그럼 거기서 처녀도 알고 총각도 알고 연애도

하고, 장가가고 시집가기도 하고 중매도 해주고 거기서 그 영화 보러 와서 못된 짓도 하고.

면담자 : 와가지고요……. 뭐 구체적으로 이야기 좀 해주십시오. 뭐 어떤 못된 짓들이 벌어졌는가, 싸움 같은 거 안 일어났어요?

구술자 : 그 처녀들이 한 동네에서 한 열댓 명이, 한 이십 명이 오믄 거 총각들이…….

면담자 : 혼자 오는 게 아니라 떼거리로 오는 거예요?

구술자 : 떼거리로 오제, 무선께.[89]

면담자 : 올 때 이렇게 꽃단장도 하고 오나요?

구술자 : 그람, 모도.

면담자 : 어떻게, 어떤 꽃단장을 하고.

구술자 : 모도 분칠이고 그라고 최고 미인으로 하고 단장하고 오제. 그 여러 사람 보이는 데로 그거는 그……. 그람 거기에는 반드시 총각들이 또 따라와 동네서. 그라믄 그 다른 동네 처녀 총각들하고 그 알력도 생기고 다른 동네 총각들이 즈그 동네 처녀들 성가시게 하믄 가만히 있겄어? 그래서 싸움도 하고 참 여러 가지 문제가 많이 있제.

면담자 : 그럼 영화 보시면서 사람들이 그…… 영화 보면서 뭣도 먹고 그러든가요? 뭐 하다못해 감자라도 삶아서 먹고?

구술자 : 아니, 그런 것은 아니제.

면담자 : 아, 그럼 그냥 얌전히 영화…….

구술자 : 그냥 영화 보고. 뭐 거그 상점도 없고, 들판에서 영화 하는데 뭐 살 것이 있어야제!

면담자 : 싸가지고 와서?

구술자 : 아니 싸가지도 안 와. 저녁 먹고 와서 굿 보고.

면담자 : 그랬었어요? 그럼 영화 말고는 그때 뭐 볼거리가 없었나 봐요?

---

89 무서워서.

구술자 : 없었제, 아무것도.

면담자 : 아무것도 없었어요?

구술자 : 응. 아무것도. 테레비가 나와서 그랬제. 테레비 없고는 영화 그거 이 유일한…… 총각 처녀들, 기대를 많이 하제, '영화 언제 들어오냐? 언제 들어오냐?'고.

2) 다양한 관객 구성

면담자 : 그럼 그 사람들 와갖고 저기 뭐야 다 현금으로 계산하고 가든가요? 아니면 돈 없어서 뭐 어떻게 한가요, 어떤가요?

구술자 : 기양[90] 따라와서 안 보는 사람도 있고 그 여러 가지제.

면담자 : 여러 가지예요?

구술자 : 응. 놈 간께[91] 걍 쓸려서 오는 처녀들도 있고.

면담자 : 예 선생님 오늘, 오늘은 여기까지만 좀 하겠습니다. 제가 다시 또 오겠습니다.

구술자 : 그래.

면담자 : 고생하셨습니다.

---

90 그냥.

91 남이 가니까.

애국 충정에서 시작한 영화 상영,
해남군 서대호

서대호는 '나라 사랑' 실천을 위한 열망으로 순회 영화 상영에 뛰어든 자였다. 1910년대 출생으로 추정되는 서대호는 일제강점기 해남군에서 전기 관련 업무에 종사하다가 해방을 맞았다. 한국에 진주한 미 육군 24군단이 일반참모부(General Staff)와 육군 소속 방첩부대를 만들자 그는 G-2 요원이 되었다. G-2는 우익 반공 청년단체와 연계하면서 남한의 정보 수집과 첩보 활동 그리고 한국인 정치 지도자 사찰을 전담했다. G-2 참여자의 신분은 비밀 사항이었기 때문에 그의 구체적인 활동은 확인할 수 없다. 다만, 작고한 서대호를 대신하여 그의 장남 서아귀(1900년생)의 구술을 통해 우회적으로 알 수 있다. 서아귀는 서대호의 순업에 오랫동안 동행하였고 해남극장을 운영한 까닭에 그의 부친에 대하여 상세히 기억하였다.

서아귀의 구술 증언에 따르면, 서대호의 순업은 지역 청년을 계몽하기 위한 애국 충정(衷情)에서 비롯되었다. 즉, 한국전쟁 동안 해남군에서 빨치산을 대상으로 선무(宣撫) 작업을 하던 서대호는 총탄에 맞아 목과 입에 관통상을 입었다. 얼굴 부상으로 음식 섭취와 대화마저 불편했지만, 그의 상흔은 지역 행정 기관과 경찰 관료들로부터 예우를 받는 애국의 증거이자 '육화된 훈장'이 되었다.

4·19 혁명 이후 그는 '청소년 시청각 교육'을 이유로 무료 영사 활동에 나섰다. 당시 전남 광주시 미공보원에서 제공한 〈리버티 뉴스 Liberty News〉를 일주일 또는 보름 단위로 바꿔가며 상영하였다. 조랑말이 끄는 손수레에 16mm 필름 영사에 필요한 모든 기자재를 실어 이동한 그의 순업은 '해남영화반'으로 불렸다. 1960년대 초중반 서대호는 35mm 영사기를 이용한 상업영화 상영으로 전환하면서 본격적인 흥행사의 길로 들어섰다. 순회 지역은 해남군 13개 면(面) 전체와 인근 강진군과 영암군 부락 마을이었다. 그의 영화반은 모두 세 개 조(組)의 영사 차량으로 구성되었으며 조별 인원도 9~10명에 달했다. 순업의 필름 배급 순서는 일반적으로 개봉관과 재개봉관을 거쳐 제일 마지막 차례였지만, 서대호의 해남영화반은 군(郡) 지역 상설극장과 비슷한 시기에 신작을 선보였다. 영화사로부터 신망을 얻은 덕분이었다. 게다가 낯선 마을에서 영화를 상영하는 일도 어렵지 않았다. 그의 얼굴의 총상은 반공 이념에 바탕을 둔 국가의 '원로'로 대접을 받을 만하였기 때문이다.

1970년대 후반 서대호는 순업으로 벌어들인 돈으로 해남극장을 사들였다. 그는 상설극장을 운영하면서도 인근 마을에서 극장과 시차를 두고 순업을 계속했다. 대중교통의 미비와 비도시 노동의 특성상 극장으로 올 수 없는 관객이 여전히 많았기 때문이다. 1980년대 들어서 천연색 TV의 보급과 함께 해남극장 운영은 어려워졌다. 하지만 지역 필름 배급업자가 기억하는 서대호는 여전히 '대단한 성공을 거둔' 흥행사로 꼽혔다. 서대호의 순업은 영화 흥행을 통하여 반공 이념에 바탕을 둔 대한민국의 '국민'됨을 보여준 표본적인 사례라고 할 것이다.

- **구술자**

서아귀(전남 해남군 이동영사 '해남영화반' 운영자 서대호의 장자(長子)이자 1970년대 해남극장 운영자)

- **면담자**

위경혜

- **구술 주제**

한국전쟁이후 1960년대 이동영사 활동 증언 자료 수집 : 전라남북도 지역을 중심으로

- **구술 일시**

2009년 7월 27일 15:00~18:01

- **구술 장소**

서울특별시 동작구청 옆 명진다방

- **구술 상세 목차**

1. 선친 서대호의 순회 영화 상영 시작 이전 반공 활동
   1) 서아귀의 호적상 이름과 아명(兒名)
   2) 선친 서대호의 순회 영화 상영 계기와 시작 연도
2. 한국전쟁 동안 선친 서대호의 활동
   1) 해방 이후 G-2 활동과 한국전쟁 참전
   2) 전남 해남군에서의 우익 청년운동
   3) 한국전쟁 동안 북진 중단과 자발적 반공 전투 부대 결성 및 귀향
   4) 빨치산 자수 공작(工作)과 전쟁의 상흔(傷痕)
   5) '국가 사랑'과 국가 유공자 등록 거부
3. 서대호의 순회 영화 상영 역사의 시작
   1) 순회 영화 상영 시작 계기: 계몽의 필요성
   2) 라디오 가게 운영과 녹음기
   3) 한국전쟁 동안 인민군에 의한 서대호 부친의 사망
   4) 영화를 이용한 시청각 교육과 미공보원의 필름 대여

5) 무료 계몽 영화 상영에서 영화 흥행업자로의 전환

6) 광주와 서울의 영화 배급사 필름 대여와 미공보원에서의 필름 대여

4. 서아귀의 학력과 이력

5. 해남영화반 기자재 상황과 활동 내역

1) 16mm 영사기로 시작한 순회 흥행 영화사 '해남영화반'

2) 35mm 영사기로 교체

3) 주간 시청각 교육 영화 상영, 야간 35mm 흥행 영화 상영

4) 교육과 계몽의 미공보원 영화, 〈리버티 뉴스 Liberty News〉

5) 영화 상영 장소, 운동장과 장터

6) 순회 흥행 영화 상영을 위한 절차

7) 가설극장 영화 상영 선전 방식

8) 가설극장 영화 관람 요금

6. 해남영화반과 해남극장의 운영

1) 1960년대와 1970년대 해남영화반 활동

2) 1970년대 해남극장 운영 계기: 필름 배급의 용이

3) 상설극장과 가설극장의 시간 차이를 둔 동시 상영

4) 해남군 인근의 강진군과 영암군의 순회 영화 상영업자들

7. 해방 이후 서대호의 무성영화 상영 활동

1) 해방 이후 서대호의 활동

2) 해방 이후 서대호의 한전 근무 경력

3) 외골수 성격의 서대호

8. 1970년대 해남극장 운영

1) 해남극장의 운영과 경영상 어려움

2) 1970년대 지방 필름 배급사의 가격 경쟁

9. 해남영화반 운영과 인력

1) 해남영화반의 필름 수급 방식

2) 해남영화반의 운영 방식: 3대로 늘어난 영사 차량

3) 해남영화반 종사자들의 이력: 청년운동 동료 또는 반공 활동 종사자

4) 해남군 지역의 유력자, 서대호

1. 선친 서대호의 순회 영화 상영 시작 이전 반공 활동

1) 서아귀의 호적상 이름과 아명(兒名)

면담자 : 선생님 반갑습니다. 오늘 2009년 7월 27일 월요일이구요. 정말 제가 만나 뵙고 싶었던 서길량 선생님 만나뵈러 지금…… 함자가 서 자, 길 자, 량 자이신가요?

구술자 : 예, 이제 원명은 서아귀고.

면담자 : 아, 호적상에 있는?

구술자 : 어, 호적상의 이름은.

면담자 : 아 자, 길 자?

구술자 : 어, 길 자. 아름다울 아 자고 귀할 귀 자고.

면담자 : 그럼 이제 길 자, 량 자라고 부른 거는 그냥……?

구술자 : 학교 다닐 때는 부른 것이고. 호적상으로는…….

면담자 : 예. 제가 조금 전에 말씀드린 것처럼 영화를 하시게 된 아버님 청춘의 이야기와 곁들여서 선생님의 삶의 이야기를…….

2) 선친 서대호의 순회 영화 상영 계기와 시작 연도

구술자 : 아니, 나는 인자 아버지 따라서 사업을 도운 것뿐이지, 제가 한 것은 별로 없어요. 애당초 그분이 그 사업을 하게 된 동기는 시청각

교육을 하기 위해서 그 일을 했어요, 그 일을. 시청각 교육이라 학교에, 국민학교에 인자 초등학교 초등학생들. 그 당시만 해도 영화라는 것을 잘 몰랐지. 시골에가 뭐 테레비도 없었고 뭐 라디오가 한 집에 하나씩, 두 개씩 있을. 그 시기니까.

면담자 : 그 당시가 언제, 한국전쟁 끝나고?

구술자 : 끝나고 한참 있어갖고…… 윤보선 대통령, 최규하 다음에, 대통령 된 다음에. 최규하 된 다음에, 되기 전에 윤보선 씨가 대통령 하실 때 그래가지고 박정희가 박정희 대통령께서 5·16 쿠데타를 일으켜 갖고 그 마무리를 지었잖아, 그 시기여.

면담자 : 그니까 최규하가 아니라 이승만 대통령이 하야하고…….

구술자 : 윤보선 씨하고.

면담자 : 그 다음에 인제 박정희 대통령이…….

구술자 : 응. 할 때, 그 시기.

면담자 : 아, 그럼 이승만 대통령 할 때부터 일을……?

구술자 : 아니, 그 윤보선 씨 할 때부터였지. 그 당시에는 긍께 격동기 때. 그러니까 이승만 씨 대통령께서 돌아가시고. 4·19 나 가지고 돌아가시고 난 뒤로 윤보선 씨가 대통령이 된 뒤로 격동기였다고 한참 격동기 때. 그라고 5·16이 인자 박정희 대통령, 5·16 나기 전에. 그 시기에…….

면담자 : 그 시기에 시작을 하셨던 거예요?

구술자 : 그 시기에 했지.

면담자 : 그럼 50년대에는 시작을 안 하셨던 거예요?

구술자 : 그때가 50년대나 됐을까?

면담자 : 그때, 그 4·19 나서 이승만 대통령이 하야할 때는 1960년이거든요.

구술자 : 그 시기여. 그 시기 그 넘어서.

2. 한국전쟁 동안 선친 서대호의 활동

1) 해방 이후 G-2 활동과 한국전쟁 참전

면담자 : 그러면 전쟁 끝나고 나서는 다른 일을 안 하셨어요?

구술자 : 전쟁 끝나고 나서는 바로 전쟁 그 토벌 작전하셨지. 그 분이 원래 그 군에 계셔놔서 군대 그 G-2(General Staff-2)[1]에 계셨어.

면담자 : G-2요?

구술자 : 어. UN G-2라고 해서 정보국에 계셨어.

면담자 : 아, 그럼 굉장히 영어도 잘 하시고 그러셨겠네요?

구술자 : 영어는 못 하지만 한국 사람으로서는 그 역사가 올라가면 어려워.

면담자 : 그런 이야기도 좀 근데 좀 괜찮으시면 해주십시오.

구술자 : 올라가면 그 격동기 때 해방 막 돼 갖고 격동기 때 민청, 독청 이런 계열이 하나 있었거든.

면담자 : 예. 좌우합작…….

구술자 : 으. 좌우였어도 그 안에가 민청 있고 독청이 있고 있었거든. 그 계열이 있었어. 계열이. 부친께서는 독청[2] 계열이었어. 이승만 완전 그 소위 말하면 공산당 타파하는 그 계열에 계셔서. 그 미국 군에서 미군 통치 하에서 말하자면 공무원이 있었잖아, 그 당시에? 그 때 그 차출을 받아가지고 그 분이 그 정보국에가 있었어. 그 계통에서 정보국.

---

1 G-2는 육군에 의해 채택된 참모 형태의 하나이다. 일반 참모부는 사단급 이상 부대에 편성되며, 그 참모부를 관장하는 참모를 인사참모(G-1), 정보참모(G-2), 작전참모(G-3), 군수참모(G-4), 민사참모(G-5) 등으로 부른다.

2 해방 이후 우익 청년단체 가운데 이승만의 단정노선 수립을 지지한 청년 단체들은 다음과 같다. 즉, 국민회청년단(국청), 대동청년단(대청), 대한독립청년단(독청), 서북청년회(서청), 조선민족청년단(족청), 청년조선총동맹(청총) 등이다. 하유식, 「이승만 정권 초기 정치기반 연구 - 대한청년단을 중심으로」, 부경역사연구소, 『지역과 역사』 제3호, 1997년 6월, 203~241쪽.

면담자 : 광주에서요, 아니면 해남에서요?

구술자 : 아니지. 서울로 올라가서 그런데서 훈련을 받았지. 해남에 가계셨는데 그 계통에 계시면서 서울로 올라와서 UN 사령부 쪽으로 들어가서…… 근데 계급도 없고, 신분도 잘…… 비밀리에 하는 것이라, 정보국에 계셔노니께.

면담자 : 아버님 서대호 선생님께서 굉장히 대단한 일을 하셨네요?

구술자 : 응. 거기서 있어 가지고 훈련을 받았지. 그리고 내려왔었어. 내려와 가지고 계시다가, 시골에 가 계셨어. 그때는 그 당시에는 라디오를 했고. 그래가지고 그 분이 거기서 훈련받고는 내려와서 계셨지. 그래갖고 6·25가 났잖아. 6·25가 그 당시에. 근데 6·25 나서 차출이 됐어. 긍께 불렀지.

면담자 : 그럼 다시 서울로 오신 거예요?

구술자 : UN 사령부가 서울 가 있었는가? 부산으로 갔든가? 좌우간 부산으로 먼저 내려갔어. 그런데 철수를 하니까 부산 G-2, 소위 말하는 유엔군 정보국에서 부르니까 할 수 없이…… 그 당시에 시골에 가면 차도 없었지만은…… 차가 뭣이 있었는고 하니, 그 오토바이 그거 타는 것이, 세 발 그런 차가 있었어, 자가용이.

면담자 : 예. 사진으로 본 것 같아요.

구술자 : 응. 자가용이. 그런 차가 있었다고. 그걸 타고 마산으로 해서 부산까지 갔지.

면담자 : 거기까지 가셨던 거예요?

구술자 : 어. 혼자 가셔부렀어. 부르니까. 아무도 6·25 난지도 잘 몰랐는데 그 분은 26일 날, 일이 터졌다 싶게 방송도 안 나왔을 때 차출이 돼가지고 바로.

면담자 : 어떻게 다음 날 바로 아시고 가셨대요?

구술자 : 그러니까 정보국에서 연락이 왔지. UN 거기, 그 정보국에서. 그러니까 거기를 갔지.

2) 전남 해남군에서의 우익 청년운동

면담자 : 그러면 서울에서 교육받고 와서 해남에서는 아무 일도 안 하고 계셨던 거예요?

구술자 : 그랬지 뭐. 청년운동하고 좀 있었다가 그것이 뭐 얼마 안 됐으니까. 한 일 년 사이였으니까. 청년운동하고 그라고 계셨지. 훈련받고 오셔가지고는 그래가지고 그냥 6·25 나니까 혼자 그냥 내려가셨어. 그 차 타고 그냥 차 가지고 가서, 차야 어따 버려버렸는가, 버려버리고 입대를 했지. 그러고 이제 낙동강 전선, 석 달 후에 UN군이 북진할 때 같이 북진을 했지. 북진하고는 계속 G-2에서 UN군하고 같이. UN군 그랑게 얼른 말해서 그 분들은 군번이 없어.

면담자 : 군번이 없어요?

구술자 : 응. 군번이 어디 누구라는 그런 군번이. 비밀요원이고. 한 부대에 있어도 잘 모르지 서로가. 서로가 모르는 G-2에 있으니까 최전방에 계셨으니까. 또 서울까지 입성하시다가. 서울 오셔가지고 북진할 때 부친은 북진을 안 했어. 아, 다시 내려왔어.

3) 한국전쟁 동안 북진 중단과 자발적 반공 전투 부대 결성 및 귀향

면담자 : 아, 내려오셨구나?

구술자 : 어. 그냥 시골로 다시 정보 들으니까 뭐 시골에서 복잡하다고 그러니까 시골로 내려왔다고. 내려오면서 해남에서 젊은 아이들, 소위 말하면 그 젊은 군인에 입대한 아이들. 학도병도 있었고 그 당시에. 서넛이, 한 열댓이나 됐을까?! 그 사람들 중간 중간에서 만나. 광주에서도 만났고 서울에서도 만났고 그런 계열에 있으니 정보국 계열에 있으니까 어디가 그 있는지를 잘 알았던 모양이여, 그 내가 알기에는.

면담자 : 선생님도 기억력이 굉장히 좋으시네요?

구술자 : 아니, 그때 얘기하니깐. 그때 중학교 1학년 때니까 알지.

면담자 : 아, 다 기억하시겠네요.

구술자 : 그리고 그 선배들도 좀 있었고. 김동기 씨, 연배 씨. 뭐 여러분들이 있었어, 선배들이. 그 분들이 같이 해남으로 온 거야. 해남 쪽으로 내려왔지, 다시. 전남으로 해서, 목포로 해서. 목포 차도 없으니까 그 당시에 뭐 차도 없고 그러니까 목포까지는 기차로 왔겠지만 거기서부터 걸어서, 걸어서 시골로 왔어. 그때 올 때 그 분이 그 UN 군에 계셨으니까 그 사람들 데리고 갔을 때는 전부 총도 모도[3] 가지고, 시골에서는 해남 같은 데서는 그 당시에는 낮에는 어디에가 우솔재가 있었는데. 우솔재 바깥에는, 안에는 낮에는 경찰관이 지휘를 하다가, 밤에는 그리 옥천까지 또 낮에는 갔다가, 밤에는 거기까지 가면 못 하니까 밤에는 또 와. 올라와. 무서우니까. 그 담엔 반란군이 내려와서 점령하고. 그러면 또 올라가고 내려가고 이런 식이었거든.

면담자 : 그러니까 정전 기간, 그 휴전이 되기 전에 그런 일이……?

구술자 : 아니, 휴전되기 전이었지. 전투할 때. 일부는 올라가고 일부는 잔당들을 모두 여기[4] 있었고. 그때 그 당시에 내려왔어, 해남을. 내려가서 보니까 집안이 그러니까 우리 집안이 그러니까. 그 당시에…… 총도 그 무기 같은 것도 경찰관들은 의용군이 있었거든, 의용군들이. 경찰관들은 구식 같은 거 이런 거 가지고 썼어. M-1도 없었고. 그때 오시면서 그때 당시의 최신 무기, 그것을 다 두 개씩 모두 들쳐 메고 왔다고. 응, 거기를. 이제 해남으로 와갖고 거기서 그때부터 거기 그 일을 시작을 했어. 반란군하고 싸움하고 백날 장흥으로 갔다가 해남 계곡(면) 가면 흑석산이라고 있지? 거기가 인

---

3 모두.

4 여기.

제…….

면담자 : 장흥이에요?

구술자 : 해남.

면담자 : 아, 해남.

구술자 : 해남 계곡 가.

면담자 : 아, 계곡 가에 있었어요?

구술자 : 계곡에 가. 계곡이란 동네가 있는데…….

면담자 : 아, 계곡이란 동네.[5]

4) 빨치산 자수 공작(工作)과 전쟁의 상흔(傷痕)

구술자 : 계곡면이라는 면이 있었는데, 거기에가 흑석산이라는 데가 있어. 그 흑석산이 어디로 연결됐는고 하니, 영암 월출산으로 해서 장흥으로 해서 장흥서 이제 태백산으로 이렇게 연결되는 그 루트(routes)여 전부가. 그렇게 이제 장흥으로 해서 장흥에서 지리산 쪽으로 이렇게 연결된 데가 전부 그 쪽이여.

면담자 : 굉장히 중요한?

구술자 : 그 제일 마지막, 해남 끝에 가 흑석산이여. 거기부터 인제 반란군들이 거기서부터 내려와. 저 지리산부터 이렇게 내려와서 있다가 또 내려가 올라갔다가 올라가불고 그 전투를 했지, 거기서. 그 당시에는 한…….

면담자 : 그럼 아버님께서는 전투를 하실 때 그 쪽에 있는 그 경찰들이랑 같이 결합하고…….

구술자 : 그렇지. 결합했지. 결합하고. 일부는 결합이 아니라 독단적으로. 지원은 받되, 경찰관들 지원은 받되, 의용군하고도 좀 틀리고. 거

5 전남 해남군 계곡면을 말한다.

기 군대를 일 소대가 됐으니까, 그 분들 열 몇하고 지방에서 인자 그 젊은 애기들 모탰으니까[6] 일 소대가 됐을 거야.

면담자 : 그럼 아버님께서는 거기서 이렇게 굉장히 카리스마가 있으셨나 봐요? 이렇게 청년들을 다 모았을 정도로요?

구술자 : 응. 뭐 그 당시에는 그런 셈이었지. 뭐 〔웃음〕 말로가 잘못 되어서 그랬는데, 그분이. 인자 전투하면서 어떻게 계속 그라고 세월이 흘렀지. 6·25가 평정이 되고, 휴전이 되고. 그래가지고 그 휴전된 뒤로도 그 잔당들이 있었어. 그랑께 그 잔당들은 흑석산에 가 있다가 산에가 다섯 명도 있었고, 뭐 두 명도 있었고 산에가 있을 때 선무공작도 다니면서. 마이크를 가지고 가서 밤에는 그 서서…… '자수해라, 자수해라.' 계속하면서 전투하면서 그러시다가 흑석산에 이제 전투하다가 총을 맞았어. 총을 맞아갖고 총에 이렇게 〔손가락으로 목 뒤쪽에서 입으로 관통하는 시늉을 하면서〕 여기를 맞아갖고 입으로 나와갖고 입이 이렇게 삐뚤어져 버렸어.

면담자 : 목으로 맞아서 입으로 나왔다고요?

구술자 : 응.

면담자 : 그러면 굉장히 큰 부상이네요?

구술자 : 응. 큰 부상이었지. 그 당시에는 뭐 마이신이 최고의 약이었는데. 그런 것도 없고 그러니까 해남에 와서 해남서 모셔갖고 와 가지고 인자 돌아가시게 생겼으니까 주사는 없고 병원 의사들은 있으니까 마이신을 어디로 구하려고 댕겼는고니, 강진에 도립병원이 있었어. 강진 가, 강진 가. 도립병원이 그쪽에서는 하나밖에 없었다고. 그러니까 군수 물자, 그런 약품을 그리만 지원을 해줘요. 그러니까 매일 그 자전거를 타고 해남서 강진이 50린데.

면담자 : 자전거를 타고요?

---

6 모았으니까.

구술자 : 자전거 타고. 작은 아버지는 약 시중을 하러 갔어. 그것도 밤에는 못 댕기는데 아침 일찍허니 출발을 해서 자전거를 가갖고 둘이 섯이 같이 짝을 지어가지고 가야지 그 당시에는 잘못하면 반란군한테 뭐 받으니까.

면담자 : 휴전인 상태에서도 이렇게 빨치산들이 와서 했다는 거예요?

구술자 : 그러지. 거가 있었지. 거가 있었지, 잔당들이 많았지. 그 사람들이 흑석산에 있다가 장흥, 그 지리산으로 장흥으로, 유치로 빠졌고 그라고. 유치서 있다가 지리산으로 빠져불고 그랬지. 그 루트가. 전부 그 루트지. 그 당시에는 마이신 그거 맞으면 다 낫잖아?! 마이신 그거 좋았지. 그래갖고 낫기는 낫었어. 치료가 돼가지고 입은 삐뚤어지고 입에 암 것도 없어, 이제 이빨 같은 것은. 완전히 삐뚤어 져부렀응께. 그때는 뭐든지 조사서[7] 마시고 그라고는 살았거든.

면담자 : 말씀을 하실 수 있었어요?

구술자 : 말은 이렇게 하지, 조금씩은. 근데 말이 좀 둔하지. 잘 못 알아듣지 가딱하면. 제대로 못 하니까.

5) '국가 사랑'과 국가 유공자 등록 거부

면담자 : 국가 유공자시네요, 그러면?

구술자 : 그란데 유공자……. 그러지. 국가 유공잔데 그 분이 독특한 것이 그 말허자면 유공자, 덕도 많이 볼라고 했는데 그런 것을 일절 만들지를 않아부러, 그 분이. 상이용사라고 해서 그런 것도 안 만들어불고. "내가 할 일, 뭐 국가에 대해서 할 일을 했는데 그때 그런 것 해서 뭣 하냐?" 그라고 아조 그 분이 그런 것이 아주 투철했어요. 그러니까 그만 둬 불었어. 걍 안 해 불고. 그러니께 5·16 난

---

7 다져서.

뒤로도 아마 무기 같은 것이 우리 집 가 아버지가 가지고 계시는 거는 이 뭐 전국에서 없었을 거야. MO-2라고 해서 그 칼빈총 MO-2 신형이 있거든, 군대에서 가져온 거. 그거 가지고 집에다 놔두고도 있었어. 서장이 함부로 말 못 했지. 놔두고 집에서 사간 것도 아니고 집에서 사냥도 댕기면서 갖고 산에 댕기면서 보고 그랬다고. 가지고 나갔다고 오고 그랬어 그 분은.

면담자 : 그때는 무기 있었으면…….

구술자 : 아, 뭐라고 상당히 차출하고 그랬는데 가져가지는 못했어. 그래가지고 5·16 나가지고 인자 '상록수' 훈장은 받았지. 지금도 보훈처에 가면 그것은 있어. 증명이 있어. 증명 그 훈장을 받았어.

면담자 : 한 몇 년도에 받으신 거예요?

구술자 : 긍께 그걸 몇 년도에 받았는가는 집에 가면 그 훈장 날짜가 있을 거인데 그걸 나 기억을 못해, 그 날짜를. 상록수 훈장 그 당시에 받고는. 그것도 안 받을라 그런 거를 억지로 뭐 군수영감이신가 거기 오신 그 소위 말하면 5·16 때 내려온 정보국 계통 그런 사람들이 "선배님 왜 안 받을라고 하냐?"고 그라고 그런 식이니까 받은 거야. 그라고는 그런 것도 안 하고 일절 뭐 만들라고 그래도 소위 유공자 뭣을 받으라고 그래도 일절…… 뭐 지금 받았으면 나도 덕 많이 받지.

면담자 : 아버님께선 굉장히 국가 관념이 철저하셨네요?

구술자 : 응. 철저했지, 그런 것이. 그래서 영화를 시작하게 된 거야.

3. 서대호의 순회 영화 상영 역사의 시작

1) 순회 영화 상영 시작 계기 : 계몽의 필요성

면담자 : 아, 그럼 영화는 어떤 계기로 해서 시작을 하시게 된 거예요?

구술자 : 그걸 하시다가 시골에서 다녀보고 그랑께 '시청각 교육을 해야 쓰것다, 아이들을 갈쳐야 쓰겄다.' 하는 뜻은 그것이었지. 그러고 시청각 교육을 하게 됐어, 영화를.

면담자 : 그러면 부상당하고 시청각 교육을 시작하시기 전에 집의 생계는 어떻게 다 유지를 하셨어요?

2) 라디오 가게 운영과 녹음기

구술자 : 아, 뭣했지. 집에 소위 말하면 라디오 방을 했어. 라디오를 고치고 그 당시만 해도 라디오가 그 옛날에 시골의 부잣집, 농사 잘 짓는 사람 부잣집만 한 대 두 대 있을 때여.

면담자 : 그 앰프 방송해서……?

구술자 : 어. 그런…….

면담자 : 아버님께서 굉장히 손재주가 좋으셨던 모양이세요?

구술자 : 손재주도 좋았고, 그런 것을 만들어서 썼으니까. 그리고 없는 녹음기 있었고. 그 당시에는 녹음기가 아주 귀했잖아. 조병옥 박사 같은 분들도 보면 그 분들이 오셔서, 선거 때 윤보선 대통령 하기 전에 그때 그 당시에도 상당히 정국이 혼란했잖아, 그 정치적으로. '야' 하고 지금 가치로…… 지금은…… 시끄러웠지. 그때도 그 녹음기가 우리 집에는 있었어, 시골에 가, 큰 녹음기가.

면담자 : 굉장히 잘 사셨네요?

구술자 : 응. 모임이 그것을 부산 가서 가져와 그것을 인자 부산까지 가서

그 당시에는.

3) 한국전쟁 동안 인민군에 의한 서대호 부친의 사망

면담자 : 그런데 아버님은 돈이 어디 있으셔서 그렇게 다?

구술자 : 그 전에는 좀 살았고. 그 전에는 6·25 나기 전에는 좀 살았고, 농사도 좀 있었고……. 할아버지가, 우리 할아버지가 돌아가셨지. 6·25 때 총살을 당했지.

면담자 : 아, 인민군한테요?

구술자 : 응. 인민군한테. 그러기 때문에 아버님이 분노하셔 갖고 그렇게 토벌작전을 계속 그렇게 다녔어, 그 분이. 그렇게 다니다가 인제[8] 많은 평정이 되고 뭣하니까 놓으시고. 생각한 것이 '시청각 교육, 그것을 해야 쓰겄다.' 하는 것을 가졌지. 그러고 그 필름은 기계를 사가지고 와서는, 그때는 16mm.

4) 영화를 이용한 시청각 교육과 미공보원의 필름 대여

면담자 : 시청각 교육은 몇 년 동안 하셨는데요? 그니까 시청각 교육하시면서 16mm 필름을 받으신 거예요?

구술자 : 그렇지. 16mm 필름은.

면담자 : 어디서 받으셨는데요?

구술자 : 뉴스 같은 거나 문화영화 같은 것은 전부 공급을 미국공보처에서 받았지. 그것이…… 공보원에서. 그것이 광주에 가 있었잖아, 한 반 데가?! 전라남도에는 광주, 전라북도는 저기 전주 하나 있고, 도에마다 하나씩 미국공보처가 있었거든, 그 당시에는. 그런데 거기

8 이제.

서 필름 조달을 〈대한뉴스〉 같은 거 이런 거 조달을 했지.

면담자 : 직접 가서 가져오셨던 거예요?

구술자 : 그럼 가져왔지. 가서 한 15일, 해남군이나 영암 이런데 돌아댕기다 보믄 '한 15~20일 된다.' 그러면 전부 가져와서 항상 돌고는 또 갖다 주고는 또 다음에 정리해 갖고 또 다시 딴 거 가져오고…….

5) 무료 계몽 영화 상영에서 영화 흥행업자로의 전환

면담자 : 그런데 그거 하시면서 무료로 다 하셨던 거예요?

구술자 : 그렇지. 무료로 했지. 그러다가 계속 하다가 보니까 "아, 민간인으로 해야 되겠다." 경비 같은 거 이런 것이 여러 가지로 복잡하니까 그걸 하자, 그래가지고 로뗀바리 그걸 시작을 한 거야. 그러니까 낮에는 시청각 교육을 하고 밤에는 유료영화를 하고 그랬지.

면담자 : 그게 그걸 시작한 거는 윤보선 대통령 그때부터 하셨던 거네요?

구술자 : 그랬지. 윤보선 넘어간 뒤로 5·16이 날라할 때…….

면담자 : 그쯤 해서요?

구술자 : 어. 그쯤에서 했지.

면담자 : 일찍 시작하셨네요?

구술자 : 어. 일찍 했지. 그래가지고 5·16 나니까, 인자 그 당시 5·16 나니까 더 그것이 활성화 돼가지고 〈상록수〉(신상옥, 1961) 나오고. 뭐 신성일이가 제작한 뭐 여러 가지가 나왔잖아?! 뭐 〈춘향전〉(신상옥, 1961)이시 〈심청전〉[9]이시 그때는 잘 됐잖아. 그것이 16mm도 나왔고, 그때는 16mm가 보급이 좀 되어 있었어. 그것은 영화사 같은데 판권 같은 데서 우리가 갖다가 하고. 또 뭣한 것은 일부 좋은 것은 국가에서도 내주고. 〈상록수〉 같은 것은 국가에서 장려

---

9 〈심청전〉은 1925년, 1927년, 1956년에 각각 제작되었다. 1960년대 들어와 제작된 것은 〈대심청전〉(이형표, 1962)이다.

영화라 해서 영화를 하게끔 장려를 많이 했어, 그런 영화를. 그래 그거 갖다 하고 그랬지.

6) 광주와 서울의 영화 배급사 필름 대여와 미공보원에서의 필름 대여

면담자 : 그러면 영화 16mm 가져올 때, 광주에 있는 영화사?

구술자 : 그러지. 영화사에서도 가져오고, 영화사 큰 것은 또 서울로 가고, 또 때에 따라서는 서울로 가서 가져오고.

면담자 : 직접 서울로 가서……?

구술자 : 어, 서울로 가서 가져오고 그랬지.

면담자 : 그럼 광주에서 16mm를 어떤 영화사에서 보급을 받으셨어요?

구술자 : 그때…… 모르겠어. 어른들이 가져오고 그랬으니까. 문화공보부, 미국 공보원에 간 것은 내가 간혹 어렸을 때 하면서 내가 직접 가기도 허고. 때 되면 가서 접수하고, 그 넘버가 있으니까 가서 얘기하고 그러면 다 거기 적어서 주믄 넘버 보고 가져오고 그것은 내가 심부름을 했지만은. 딴 것은 돈에 대한 것이라, 그것은 나는 관리를 못했지, 그 당시에는 노인들이, 어른들이 하셨으니까.

4. 서아귀의 학력과 이력

면담자 : 그 당시 선생님은 몇 살이셨는데요?

구술자 : 고등학교 졸업 타고. 22, 23살? 두서너 살? 그 당시 그렇게 됐을 거야. 고등학교 졸업 탔으니까 17, 18…… 2년 전에 그랬으니까.

면담자 : 해남에서 졸업하셨던 거예요?

구술자 : 그랬지. 아니 해남에서 졸업한 것이 아니라 중학교는 해남서 나오고, 고등학교는 목포서 나왔지. 목포 공업고등학교 나왔지. 그래서

거기서 졸업하고 대학교 들어가서 공부하다가. 그 당시에는 공부가 그렇게 하고 잪은 것도 아니고 해서 그냥 나와 부렀지.

면담자 : 어느 대학교 가셨는데요?

구술자 : 전대 갔다가. 조대!

면담자 : 조대요. 무슨 과 가셨어요?

구술자 : 전기과.

면담자 : 아, 전기.

구술자 : 전기……. 갔다가 그냥, 학교는 못 가고 백날 돌아댕긴디 뭔 공부를 하겄어? 그 당시에는. 그렁께 공부 못했지. 그래갖고 한 1년 댕기다가.

5. 해남영화반 기자재 상황과 활동 내역

1) 16mm 영사기로 시작한 순회 흥행 영화사 '해남영화반'

면담자 : 그만두시고, 아버님……?

구술자 : 응. 아버님 일 도왔지.

면담자 : 그럼 아버지께서 16mm를 하실 때 해남 말고 다른 지역도 도셨어요? 아니면 해남이 굉장히 넓은 지역이잖아요.

구술자 : 응, 해남하고 일부는 강진. 그 영암 일부하고. 거기서 교육구청에서 초청하고 그러면 그 당시에는 일정이 바쁘니까 초청해서, 초청을 해야 한 번씩 가서 해줄 정도. 할 수가 없으니까 발전기가 또 구입이 어려웠거든 그때는. 그 당시에는 아주 느려. 미제야 지금 같으면 발전기 같은 것도 좋고 그런데. 그 당시에는 그런 좋은 발전기가 없었어. 그러니까 군대에서 쓰던 발전기, 군에서 쓰는 발전기가 좋아했어. 중고가 나오면 수리해서 쓰고 그랬지.

면담자 : 그러면 그 지역을 다 도실 때 이동하실 때는 뭘로 다 이동하셨어요?

구술자 : 차로 했지, 차.

면담자 : 그때 차는 어떤 차로, 어디서 나서 또 그렇게?

구술자 : 그건 차는 샀지. 제일 첨에 한 대 갖고 했지. 근데 뭐 시골에서 차 있는 데서 트럭 사가지고 트럭에다 뒤에다 싣고 그라고 다녔지.

면담자 : 예. 16mm 영사기 한 대로 이렇게?

구술자 : 응. 다녔지. 그래갖고 그것도 어려우니까 결국에는 16mm 두 대. 16mm 같은 것도 두 대, 한 대 더 만들어가지고 너무 넓으니까 나눠서 가로로 나눠서 했고 그랬지. 그때 16mm 영사기도 군에 가면 군에서 불하하는 영사기가 있었어. 그런 것을 불하를 맡아가지고 그 당시에는 했다고.

2) 35mm 영사기로 교체

면담자 : 그럼, 그때 군은 어디, 광주에 있는 미군부대?

구술자 : 글쎄. 미군 같은데서 아마 오다(order)를 받아서 받았는가?! 글 안 하면 거기서 중간 상인들이 그 오다를 받아갖고 한 놈을 사가지고 했는가는 그건 나도 그건 자세히 모르겄어. 기계 이런 것은…… 그 뒤로 35mm를 했지.

면담자 : 35mm는 언제 정도부터 35mm였어요?

구술자 : 35mm 그거 1년, 2년 하다가, 2~3년 하다가. 필름이 아마 안 나오게 됐어. 그 16mm 필름이 그 극소로 나오게 됐지. 그라고 화면도 나쁘고 질도 나쁘고. 보기가 어려웠고 그러니까 그 '35mm를 하자.' 그 당시에는 35mm 극장이 마치[10] 보급이 될 때니까 흑백 영

10 마침.

화 나오기 전에 텔레비 나오기 전이니까 막 전이니까. 그런께 35mm를 일본서 수입을 해다 썼지, 하나를, 두 개를.

면담자 : 35mm 영사기를요?

구술자 : 영사기를, 이동식 영사기라고 큰 것이 있어.

면담자 : 그거 두 대를 사가지고 하셨어요?

구술자 : 샀지. 수입을 해서. 수입 그 수입한 사람들이 있으니까 그 사람들을 통해서 오더를 받아갖고 샀지.

면담자 : 근데 그거 영사기 꽤 비쌀 텐데요?

구술자 : 응. 비쌌지 상당히. 근데 그건 어른들이 하는 일이라 나도 잘 모르지.

면담자 : 중간 상인 거쳐서 이렇게?

구술자 : 그라지. 그 외국 무역한 사람이 전문적으로 그런 것을 한 사람이 서울서 와 가지고 직수입허겠지, 와갖고 이렇게. 직수입을, 일본서 갖다가 이렇게 직수입하는 행위지. 이렇게 두 대를 갖다가 했지. 두 대를 그때 해 가지고 영화를 시작을 했어.

면담자 : 그때부터 본격적으로 그…… 이동영화 상영하시고 시청각 교육은 안 하셨던 거예요?

3) 주간 시청각 교육 영화 상영, 야간 35mm 흥행 영화 상영

구술자 : 아니, 시청각 교육했어.

면담자 : 그럼 낮에는 시청각 교육하시고, 밤에는……?

구술자 : 밤에는 그걸 하고.

면담자 : 그럼 시청각 교육은 어디 가서 하셨어요? 누구를 대상으로?

구술자 : 학생들 대상으로. 학교 찾아가서 학교 인자 날짜가 전부 배정이 돼. '며칠날 그리 간다. 며칠날 간다.' 연락이 다 교육청 나가든지, 연락이 다 되지.

4) 교육과 계몽의 미공보원 영화, 〈리버티 뉴스 Liberty News〉

면담자 : 그러면 그 아버님께서 직접 학교 일정을 다 짜셨던 거예요?

구술자 : 아니지. 이제 교육청하고 연락이 되지. 연락을 해서 가지. 가서 하지. 그러면 학교, 문화영화 같은 것은 그 당시에도 미공보부에서 받아다가 16mm 영화 시청각 교육을 했고. 안 나오니까 그 당시에는 없었어, 시청각 교육 영화용이라는 것이. 가령 '개구리가 어떻게 자란다.' 이런 것도 있고, 흥부와 놀부전도 시나리오를 써 가지고…… 그 무엇으로 만들었을까? 소위 말하자면 그…….

면담자 : 만화처럼요?

구술자 : 응. 만화 비슷하니 만들어서 공보부에서 있었고, 그건 뭐…….

면담자 : 미공보원에서요? 그걸 이제 아버님이 가서 가져오시거나……?

구술자 : 응. 우리가 인제 얘길 해. 보면 카다로그가 전부 나와 있어, 이런 영화 저런 영화. 뭐 호랑이가 크는 과정 이런 거. 산에 대한 것 이런 것을 16mm로 그 당시는 미국서는 만들어서 공보처에다 줬다고. 그거 갖다가 시청 교육을 했지.

면담자 : 그럼 미공보원에서 카탈로그 같은 그거 보고……?

구술자 : 응. 고르고. 그리고 '이것이 좋다.' 그러면 가져다 하고. 그리고 뉴스는 항상 일주일마다 이주일마다 바꾸니까.

면담자 : 그 〈리버티 뉴스〉라는 거?

구술자 : 응. 〈리버티 뉴스〉.

면담자 : 그 미국 뭐에서 받아다가?

구술자 : 어. 받아다 했지.

면담자 : 재미있었을 거 같은데요?

구술자 : 그땐 뭐 재밌었지. 영화라는 것이 없었으니까, 지금같이 테레비가 지금은 나왔으니까 하는 소리지. 그 당시에는 시골에는 한 달 만에 가면 거기야 뭐, 가령 옥천 갔다 그러면 옥천서 오늘 저녁 하고 '시

청각 교육하고 그거 한다.' 그러면 아주 사람이 엄청나게 많았지. 시골에서 문화 혜택 받는 것 그것뿐이니까, 그 당시에는 없었잖아?!

면담자 : 그 당시라면 5·16 끝나고 나서도 이야기 말씀하시는 거예요?

구술자 : 응. 쭉 계속했지. 5·16 끝나고 나서. 그라고 5·16 한참 복잡하고 그럴 때도 계속했지, 그것을.

면담자 : 그러면 낮에는 16mm 영사기로 시청각 교육을 하고, 저녁에는 35mm로 유료영화 상영을 하고?

구술자 : 응. 유료영화 상영하고.

5) 영화 상영 장소, 운동장과 장터

면담자 : 그러면 유료영화 상영하시면 주로 어디 가서 하셨어요?

구술자 : 유료?

면담자 : 유료, 예. 저녁에 상업 영화?

구술자 : 아, 그것은 학교 운동장에서도 하다가 학교 운동장에가 비좁거나 하면 안 좋으면 장터 같은 데가 있잖아. 시골에는 다 장터 그 당시에는 있었어. 그니깐 넓은 장터가 있어 이렇게. 그러면 포장 쳐놓고 이렇게.

면담자 : 그러면은 해남읍내 뿐만 아니라 해남 면, 읍 단위?

구술자 : 다 다녔지. 면 단위, 면 단위.

6) 순회 흥행 영화 상영을 위한 절차

면담자 : 그때 선생님 그때 갈 때 움직이던 사람들 인원들은? 그 당시 로뗀바리에 대해서 저는 잘 모르니까 그때 순서가 어떻게 됩니까? 갈려면 뭐 신고도 하고……?

구술자 : 그랑께 신고하는 사람이 따로 있고. 신고하는 사람이 따로 있고, 신고하는 사람은 가서 인자 포스터 붙이고.

면담자 : 포스터는 그러면 어디서 나왔어요? 영화사에서…….

구술자 : 영화사에서 배급 받을 때 인자 이전에 배급받을 때 그것이 오지. 그라면 '다음에는 이것을 한다.' 그라고.

7) 가설극장 영화 상영 선전 방식

면담자 : 직접 만들어서 붙이시지는 않았구요?

구술자 : 아니지. 안 만들었어. 그거 다 만들어져 있었어, 그 당시에 만들어져 있었어. 만들어갖고 보냈어. 그 전에는 그랬고. 그 전에는 5·16 막 난 뒤로는 인제 걍 포스터 글로 써서 〈춘향전〉(신상옥, 1961)이면 뭐 〈춘향전〉이라고 써서 '며칟날' 써서 붙이고…….

면담자 : 직접 하셨어요?

구술자 : 쓰고 그냥 글씨로 써서. 주연은 누구시고 그런 것은 그렇게 했었지.

면담자 : 어디다가 붙이셨어요, 그런 거는?

구술자 : 면 단위, 장터 같은 데다 붙이고. 소위 말하면 가게 있으면 가게 앞에 ** 말하고 붙이고 그랬지.

면담자 : 그 이후로는 인제 영화사에서 포스터를 주니까?

구술자 : 응. 그거 붙이고 그렇게 했지.

면담자 : 미리 선발대가 가서?

구술자 : 응. 붙여 놓고 일하고.

면담자 : 그럼 로뗀바리 팀이 도착하면 그때부턴 어떻게?

구술자 : 그때 시청 교육을 하고. 낮에는 시청……. 그 학교 가면 시청각 교육을 날짜가 오후 세 시나 네 시나 방과 후 학교 공부가 다 끝난 다음에 하니까. 1, 2학년들은 그것도 수가 많으면 안 되고 그러니까 5, 6학년, 3학년까지는 뵈주지.[11] 보여주고 그 밑으로는 안 보여

주고 그랬어.

면담자 : 왜요? 학생이 많아서요?

구술자 : 학생이 많으니까. 그라고 또 덥고 그러니까. 이해를 할 아이들만 데려다가 뵈주고 보여주고 그랬지.

8) 가설극장 영화 관람 요금

면담자 : 그러면 저녁에 유료영화를 상영하실 때는 이렇게 돈은 얼마씩?

구술자 : 그때 돈으로 얼마랄까, 저 십 환짜리였을까?!

면담자 : 십 환짜리요? 아, 화폐 개혁하기 전에요?

구술자 : 응. 전이니까. 백 원짜리였을까, 좌우간 그랬을 거야, 백 원…….

면담자 : 그럼 그때 그 해남 읍내에는 극장이 없었나요?

구술자 : 극장 있었지.

면담자 : 그때 해남극장 있었나요?

구술자 : 해남극장이 있다가 중앙극장이 나중에 지었지. 그랬지.

면담자 : 그때 요금은 로뗀바리하고 극장하고……?

구술자 : 극장하고 반 틈도 못 받았지 시골은.

면담자 : 그럼 필름 상태는 어땠어요?

구술자 : 좋은 것은 좋고, 나쁜 것은 나쁘고 그랬어. 그 당시에는. 그래도 좋은 편이었지 많이.

면담자 : 그러면 해남 읍내는 극장이 있었기 때문에 읍내에서 상영하기 좀 그랬겠네요? 그 상영하는 극장에서 뭐라고 그러지 않았어요? 읍내에서 하게 되면?

구술자 : 거기선 뭐 한 2~3km 떨어진 데선 했어, 그 당시에는. 거까지는 극장까지는 못 가니까. 거기 가 하면 그리 오고 그랬어. 저 테레비가

---

11 보여주지.

없응께 그러다가 테레비가 나왔지, 흑백이.

면담자 : 흑백이 나온 게 한 70년대……?

구술자 : 응. 70년대.

6. 해남영화반과 해남극장의 운영

1) 1960년대와 1970년대 해남영화반 활동

면담자 : 그러니까 아버님께서는 60년대 계속…… 그럼 그때 제가 듣기로는 차량을 나중에 3대까지 운행을……?

구술자 : 응. 그 전에는 3대까지 움직였지.

면담자 : 영사기 35mm로 3대.

구술자 : 3대.

면담자 : 그러면 유료로 영화 상영을, 로뗀바리를 하시면서 낮에는 항상 교육 영화 상영을 하셨던 거예요?

구술자 : 그러지. 그러다가 이…… 흑백 영화 나오고. 암튼 뭣 땀시 시청각 교육을…… 아, 필름 공급이 안 됐어. 문화영화 필름 보급이 제대로 안되니까 그것이 중단이 됐지. 한 2년인가 그렇게 하다가. 그 시청각 교육을 못 하게 됐어. 문화공보부가 뭣땀시 좌우간 기억은 잘 안 나는디. 필름이 조달이 안 됐어, 미국 공보원에서. 그래서 인자 그건 중단하고. 상업용 그것을 하고.

면담자 : 아, 그러면 그 이후론 상업용만 쭉 하셨던 거네요?

구술자 : 응. 그것도 한 1년 했지. 1~2년 정도밖에 못 했어. 2~3년. 왜 그런가하면 그 당시에 그래가지고 끊겼을 때. 테레비 흑백이 나왔으니까. 자연히 시골에 흑백(텔레비전)이 하나 생기고 두 개 생기고 셋 생기고 그러니까 자연히 도태되잖아. 긍께 도태됐지.

면담자 : 그럼 70년도에 들어와서도 로뗀바리를 하셨던 거네요?

구술자 : 응. 했지. 극장하고 같이 했지, 안 되니까.

면담자 : 듣기로는 나중에 해남극장도 인수하셨다고 하셨는데?

구술자 : 응. 인수하고 하다가.

면담자 : 몇 년도에 인수를 하신 거예요?

구술자 : 글쎄 나도 날짜는 잘…… 운영을 내가 했으니까. 그건 날짜는 잘 모르겄어.

2) 1970년대 해남극장 운영 계기 : 필름 배급의 용이

면담자 : 그럼 70년대 운영하셨던 거예요? 어떻게 해서 로뗀바리 하시다가 극장을 운영하셨어요?

구술자 : 안 되니까, 로뗀바리가 안 되니까.

면담자 : 예전에는 로뗀바리가 더 수입이 좋지 않았나요?

구술자 : 아니, 그것도 아니었고 극장이 더 나았지. 편하고 더 그랬지. 그렁께 필름 조달이 더 쉬우니까, 얼른 말해서. 극장에서 필름을 갖고 또 뭣도 했었어. 그러니까 한 20~30리 밖에 해남극장서 한 번 좋은 영화는 〈연산군〉(신상옥, 1961)이시 〈폭군 연산군〉[12]이시 이런 좋은 영화는 〈상록수〉는[13] 극장에서 해요. 그러면 시간 차이가 생겨요. 한 시간 뒤로 쇼를 한다던지, 30분 후로 한다던지, 같은 시간을 해서 그 안에 뉴스 같은 거 이런 거를 틀고 나면 한 30분이 걸려. 30분~1시간이 걸리잖아. 그러면 여기 극장은 영화를 하고 필름 통 12개거든. 12개짜리도 있고 15개짜리도 있고 두 개 갖다가 차로

12 〈폭군 연산〉(신상옥, 1962)을 말한다.

13 1980년대 이전까지 제작된 〈상록수〉는 두 편이다. 신상옥 감독의 1961년 작품과 임권택 감독의 1978년 작품이 그것이다.
한국영화 데이터베이스 https://www.kmdb.or.kr/db/search/movieSearch

싣고 가요, 거기까지.

3) 상설극장과 가설극장의 시간 차이를 둔 동시 상영

면담자 : 극장에서 끝나고……?

구술자 : 끝나고 갖고 가요.

면담자 : 그런 걸 가께모찌라고 하지 않아요?

구술자 : 응. 가께모찌. 동시상영을 했지. 그것이 더 용이하니까 극장을 하게 돼있지. 필름은 구하긴 어렵고. 얼른 그 당시에 해남읍에서 극장에서 한 것은 뭐 한 5개월, 6개월 했는데, 시골은 그렇게 빨리 안 되거든, 안 주거든. 필름을 보급을 안 시키지.

면담자 : 로뗀바리는 늦게 주잖아요?

구술자 : 응. 늦게 주지. 돈이 좀 싸니까. 그러니까 걍 극장을 하면서 그런 것을 그렇게 하는 거여. 가께모찌를 하는 거야.

면담자 : 가께모찌를요? 그러면 극장에서 필름을 며칠 동안?

구술자 : 3일간.

면담자 : 그럼 삼 일 동안 굉장히 바쁘게……?

구술자 : 그럼요. 왔다 갔다 하고. 삼일 동안 극장에서 삼 일. 딴 데서 육 일, 육 일 아니라고? 글않하면[14] 극장에서는 이틀 하고 하루는 또 딴 걸 하고 해남극장에서는. 하루 남은 건 또 갖고 가서 거기서 하다가. 가까운 데는 10리 밖에서는 가께모찌 왔다 갔다 한 걸 하고.

면담자 : 그럼 밤에는 하룻밤밖에 못 하신 거예요?

구술자 : 하룻밤밖에 못 했지.

면담자 : 하루 전에 한 작품씩?

구술자 : 한 작품씩. 한 작품. 그것도 15일 만에 들어가니까. 10일 내지 15

---

14 그렇지 않으면.

일마다 한 번씩 들어가면 들어가고. 안 그러면 20일도 걸리고 그래, 한 장소에 가면.

면담자 : 해남읍이 넓어서 그래요?

구술자 : 응. 넓어서 그라고. 또 가깝더라도 시골의 형태가 그것이 아니거든. 그러니까 그 시간, 시골 뭐 강진도 왔다가 강진서 하다가 쭉 한 필름 갖고 영암도 갔다가 그러니까.

4) 해남군 인근의 강진군과 영암군의 순회 영화 상영업자들

면담자 : 그러면 그때는 강진이나 영암에서 로뗀바리 하시는 분들이 없으셨어요?

구술자 : 있었지. 16mm를 광주에서 와서 한 사람들이 있었어.

면담자 : 그러니까 거기서는 중심으로 하는 게 아니라 오셔서…….

구술자 : 어, 광주서.

면담자 : 그럼 선생님은 35mm였는데 그럼 선생님 35mm 할 때 거기선……?

구술자 : 응 16mm 하니까 암만해도 화면 차이가 생기니까.

면담자 : 예. 화면이랑 소리 같은 것이…….

구술자 : 응. 소리 같은 것이 그래갖고 발성 같은 것이 틀리니까. 자연히 우리 영화가 가면 더 많이 오지.

면담자 : 그니까 제가 광주에서 배급사 일 하셨던 분들 만나면 선병동 선생님도 만나고 그 전에 계셨던 분도 만나보면 다 서대호 선생님 얘길 하는 거예요.

구술자 : 응. 제일 처음에 35mm 기계란 것이 귀했어요. 없었어, 한국에는. 우리가 젤 첨에 시작을 했지. 그 기계를 일본서 도입 해다가, 갖다가.

면담자 : 참 아버님께서 그런 선견지명이……?

7. 해방 이후 서대호의 무성영화 상영 활동

1) 해방 이후 서대호의 활동

구술자 : 원래 영화를 옛날에 좀 하셨다고 그래, 무성영화를.

면담자 : 하셨다고요? 무슨 말씀이에요?

구술자 : 그러니까 이 5·16 나기 전에 해방 막 돼가지고, 해방 막 됐을 때 그 당시였던가, 좌우간 무성영화를 했어.

면담자 : 아버님께서 무성 영화 상영을 하셨다고요?

구술자 : 어. 그것을.

면담자 : 어떤 계기로 해서 아버님이?

구술자 : 글쎄. 그것을 어떤 계기로 했는가는 잘 모르겠어. 아무튼 그것을 그 기계는 손으로 이렇게 돌리는 기곈데.

면담자 : 그니까 해남에서 하셨대요, 그것을?

구술자 : 아니. 전국적으로 댕기면서.

면담자 : 아버님이 몇 년 생이신지 기억은 안 나세요? 선생님은 몇 년 생이세요, 근데?

구술자 : 나는 73년, 아니 73세니까 OO년생이지.

면담자 : 아, 그럼 73세시니까 지금 하면은……? OO년생이시네요.

구술자 : 73세. OO년생. OO년이 맞아요. 그러니까 내가 초등학교 댕기기…… 아니 어렸을 때니까 그때는 모르지, 잘. 그 당시에는 뭣을 했는고 하니, 아버지가 원래 학교를 전기과 계통을 나왔어.

면담자 : 그러면 아버님께서 19OO년생이시면, 적어도 서대호 선생님께서는 19OO년생은 되셨겠네요?

구술자 : 그렇지. 80을 훨씬 넘겼으니까.

면담자 : 옛날은 스물이 넘으면 장가를 갔으니까요.

구술자 : 24에나 장가갔으니까.

면담자 : 아, 선생님께서요? 아버님께서요?

구술자 : 아니.

면담자 : 선생님께서요.

2) 해방 이후 서대호의 한전 근무 경력

구술자 : 응. 그래가지고 5·16 나고 그랬으니까. 그 전에는 아버님이 그 한전에 계셨었어 한전에.

면담자 : 아 그러니까는 아버님이 해방되고…….

구술자 : 돼가지고는 한전에 계셨어, 한전에.

면담자 : 그때는 해방?

구술자 : 왜정시대부터.

면담자 : 아 왜정시대 때부터요?

구술자 : 응. 왜정시대에 한전에 계셨어.

면담자 : 그럼 그때는 계속 아버님께서는 해남에서 쭉 나고 자라시고?

구술자 : 강진서 해남으로 갔지. 강진서 나셨다 그러더라고. 자랐지. 그랑께 인자 토박이지.

면담자 : 그러면 왜정 때 한전에서 일을 하시고 해방되고도 하시고요?

구술자 : 아니 해방되진 않았고, 왜정 때 하다가 해방돼서는 인자 그런 계통의 일을 했지.

면담자 : 무성영화를 가지고 전국적으로?

구술자 : 응. 그런 것을 했다고 그라드만. 무성영화를 해서 보고. 그게 어려운 것인디 그것을 했다 하더라고.

면담자 : 아무래도 아버님께서 한전에 계셨으니까 전기 공급이나 전기에 대해서 아셨던 거 같아요?

구술자 : 잘 알지.

면담자 : 그럼 학교를 전기과 관련해서.

구술자 : 글쎄. 그 전문학교 나오셨다 그러드만, 왜정 때.

면담자 : 저 해남에서?

구술자 : 소장으로 있었지.

면담자 : 한전 소장으로요?

구술자 : 응. 한전.

면담자 : 대단하시네요.

3) 외골수 성격의 서대호

구술자 : 그러다가 *** 그랑께 어떻게 보면 고지식한 분이야. 나는 그러게 별로 좋아하지 않아. 그래서 별로 말도 하기 싫고. 왜 그러냐면 그 분이 가족에 대해서는 잼병이여. 뭐 그런 것을 일체 생각도 않고 자기 세대 자기 뭣으로만 생각하고.

면담자 : 좀 외골수셨나요?

구술자 : 외골수. 그것도 아예 안 받고. 유공자 뭣도 안 만들어놨다니까. 그렇게 만들라고 해놔도. 만들어야 저 뭣도 받고 그러는 것인디. '지금이야 뭐 누가 알아주냐? 뭐 서대호 그렇게 노력하고 그렇게 자기 재산 다 해가지고 돌아다녔어도 누가 알아주냐?' 다 돌아가셔 부렀으니 모르지 후배들은, 다. 그러고 보면 그 아들 나 같은 사람이 잘 됐으면 모르지만 잘 되지도 못하고. 그러니까 뭐 그런 사람들이야 뭐 그렇게 됐지. 그렇게 하라고 해도.

면담자 : 그럼, 아버님께서는 몇 년도에 돌아가셨는데요?

구술자 : 한, 글쎄 내가 몇 년도라 할까? 20년, 30년이 넘었으니까 지금…… 70년도 후반 경에 그 분 돌아가셨을꺼야, 아마. 못 자시니까. 광주로 이사 와서 낙지 자시다가 어떻게 엉쳤어.[15]

---

15 체하다.

면담자 : 그럼 해남에 계시다가 광주로 이사를 오신 거예요? 왜 이사를 오셨어요? 로뗀바리 정리하시고 오신 거예요?

구술자 : 정리하고 아무튼 이사 오셔가지고 그랬어.

면담자 : 낙지 자시다가 이렇게?

구술자 : 응.

면담자 : 낙지를 안 자르고?

구술자 : 잘랐어도 그것이 입으로 어떻게 하다가 그랬던 모양이여. 그 당시만 해도 웬만한 시골에 가믄 큰 병원에 가 가지고는 괜찮허겠지 그라고 어떻게 노인이 잠 자불었던가 부제. 돌아가셨지.

면담자 : 아, 틀니는 안 하셨던 거예요?

구술자 : 틀니도 못 한다니까, 입이 이렇게 동그라니 이렇게 해부러놔서. 입이 이렇게 동그라니 되부렀어 쪼끄마니. 수술도 못 허고 그랬지. 그렇께 지금 같으면 자기가 조금 그런데 욕심이 있고 그러면 충분하니 자기가 대학병원 같은 이런 데도 가서 충분허니 수술도 허고 말이여. ****** 안 해. 왜 그런 것을 안 허냐고 그러면, "내가 국가에 대해서 할 일을 했는데 뭘 그걸 갖고 그러냐?"고. 세대가 항상 그럴지 알고.[16] 그게 안 될 소리지. 그러니까 일절 국가에서 뭐 어떠한 뭣을 받고 그런 게 일절 없다니까. 백날 그렇게 해서.

면담자 : 그거 하셨으면 지금 여기 동작동에 계셨을 텐데?

구술자 : 그러지.

16 모든 사람이 그렇게 생각할 줄 알고.

8. 1970년대 해남극장 운영

1) 해남극장의 운영과 경영상 어려움

면담자 : 그럼 선생님께서는 아버님이랑 같이 70년대까지 그거를 하셨던 거예요? 로뗀바리를?

구술자 : 응. 했다가 나는 나중에 극장 하다가.

면담자 : 아, 해남극장. 몇 년 동안 해남극장 하셨어요?

구술자 : 한 2~3년 했을까?

면담자 : 왜 2~3년밖에 안 됐어요?

구술자 : 그렁께 왜 그랬는고니, 그리 해가지고 소위 말하면 텔레비가 흑백 테레비가 나왔잖아.

면담자 : 그런데 테레비가 지방에서는 그렇게 빨리빨리 보급이 안 됐잖아요?

구술자 : 보급이 됐었지, 상당히. 인제 그래가지고 〈여로〉(김기, 1973)가 나왔지. 〈여로〉.

면담자 : 그렇죠 〈여로〉. 72년도 〈여로〉.

구술자 : 그렇지. 72년도.

면담자 : 히트 쳤죠.

구술자 : 근디 그때부터 이렇게 극장이 전부 안 될 때야. 한 2~3년 안 될 때. 안 되니까 운영이 안 되잖아 그것이. 그러니까 그만 뒀지.

면담자 : 그러면 그 극장을 파신 거예요?

구술자 : 팔았지.

2) 1970년대 지방 필름 배급사의 가격 경쟁

면담자 : 누구한테 어떻게 파신 거예요?

구술자 : 글쎄 그건 있어 또. 여러 가지가 복잡해. 팔아가지고는 안 했지. 그래갖고 극장도 인자 거 시골에가 극장이 2개가 되니까 어렵지. 왜 그러는고 하니, 중앙극장이라고 현대식으로 또 하나 지은 것이 있었고, 우리는 좀 구형이고. 그러니까 이 필름 싸움이 그때부터는 시작된 것이라고. 좋은 거 서로 받을라고, 쇼 오면 쇼 좋은 거 받을라고 그러면 자연히 출혈이 되잖아. '나는 뭐 만 원 줄게, 그러면 거기는 이만 원 줄게.' 이렇게 해서 배급사에서.

면담자 : 배급사가 농간을?

구술자 : 응. 그러지. 그러면 자연히 어느 극장이나 다 똑같이 그랬어, 그 당시엔. 극장이 두 개 있는 데는 다 그런 장난하고. 또 빨리 갖다 좋은 것 갖다 할라면 돈을 더 줘야지. 그렇께 안 맞지, 수지 타산이.

면담자 : 그러면 지방 배급사는 돈 좀 벌었겠네요?

구술자 : 벌었지. 그때 돈 번 사람들 많어 그 당시에.

면담자 : 그럼, 로뗀바리 극장하시기 전에 로뗀바리를 아버님이랑 같이 하실 때 주로 거래했었던 영화사는 어디세요?

구술자 : 그게 지금 나 다 잊어부렀어. 여러 반데인디.[17]

면담자 : 예. 여러 군데서 뭐 **때문에, 뭐 합동영화사?

구술자 : 뭐 전국영화사……. 뭐 여러 가지 있었어. '신필름'도 있었고.

면담자 : 예. '신필름' 전남 지사요?

구술자 : 응.

면담자 : 거기를 직접 누가 다니셨어요? 아버님이 직접 다니셨어요?

구술자 : 아니지. 그 당시에는 우리가 다니는 것이 아니라 그 직원을 하나 썼어, 광주 사람을. 영화에 계통이 있는 사람을. 그니까 그 사람이 잡아가지고 보내.

---

17 여러 군데인데.

면담자 : 아. 알아서 보내는 거예요?

구술자 : 응. 보내줘. 며칠날 오후 5시 반이나 6시 되면 내일 할 것은 그날, 그 전날 마지막 편에 보내.

면담자 : 차로?

구술자 : 버스로, 버스로. 전화로 '몇 시에 보내준다.' 차 몇 번 금성여객, 그 당시에 있었고 광주여객이 있었구나. 광주여객이나 금성여객에 보냈다 그러면 몇 시 몇 분차 도착을 하고 넘버 딱 갈켜주고 전화로 하면 전화 받고 사람이 가서 찾아오고 그랬지.

면담자 : 그러면 그 로뗀바리 영화 상영하는 그 필름을 며칠 만에 다시 돌려주신 거예요?

구술자 : 4일 만에, 5일 만에사 돌려주지.

면담자 : 왜 다시 영화사로 보낸 거예요?

구술자 : 응. 영화사로 그거 다 끝나면 또 아침 일찍허니 차로 보내지, 버스로. 그럼 '몇 시 몇 분 첫차로 보냈다.' 그러면 거기서 그 분이 받어다가 영화사로 갖다 줘, 말하자믄.

9. 해남영화반 운영과 인력

1) 해남영화반의 필름 수급 방식

면담자 : 그러면 그때 로뗀바리 하셨던 분들은 필름을 개봉관 돌리고 재개봉관 돌리고 그리고 왔잖아요?

구술자 : 응.

면담자 : 그럼 필름 상태는 그렇게 썩 좋은 경우는?

구술자 : 좋은 편은 아니지만은 개봉관 허고 계속 우리는 군 극장 같은데 들어갈 때는 같이 받았으니까.

면담자 : 어떻게 해서 그렇게 받으셨어요?

구술자 : 좀 크니까, 차가 세 대가 되고 극장하고 어짜고 그러니까. 그러기 위해서 극장을 했거든. 그것을 잘 받기 위해서. 그러니까 암만해도 1번 순위로 주지. 바로 군 극장 할 때 그때 같이 받아서 주는 거야. 그러면 그때 받아서 하는 거야.

면담자 : 그러면 선생님께서는 그때 로떼바리가 한 보통 인원이 7명 내지 8명으로 운영되었다고 하는데 선생님은 거기서 직책이 어떤 것이었습니까?

구술자 : 그냥 가서 기계 봐주고. 나는 공학 전문이 그런 계통였응께 (상영 현장 사람들이) 기계를 잘 못 보잖아. 고장 나고 그러면 딴 건 안 해도 가서 하나 기사가 가서 갈쳐 줘. 그 아이들이 하고 나면 못한 것은 내가 갈쳐주고 그러고 다니지 그렇게 많이.[18]

면담자 : 선생님이 일종의 관리자, 매니저?

구술자 : 응. 그러지.

2) 해남영화반의 운영 방식 : 3대로 늘어난 영사 차량

면담자 : 그러면 그때 듣기론 자동차가 1반, 2반, 3반까지 있었던 거네요. 그러면 이걸 다 대표들이 하셨어요?

구술자 : 그러지. 책임자가 있었지.

면담자 : 그 책임자 선정은 다 아버님께서 하신 거예요?

구술자 : 그러지. 그러고 나이 먹은 사람이 하니까. 제일 나이 많이 먹은 사람이 주로 하니까. 경험 있고 그런 사람이 하지.

18 자신이 공대를 다녔기 때문에 기계에 관한 지식이 있었으며, 영사기가 고장이 나면 영사기사에게 수리 방법을 알려주었다는 말이다.

3) 해남영화반 종사자들의 이력 : 청년운동 동료 또는 반공 활동 종사자

면담자 : 근데 같이 아버님이랑 같이 동업, 동업이 아니라 일하셨던 경험 있으신 분들은요, 예전에 다 어떤 일을 하시던 분이었어요?

구술자 : 공무원 하다가 퇴직한 사람. 경찰관 하다가 그만 두신 분. 주로 그런 사람들이 했었지 같이. 아버지하고 같이 그 반공한 사람들이 따라 댕기면서.

면담자 : 그 아버님께서는 반공 관련된 일을 하셨기 때문에 일을 하실 때 경찰서 이런 데서 도움을 좀 많이 받으시지 않으셨어요?

구술자 : 응. 받기는……. 받는 것은 없지만은 괄세를 못 허제, 함부로. 뭐 허가 같은 것도 집회와 같은 것도 우리는 잘 내줬지. 내준 것이 아니라 얘기하면, 아이고 그냥 지서장이 그냥 해주고 그랬지. 왜 그런고 하니 그렇게 반공하고 그랬으니까 함부로 못 했지. '저 분은 원래 그 성질이 고약하신 분이라.' 뭐 돈이 문제가 아니라 '그 불의에도 잘 뭣 안 하고 그런 사람이라 걸리면 안 된다.' 그라고 잘 해줬어 그런 것은.

4) 해남군 지역의 유력자, 서대호

면담자 : 그러면 저기 고인이긴 하지만 이렇게 성격이 좀 불같으신 분이셨어요? 〔웃음〕

구술자 : 응. 성격이 좀 고약했지. 그렇게 하고 맨날 총 가지고, 또 나중에는 시골에서 늦게까지도 총 가지고 다닌 사람은 그 분밖에 없었으니까. 사냥도 다니고. 사냥도 사냥총 엽총 가지고 다니기도 하고 그랬지만. 그분은 5·16 나갖고 1년, 2년 상록수 훈장 받기 전까지도 그런 것, 박정희 대통령께서 그걸 줄 때 선정을 해서 줄 때 그때까지도 총 가지고 다녔응께. 누가 그 총 끼고 다 그거 군용 총을 갖

다가 함부로 집에다 못 놔뒀거든 그 당시에는.

면담자 : 그때는 불법 무기를?

구술자 : 응. 무기를 가지긴 했어도 가져가들 안 해. '아, 이분한테는 당연히 있어야 쓴다.'는. 서장이 함부로 못해. '총을 갖고 오라.' '영치해라.' 그런 것을 못 했어. 정보부에서도 못 했잖아. 안 했잖아. 와서 그거 뭐 가지고 있는 것이다, 저분은. 자기가 '원래 총 가지고 다닌 사람이다.' 그라고 다녔지. 그래서 집에가 항상 총이 있어. 그래도 상록수 훈장 받은 뒤로는 말썽이 날까 무서우니까, 차차 세상이 좋아지고 또 말썽이 나면 골치 아프니까 총을 자진 갖다 줘부렀지 총을. 그러고 6·25 막 나가지고 후퇴하고 다시 이렇게 진격할 때도 아예 해남 같은 데는 총이 없었다니까, 총이. 소위 말하자믄 옛날 총 갖고 싸움하고 그럴 때 오셔서 뭣을 만들었는고 하니 인민군들이 냉겨놓은[19] 그 포탄, 포탄이 이렇게 있었어. 그것을 총에다가 이렇게 찡겨가지고[20] 조율해가지고 쏘면 이렇게 폭발하는 그런 것을 만들어서 썼어, 그 분들이.

면담자 : 아 그럼 굉장히 기계류를 잘 다루시는?

구술자 : 응. 잘 다뤘지. 그래가지고 이렇게 찡겨가지고 쏘믄 그것이 이렇게 각도를 맞춰가지고 멀리도 가고 가깝게도 가고. 그렇께 수류탄, 방망이 수류탄이라고 그런 것이지. 소위 말하자믄 그런 것을 손으로 안 던지고 총에다 찡겨가지고 만들어서 총을 쏘면 날라가고, 그 당시에는 그랬지. 그걸 만들어서 썼지. 그런 포탄은 많이 있었거든. 왜 그러냐면 인민군들이 걍 놔두고 갔으니까. 놔두고 산더미처럼 쌓여 있었지, 각 지방에.

면담자 : 그러면 아버지께서는 그 왜정 때 학교 교육은 어디 어떻게 받으셨나요?

---

19 남겨 놓은.

20 끼워 가지고.

구술자 : 글쎄, 그것까지는 나도……. 그것은 뭐 전기과 계통 그런 계통을 나왔으니까 그것을 알고. 군대에서 봤겠지. UN 전투하면서 보니까 '이렇게 만들어져 있더라.' 그런 것이 있었겠지, 아마 상식적으로. 거기서도 그 당시에 6·25 나 갖고도 지금같이로 뭐 포 있었고 전, 화기도 이렇게 만들어 쓰고 그랬어. 그 당시에서 저 군에서도 그렇게 만들어 쓰고 그랬다고. 만든 것 아니라 만들어서 나왔다고. 총에다 찡겨가지고 포탄을 찡겨가지고 쏘고 그랬다고.

면담자 : 그러니까 아버님께서는 독청 운동을 하시고 그 와중에 미공보원 교육을 받으러 가시는 그런?

구술자 : 교육을 받고 오셔갖고 그랬지. 그러니까 어떻게 보면 외골수로 그…….

5) 서대호의 형제

면담자 : 아버님이 형제가 혼자 아버님 혼자셨어요? 안 계시네요 아버님 형제분들이요…….

구술자 : 한 분 계셨었어. 그 분 경찰 하시다가 돌아가셨지.

면담자 : 아, 작은 아버지?

구술자 : 응. 작은 아버지. 경찰 계시다가. 거기도 통신병으로 계시다가.

면담자 : 아, 한국전쟁 때요?

구술자 : 아니. 그 뒤로 고혈압으로 돌아가셨지, 제대하고. 6·25 후로 경찰에 계시다가. 경찰에서도 그 분도 전기 계통에 계셔논께 무전……. 한국에, 얼른 말해서 시골에 무전……. 소위 그 무전 계통은 참 그 진공관 시대를 잘 모르지? 진공관으로 만들어서 그런 기계를 만들고 도면 보고 만들어서 수신하고 송신하고 그랬다고 그분들이. 만들어서 연락하고 광주도 연락하고 모도 다 그랬다고. 무선이란 것이 그렇게……. 지금은 뭐 디지털 시대가 다 되었으니 그러지만.

그 당시에는 진공관 시대에 만들고 그랬어. 만들어서 쓰고 그랬어.

면담자 : 그럼 그때 극장은 선생님이 운영하시고 서대호 선생님은 운영을 안 하셨던 거예요?

구술자 : 했지 같이. 내가 맡아갖고 하는 것뿐이었지.

10. 서아귀의 해남극장 청산과 상경

면담자 : 그럼 선생님은 언제쯤 이리로 이사를 오셨어요?[21]

구술자 : 다 망하고 왔지. 시골에서 다 망하고 그러고 한 1년 더 있다가 그러고 올라왔지.

면담자 : 현재 이 부근에 사무실이 있다는데, 사무실에서 어떤 일을 하시나요?

구술자 : 사무실 그거 뭐. 우편 취급소 하고 있는데 그것 하고 있는데 그건 뭐 나이 먹었으니까 밥 먹고 살기 위해서 하는 거지. 딴 것 없잖아.

면담자 : 그러면 여기서 그 자녀분이랑 같이 지내시는 거예요?

구술자 : 자녀분들은 다……. 아들 서이는 다 결혼 했지. 그냥 그렇게 살어.

면담자 : 그러면 여기 원래 서울 사시다가 강화로 이사 가신 거예요? 아니면 강화에 계시다가?

구술자 : 아니 지금 강화……. 아니, 여기가 살다가 여기도 잘 안되고. 그라고 시골 이제 나이 먹었으니까 '시골로 가자.' 그래서 나만 갔어. 여기 왔다 갔다 하면서.

면담자 : 그럼 사모님은 먼저, 돌아가신 거예요?

구술자 : 아니.

면담자 : 아, 계신 거예요?

---

21 서울로 이사한 때를 묻는 것이다.

〔구술자에게 걸려온 전화 및 통화〕

구술자 : 그것뿐이야. 그리고 올라와서 저 우편 취급소라고……. 저거 하고 나이 먹었으니 저거 하고 있지. 아무것도 다 망해불고 없어지니까 맨손으로 올라와갖고 놈한테 아버지 탁해 가지고[22] 또 도둑질은 못 허고 헐 것은 없잖아. 그러니까 저것을 우연히……. 그 전에 또 정치 좀 했지. 따라다니면서. 김봉호 씨 선배가 5년 선밴데.

면담자 : 김 봉 자, 오 자요?

구술자 : 김봉호.[23] 국회의사당 뭐시기 하는 사람. 민주당 그 의장도 하고 그랬잖아. 그 해남 출신인데 거기하고 모도 같이 일을 했지. 그러고 한 2~3년 있다가 올라왔지.

면담자 : 선생님, 오늘은 인터뷰 여기까지만 할게요.

구술자 : 응.

22 닮아 가지고.

23 김봉호는 제14대 국회의원으로 민주당 소속이었다.

‘주먹’을 믿고 시골 마을을 순회한 로몐바리, 고창군 박형훈

박형훈은 전북 고창군 고창읍 고창공회당에서 영화를 상영할 때 입장객 관리를 담당한 ‘기도(きど)’ 역할을 하면서 흥행 업계에 발을 들였다. 1960년대 중반 대전에 소재한 합동영화사로부터 35mm 영사에 필요한 모든 기자재를 빌려 로뗀바리 흥행을 시작하였다. 1960년대 후반까지 16mm 영화를 상영하는 순업이 남아 있던 상황에서 그의 35mm 필름은 극장에 갈 수 없는 관객의 시선을 사로잡았다. 그의 순회 지역은 고창을 포함한 정읍, 부안, 순창과 영광 등 전남과 전북 일대였다. 경찰서 보안과장과 정보과장이 이웃에서 살고 있었기 때문에 낯선 지역에서 흥행할 때 텃세로 인한 고생은 없었다. 하지만 계절에 따른 수익의 불안정과 예측할 수 없는 흥행은 가장 큰 걱정거리였다. 순업을 운영하면서 지출이 가장 많은 항목은 7~8명으로 구성된 일행의 숙박비와 식비였다. 게다가 박형훈의 심기를 불편하게 만든 것은 순업에 대한 지역민의 편견이었다. 1960년대 중반까지도 순업은 ‘남사당패’ 또는 ‘굿쟁이’로 불렸는데, 이들 호칭은 근대 이전 신분을 비하하는 용어였기 때문이다.

하지만 박형훈의 순업은 가는 곳마다 인기를 누렸다. 행정상 하위 단위 마을로 갈수록 순회 영화 상영을 반기는 분위기였기 때문이다. 늦은 저녁 시간 장터에서 열린 영화를 관람하기 위하여 상영장 반경 12km 이내에서도 관객이 찾아왔다. 면(面) 단위 마을에서 일단 포장을 치면 3~4일을 머물면서 영화를 상영하였다. 흥행은 입소문에 의해 좌우가 되었기에 현금이 없어서 달걀과 같은 현물로 관람료를 대신한 사람도 가설극장에 입장시켰다. 1970년대 중후반 텔레비전의 보급과 비도시 지역 인구 축소로 순업은 사양길에 접어들었지만, 반공 주제 영화 상영에 학생 단체를 동원하면서 흥행을 이어갔다. 하지만 결국 순회 영업은 막을 내렸고, 이후 농사일을 하면서 지냈다.

박형훈의 구술은 순회 영화 상영에 관한 구체적인 정보를 다수 포함하여 주목된다. 또한, 1960년대 비도시 지역에서 차지한 영화의 위상과 타지에서 순회하는 영업의 특성상 필요불가결한 인맥의 동원에 관한 구술은 흥미롭다. 상영 장소를 물색할 때 현지 신문사 지국장들의 도움이 컸다는 구술은 비도시 지역 여론 주도자의 막강한 영향력을 알려준다. 게다가 영화를 관람한 청춘 남녀 간 사건에 관한 이야기는 비도시 지역 성도덕 질서 변화와 순업의 상관성을 짐작하게 만든다.

- **구술자**

  박형훈(전북 고창군 순회 흥행 영화사 '합동영화사' 대표)
- **면담자**

  위경혜
- **구술 주제**

  한국전쟁이후 1960년대 이동영사 활동 증언 자료 수집 : 전라남북도 지역을 중심으로
- **구술 일시**

  2009년 4월 27일 15:15~17:00
- **구술 장소**

  박형훈 자택(전북 고창군)
- **구술 상세 목차**

  1. 순회 흥행 영화 종사 계기
     1) 운동 소질과 가칭 고창극장 '기도'로 시작한 영화 인생
     2) 1960년대 초중반 순회 흥행 영화 시작
  2. 본격적인 영화 흥행 영업의 시작
     1) 대전시 합동영화사와 거래 그리고 35mm 영화의 위력
     2) 우여곡절의 병역 면제
     3) 경찰서 직원의 인맥
     4) 순회 흥행 영화에 대한 인식: '남사당패' 또는 '굿쟁이'라 불린 시절
     5) 계절에 따른 수익의 불안정
     6) '리아까(rear car)'로 다음 상영 장소 밤샘 이동
     7) 순회 영화 상영 흥행 요인, 선전(宣傳) 여부
  3. 교육에 대한 한(恨)과 자녀들의 서울 유학
  4. 순회 흥행 영화 상영의 풍경
     1) 합동영화사 등록증 빌림
     2) 순회 흥행 영화 상영 대상 지역

1. 순회 흥행 영화 종사 계기

1) 운동 소질과 가칭 고창극장 '기도'로 시작한 영화 인생

면담자 : 오늘이 2009년 4월 27일 월요일이구요. 여기 이제 전북 고창의 박형훈 선생님 인터뷰하러 왔습니다. 앞에 제가 말씀드렸던 것처럼요, 그냥 어렸을 때 그 시절의 기억들, 뭐 학교에 관련된 거나 아니면 뭐 운동을, 스포츠를 배운 얘기나 아니면 영화를 접한 처음으로 영화를 봤던 기억이나 아니면 로뗀바리를 시작하시게 된 그런 이

야기부터 편안하게 쭉 이야기를 좀 해주십시오.

구술자 : 그래, 내가 놈과 같이[1] 학교를 못 다녔어. 초등학교를 졸업허고 인자 우리 집 옆에 거 당수(唐手)장이란 게 있어. 그 요새로 말할 거 같으면 태권도야. 그땐 그 당수라 그랬어.

면담자 : 그럼 우리나라 스포츠인가요?

구술자 : 그렇지[2]……. 당수를 헌디, 우리 옆에 가서 그 당수장이 있었어. 그래서 거그를, 내가 쌈 싸우는 걸 좋아하니까.

면담자 : 어떤 거요?

구술자 : 싸움. 싸움을 좋아하니까. 내가 싸움을 잘했다고 싸움을 좋아하니까 거길 그 당수를 배웠어.

면담자 : 그러면 여기서 전북 고창에서 태어나신 건가요?

구술자 : 그렇지. 고창에서 태어났지.

면담자 : 고창읍에서요?

구술자 : 어. 읍에서.

면담자 : 몇 년도 몇 월 며칠 생인가요?

구술자 : 내가 OO년생이여. 그러니께 예순 일곱이야. 그래갖고는 거 당수를 배우다 보니까 싸움을 잘하다보니까 또 싸움을 잘하게 되었지. 잘 허게 되아 갖고는. 그때 나이로는 좀 어렸지만은, 그때는 먹고 살기가 하도 어려웠어요. 어려우니까 에, 그때 당시 극장이라고 허는 것이 말하자면 공회당을 극장으로 썼어. 공회당을 잉! 극장으로 쓰니까 그 오관탁 씨라는 사장님이 (내가) 쌈도 잘하고 단단하니까 "와서 너 '기도'[3] 좀 봐라." 그러면, 기도 보면 그때는 뭐 일당으로 줬어. 월급이 아니야. 일당으로 뭐 하루에 그때 한 40원인가 50원

1 남들처럼.

2 '당수'는 일본의 '가라테'이다.

3 기도는 흥행장의 출입구를 의미하는 일본어 きど(木戸)를 칭한다. 하지만 한국어로 사용될 때 극장 관객의 출입을 통제하는 관리 종사자를 의미한다.

인가 받았을 거야. 그때 당시 일당으로. 안 허면 안 주고 허믄 주고 그렇게 받고 쭉 생활하다 보니까 두들겨 맞기도 허고.

면담자 : 누구한테 두들겨 맞아요?

구술자 : 손님들허고. 공짜로 들어온다꼬. 나는 기도 보니까 못 들어오게. 그때는 무법천지야 그때는.

면담자 : 그럼 기도가 했던 일은 사람 손님들을 관리하는 것만 했어요?

구술자 : 그렇지.

면담자 : 다른 일은 안 했……?

구술자 : 다른 것은 없었지. 못 들어오게 허고 들어오게 허고. 왜 그러냐믄 들어오게 할라면은 돈을 넣고 들어와야 하는디. 그때만 해도 무법천지니까 공짜로 막 볼라 그런 거야.

2) 1960년대 초중반 순회 흥행 영화 시작

면담자 : 그때가 대략 한 몇 년도쯤일까요?

구술자 : 그때가……. 한 63, 4년도나 되었겠네. 63, 4년도나 되었겄어. 그니까 내가 상당히 어려서 조숙이 됐지. 못 배우고 그러니까. 그렇게 해 갖고는 거기서 기도를 쭉 보다 보니까. 그때 당시 내가 먹고 살기가 힘들었는디. 가만히 생각허니까 '이 촌에를 영화를 갖고 댕기믄 괜찮겄다.' 그 생각을 했었지. 그래갖고는 내가 대전이란 데를 시간을 내서 올라갔었어.

면담자 : 예. 그런데 선생님 대전 가시기 전에요, 오관탁 씨 그 공회당에서 일을 할 때가 그때 나이가 대략 몇 살 정도신가요?

구술자 : 대략 내가 볼 때 열아홉이나 스물 됐을 거야.

면담자 : 열아홉이나 스물이면 OO년생이니까 62년 63년 그 정도?

구술자 : 그러지. 그 정도 될 거야.

면담자 : 그럼 오관탁 씨는 공회당에서만 영화를 상영하고 로뗀바리는 안

다니신 거……?

구술자 : 안 했지. 그때는.

면담자 : 아, 안 돌아다니셨어요?

구술자 : 어. 않고.

면담자 : 그때는요? 그 전에는 했었어요, 그러면?

구술자 : 어. 그렇지. 그 전에는 했었지. 그래서 그걸 오관탁 씨가 로뗀바리를 그 전에 했었지 한 번. 했는디, 나는 거그를 가담을 안 했는디. 그게 말허자믄 상당히 호감이 간 거야, 내가. 호감이 가갖고. 내 것이 없으니까, 내 것이 없으니까. 뭐 그때 말해 돈도 많이도 없고. 그래갖고 대전이란 데를 올라가갖고. 해본께 대전에서 그 '순회 헐 수 있는 것을 세를 준다.' 그러더라고. 임대를, 말허자면 빌려준다고 잉! 그래갖고는 그것을 그렇게 하고 내려왔지. 내려와서 다시 극장 기도를 보믄서 오관탁 씨 사장한테 얘길했지. "내가 극장을 그만 두고 이것을 한 번 해 봐야겄다."고, 로뗀바리를 잉. "해 봐야겄다."고 허니까 그 사장님도 그러드라고. "그렇담 네가 헌다믄 별수 있냐?"고 "알았다."고. 거기서 그만두고 대전에 올라가서 그 세를 냈어.

2. 본격적인 영화 흥행 영업의 시작

1) 대전시 합동영화사와 거래 그리고 35mm 영화의 위력

면담자 : 예. 대전 어디 영화사로?

구술자 : 합동영화사. 대전.

면담자 : 합동영화사요?

구술자 : 어. 오치현 씨. 대전.

면담자 : 김치현 씨요?

구술자 : 아, 김치현 씨.

면담자 : 김치현.

구술자 : 어. 김치현 씨. 그래갖고 그 양반헌테 하루에 그때 돈으로 5만 원 씩인가 주고 (영사기와 필름을) 빌렸을 거야. 빌려서 한 달, 두 달은 괜찮더라고. 괜찮허길래 돈을 좀 모태고,[4] 모태고 허고 내가 여기를 해서 빚을 좀 냈지 그때. 그때 돈을 버니까. 그래갖고는 그 (영사기) 기계를 내가 샀지.

면담자 : 기계를 빌리신 게 아니라 사 버리신 거예요?

구술자 : 어. 나중엔 샀지. 첨엔 빌려갖고 와서 허다가.

면담자 : 그럼 빌려서 하는 그 기간 동안 몇 년 동안 빌려서 하셨어요?

구술자 : 한 2년 가차[5] 했제.

면담자 : 그러면 거기 김치현 씨가 하는 합동영화사에서 필름도 빌려주고 영사기도 빌려주고?

구술자 : 그렇지. 영사기도 빌려주고

면담자 : 그때 16mm 영사기?

구술자 : 아니지. 35mm, 35mm 조그만 걸 만들어서 조립한 거야.

면담자 : 영사기를 조립했어요?

구술자 : 어. 영사기를. 조그만 허게. 갖고 댕기기 좋게.

면담자 : 근데 35mm구요?

구술자 : 어. 35mm. 그래갖고 35mm 갖고. 근데 그때는 16mm가 그 전에는 이렇게 가카무시(?) 있었어. 근디 16mm는 화면이 잘 안 보여. 그래 인기가 없어 촌에 가믄. 안 보이니까 안 보일 확률이 더 많애.

면담자 : 그래요? 화면이 사이즈가 작아서 안 보였어요?

구술자 : 작기보담도 그때만 해도 발달이 안 되니까. 깨끗하게 촬영을 못 한

---

4 모으고.

5 가까이.

것 같아, 복사를 16mm로 잉. 복사를 못 허니까.

면담자 : 소리는 어땠는데요?

구술자 : 소리도 그렇고. 35mm 허곤 틀려 소리가. 그런데는 촌에 가면 인기가 없어. 왜 그냐면, 에이~ 말허자면 봉사[6]야. 이제 안 보이니까. 그렇게 해서 내가 35mm를 빌려갖고 내려왔지. 내려와서 해보니까 또 괜찮드라고.

면담자 : 그럼 빌릴 때 필름하고 영사기하고 포장 같은 것도 다 빌렸……?

구술자 : 다 빌렸지. 전체 그때 그러고 싹 빌려갖고 온 거야.

면담자 : 그 회사가 그런 거 다 빌려주는 회사였나 봐요?

구술자 : 그렇지. 그때 당시 그 얘기여.

면담자 : 필름 배급도 하구요?

구술자 : 어. 필름은 그 양반이 긍게 개봉관 극장 끝난 놈을 인수를 한 거야.

면담자 : 아, 재개봉관?

구술자 : 응. 끝난 놈을.

면담자 : 개봉관 끝나고 재개봉관?

구술자 : 어. 끝나고 나믄은[7] 고리[8] 넘어와. 긍게 말해 로뗀…….

면담자 : 다 끝나고 남은 것이 오는?

구술자 : 완전히 끝나든 않지. 엄연히 그때 만해도 그때 필름들이 여러 개씩 구워 나오니까. 그러믄 그것들이 영화사에서 필요 없으믄 김치현 씨한테 싸게 줘. 그럼 그 놈 갖고 세를 내서 우리는 갖고 오제. 그러면 한 달에 얼마씩 주고 갖다가 영화를 하제. 그라믄 그때만 해도 텔레비전도 없고 암 것도[9] 없는 세상이니까. 부잣집에나 한 대씩 있지. 그렁게 영화 헌다고 허믄 로뗀바리지 글자 그대로 로뗀바

---

6 장님.

7 나면.

8 거기로.

9 아무것도.

리를 헌다믄 보통 30리, 40리 밖에서까지는 걸어와. 그 영화를 보기 위해서. 그 취미가[10] 그것밖에 없어, 촌에서. 그렇게 허믄 그때만 해도 또 재밌더라고. 돈도 벌고 세월도 가고 그러니까. 근디 제일 서러운 것은 로뗀바리라는 것이 말허자믄[11] 남사당패야. '띤따라'[12]라 그래갖고 촌에 가믄 인정을 안 해.

면담자 : 그때가 선생님께서 62~3년, 4년에 그때 공회당에서 '기도'하시다가?

구술자 : 응. 바로 긍께 (6)5년도부터.

면담자 : 아, (6)5년도부터.

구술자 : 응. 나와, 나왔제.

2) 우여곡절의 병역 면제

면담자 : 전에 군대를 다녀오셨었나요?

구술자 : 군대를 긍게. 군대 얘길 하면 또 신통해. 군대를 내가 갔는데…….

면담자 : 몇 살 때 가신 거예요?

구술자 : 그때가 예순, 저 저 65년도야.

면담자 : 그럼 공회당 일 하다가 이제 가신 거예요?

구술자 : 그랬지.

면담자 : 굉장히 늦게 가셨…… 그때는……?

구술자 : 65년도니깐 늦든 않지. 정상이지.

면담자 : 선생님께서 OO년생이면 그니까 20살이 넘어서 가신 거네요?

구술자 : 21살인가 되지. 21, 22 될 거야. 그쯤 될 거야. 군대를 갔는데 내가 그때 당시 옻이 올랐어, 옻.

---

10 오락거리가.

11 말하자면.

12 딴따라.

면담자 : 옻이 올랐어요?

구술자 : 어. 옻이 올라갖고 갔는데, 거 가니까 군대에선 그거를 옴으로 취급하더라고. 나는 옻인데.

면담자 : 예. 〔웃음〕

구술자 : 그니까 떨어져 와부렀지. 떨어져 와갖고는 헐 것이 없으니까. 계획 세운 것도 없고 그래서 다시 극장이 그때 65년 당시 극장에 들어갔다가 나와 갖고 로뗀바리를 했구나! 해갖고 쭉 허다가는 영장이 또 나온 거야.

면담자 : 예. 군대에서 왔는데요?

구술자 : 응. 떨어져 왔는데. 영장이 왔는디, 영장을 기피해부렀어. 안 가부렀어. 안 가부렀는디 난중에 못 쓰겄더라고. 로뗀바리 허다가 본게 못 쓰겠으니까. 로뗀바리 인자 겨울철이야. 겨울에는 안 되니까 그걸 중단허고. 군인을[13] 말허자면 자수를 허고. 자수도 어떤 자수(냐면) 파출소 자수 헌 것이 아니라 그냥 병무청에서 자수를 지원을 혔어. 지원을 해 가니까 안 받아 주드라고. 수원 있는 데까지 갔는디 도로 보내 버리드라고. 그때만 해도 무법천지. 그래갖고는 얼마 있응께는 재영장이 나왔드라고.

면담자 : 또 나왔어요?

구술자 : 어. 영장이. 그게 참 파란만장 많이 했겄어?! ***** 그래갖고 재영장을 받아갖고 군인을 간 거야. 갔는디 역시 운이 좋으니까, 그때 내가 뭣으로 떨어졌는가?

면담자 : 또 오지 마래요?

구술자 : 어. 오지 말고 가라 그러드라고. 그럼서 갖고 와서 군(郡)에다가 신고를 하라 그러더라고. 안 해 부렀어. 긍께 여그서는[14] 입영으로 되어 있고 거기서는 귀향으로 되어 있어. 그렁께 군인을 인자, 그런

13 군대를.

14 여기서는.

게 로뗀바리를 계속 한 거야. 그렁께 한 번 경찰관들이 옆에 오면 불안하긴 해. 그래도 여기서만 불안하제. 촌에 가믄 안 불안 허고.

면담자 : 그래도 어차피 군대 입대했고 또 귀향했으니까…….

구술자 : 어. 그란디 여기서는 입대로 되어 있고 군대에서는 귀향으로 되어 있어.

면담자 : 전역이 아니라 귀향으로요?

구술자 : 어. 말허자믄 귀향으로 되어 있어. 여기서는 갔고 여기서는 귀향으로 되어서 내가 귀향증을 끊…… 신고를 했어야 했는데 안 해 버리니까. 여기 병사계에서는 군인 간 걸로 되아 있어. 그래갖고는 뭐 그냥 그대로 산 거야. 기피자가 아니니까 암시랑 않지.[15] 쭉 살면서 영화를 계속 허고 댕겼지, 영화를.

면담자 : 그러면 경찰에 신고, 아니 로뗀바리를 하시면서 경찰서 가서 집회 신고를 할 때 문제되거나 그러지 않았어요?

3) 경찰서 직원의 인맥

구술자 : 문제는 안 되지. 내가 뭔 문제, 내가 뭐 기피를 했다거나 뭐 문제는 없어. 암시랑 안 헌거야. 그러고 또 그때만 해도 보안과장하고 정보과장하고 우리 앞집 살았어.

면담자 : 예. 읍내에서요?

구술자 : 어. 읍에서. 사니까. 그때는 집회 내기가 참 힘들었어. 무법천지니까.

면담자 : 60년대 중반에도 그랬었나 봐요?

구술자 : 잉. 그랬지. 완전 무법이지. 기냥 그때는 먼저 때리고 도망간 놈이 대장이여. 그때는 무법천지야 60년대게. 그렇게 해갖고는 거시기

---

15 아무렇지 않다.

보안과장, 정보과장하고 앞집 사니까, 내가 먹고 살라고 노력을 하니까 그 양반들 인정을 허드라고. 그런데 집회를 안 내줘. 그러면 그때만 해도 전화가 귀헐[16] 때야. 그래갖고 보안과장헌테 미안한데 오늘은 보안과장한테 가믄 다음은 정보과장 이렇게 해서 "어디 지서에서 집회를 안 내줍니다. 과장님, 좀 전화 한 번 해주시오." "그려?" 그러믄 과장이 전화 허믄 경찰서 전환디 그냥이지.[17] 그래가지고 영화를 잘 허고 다녔어요. 댕기는디 아까도 얘기했지만 제일 서러운 것은 굿쟁이.

4) 순회 흥행 영화에 대한 인식 : '남사당패' 또는 '굿쟁이'라 불린 시절

면담자 : 굿쟁이요?

구술자 : 응. 우리가 굿쟁이라 그래. 사람들이 영화, 로뗀바리라 않고. 로뗀바리라 그러면 받어주고 좋잖아? "야, 굿쟁이 왔다!" 근다[18] 말이여. 그럼 참 자존심이 상해. 그때만 해도 젊으니까.

면담자 : 그래도 저기 영화 보는 거 좋아하면서도 그렇게 굿쟁이…….

구술자 : 아, 그르지. '좋아라.' 하면서도 굿쟁이라 명보를 해요.[19] 그때만도 굿쟁이라 허믄 상놈 대우를 했어.

면담자 : 그때까지도요?

구술자 : 어. 상놈 대우를 해갖고. 요즘 긍께 어디를 가도 대우는 못 받었어. 그래도 저녁에는 또 호화스러운거야 포장 쳐놓고 영화 허고 그러니까. 그러면 그 이튿날은 하숙을 헐라도 힘들고, 밥을 사 먹어야 하니까.

---

16 귀할.

17 바로 집회 허가가 나왔다는 말이다.

18 그런다.

19 명칭을 불러요.

면담자 : 그 마을에서 밥 같은 것 안 사서 먹었어요? 그니까 영화 상영하러 갔던 마을에서 이렇게 밥도 사 먹고 숙식도 하고 그러시지 않으셨냐구요?

구술자 : 그렇게 했지. 근데 그렇게 안 해줄라 그려. 왜 그냐믄 또 밥값들을, 돈이 안 남을 때는 밥값을 또 못 주고 가는 때가 있어. 그러면 다음에나 줘야 한다고 잉. 담에서도 벌면 준디, 못 벌믄 또 못 줘. 못 벌 때도 있고 벌 때도 있고 그래.

5) 계절에 따른 수익의 불안정

구술자 : 그러다가 문제는 뭐이냐믄 비가 자주 오면 포장이니까 영화를 못 허잖아. 사람이 안 나오니까. 그러면 비가 말이야 한 3일씩 와 버리면 7~8명이 밥을 먹어버리면 밥값이 엄청나지. 그러면 적자가 나는 거지 또. 말허자면 일당 줘야지. 또 뭔, 뭔 나가는 것이 겁나여.[20]

면담자 : 예. 그러면 포장 치는데 드는 비용 말고 따로 나가는 비용들이 있었어요?

구술자 : 그 사람들 일당 줘야 하고 밥 맥여야[21] 하고.

면담자 : 예. 숙식도 있어야 하고?

구술자 : 어. 그르지. 또 그러고 이동할려면 이동비도 있어야 하고.

면담자 : 이동은 주로 뭘로 하셨는데요?

구술자 : 그때 당시는 말 구르마나, 아, 첨에는 리아까(rear car)로 다녔어요. 리아카로. 그때는 영화 끝나면 보통 1시, 2시 되아.

면담자 : 밤에요?

구술자 : 어. 왜 그냐믄 통금이 있을 때도 지서에서 그걸 봐줘. 왜 그냐면 늦게, 그때는 촌에가 일밖에 모르잖아. 일 끝나고 영화 보러 오면

20 무척 많아.

21 먹여야.

9시, 10시 되아요. 그 몇 십리 밖에서 걸어오니까.

면담자 : 그러면 주로 그 영화 상영할 때는 봄, 여름, 가을에 하신 거죠?

구술자 : 말허자면 봄부터 가을까지. 계속 허지. 쉬들 않고. 그래갖고 11월 달에 끝났다가 3월 달에 나가지. 겨울에 딱 쉬고. 근디 영화 끝나고 나면 1시. 보통 1시, 2시야.

면담자 : 예. 새벽이네요, 완전히.

6) '리아까(rear car)'로 다음 상영 장소 밤샘 이동

구술자 : 그렇지. 그러면 그때만 해도 통금이 11시 반이야. 11시 반, 12시니까. 그래도 파출소, 지서에서 봐주니까 그렇게 허는 거지. 그러고는 그날 저녁 끝나고 보통 한 장소에서 한 3일씩 해요. 끝나고 나믄 1시쯤 되어. 끝나고 나면 리아까에다 싣고 저녁 내 가는 거야. 다음 장소로 끌고.

면담자 : 밤새?

구술자 : 밤에. 어. 영화 끝나고 1시나 2시 되면 철수하면 3시가 넘어요.

면담자 : 아, 그러면 그 어두운 밤길을 걸어가?

구술자 : 어두운 밤중에 그때는 이렇게 아스팔트가 안 깔렸을 때여. 자갈밭이여 자갈밭. 그럼 리아카로 사람이 끌고 갈 때 오죽허겄어? 그러면 거가면 날 새요. 다음 장소 가믄.

면담자 : 예. 그럼 가서 식사도 허셔야 되고 잠도 자야 될 텐데.

구술자 : 그러면 미처 선행자가 미처 가 앞장 서. 내일 갈 장소를 미리서 이틀 전에 가. 가갖고 영화가 언제 들어오니까 하숙까지 싹 정해놓고 와. 그때는 하숙을 잘 안 해주니까. '띤따라'라고 '굿쟁이'라고 엄청나게 괄세[22] 받을 때지 그때는.

---

22 괄시.

면담자 : 주로 그게 읍 단위 말고 이렇게 더 시골 마을로 가면 그렇게 대접을 해줬어요?

구술자 : 면 소재지는 다 그러지. 전부 면 소재지니까. 그때는 인구들이 많았어 면에가. 인구가 엄청나게 많았어. 그때는 학교 학생들도 보통 면 단위에서도 1,000명이 넘었으니까 지금은 몇십 명이지만 그때는 1,000명이 넘었응게.

면담자 : 그럼 가서 새벽에 도착하시면 어떡하셨어요? 잠은 어떻게?

구술자 : 그러면 선행자가 가 있으니까. 거 가믄 인자 올지 알아. 그러면 거기 가면 보통 날 새요. 날 새면은 그냥 다 꼬꾸라져 불지. 리아까 끌고 갔으니까.

면담자 : 리아까 위에서 자고 막 그랬어요? 〔웃음〕

구술자 : 못 자지. 사람이 끌고 가는데 어떻게 자. 사람이 끌고 가고 사람이 밀고 그런디. 왜 그냐면 지금같이 아스팔트 깔릴 때 같으면 잘 가지, 그때는 자갈 패이고 뭔 비포장 도로니까 엄청나게 고생을 했지. 그래갖고는 가갖고 참 말로는 그러지, 기가 맥히지. 그냥 가보면 그러고는 녹아떨어지는 거야. 그러면 밥도 다 아침 굶고 한 11시나 일어나 자고들. 일어나갖고 그때시[23] 밥들 먹고.

면담자 : 어디 가서 밥을? 식당도 없었을 거 아니에요?

구술자 : 긍께 이제 개인집 하숙을 해요.

면담자 : 그냥 개인집에 연락을 해서 거기서 그냥?

구술자 : 어. 글면[24] 개인집서 그때는 그 사람은 또 배고픈 세상이니까 받어요. 받으면 자기도 돈 버니까. 꽁보리밥 주고도 한 그릇에 얼마씩 받으니까. 세 때면 사흘이면 괜찮애 숫자가 많은게. 그러믄 저녁에 그럼 한 11시쯤 되아서 밥 먹고. 그니까 야간 일이야 말허자믄. 되게 시커먼 사람들이 저녁에는 깨끗이 씻고 포장 치고 허믄 소리,

---

23 그때서야.

24 그러면.

음악, 마이크 손질 허고 그러면 화려하게 보이잖아. 그러면 참 좋지. 놈 보기에는 좋고 속은 안 좋고. 그러면 가믄 "야, 굿쟁이 왔다. 굿쟁이 왔다." 우리 지나가면 굿쟁이 왔다고. 학생들도 이렇게 "야 저 굿쟁이다. 굿쟁이다." 그러는 거야. 그러면 제일 듣기 싫은 소리가 우리는 그때야, 그 소리야.

면담자 : 〔웃음〕 굿쟁이요?

구술자 : 〔웃음〕 굿쟁이.

면담자 : 어차피 저녁에 영화 보러 올 거면서. 〔웃음〕

구술자 : 〔웃음〕 어. 그러면서 굿쟁이, 굿쟁이 그런다고. 그러면 어쩌?[25] 그래도 먹고 살기로 허는 짓이니까 '그런갑다.' 허고는 세월이 가는 거지. 세월이 가다보믄 또, 말도 못 허게 기가 맥히지 잉. 그러면 손님이 많을 때는 즐겁고, 또 재수 없는 영화가 있어요.

7) 순회 영화 상영 흥행 요인, 선전(宣傳) 여부

면담자 : 재수 없는 영화요?

구술자 : 어. 손님이 안 드는 영화 말허자믄. 안 들면은 밥값도 안 된 때가 있어.

면담자 : 그럼, 지금 생각해 보셨을 때 영화가 잘 된 영화하고 재수 없는, 손님 안 든 영화하고 그 차이가 뭐가 있었던 거 같아요?

구술자 : 말허자믄 선전이 안 됐단 얘기겠지.

면담자 : 그러면 아니, 어떤 선전을? 선생님이 현장에 도착해서 (했던) 그 선전요? 아니면 다른 동네 사람들이……?

구술자 : 아니지. 다른 지방에서, 그때만 해도 라디오 같은 것은 있었어요. 테레비는 부잣집에 하나씩 있고 그 외는 없었으니까. 그럼 라디오

---

25 그런다고 어떻게 해?

같은 거는 선전이 된 것도 있잖아? 그리고 노래. 그때는 노래도, **** 노래 나온 영화가 많이 나왔어.

면담자 : 그럼 노래가 히트 돼서 영화도 히트 되고 그랬겠네요?

구술자 : 그러지. 노래가 좋은 영화는 히트 치고. 그때 당시는 영화 좋은 것도 많이 있었지. 뭐 〈미워도 다시 한 번〉(정소영, 1968) 같은 거 잉. 〈꼬마신랑〉(이규웅, 1970) 같은 거. 뭐 〈하숙생〉(정진우, 1966) 이런 것은 손님이 참 잘 들었어요. 그러고 〈두 아들〉[26] 같은 거. 그런 것은 좋았는데. 또 액션 영화나 칼잡이 같은 거 그런 것은 저녁에 말허자면 낼 헐 놈은 '칼잽이' 같은 거면 살짝 예고편을 틀어주면 좋아. 애들이 좋아하잖아? 그럼 그 이튿날은 잘 돼, 장사가. 그렇게 해서 벌고 그랬지. 그래서 아무튼 난 그래요. 영화 사업을 해서 나는 성공했다고 봐. 다른 사람들은 돈을 못 벌었는데, 나는 어쨌든 내가 그래갖고 이 영화를 허게 되다 본께 일찍 결혼을 했어요.

3. 교육에 대한 한(恨)과 자녀들의 서울 유학

면담자 : 몇 살 때 하셨어요?

구술자 : 내가 긍께 스물 둘에 했어요.

면담자 : 일찍 하셨…… 군대 가시기 전에 하신 거예요?

구술자 : 그랬지. 어. 떨어져. 군대라는 것은 없어져 버렸응게 나는 군대는 나는. 그래갖고는 어, 군인 가기 전에 가기 전에 했응께. 스물 하나에 결혼했다. 스물 하나에 하고 스물 둘에 군대에 갔응게. 그래갖

---

26 한국영상자료원의 DB에 따르면, 제목에 〈두 아들〉이 포함된 작품은 〈두 아들(속)〉(조문진, 1971), 〈모정에 우는 두 아들〉(이일수, 1972), 〈두 아들〉(조문진, 1981) 총 3편이다. 구술자가 기억하는 〈두 아들〉은 어떤 작품인지 알 수 없다. 다만, 1971년 작품에 '속'이 표기된 것으로 보아 1971년 이전 〈두 아들〉이라는 작품이 제작되었을 것으로 추측된다.

고는 인제 애들을 키우면서 내가 못 배웠기 땜으로 '내 자식들만은 갈쳐야 한다.' 그 이유로 갈친 거야. 그렇게 해갖고 우리 누나가 서울에 살았어. 누나 하나가 결혼해갖고 서울에 살아서. 내가 우리 애들을 큰 놈만 중학교 1학년 때까지 여기서 보내고는 나머지는 전부 서울로 보냈어. 서울로 보내갖고. 어쨌든 나는 개같이 벌어서 정승같이는 쓰고 살았어. 애들을 잘 갈치든 못 갈치든 다 초등학교부터 서울에 보냈으니까, 로뗀바리 해갖고. 그러니 나는 어떻게 보면 성공헌 거야.

4. 순회 흥행 영화 상영의 풍경

1) 합동영화사 등록증 빌림

면담자 : 예. 선생님 그러면 로뗀바리에 대한 이야기를 좀 더 자세하게 듣고 싶은데요. 그때 로뗀바리를 하시면서 같이 다녔던 인원들하고, 그 인원들이 각각 맡은 역할들이 있었죠? 그런 이야기하고 어디 어디 지역을 주로 다니셨는가 듣고 싶습니다.

구술자 : 나하고 인원들이 댕기면서 긍께 나는 명색 사장이지 잉. 로뗀바리 잉.

면담자 : 그때 합동영화사에서 이름만 가져와서?

구술자 : 이름만 갖고 오고 필름만 세를 내와. 우리 한 달에 얼마씩 주고.

면담자 : 예. 그러면 그 대전에 김치현 합동영화사 사장님이 허락을 하신 거예요?

구술자 : 그러지.

면담자 : 영화사 등록이 되어 있었던 거예요?

구술자 : 어. 왜 그냐믄 자기 것을 쓰니까 등록증을 당연히 빌려줘야 혀. 그

때는 등록증이 있어야 순회를 했어.

면담자 : 그럼 그때 등록증 적혀 있었던 수첩 같은 것도 갖고 다니셨어요?

구술자 : 아니지. 등록증이 있어.

면담자 : 예. 그럼 그 복사를 갖고 다니신 거예요?

구술자 : 그놈을 갖고 댕기기도 허고 때로는 관공서를 둘러도[27] 먹었어. 왜 그냐믄 등록증이 하난디 그쪽에도 순회 영화가 있을 거 아니여? 그럼 나도 해야 허고 여그도[28] 해야 하는디. 하나밖에 문공부에서 하나밖에 안 내주는 건데. '두 군데를 뭣 필요하냐?' 그르믄 사본을 해요. 그럼 이 면사무소 둘러먹어. 다 넘어가. 사본이 원본으로 넘어가는 거야. 등록된 건 사실이니까 둘리는 것도 아냐, 어떻게 보면 잉. 이게 사본인지 원본인지 그걸 모르더라고. 이게 등록증이라고 허믄 신고허면 내주고 그랬었지.

면담자 : 그러면 대전에 합동영화사는 등록증을 선생님한테만 빌려주신 게 아니라 로뗀바리 한 사람한테……?

구술자 : 다 내 주지. 있지. 충남 그쪽 권에도 있지.

면담자 : 그럼 왜 선생님은 따로 왜 (독자적인 자신의 영화사 명칭이나) 합동영화사 이름으로 등록 안 하고, 그 영화사 합동영화사 이름을 가져다 쓰신 거예요?

구술자 : 어. 그때는 그래도 합동영화사라고 하면은 전국망이니까 오치현 씨가.

면담자 : 김치현 씨.

구술자 : 아, 김치현 씨가. 전국망이니까. 그래도 그 사람 등록증이 또 전국 등록증이야. 전국구야. 그르기 땜에 그 양반 꺼 빌려오니까 아무래도 그 양반 명의를 팔아야지. 그때만 해도 사람이 소박할 때야. 그때만 해도 소박헝께[29] 그렇게 했지.

---

27 둘리다. 그럴듯한 꾀임으로 속이다.

28 다른 지역.

2) 순회 흥행 영화 상영 대상 지역

면담자 : 예. 그럼 그걸 가지고서 이제 여기 진출을 하신 거죠?

구술자 : 응. 그래갖고 이쪽에는 내가 어디 어디 다녔냐면 정읍군허고 부안군허고 영광군 일부허고 그러고 저쪽 순창 일부.

면담자 : 순창이요?

구술자 : 어. 순창 일부.

면담자 : 그럼 고창은요?

구술자 : 고창은 뭔 빼놓을 수가 없지. 여기는 내 터전인디. 빼놓을 수가 없으니까 고창군은 많이 다녔지. 고창군은 뭐 내 생애 한 몇 십 년 다녔다고 봐야지.

면담자 : 예. 이 네 지역을 쭉 돌아다니셨던 거예요?

구술자 : 응.

면담자 : 그러면 이 네 지역의 어떤, 돌아다니는 루트가 있었어요? 딱 정해가지고 '어디 어디 가서 꼭 해야 된다.' 아니면 봐가지고 그때그때 영화 상영할 곳을 정하신 임의적으로 정하신 거예요? 아니면 '여기 동네는 삐익 당연히 기본으로 돌고, 다른 데 간다.' 이런 식으로 하셨어요?

구술자 : 응. 이런 게 있어요. 프로가 좋은 프로가 되면 싹 순회를 허고, 좀 안 된 프로는 중간 중간, 첨에는 '좋다, 안 좋다.' 한 걸 몰라요. 모르는데, 딱 해보믄 손님들이 알아. '아, 이 영화는 손님이 잘 드는구나.' 그러면 그놈은 샅샅이 다 더트고.[30] 손님이 잘 안 들어 온 것은 다 더텨봐야[31] 안 되니까 중간 중간 건너뛰어서 끝내 불고 필름을 보내버리지. 보내 불면 필름 교첼 허고. 그러고 손님이 잘 드

29 소박하니까.

30 모든 지역을 다 훑으면서 영화 상영을 하고.

31 더듬어봐야.

는 놈은 가령 한 달이면 범위를 넓게 도는 거야. 손님이 잘 드니까 벌이가 괜찮은게 잉. 그렇게 받고 그렇게 했지.

면담자 : 그러면 다녔던 지역들이 주로 면 소재지만 다니신 거예요?

구술자 : 면 소재지지.

면담자 : 면 말고 리(里)?

구술자 : 부락.

면담자 : 부락으로 다니신 거예요?

구술자 : 어. 그런 곳도 다녀요. 왜 그냐면 가령 큰 흥덕면이라면 호포라는 데가 있어.

면담자 : 호포요?

구술자 : 어. 그럼 거기는 초등학교랑 있단 말이여. 그러면 거기는 커요. 그러면 그것도 난중에 그렇게 다녔지, 첨엔 안 다녔어. 먼데 다 오니까.

면담자 : 알아서 오니까요?

구술자 : 어. 오니까.

3) 원거리 관객과 야간 영화 상영 시간

면담자 : 기본 몇, 반경 몇 km에서 오시던가요?

구술자 : 보통 30리까지는 걸어와.

면담자 : 우와. 30리면 꽤…….

구술자 : 11km지.

면담자 : 우와, 엄청…….

구술자 : 어. 그렁께 영화를 9시 30분에서 10시에 시작허는 거야, 저녁.

면담자 : 소문이 거기까지 난 거예요?

구술자 : 나지.

면담자 : 어떻게?

구술자 : 인제 종이를 써서 '오늘 저녁에 어디서 뭣 한다.' 그러면 가령 여기서 30리까지는 선전을 붙여. 그때는 아무것도 없을 때 걸어댕겨야 하니까. 최고 수단이 자전거뿐이었어. 근데 자전거 타곤 안 옹께. 그때는 처녀 총각들이 많은게 겸사겸사 오는 거야. 처녀 총각들 오고 재미져서 오고. 막 오고 그러거든. 그래서 나중에는 테레비도 나오고 보급이 되니까 먼 데서 안 오는 거야. 그래서 그때는 흥덕면이면 리 단위까지 다녔어. 오늘은 흥덕 소재지하고 다음엔 리 단위, 그렇게 했지.

4) 순회 흥행 영화 상영 인력 구성과 역할

면담자 : 그렇게 쭉 다니셨던 거예요? 그러면 그때 같이 움직이셨던 분들이 대략 한 몇 분 정도 되셨어요?

구술자 : 일곱에서 여덟 명.

면담자 : 그럼 그 분들이 하는 역할이 어떻게, 어떻게?

구술자 : 인자 이것이 있어요. 기도 보는 사람, 표 파는 사람, 또 사업부. 사업부라면 먼저 나가서 영화 헐 때 장소, 뭐 허가. 그때는 허가여 허가. 그러고 집회 이런 거 싹 내야 허니까. 그 사람은 오늘 가서 안 되면 내일 또 가야 허고. 낼 가서 안 되면 모레 또 가서 받아야 허니까 꼭. 그렇게 허고.

면담자 : 그분이 미리 관련된 마을에 가가지고 신고도 해놓고 숙소도 정하고?

구술자 : 어. 그러지. 면사무소하고 지서허고 그러고.

면담자 : 반드시 두 군데 가서 신고를 했어야 했어요?

구술자 : 어. 해야지. 그렇게 허고 장소 빌려야 하고. 장소 빌리고 또 장소 빌리믄 그거 또 이장이 까실해요,[32] 말하자믄 이장이. 그러면 거기 초대권 줘서라도 꼬시고 그렇게 허고 그랬지 그때는.

면담자 : 그러면 인제 했던 파트가 기도, 표 받는 사람. 아, 그 표 파는 사람이요? 그 담에 사업부장 있고……?

구술자 : 어. 그러고 저녁 영화를 도둑 것으로 보니까 지켜야 혀. 또 그걸 지켜야 허니까 그렇게 해서 나까지 8명.

면담자 : 예. 그러면 포장칠 때는 다 함께?

구술자 : 똑같이 해야지 일은. 내가 사장이라고 놀면 안 돼. 같이 헐 때 딱 철수해서 다 묶어갖고 뜨니까.

5) 영화 상영을 위한 절차 : 면사무소와 경찰지서 신고

면담자 : 예. 근데 그때 사업부장님이 면사무소하고 지서 가서 신고하실 때, 면에서는 무슨 신고를 했던 거예요?

구술자 : 그때는 막 지금과 똑같은 신고야. '오늘 뭔 영화를 며칠부터 며칠까지 해야겄습니다.' 허고 등록증허고 대본허고, 대본이 있어야 혀.

면담자 : 대본 있어야 해요?

구술자 : 아, 대본 있어야지. 영화는 대본이 꼭 있어야 혀. 그렇게 허고 첨부를 허지. 그럼 인자.

면담자 : 그럼 지서는 왜 갔어요?

구술자 : 집회.

면담자 : 또 집회 신고해요?

구술자 : 어. 왜 그냐믄 그때는 무법천지라 싸움이 많이 나, 쌈이.

6) 무료 관람 입장을 둘러싼 관객과 충돌 그리고 관객끼리 싸움

면담자 : 예. 어디 영화 보러 왔다가 싸움이 나는 거예요?

---

32 까칠하다.

구술자 : 그러지. 그러면 기도허고도 싸움도 많이 하고, 공짜 넣어두라고.

면담자 : 그니까 주로 기도하고 싸웠던 거는 영화 넣어주라 마라?

구술자 : 그렇지. 나중에 보면 숭져[33] 있지. 어, 이게 맞어 그런 거야.

면담자 : 〔웃음〕 그 싸움 말리다가요?

구술자 : 어, 맞아서. 그때는 무법천진께. 그 포장 돌 던지는 사람이 없냐 그러면 영업으로 돌 던지는 사람이 있어요. 그럼 맞고. 그때만 해도 무법천진게, 무법천지.

면담자 : 포장 밖에서 안에다 돌을 던져 버리는 거예요?

구술자 : 던져 버리지.

면담자 : 그럼 누가 던진지도 모르고 맞아버리고?

구술자 : 그러지.

면담자 : 그러면 손님들끼리 와서 싸우는 경우도 있어요?

구술자 : 그런 것도 간혹 있지. 그때는 왜 손님끼리 싸우냐믄 그때는 처녀 총각 시절이라 말허자면 총각들이 처녀를 데리고 와요.

면담자 : 그 동네 부락에서요?

구술자 : 어. 데리고 와. 같이 싸잡아 온디. 그래야 손님들이 따라서 나온께. 그럼 이쪽 총각 놈들이 처녀 건드린 거야.

면담자 : 아, 그 다른 동네에 있는 총각?

구술자 : 어. 처녈 건들면 이 총각들은 가만 있겄어? 시비를 허는 거지. 그니 쌈이 붙는 거지. 그게 가장 많애 그 싸움이. 그러고 저녁에 끝날 때 가면 막 처녀를 몰아분다고[34] 총각 놈들이. 그러면 거기서 또 쌈이 나고.

면담자 : 그럼 한 마을에서 올 때는 처녀들이 떼거리로 친구끼리 오는 거예요?

구술자 : 다 떼거리로 오지.

면담자 : 그러면 총각, 그 마을 총각들이 따라오는 거예요?

---

33 흉이 생겨.

34 몰아세우며 희롱하는 것.

구술자 : 그니까 막 따라, 호위병으로 따라오는 거지. 따라오면 놈의, 타 동네 총각들이 처녀를 건들면 이제 쌈이 나는 거지. 내 동네 처녀들은 건등께 쌈이 안 나겄어? 허지. 그러면 볼만해.

면담자 : 그럼 그때 그 처녀 총각들이 나이가 대충 몇 살 정도 됐었나요? 〔웃음〕

구술자 : 보통 그 나이지. 20대지. 응, 20대에서 25세. 그러고 그때만 해도 또 25세 넘는 아가씨들은 별로 없었어.

면담자 : 왜요? 시집갔대요, 아니면?

구술자 : 다 시집가지. 일찍 가지. 지금같이 이렇게 뭐 30대 넘기나? 둘, 둘, 둘, 셋이면, 그때만 해도 대학교 댕긴 사람이 어디가 있었어? 고등학교도 별로 없지, 고등학교도.

7) 영화 상영 공간 확보를 위해 지역 유지(有志)에게 도움 요청

면담자 : 예. 그러면 주로 영화 상영한 계절은 비 오고 이러면은 못 하니까…… 비오고 춥고 이러면 못 했…….

구술자 : 못 허지.

면담자 : 그러면 여름 같은 땐 어떻게? 여름엔 비 많이 오잖아요?

구술자 : 그때는 못 허는 거지. 그런께 그때 가장 적자가 많애. 왜 그냐면 아주 젤로 서글픈 게 뭐냐면 저녁밥 딱 먹고, 포장 딱 쳐놓고 영화 헐라 그러잖아. 장마 계절이니까 입장 낼라 그러면 비가 딱 쏟아지는 거야.

면담자 : 그러면 어떻게 지붕 가려져 있는 데가, 장소가 없었나요?

구술자 : 그때는 그런 것이 없었지.

면담자 : 그럼 주로 어디다 포장을 치셨는데요?

구술자 : 주로 공터지.

면담자 : 어떤……. 그니까 '여기가 공터입니다.'라고 있는 게 아니라 뭐 시

장통?

구술자 : 그때 응 시장통. 학교는 잘 안 돼.

면담자 : 아, 무슨 이유로요?

구술자 : 학교는 어차피 그때는 잘 안 내주드라고. 안 빌려주드라고. 학교는 어쩌다 한 번씩 빌려 쓴 데가 있어 오지(奧地) 같은 데는. 그런데 가서는 학교 운동장을 빌릴 때는 지방 유지를 잘 잡고 늘어지면 교장이 한 쪽 승낙을 해줘.

면담자 : 뭐라고 이야기를 하면(서) 늘어져요?

구술자 : 그때 당시에는 빈 땅이 없어요. 먹고 살 때라 조금만 있으면 뭣을 갈아야 되니까.

면담자 : 심어야 되니까요?

구술자 : 어. 갈아야 되니까. 그러면 지방에 그때만 해도 신문들이 많이 있었어요, 그때는.

면담자 : 신문이요?

구술자 : 예. 많지.

면담자 : 어디, 그러니까 60년대 말씀하시는 거죠?

구술자 : 어. 아니 지방지 같은 거 잉. 지방지, 지국장이 많애, 그때만 해도 잉. 그러면 그때 만해도 지국장이 기자 역할을 다 했어. 그러면 지국장 말이라면 면이나 지서는 딸싹[35] 못 혀.

면담자 : 그때가 몇 년 때 일인가요?

구술자 : 60년대니까. 65년 그 무렵인게.

면담자 : 그래요? 오, 재밌네요.

구술자 : 딸싹 못 헐 때여. 그러면은 지국장한테 가서 "지국장님. 아, 영화를 해야 하는데 땅이 없습니다. 그렇게 학교 좀 빌려줘야 쓰겄습니다." 그러면 학교 교장 같은 건 딸싹 못 헌께 그때 만해도.

---

35 꼼짝.

면담자 : 신문지국장이 그렇게 발언력이 셌나 보네요?

구술자 : 그러지 아, 셌지. 그때는. 엄청나게 셌지.

면담자 : 그럼 그때 뭐하던 분들이 신문지국장을 하시던가요?

구술자 : 모르지, 그건 우리도. 모른디, 그러면 그 양반이 얘기하면 지서나 면이나 힘을 못 써. 그 양반이라믄.

면담자 : "예." 하고 이렇게?

구술자 : 아, 그럼. "예." 허고 그냥 빌려주지. 그때만 해도 지국장이 한 가지 좋은 것은 우리한테 이런 것은 안 바래는디, 초대권만 푸짐히 갖다 줘 불면 되야. 초대권만 한 열댓 장 주면 뭐. 그 양반 뭐 초대권 갖고 인심 쓰고 그렇께 그러지.

면담자 : 그러면 학교를 못 얻는 경우는 주로?

구술자 : 시장이나 글않으면[36] 농사 안 들어갈 때는 공터, 그거 아니면 또랑가.[37] 또랑이 그때는 개천이 넓은 데가 더러 있어요. 그러면 그 개천. 글않으면 그때만 해도 차가 귀할 때인께 촌 같은 데는 길을 막고 했어요.

면담자 : 아, 길을 막아버려요?

구술자 : 어, 길을 막아도 차가 없으니까 그때는.

면담자 : 그럼 그 마을 제일 큰 길에다?

구술자 : 그러지. 큰 길을 막아버리고, 사람만 통허게끄름[38] 놔둬. 놔두고…….

면담자 : 예. 그럼 혹시 가을 끝나고 났을 때는 논에도 하지 않으셨어요?

구술자 : 논 같은 데는 별로 안냐믄[39] 썬득거려요.

면담자 : 아, 불편하다고요?

---

36 그렇지 않으면.

37 개천가.

38 지나가게끔.

39 안 하냐면.

구술자 : 어, 썬득거려갖고, 추울 때 할 차 되는데 그 물기 있고 그러믄 그러고 안 좋잖아! 가급적 논은 선택을 잘 안 해.

8) 영화 상영 선호 공간, 장터

면담자 : 그러면 제일 선호했던 데는 어딥니까? 장터, 큰 길?

구술자 : 장터. 장터를 제일 많이 썼지. 왜 그냐면 그때는 장이 웬만한 데는 다 있었어. 면 소지니까. 장이 있으니까, 장터는 가면 무조건 빈 터가 넓은 데가 있어. 그럼 거기 빌리고 그랬지.

면담자 : 그때 5일장이었던 거죠?

구술자 : 5일장이지.

면담자 : 그럼 마침 그 날 장날인 경우, 장이 서는 경우에는 장사가 좀 잘 되기도 했겠네요?

구술자 : 장은, 근데 장을 찾아서 많이 가요 또.

면담자 : 장날 찾아서요?

구술자 : 어. 장 찾아서 가면은 그날은 이 먼디서 오는 사람들은 안 가요.

면담자 : 그럼 거기다 묵고?

구술자 : 어. 묵고 거기서 인자 국수도 뭣을 사먹고 그날 영화 보고 가는 거야.

면담자 : 아, 밤에요?

구술자 : 어. 밤에.

면담자 : 그럼 밤에 영화는 그러면은 9시부터 한 번 시작하신 거예요?

구술자 : 한 번 허지, 저녁에. 근데 이 9시를 못 해요. 보통 한 10시 되어야 혀. 먼디서 걸어오니까. 그러면 영화는 보통 한 시간 반 허거든. 그러면 10시부터 11시 반이지. 어떻게 하다보면 12시 넘어부러요. 그러믄 12시 뭐여? 보통 12시, 12시 반, 1시 그렇게 되지.

9) 시장 상인들과 상부상조

면담자 : 그러면 장날이면 사람들이 먼 데서, 다른 곳에 사는 사람들이 와서 뭐 만나고 그러기도 하겠네요?

구술자 : 그런 거 많지.

면담자 : 그런 이야기 좀 해주십시오. 지난번에 예비로 만났을 때 그런 말씀 하셨는데, 사람들이 와서 영화 보러 왔다가 만나면 밖에 나가서 술 먹고 고기 먹고 들어왔다고, 그런 얘기……. 〔웃음〕

구술자 : 아, 그랑께, 그 '상하'라는 데를 가면…….

면담자 : 상하면이요?

구술자 : 응. 상하면이야.

면담자 : 고창?

구술자 : 고창읍 상하면. 거기를 가면은 영화를 하겠고롬[40] 양쪽 고기 집에서 두 군데를 만들어 놨어. 이 쪽 고기 집에서 공터를 여기다 만들어 놓고, 이 쪽 고기 집에서는 여그다 만들어……. 그러면 자기 집을 지나가게끔 그렇게 만들었어. 그래가지고는 세도 안 받고 그러고 빌려주는 거야. 그런디 하루 저녁이면 그때 당시 돼지 한 마리씩 팔렸어.

면담자 : 뭐가요, 돼지가요?

구술자 : 어. 돼지 잡어서 그러면 그 사람들도 돈을 받고 주는 게 아니야. 그 다 아는 사람들만 지글 지글 볶아줘. 볶아주면 나락 대 나락으로 받는 거야.

면담자 : 나락으로요?

구술자 : 어. 돈이 아니라 나락으로, 나락으로 외상으로, 외상으로 줘. 그러면 그때만 해도 배고픈 시절잉께.

---

40 할 수 있도록.

면담자 : 나락을 직접 주는 거예요?

구술자 : 그니까 우리는 모르제. 그렇게 한다고만 알지, 우리는 모르제. 우리들은 그렇게 헌다하드라. 그러면 사람들이 오면 막걸리다, 그때만 해도 맥주, 소주도 안 먹어요. 돈이 비싸니까 싼 막걸리를. 막걸리다 그럼 돼지고기. 뭐 하는 것도 없어. 그냥 장 넣고 볶아갖고 그래도 그렇게 맛있었어, 그때 그게.

면담자 : 그러면 고기 집에서 술도 팔았었네요?

구술자 : 다 팔지. 가게 봄서 고기 집을 헌 거야, 그때는 다 그렇게. 그러면 우리도 먹으면 진짜 맛있어. 그냥 맨 장에다 볶아 주는 데도.

면담자 : 맛있을 거 같아요.

구술자 : 어, 아니야. 그냥 맨 장에다 드글드글 이렇게 볶아 주거든! 그러면은 그게 그렇게 맛있을 수가 없어. 그러면 촌 양반들이 모처럼 영화 보러 나와서 글않으면[41] 뭐 촌에서 나올 일이 전혀 없지, 어딨어? 나올 일이 없잖아! 막 몇 리 길이여서 못 나오잖아. 그러면 나가서 그놈 먹고 뭐 하고 그러면 다 현금 돈이 없을 땐께. 그러면은 봄에는 보릿대, 여름에 먹는 건 나락 대,[42] 이렇게 다 적드라고. 적은께 알지, 안 그럼 모르지 잉.

면담자 : 장부에다 적어 놓는 거예요?

구술자 : 어, 다 적어놔. 누가 얼마, 누가 얼마. 그렇게 허면 그때 그렇게 받드라고. 이 장사가 잘 되더라고 그게. 외상이니까. 외상인께.

면담자 : 그럼 나중에 나락 끝나면 돈을 갚았군요?

구술자 : 어, 근디 그건 나락으로 갚드라고.

면담자 : 아 나락으로요? 현물 교환?

구술자 : 어. 왜 그걸 나락으로 받는가[43] 아느냐믄, 우리가 그 무렵에 영화

41 그렇지 않으면.

42 나락 값.

43 받는지.

를 들어가잖아. 들어가면 그 무렵에도 그 사람들이 고기를 먹어야 하니까. 먹어야 하니까 그놈을 들고 갚으러 나오는 거야. 그때만해도 뭣이 있어? 다 먹으러 나오지! 어쩌다가 다 먹으러(나오지). 그래가 우리가 실제로 그걸 봤어.

10) 현물 입장 관객

구술자 : 그러고 또 우리가 영화를 가보면 이것이 있어요. 계란 들고 오는 사람 있고, 우리한테 넣어주라고, 이만한 것들이. 보리쌀 퍼갖고 온 사람 있고, 통보리 갖고 온 사람 있고 그래. 영화 하러 가면 잉. 그러면은 안 넣어줄 수가 없어. 받고 넣어줘야지.

면담자 : 그럼 원래는 현금이 원칙인데 현물로요?

구술자 : 응. 그러면은 또 사실 또 계란을 갖고 오면 우리가 인자 입가심을 하잖아?! 저녁에 욕도 보고잉. 〔웃음〕 응, 구경인께. 그렇께 먹고. 보리 같은 거 가지고 오면 우리는 인자 하숙집 다 줘버리니까 우리는 식비로 계산하면 된게. 받었다가. 식당은 받어 우리 주면 잉. 하숙집에서 그렇게 해서 세월……. 그니까 이게 유랑이야. 유랑극단이야, 그때, 그때 세월 가고, 먹고 살고.

면담자 : 그러면 영화를 보러 오셨던 분들이 영화 보다가 아는 사람 만나서 나가서 고기를 자신 거예요, 아님, 영화 다 끝나고 가서 자시고 온 거예요?

구술자 : 거의, 돈 주고 본 것인게 안 나가지 중간에는.

면담자 : 아, 그래요?

구술자 : 일찍 와서 먹고. 끝나고 인자 엄청나게 먹고 그랴. 〔웃음〕 끝나고 난리여 보믄 그냥 수라장이여 수라장.

11) 관객의 영화 몰입과 즉각적 반응

면담자 : 영화 끝나고 나면요? 혹시 그런 경우 있지 않으셨어요? 영화 보다가 나갔다가 다시 들어오는 경우도 있지 않나요?

구술자 : 못 나가, 아까워서.

면담자 : 아까워서요?

구술자 : 응. 영화 볼 욕심으로.

면담자 : 그래도 저기 한 번 나갔다가 다시 들어와서 애걸복걸하면 다시 넣어주고 그러지 않았어요?

구술자 : 아, 그건 들어와야 혀. 들어와야제. 그건 들어오는디. 안 나가. 안 나가고.

면담자 : 그럼 주로 어디에 앉아서, 가마니 깔고 앉았어요? 아니면 땅바닥에 척척 앉았어요?

구술자 : 거기는 보면 딱 이렇게 만들어졌어. 나무판자를 요만 썩 해서 이렇게 길게 해서 딱딱 만들어졌어. 우리 영화는 땅바닥에 앉아서 보고. 그 술 먹는 데는. 영화할 때는 땅바닥에 앉아서 봐. 어 어 그럼.

면담자 : 그러면 아무래도 저기 시끄럽고 그랬겠네요? 요즘 영화관처럼 조용하게 보는 게 아니라 포장도 얇은데다가 땅 바닥에 앉아 있으면 거기 서로 떠들고 그러지 않아요? 뭐 싸와서 먹고 그러지 않아요?

구술자 : 그런 것도 있고 그런데. 그땐 그런 것이 별로야. '그런갑다.' 허제. 아, 그리고 마이크 틀어놓고 선전도 걍 귀가 떨어지게 떠들고 그런디 그때는 사람들도 주위 사람들도 시끄럽단 말을 안 해.

면담자 : 아, 그니까 시끄럽진 않은데, 서로 떠들고 떠들면서 영화 보고 그러지 않아요?

구술자 : 그러지는 않애. 영화 보는 자리는 조용히 봐.

면담자 : 영화는 조용히 봐요?

구술자 : 아, 조용히 보지.

면담자 : 영화 보면서 서로 이야기도 안 하고요?

구술자 : 안 해. 얘기도 않고 조용히 보는데.

면담자 : 박수도 안 치고요?

구술자 : 이제 좋은 장면 같은 건 박수 치고 그러지. 그러지 떠들고 그런 건 없어요. 근디 그때만 해도 우리가 마이크 선전을 허거든, 판 틀어 놓고.

면담자 : 영화 시작하기 전에요?

구술자 : 어. 그러면 보통 4km까진 들리거든.

면담자 : 그러겠네요, 시골이라서.

구술자 : 어, 이게 틀면 마이크 선전도 허고. 허면 4km가 들리믄 그때 지금 같으면 난리 나제 시끄럽다고. 그때는 지금은 그런 게 없지, 그때 당시는.

12) 경찰지서의 편의

면담자 : 그러면 싸움 나고 이러면 싸움 나거나 아니면 영화가 늦게 끝나거나 그러면 경찰서에서, 지서에서 편의를 봐주신 거예요?

구술자 : 봐주지. 안 봐주면 안 되지.

면담자 : 그러면 생판 모르는 분이 아니라 좀 아셔야지 가서 '편의 좀 봐주십시오.' 하고 얘기할 거 아니에요?

구술자 : 근데 그때만 해도 순경들이 소박해. 그때만 허더라도. 그러고 또 잘 안될 거 같으면 잉. 그때만 해도 담배 한 보루만 갖고 가면…….

면담자 : 봐줘요? 〔웃음〕

구술자 : 〔웃음〕 어. 봐 줘부러 그때만 하더라도. 그때는 경찰도 순박해. 그러고 그 사람들도 영화를 자주 들어오는 것이 아니라 영화를 봐야 허잖아. 한 사람 놔두고 싹 와서 본께.

면담자 : 아, 그래요?

구술자 : 아, 다 와서 보지. 귀헌 것이니까. 그러고 담당자한테만 저녁에는 숙직 근무자가 있잖아? "욕보시네요. 영화가 좀 늦겄습니다." 허믄 암 말도 안 해.

13) 영화 관객 구성

면담자 : 그래요? 그러면 그 영화 보러 왔었던 관객들은 아주 구성이 다양했겠네요? 어떤 사람들이 주로 왔어요? 뭐 청춘들이 많이 왔나요?

구술자 : 주로 청춘들이지. 처녀 총각이 많지.

면담자 : 가족들은 안 오고요? 가족 단위로?

구술자 : 가족 단위도 오지. 오는데 대부분 처녀 총각이 많이 와, 처녀 총각이.

면담자 : 그러면은 그 사람들은 와서 다 현금으로 영화를 보던가요?

구술자 : 그렇지. 현금이지.

면담자 : 그때 돈이 다 시골에서 어디서 나가지고 다 영화를……?

구술자 : 그렇게 보면 또 꿔주는 사람이 있드라고 보믄.

면담자 : 꿔주는 사람이요?

구술자 : 어. 꿔주는 사람. 같이 와갖고 "아이, 나 천 원만…… 십 원만 꿔줘라 잉." 그때만 해도 십 원, 이십 원 했으니까.

면담자 : 아, 영화가요?

구술자 : 어. 영화가 에…… 십 원 받았어.

면담자 : 그러면 그게 가격이 극장에서 보는 거하고 가격이 비교해서 몇 배, 몇 분지 일이었어요?

구술자 : 아니, 크게 차이는 안 났어. 극장에서도 보통 십 오원, 이십 원 읍 단위 같은 데서는. 그렇게 받었응게. 큰 차이는 안 났어.

면담자 : 예. 그럼 그 돈을 가지고 와서 빌려준 사람이 있었다는 거예요?

구술자 : 처녀 총각들인께 즈그끼리 빌려주고 그러드라고 보면. 나는 뒤에서 딱 보면 그런 것이 많이 들려.

면담자 : 뭐 어떤 게 들려요?

구술자 : '돈도 꿔줘라, 뭐더라, 내가 언제주마, 뭐더라.' 막 그런 소리, 자기들끼리 막 허고 그러드라고.

14) 농촌 지역 관객의 선호 영화와 인기

면담자 : 아 그랬었어요? 근데 아까 말씀하시다가 영화가 좋은 놈 이야기를 하는데요. 좋은 놈하고 나쁜 놈이 있었는데 사람들이 와서 영화 보면서 좋아했던 거? 막 울고 짜고 뭐……?

구술자 : 아주 슬픈 거.

면담자 : 아주 슬픈 거요?

구술자 : 어. 슬픈 극이나 글않으믄 칼쌈하는[44] 거. 그런 것이지. 연애극은 별로였어.

면담자 : 연애극이요? 지난번에 저한테 예비(때) 말씀해주셨을 때[45] 뭐 〈장화홍련전〉[46]이나?

구술자 : 그런 건 좋지.

면담자 : 〈콩쥐팥쥐〉 이런 것 저한테 말씀해주셨는데…….

구술자 : 그건 아주 최고지. 뭐 〈꼬마신랑〉 같은 거잉. 〈장화홍련전〉이랑 〈콩쥐팥쥐〉,[47] 〈꼬마신랑〉, 〈미워도 다시 한 번〉 이런 것은 〈두 아들〉 같은 거, 이런 것은 참 상상 외로 많이씩 들와 손님들이.

면담자 : 그 상상 외로 많이 들어온 건 몇 명 정도인가요?

구술자 : 그게 몇 명이라고 할까……. 그 포장 속에 700~800명 들어간다면

---

44 칼쌈, 즉 무협영화를 말한다.

45 구술 증언을 채록하기 위하여 사전에 만났을 때.

46 해방 이후 제작된 〈장화홍련전〉은 1956년 정창화 감독, 1972년 이유섭 감독에 의한 것 두 차례이다. 면담자가 지칭하는 작품은 어떤 것인지 알 수 없다.

47 〈콩쥐팥쥐〉는 1958년 윤봉춘 감독, 1967년 조긍하 감독에 의해 각각 만들어진다. 구술자가 칭하는 작품은 어떤 것인지 알 수 없다. 중요한 것은 지역 관객들이 선호한 영화의 서사구조이다.

곧이 안 듣겄지? 그 정도로 들어가.

면담자 : 다 서 가지고, 선 사람 다 포함해서요?

구술자 : 딱 앞에 화면 나갈 때만, 화면이 얉차니까[48] 딱 나갈 때만 허고. 들어가면 나중에는 포장을 쳐 놓은께 못 들어가. 밑에를 끌러불어.[49] 포장 밑에만 묶은 놈 끌르면 무한정 들어가, 아주!

면담자 : 개구멍으로 막 들어오고 그래……?

구술자 : 아니, 지키니까 못 들어가지. 그니까 밑에만 끌러놓으면 사람들이 포장이니까 밀치잖어, 이렇게?

면담자 : 아, 알겠어요. 무슨 말인지 알겠어요.

구술자 : 그런께 무한으로 들어가. 에 〈꼬마신랑〉 같은 거 '춘향전' 같은 것은 한 700~800도 들어오고 그랬어.

15) '춘향' 시리즈, 〈미워도 다시 한 번〉, 〈꼬마신랑〉, 〈장화홍련전〉 그리고 〈여로〉

면담자 : 그때 〈춘향전〉은 〈춘향전〉이 참 여러 번 만들어졌었어요.

구술자 : 어. 〈성춘향〉.

면담자 : 그 최은희 나오는 〈성춘향〉(신상옥, 1961)?

구술자 : 어, 최은희 나오는 거.

면담자 : 그 혹시 55년도에 이민 씨가 나온?

구술자 : 그것은 안 해봤지.

면담자 : 아, 그렇죠. 〈성춘향〉이 잘 된 거네요?

구술자 : 어. '성춘향전'은 내가 그것 갖고 참 히트를 쳐봤지.

면담자 : 아, 〈성춘향〉이요? 최은희 나온 거요?

구술자 : 어. 최은희 나오는 거.

면담자 : 김지미 나오는 거 말고?

---

48 화면의 위치가 낮으니까.

49 포장 밑을 열어버린다는 뜻.

구술자 : 아, 말고. 최은희 나오는 거. 김지미가 나오는 것은 안 알아줬응께.

면담자 : 왜 그때 안 알아준 거 같았어요? 왜 보시기에, 그때 하면, 직접 상영하셨잖아요?

구술자 : 근데 그런 영화는 입으로 알려져.

면담자 : 입으로요?

구술자 : 응. 입으로. 그때만 해도. '에이~ 그건 재미없어.' 보지 않고도 자기들도 들은 그대로 옮기는 거야. 옮기는디, 이건 안 보고도 재밌다 그래 그냥. 그럼 그렇게 오는 거야.

면담자 : 뭐 기억나는 에피소드 있습니까? 어디 지역에서 며칠 동안 했다드라, 아니면 얼마……?

구술자 : 일단은 프로는, 한 프로는 하룻저녁이야. 프로마다 바꿔. 그래갖고는 보통 그 면 단위 가면 3일에서 4일을 해. 그러면 오늘 저녁 〈미워도 다시 한 번〉 허면 내일은 〈꼬마신랑〉(이규웅, 1970)을 허고 다음에는 뭣, 나흘간씩 그렇게 허제.

면담자 : 그럼 〈성춘향〉을 해가지고 어느 정도 돈을 버신 거 같아요? 다른 영화에 비해서?

구술자 : 모르지. 그러나 돈은 벌었다! 이 〈꼬마신랑〉 같은 거, 〈미워도 다시 한 번〉 같은 거, 〈장화홍련전〉, 〈여로〉(김기, 1973) 같은 거. 〈여로〉도 손님 잘 들었거든. 영화는 별 것이 아닌디 그 선전이 잘 되어갖고, 티비로. 그런 거 〈꼬마신랑〉 같은 것은 쉽게 해서 해 떨어지면 사람이 오기 시작해. 전후 편을 허는데. 해 떨어지면. 참 즐거운 비명이지!

면담자 : 선생님. 그러면 그 〈꼬마신랑〉 전편이라고 하는 것은 〈꼬마신랑 전편〉이라고 필름에 적혀 있어요?

구술자 : 〈꼬마신랑〉 그 담에는 '돌아오는 꼬마신랑' 그렇게 바뀌어 있지. 그러면 그때 당시는 극장은 전후편을 같이 못 허지만. 우리는 왜 그러나믄 이미 먼저 끝난 놈이 있고 난중에 끝난 놈을 한 번에 가

져오니까 오늘 저녁에 전편 허고 낼 저녁에 후편하고.

면담자 : 잘 했겠네요? 〔웃음〕

구술자 : 〔웃음〕 어. 그렇께 어떻게 될지 모르니께 후편 안 볼라고 그러겄어? 그 많은 손님들이 그대로 와. 그 후편 볼라고. 그렇게 헌 게 재밌더라고. 재미는 있었어, 고생은 해도.

면담자 : 그럼 한 번 마을에 가면 기본 3일은 있었던 거예요?

구술자 : 보통 사흘, 나흘 그렇게 했지.

5. 제도교육에의 한(恨)과 자식 농사

면담자 : 그러면 아까도 인터뷰 처음 시작하실 때 말씀해주셨는데, 학교를 자녀분들 학교를 중학교 때부터 (서울로) 보냈다구요?

구술자 : 큰 놈만 중학교 때 보냈지. 나머지는 다 초등학교 때부터 서울로 보냈지.

면담자 : 예. 그러니까 그랬다고 하는 거는 선생님께서 갖고 있는 교육열이기도 하지만 그만큼 돈이 있어야 보낼 수 있잖아요? 로뗀바리해서 그만큼 버셨다는 이야기 아닌가요?

구술자 : 그렇께 그때만 해도 누나가 서울에 살으셨어. 그러니까 내가 젤로 한 되는 게 내가 초등학교밖에 안 나왔어요. 그렇게 못 배우니까 이 로뗀바리를 하면서 가장 그걸 느꼈어요. 가방 끈이 짧으니까 대화하는 것이 내가 약해요. 대화하는 것이 대활해도[50] 베나면[51] 무대포로[52] 해버리는 거야.

면담자 : 말도 않고 손으로 막……?

50 대화해도.

51 화나면.

52 막무가내로.

구술자 : 어. 손이 먼저 가불어. 그러면 우리 사업부 이 사람은 그때 당시 고등학교를 나왔어. 선행 사업부는, 그 사람은 대화로 해결을 해. 그래 내가 가만히 보면 '이것이구나.' 난 그니까 못 배운 게 한이 맺힌 거야. 그래서 '나는 이래도 내 자식들만은 갈쳐야것다.' 계산하고는 내가 서울을 갔지. 누나헌테 '누나가 좀 고생허고 내 애들을 서울로, 내가 교육비만은 보내줄 테니까 그렇게 허소.' 그래갖고는.

면담자 : 그렇게 해서 보내셨던 거예요?

구술자 : 어. 그렇게 해서 내가 교육비는 내가 보냈지.

면담자 : 보내는 데는 로뗀바리 하시면서 어려움은 없으셨어요?

구술자 : 어려움은 많지.

면담자 : 어떤 경우에 어려움이 더 많으셨어요?

구술자 : 돈이지 전부. 돈이지 그 시절에만 하더라도. 그래도 놈들은 나보다 부자라 했어. 왜 그냐면 로뗀바리 사장이니까.

면담자 : 현금이 들어오잖아요?

구술자 : 어. 뭐 그런데 공짜는 공짜지 외상이라는 건 없잖아. 왜? 오늘 돈이 없어도 낼 현금은 들어와, 저녁에. 오늘 저녁에 현금이 들어와. 들어오니까 낮에 싹 써 불어[53] 없어도 걱정은 없어. 저녁 되면 또 나오니까, 영화 하면 무조건 나와, 십 원이 나오든 이 십 원이든 나오니까. 그런께 구애는 없지.

6. 영화 상영 휴지기(休止期)의 소일(消日)

면담자 : 그러면 가을 끝나고 '겨울 동안 안 하셨다.' 그랬잖아요, 그럼 그때는?

53 써 버리고.

구술자 : 그때가 가장 슬퍼. 그때가 슬픈 것이 뭣이냐믄 안 허니까. 말허자면 보통 11월 달에 끝나잖어. 안 허면 뭣을 좋아했냐믄 내가 화투를 좋아했어.

면담자 : 아, 옛날 말로 노름이라고 그랬던……. 〔웃음〕

구술자 : 그러지 노름이지. 그걸 좋아하니까. 말허자면 12월, 1월, 2월, 3월 넉 달간은 화투방에서 산 거야. 참, 안 된 징조지. 그치만 헐 일이 없는디 거기서.

면담자 : 그때 그럼 다른 농사는 안 지셨어요?

구술자 : 그때는 농사를 안 지었지.

면담자 : 오직 로뗀바리만?

구술자 : 오직 로뗀바리만 했지. 그러다가 이 로뗀바리가 사양길에 접어들었어요.

7. 텔레비전의 등장과 사양길에 놓인 로뗀바리

면담자 : 언제 정도부터 사양길에 접어들었어요? 선생님이 주최, 주관이 돼서 했던 거는 65년부터 해서 몇 년도까지 하시다가 어쩌다가 사양길에 접어들었어요?

구술자 : 그게 내가 볼 때는 한 75년도나 78년도에 사양길에 접어들었던 거 같어.

면담자 : 한 10년 동안 바짝 버셨군요?

구술자 : 어. 10년 동안은 참 남부럽지 않게 벌기도 허고 참 호화스럽게도 살았어. 왜 그냐면 예술이라는 것은 그림자야. 남 보기에는 호화스럽지만 속은 아무것도 없어. 비어 있어. 그치만 보기에는 호화 찬란허잖아? 보는 것이 있으니까! 그래 이렇게 살았는데, 그래서 내가 '아, 이거는 안 되겠다.' 생각을 험서부터 농사를 짓기 시작했어.

면담자 : 예. 그럼 농사 시작하시기 전에 로멘바리 사양길에 딱 접어드는데 그 원인이 무엇이었던 거 같아요?

구술자 : 테레비.

면담자 : 테레비요?

구술자 : 테레비가 막 보급되면서부텀. 그러고 테레비도 보급되지마는 사람들이 서울로 상경을 해버리니께. 여기가 별 볼일이 없으니까. 그니까 인구가 없잖아. 인구가 없으니까 암 것도 없는 거야. 그렇게 사양길에 접어들고 그래서 난중에는 학생도 동원허고 잉. 댕김서 그렇게.[54]

면담자 : 예. 그러면 그때 이 사람들이 테레비의 등장이기도 하지만 사람들이 혹시 그런 경우 있었나요? 그니까 손님을 극장으로 뺏긴 적이 있어요? 사람들이 차가 생기고 교통편이 발달하고 그러면 읍내 가서 극장 가서 영화를……?

구술자 : 아니야. 같이 사양길에 들었어. 극장허고 같이 로멘바리허고.

면담자 : 사람들이 굳이 극장까지 가서 볼 필요는 없었던 모양이네요?

구술자 : 그렇게 생각은 안 했지. 그때만 해도.

면담자 : 여기서 충분히 다 재밌게 하니까요?

구술자 : 응. 그러고도. 그것보담도 극장도 고창 같은 데는 낮에는 안 했어요.

면담자 : 밤에만?

구술자 : 밤에만 허는데. 그때 차편이 없으니까 밤에 극장으로 영화 보러 갈 일이 없잖아. 못 가지.

---

54 다니면서 그렇게.

8. 필름 배급과 로뗀바리 전문 영화사

1) 대전시 영화사와 거래 이유

면담자 : 영화 배급에 관한 건데 대전에 김치현 씨 같은 그런 로뗀바리를 전문으로 해서 영화 필름이랑 영사기 대주셨던 그런 분들이 김치현 씨 말고 다른 분들이 있었는가요? 그 당시 대전에 있었던 영화사들의 풍경을 좀 이야기 좀 해주십시오. 왜 광주에서 거래한 적은 없으신가, 이런 것 하구요.

구술자 : 광주는 필름이 늦었어요. 촌에 영화 하기가.

면담자 : 어떤 이유 때문에요?

구술자 : 광주는 극장이 많애. 전라남북도 판권을 갖고 있으니까. 말허자면 도(道)가 크잖아. 대전허고 비교허면. 전라남북도 판권이. 그러믄 그 놈을, 거그 치를[55] 보급을 받을라면 1년을 늦어.

면담자 : 왜요? 극장 다 돌아야 되니까요?

구술자 : 다 끝나고 나야 나오니까. 그치만 대전은 빨리 나와.

면담자 : 광주 같은 경우에는 전라남북도, 제주도까지도 하고. 근데 이제 충청도 판권은 대전하고 어디하고 했었어요?

구술자 : 충북, 충남. 두 군데 뿐잉께.

면담자 : 충북, 충남요? 아, 그렇네요, 그럼 충북, 충남이 상대적으로 극장이 적었던 거예요?

구술자 : 적지. 도가 적으니까. 도가 적응께 필름이 빨리 말허자믄 로뗀바리 허겠고롬 흘러 나와 버린 거야, 판권이.

면담자 : 예. 개봉, 재개봉 빨리 끝나버리니까요?

구술자 : 끝나불지. 얼른 끝나불지. 말허자믄 전라남도는 절반도 안 했는디

---

55 호남 지역 판권 필름을.

거그는 다 끝나불었지. 그런데다 또 도시(에) 가 있고. 김치현 씨가 팔도를 돌아댕기는 사람이여. 그래갖고는 고물장시만이. 마냥 고물장사야 그 양반이. 그래갖고는 그…… 판권이 소멸된 거지. 극장을 안 하면 판권이 소멸되니까. 그렇게 했었어.

면담자 : 예. 그걸 사셔다가, 그 김치현 씨가?

구술자 : 그걸 사다가 김치현 씨는 또 우리한테 세로 받어. 팔아. 말허자면 한 달에 얼마씩 그렇게 팔고.

면담자 : 필름 상태가 그때도 여전히 좋긴 하던가요?

구술자 : 그렁게 잘 못 사버리면 필름이 안 좋고. 글안 놈은 좋고 그래. 그래도 전라남도 치보다는 좋아. 일찍 끝나서 나온게. 봐서 나쁜 놈은 못 가져오고.

면담자 : 그럼 김치현 씨 같은 경우는, 김치현 씨처럼 그런 일을 했던 사람들이 대전에 영화사들이 많이 있었나요?

구술자 : 아니지. 그 양반 하나뿐이었지.

면담자 : 아 그래요?

구술자 : 응.

면담자 : 그 양반? 유일하게 그 양반?

구술자 : 로뗀바리 판권으로는 그 양반 하나뿐이었지.

면담자 : 그러면 그 당시에 대전에 있었던 영화사들 혹시 기억나는 거 있으세요?

구술자 : 모르지. 인자 모르지.

면담자 : 아, 로뗀바리만 거래했으니까?

구술자 : 응. 〔웃음〕 로뗀바리만 했으니까 나는. 깜깜허지.

2) 1950년대 로뗀바리 흥행 형성 모습

면담자 : 김치현 씨 그 분의 개인사에 대해서 잠깐만 얘기를 해주십시오. 그

분은 어떻게 해서 로뗀바리 일을 하시게 되셨는지?

구술자 : 그 양반이 원래 이북 사람이야. 이북 사람인디. 그 양반이 그 안식구하고 대전에서 여인숙을 했더만.

면담자 : 이북에서 내려와 가지고? 언제 내려왔는데요?

구술자 : 어. 그런께 언제 내려 왔는가 나도 잘 모르지. 그 양반이 여인숙을 했는데, 극장이 인접했는디 그걸 그 양반이 연구를 했드라고. 처음에 로뗀바리에 대해서. 그렇게 해갖고, 그 판권을 말허자면 필름을 줏어나르기 시작한 거야. 긍께 충남만 줏어온 것이 아냐. 서울에가 있으면서도 막 줏어와. 줏어다가 그때만 해도 시골에 극장들이 많이 있을 때야. 긍께 극장 다 끝난 놈을 대전에서 사와 인제 판권을. 그래갖고 시골 같은데다 넣어주고 그러더라고. 면 단위 극장에 있는디. 그때는 면 단위로 극장이 많이 있었어요.

면담자 : 예. 기본적으로 2개는 있었더라고요.

구술자 : 어. 다 있었는데. 그러면 넣어주고 벌고 그러다 보니께 로뗀바리가 형성을 헌 거지.

면담자 : 그럼 그분처럼 하셨던 분은 인제……?

구술자 : 없지. 그분뿐이라고 봐야지.

면담자 : 그러면 그분은 16mm는 예전에 하셨대요?

구술자 : 안 했어. 35mm만 했어.

면담자 : 아 16mm를 안 하신 거예요?

구술자 : 어. 안 하고 그것만 했어.

면담자 : 그럼 그분은 언제부터 그런 관련, 합동영화사를 운영을 하셨대요?

구술자 : 나도 그건 모르겄어. 내가 가서만 알았으니까.

면담자 : 그럼 오관탁 씨가 여기서 공회당에서 영화 상영할 때 그때도 오관탁 씨가 김치현 씨한테 가서 필름을 빌려오셨죠?

구술자 : 아니지. 그때는 오관탁 씨는 그때 당시 판권이 광주니까 거기서 갖다 해야지. 판권 침입으로 안 되지.

면담자 : 거기는 대전 거래는 안 하신 거예요?

구술자 : 아, 못 허제.

9. 상설극장과 갈등 또는 협동

1) 상설극장에게 뺏긴 필름

면담자 : 예. 그럼 선생님이 김치현 씨한테 영화를 가져다가 여기서 상영을 하면 어찌됐건 개봉관, 재개봉관 충청도 판권이 끝난 거니까. 여기서 상영할 때 전북은 아직까지 하고 있잖아요. 그러면 여기 왔을 때 마찰 없었어요, 극장이랑?

구술자 : 어. 그런데 그것이……. 〔웃음〕

면담자 : 그 이야기 좀 자세히 좀 해주세요.

구술자 : 몇 번 있었지. 그래갖고 이 흥덕에서 허다가 그때는 내가 고창 살 땐께. 흥덕에서 허다가 고창극장 김장옥인가 그런디…….

면담자 : 김장옥 씨요?

구술자 : 어. 그가 고창극장 사장이었어.

면담자 : 그 오관탁 씨가 그러면 고창 중앙극장이고, 고창극장은 언제? 먼저 생겼던 거예요?

구술자 : 나중에 생겼지.[56]

면담자 : 중앙극장보다 나중에요?

구술자 : 어 나중에. 그래갖고는 〈정든 님〉(장일호, 1968)이라는 영화가 있

---

56 1962년 발간 『한국연예대감』을 보면 고창극장(대표 김길상)이 있음을 알 수 있다. 하지만 1978년 영화진흥위원회 발간 『한국영화연감』에 따르면 고창에서 운영 중인 극장은 성림극장(대표자 이상복) 뿐이었다. 이에 대하여 각각 다음을 참고. 김기제, 『한국연예대감』, 성영문화사, 1962, 494쪽; 영화진흥공사, 『한국영화연감』, 1978, 집문당, 186쪽.

었어요. 허다가 이제 뺏겨불었지, 내가.

면담자 : 아 하고, 흥덕에서 하고 계셨는데요?

구술자 : 응. 갸들이 와서 뺏어가 버린 거야. 판권 침입으로. 그렁께 지금 생각허면 내가 어링께 그랬지. 못 뺏어가 즈그들은 못 뺏어가. 영화사가 가져갈 수는 있지만은 극장에서는 잉. 그란디 그때만 해도. 나중에 좋게 해갖고 그날 영화는 않고. 영화 허다 뺏겨버렸응게.

면담자 : 영화 돌아가고 있는데요?

구술자 : 〔웃음〕 그렇게 해서 나중에 필름 찾어다 부쳐주고. 왜 그냐면 여그 광주서 가져오면 영화 못 해요. 그래서 내가 야들한테 거시기를 많이 했지, 희생을.

면담자 : 어떤 희생을요?

구술자 : 빨리 필름이 오니까 내가. 극장을 가끔 넣어줬어요. 돈 안 받고.

면담자 : 어떻게요?

구술자 : 인제 날짜가 잽히니까 이렇게 좀 너돌라고[57] 와 나한테, 나는.

면담자 : 극장으로부터 연락이?

구술자 : 어. 프로가 나는 좋은 것이 빨리 들어오잖아.

면담자 : 전라남북도 이제 면 단위 극장들에서 선생님한테 연락이 오는 거예요?

구술자 : 아니지. 여기 고창만.

면담자 : 고창극장이요?

구술자 : 어. 고창극장허고 중앙극장에서 와. 그러면 "형님, 언제 이게 프로가 자네가 허고 있담서?" 좋은 프로가 많잖아. 난 좋은 게 빨라. 고창극장보다. 고창극장은 늦어요. 양 쪽 극장이 왜 그냐면…….

면담자 : 전라도 판권이니까요.

구술자 : 어. 그러면 상상도 못 허는 것이 많이 오고 하니까. 그러면 안 줄

---

57 극장에서 상영할 수 있도록 빌려주라고.

수도 없어. 내게는 안 줘야 맞어. 근디 또 서로 상부상조를 해야 허니까 주는 거지.

면담자 : 예. 그럼 극장하고는 별로 큰 마찰이 있었던 거는 아니네요?

구술자 : 마찰은 없지.

면담자 : 상부상조?

구술자 : 어. 서로 허니까.

2) 영화 상영을 둘러싼 에피소드

구술자 : 그러고 한 번은 내가 실수헌 것은 뭐이냐 하면 〈성춘향〉전이 그땐 70mm 축소판이었어.[58]

면담자 : 〈성춘향〉이 저기 저 최은희 나오는?

구술자 : 어. 그것을…….

면담자 : 그게 35mm로 나온 게 아니라?

구술자 : 나와. 원래 70mm라고 해갖고 축소판으로 했었거든, 그게. 그것을 내가 허고 댕기는디 김장옥 씨가 오관탁 씨하고 둘이 나한테 조인(join)이 들어온 거야.

면담자 : 두 사람이 동시에?

구술자 : 어. '그놈을 추석 프로 좀 도라.' 내가 지금 허고 있는데. 그때 추석이 임박했을 때야.

면담자 : 그러니까 두 사람이 조인트를 해서 선생님한테 부탁을 한 거예요, 아니면?

구술자 : 따로, 따로(이)지. 그건 내가 다 거절을 했어야 혀. 긍게 그때만도 어린 게 그랬지. 〔웃음〕 이 양반한테 내가 이렇게 했어. 〔웃음〕 내가 큰 실수지.

---

58 국내 최초 70mm 작품은 〈춘향전〉(이성구, 1971)이다. 춘향 역할은 문희, 이몽룡 역할은 신성일이 맡았다.

면담자 : 선생님 근데 그게 시네마스코프(cinemascope)죠?

구술자 : 시네마스코프지.

면담자 : 60~70mm가?[59]

구술자 : 시네마스코픈디. 그게 70mm가 있었어. 근디 35mm 시네마스코프지. 그렇게 해서 인자, "그렇게 허자." 하고 대답을 양쪽 다 해놔버렸다, 내가. 해놔부렀는디. 아니지, 그거 내가 잘못된 거지 내가. 무심히 내가 그렇게 해 버린 거야 극장에다. 그래갖고는 그것을 딱 거시기 허고는 고창극장에다 넣어줘 부렀어, 내가 추석에.

면담자 : 중앙극장에 말 안 하구요?

구술자 : 넣어줘버린께 억장이 무너져 버린 거야, 중앙극장에서는. 그게 대작이잖아, 그때 당시에는 〈성춘향〉전이면 대작인께. 그것이 그나마 추석 프론께 얼마나 어마어마 혀!

면담자 : 그럼 그게 몇 년도의 일이세요?

구술자 : 그것이 한 70 몇 년도나 됐을 거야.

면담자 : 그게 60년대 초반에 나온 영환데 70년대까지도 인기가 있었던 모양이네요?

구술자 : 그것이 아니지. 70년대 나왔지, 그게.

면담자 : 70년대 나온 거는, 최은희 나온 거는 61년인가 62년에 나온 거거든요? 근데 이제.

구술자 : 아냐. 70mm로 최은희 나온 영화가 있었어, '성춘향전'이.

면담자 : 70mm가 있었다고요?

구술자 : 응. 70mm 축소판.

면담자 : 아, 70년대요?

구술자 : 응. 70년대 일거야.

면담자 : 혹시 홍세미 나오는 〈성춘향전〉[60] 아니에요?[61]

---

59 '70mm가?'를 잘못 말한 것이다.

60 〈춘향〉(김수용, 1968)을 잘 못 말한 것이다.

구술자 : 아니야, 아니야. 최은희 나온 거야.

면담자 : 그래가지고요? 죄송합니다, 말 끊어서.

구술자 : 아니야. 가만 있어봐 봐. 그때…… 성춘향이여, 성춘향이여 맞어. 그래갖고는 그게 신상옥 감독 맞어. 신상옥 감독 〈성춘향〉이여. 근디 그놈을 70mm 축소판이라 해갖고. 선전헐 때도 그렇게 했거든 70mm 축소판이라고 하면서 〈성춘향〉이라고 선전을 했었거든. 이게 손님이 잘 들어 그때 당시 그게. 그래갖고는 그놈을 중앙극장을 아니, 성림극장을 넣어줘 버렸다!

면담자 : 고창극장에요?

구술자 : 어? 그게 원래는 고창극장이 아니라 성림극장이었어 인자 본게.

면담자 : 뭐라고요?

구술자 : 성림극장.

면담자 : 아, 그럼 고창 성림극장?

구술자 : 어어.

면담자 : 아, 그럼 원래 이름이 성림극장이에요?

구술자 : 어. 성림극장.

면담자 : 근데 왜 사람들이 고창극장이라고 불렀어요?

구술자 : 성림극장……. 그래갖고는 그놈을 넣(어)줘 부렀다. 넣(어)줘 부렀는디 오관탁 씨는 절대 '내가 (성림극장에) 안 넣어준다.'고 했으니 안 넣(어)주는 걸로만 내가 알고 있었어. 근디 진짜 그것이[62] 영화해버리니까 오관탁 씨하고 나하고 적이 되어버린 거야. 그래갖고 추석날 같이 했어요. 성림극장허고 우리하고 한 날 같이. 우리는 상하(면)에서 허고 그렇께.

---

61 영화배우 홍세미 데뷔작은 〈춘향〉(김수용, 1968)이다. 이 영화는 과대광고로 물의를 일으킨 일이 있었다. 제작진은 개봉 즈음에 〈춘향〉을 '한국영화 최초의 70mm 대형영화'라고 홍보했지만, 사실무근임이 밝혀지자 그냥 '대형영화'라고 홍보 문구를 바꾸었다. http://www.kmdb.or.kr 참조.

62 성림극장이.

면담자 : 어떻게 '가께모찌'[63]로?

구술자 : '가께모찌'로 해버린 거야. 똑같이 추석프로가 잡혀 있으니까. 내가 넣(어)주니까. 그니까 그것이 끝나믄 싣고 오고, 끝나면 싣고 오고 이렇게 했어. 그래갖고는 '설마' 했는데 오관탁 씨가 뒤통수 맞아버린 거지. 맞아버리니까 그때 오만(가지) 장난 다 쳤지.

면담자 : 어떻게요? 〔웃음〕

구술자 : 〔웃음〕 뭐 그런 얘긴 뭐 하러 하겄어? 그 양반은 고인 되어 버렸는디.

면담자 : 아, 고인 되셨으니까.

구술자 : 아이, 그럼 못 써. 내 잘못은 잘못이야.

면담자 : 그럼 그때 성림극장은 〈성춘향〉하고 중앙극장은 뭐?

구술자 : 딴 거 했지. 추석 프론께. 그때만 해도 우리 한국은 그런 역사극을 좋아할 때여.

면담자 : 아, 70년대요?

구술자 : 어. 그랬는디 그때만 혀도 서울도 〈성춘향〉은 인기였어. 최은희 나오는 거. 인기였어.

면담자 : 재개봉관에서 했던 거 말씀하시는 거예요?

구술자 : 아니지. 개봉했지.

면담자 : 선생님이 지금 70년대 이야기를 하신 거죠?

구술자 : 어.

면담자 : 〈성춘향〉은 60년대 나왔거든요? 60년대 초반에.

구술자 : 아닌데.

면담자 : 그래요. 그러니깐 그때 60년대 같은 저도 헷갈리는데 61년하고 62년에 〈성춘향〉하고 〈춘향전〉하고 동시에 붙었어요.

구술자 : 동시에 붙었제 잉. 그러면 아니, 아니다. 70년대, 70mm 축소판이

---

63 동시상영. 한 곳 이상의 영화 상영 공간에서 시간 차이를 두고 동일 작품을 상영하는 것을 말한다.

란 말여. 70mm로 했었어. 첨에.

면담자 : 예. 그런데 최은희는 나오구요?

구술자 : 어. 최은희 나왔는데…….

면담자 : 그리고 또 다른 일들은 없었어요? 에피소드 같은 거?

구술자 : 뭐, 또 뭐?

면담자 : 극장하고 갈등이 있었다거나 그런 건 없었구요?

구술자 : 그때는 그러고 나도 만만찮으니까.

면담자 : 어떤 게, 뭐 성격이 만만치 않은?

구술자 : 근께 이것이 좋은데, 여기 좋은데 함부로 나를 건드나? 못 건드리지! 내가 자기 극장 기도를 봤으니까 함부로 못 건드리지. 자기 극장 기도 볼 정도면. 그때 당시 기도면요 만만찮은 사람은 못 봐요. 힘없어서 못 봐. 맞아 죽을까 봐 못 봐. 그런디 함부로 나를 못 건들지. 나를 건들었다가는 붙어버리니까 가서. 어디 붙어버린께.[64]

10. 광주의 영화 배급사

면담자 : 그러면 인제 그 전라도에 있는 그 배급사와 관련해서 잠깐 궁금한 게 있는데요, 그때 이야기 해주셨을 때 전남에 최 씨 아저씨라고 그 이야기?

구술자 : 어. 최 씨 아저씨. 그 양반이 16mm 판권을 갖고 있었지.

면담자 : 광주에서요?

구술자 : 어.

면담자 : 언제부터 하셨던 분인지 혹시 아세요?

구술자 : 그 양반은 내가 로멘바리 모를 때부터 했지.

64 싸움을 붙어버린다는 말이다.

면담자 : 아, 그러면은 한 50년대부터 했다고 봐야……?

구술자 : 어. 그랬다고 봐야지. 변사 시절부터 했다고 봐야지.

면담자 : 아, 그때요? 그분이 했던 영화사 이름이 뭔지 혹시 기억나세요?

구술자 : 그 양반이 했던 영화사는 모르겄네. 최경준 씨가 한 영화사는 아는데.

면담자 : 누구요?

구술자 : 최경준 씨.

면담자 : 최경준 씨요?

구술자 : 어. 그 양반이 광주에서는 꽤 이름 있는 영화사였지.

면담자 : 어떤 영화사?

구술자 : 서울영화사라고…… 그 양반 필름은 비싸. 근디 영화가 좋아. 16mm인디 화면이 좋아. 그런디 최수일 씨는 개판이고. 좋고 나쁜 건 없이 막 거둬다 하는디. 〔웃음〕 서울영화사의 최경준 씨는 아조 좋은 것만 갖다 했었어. 좋은 것만.

면담자 : 예. 근데 그걸 어떻게 아세요, 좋은 건만 갖다 하신지?

구술자 : 어. 내가 알지 그걸.

면담자 : 어떻게요? 그때는…….

구술자 : 그때는 왜 그냐면 35mm를 하면서도 16mm가 빨리 나와요. 〈두 아들〉(조문진, 1970) 같은 것은 16mm가 빨리 나와. 그러면 그런 놈은 16mm 갖다 허는 거야. 내가 갖고 댕기면서.

면담자 : 그래도 선생님은 16mm를 하셨나요? 아까 35mm만 하셨다고?

구술자 : 어. 그것을 기계를 빌려주니까.

면담자 : 아 16mm 기계를 빌려서?

구술자 : 어. 빌려다가. 그때는요 학교마다 16mm가 싹[65] 있었어, 기계가. 그러면은 그때 내 이야기하잖아? 지국, 보급소 소장이면, 신문사

65 모두.

보급소장이면 그런 것 빌리는 거 암것도[66] 아니여. '며칠만 빌리자.' 그러면 빌리지, 학교에서. 그럼 그놈 갖고 순회하는 거여.

11. 35mm 국내산 조립 영사기

면담자 : 예. 그럼 16mm는 빌려다가 하시고, 35mm는 사셨던 거구요?

구술자 : 그렇지. 35mm는 내가 샀지. 그니까 나도 그때는 참 대담했어.

면담자 : 대담하셨다고요?

구술자 : 그렇지. 그런 걸 사서 허지. 그라믄 생각이나 허겄어? 못 사지.

면담자 : 그때 가격이 얼만지 혹시 기억나세요?

구술자 : 몰라.

면담자 : 대략적으로 지금 기억으로는 '비쌌다' 그 기억만 있으세요?

구술자 : 비쌌다는 건만 생각나. 딴 사람들은 손 못 대. 35mm 그 새 기겐디. 새 기계 조그만 놈을 딱 카본(carbon)만 없이 미싱[67]만 딱 만든 거야. 그래갖고 다마[68]로 딱 만들었어. 다마로 *** 원래는 35mm. 카본으로 켜야 되거든. 근디 이건 다마로 허게꼬롬 딱 만들었어.

면담자 : 근데 미싱이란 말이 무슨 말인가요?

구술자 : 딱 그 전체만. 기계 전체만.

면담자 : 그 필름 돌아가는 그 기계?

구술자 : 어. 기계만. 미싱만 딱. 뒤에다가 다마만 딱 끼게코롬[69] 했어.

면담자 : 그럼 일종의 조립한 거?

---

66 아무것도.

67 머신(machine).

68 전구.

69 끼울 수 있도록.

구술자 : 그렇지, 조립을 했제.

면담자 : 그게 국내산인가요?

구술자 : 국내산. 그게 목포에서 만들었어, 그 기계를.

면담자 : 목포에서 만든 공장이 있었단 얘기네요?

구술자 : 있었지, 그때는.

면담자 : 그럼, 거기 공장 이름이 기억나세요?

구술자 : 몰라.

면담자 : 그럼, 거기서 전문적으로 만들었단 이야기잖아요?

구술자 : 그 양반은 로뗀바리 기계를 만든 게 아니고, 극장을 웬만한 데는 그때 다 만들어 넣지.

면담자 : 누가 만드셨는데요?

구술자 : 모르지. 그 양반은, 누가 만들었는지는.

면담자 : 그럼 선생님은 어떤, 누굴 통해서 그걸 사가지고 오신 거예요? 직접 가서 사가지고 오신 거예요?

구술자 : 그렁께 김치현 씨는 그걸 목포서 직접 가져온 건 아닐 거야. 아니고. 다른 사람이 극장 기계를 사다가 넣고는, 외제 기계를 넣으면서 '그놈을 폐품 있지 않냐?' 생각이 되더라고.

면담자 : 폐품 한 거를 조립해서 만들어서?

구술자 : 그렇지.

면담자 : 그걸 사온 것을 선생님이 빌려왔다가, 이렇게 사신 거예요?

구술자 : 어.

면담자 : 아, 그런 식으로 하셨군요?

구술자 : 기계가, 새 기계가 참 고장 한번 없이 십 수 년간 참 잘했어요, 내가.

면담자 : 예. 그랬겠네요. 선생님 더 인기가 좋았겠네요?

구술자 : 아 좋았지. 화면 좋고, 기계 좋으니까 좋다 했지 사람들이. 그렇게 밥을 먹고 살았어, 그 시절에.

12. 순회 흥행업자에 대한 지역민의 평가

1) 순회 흥행 영화 상영업자에 대한 비하

면담자 : 예, 그러셨군요. 참 재미있는 이야기를 해주셨습니다. 그럼 한 가지 조금만 더 물어보고 싶은데요. 그 아까 남사당패 이야기를 해주셨는데, 그러면 그때 그 옛날에 우리나라 사람들도 전통적으로 놀이가 많이 부족하던 시절이잖아요? 그런데 그때 남사당패가 도대체 어떻게 사람들한테 인식이 되어 있었길래?

구술자 : 안 좋지.

면담자 : 왜요? 상놈이라고요? 단지 상놈이라고…….

구술자 : 쌍놈이다 보담도 옛날부터 무당이나 남사당패는 천대잖아. 상놈 대우받는 편이지. 그러면 나 같은 경우는 아주 양반집 아들이거든! 아주 우리 할아버지는 이 고창에서는 최고 재벌가였어.

면담자 : 아 할아버지께서요?

구술자 : 아, 엄청난 부자였지.

면담자 : 어떻게, 어느 정도 땅이 많이?

구술자 : 땅도 많고, 고창 노인당도 우리 할아버지가 지었고, 고창초등학교도 땅을 할아버지가 다 제공해준 거야. 근디 나는 그렇게 부잣집 아들인디 누가 망해부렀냐믄 우리 큰 아버지가 아편으로 싹 없애버린 거야. 그래가 우리가 우리 때 고생을 했지. 우리야 엄청난 부자였지, 우리 할아버지 때는.

면담자 : 예. 그럼 그때는 남사당하는 사람들을 굉장히 '사람'으로 안 봤겠네요?

구술자 : 사람 취급을 안 혀. 가면 '저 굿쟁이 간다, 굿쟁이 간다.' 근다니까. '저 영화 하는 사람 간다.'고 안 해. 〔웃음〕 '굿쟁이 간다, 굿쟁이 간다.' 그라지.

면담자 : 예. 그러면 그런 굿쟁이란 말 들었을 때 굉장히……?

구술자 : 안 좋지. 나는 참 양반집 손준데, 굿쟁이가 뭔 말이냐. 그래도 내가 그랬지. "개같이 벌어서 정승같이 쓴다." 내가 그 생각을 헌 거지.

2) 극장 '기도' 경험이 보증한 지역 사회 위상[70]

면담자 : 예. 그럼 지금 뒤돌아 생각해 보시면 그때 로뗀바리 하셨던 그때 어떤 느낌으로 남아 계세요?

구술자 : 후회는 안 해요. '참 즐거웠다. 세상을 소박허고 재미졌다.' 그러지. 근데 너무 청춘이 빨리 가버렸으니까, 그 생활을 허니까 청춘이 빨리 가버린 거야. 왜 그냐믄. 오늘 마치고 영화허고 나면 잠자고 나면 날 새 버리고. 날 새버리면 금방 세월이 흘러. 금방 가부러. 긍게 '너무 허무하다.' 해지지……. 재미는 있었어. 재미는 있었어.

면담자 : 어떤 구체적으로 딱 집으라면 그 재미가 어떤 재미인 것 같으십니까?

구술자 : 왜 그냐면 그때는 놈이 않는 것을 내가 허고 있잖아. 놈이 않는 것 잉. 그때만 해도 굿쟁이라 허면서도 내가 사장 소릴 듣고 사니까 보람은 있더라고. 왜 그냐믄 종업원들 7~8명씩 데리고 댕김써 그 주먹 과시함서. 그때만 해도 주먹을 과시허면 감히 촌에 가면은 그래도 내가 중앙극장 기도를 봤기 때무로[71] 안다 이 말이여. 그니까 함부로 나한테 못 혀.

면담자 : 잠깐만요. 테이프가 다 떨어져서 다시 잠깐 쉬고 할게요.

구술자 : 그려. 그럼 음료수 한 잔, 과일 하나 먹고 일허지 잉.

---

70 기도는 흥행장의 출입구를 의미하는 일본어 きど(木戸)를 칭한다. 하지만 한국어로 사용될 때 극장 관객의 출입을 통제하는 관리 종사자를 의미한다.

71 때문에.

〔테이프 교체〕

면담자 : 예. 녹음됩니다. 아깐 왜 그게 안됐는지. 그럼 계속해서 하겠습니다.

구술자 : 응.

면담자 : 아까 저기 말씀하셨던 거 계속 연이어서요. 지금 저렇게 생각했을 때 로뗀바리 하시면서 참 재미있고 의미 있는 일이셨단 얘기를……?

구술자 : 나는 로뗀바리는 후회는 안 해. 왜 그냐믄 그때 시절에서는 면 단위, 군 단위에서는 참 천하를 다스렸으니까. 왜 그냐믄 어디를 가도 괄세를 안 받았어. 사람들이 어린애들이 가면 '굿쟁이, 굿쟁이' 했어도 잉. 관공서를 찾아가도 어쨌든 주먹 건달이었으니깐. 근데 함부로 사람을 안했어. 나한테 그게 지금도 돌아가니깐 사람들한테 괄세는 안 받아요. 그때 당시야 극장 기도 볼 정도면 막강했으니까. 면 단위 군 단위에서 잉! 근데다가 촌에 가도 젊은 층 애들은 우리찌리[72] 애들은 나한테 함부로 못 했어. 무서워했어, 나를. 주먹 건달이니까. 긍께 내가 딱 기둥 막고 옆에 가만 섰어도 꿈적 못 해요. 근데 내가 딱 조금만 뒤돌아 가면 쌈이여.

면담자 : 그래요? 〔웃음〕

구술자 : 어. 그렇게 나는 그때 살아온 과정 후회도 안 해요. 왜 그러면 또 그러고. 어떻게 보면 '개같이 벌어서 정승같이 썼다.'고 봐야 돼. 왜 그냐믄 밤잠 못 자가면서 돌아댕김서, 영화를 해서 벌어갖고 내 새끼들 어쨌든 서울에다가 다 교육을 시켰으니까. 나야 내 인생에 보람은 했어. 할 짓은 다 했다고 봐. 긍게 후회는 안 해. 지금도 그런데 난 그래요. '그 고생을 했기 때문에 지금이라도 밥을 먹고 살지 않냐.' 그 생각을 해. 그렇게 후회는 안 해 지금도.

---

72 우리 또래의.

13. 문맹과 상영 기술 미발달에 따른 한국영화 선호

면담자 : 예 알겠습니다. 그러면 조금 더 물어보고 싶은 건요. 돌아다니셨던 지역에서 영화를 상영할 때 우리나라 영화 말고 서양 영화도 상영하신 적 있으시죠?

구술자 : 서양 영화는 한 번 했나? 그 기억도 안 나는데. 다 우리나라, 우리 영화였어.

면담자 : 왜 서양 영화는 안 배급하세요?

구술자 : 촌에서는 안 먹어준께.[73]

면담자 : 어떻게 안 먹어준 것 같아요?

구술자 : 왜 안 먹어주냐믄 그것은 외국말이 나오니까.

면담자 : 예. 밑에 자막이 들어가잖아요.

구술자 : 그것은 카본이 아니기 때무로, 카본이 다마로 하기 때문에 자막이 선명히 보이질 않어. 그리고 그 시절만 해도.

구술자의 아내 : 글씨를 아나? 〔인터뷰를 진행하는 동안 구술자 옆에서 듣고 있던 구술자의 아내가 한 마디 이야기하다.〕

구술자 : 자막이 모를 때. 글씨하고는 안 통할 때니까.

면담자 : 언제까지 자막을 보는 것을 잘 못 보시던가요?

구술자 : 전혀 뭐 시골은 아니었으니까.

면담자 : 그랬어요? 그때 그 젊은 친구들도 와서 영화를 봤을 건데 자막을 보기가……?

구술자 : 그때는 젊은 친구들이라고 해야 초등학교 나온 사람이 80%게. 중학교 나온 사람도 별로 없고. 그때는 못 배워. 배울래야 배울 수가 없어 먹고 살아야 하니까 우선. 그때는.

면담자 : 그럼 그때는 주로 뭘 해서 먹고 살던가요?

---

73 인기가 없었으니까.

구술자 : 농사짓고 나무하고 잉. 그런 것이제.

구술자의 아내 : 소 키우고, 돼지 키우고.

구술자 : 그때는 소도 집집마다 한 마리나 두 마리 이렇게 키울 때여. 많이 씩 키울 때가 아니여. 돼지도 한 마리 킬 때고.

면담자 : 그러면 그때 소나 돼지들은 주로 식용으로 가족들 드실려고 키우셨겠네요?

구술자 : 그게, 그게 그 집의 재산이여. 그 집에 재산. 그놈 갖고 쟁기질 하고 그놈 갖고…….

구술자의 아내 : 그거 팔아갖고 농비[74] 쓰고.

구술자 : 팔아갖고 농비 쓰고 그럴 땐게.

구술자의 아내 : 식용으론 아니였어.

14. 사양길의 로뗀바리와 학생 동원 반공 영화 상영

1) 경찰 인맥을 통한 학생 동원과 반공 영화 상영

면담자 : 그래서 인제 서양 영화가 별로 먹어주질 않아서 안 하신 거군요?

구술자 : 어. 안 먹어줘. 군 단위도 안 했어. 군 단위도.

면담자 : 그 아까 선생님 하시다가 '사양길로 접어드니까 학생들 동원해서 영화를 봤었다.'라고 하셨는데, 그게 꼭 사양길에 접어들어서만 동원을 하신 건가요?

구술자 : 그것은 아니고. 왜 그냐믄 그전에는 돈을 잘 버니까 그 생각 별로 안 했어요. 근데 영화를 하다 보니까 별로 벌이도 없고 그래서 '학생동원을 해야겠다.' 생각을 했지. 해갖고는 우리 앞집에 그때 정

---

74 농사비.

보과장, 보안과장이 사니까 정보과장한테 얘기를 했지. "과장님 어피차[75] 거시기 반공 영화를 학생들 좀 비춰줘야겠는데, 과장님이 협조를 좀 해주셔야겠습니다." 그랬더니 "어떻게 했음 쓰것냐?" 그려. 정보 산하에서 그때는 정보과면 최고잖아, 공무원들은?

면담자 : 정보과 산하요?

구술자 : 응. '산하에서 반공 영화를 순회한다.' 그 대신에 '반공 영화니까 그 대신에 학생들한테 얼마 요금을 규준해서 이렇게 좀 해도라.'[76] 그러면 교육청에서, 그때는 정보과장이면 교육청 같은 건 아무것도 아니여. 전화 한 통이면 끝나버려. 긍게 내가 실제로 앉아서 들었는데 정보과장님이 교육청에다가 전화를 하더라고. "교육장님." 그때 교육감이라고 했을 거여, 교육장이라고. "교육감님. 그 정보 영화, 반공 영화를." 그때는 반공이 상당히 컸잖아? "반공 영화를 학생들 비춰주면 어쩌것냐?"고. 그리고 "그 거시기 순회할 사람이 있으니까 얼마씩 배당을 해서 해주면 어쩌겠냐?"고 "주기적으로 했으면 어쩌겠냐?"고 그러니까 교육청에서도 교육감님이 환영하더라고. "아이 그러게 하면 좋제." 하고. 경찰관님 얘기한디 그거 반대하겄어? 못 하지! 그때 시절에만 하더라도. 그렇게 해서 학교서. 근디 위법이 아냐. 반공 영화. 그때는 반공이 제일이었으니까. 반공 영화를 한다고 교육청에서 학교로 공문을 싹 띄웠어. 띈게 인자 제목은 않고. 그러면 인자 학교를 모레 갈라면 오늘 선행자가 딱 가서 애기 혀. "오늘 이 학교서 영화를 하니까 다음에 며칠날 여그 들어오겄습니다." 그렇게 해. 그렇게 해서 인자 그때 돈으로 얼마씩 벌었던가? 몰라. 아무튼, 괜찮았어 그게.

면담자 : 그러면 한 번씩 학생 동원 영화 하면 몇 명 정도를 대상으로?

구술자 : 그때만 해도 학생이 흥덕 같은 데는 2천 몇 명 되었어.

---

75 어차피.

76 해주라.

면담자 : 한 학교에요?

구술자 : 어. 한 학교가.

면담자 : 아, 많았네요.

구술자 : 아, 많네. 무장 같은데도 2천 명 내외고, 신원 같은 데가 적은 데도 1,040명이었어.

면담자 : 면 단위였나요?

구술자 : 면 단위.

면담자 : 초등학교만 주로 하셨나요?

구술자 : 중학교도 했어.

구술자의 아내 : 초등학교도 했어.

구술자 : 중학교도 거의 고창군의 중학교도 거의 다 했지. 그러면 오전 중에 초등학교 싹 하고 중학교 오후에 하고 나오고 그랬지.

구술자의 아내 : 그때 5원인가 영화 보고 했나?

구술자 : 몰라. 10원인가 얼마씩…….

구술자의 아내 : 5원인가 했어. 우리 학교 다닐 때 영화 반공 영화 봤을 때.

구술자 : 5원인가. 그것도 그 벌이도 괜찮했었어.

구술자의 아내 : 학생들이야 좋았지. 낮에 한 시간인데.

2) 상영 공간의 안전사고 경험

면담자 : 그러면은 학생들을 대상으로 해서 반공 영화 중에 그 중에서도 인기가 있었던 반공 영화가 있었나요? 잘됐던 영화 기억나세요?

구술자 : 모르지. 모르는디. 하나는 내가 기억이 남는 것이 〈느티나무 언덕〉[77]이라는 반공 영화가 하나 있었어. 그게 완전 반공이여. 학생용으로 만들었더라고. 만들어서 나는 제일로 기억이 남는 것, 아슬

---

77 〈느티나무 있는 언덕〉(최훈, 1958)을 잘못 말한 것이다.

아슬하고도 기억이 남는 것은 그 영화를 중앙극장이 문을 닫히고 비어 있을 때여.

면담자 : 예, 고창 중앙극장 왜 문을 닫히고 비어 있었나요?

구술자 : 그때 그 사람이 망해부러갖고.

면담자 : 몇 년도에요?

구술자 : 오래됐어. 근데 그때가 몇 년도였나? 80년도나 됐나? 몇 년도였나? 모르겠네. 70년대 후반인가 80년. 그런데 거기서 그걸 반공 영화를 하는데. 할라고 극장은 비었는데. 옷이 시커매. 근데 거그를 빌렸어요. 근데 극장에서 난리가 난 거야.

면담자 : 왜요?

구술자 : '우리도 있는디, 어째서 이걸 나보다 하게 놔 두냐?' 이거야. 난리가 난 거야 극장에서.

면담자 : 극장에서 허가 받고 임대해서 하루 동안 튼 거 아니었어요?

구술자 : 아니지. 말하자면 즈그도 해야 하는디. 우리가 반공 영화를 해먹는다 이거지.

면담자 : 아, 자기들이 반공?

구술자 : 극장 하나가 고창극장[78]을 하고 있었어. 즈그도 해야 하는데. 내가 통 큰 짓거리를 했어. '왜 나보다 하냐?' 이거여 인자. 그래갖고는 그것이 시끄러웠제. 시끄럾는디 완전히 시끄럾는데. 극장이 폐쇄된 게 우에가[79] 스레트[80] 지붕인디 햇빛이 좀 새요. 거기를 올라가서 포장으로 막는 디 사람이 거기서 떨어져버린 거야, 극장 그 높은데서.

면담자 : 선생님이 준비하시는데요?

구술자 : 응, 그런디 운이 좋을라고 그놈이 떨어지면서 밑에 시렁[81]가에서

78 '성림극장'을 잘못 말한 것이다.

79 극장 지붕이.

80 스레이트(slate).

딱 걸린 거야. 나는 지금도 그 생각만 하면 아찔해.

면담자 : 다행이네요. 거기 무슨 뭐가 받혀진 게 뭐가?

구술자 : 받혀진 게 큰집 지면 딱 걸러개[82]가 있잖아? 거가 걸린 거야. 그래 갖고는 나는 지금도 아슬아슬해 그 생각만 하면. 거 죽어불었으면 어찌겄어? 엄청 골치 아프지. 그렇게 해서 〈느티나무 언덕〉 영화가 있는디. 완전 그거는 새총으로 간첩을 쏘는 거야 〔웃음〕 새총으로, 새 줄로. 그 영화를 하면서 내가 참 그것이……. 지금은 그게 안 먹혀들어가지. 그 시절이니깐 그때는 좋아서 박수치고 그러지.

면담자 : 반공 영화 보면서 박수치고 그랬어요?

구술자 : 아, 그러지. 학생들은.

면담자 : 소리도 지르고?

구술자 : 어. 아~ 하고 막 그러잖아.

3) 학교의 반공 영화 상영

면담자 : 그러면 학교에서 영화 상영하면 어디다가 영화를 상영하셨어요?

구술자 : 학교는 강당이 있어요.

면담자 : 강당에다가. 창문에다가 암막 쳐놓고?

구술자 : 그러니까. 그때 시절에는 암막이 없어요. 그러면 그 먼지 나는 우리 포장을 갖고 와서 암막을 쳤어. 지금은…….

면담자 : 아, 먼지 나는 포장이요?

구술자 : 어. 거 영화한 것인게 먼지가 오지기 나?! 그러면 교실을 인자 뜯고, 뜯고, 교실에 칸 막게 되었어. 강당 쓰고 칸 막 하면 그놈 뜯고 포장 치고 영화 하고 그랬어.

면담자 : 그러셨어요?

---

81 물건을 얹어 놓으려고 방이나 마루 벽에 건너지른 두 개의 나무.

82 걸치게끔 해놓은 것.

구술자 : 학생들 수(가) 많은 데는 두 번 하고, 적은 데는 한 번 하고 그랬지.

면담자 : 고생을 아주 많이 하셨네요?

구술자 : 아, 말로는 못 하지.

15. 편 가르며 영화를 관람한 마을 사람들

면담자 : 그러면 그때 선생님께서 그 영화를 학생들 말고 일반 마을을 찾아 가서 영화를 할 때, 그때 사람들도 영화를 보면서 소리 지르고 좋아하고 박수치고 그랬나요?

구술자 : 아, 그럼. 그런 거 많지. 그러고 그 시절에는 박수가 많이 나왔어.

면담자 : 왜 박수가 많이 나왔어요?

구술자 : 쌈 싸워서 이기는 사람. 내가 좋아하는 사람이 이기잖아? 그러면 말하자면 적군하고 아군하고 아군이 이기잖아. 그럼 박수치고, 또 내가 좋아하는 사람들이 나쁜 놈이 좋아하는 사람 때리고 그러잖아? 그러면 걍 거시기 하고. 그때는 그런 것이 많았지. 박수 같은 거 많이 쳤지.

16. 순회 흥행 영화 상영의 이모저모

1) 흥행 수입의 예측 불가능

면담자 : 예. 혹시 지금 기억 혹시 나시는 거 있습니까? 그때 하면서 정말 수입이 진짜 좋았던 영화, 하루 저녁 얼마 벌었는지 기억나세요?

구술자 : 일단은 내가 돈을 많이 벌었다고 보면 〈꼬마신랑〉 전후편하고, 〈두 아들〉하고 〈여로〉.

면담자 : 말씀하신 이유가 그 잘 벌었던 건가요?

구술자 : 어. 〈여로〉. 거기가 많이 번 거 같어. 〈장화홍련전〉 하고.

면담자 : 그러면 '이거는 잘될 거라 생각했는데 의외로 안 되버렸다.'라고 하는 영화들 있어요?

구술자 : 그런 것이 주로 뭣이냐면, 다 잊어버려서 그런디. 모르겄네. 일단 내가 비싸게 주고 갖고 와서 못 번 영화가 많았어.

면담자 : 기억나는 거 있으세요?

구술자 : 기억나는 거는, 그것이 뭐이더라만……. 모르겄네. 몇 작품 있는데. 잘 됐다 했는디도 그게 안 되어불더라고. 돈이 안 되어불더만 〈빨간 마후라〉(신상옥, 1964). 이거 비싸게 주고 갖다 했거든.

면담자 : 〈빨간 마후라〉요?

구술자 : 어. 비싸게 주고 갖다 했거든. 근디 이게 돈이 안 되드라고.

면담자 : 손님이 안 들었어요?

구술자 : 촌에는 그렇게 손님이 안 됐든가 봐.

면담자 : 다른 지역은 잘 된 지역이 많거든요.

구술자 : 어 많어. 근디 나는 그 재미를 못 봤어, 〈빨간 마후라〉를.

면담자 : 어. 재밌네요. 〈빨간 마후라〉 소문이 났을 건데요?

구술자 : 아, 그라니 비싸게 주고 가져왔지. 그런데 소문은 나만 소문이 났지. 관람객들은 소문이 안 난 거야. 〔웃음〕

면담자 : 그 말은 무슨 말일까요? 그니까 관객들한테 자기가 좋아하는 취향의 영화가 딱 정해져 있었단 이야기일까요?

구술자 : 그렁께. 그걸 모르겄어. 우리가 긍게 내가 기대가 너무 컸었던가. '아, 이 영화 갖고는 돈을 좀 벌겄다.' 했단 말야. 〈빨간 마후라〉 같은 건. 완전 히트친 거 아니여? '벌겄다' 했는디 아니야 그게. 아니더라고. 그래서 아, 그러고 〈꼬마신랑〉 같은 전후편이나 〈장화홍련전〉 같은 것은 그리 큰 기대를 안 한 영화거든. 프로 대도 그렇게 안 비싸게 샀고.

면담자 : 선생님은 그걸 왜 큰 기대를 안 하고 있었어요?

구술자 : 내가 볼 땐 그렇게 생각을 했어. 그런디 〈장화홍련전〉 같은 건 그냥 대히트 쳐버렸거든.

면담자 : 예.

구술자 : 그런 것은.

면담자 : 〈장화홍련전〉이 보니까 56년에 나왔다가 62년도에 〈대장화홍련전〉(정창화, 1962)이라고 또 영화가 나오더라구요?

구술자 : 그것이 그것일 때여.

면담자 : 예. 나와서 선생님께서 상영한 것이 〈대장화홍련전〉인가요?

구술자 : 〈대장화홍련전〉일 거여.

면담자 : 참 재밌네요. 그니까 이게 히트 칠 것인가, 흥행을, 예측을 못 했던 거군요?

구술자 : 예측을 못 하지. 긍게 참 웃긴 것이 그거야.

면담자 : 그러면은 흥행도 예측이 잘 안되고, 또 계절적인 요인 갑자기 비가 와 버리거나 아니면 추운 계절에는?

구술자 : 그것이 가장 치명타야, 말하자믄.

면담자 : 로텐바리의 치명타요?

구술자 : 비. 비. 말하자면 그게 눈물이야. 그게 눈물. 어. 왜 그냐면 포장 딱 쳐놓고 밥도 식구들 싹 밥 맥여놓고. '야, 가서 기도보고 거시기 해라.' 하고 딱 오면 비가 그때부터 우수수수 떨어진단 이 말이야.

면담자 : 부슬부슬 오면 그래도 대충 보지 않나요?

구술자 : 안 와. 그냥 오다가 안 와버리지, 먼디서[83] 오다가. 그러면 말이 그러지 얼마나 통곡허겄어? 그때만 해도. 그 시절인 게 그러지.

면담자 : 안타까운 일이었네요.

구술자 : 그럼. 저녁 내 리어카 끌고 날 새기 갈 때도 한두 번이 가니?[84] 날

---

83 먼 데서.

84 한두 번이겠어?

새기 할 때도.

면담자 : 날 샌 적이 여러 번 있었다는 거군요?

구술자 : 많지. 날 샌 적이 엄청나게 많지. 가면 먼동 트는데, 거 가면.

2) 필름 수급 방법과 양호한 기계 상태의 혜택

면담자 : 그럼 선생님은 '합동영화사'에서 영화를 빌려올 때 한 달에 한 번만 가셨어요? 아니면은 일주일에 몇 번씩 가셨어요?

구술자 : 아니. 글않치.[85] 4프로, 4프로를…….

면담자 : 한꺼번에 빌려와요?

구술자 : 한꺼번에 빌려와 버려.

면담자 : 그러면 한 달 치를 생각하고 빌려오는 거예요?

구술자 : 그렇지. 한 달 치를 생각하고 한 번에 싹 빌려. 그러면 '요것 얼마, 요것 얼마' 해갖고는 한 달 것 딱 기준해서 가령 4프로에 20만 원, 20만 원, 100만 원, 100만 원 주고 한 달 딱 빌려오고 그래.

면담자 : 그러면 나중에 다시 또 갖다주고?

구술자 : 어. 또 필름도 교차해서 얼마 주고 또 빌려오고.

면담자 : 그러면 대전에 합동영화사 김치현 씨는 필름을 받아서 다른 지역으로 넘기고?

구술자 : 또 다른데 주고.

면담자 : 어디 어디 지역을 다루시던가요? 전국군데 구체적으로 어딜?

구술자 : 그 사람은 대류[86] 없어요. 삼류극장도 넣고. 로떼바리도 주고. 근디 로떼바리 기계는 나같이 새 것 갖고 있는 사람은 없었제. 그런데 그 오치현 씨란 분도 아니 김치현 씨란 분도 무조건 나라고 하면 좋은 필름을 딱 넣어줘.

---

85 그렇지 않지.

86 대충.

면담자 : 어떤 신뢰로?

구술자 : 기계가 새 기계고 좋으니깐. '이 사람한테 가면 필름이 안 절단 난다.'는 것을 알어.

면담자 : 아, 기계가 새 거니까.

구술자 : 그러고 내가 꼼꼼하단 걸 알어.

면담자 : 꼼꼼한 성격이구나?

구술자 : 정확하지 우리야. 그런데 나를 무조건 믿어. 그런데 다른 데서 필름을 사갖고도 좋은 놈 있으면 나한테 연락 와. "어, 박군 필름 좋은 거 있응께 가져가." 연락을 한다고.

면담자 : 기계가 좋으니깐 딱 거기다가 운영도 잘하시니깐.

구술자 : 그렇지.

면담자 : 신뢰가 딱 쌓였구나?

구술자 : 음. 무조건 촌놈 말 들으면 "어이 박군은 어찌 오 사장이, 김 사장이 잘 헌대요?" 무조건 딴 디는 안 준다는 거여 필름을. 안 주는데, 나는 준다는 거야 그거를. 나를 준다고. 참 신통하다고 그래. 하여튼 그래 오 사장님 아니 "김 사장님 필름 나 이놈 나 주시오.", "그려, 가져가." 그래. 그런 게 고창극장 안 헌디[87] 놈을 내가 수두럭히[88] 하지. 많이 그랬지.

면담자 : 그럼 그때 필름 한 편당 몇 권짜리로 돼 있었나요?

구술자 : 보통 열 권.

면담자 : 열권이요? 한 권당 몇 분이었는데요?

구술자 : 그런 게 들이 없어.[89] 낡은 놈은 6분도 돌고, 좋은 놈은 10분도 돌고 그래. 보통 두 시간에서 한 시간 반 영화여. 두 시간에서.

---

87 상영 안 한.

88 수두룩하다.

89 정해진 것이 없다는 말이다.

3) 1960년대 후반까지 잔존한 16mm 로뗀바리

면담자 : 그러면 그때 영화를 선생님이 하실 때 전북하고 전남 일부를 하셨잖아요? 그러면은 그때 돌아다니시면서 혹시 그런 경험은 있으신가 궁금한데요. 다른 로뗀바리 팀들도 혹시 만나 보셨나요?

구술자 : 아, 많이 마주치지. 근디…….

면담자 : 어떻게요? 그 이야기 좀 자세히 해주세요.

구술자 : 어. 걔들은 우리한테 힘을 못 쓰지.

면담자 : 왜요?

구술자 : 나는 35mm고 그 사람들은 16mm야. 16mm로는 프로 차이부터 틀려. 프로 차이부터. 그리고 화면 자체가 달라. 화면이 크고 선명해. 사람도 크고. 그런게 우리야 그런게 우리는 딱 싸져 있잖아. 그렁게 '합동영화가 들어간다.'고 하면 16mm가 왔다(가)도 나가. 나가. 무조건 나가. 게임이 안 되지 우리하고는. 우리는 화면이 좋잖아. 그러고 말도 똑똑 떨어지고. 16mm는 '어걸걸'하거든, 말이.[90]

면담자 : 그럼 그때 16mm 로뗀바리 하셨던 분들이 60년대 후반에도 있었단 얘기예요?

구술자 : 있었지. 많았지. 나 있을 때도 많았어. 내가 35mm 헐 때도 아주 많았어. 많은께 요쪽으로는 못 들어와.

면담자 : 못 들어와요?

구술자 : 못 들어와. 들어오라 해도 안 들어와. 들어와 봤자 안 되니까 힘으로 못 해. 그러고 우리 것보다 그놈 보나? 못 보지. 전혀 못 보지.

면담자 : 그럼 선생님은 주로 면 단위 주로 큰 마을을 도셨던 거네요?

구술자 : 면 소재지하고 큰 마을 찾아가서도 하고. 그건 난중에야. 처음엔 안 했어. 왜 그냐믄 찾아가불면 그쪽 사람들이 안 와. '영화 또 들

---

90 음향 상태가 좋지 않았다는 말이다.

어오는디 뭐더러 가?' 안 나와. 그러기 때문에 난중에 흥행이 잘 안됨서부터 마을을 찾아가서 했었지. 처음에는 흥덕면이면 흥덕면 하나만 했어. 하나하고 다 하면 부안면 이렇게 나가서 했었지.

4) 지역별 흥행 차이

면담자 : 그러면 그때 하실 때 그 어디 면 소재지 가면 잘 되고, 어디 가면 잘 안 되고 그런 게 있었어요?

구술자 : 그런 게 있지.

면담자 : 어떤 경우에 그런 경우가 있었어요?

구술자 : 아니야 보면 주기적으로 보면 손님이 잘 드는 면이 있어.

면담자 : 예를 들면, 그 면의 특징은 무엇이던가요?

구술자 : 그건 모르겄는데. 보면은 상상 외로 잘 나오는 데가 있고, 안 나오는 데가 (있고). 그건 모르겄더라고, 그것은.

면담자 : 그니깐 선생님이 생각하셨을 때 좀 잘 살고 문명이 발달된 나라 아니 저기 면 단위가 더 잘 되던가요? 아니면 그런 게 없는 게 더 잘 되던가요?

구술자 : 없는 게 더 잘되지.

면담자 : 무슨 이유로 그러던가요?

구술자 : 그건 모르겠는디. 사람이 면 소재지 수준이 높은 데는 좀 적게 들어와.

면담자 : 적게 들어와요? 오, 그래요? 그러지 않은 데는 더 많이 들어오고요?

구술자 : 더 많이 들어오고. 구석진 데는 더 많이 들어와. 말하자면 그때는 버스 편이 드물었잖아. 긍게 많이 들어오고 그래.

면담자 : 구석진 데는 가면 보통 몇 달에 한 번씩 찾아갔었나요?

구술자 : 들이 없어요. 한 두 달 만에 가는 데도 있고, 석 달 만에 가는 데도 있고 그래.

면담자 : 아, 그러셨어요? 그러면 약간 못 사는, 문명이 뒤떨어진 데 그런 데는 사람들이 막 와서 다 현금으로 와서 보던가요?

구술자 : 그런 데는 전기도 안 들어가 있고. 이 전기 사업이 얼마 안 됐어 우리 한국 면 단위 다 들어온 지가.

면담자 : 그러면 거기서 사람들이 현금으로 와서 영화 보던가요?

구술자 : 현금. 그러고 없는 사람은 보리쌀도 갖고 오고, 통보리도 갖고 오고 그런 사람도 있고 그려. 통보리도 갖고 오고, 쌀은 갖고 온 사람 없고, 통보리하고 보리쌀하고 주로 그거 많이 갖고 오고. 애들은, 학생들은 계란 한 개나 두 개 갖고 와서. 그거 어떻게 안 넣어줘?!

면담자 : 날달걀이요? 생 거? 생계란?

구술자 : 생계란 갖고 와. 갖고 와서 〔손을 모으고〕 이러고 있어. 〔웃음〕

면담자 : 그럼 가라고 할 수도 없고? 〔웃음〕

구술자 : 그러면 기도는 또 내 눈치를 봐.

면담자 : '사장님 어떻게 하나?' 〔웃음〕

구술자 : 어. 그러면 내가 눈을 꿈적하면[91] '넣어줘라.' 하지. 꿈적하면 '넣어줘라.'고. 〔웃음〕 참, 그 시절이 소박했어. 사람들 순진했고. 참 순진했어, 그 시절 사람들은.

면담자 : 예. 그랬었군요. 재미난 일 많이 있었을 거란 생각이 듭니다.

구술자 : 그래.

면담자 : 예, 선생님 오늘 참 고마웠고요. 오늘은 여기까지만 하겠습니다.

구술자 : 또 올라고? 〔웃음〕 또 올라고?

면담자 : 제가 또 올게요. 〔웃음〕

구술자 : 오지마 인자. 〔웃음〕 뭔 좋은 것이라고 또 와? 나는 후회는 안 해!

---

91 깜박하면.

5) 로뗀바리 자영업 성공에 대한 자부심

면담자 : 그러면 오늘 마지막으로 로뗀바리 하신 거에 대한 총평 한 번 해주십시오. "후회는 안 해." 하셨잖아요.

구술자 : 어. 나는 내 아까도 얘기했지만은 나는 개같이 벌어서 정승같이 썼어. 남들이 보기에는 얼마나 천한 사업이야?! 굿쟁이 험서 잉. 그래도 그렇게 벌어서 내 자식들 초등학교부터 서울에가 싹 갈쳐다는 거, 얼마나 보람 있는 일이여! 나는 그렇께 그래 지금도. 지금도 '나는 개같이 벌어서 정승같이 썼다.' 그리고 나는 내 아들들한테도 떳떳하고. 나는 지금도 그래요, 로뗀바리 애기들 친구들이 "형님은 과거 참 좋았지!" 나는 후회는 안 한다. 그러고 내가 할 때는 다른 덴 몰라도 고창군 일대에서는 참 천하를 다스리다시피 했응께. 박형훈이 하면 이거 〔손을 치켜들며〕 그러니까 로뗀바리 가면 괄세를 안 받는 거야. 지서나 이런 데 가도 괄세를 못 해. 왜? '저놈 자식이 속아지 더라.'[92] 이렇게 하니깐. 그렇다고 해서 내가 누구 패서 징역 간 일 없고. 쇠고랑 찬 일도 없고. 사기 안 해먹고. 그래서 나는 개같이 벌어서 정승같이 살았으니까 후회는 안 해. 난 '참 즐거웠다.' 하지. 근디 너무 청춘이 허무히 보내 버린 거야. 허무히. 그것이 좀 아쉬울 뿐이지. 그래 난 '고맙다 해!' 항상.

92 성깔이 있다.

17. 관객의 영화 경험

1) 여성 관객의 영화 경험 : 섹슈얼리티(sexuality) 발현과 영화 구경이라는 모험

면담자 : 선생님 말씀하신 가운데 제가 미처 생각하지 못하고 물어봤어야 하는 건데 생각이 난 질문이 한두 가지 있는데요. 그때 영화를 보러 왔었던 여성 관객들에 대한 기억 있어요? 아까 연애사건, 아니 연애 사건이 아니라, 싸운다는 그런 말도, 여자들이 그때 왔을 때 어떻게 오는가, 그냥 오는가, 꽃단장하고 오는가 이런 이야기들, 여성 관객에 대한 특별한 거하구요. 또 하나는 어디 다른 지역 가서 로뗀바리 들으면 꼭 하시는 말씀이 이런 봄날에 보리밭에서 연애 사건 그 이야기 한 번 들려주시겠어요? 깜빡해버렸네요.

구술자 : 그래요. 그것이 참 쟁점인데.

면담자 : 네. 쟁점입니다.

구술자 : 왜 그냐믄 그때 당시는 머리를 자른 아가씨들이 별로 없어. 머리를 땋고 묶으고. 단발머리도 없었어요. 없는데. 거 얼굴 꽃단장했다는 거 밀가루 바르고 오는 거 보면.

면담자 : 밀가루 바르고 와요?

구술자 : 아니, 그런 식이야 보면.

면담자 : 분을 안 바르고요? 하얗게?

구술자 : 분인디. 그 밀가루 바른 거 같이 밀가루 바른 거 같이 볼르고 그냥 입술 잉. 〔구술자 잠깐 휴대폰 통화〕 그런데 분 바르고 많이 와요. 오면 갈 때 사고가 가장 많이 나.

면담자 : 갈 때요? 새벽에 가니까 사고가 나겠네요?

구술자 : 어. 보통 한 시, 두 시니깐. 가면 여기저기서 악쓰는 소리가 많이 들려. 처녀들이. 이제 당하는 거지.

면담자 : 아, 그래요?

구술자 : 아. 당하지 그때는. 그런 게 많애. 그런 것이 많고.

면담자 : 그럼 부모님들이 영화 보러 간다고 그러면 많이 말렸겠네요? 어디를…….

구술자 : 아, 모르지, 그런 것을.

면담자 : 아, 영화 보러 간단 말 안 해요?

구술자 : 아니, 그 당한 것을 애기하겄어? 부모들이. 사람들은 심리란 게 말리면 말린 쪽으로 더 많이 가는 거여. 영화 보러 가지 말라면 더 와. 보러 가라면 안 온디. 그런 게 그런 것이 많다고 봐야지, 그런게.

면담자 : 그건 좀 안 좋은 일이었네요, 그러면?

구술자 : 그런데, 그런 욕심으로 또 많이 오니까.

면담자 : 재미난 재미있었던 에피소드는 없었나요?

구술자 : 그런 특별나게 재밌는 것은 없었고. 일단은 영화를 해보면 크게 재미나는 것은 없어요. 근디 슬픈 것이 더 많애.

면담자 : 어떤 것이 슬펐어요?

구술자 : 우리 같은 경우는 나는 사장 입장이니까 비가 온다던가 벌이가 안 된다던가, 그리고 다음 장소, 걸어갈 때요, 막 자면서 걸어가요. 감서[93] 날 새니깐. 그런 것 보면 참 기가 막히제.

2) 순회 흥행 영화 관객과 영화팬

면담자 : 영화를 직접 상영하셨던 분에게는 비애가 되겠네요. 그럼 영화를 보러 오셨던 분들에게는……. 그 이야기는 생생하게 잘 모르시겠네요? (그러지) 근데 그분들 중에 어떤 마을에 가면 꼭 오는 사람들이 있어요? 영화를 하러 왔다 하면 '저 양반 또 왔네?' 이런 사람 있었습니까?

93 걸어가면서.

구술자 : 아, 많지. 보면 생색을 내요. 아가씨들을 한 7~8명씩 데리고 와갖고 "어, 나 또 왔어." 이렇게 허면 저 넣어주라는 식이여. 그러면 넣어주어야 해, 그놈은 서비스로.

면담자 : 꼭 와서 일종의 영화팬처럼 와서?

구술자 : 어, 팬처럼. 팬이여, 완전 팬이여. 아주 앞지르고 앞장설라고[94] 그러지.

면담자 : 그랬었군요. 그럼 아가씨들 와가지고 소리 지르고 나니까 동네 청년끼리 싸우고 이런 일이 벌어졌겠네요?

구술자 : 많지, 그런 것이. 그런 것이 가장 많았지. 내 아까는 안 할라 그랬는디, 물어본 게 그런디.

면담자 : 그런 얘기도 다 해줘야죠. 그때 풍경 연구인데요.

구술자 : 그런 것이 촌에서는 그렇게 안 하면 처녀 총각이 만날 기회가 없었어. 그렇게 해서 만나지고 그랬지.

면담자 : 예. 알겠습니다. 여기까지 수고하셨습니다.

구술자 : 어, 그래. 이제 그만 와. 〔웃음〕

---

94 나서려고.

전라북도에서 흥행한 로뗀바리,
전주시 장한필

전북 진안군 마령면에서 출생한 장한필이 처음으로 영화를 접한 것은 미 공보원(USIS)의 순회 영화였다. 초등학교 저학년 학생일 때 순업을 따라 흥행 업계에 입문했고, 1963년 자신의 영화사 '마이영화반'을 설립하고 전북 군 단위 지역 일대를 이동하면서 본격적인 흥행에 나섰다. 장한필은 호남의 주요 도시 광주가 아니라 대전의 영화사에서 필름을 빌려와서 영업했다. 당대 전국을 6대 권역으로 나눈 필름 간접 배급 체계에 따라서 호남 판권(版權)의 필름을 구매하는 것이 의무였다. 하지만 충남 지역에서 상영을 마친 필름을 빌렸다. 호남 일대의 극장 숫자가 충청도보다 많아서 상영 기간도 길었고, 그만큼 그에게 돌아오는 필름 상태는 좋지 않았기 때문이다.

1960년대 전국적으로 상설극장 숫자가 늘었지만 비도시 지역에서 순회 흥행을 하는 사람들은 여전히 많았다. 1970년대 초반 TV 드라마 〈여로〉의 인기는 영화 〈여로〉(김기, 1973)로 이어졌고, 반공 영화 〈증언〉(임권택, 1973)은 학생 동원 단체 상영의 주요 목록이었다. 통칭 가설극장으로 불린 장한필의 순업은 2000년대까지 이어졌다. 하지만 그것은 과거 비도시 지역에서 행해진 상설극장을 대신한 형태가 아니라, 전주국제영화제 행사 일환으로서 일시적인 비(非)극장 영화 상영이었다.

장한필은 순회 영화 상영 절차와 순서 그리고 영화 상영에 대한 비도시 지역민의 반응 및 일화 등 상영 현장의 이야기를 들려준다. 또한, 그는 비도시 상영에 필요한 지역 유력자들과 관계 형성의 중요성과 지역 단위에서 활동하는 연예인 및 순업 종사자들의 모임 장소에 관한 정보를 알려준다. 순업의 특성상 가정에 소홀할 수밖에 없었던 미안한 마음 역시 잊지 않고 덧붙인다. 참고로, 장한필의 구술은 과거의 사건에 관한 이야기를 마무리하기 이전에 다른 시간대의 사건을 언급하는 화법을 구사하였다. 그의 이야기 가운데 일부 시간 순서를 다른 사건과 병치하여 구술한 부분은 재구성하여 이해할 필요가 있다.

- **구술자**

  장한필(전라북도 일대 순업 흥행사)

- **면담자**

  위경혜

- **구술 주제**

  1960년대 이후 지역 순회 영화 상영 활동

- **구술 일시**

  2019년 7월 29일 13:10~14:48

- **구술 장소**

  롯데백화점 전주점 로비

- **구술 상세 목차**

  1. 어린 시절 순업에 대한 기억
     1) 최초의 영화 관람 기억
     2) 순업 일행을 쫓아다닌 어린 시절
  2. 개인 사업으로서 순업
     1) 1960년대 초반 독자적으로 시작한 순업 흥행과 영화의 인기
     2) 다수의 순업 흥행사
     3) 단체 동원 상영마저 힘들어진 순업 흥행
     4) 순업 구성원의 업무
  3. 2010년대까지 이어진 비(非)극장 영화 상영
     1) 현재까지 이어진 순업 생활: 행사장 영화 상영
     2) 2015년부터 중단된 야외 영화 상영
     3) 여전한 인기를 누리는 야외 영화 상영
  4. 비도시 지역 순업 인기 영화
     1) 옛날 영화에 대한 추억
     2) 순업 인기 영화
  5. '예술의 전당'에서 상연한 뮤지컬 〈누구를 위하여 종은 울리나〉 영사 작업

참여

6. 순업 시작 계기와 마이영화반
   1) 1960년대 초반 시작한 '마이영화반' 운영
   2) 1950년대 중반까지 잔존한 비도시 지역 변사(辯士) 공연
   3) 순업 시작 계기
7. 순업 영화 상영 현장의 이야기
   1) 순회 영화 상영 절차와 순서
   2) 비도시 순회 영화 상영에 대한 지역민의 반응과 에피소드
   3) 날씨 변화와 집회 일자 연기 신청
   4) 야간 통행금지와 필름 상태
   5) 일제 신형 영사기 구입
   6) 영화 구매 및 보관 그리고 폐기
   7) 35mm 영사기와 영화 상영
   8) 순업 영화 홍보
   9) '시네마스코프' 렌즈까지 갖춘 순회 영화 상영
8. 베트남전쟁 참전과 순업 활동
   1) 베트남전쟁 참전과 귀국 그리고 순업 재개
   2) TV의 영향력
   3) 〈증언〉(임권택, 1973)의 흥행 성공과 학생 동원 상영
   4) 지역 주요 기관에 뿌린 영화 초대권
   5) '굿쟁이'로 불린 시절
9. 호남 판권 구입과 대전 소재 영화사 필름 상영
   1) 필름 주요 거래처 대전의 영화사
   2) 여러 영화사로부터 빌려온 필름
   3) 직업으로서 순업의 고충과 늦은 결혼 그리고 가족에 대한 미안한 마음
   4) 황혼에 접어든 순업
   5) 한국전쟁 이후 상이군경의 순업 참여
   6) 순회 창극단과 만담가(漫談家)
10. 충무로 쑥다방

1) 연예인들이 모였던 충무로 쑥다방
2) 순업 소멸에 대한 아쉬움과 순업 종사 흥행사들
11. 호남의 흥행사들이 모인 광주의 선미제과소
1) 순업 흥행사들의 모임 장소, 광주의 선미제과소
2) 주요 거래처 대전의 영화 배급사와 관계
3) 영화 필름 배급 순서
12. 비도시 상설극장의 소멸과 순업의 흥행
13. 후회 없는 순업 생활과 가족에 대한 미안함
14. 2000년대 비(非)극장 영화 상영 경험

1. 어린 시절 순업에 대한 기억

1) 최초의 영화 관람 기억

면담자 : 오늘이 2019년 7월 29일이구요. 전주에 와서 장한필 선생님 만나 뵙고 있습니다.

구술자 : 그때 당시는 순회 영화는 무성영화도 있었고. 그때 그 칼라가 없었고 전부 흑백. 근데 가설극장 하는 사람들이, 전라북도도 한 사람이 했었어.

면담자 : 아, 한 사람만 하셨어요?

구술자 : 응. 한 사람. 나 하기 전에.

면담자 : 아, 선생님 하시기 전에요?

구술자 : 그렇지. 63년도 그 전에. 그래서 그 영화를 한 번, 영화를 좋아해 가지고. (예) 그때 당시에는 미국 공, 공, (공보) 공보관이라 그랬

어. 공보관. 그게 무료로 영화를 초등학교 연병장에서 봤어. 처음 본 거여.

면담자 : 어디 초등학교에서 보셨어요?

구술자 : 내 고향이 진안 마령 (아, 진안 마이요?) 마령, 진안군 마령면.

면담자 : 마령면이요? 그럼 마령국민학교에서 했어요?

구술자 : 그렇지. 국민학교 운동장에서 여름에 무료로 영화를 공보관에서 영화를.

면담자 : 그때가 몇 년도 정도 됐을까요?

구술자 : 그때가 53년도인가 2년, 2년도가 될 거여.

면담자 : 그러면 선생님께서 45년생이세요?

구술자 : OO년생.

면담자 : OO년생이요? 그럼 딱 10살 때 전쟁 끝나고 보셨네요?

구술자 : 그래 가지고…….

면담자 : 뭐 기억 남는 영화 있으세요? 〔웃음〕

구술자 : 그때 〈피아골〉(이강천, 1955)이라는 영화.

면담자 : 피아노요?

구술자 : 〈피아골〉.

면담자 : 아, 〈피아골〉요?

구술자 : 〈피아골〉 저 지리산 빨치산 뭐 이예춘이, 최은희 주연에 (맞아요) 그 영화를…….

면담자 : 그때 그 영화가?

2) 순업 일행을 쫓아다닌 어린 시절

구술자 : 그 기억이 지금도 나. 왜 그러냐면 그 영화를 그 후에 또 갖다가 내가 무료로 영화를 했어.

면담자 : 아, 몇 년 후에 하셨어요?

구술자 : 그때는 2,000……. 2,000년도가 보다. 2000년도?

면담자 : 아, 최근까지도 로뗀을 하신 거예요?

구술자 : 아, 이게 무료로 영화를. 내 이야기를 들어봐. 무료로 영화를, 그 후에 시작을 그렇게 영화를 좋아하게 돼가지고. 내가 사업을 완전히 한 거는 63년도에, 커 가지고.

면담자 : 그 전에는 누구 같이 이렇게 따라다녔어요?

구술자 : 같이 헌 것이 아니라 영화 뭐 따라댕겼지.

면담자 : 몇 살 때부터 어디서 따라다니셨어요?

구술자 : 그건 뭐 다 이야기, 뭐 할……. 〔웃음〕

면담자 : 아니 그런 이야기가…….

구술자 : 학교를 못 다녀버렸어 (그때는 많이 그랬죠.) 포장치고 이렇게 그냥 영화 관람하러 댕기다가……. 대전 합동영화사라고 순회 영화만 하는 데가 있더라고 (있어요) 전북 관련해서 한 분뿐이 없었어.

면담자 : 아, 그분이 이름이 생각 안 나는데요.

구술자 : 박, 백, 백춘기라고 했구요.

면담자 : 백춘기 선생님.

구술자 : 백춘기 씨. 그 사람 죽은 지 오래되지. 나이 많이 먹었어.

면담자 : 그러면?

구술자 : 그래, 나 하고 난 뒤에 얼마 안 있어서 그 사람은 집어치웠어. 수원으론가 어디로 이사 가고. 그래가지고 이제 대전서 영화를 따라다니다가…….

면담자 : 몇 살 때부터 따라댕기셨어요? 그땐 많이 그러셨으니까.

구술자 : 뭐 돈도 안 받고 밥만 먹고 (예, 그땐 다 그랬어요) 따라댕겼지 뭐.

면담자 : 그럼 학교…….

구술자 : 그러다가 여름 방학이 지내버리고. 아이 그냥 겨울 방학 되어버렸어. 그런 정도로 재미가 있어가지고 여그 저기 하다 보니까. 순회 영화를 하는데 돈 받고 그냥 그 사람들 포장치고 영화를 하는 데

따라댕겼다고.

면담자 : 그러면 그 마령면에서 영화 처음 경험하시고 그거 보고 따라다니셨던 거예요?

구술자 : 그렇지. 영화를 그래서 영화를 좋아해 가지고. 〔웃음〕

면담자 : 굉장히 좋아하셨네요?

구술자 : 그래서 히스토리가 그렇게 된 거여. 영화를 좋아해. 그런 게 팔자에 타고난 거지. 그래 이제 그때 대전서 그러고 댕기다가. 겨울 방학 때 눈발이 내리니까.

면담자 : 겨울에 많이 안 하시잖아요?

구술자 : 추우니까 겨울에 포장 쳐놓고 야외서 못 하니까 집에 갔다가 내년 봄에 오라고 하더라고.

면담자 : 그때 기분이 어떠셨어요?

구술자 : 아이, 막막하지. 따라가고 싶은 게 아니라. 돈 그때 돈 몇 백 원 주더라고. 몇 백 원이라도 그게 컸어.

면담자 : 그랬어요. 알아요. 압니다.

구술자 : 그래 가지고 집에를 왔지.

면담자 : 마령면에요?

구술자 : 고향을 왔지. 여름 방학 때 그랬는데, 겨울 방학 들어갈 무렵에 집에를 온 거여. 그래가지고 학생…….

면담자 : 집에서 난리 났을 것 같은데요?

구술자 : 그렇제. 그래가지고 학교 며칠 다니다가 방학을 맞았어, 겨울 방학을. 그래갖고 봄이 되었는데……. 내 역사 이야기를 허는 거여. 방송에도 여러 번 나왔었어.

면담자 : 아, 여기 전주 방송에서요?

구술자 : 그럼 아침 방송에도 나갔고. 〈6시 내고향〉도 나갔고 SBC 해남 거시기하고, 전라북도 저기 헌 거 저 방송국 나왔어.

면담자 : 혹시 선생님 그 신문 기사에도 나오지 않았어요?

구술자 : 그것도 나왔고. 농촌 저 신문에도 나왔고. 많이 나갔지.

면담자 : 제가 신문 기사 검색해 보겠습니다.

구술자 : 그래서 그 봄에 학교를 다니는데, 이 학교 선생님이 칠판에다 뭐 이렇게 적어도 머리에 하나도 안 들어가고. (그때가?) 날씨가 좋으면 바깥에만 자꾸 쳐다보니까 영화 하는 거 따라댕긴 거. 그때는 남녀공학이었는데. 뭐 그렇게 저러다 보니까 공부를 못 해 버린 거여. 그래 영 창피하기도 하고 시험 보면 그냥…….

면담자 : 그때는 어렸을 때 이야기죠? 다 어렸을 때.

구술자 : 챙피하기도 허고 그래갖고 도저히 학교를 못 다니겠더라고.

면담자 : 그때가 다시 집에 오니까 몇 학년으로 다시 학교를 다니셨던 거예요?

구술자 : 아, 그때 1학년에서 2학년에 올라갈 때.

면담자 : 2학년 올라갈 때요? 그러니까 과감히 때려치셨네요? 잘 하셨습니다. 〔웃음〕

구술자 : 그래갖고 봄에 그냥 또 아예 집에다가 이야기하고. 대전을…….

면담자 : 근데 집에서는 몇째셨어요? 몇째, 첫째셨어요? 아니면?

구술자 : 셋째.

면담자 : 아, 셋째.

구술자 : 6남맨데 내가 셋째.

면담자 : 그럼 걱정이 좀 덜하셨겠네요? 장남이 아니잖아요?! 〔웃음〕 다행스럽게도.

구술자 : 〔웃음〕 그래서 대전으로 도로 가가지고, 영화 그거 그렇게 댕기다가 '내가 이거 기계를 배워야겄다.' 그런 생각이 들어서. 그때 그냥 따라댕겼는데. 내가 영화 돌리는 기사.

면담자 : 예. 영사기사요.

구술자 : 영사기사 기술을 배워둬야 내가 앞으로 뭘 하지 (그렇죠) 영사기 그걸 조수로 처음에 따라댕기다가. 얻어맞기도 많이 얻어맞고. 〔웃

음〕

면담자 : 예전에는 그랬잖아요?!

2. 개인 사업으로서 순업

1) 1960년대 초반 독자적으로 시작한 순업 흥행과 영화의 인기

구술자 : 그걸 배워가지고. 그러고는 저 전라북도를 맨 처음에 온 거는 순창군을.

면담자 : 아, 순창군.

구술자 : 순회를 그때가 64년도. 4년도 봄에.

면담자 : 63년도에 선생님 사업을 딱 하고, 64년도 봄에 순창을 오셨던 거예요?

구술자 : 예. 그래가지고 거기도 하고. 그때부터 계속 내 사업을 한 거여. 전라북도를, 순회를.

면담자 : 그러면 그 필름들은 대전에 합동영화사에서?

구술자 : 아니지. 합동영화사에서도 하고 그때 당시에는. 지금은 개인이 그 영화사를 저기 해 가지고 필름을 사고 판권을 사서 팔기도 하고 그러잖아?! 근데 지금, 그때 당시에는 광주에 영화사가 많았어.

면담자 : 예, 많았습니다.

구술자 : 그 이월금 씨라고 여자가.

면담자 : 예. 근데 그분 일찍 돌아가셨어요.

구술자 : 예. 그리고 그 세광영화사도 있었고.

면담자 : 세광영화사요? 광주극장 그쪽에 영화사가 많이 있었다고 들었어요.

구술자 : 예. 영화사가 많았지, 그래 거기서 인자 판권이 광주에서 사갖고 있으니까. 대전 치를 갖다가 하덜 못 해, 정해 놔 가지고. 그래서

그냥 광주서 필름을 돈을 주고 세로 갖다가 순회를 한 거여. 전라북도 계속. 그때는 뭐 포장 쳐놓고 영화 하면 그냥 말하자면 사람들은 많이 나오는데, 돈이 없어서 영화를 못 보는 뭐.

면담자 : 그러면 예전에는 돈 말고 그냥 현물로 뭐 달걀……?

구술자 : 아니 그런 건 없고. 입장료를 받아. 표 바깥에서 팔고 그 다음부터는.

면담자 : 근데 돈이 너무 적었던 거예요?

구술자 : 돈이 적은 게 아니라 그만큼 어려웠었어, 64년도만 해도. (그렇죠, 압니다) 63년도 64년도만 돼도 시골에 돈들이 없어. (예, 압니다) 그러고 막 인자 공업화가 돼가지고 65년, 67년 뭐 이렇게 된게 서울로 다 올라가 버리고. 처녀 총각이 없더라고. 처녀들이 없으니까 총각들도 따라가고 없더라고. 그래갖고 영화가 안 되는 거여.

면담자 : 67년도부터요?

구술자 : 그 저 67년도, 70년대까지는 끄졌어,[1] 70년대 초까지. 그 영화가 안 되는 거여. 그래 학생들밖에.

면담자 : 단체관람?

구술자 : 그래서 반공 영화를 한 거여.

면담자 : 반공 영화요? 70년대 다 반공 영화였어요.

구술자 : 광주로 많이 나 댕겼어.

면담자 : 광주 가서도 하셨어요?

2) 다수의 순업 흥행사

구술자 : 예. 여기는 광주는 강천수 씨라고 금년 5월 며칠 날 10일 날인가 8일 날에 돌아가셨다고 그래. 그 양반이 불러서, 그 양반이 영화를 나중에 시작한 거지 늦게.

---

1 장사가 되었다는 말이다.

면담자 : 광주 그 장동……?

구술자 : 장동근 씨는 원래 극장에 있다가 우리보담도 겁나게 늦게 시작했고.

면담자 : 아, 예.

구술자 : 그 양반은 작년에 돌아가셨고 (예예) 그 윤영문이라고 그 사람도 영화 하는 사람인데 작년에 돌아가셨고. 그리고 강천수 씨가 나이를 제일 많이 잡샀는데. 영화는 제일 늦게 하고. 고향이 해남이여.

면담자 : 아, 그러세요?

구술자 : 근데 5월 달에 돌아가셨고. 영화 하는 최고의 오랫동안 호남 지방에서 제일 오래 한 사람이 나여.

면담자 : 그러시네요.

구술자 : 전라남도까지.

면담자 : 일찍 하셨고, 꽤 오래.

구술자 : 그렇지. 나이도 말하자면 강천수 씨가 제일 많이 먹고. 내가, 그 지금 저 고흥 이재수 씨도 뭐 나이가 나보다 한 살인가 더 먹었어. 근데 그이보다도 내가 더 영화를 일찍 시작했어.

면담자 : 예. 지금 대선배시죠, 그러면. 누가 일찍 한 게 중요하죠.

구술자 : 그 지금 순회 영화라면 나의 선배란 건 저 서울 김학주 씨라고 그 뿐이 없어.

면담자 : 아, 그분 생존해 계세요?

구술자 : 돌아가셨을 거야 아마. 뭐 전화 모다 서로 못 한게. 그래 영화를 이걸 놓지를 못 허고 계속 그 학교댕기면서 영화 하는 것도, 그게 돈을 받으니까. 〔웃음〕 300원 받을 때부터 했어, 학교 영화를. 초등학교 영화. 중학교는 요 400원 받고. 100원 더 받고. 그렇게 학교 영화를 하러댕기고. (근데) 그것도 못 한 거지, 안 되는 거여. 왜 안됐냐면 이 DVD가 나와가지고.

3) 단체 동원 상영마저 힘들어진 순업 흥행

면담자 : 테레비요?

구술자 : 텔레비전…… 그 거시기 뭐야 저 DVD 전에 테프로 하는 것 있잖아?

면담자 : VHS. 비디오 테이프.

구술자 : 비디오. 그거를 학교에다 다 설치를 한 거야.

면담자 : 아, 비디오가 80년대부터 많이 설치하기 시작했거든요.

구술자 : 그렇지. 그니까 뭐 비디오로 영화가 다 나오잖아, 그러니까 그거를 학교에서 (틀어버려) 틀어버려. 그러니까 그게 또 안돼. 이제 학교 반공 영화로 유지를 허고. 한 세 사람 댕겨야 하니까 기계를 내가 들지만 두 사람은 밥 멕이고 〔웃음〕 봉급 주고 해야 하니까.

4) 순업 구성원의 업무

면담자 : 제가 예전에 들었을 때는 이렇게 로뗀을 같이 가면 7~8명이 가셨더라고요.

구술자 : 그렇지, 그때는 뭐 따라다니는 사람들이 밥만 먹고 따라댕겼어.

면담자 : 포장 치는 사람, 미리 가서 이제 신고하는 사람.

구술자 : 그런 뭐 말목, 말목 박고.

면담자 : 영사기 돌리시는 분, 극장 표, 다 일곱 여덟 명이 가셨대요.

구술자 : 거기서 제일 적은 사람이 영사기 기사하고 그때는 사업부여.

면담자 : 제일 어떤 사람이요?

구술자 : 사업부. 사업을 보러댕기는. 가서 앞에 장소. 그래갖고 잡고 그 신고. 그때는 공연 설치 허가였어 (예, 맞아요) 지금은 신고만 허면 되지만.

면담자 : 그럼 그때는 공연 설치였기 때문에 무슨 뭐 읍사무소 가서 신고를 해야 됐죠?

구술자 : 군 공보실에서 했어, 그때는.

면담자 : 공보실, 아, 맞아요.

구술자 : 군 공보실에서 허고. 그 후에 70년대 중반 넘어서 면사무소로 이관이 돼가지고. 거기에서 신고를 허고 그랬지.

면담자 : 그럼 군 공보실 할 때는 그때 이제 신고를 하러 갈 때?

구술자 : 설치 허가.

면담자 : 허가. 허가 받으려면 영화 시나리오도 갖고 갔다는 말이 있던데요?

구술자 : 시나리오도 가지고 갔어야 되고. 공연자 그때 당시에 등록증이라고 있었어.

면담자 : 아, 공연단체 등록증?

구술자 : 공연자 등록증.

면담자 : 아, 공연자 등록증.

구술자 : 내가 허가를 내 가지고 그 등록증이 있어야만이. 그것이 (시나리오도?) 도지사, 문화, 그때만 해도 문화공보실이었어. 문화공보실에서 관리를 허고. 그 도지사 명의로 나가. 근데 그 후에는 90년댄가? 90년대인가 80년대인가 하여튼 문화관광부 장관으로 이관이 됐어. 그래갖고 내가 현재 갖고 있는 것이 문화공보부 장관이고. 지금 또 99년, 2019년에 도로 시, 말하자면 문화관광과로 이관이 되었다고.

3. 2010년대까지 이어진 비(非)극장 영화 상영

1) 현재까지 이어진 순업 생활 : 행사장 영화 상영

면담자 : 그럼 선생님께서는 몇 년도까지 로뗀을 하셨던 거예요?

구술자 : 지금도 허고 있제.

면담자 : 아, 지금도 요청이 오면 가시는 거예요?

구술자 : 지금도 차도 있고, 뭐 필름도 있고, 영사기도 있고. 프로젝터로 하기도 하고. 시방 새로 나온 거 디지탈 방식으로.

면담자 : 요즘은 어디 지역으로 다니세요?

구술자 : 이제 그 포장 쳐놓고도 안 되고. 전부 행사. (맞아요) 그 후에 내가 예를 들어서, 여기 그때 당시에 백화점 같은 데서도 행사도 하고 그랬어. 여그 백화점도 내가 옥상 그 영화 돌려주고 그랬는데, 무료로. 그리고 전주시에서 그 야외 영화, 삼천천이라고[2] 있그든. (예) 국제영화젠데. 2000년도부터 거그서 내가 영화를 (아, 하셨군요?) 한 7년 했나?!

면담자 : 아, 국제영화제 기간 동안에 영화 상영하신?

구술자 : 야외 영화를 내가 했어. 거기서 사람이 엄청 많아. 그래갖고 사람이 많으니까 또 요 앞에 저 진덕천이라고 여기서도 하고. 덕진공원. (예, 덕진공원에서 했어요) 거기서도 허고. 그래갖고 내가 다 해준 거여. 그러다가 갑자기 2010년도에까지 했는데 2011년도부터 영화를 안 하더라고, 야외 영화를. 관람객들이 엄청 많았는데. 왜? 관람객이 야외서 영화를 하면 지금도 많아. (좋았죠) 왜 많으냐면 그때 당시 그 가설극장 많이 본 분들이 뭐 80살, 70살, 60살 정도만 돼도 다 알아.

면담자 : 네, 추억이 있어요.

구술자 : 인기가 있어서. 추억이 있고 한데. 나이 먹으면 극장을 안 가잖아, 지금?!

면담자 : 그렇죠. 요즘은 사람들이 극장을 안 가죠.

구술자 : 야외 영화를 하면은 옛날 생각도 와 가지고 (많이 와요, 지금도) 많이 오고. 또 프로를 극장에서 여하튼 그 관람객이 많이 들고 좋은

2 전주시 완산구 삼천동의 천변을 말한다.

프로를 1년 개봉을 하면은 여름에 밖에는 못 하니까 그 프로를 다 저기 해가지고 하거든. 그니까 많이 보지. 그래갖고 가족적인 영화.

면담자 : 지금도 이 저기 강릉에 가면 정동진이라고 있잖아요? (응) 거기 초등학교에서 매년 8월 초에 정동진영화제 하거든요. 거기 밤에 이렇게 트럭 갖다놓고 영화 상영해요, 지금도.

구술자 : 근께 나도 (사람들이 진짜 많이 와요) 지금 영화 이거를 그래갖고 그거 하면서. 영화인협회 내가 회원이고. 전라북도 영화인협회가 있어. 10 그게 한 10년 했나?! 저 2015년도까지 했어, 야외 영화.

2) 2015년부터 중단된 야외 영화 상영

면담자 : 아, 그러셨어요?

구술자 : 디지탈 음향까지 다 설치해 가지고.

면담자 : 비용이 많이 드셨겠네요, 장비 구매하실 때?

구술자 : 그렇게 해가지고. 장비도 디지탈 음향으로 그 극장 기계 제대로 차에다 싣고 댕기는 사람은 나밖에 없어. 여그 삼천동도 그렇게 했고. 완전 디지털. 극장보다도 화면이 몇 배 크지. 15m 넓이에 8m 높이로 아시바 매는 데 200만 원 들어. 메고, 뜯고, 뜯어가고.

면담자 : 그러면 한 번씩 하려면 사람들 어떻게 동원을 하세요?

구술자 : 아시바는 건축 자재하는 사람들이 매야지, 딴 사람은 못 해. 거그도 세로 주고. 그 사람들이 메고 뜯어가고. 스크린도 그 사람들이 쳐주고. 그렇게 해서 영화를 내가 영화를 많이 했지. 전라북도 상대로 그랬는데…….

면담자 : 선생님?

구술자 : 그게 영화협회에서 계속 해야 헐 판인데, 그거라도 야외를. 근데 2015년도부터 시방 끊긴 거여. 시청에서 하는 것도 끊겨 버리고. 그것도 끊기고. 왜 그냐면 2015년도 영화인협회 지부장이 바뀌었어.

면담자 : 제가 찾아볼게요.

구술자 : 지금 현재 한 사람이 김…… 김 뭐라 그래? 그래갖고 한 3년 그 사람이 극장에 가서, 극장에 막 9개 관, 7개 관이 막 그러잖아?

면담자 : 그렇죠.

구술자 : 그니까 극장에 이렇게 노는 관이 있고 그러니까 개봉 프로는 쟤네들이 못 하고. 돈 많이 들고, 또 무료로 극장에서 개봉 프로 할 수도 없거든. 전부 재상영 프로. 그래서 영화를 하더라고. 그냥 내비뒀어. 그런께 행사를 야외에서 예총 10개 단체가 야외에서 1년에 5일씩 하거든. 그래갖고 무대를 국악, 뭐 무용, 연극, 음악, 다 하고. 영화는 따로 옆에다가 스크린 크게 아시바 쳐 갖고 기계는 차에서 돌리는 거여. 이렇게 행사를 잘 했는데 그러더라고. 놔 돠버려. 그래 이것저것 영화를 안 하고 있지.

면담자 : 그니까 저도 그런 상황이기 때문에 말씀 이렇게 채록을 해가지고 정리를 해서 뭔가 이슈화를 시키면, 여전히 그거 가설극장에서 영화를 보고 싶어 하는 사람들이 있거든요.

구술자 : 많지!

면담자 : 여전히 많아요. 젊은 세대들도 보고 싶어 해요.

구술자 : 지금 여기 여름에 방학 때 하여튼 포장, 그 저 스크린 크게 쳐놓고 야외에 영화 하면은 덥고 그러니까 밖에 나오고 영화도 보고. 애들 어른……. 이 가족적인 영화만 하면 엄청 많이 모여. 그 전에 나 여기 했을 때 막 2,000명, 3,000명 모였어.

면담자 : 요즘 젊은 사람들 극장은 안 가는데요. 가설극장 틀면 가요.

구술자 : 그러지. 그전에 그래서 가설극장이 그렇게 인기가 있으니까. 야외에서도 자동차 극장이 생겼거든. 그러니까 입장료를 받고 안에서. 근데 그것들이 안 돼 그것이.

면담자 : 예. 그건 반짝이었어요.

3) 여전한 인기를 누리는 야외 영화 상영

구술자 : 근데 지금 오로지 사람 많이 모이고, 거 배우들 웬만한 것들 가수들 와갖고 해야. 사람들 안 와. 영화는 프로가 자꾸 바꾸고. 그리고 진짜 예술 작품은 종합 예술 작품은 영화잖아?! 그러니 지금도 예를 들어서 예산 좀 거시기 해가지고 관에서 야외에서 영화를 하면 참 많이 관람객들도 대성공이여. 그러고 옛 것을 버릴 수 없는 것이. 전국적으로 그때 나 그렇게 처음에 시작했는데 전라북도가 한 10명 됐었고, 광주도 한 10명 되었고 그랬어. 포장 쳐놓고.

면담자 : 선생님, 그때 이야기를 좀 많이 해주십시오. 그니까는 어렸을 때니까 지금 생각하면은 '어유, 챙피해.' 생각하실 수도 있지만. 어찌됐건 그런 이야기들을 지금 사람들은 듣고 싶어 하거든요. 지금 있는 이야기들은 인터넷 하면 다 알아버리는데, 없는 이야기 듣고 싶은 거예요. 그때 선생님이 따라서 어디 어디 지역을 갔고, 그분들이 어디 가서 필름을 가져오고, 뭐 지금 생각하면 좀 부끄러운 이야기도, 지금 시간 너무 많이 지났잖아요?! 이야기를 좀 해주십시오. 그래야지 사람들이 '아, 그렇구나.' 그래서 이런 걸 정리를 해서. 저는 이제 호기심으로 정리하겠다는 게 아니구요. 정리를 해서 이슈화시키면, 요즘 야외에서 영화제 많이 하잖아요? 부산, 부산도 야외에서 상영을 하구요.

구술자 : 국제영화제 때 부산도 야외 영화 하고. 여그 전주국제영화제서 며칠씩 하는데. (전주에서도?) 천막을 완전히 쳐놓고 안에 쳐놓고 무료로 하는 게 아니라 입장료를 받드라고.

면담자 : 입장료를 받아요? (응) 전주영화제에서요?

구술자 : 전주국제영화제. 하고 있는데 그래.

면담자 : 포장을 쳐놓고?

구술자 : 완전히 우글거려. 그래서 나 나가보덜 안 해. 그전에는 무료로 하

더니 입장료를 받는다 그러대.

면담자 : 예전에는 영화제 막 시작 단계라서 사람들 많이 끌라고 돈 안 받았는데, 지금은 전주영화제가 좀 많이 전국적으로 안착이 됐어요.

구술자 : 지금 전주 전라북도만 해도 여성영화제다 또 독립영화제 뭐 이런 영화제 거시기를. 이게 그 솔직히 생각해서 국제영화제 야외 영화를 제대로 무료로 해서 영화를 우리 한국에서 옛날 영화. 영화 그 필름, 그전에는 보관하는 데가 있었어.

면담자 : 영상자료원요. (지금도 있을 거여) 지금도 있어요. 저 엊그저께 다녀왔어요.

구술자 : 내가 〈피아골〉을 거기서 갖다가.

면담자 : 아, 거기서 가져오셨어요?

구술자 : 거시기 있으면서 영화인협회에 있으면서 무료로. 그러고 그때 제작자 가족들한테 도장만 찍으면 다 무료로. 그래 가지고 갖다가 했고 그랬는데. 사실은 그런 옛날 우리 선조들이 저기 한 영화가 또 이런 것들 신 프로, 몇 프로 이렇게 하면서 섞여서 이렇게 해 가지고 하면 그런 행사를 해야 되는데.

〔전주국제영화제에 관한 생각을 이야기했으나 구술자의 요청으로 공개하지 않음〕

4. 비도시 지역 순업 인기 영화

1) 옛날 영화에 대한 추억

구술자 : 이 영화란 것은 지금, 옛날 영화 내용하고 지금 영화 내용은 물론 세대 차이지만 확실히 옛날 영화가 참 잘 만들었다고 나는 생각해.

면담자 : 예. 저도 거기 옛날 영화가 진짜 잘 만들었어요.

구술자 : 근데, *** **가 안 돼,

면담자 : 요즘 영화들은 기술만 좀 그러지 내용이나 이야기 구성이나 뭐 하다못해 배우 얼굴이나 옛날 영화가 최고예요. 진짜 그거예요. 60년대, 70년대 영화가 좋아요.

구술자 : 대본이라고 하지만 그 원래 시나리오 쓰는 사람이 작가들이 참 촬영도 거시기하게 했지만. 기가 맥히고 훌륭한 사람들이라고 봐, 나는 옛날 사람들이.

2) 순업 인기 영화

면담자 : 근데 선생님 60년대 전라북도 도실 때 (근데, 내가) 어떤 영화를 주로 갖고 갔어요? 어떤 영화를 가져가면 좀 되던가요?

구술자 : 영화 하도 많이 해가지고 〔웃음〕 유명한 영화.

면담자 : 그래도 어디 갈 때 요걸 꼭 갖고 가면 뭐가 좀 되더라?

구술자 : 아이, 그건 프로가 영화가 나오면 그때 당시에 1년 기한 뭐 그랬어 개봉 기한이. 극장 끝나고 나면 우리가. 그때 당시에 뭐 군 단위도 극장이 많이, 전라남도도 군 단위, 면 단위까지 극장이 다 있었어. (예, 있었어요. 기본 2개씩 있었어요) 그렇지. 극장 없는 데만 우리가 순회를 하니까. 극장 끝나고 나면 그 필름을 받으면 하는데. 우리는 극장에서 많이 관객이 들고 좋은 영화만 선택을 해서 그 영화를 갖다가 하는데. 필름을 하도 많이 쓰니까 그때는. 지금은 여러 개 떠가지고 이렇게 한 번에 하고. 그때는 필름 하나 가지고 전라남북도를 다 했을 거야 아마.

면담자 : 예전에는 필름 떨어지면 아세톤으로 붙였다고?

구술자 : 아니, 유리로 긁고 아세톤으로 이렇게, 그게 일이여 기사가 하는 게. 안 떨어지게 하려면.

면담자 : 선생님께서도 그걸 계속하셨겠네요?

구술자 : 응. 이빨이 여기가 막 금니가 백이고 그랬어. 그때 최고 내가 영화 히트 친 것은 〈언니의 일기〉(최인현, 1968), 〈피리불던 모녀고개〉(강찬우, 1962) 또 〈자주댕기〉(최인현, 1968), 〈미워도 다시 한 번〉(정소영, 1968).

면담자 : 〈미워도 다시 한 번〉 최고의 히트작이죠?

구술자 : 내가 '옥단춘전'[3]도 해봤고 사극영화. 〈악의 꽃〉(이용민, 1961), 〈강산에 꽃이 피면〉(강조원, 1968) 김희갑이, 지금 생각하면 뭐 그런 것들, 그때 나온 영화들.

면담자 : 〈강산에 노래 싣고 음악 싣고〉 그런 것도 하셨어요? (응?) '강산에 노래 싣고 음악 싣고'[4] 이런 거요?

구술자 : '강산에 노래 싣고'는 2편인가 3편인가 되고. 제1편!

면담자 : 제1편이요?

5. '예술의 전당'에서 상연한 뮤지컬 〈누구를 위하여 종은 울리나〉 영사 작업 참여

구술자 : 응. 처음에 나왔을 때 그 3편까진가 나왔을 거야 아마. 그런 영화를 많이. 비극을 그때 당시에는 좋아했어. 아가씨들이 많고 생활이 그러니까. 그런 면에서 영화 괜찮게 다 했지. 내가 최신 신상옥 감독 돌아가시기 전에 서울 '예술의전당'에서 〈누구를 위하여 종을 울리나〉 그 영화가 신상옥 감독이 이제 제작을 감독, 제작한 거야.[5] 그거

---

3 〈옥단춘〉(권명순, 1956)을 말한다.

4 〈강산에 노래싣고 웃음싣고〉(박희준, 1972)를 잘못 말한 것이다.

5 2002년도 작품 〈누구를 위하여 종은 울리나〉는 프로듀서 신상옥과 연출 김시우가 참여한 뮤지컬이다. 미국의 젊은 대학교수 로베르토 조던이 스페인 내란 도중 반 프랑코파의 게릴라 부대에 합류하여 다리 폭파 임무를 수행한 3일 동안의 이야기를 담고 있다.

를 이제 철로 같은 기차 철로 같은 거 폭파를 시키고 이런 건 연극으로 못 하잖아, 뮤지컬로? (그지요) 그때 당시에 그 필름을 그 장면씩만 녹음만 내 기계로 안 허고 그 음향으로. 음향으로 웅장하드만. 예술의 전당이 3층이더만 안에! 와, 엄청 말도 못 하게 커.

면담자 : 저도 거기 가서 몇 번 봤습니다.

구술자 : 거기다가 15일 날 내가 그 영화를 보내주고 내가.

면담자 : 영화를 보냈다고요?

구술자 : 그 장, 뮤지컬 배우들이.

면담자 : 예, 뮤지컬 할 때.

구술자 : 배우들이 이렇게 대화를 허다가 폭탄이 떨어지고 허면 영화 스크린으로 돼. 스크린 3번 나와.

면담자 : 아, 알겠어요. 한쪽에서는 무대 연극 하는데 한쪽에서는 스크린하는 거요? 요즘 그런 식으로 많이 해요.

구술자 : 연극 앞에 팍 엎드린 거야. 폭탄이 스크린에서 터지는 거여.

면담자 : 예예, 압니다. 그런 식으로 많이 해요

구술자 : 그 실감이 나지. 연극을 그거 시간을 내가 잘 맞춰야지. 잘 못 맞추면. 〔웃음〕

면담자 : 아, 그럼 그 폭탄 음향 녹음하는 거를 담당하셨다구요?

구술자 : 그렇지. 내가 영사기를 직접 돌렸다니까.

면담자 : 몇 년도에 하셨어요, 그때가?

구술자 : 그때가 2,000 한 5년도 될 거야. 신상옥 감독님 그러고 나서 2년인가 3년 있다 돌아가셨어.[6]

면담자 : 그러면 그때 그게 〈피아골〉이었어요, 제목이?

구술자 : 아니. 〈누구를 위하여 종을 울리는가〉.

면담자 : 아, 〈누구를 위하여 종을 울리는가〉?

---

6 영화감독 신상옥(1925~2006)을 말한다.

구술자 : 그 영화가 유명했어.

면담자 : 예, 네, 봤습니다. 굉장히 유명하잖아요.

구술자 : 그 영화를, 그거를 그, 배우들이 그 역할을 못 하는 저기만 스크린으로 이렇게 쏴주는 거여. (그렇죠, 그렇게 해야 되죠) 그 영화를 (그걸 연쇄극이라고) 3분도 쏘고 2분도 쏘고, 1분도 쏘고, 그런데 7만 원 입장료를 (비싸긴 하다, 뮤지컬이니까) 7만 원, 5만 원, 3만 원 하는데. 7만 원, 5만 원짜리는 매진이고 밑에 3만 원짜리는 좀 그래도 매진이 안 되는데 관람객들이 몇 천 명이여.

면담자 : 예, 사람들이요 돈을 기꺼이 주고 비싸게 주고 다 봐요, 좋은 자리에서.

구술자 : 저 뮤지컬 허고. 연극, 뮤지컬 하면서 영화 내가 그 쏴주고 그러는데. 영화 내가 그렇게 사람들 많이 넣고 영화를 해도 당황해 본 적이 없어. 근데 거그 가서는 진짜 〈누구를 위하여 종을 울리나〉 댕~ 댕~ 〔웃음〕 화면에다가 내가 그거 화면을 쏴주는데 가슴이 도곤, 도곤, 도곤.

면담자 : 근데 그 신상옥 감독님하고는 어떻게 인연이 돼서 그렇게 거기서 이렇게?

구술자 : 아 영화를 내가 오래 하니까 서울서도 아니까 등록이 되아 있고 그런께. 서울 사람들보고 하라고 그런께 서울 사람들이.

면담자 : 잘 몰라요?

구술자 : 안 한 거여. 왜 그냐면, 김학주 씨랑 이 때 그때 살았을 때 그 양반이. 그 한 서너 명 있을 때여. 근데, 내가 그만큼 유명했지. '그분이나 와야 해결한다.' 이래갖고 이놈들이 뒤로 다 자빠진 거여. 누가 돈 벌기 싫다는 사람이 누가 있을 거여? (그렇죠) 그래 내가 거그를 가서 그걸 하는데, 신상옥 감독이 딱 의자 놓고 내 옆에 가 앉아 있는 거여. 자기도 몇몇 그 장면 그 배우들이 한참 이렇게 하는데 그게 딱 맞춰서 나가야 하니까.

면담자 : 그렇죠. 맞아요.

구술자 : 그게 얼마나 어렵냐고! 그래가 내가 직접 하는데, 15일을 그래도 하루 두 번도 공연하고, 세 번도 공연하고 그랬어. 그래갖고 맞춰주고.

면담자 : 그때 선생님 한자, 한자가 장 자, 한 자, 필 자님이시잖아요?

구술자 : 응 그래.

면담자 : 한 자가 무슨 한 자였어요?

구술자 : 한나라 한 자.

면담자 : 아, 명함 저도 하나만 주십시오.

구술자 : 한나라 한. 내가 저 한문을 잘 안 쓰는디 한나라 한에 도울 필.

면담자 : 아, 한나라 한자에다가?

구술자 : 도울 필.

면담자 : 도울 필.

구술자 : 그래 또 몇 년 후에 인자 이장욱 감독이 포천서 포천 벨레 그 행사 하는 데, 거기 가서 또 7일간 영화 했지.

면담자 : 어 언제 가셨어요?

구술자 : 그거는 99년도. (아, 예에) 그게 내가 유명한 그래도 옛날 감독들 영화를 앉혀놓고 영화 하는 사람은 나밖에 없어.

면담자 : 여기, 시청각 교육, (영화, 왜 그러냐면) 영화 사서라고 하셨네요. (예예, 원래는) 사서. 이거 명칭은 직접 만드신 거예요? 도서관 사서처럼요?

6. 순업 시작 계기와 마이영화반

1) 1960년대 초반 시작한 '마이영화반' 운영

구술자 : 응. 그게 원래가 내가 고향이 마령이기 때문에 그때 등록증은 마이

영화반이라고 그렇게 했어요, 영화반.

면담자 : 아, 마이영화반.

구술자 : 응, 근데 (63년도에) 응. 그랬는데 그때 이제 처음에, 그때 63년도에 등록을 해가지고 헐 때. 그때 공연자 등록이었지. 근데 이 학교 영화를, 내가 인제 할라고 문화관광부로 이관됐을 때 명칭을 바꿨지.

면담자 : 몇 년도?

구술자 : 시청각, 시청각으로. 그때가 긍게 지금 내가 하도 오래 되어서 잘 모르겄는데. 그때가 아마 70, 70년대 좀 넘어가지고 바뀌었을 거여. 70년대, 거의 80년대인데. 거의 되었을 때인가?

면담자 : 그 64년도부터 뭐가 있냐면 우리나라에서 정식으로 영사기사 자격증 시험을 시작해요.

구술자 : 나는 자격증을 안 땄어. 왜 안 땄냐면.

면담자 : 16mm는 안 따도 돼요.

구술자 : 아이 왜 그냐면 그것 언제 그거 자격증 딸, 그런 생각 먹도 않고. 내가 그때 당시만 해도 내 사업 허는 건. 극장에다 그냥 극장 기사들이 봉급이 박했어.[7]

면담자 : 그때 그런 이야기 많이 들었어요.

구술자 : 그런데 가족들 밥도 못 먹여 살렸지. (맞아요) 내가 그래도 이것 해가지고 애들 다 갈치고 또 집이라도 장만허고. 순회 영화 오래 한 사람 (고생하셨겠네요.) 다 그렇게 고생했지만. 그래도 애들 갈치고 이렇게 꾸려 나왔지. 그 극장에서 기사들은 힘들어. 장동훈 씨는 기사로 하다가 나와갖고 순회 영화를 헌 거여. 근데, 그때 극장 봉급 박했어.

면담자 : 그랬어요. 이야기 들어보면 너무 박했더라고요.

구술자 : 너무 박해. 그런데 내가 뻔히 안디 내가 그걸 뭐 할라고 해. 그러

---

7 월급이 적었다는 말이다.

고 내 기계 내가 돌리니까 뭐 어디 가지고 기사 자격증 없다고 뭐 못 허게 하고 그런 건 없었어.

2) 1950년대 중반까지 잔존한 비도시 지역 변사(辯士) 공연

면담자 : 근데 예전에는 뭐가 있냐면, 혹시 선생님 53년도에 이렇게 영화 보셨을 때 그때도 변사가 있었어요?

구술자 : 김강천 씨라고 (김강천?) 강천. 그 사람이 저 원래가.

면담자 : 〈성벽을 뚫고〉[8] 감독 아니에요?

구술자 : 그 사람이 함양, 함양. (함양) 함양, 경남 함양이 고향이 아닌디. 하여튼 경남 함양서 돌아가셨어. (예) 그런데 그분이 그 변사하는 걸 내가 그 양반 영화 보러 와갖고 입만 바라봤어. 〔웃음〕

면담자 : 그분이 그, 감독이 아니라 변사 (어, 변사) 김강천요?

구술자 : 응. 김강천 씨라고. 그분이 변사로 내가 변사 만난 사람은 그 사람 뿐이여.

면담자 : 언제 적에 그 변사하신 걸 보셨어요?

구술자 : 그때 63년도인가 돼.

면담자 : 63년에도 변사를 하셨다고요? (예. 그때) 어디 군, 읍 단위에서 하신 거죠, 도시 말고?

구술자 : 일부러 그 변사를 그때 16mm인데 그때만 해도 녹음이 다 나왔었어.

면담자 : 아, 근데 소리가 너무 작지 않았어요?

구술자 : 아, 앰프로 통해서 다 했응께 가설극장을 해도 녹음으로 다 했어, 흑백영화도.

면담자 : 그때도 변사했다고요?

구술자 : 근데 이제 이건 일부러 변사를 한 거야, 행사 때. 대전 뭐 행사

---

8 〈성벽을 뚫고〉(한형모, 1949).

할 때.

면담자 : 몇 년도에? 그 최근의 일이겠네요?

구술자 : 그때가 63년도 초반이라니까.

면담자 : 그때도 대전에서 변사를 했었다구요?

구술자 : 긍게 그 행사 때 그걸 했다니까. (아, 그 행사에만?) 행사 때.

면담자 : 근데 이제 군 단위 돌아다닐 때는 굳이 변사 필요 없었겠네요? 다 음악 나왔으면?

구술자 : 그때 63년도만 해도 전부 다 변사는 없었제.

면담자 : 그렇지요. 그럼 50년대에는 어땠어요? 50년대 말까지 변사가 있었다는데…….

구술자 : 50년대 저 50, 55년 이전까지는 변사가 했어.

면담자 : 아, 55년 이전까지.

구술자 : 순회 영화는.

면담자 : 55년 정도에 〈춘향전〉이 흥행 대박이었죠.

구술자 : 그렇지. 순회 영화는. 극장에는 내 몰라. 그땐 극장에를 안 가봤으니까. 근데 순회 영화는 그때도 변사가 댕기고 허는 데가 많아.

면담자 : 50년대 중반에요?

구술자 : 52년 정도.

면담자 : 50년대 후반까지도 그랬다는 거 들어본 적 있는데요.

구술자 : 아니 긍게 하여튼 52년까지는 (52년이면 전쟁통인데요?) 그때까지는 변사가 영화를 순회 영화 한 것 같아. 내가 기억이 나. 그때만 해도 내가 철이 별로 안 들 때.

면담자 : 아니 어렸을, 그때는 10살 그 무렵이었을 것 같은데. 선생님 OO년생이니까.

구술자 : 그때도 한 열여섯 뭐.

면담자 : 선생님 OO년생이시면, (열여섯 지나 열일곱) 열여섯이면은 50년대 후반인데요?

구술자 : 그렇지. 긍게 하여튼 열여섯, 열일곱 그 정도 되었어.

면담자 : 아, 그때도 변사가 했었다구요?

구술자 : 응, 그때 변사했어. 순회 영화도 변사가 맡고.

면담자 : 예, 그런 이야기 많이 들었어요.

구술자 : 근데 대전 63년도에서는 대전 그 뭐 영화를 무료로 하더라고 (63년도에요?)

면담자 : 어디서요? 대전문화원에서 많이 했어요. 영화를 많이 상영을 했어요.

구술자 : 아니 저 야외에서 내가 봤는데. 거가 어디 공원이었는데 내가 잊어부써. 공원 (대전문화원, 대전문화원에서?) 공원, 공원 이렇게 (아, 대전공원에서요) 잔디밭에서 쪼깐히[9] 그 16mm 틀어놓고 변사를 하더라고. 〔웃음〕

3) 순업 시작 계기

면담자 : 대전에서 필름 가지러 갔다가 보신 거예요?

구술자 : 그때 대전영화사에서 필름을 많이 썼고, 충남까지 순회하려면 거기서 갖다가 쓰고.

면담자 : 근데 그 선생님 학교 갔다가 다시 이제 대전, 집에다가 말씀드리고, 대전을 와서.

구술자 : 그 뒤로부터는 학교 안 다니고 대전서 기술 완전히 배와 가지고 63년도에 내 사업을 했다 그랬잖아, 내가.

면담자 : 그러면 그 대전에서 합동영화사 찾아가서 '나 영화 좀 배울랍니다.' 그렇게 시작하신 거예요? (그랬지) 그러면 거기서 이제 뭐 이렇게, 뭐 영화반을 짜는 거기 같이 결합, 따라다니셨던 거예요?

구술자 : 그렇지. 그 반에 이렇게, 그 지방 사람들이 영화를 많이 불르고 그

9 자그마하게.

랬어 며칠씩. 그래갖고 순회 영화를 나가드만. (아, 지방 사람들 불러가지구요?) 거그 발전기 기사, 그때 전기 없으니까 발전기 기사, 또 포장 친 사람 한 사람 따라댕기고. 나는 그때 이제 포장 친 사람 따라 댕기다가 기사 조수로. 〔웃음〕

면담자 : 대부분 다 그렇게 배우셨어요, 그때는 다!

구술자 : 그래갖고 배우고. 그래서 따라댕기다가 63년도부터 완전 내 사업을 한 거지.

면담자 : 그럼 그때는 무슨 영화반이라고 있었어요? 이름이 (그랬지) 어떤 거를?

구술자 : 내가 말했잖아! 제일 마이영화반이라고. 〔웃음〕

7. 순업 영화 상영 현장의 이야기

1) 순회 영화 상영 절차와 순서

면담자 : 예. 그 마이영화반, 선생님이 처음에 만든 거 말고, 그 전에 따라다닐 때 그때 영화반 이름이 뭐였어요?

구술자 : 아, 뭐, 저, 시네마 영화반. 만일. 자꾸 이름이 다 틀리니까.

면담자 : 그러면 돌아다니는 건 주로?

구술자 : 광명영화반. 뭐 대우영화반 예를 들어.

면담자 : 읍 단위로 다니셨어요? 전국 읍 단위, 군 단위로 동네 돌아다니셨어요?

구술자 : 극장 없는 데는 다 갔지. 근데 극장이 거의 면 단위로 있다가 많이 없어졌어. 63년도 그때만 해도 군 단위도 없어진 데가 많았어. (예. 맞아요) 그래서 그런 데 가서 영화, 순회 영화를 해서 괜찮했는데.

면담자 : 순회 영화 가면 운동장에나 논밭에다 쳤잖아요?! (아니, 저…….)
어떻게 그걸 이야기를 좀 해주세요.

구술자 : 우시장, 주로.

면담자 : 그래도 거기에 신고해야 될 것 아니에요?

구술자 : 아니 그 우시장 사용료 주고 면에서…….

면담자 : 면 사무소에다요?

구술자 : 면장한테 얻어. 면장 명예로 우시장 같은 거.

면담자 : 면장한테 가서 승낙 받고?

구술자 : 그래갖고 장소 승낙서를 받아.

면담자 : 승낙서 받아요?

구술자 : 받아갖고 군 공보실에 가서 허가를 낸 거여, 설치 허가.

면담자 : 아, 순서가 먼저 사업부가 가서, 거기 이제…….

구술자 : 그니까 지역 장소부터 잡아야 해.

면담자 : 장소부터 잡고. 그러면 그거를 인제 허가를 받으려면?

구술자 : 장소부터 잡아가지고.

면담자 : 면사무소 가서 받고?

구술자 : 장소는 그 면장들, 면 땅 같으면 면장한테 받아야 하고, 개인 땅 같으면 개인한테.

면담자 : 받아요? 그것도 돈 줘야 되죠?

구술자 : 이제 개인 땅도 돈 줘야 하고. 시장도 사용료가 있어. 그거 줘야 하고.

면담자 : 그러면 허가서를 받고 그거를 공보실에 가 가지고?

구술자 : '이번 장소는 마령면 우시장에서 영화합니다.' 그러면 거기 다 써져 있지, 서류에.

면담자 : 공연 허가를 받아야 되죠?

구술자 : 그렇지. 설치 허가.

면담자 : 설치 허가. 그러면 거기를 갈 때 시나리오를 갖고 가고 공연자 등

록증 갖고 가서 허가받고? 그러면…….

구술자 : 그렇지, 서류가 여섯 장인가 들어가 〔웃음〕 (복잡했네요?) 그 동의서까지 받아야 혀.

면담자 : 무슨 동의서요?

구술자 : 지역 그 주변에 다른 분들이 시끄럽다고 허면 안 되니까, 동의서.

면담자 : 쉬운 일이 아니었네요?

구술자 : 그렇죠. 동의서가.

면담자 : 그러면 그때 경찰서에서도 임검이라고 나오지 않았어요?

구술자 : 임검 나오고 또.

면담자 : 거기다가도 허락받지 않아요?

구술자 : 그 서류까지. 긍게 공보실에서 받으면 경찰서까지는 안 가고. 지서가 있잖아? 지서라고 그래 그때는 〔웃음〕 파출소가 없었어. 시골에서는 지서지.

면담자 : 그럼 지서 가서.

구술자 : 나는 옛날 이야기를 하는 거야.

면담자 : 아, 지서 가서 또.

구술자 : 지서 가서 '이렇게 공연 신고했습니다. 이제 영화합니다.' 하고 집회 허가를.

면담자 : 집회 허가요?

구술자 : 구두로.

면담자 : 아, 구두로. 서류 안 하고요? (서류 없고) 집회 허가를 받는 거예요?

구술자 : 막 하여튼 지서 가서 이야기 하믄 그 구두로 하는 거고. 치안을 담당하는 거니까.

면담자 : 쉬운 일이 아니었네요. 그니까는 간단하게 하면 면사무소 가서 허락받고, 허락 확인증 들고 (그러니까 왜 그러냐면) 군 공보실 가서, 그다음에 저기 〔웃음〕 지서 가고.

2) 비도시 순회 영화 상영에 대한 지역민의 반응과 에피소드

구술자 : 그때 당시에는 이 영화가 들어가면 '풍기문란이다.'고. 〔웃음〕

면담자 : 왜 그런가 모르겠어요.

구술자 : 처녀 총각들 뭐, 뭐 (아, 그 보리밭 연애 사건이요? 많이 들었어요, 그 이야기는) 영화 들어가야 모다 모이고, 저녁에 모이고, 또 사진관에 사진도 가서 찍고 (사진요?) 그때 당시에는 면 단위 사진관들이 (드물었어요) 영화 들어가믄 영화 보러 나와갖고 사진들 찍고 그랬어요, 그때 당시에.

면담자 : 영화 보러 온 김에 사진도 찍었다고요?

구술자 : 그렇지. 집에서 모다 나오기가 힘들은 시대예요, 그때는.

면담자 : 예. 그렇죠.

구술자 : 그리고 영화 보러도 아가씨들이 나올라면 그 부락에 총각들하고 같이 해서(다 따라나와요) 따라오고. 또 표 끊어갖고도 수줍어서 제대로 들어가도 못 허고. 이 부락 저 부락 총각들이 '논두렁 깡패'라 그랬어.

면담자 : 예. 논두렁 깡패.

구술자 : 쌈질 허고 그래가지고.

면담자 : 해서 싸우고 그랬어요

구술자 : 그 이리저리 막 도망댕기고 뭣 허고 긍게 말하자면 지서에서 치안 거시기…….

면담자 : 진짜 지서 입장에서 풍기문란이네요?

구술자 : 풍기문란이라고 또 그러지. 또 치안 담당을 하기가 깔, 영화 하고 나서, 열 시나 또 불러 인자 지서에서.

면담자 : 뭐 때문에?

구술자 : 책임자…… 아니 영화 때문에 싸워 갖고 가보면 *** 밤에. 〔웃음〕

면담자 : 아니, 그럼 이렇게 '내가 뭔 죄냐.'고요? 〔웃음〕

구술자 : 그럼 그때 당시 뭐 담배, 백양 담배.

면담자 : 백양 담배요?

구술자 : 그때가 최고 고급 담배.

면담자 : 백양.

구술자 : 그 후에 신탄진.

면담자 : 청자 나오기 전인가요? (응?) 청자 나오기 전인가요?

구술자 : 그렇지. 신탄진. 그다음에 청자가 나와.

면담자 : 아, 백양, 신탄진, 청자.

구술자 : 그래갖고 그거 한 보루 사갖고 가서. 〔웃음〕

면담자 : 또 지서한테 가요? 〔웃음〕

구술자 : 찾아 갖다주고.

면담자 : 돈 많이 못 버셨겠네요? 돈 좀만 벌어도 이리저리 뜯겨가지고. 〔웃음〕

구술자 : 그래갖고 이제 다음에 또 거그 와야 하고. 그 사람들이 또 그 동네 도니까. 지서에 끝나고 가면서 돈 몇 푼씩 봉투를 하나씩 주고 가고 그랬어 우리가.

면담자 : 왜요? 시끄러우니까요? 시끄럽게 해서 미안하다?

구술자 : 그래야 다음에 집회 여 오면, 또 딴 데 가서도 만나고 그래. 그러면은 영화 또 그 사람들이 못 하게 하면 못 혀. 치안 담당을……. 못 헌다고. (그렇죠.) 그러니까 거시기를 위해서 그렇게 봉투를 주고 그러고 다녀.

3) 날씨 변화와 집회 일자 연기 신청

면담자 : 그러면은 한 마을에 갔을 때 며칠 밤을 하고?

구술자 : 3일.

면담자 : 3일 정도요? 한 번 할 때 두 프로 정도 하나요?

구술자 : 그때 허가를 3일밖에 안 내줬어.

면담자 : 아, 3일밖에?

구술자 : 비가 와서 못 헌다 그러면 연기 신청서를 내.

면담자 : 아, 며칠까지 연기할 수 있었어요?

구술자 : 3일 있으면 비가 3일 못 왔으면 3일 내주고, 이틀하고 하루 못 했으면 하루 연기해주고.

면담자 : 아, 근데 기본적으로 3일 동안만 영화 상영을 했어요?

구술자 : 그랬죠, 아니 그렇게 되어 있어요, 야외가. 그 후에 7일까지 할 수 있게 또 그렇게 법이 (바뀌었어요?) 개정이 되었고.

면담자 : 그게 언제 정도에 바뀌었대요? 7일까지 들어가는 게?

구술자 : 그건 한 70년대에 바뀐 거여.

면담자 : 그러면은 하루 저녁에 한 번만 상영했겠네요? 하루 저녁에 한 번 상영했겠네, 한 번 상영?

구술자 : 1회 상영?

면담자 : 예. 1회 상영. 그럼 두 프로 정도 상영하셨어요?

4) 야간 통행금지와 필름 상태

구술자 : 아니, 그때는 통행금지 시간도 있었고 그러니까.

면담자 : 그럼 저녁에 한 8시 정도나 그때 시작했어요?

구술자 : 여하튼 영화 11시 이전에 끝나야 돼, 늦어도.

면담자 : 그니까요. 통행금지 때문에.

구술자 : 응, 그러고 프로가 영화가 그전에는, 지금은 뭐 1시간 35분, 막 1시간 30분 했지만. 그때는 보통 두 시간이여.

면담자 : 영화가요? (영화가) 근데 로뗀까지 올 정도 되면 필름이 다…….

구술자 : 영화 자체가 한 프로가 두 시간.

면담자 : 근데, 로뗀까지 올 정도면 필름이 다 끊겨가지고 줄어들지 않았어요?

구술자 : 줄어졌지만은 줄여진 것도 있지만. 줄여져봤자 지가 10분 이상 더 안 줄어진께.

면담자 : 그래도 그때 이야기 들어보면 영사기 기계 자체가 안 좋아서 많이 찢어졌다고 하던데.

구술자 : 그게 (예예) 내가 아까 이야기하잖아! 극장에서 필름 하나 갖고 다 쓰고 난 놈을 우리가 갖다하니까. 필름이 콤마스라 그려.

면담자 : 콤마, 콤마.

구술자 : 콤마스. 근데 '인따'라고 그 기계 두 개가 끄집어내려 줘야 하는데. 그 콤마스가 찢어져 버리면 파르르 떨어져 버리는 거여.

면담자 : 필름이 찢어져 버려요. 다 떨어져 버려.

구술자 : 거그를 우리가 잘라서 콤마스 이렇게 맞춰서 아세톤으로 때운 거여, 유리로 긁어갖고. 그렇게 하는데. 비가 칼라 나왔, 흑백 나왔을 때도 이렇게 벨라[10] 흑백은 줄기가 있어서 볼 만한디. 칼라는 이게 꺾어지니까. 꺾어지니까 막 얼레팔레 막 허잖아?! 그것 보고 비 온다 그랬어.

면담자 : 비 온다 그랬어요.

구술자 : 그래 그렇게 영화를, 보통 우리는 그렇게 필름이 나쁘니까 어쩔 수가 없었어.

면담자 : 그 필름이 나쁜 게 아니라 영사기 자체가 안 좋았다고 하는데, 선생님은 어떻게 영사기를 구입하셨어요?

구술자 : 영사기가 오히려 순회 영화 기계가 더 좋았어.

5) 일제 신형 영사기 구입

면담자 : 선생님은 그럼 어떻게 그 영사기 구입하셨어요?

---

10 별로.

구술자 : 그게 뭐 저 일본서 들어온 영화기 (영사기) 순회 영사기가 들어왔어. 신쪼, 도끼와 (아, 도끼와) 영사기 이름이. 일본말이지 뭐 (예, 맞아요) 우리 한국에도 들어왔는데, 순회 영화 새것 들어오니까 새것 산 거여.

면담자 : 그러면 선생님 어디 가서 사셨어요? 청계천 가서 사셨어요?

구술자 : 아니 구입, 저기 뭐야 수입 상사 서울.

면담자 : 어디에 있는 수입 상사요?

구술자 : 응. 서울서 수입을 그렇게 헌 디에서 그걸 산 거여.

면담자 : 그러면은 영사기가 되게 좋았겠네요? 일본에서 들어오니까?

구술자 : 그렇지. 좋았지 (근데, 비싼 건데요?) 필름이 나빠서 (필름이 나빠서) 그래서 떨어지고 그랬제. 영사기는 극장 것보다 더 좋았지. 극장에는 원체 오래 썼지만 우리는 새 거 사가지고 얼마 안 쓰고 갖고 다녔…….

면담자 : 그러면 선생님 그 순회 다닐 때 영사기는 한 대 갖고 다니셨어요? 두 대 갖고 다니셨어요?

구술자 : 한 대. (한 대요?) 그러다가 내가 저, 나를 중국다가 포타블 영사기 맨드는 일본 사람들이 공장을 구매했어. (어디서요?) 2000년도에 중국다가 (아, 예) 하얼빈 (예, 하얼빈. 알아요) 그래 거그 가서 내가 기계 두 대 사다가 쓰다가 팔았지.

면담자 : 그럼 선생님 64년도, 63년도에 선생님 사업 시작할 때 그때는 일본서 사가지고 온 거예요? 수입된 거요?

구술자 : 여그 서울서 샀지 (서울서 사셨어요?) 수입 상사.

면담자 : 그러면 돈 많이 드셨겠네요, 그 큰 돈이었을 텐데?

구술자 : 그때, 지금 돈으로 하면 한, 한, 700? 700 정도.

면담자 : 적은 돈은 아니네요, 적어도.

구술자 : 순회 영사기.

면담자 : 그러면 그때 그 필름이 안 좋으면, 순회 끝나고 나면 그 필름이 어

디로 갔었, 어디로 보냈어요? 다시 영화사로 바로 갔어요?

구술자 : 아, 우리도 일단 쓰고 영화사로 반납을 해야지.

면담자 : 아 그래요? 어떤 경우에는.

6) 영화 구매 및 보관 그리고 폐기

구술자 : 내가 직접 산 것은 영화사에서 내가 사기도 많이 샀었어. 산 것은 내가 저 처분을 허고, 다 쓰고.

면담자 : 어떻게 처분, 버리셨어요?

구술자 : 나는 한 300, 360개인가를 (허, 360개) 뭐 영화 다 잘 되고 해가지고. 이 단독 주택에서 살다가 아파트 2000년도에 오면서 (예예) 저 극장 CGV 극장 기사가 세로 사는 그 옥상 (예예) 거기다가 쟁여놨다가 그냥 전부 폐기 처분시켜. 그게 한 데가 놓으니까 다 버려. (예. 필름 버리죠) 다 버려. 그런게 버린 지가 얼마 안 되지. 2005년도까지 갖고 있었어.

면담자 : 아, 그거 영상자료원에다가 기증했으면 좋았을 텐데요. 아쉽네요.

구술자 : 그때만 해도 영상자료원에 그게 들어가도 못해, 다 그게. 왜 그냐면 거그도 다 있어, 내가 갖고 있는 영화.

면담자 : 아니요, 없는 것 많아요. 막 지금도 필름 발굴하고 찾고다니고 있어요, 지금.

구술자 : 나는 그때 360개를 그냥 전부 다.

7) 35mm 영사기와 영화 상영

면담자 : 그런데 선생님 63년도에 하실 때 그때는 16mm 하셨어요, 35mm 하셨어요?

구술자 : 16mm.

면담자 : 아, 16mm를 하셨군요?

구술자 : 그러다가 64년도, 16mm를 나 1년밖에 안 썼어. 64년도부터 (35mm 하셨어요?) 35mm 기계. 미꾸미 4호라고 (아, 미꾸미요?) 예.

면담자 : 그러면 그때 16mm 할 때도 그…… 앰프를 갖다놓고 소리를 확장시켜서 했어요?

구술자 : 그렇지. 이 녹음 그 중폭이라 그래 그것보고 중폭시킨다고.

면담자 : 예 증폭, 앰프, 앰프.

구술자 : 극장에 영사기가 이렇게 돌아가면 그 (필름에다가) 소리가 이렇게 녹음기마냥 소리가 쪼만하게 나잖아?!

면담자 : 예, 그래요 16mm는.

구술자 : 그걸 이렇게 꼽아가지고 앰프에다 꼽아서 중폭시켜 갖고 앰프 볼륨을 올리면 크게 나가는 거지 (그렇지요) 그런 식으로 16mm 기계 이게 요만한 게 앰프가 달려 있어 (예, 있어요) 그럼 실내에서는 그냥 그놈으로 들을만 혀 (들어봤어요.) 그놈에다가 이제 중폭시켜 갖고 막 크게 앰프 이거 내가 중폭시킨 앰프가 1km (멀리도 갔네요) 뭐 300, 600 막 이런 놈들 다 해 놓으면 소리 엄청 크지.

8) 순업 영화 홍보

면담자 : 그럼 선생님 가서 이제 마을에 딱 가가지고 우시장에서 한다 그러면 홍보는 어떻게 하셨어요?

구술자 : 홍보, 자전차에다가 DC 앰프라고 그걸 요맨한 DC 건전지 납작한 거 그런 거 해서.

면담자 : 자전차에다가요?

구술자 : 12V가 되어. 그것 갖고 마이크 이렇게 싣고 마이크에다가 놓고 말하고. 포스타가 없어가지고.

면담자 : 그때 영화사에서 포스터 안 줬어요?

구술자 : 포스터가 한두 장씩 거시기하면, 앞에 기도 앞이라 그래. 포장에 이렇게 붙여줘. 그거나 하고. 그러면 백노지에 전부 썼어.[11] (아, 썼어요?) 물감으로 해가지고 (예, 맞아요) 초록색하고…….

면담자 : 그때는 다들 재능이 많으셨어요.

구술자 : 나도 이 붓글씨로 많이 썼어.

면담자 : 그때 재능이 참 다들 다재다능하셨어요.

9) '시네마스코프' 렌즈까지 갖춘 순회 영화 상영

구술자 : '총천연색 35mm 시네마스코프'. 시네마스코프 소리가 꼭 다 들어가.[12]

면담자 : 시네마스코프가 〈춘향전〉……?

구술자 : 이렇게 네모 반듯 평면으로 영화 이렇게 나왔었는데. 시네마로 나온 지가 얼마 안 되었어. 옆으로 퍼지는.

면담자 : 35mm 이후부터 한 거죠?

구술자 : 그 35mm는 옛날에 이렇게 평면으로 많이 나왔어. 그리고 시네마를 (시네마스코프) 시네마 렌즈가 따로 나왔고.

면담자 : 아, 그러면 그걸 따로 구입하셨어요?

구술자 : 지금도 따로. 그럼 다 있지. 지금도 렌즈 같은 거 다 있어.

---

11 백노지는 '하얀 갱지'를 지칭하는 전라도 지역어이다.

12 시네마스코프(cinemascope) 화면은 가로 세로의 비율이 2.35:1로 표준 규격인 1.33:1과 비교해 가로의 길이가 훨씬 길다. 1950년대 닥친 할리우드의 영화 산업의 위기를 돌파하기 위하여 도입된 와이드 스크린(wide screen)을 말한다.

8. 베트남전쟁 참전과 순업 활동

1) 베트남전쟁 참전과 귀국 그리고 순업 재개

면담자 : 근데 선생님 그 궁금한 건요. 선생님이 어떻게 보면 10년 동안 따라댕기다가 10년 만에 자기 사업을 하셨잖아요? 그 돈을 다 어떻게 모으셨어요? 고생 많이 물론 하셨겠지만. 좀 궁금해요. 그때는 어찌됐건 그 로뗀 일이 인기가 있던 때니까요.

구술자 : 〔웃음〕 내가 월남 파월 청룡 1기생이야. (허, 몰라뵈었네요) 65년도 10월 3일 날 (60 몇 년도요?) 65년도 10월 3일 날. (10월 3일 날) 부산 부두에서 그냥 월남 파월이 됐는데. 그때 이 나중에 온 사람들이 지원해서 온 사람들이 많고 그랬는데. 우리는……. 내가 도장은 찍어줬지만, 지명 차출(差出)했었어. 형제 간 많고, 군대 생활 그때 7개월 했을 때니까.

면담자 : 그럼 선생님 그때 군대 가셨다가 가시게 된 거예요?

구술자 : 그렇지.

면담자 : 군대를 늦게 가셨네요, 그러면?

구술자 : 응. 파월 돼가지고 죽을 고비도 내가 3번이나 넘기구 그래갖고 살아. 1기생들 고생 많이 했어.

면담자 : 그럼 몇 년 계셨어요, 월남에서?

구술자 : 15개월. (15개월이요?) 귀국해가지고 제대해가지고 그러고 뭐 내가 다 하던 건 게 영화 했지, 계속.

면담자 : 돌아오셔서 하셨군요?

구술자 : 그렇죠. 내가 다 장만했는데.

면담자 : 근데 어떻게 선생님 65년도면 선생님 OO년생, 22살 넘어가지고 군대 갔는데, 그전까지 군대에서 징집, 영장 안 나왔었어요? 어떻게 그렇게 피해 다니셨어요? 〔웃음〕

구술자 : 피해댕겼지. 〔웃음〕

면담자 : 어떻게 피해댕기셨어요? 〔웃음〕 요즘은 얄짤없는데.[13] 근데 그때는 보면 군대 많이 늦게 가셨어요, 이야기 들어보면.

구술자 : 많이 갔어, 그때 (늦게 가셨더라구요.) 잽히면 군대만 가면 되었어. 뭐 영창 가고 그런 거 없이. 내가 월남 갔다 와갖고는 집에 오니까 내가 돈 부친 것을 다 놔뒀더라고. 그때부터 돈을 투자를 해서 기계도 좋은 것 사고 (아, 그러셨군요?) 더 사고. 영화를 잘 허고 댕겼지. 프로도 좋은 거 뭐 그냥 이렇게 막 사가지고.

면담자 : 좋은 거라고 하는 것의 기준은 극장에서 (극장에서) 흥행된 것?

구술자 : 그렇지. 어쨌든 극장에서 개봉하고 나야 된께. 그런데 그때만 해도 나 갔다 올 때만 해도 67년도, 68년도 이럴 땐 극장이 다 없어졌어, 군 단위.

면담자 : 그때까지는 좀 있었어요, 극장이.

구술자 : 아니 긍께 군 단위 극장이 거의 다 없어졌어.

면담자 : 예. 지금은 없어졌어요, 지금은.

2) TV의 영향력

구술자 : 그때까지. 그래갖고 그 지역이 몇 년 잘 해 먹었어. 그러다가 거시기 요런 것 텔레비전 때문에 베려버렸지.[14]

면담자 : 테레비 72년도에 〈여로〉[15] 때문에 베리지 않았어요?[16]

구술자 : 〈여로〉 때문에 보담도 여로 끝나야 영화를 보러 나왔어.

면담자 : 근데 〈여로〉 때문에라도 나중에 〈여로〉 끝나고 영화로 만들어졌

13 '얄짤없는데'는 남의 일이나 사정 등을 전혀 고려하지 않는다는 뜻의 신조어이다.

14 장사가 어렵게 되었다는 말이다.

15 드라마 〈여로〉는 1972년 4월 3일부터 1972년 12월 29일까지 한국방송공사가 제작한 211부작이다.

16 흥행을 못 했냐고 묻는 말이다.

어요.

구술자: 그 대신 또 〈여로〉(김기, 1973) 갖고 돈을 그만큼 벌었어.

면담자: 벌었어요. 예, 벌었어요.

구술자: 〈여로〉 하여튼 그거 한 시간이나 돌아갔어, 우리 게 왔을 때.[17] (그 때?) 어떻게 영화, 영화가 잘 되었는지.

면담자: 맞아요. 그때는 극장에서도 〈여로〉 테레비 드라마 끝나야지 영화 보러 왔답니다.

3) 〈증언〉(임권택, 1973)의 흥행 성공과 학생 동원 상영

구술자: 〈여로〉 오면은 막 포장뜨기를 했어.[18] 〈여로〉 갖고 많이 벌고. 내가 저기 돈 좀 거시기 한 것은 〈증언〉(임권택, 1973).

면담자: 아, 〈증언〉. 〈증언〉이란 영화. 그 반공 영화잖아요?

구술자: 김창숙이 주연에…….

면담자: 김창숙 얘기 많이 하더라고요.

구술자: 크~ 〈증언〉 영화 그거 잘 만들은 거여, (예) 제작비도 많이 들고 그게. 그래가지고 그 영화 가지고 내가 학교에서 돈을 많이 모아.

면담자: 여기 학교는 어떻게 전라북도 뭐 극장 아니 저 극장 없는.

구술자: 충남북까지 다 했어. (충남도까지요?)

면담자: 근데 어떻게 그 인맥들이, 그것도 다 인맥으로 가는 거 아니에요? 〔웃음〕

구술자: 〈여로〉 필, 아니 저 저 〈증언〉 필름을 (예) 광주에서는 그걸 못 샀어. 근데 대전서 〈증언〉 필름을 사가지고.

면담자: 선생님 그때 판권이, 선생님 전라도 판권이었잖아요, 충청도 판권 하고?

---

17 필름의 배급 순서에 따라서 순업 차례가 되었을 때를 말한다.

18 흥행이 좋았다는 말이다.

구술자 : 주로 충청도 판권을 거기서 허다가. 극장 어느 정도 끝났을 때 광주 가가지고 (먼저 사셨군요?) 광주 가갖고 〈증언〉 필름을 내가 사 버린 거여. 전라북도를 해 먹기 위해서. 호남을 하기 위해서. 그래 가지고 봉께 필름이 〔웃음〕 전라도 것은 그냥 또 완전히 바수가리가 되었더라고.[19] 대전서는 빨리 샀으니까 필름이 깨끗해. 그것갖고 내가 그냥 학교 고등학교까지 그냥 영화 잘 했어 그때. 공문이 다 떨어졌었거든 학교로.

면담자 : 전라남북도, 충청도 이런 데까지요?

구술자 : 전라남도는 가도 못 했어. 그 한길종 씨라고 그분한테 맡겼어.

면담자 : 아, 전라남북도 한길종 씨.

구술자 : 16mm로.

면담자 : 아, 16mm. 지금도 16mm로 해요?

구술자 : 군부대 16mm가 군부대에 가 있었어. 〈증언〉 영화를 그 상무대라고 있었어.

면담자 : 예, 광주 상무대.

구술자 : 거그서 그 필름을 16mm 필름이 나와갖고. 그놈 갖고 한길종 씨가 16mm 갖고 몇 개 퍼졌지. 그렇게 허라 그랬어, 내가. 나는 전라북도에서도 다 못 했어.

면담자 : 전라북도.

구술자 : 충남북을 헐란 게 어떻게 다 하겄어?

면담자 : 그렇죠. 전라북도 군 단위 학교.

구술자 : 군 단위까지 뭐 그냥 시내만 빼놓고 다 했지. 그때만 해도 군 단위에 학생 수가 많았어. (많았었어요) 면 단위도 많아.

면담자 : 그러면 〈증언〉 가지고 몇 개월을 도셨어요?

구술자 : 그 영화 가지고 한 1년 거의 다 했지.

---

19 필름 상태가 매우 좋지 않았다는 말이다.

면담자 : 오래 도셨네요?

구술자 : 왜 그러냐면 대본이 필요가 없지. 학교가 영화 하는 건, 허가 안 내니까.

면담자 : 아, 대본이 뭐라구요? 대본이?

구술자 : 각본이 필요가 없어 그때는.

면담자 : 왜요? 워낙 유명해서?

구술자 : 아니. 내가 야외에서 영화를 할라면 허가를 내는다. 학교에 영화 한 것은 허가가 없어.

면담자 : 아, 그러면?

구술자 : 신고도 없고.

면담자 : 아, 진짜요? (응) 그럼 학교장한테 허가를 받으면 되네요?

구술자 : 교육영화. 뭐 학교의 교장한테 날짜만 정리해갖고 학생들 교육용으로 허기 때문에.

면담자 : 그래도 뭔가 뭐 문교부랄지 이런 데 허락……?

구술자 : 그런 것도 없었고. 학교 교실.

면담자 : 그럼 날짜 정해가지고. 학교에 선생님……?

구술자 : 학교서 교장이나 선생님들이 애들한테 돈을 걷어야 하니까. 반공 영화 보여주기로 했을 거야. 시간이 짜놔왔었어 학교가 그때는. 문화관광부, 문화 (예. 문교부, 문교부) 문교부서부터. 거기서 문교부서부터 공문이 나갔다니까. 그때 반공 영화 공문 많이 나갔었어. 학생들.

면담자 : 공문이 학교로?

구술자 : 학교로, 보이주라고.[20] 그러니까 교장도 그 날짜만 학교에다 교장댁이 ***. 날짜를 정해주는 거여,

면담자 : 그러면 그 수업도 빼먹고 그 영화를 상영한 거죠?

---

20 (학생들에게) 보여주라고.

구술자 : 그렇지. 말하자면 수업 시간에. 긍께 시청각 그런 시간이 짜놔왔다니까. (예. 시청각 맞아요) 반공 영화 시간이.

면담자 : 저는 어렸을 때 반공 영화 봤던 것 같아요.

구술자 : 그래. 학생들 그냥 박수치고 그러는 데. 교실, 강당 없는 데는 교실 터 가지고 하고. 세 칸에서도 하고. 두 칸 허믄 여러 번. 학생들이 많으면. 암막 쳐놓고. 우리가 암막도 다 갖고댕긴께 차에서 싣고 댕기고.

면담자 : 그럼 그때 움직일 때는 트럭으로 움직이셨던 거예요?

구술자 : 예. 학교 가서 예를 들어서 뭐 400원씩 받아도 숫자가 많고 그렁께 뭐.

면담자 : 학생은 기본적으로 몇 천 명이 있잖아요? 그때는 학생도 많고 숫자도 많고.

구술자 : 거시기 뭐여 오전에는 9시부터도 영화를 했어. 오전에는 초등학교 허고, 오후에는 (중학교요?) 중학교, 고등학교도 허고.

면담자 : 밤에는 지역 주민들 대상으로 돌지 않았어요? (예?) 지역민들, 지역 어른들, 어른들.

구술자 : 아이 뭐 어른들도 그때는 애들 반공 영화 하면, 6·25 전쟁 때 모다 많이 저기 때문에 그 애들 돈, 뭐 영화를 다 환영했제.

면담자 : 그럼 교장 선생님들 반응들은 어떻던가요?

구술자 : 다 좋았지 그때는 뭐. 영화를, 처음에 나왔을 땐 게 반공 영화. 그 후로 막 쫘악 나왔잖아? 그렁께 너무 쭈욱 나와가지고 그 하다봉게 비디오가 나와갖고.

면담자 : 80년대 비디오가 컸잖아요?

구술자 : 학교 *** 그래서 행사 이렇게 하다가. 또 그 애니메이션 영화가지고 회관에 극장 있는데도. 극장에서는 요금 많이 받고. 우리는 극장보다 반절 받고. 이렇게 표 뿌려가지고 애니메이션 영화 또 그런 것도 했고.

4) 지역 주요 기관에 뿌린 영화 초대권

면담자 : 근데 예전에 로뗀을 하러 다니시면 거기 지역 유지들한테 초대권도 뿌리지 않았어요? 〔웃음〕

구술자 : 초대권은 말하자면 지서, 면사무소, 뭐 기관, 농협.

면담자 : 농협까지. 기본 몇 장, 몇 장 딱 준비해 가지고 가신 거예요?

구술자 : 봉투에다, 노란 봉투에다가 썰어서, 딱 썰어서 2개 맨들어져. (2개요?) 풀로 붙이면 노랑 봉투가. (예) 그때는 노랑 봉투밖에 없어.

면담자 : 알아요. 노랑 봉투 기억나요. 얇아가지구요.

구술자 : 거그다가 (몇 장씩) 초대권 얼매씩. 10장도 넣고, 5장도 넣고, 7장도 넣고 이렇게 해서 뿌리고. 또 학교로 초대권 갖다주고. 왜 그러냐면 중학교 지도 주임 선생님들 중고등학교 나와. 나오면 영화 못 보게 하면 못 보거든 〔웃음〕 근디, 지도 주임 선생님 찾아서…….

면담자 : 지서가 제일 무서웠네요? 최종적으로 지서가 제일?

구술자 : 학교는 지도 주임 선생님들이 나와 중고등학교. 초등학교는 안 나오고. 거기 초대권 주고……. 그게 인사지.

5) '굿쟁이'로 불린 시절

면담자 : 근데 그 예전에는 제가 다른 거 가보면 뭐 이렇게 로뗀하러 마을을 들어가면 사람들이 굿쟁이 왔다고 불렀대요. '굿쟁이 왔다. 굿쟁이 왔다.' 불렀대요. (아, 그랬지) 그런 이야기 좀 해주십시오.

구술자 : 굿쟁이라고 그때는 다 했지. (예, 굿쟁이) 노인들이. 그리고 풍기문란이라고. 나는 그 뭐여 노인들이, 선전할 때 마을에 한창 선전을 하고 있는 디, 주먹대기로 목가지를 잡아댕겨. 〔웃음〕

면담자 : 예?

구술자 : 이렇게 목이 이렇게 따라가지더라고. 그 동네 노인 양반이 (내가)

말하고 있는데 지팽이로 이렇게 걸어갖고 나를 잡아 (왜요?) 아이, 풍기문란이라고 (아!) 말하고 있는데. 〔웃음〕

면담자 : 말하고 있는 데? 사람들한테 영화를 소개하고 있었어요?

구술자 : 응 부락에서. 영화 보러 저녁에 오라고.

면담자 : 모가지를……. 그래서 어떻게 했어요? 뭐라 그러던가요? '이놈의 시끼들!' 뭐 이런 거예요?

구술자 : 아니 막 풍기문란이라고 하면서 못 허게 해, 말하자면.

면담자 : 근데 어떻게 그 양반을 잠재우고 하셨어요?

구술자 : 돌아봉게 노인 양반인데. 그 노인 양반을 어떻게 하겠어? 긍게 거기서 못 허고 또 쫓겨갔지. 그때는 어른이 최고인 게. 그런 적도 있어. 〔웃음〕

면담자 : 고생 많이 하셨네요?

구술자 : 한참 막 '문화, 예술을 사랑하시는 면민.' 그래갖고는 막 영화 틀어주고.

면담자 : 예전에는 기본 멘트가 그거였어요. '예술을 사랑하시는 면민 여러분.' 〔웃음〕 어딜 가든 다 '예술을 사랑하시는'으로 시작을 해요.

구술자 : 그거 꼭 들어갔지, '문화와 예술.' (문화와 예술) 예술. (예술) 사랑하는 면민 여러분 〔웃음〕 군에 가면 군민 여러분 (군민 여러분) 입장 요금 이야기하고. 프로 뭐 한다고.

9. 호남 판권 구입과 대전 소재 영화사 필름 상영

1) 필름 주요 거래처 대전의 영화사

면담자 : 그러면 필름을 계속해서 주로 거래하셨던 곳이 광주영화사였던 거예요? 충청도는 대원영화사?

구술자 : 나는 대전서 주로 많이 갖다가 했어. 왜 그냐면 대전이 충남북 간에 극장이 더 적었어.

면담자 : 광주에 비해서요? (응) 그니까 빨리 끝나죠. 필름을 빨리 받을 수가 있으니까.

구술자 : 빨리 끝나고. 필름이 빨리 끝나니까 극장 정리가 깨끗해 (예. 상대적으로요) 근데 그냥 이 호남은 제주도까지잖아? 그래갖고 걸레야, 걸레!

면담자 : 그 예전에 다 버렸대요. 한 번 상영하고, 안 돌려주고.

구술자 : 내가 여기 와서 영화를 할려면 어쩔 수가 없어서 광주 가서 그 프로를 사고 그랬지. 그래도 필름은 〈증언〉도 내가 아까 이야기하잖아? 대전 것 썼지! 여그 껄 쓰느니. 그런 정도로 극장이 원체 많았어, 호남 지방.

2) 여러 영화사로부터 빌려온 필름

면담자 : 그러면 선생님은 순회⋯⋯ 순업만 전문으로 하는 영화사에서 필름을 가져오신 거죠?

구술자 : 각 영화사가 있었다니까. 각 영화사에 가서 산 거여.

면담자 : 그럼 각 영화사마다 다 돌면서 사신 거예요?

구술자 : 그렇지. 그 영화사에서 개인이 그때는 다 했다니까 전부 다. (예. 그러면?) 그래갖고 거기에서 프로를 예를 들어서 저 뭐여 〈증언〉 띠는 데도 있고. 또 〈울고 넘는 박달재〉(심우섭, 1968) 영화 각 사는 데도 있고. 영화사가 다 틀리니까. (다르죠, 예) 개인이 하여튼 그 사람들이, 극장 다 팔고 싶으면 팔고, 내버리고 싶으면 내버리고.

면담자 : 그, 그러면 선생님께서는?

구술자 : 그 사장 마음이지. 사업부가 통해서.

면담자 : 그러면 선생님 사업부한테 다 일임하셨어요? 아니면, 선생님이 직

접 가셨어요?

구술자 : 아, 필름 구입은 내가 다 한 거여.

면담자 : 직접 가셨어요?

구술자 : 사업부는 그 영화 장소 뭐 이렇게 순회 영화 그거나 하러 댕기고. 그것도 나는 좀 쓰다가 내가 직접 다 하고 댕겼어.

면담자 : 아, 그럼 선생님께서는 뭐냐면 영화 필름 직접 가지러 가셨지, 영사기도 돌리셨죠?

구술자 : 영사기를 돌리고 나면. 사업부는 없어도 영화는 하지만 기사가 없으면 못 하잖아. 내가 가리친 애들이 있었어, 따라댕기면서 둘이나. 걔들이 이제 기계 돌리고 내가 사업 보고.

3) 직업으로서 순업의 고충과 늦은 결혼 그리고 가족에 대한 미안한 마음

면담자 : 멀티로 다재다능하게 하셨군요?

구술자 : 참, 가정적으로 못 된 직업이여 〔웃음〕 나 아이들이 어떻게 큰지를 몰라.

면담자 : 예. 저도 그런 이야기 많이 들어서요. 〔웃음〕 돌아다닐 수밖에 없으니까 그랬던 것 같애요.

구술자 : 그러고 댕기던 게 결혼도 (어떻게 결혼하셨네요?) 지금은 뭐 33살, 33살 위에로 먹어도 그런데……. 나는 그러다봉께 늦게 결혼을 했는디. (몇 살 때 하셨어요?) 노총각도 아주 노총각이여 서른셋에 결혼했어.

면담자 : 아, 그때요? 〔웃음〕 그때는 정말 그러면 아저씨였어요, 아저씨.

구술자 : 그 돌아댕기다봉께 뭐 결혼 생각도 없고. 사실 나를 막 아가씨들이 막 그렇게.

면담자 : 그때 쫓아다녔다는데요?

구술자 : 그 이후로도 뭐 아가씨들하고 막 거시기도 안 하고 그랬어. 왜 그

냐면 내 사업 책임자니까. (예) 그냥 그 아가씨들하고 뭐 어쩌구 나 그냥 쌈 허고 지서 잽히가고 아가씨들이 따라댕기고. 이 장소서 저그 이동하면 그 장소로 찾아오고 막 내가 골치 아팠거든. (예) 그래서 그냥 나는 그러다봉게 결혼도 그렇게 늦게 허고. 연애 한 번도 못 했지. (예) 결혼도 내 중매 결혼을 했고. (아, 그러셨어요?) 애들……. 아들 하나 딸 둘인디. 지금 늦게 결혼을 해갖고 우리 아들이 마흔 네 살이여.

면담자 : 나이 많이 드셨잖아요? 44이면 젊은 나인데.

구술자 : 내가 일흔 일곱이고 지금.

면담자 : 아, 그래두요.

구술자 : 지금으로 말하면 겁나게 늦지.

면담자 : 그렇죠, 지금은.

구술자 : 그때 당시로는.

면담자 : 그때 당시로 말하면 진짜 늦은 거죠 (응) 지금은 33이면 다 결혼 안 하고 있잖아요.

구술자 : 그러죠. 그때 당시에는 뭐 스물 뭐 대여섯, 군대 갔다 오면 다 결혼했지. 나는 영화 하러 댕기다 봉게 바빠갖고. 〔웃음〕

면담자 : 근데 그때는 이제 영화 일을, 제가 듣기로는 영화 일을 하면 사람들이 다들 몸은 힘들어도, 영화가 되게 화려하잖아요?! 그래서 따라다니는 사람들도 많았다는데. 결혼하실 때…….

구술자 : 8명 뭐 하여튼 뭐 7, 8명씩은 꼭 따라댕겨.

면담자 : 근데 그때 이제 중매로 결혼하셨는데, 또 이제 로뗀하시면 많이 돌아다니시는데, 결혼하실 때 무슨 힘들지 않으셨어요?

4) 황혼에 접어든 순업

구술자 : 결혼허고 나서도, 그때만 해도 몇 명 안 데꼬 댕겼어. 이제 순회가

잘 안되더라니. 자꾸 황혼길에 접어들어.

면담자 : 순회가 그러면은?

구술자 : 학교 영화 할 때는 사람이 뭐 하나만 있으면 돼, 나하고 둘이.

면담자 : 왜요? 학교 안에서 암막 치면 되니까요?

구술자 : 암막 치고. 그러고 나 기계 내가 나도 내가 암막 치고. 나 혼자 가서도 많이 하고 그랬어.

면담자 : 그때 선생님 아주 어리셨을 때 영화를 막 배우셔서 로뗀 따라다니셨을 때 그때는 일곱, 여덟 명 됐었죠?

구술자 : 그럼. 숫자가 엄청 많았지. 나도 7~8명씩 데리고 댕겼는데. 내가 직접 할 때만 해도. 63년도만 해도.

5) 한국전쟁 이후 상이군경의 순업 참여

면담자 : 전쟁 끝나고 나서는 아까 선생님도 미국공보관 이야기했는데, 그 미국공보관이나 아니면 전쟁 끝나고 퇴역군인들, 상이군인들이 많이 영화, 로뗀 하셨거든요. 혹시 그런 이야기 들으신 거 있으세요?

구술자 : 상이군인들이 영화를 한 게 아니라 상이군인들이 헌 것이 아니라. 〔웃음〕 그 사람들 기도를 세웠지.

면담자 : 아, 기도.

구술자 : 깡패들이 많응께. 〔웃음〕 그 팔다리 날아간 상이군인이라고 하면 무서워가지고 (예, 맞아요) 6·25 전쟁, 그 거시기 한 분들. (제일 무서우시죠.) 긍게 그 사람들이 서 있으면 까부는 놈들이 공짜로 들어가지를 못 했제, 깡패들이. (그때는) 그래 그분들을 기도로 데리고 댕겼어, 돈 좀 더 주고. (예) 각 상이군경회가 있잖아.

면담자 : 상이군경회, 상이군경회.

6) 순회 창극단과 만담가(漫談家)

구술자 : 거기 그렇게 해서 한 사람들이 많았어. (예) 거시기도 그러고. 뭐 창극 같은 것도 그랬고. (창극이요?) 영화만 그런 게 아니라. (아, 창극도요?) 창극도 순회하는 사람들이 많이 있었어.

면담자 : 선생님, 그 영 〔웃음〕 처음에 따라다니실 때 그때 창극단도 많이 있었죠?

구술자 : 있었지. 김용운 씨, 장소팔이 그분들도. 김용운이가 만담가인데. 고춘자 (예, 고춘자요) 고춘자하고는 장소팔이하고 (콤비였죠) 콤비고. 김용운이는 그 이름을 잊어버렸는데 장 뭐신데. 장소팔이 여동생이여. (아!) 여동생이 만담 같이 김용운이하고 허고. 둘이 결혼해. 근디 고향이 정읍 산회면이여. (아, 그렇군요) 장소팔 씨 고향이.

면담자 : 아, 몰랐어요. 정읍이셨군요? 아니 근데 만담 잘하시는 정도면 다 전라도 출신들이 맞아요.

구술자 : 내가 김용운이 단체에도 갔, 같이 영화 하러 댕긴께 같이 이렇게 만나기도 허고. (아, 그랬어요?) 장소팔 씨도 내가 만나고. (아, 그랬어요?) 이게 순회 영화 그 사람들도 댕기면서 하고. 전라북도도 오고. 그때는 어쨌든 순회 영화가 인기가 좋아.

면담자 : 창극단은 혹시 그러면 이렇게 순회하시다가 보면, 다른 순회하는 팀하고 자리 선점 가지고 싸운 적 없어요?

구술자 : 따블루가 됐지. 창극단도. 그러면…….

면담자 : 고런 이야기 좀 해주세요. 그런 건 전혀 모르잖아요.

구술자 : 이렇게 저기가 되갖고 같이 할 때도 있고 그랬어.

면담자 : 같이요? (응) 그러면 주로 어디서 했어요? 우시장 말고 어디서요?

구술자 : 아, 우시장도 허고. 개인 (개인 집에서도 하고요?) 개인 땅 얻어갖고도 하고. 공지터가 있는 데가 많아.

면담자 : 그러면은 그때 인기 있었던 창극단은 뭐였어요? (응?) 그때 인기 있었던 창극단! 공연 이름! (어~) 기억에 남으시는 거 있으세요?

구술자 : 처음에는 장소팔이가 굉장히 인기가 좋았었어. (그렇죠) 만담. 그 후에 창극단들이 나와가지고 헌 게 그게 죽어버리더라고. 그래 창극단들도 어느 날 또 없어져 버리더라고.

면담자 : 선생님 혹시 여성국극단 기억나세요? 여성국극, 국극, 여자들이 하는 국극 (음, 그건 잘…….) 아, 국극은…….

구술자 : 그때 창극단도…… 얼마 안 다녔어, 창극단들이 그때. 안 되니까. 단원들 많이 데리고 댕겨야 그게 안 되니까. 그 사람들은 숫자가 많으니까. (네, 맞아요. 2~30명 해요) 경비가 많이 나. 그러니까 안 돼. 우리 영화 하는 사람들 숫자가 뭐 몇 명 단원들 몇 명 안 되니까. 시골에 참 방 얻기도 힘들어, 창극단들은. (그렇죠) 군 단위 지역 들어가도. 군 단위가 뭐 어디 여관 이렇게 많았겠니?

면담자 : 〔웃음〕 그 돈도 얼마 ***. 예전에는 극장에서 이렇게 창극단 공연을 하면 극장 무대 뒤에서 잤대요.

구술자 : 그렇지. 그때는 춥고 배고팠어. 영화 이 배우들도 그랬고. 뭐 창극단들 이런 사람들. 충무로 시방도 그 다방이고 있더라고. 안 없어지고.

10. 충무로 쑥다방

1) 연예인들이 모였던 충무로 쑥다방

면담자 : 어디가요? 충무로 다방이요?

구술자 : 충무로 다방은 그 찻집 되갖고. 그 쑥다방이라고 (쑥다방이요?)

면담자 : 들어본 것 같은데요, 쑥다방. 〔기침〕

구술자 : 거그 내가 몇 년 전에 한 번 봉께 간판이 있더라고. 거그서 모다 참 커피값도 없어가지고 마담들이 눈치하고. 바닥, 다방에서 쪼그려 앉아 있다가 모다 만나고, 이렇게 허고. 그렇게 참 인기 있는 배우들은 그래 안 했겠지만. 배우라고 해서 다 인기가 있었까니?![21] (그러니까요) 출연을 못 허고 그냥 조역 배우들도 많았고 그랬는데 연예인들이 이렇게 막 지금은 그냥…….

면담자 : 연예인들은 최고잖아요? 최고 직업이에요.

구술자 : 지금은 돈 뭐 그냥 막 긁어버리잖어!

면담자 : 연예인 되려면 돈도 많아야 되요.

2) 순업 소멸에 대한 아쉬움과 순업 종사 흥행사들

구술자 : 그래서 이제 그 참 우리 순회 영화가 그렇게 인기가 좋았고 그랬는데. 오래들 하고 그랬는데. 이게 이렇게 다 없어져 버리는 게 참 아쉬워. 나도 지금 후배들이 둘이 있거든. (예) 지금 60 대여섯인가 일곱인가. 그런 애들이 이렇게 거시기를 할라고 그랬었는데. 이게 이렇게 갑자기 다 없어져버려 가지고 아쉽고.

면담자 : 그 후배 분들은 몇 년생이세요? 그니까 60 몇 살이면?

구술자 : 거가 (50대 면?) 56년생인가 될 거예요.

면담자 : 56년이요? 그럼 선생님 로뗀바리 같이 따라다니시는 분?

구술자 : 그렇지. 그렇지.

면담자 : 그분들은 그러면 로뗀 안 하시고 뭐 하셨대요?

구술자 : 걔를 내가 데리고 다니다가 갈쳤으니까. 지가 다른 거시기로 가서 봉급 받고 또 학교 영화를 좀 허다가. 그게 없어지고 안 되니까. 시방 그때만 해도 피카디리 극장이 있었어, 전주. 그게 CGV로 바

---

21 인기가 있었겠나?

꿔어가지고. 또 CGV가 또 새로 지어갖고 나가고 딴 거 해. (맞아요) 그 극장을 들어갔지. 그 극장에서, 하여튼 CGV로 되아 가지고 그 극장에서도 한 3년 하고.

면담자 : 혹시 그분 존함이 어떻게 되세요?

구술자 : 김복술이라고 이름이 되는데.

면담자 : 김복술요? (응) 들어본 것 같은데요, 제가.

구술자 : 근데 그분도 영화에 하여튼 오래, 극장 자격증도 땄고.

면담자 : 김 복자 술자 제가 만나 본 적……. 혹시 한 번.

구술자 : 못 만나. 왜 그냐면.

면담자 : 아니, 제가 혹시 예전에 만났나 싶어서요. 잠깐 좀 봐볼게요, 제가 전화번호 있나 볼게요. 이름이 익숙하거든요.

구술자 : 아유, 극장에서 기사 생활 많이 했지.

면담자 : 없네.

구술자 : 없지. 갸를 볼 택이 없지.

면담자 : 그분 어떻게 소개 좀 시켜주십시오. (아이) 그 사람하고 이야기 좀 (지금 아파가지고) 아니 CGV 가면 만날, 연락 한 번 만날 수 있게, 대부분 전 사람 만날 때 극장에 가면 또 아주 물어물어 하면 또 알게 되더라고요. 그 방법도 있긴 해요.

구술자 : 그 사람 못 만나. 왜 그냐면 암 수술한 뒤로는 몸이 아파서.

면담자 : 몸이 아파요?

구술자 : 그래갖고 극장도 그만두고.

면담자 : 제가 이제 사람들 만날 때 선생님은 우연치, 정말 그 고성 갔다가 김영준 선생님이 전화번호 알려줘서 연결이 됐지만.

구술자 : 김영준이는 나로 허면 겁나게 후배여 (아, 그래요?) 거그는.

면담자 : 그래가지고 저는 어떻게 하면 극장을 또 바로 찾아 가가지고 물어, 물어 하면 또 이렇게 연결이 되더라구요.

구술자 : 김영준이는 그 사람은 지금도 애니메이션 영화를 허고 댕기잖아.

(예) 아들까지도 같이 허잖아. 이제 그 사람은 영화 헌 지가 얼마 안 되고. 원래 그 고참이 대구 경남 *** 이상용 씨라고.

면담자 : 이상용 씨요?

구술자 : 죽었어.

면담자 : 아, 그랬어요?

구술자 : 나이 많이 묵고. 그 사람이 순회 영화 젤로 나 시절에 헌 사람이고. 그 애, 야는[22] 얼마 안 돼. (그러시군요?) 이게 순회 영화 젤 오래 그렇게 거시기 한 사람은 내가 이야기하듯 호남 지방은 둘밖에 없어. 이 야까지 해서 서이구만.[23]

면담자 : 호남 지방에 누구라구요? 이재수 씨요?

구술자 : 이재수. 그 사람 뿐이여.

면담자 : 그럼 그분도 어디 아프시대요? 안 만난다는 거 보니까. 아프시대요?

구술자 : 내가 전화를 했더니.

면담자 : 안 만난대요? 그분도 ****. 예전에 잘 나가셨던 분들이 지금 당신이 생각하시기에 좀 아니다 싶으면 안 만날라 그러더라고요. 근데 저는 오히려 그러면 개인의 역사가 다 사라져버리잖아요, 진짜로.

구술자 : 근데 내가 그때 이야기했지만 본인이 내가 이야기, 그 사람이 내가 뭔 말하면 거절할 사람이 아닌데.

면담자 : 근데 저는 이제 안 만나요.

구술자 : 거절할 사람이 아니여. 근데, 간곡하게 거절하더라고.

면담자 : 근데 이제 그런 경우에 저도 안 만나요. 왜냐면 괜히 싫다는데 가가지고, 저도 이상한 소리 듣기 싫고. 또 이제 그분이 말씀을 안 하셔도 물어, 물어 가다 보면 비슷한 이야기 많이 하시거든요.

구술자 : 근데 내가 이야기한 것이 틀림없어. 호남 지방에서는 그때 당시 전

---

22 경남 고성군을 중심으로 순회 영화 상영에 종사한 김영준을 말한다.

23 셋이구만.

라남도 영화 하는 사람이 노신목이, 이재진이, 전대오, 또 이영, 이 영배…… 그 사람은 쪼끔 유흥출이, 그 사람은 서울로 이사를 가버렸어. 이재진이, 강천수, 거기 윤영문이. 장동훈이는 극장에서 있다가 순회 영화 갔지.

면담자 : 갑자기 돌아가셔가지구요, 참.

구술자 : 그렇게 많은 사람들이 다 죽고 없어.

면담자 : 그니까요. 아쉽네요.

11. 호남의 흥행사들이 모인 광주의 선미제과소

1) 순업 흥행사들의 모임 장소, 광주의 선미제과소

구술자 : 거 다 그때만 해도 막 (같이?) 광주서 선미제과소라고 있어.

면담자 : 선미제과요?

구술자 : 선미제과소.

면담자 : 아, 선미제과소!

구술자 : 옆에 가 대한극장이 그 카도 돌아가면[24] 있었고.

면담자 : 대한극장이요? 아, 대한극장, 대한극장. 신영극장 자리.

구술자 : 그 고속터미널 옮기기 전에.

면담자 : 예. 거기 알아요. 지금 롯데백화점 자리.

구술자 : 거기 세광영화사가 2층에 있고 (예) 옆에 가 선미제과소인데. 거그가 우리 순회 영화 하는 사람들 다 모이는 장소야.

면담자 : 아, 뭐 정기적으로 모이셨어요?

구술자 : 아니 자기들 영화, 겨울에는 놀잖아.

---

24 커브(curve) 즉, 골목을 돌아가면.

면담자 : 아, 그렇죠. 겨울에.

구술자 : 그렁께 인자 프로 서로 주고 받고 뭐 좋네 어찌네. 뭐 여하튼, 거기가 다 순회 영화 모임. 저기 손학봉이라고 그 사람은 영광인가 그 사람도 있고. 황길종이도 있고. 하여튼 엄청 많았어, 순회 영화. 전라남도가 최고 많앴어, 숫자가.

면담자 : 예.

구술자 : 그 경기도 뭐 이런 데 크다고 해도 순회 영화 하는 사람들이 없었어. (그니까요) 그리고 충남북도 숫자가 없었고. 여기는 내가 크고 제1인자여.

면담자 : 〔웃음〕

구술자 : 충남. 긍께 전국에서 나 모르는 사람은 없어. 얼굴은 안 봤어도, 이름은 다 알지. 영화, 영화 하믄.

면담자 : 그니까요. 살아계실 때 이야기…….

2) 주요 거래처 대전의 영화 배급사와 관계

구술자 : 그래 주로 영화사는 대전 상대를 주로 많이 했고. 어려서부터 대전에 왔다갔다했기 때문에.

면담자 : 근데 그럼 순회하시면서 필름이 중요하잖아요. 그 배급사 하고는 크게 갈등은 없었어요?

구술자 : 배급사는, 지금 시대니까 배급사 뭐 어쩌구 했지. 그때는 서울서 영화 제작자들이 팔면은 (예) 개인 영화사에서 사버려. 그 사람들이 주권 가지고 있응께, 그런 사람들은 우리가 상대할 이유가 없어.

면담자 : 그럼 누구를 상대하셨어요?

구술자 : 영화사 사장.

면담자 : 아, 저는 판권 *** 영화 배급사 사장이요? (뭐 거 뭐) 배급사 사장 하고…….

구술자 : 지금은 뭐 CGV 뭐 다 회사에서 쥐고 있으니까 그러지만 (예전에는) 그때 당시에는 개인이 다 전부 다 사갖고 있으니까. (예) 그 영화사 사업부 이야기하면 사장은 결재만 맡으면 됭께.

면담자 : 사업부하고 이야기했죠.

구술자 : 영화사마다 사업부가 다 했지.

면담자 : 그렇죠. 그러면 거기서 기술이 좀 뭐야 뭐 비싸게 가격을 매길려고 하고, 여기서는 싸게 살려고 하고 뭐 이런 건 없었어요?

구술자 : 그거 왜 없겄어? 뭐 더 받을려고 그러면서 다.

면담자 : 누가 이겼어요 항상? 누가 이겼어요? 배급사가 이겼어요, 로뗀이 이겼어요? 〔웃음〕

구술자 : 영화사가 허잔 대로 해야지 뭐. 그라믄 안 주고 딴 사람한테.

면담자 : 하긴 배급사들이 돈 많이 벌었어요.

구술자 : 딴 사람한테 파는 게. 그때는 뭐 우리들이 영화사에게는 밥이여, 순회하는 사람들이. 극장도 마찬가지고.

면담자 : 맞아요. 배급사가 최고예요.

구술자 : 영화, 영화사가 배급사지, 그때는.

면담자 : 필름 안 준다 하면 끝이니까요.

구술자 : 아이, 좋은 것 다른 극장으로 줘 버리면. 시방 뭐 한 번에 이렇게 붙어버리니까. 그때 당시에는 전주 시내 극장 개봉관 거그만 주는 게 아닌께. 돈만 많이 주면 막 줬잖아.

면담자 : 그랬어요. 그래가지고 싸움 나고 그랬어요.

구술자 : 그랬어. 그러기 때문에 대장이여, 대장.

3) 영화 필름 배급 순서

면담자 : 예전에는 전주 이런 데로 따지면 뭐 개봉관 하고, 끝나고 나면 전주 시내 재개봉도 하고 그리고 군 단위로 갔어요?

구술자 : 그랬지. 고바시라 그래, 그것 보고. 군 극장, 면 단위 극장 보고 고바시.

면담자 : 고바시요?

구술자 : 우리 전라남도, 남도뿐만 아니라 전국적으로 통했어.

면담자 : 아, 고바시. (고바시) 순서대로 이렇게 딱딱 주는 거요?

구술자 : 고바시가 개봉관 시내 개봉관 끝나면 고바시라고 무조건 개봉관 끝나고, 군 단위 재개봉을 들어가거든. (그렇죠) 그래서 그것이 이름이 고바시. 누가 이름을 지었는가는 몰라도 고바시라 그래. 〔웃음〕

면담자 : 그러면 여기 전주에 있는 개봉관 끝나고, 그 다음에 전주 내 재개봉관 하고 그리고 군 단위 개봉관으로 가는 거구나? (응) 그러니까 군 단위는 개봉관, 재개봉관이 없죠?

12. 비도시 상설극장의 소멸과 순업의 흥행

구술자 : 그럼. 그럼 이제 군 단위 극장, 면 단위 싹 없어져버리니까 우리는 더 좋았지.

면담자 : 그렇죠.

구술자 : 장소가 한참 잘 해 먹었어. 군 단위 극장 있던 데가 없어지니까 (그렇죠) 크고 인부들이 많으니까.

면담자 : 근데 그때쯤 되면 사람들이 뭐 시내에 시 단위 와가지고 영화 보고 그러지 않았어요? 차 같은 거 시내버스도 같이 시외버스도 왔다 가고.

구술자 : 근데. 왜 그러냐면 그때는 농촌하고 시내하고 하늘과 땅이라 했었어. 돈들이 그렇게 돈을, 돈 만지들 못했어. 영화 보러와서도 돈 그거 3~400원, 5~600원 돈이 없어갖고 못 보고 한 애들이 엄청 많응께.

면담자 : 영화가 300원일 때 짜장면이 얼마였어요? 그게 궁금하네요.

구술자 : 뭐 20원, 뭐 30원 이렇게.

면담자 : 짜장면 20원 할 때 영화가 300원이요?

구술자 : 20원, 30원.

면담자 : 굉장히 비쌌네요?

구술자 : 그랬지. 아이 필름 값이 비싸니까.

면담자 : 굉장히 비쌌는데요. 짜장면 먹느니 차라, 아니 영화 보느니 짜장면을 한 10번 먹겠네요.

구술자 : 그때만 해도 관람료가, 하여튼 처음에 내가 영화 붙잡고 할 때 했던 뭐 70원도 받고, 50원도 받고, 초등학생은 30원도 받고 그럴 때야.

면담자 : 그럼 언제까지?

구술자 : 그렇게 허다가 그냥 뭐 금방 그렇게 올라갔는 거여.

면담자 : 얼마까지 받을 때까지 일을 하셨어요? 〔웃음〕

구술자 : 그걸 내가 기억 못 헌디. 하여튼 처음 내가 영화할 때는 그랬어. 그랬는디 그게 금방 그냥 올라버리더라고. 밥 한상도 20원씩 먹다가 그냥 금방 오르더라고. (네, 맞아요) 내가 국수 한 그릇을 2원 주고 먹어본 적이 있어. 그 역전 앞에서 이렇게 궤짝 두 개, 사과 궤짝 두 개 포개놓고 국수.

면담자 : 요즘 역에서도 가락국수 다 그렇게 팔잖아요? 〔웃음〕

구술자 : 2원 주고 저기 먹은 적이 있다니까 관촌역전 앞에서.

면담자 : 어디 역전이요?

구술자 : 관촌역 앞에.

면담자 : 관촌이요?

구술자 : 임실군 관촌면.

면담자 : 아, 그래요?

구술자 : 임실군 관촌역이.

면담자 : 그래도 맛있었죠? 2원짜리 국수 맛있었죠? 〔웃음〕

13. 후회 없는 순업 생활과 가족에 대한 미안함

구술자 : 아, 먹었지. 〔웃음〕 그때는 기가 맥히게 맛있었지. (지금은?) 그런 게 참 추억이고. (그러게요) 나는 지금도 영화 이거 내가 한 것을 후회는 안 해, 이제 가정적으로는 좀 내가 참, 집에 있, 2,000, 2,000년도부터 내가 대전에 있는 거 짐을 완전히 옮기고. 이 국제 영화제 시작할 때부터 완전히 내가 여그 아파트 바로 옆에 대우 대창아파트. 오면서 어디 나가면 잘라면 그냥 못 자겄더라고. 가족은 그렇게 떨어져 있지도 않고 계속 이렇게 살고 있응께 그 옛날 생각이 나더라고. 내가 그렇게 가족들, 애들 큰지를 모르고. 식구가 굉장히 '아이 엄마가 고생했겄구나.' 나는 그런 종류의 생각도 안 들었었어. 그냥 요즘에 내가 생각한 것은, 그런 정도로 영화에 팔려가지고.

14. 2000년대 비(非)극장 영화 상영 경험

면담자 : 그렇게 영화가 좋으셨어요? (응, 그렇게 영화가……) 뭐가 그렇게 좋으셨어요?

구술자 : 여하튼 영화 관람하는 것도 지금 요즘인께네 안 했지. 나이 먹은 게 그것 저것 다 저기가 되더만. 그리고 내가 이 국제영화제 저번 때부터 여기 전주 시내 극장도 다 가서 했어. 왜 그냐면 그것도 그렇고. 개인이 극장 주인처럼 자기 행세를 못 하잖아. 운영권을 전부 다 회사가 영화 제작회사 다 갖고 있잖아? (그러니까요) 그래버리니까 뭐 극장 그 뒤로부터 안 가. 그전에는 극장에 가서 영화도 많이 봤어. 좋은 영화는 내가 프로도 구입해가지고 행사 같은 거 쓰고 이렇게 했는데. 이제는 극장도 뭐 갈 수도 없어. 가 봤자

여. 프로 내가 맘대로 뭐 어디서 그 거시기 만져보도 못 해. 걔들 와갖고 그 콤피터 식 입력해 가지고 전부 극장 프로 하나만 갖고 와서 전부 거기다 같이 개봉하잖아. 그놈 가져가 버리고. 우리가 서울서, 영화를 할라믄 서울로 가가지고. 지산빌딩이라고 있어 서울 충무로. (지산빌딩이요?) 거 가믄 영화사 3개가 있어. 이거 롯데시네마, 제일. 쇼박스는 역삼동 거그도 갔었어, 내가 거래하러. 거기가 〈태극기 휘날리며〉(강제규, 2003). 거그 필름 살라고 거그도 갔었거든. 순회하는 사람들은 쳐다도 안 봐.

면담자 : 〔웃음〕 그러니까 더더욱 이런 걸 자꾸 이야기해야 된다니까요.

구술자 : 그걸 그렇게 천대하고. 그래서 요즘에는 필름 DVD나 USB로 해주거든. (예. 맞아요. 파일로요) 그러면 하루 밤이고 이틀 밤이고 한 장 쓰는데 15만 원 아니 저, 저 150.

면담자 : 허, 150이요?

구술자 : 그러니까 행사 보통 우리 할라믄 500만 원은 우리가 받어야 돼 (그렇죠) 이게 필름 그거 대여비가 150. 아시바 200만 원 줘야 돼요. 그 사람들이 메고 뜯어가고. 아시바 철거 메는 사람 따로 일당 줘야 하고. 아시바 빌리는 거. 자재값 줘. 그러면 열흘까지는 그냥 단골을 뜬 거여 돈 안 받고. 그러면 500만 원은 받어야.

〔다시 전주국제영화제에 관한 생각을 말했으나 구술자의 요청으로 공개하지 않음〕

면담자 : 선생님 오늘 말씀하신 거를 제가 가서 차분히 듣고요. 다시 연락 한 번 드려도 될까요? 또 한 번 또 오겠습니다.

구술자 : 내가 이것 지금 전북대 되 갖고 뭐 학생들도 영화 그래서 내가 밥까지 사 먹일라는데. 내가 거시기 되 갖고 책도 나오고 (오, 그랬어요?) 뭐 또 신문 방송에서 나를 그 누구든지 찾아오면 거절을 안

해. 다 방송국에서도 서울서도 오믄 다 저 해주고. 여수서 영화 할 때도 서울서 거까지 와갖고 촬영도 해 가고 테레비도 나오고.

면담자 : 선생님 이제 혹시 연락되시는 분은 전혀 없으세요? 연락해서 그분 연락처를 알아서 제가 그분도 만나고 이렇게 또 다른 분도 만나고 싶은데 연락되는 분이 없으세요?

구술자 : 나 만날 사람도 없어 다 죽어버리고. 〔일부 생략〕 긍게 이제 내가 말하자는 게 전국에 없어 순회 영화 하는 사람이. 애도[25] 암에 걸려가지고 또 죽어버리고. 경남 영주 있는 데는 대선배이긴 한디, 가끔 전화를 해.

면담자 : 아, 그러셔요?

구술자 : 그 분허고나 가끔 전화하고. 그리고 내가 광주는 작년에도 갔었고. 맨날 댕겼어. 아 근디 다 죽어버렸으니 뭐. 고흥은 귀가 빠져, 원체 거시기라.[26] 거그는 내가 만나도 전화로 가끔 자기도 하고. 나도 하고 허는 디.

면담자 : 오늘 바쁘신 데 시간 내주셔서 정말 감사합니다.

---

25 장한필의 불특정 순업 후배를 말한다.

26 너무 멀어서 연락을 자주 할 수 없다는 말이다.

경남의 비도시 순회 상영의 대물림,
경남 고성군 김영준

경남 사천군 곤양면 출생인 김영준은 어린 시절 자신의 집 근처 공회당에서 영화를 자주 관람하였다. 10대 중반 공회당 영사기사 조수로 흥행 업계에 입문하였고, 20대 초반 젊은 나이에 순회 영화사의 책임을 맡았다. 경남 비도시 군(郡) 단위 지역 일대 — 의령, 함안, 합천, 거창, 창녕 그리고 사천 등 — 을 순회하면서 영화를 상영하였다. 순회 영화 상영 흥행 단체는 하나의 군에 서너 개 정도 있었으며, 일부 지역 청년단체는 흥행에 직접 나설 정도로 인기를 누렸다. 하나의 마을에서 영화를 상영할 때면 200~300명 관객이 가설극장을 채웠기 때문이다.

1970년대 초반 김영준은 로뗀바리 흥행이 어려워지자 잠시 공장에 취업하였다. 하지만 얼마 지나지 않아 로뗀바리를 재개하였고 학생 단체 동원 관람을 시행하여 사업을 이어갔다. 〈홍의장군〉(이두용, 1973)과 한국전쟁 소재의 〈낙동강은 흐르는가〉(임권택, 1976)는 흥행 성공작이었다. 하지만 전기 설치와 TV 보급을 포함한 새마을운동의 전개 및 산업화는 결국 비도시 인구의 도시 유출과 그에 따른 로뗀바리의 소멸을 가져왔다.

김영준에 따르면, 비도시 지역 행정 기관은 로뗀바리의 영화 상영에 협조

적이었다. 하지만 여름 농번기에 되도록 상영을 제한하도록 권고받았다. 그럴 경우, 시골 마을보다는 군청 소재지 또는 도시 변두리에서 흥행을 이어갔다. 비도시 영화 순업은 마을 사람들의 정서를 고려하여 작품을 선정할 수밖에 없었는데, 아이들을 포함한 전체 부락민 대상인 경우, 일부 장면을 미리 삭제하고 상영하였다. 상영 현장에서 자체 검열을 수행한 셈인데, 배급사에 필름을 반납할 때 삭제된 부분을 다시 이어 붙여 돌려주었다.

상영을 마친 필름은 배급사에 반납하는 것이 일반적이었지만, 김영준은 가능한 필름을 단매(單賣)로 사들여 소장하였다. 로뗀바리 역시 상설극장과 마찬가지로 지역별로 구분된 판권(版權)에 따라서 순차적으로 필름을 배급받아야 했다. 하지만 판권 지역 간 경계를 준수하지 않고 영화를 상영하는 '불법'도 일정 부분 통용되는 일도 있었다.

김영준은 야외에서 천막을 치고 영화를 상영한 로뗀바리부터 행정 기관에서 설립한 예술회관과 같은 비(非)극장까지 줄곧 영화 상영 일에 몸담은 사람이었다. 그래서인지 1960~1970년대 순업을 '천막극장'으로 명명하였다. 구술 당시 김영준은 그의 아들과 함께 대원영화사를 운영 중이었다. 따라서 그의 구술은 '천막극장'보다는 비극장 영화 상영에 집중하고 있다. 참고로, 경남 사천시 찻집에서 만나 시작된 김영준의 구술은 고성군 소재 그의 집에 보관된 영사기 구경으로 이어졌으며, 인터뷰는 이동하는 동안에도 계속 이뤄졌다.

• 구술자

김영준(경남 대원영화사 대표)

• 면담자

위경혜

• 구술 주제

1960년대 이후 경남 지역 순회 영화 상영 활동

• 구술 일시

2018년 11월 23일 14:00~15:35

• 구술 장소

경남 사천시 사천중학교 앞 카페 '더 리터 사천중학점'

• 구술 상세 목차

1. 순회 흥행업 시작
    1) 경남 사천군 곤양면 공회당에서 처음 본 영화
    2) 공회당에서 어깨너머로 배운 영사 기술
    3) 공회당 영사기사 조수로 시작한 흥행업
    4) '천막극장' 로뗀바리의 시작
    5) 순회 상영 지역과 입장객
    6) 순회 상영의 휴지기
    7) 20대 초반에 인수한 순회 영화사
2. 순회 흥행업의 굴곡
    1) 새마을운동과 전기 공급 그리고 흑백 TV의 보급
    2) 순업 중단과 단기간의 공장 생활 그리고 순업으로 복귀
    3) 수레를 이용한 경남 비도시 지역 순회 상영
    4) 학생 단체 대상 반공과 충효 주제 영화 상영
3. 비(非)극장 영화 상영: 문화 관련 기관 영화 상영
4. '천막극장' 로뗀바리 영업
    1) 영사 기계의 구입과 보관

2) 양질의 필름 상영과 상영 현장의 검열
3) 단매(單賣)로 구입한 영화 필름
4) 필름 주요 거래처, 부산의 영화사
5) 전국 유일의 로뗀바리라는 자부심
6) 일개 군 지역에 서너 명은 있었던 로뗀바리 흥행사
5. 비(非)극장 영화 상영
1) 비도시 예술회관의 영화 상영 참여
2) 대원여객을 보고 정한 영화사 이름 대원영화사
3) 부산의 현대영화사
4) 순회 영화 상영 담당 행정 기관의 잦은 교체
6. 순회 영화 상영 풍경
1) 순회 영화 상영을 위한 기본 절차: 장소 물색과 지역 유지의 동의서 획득
2) 영화 상영장의 텃세
3) 순회 영화 상영 장소
4) 흥행의 최적기 여름철
5) 읍 단위 또는 도시 변두리를 순회한 시골 마을 농번기
6) 일기의 변화와 순업 흥행
7. 1970년대 학생 대상 반공 영화 단체 상영
8. 로뗀바리 흥행의 절차
1) 영화 상영 장소의 물색
2) 흥행 성공을 결정지은 홍보 여부
3) 로뗀바리 상영을 마친 필름의 행방
4) 상설극장 상영을 마친 필름의 행방과 로뗀바리의 상영
5) 불량한 상태의 필름 처리
9. 이동 순회 영업의 어려움
1) 너무나 버거운 로뗀바리 영사 관련 기계 설비
2) 로뗀바리 영업의 가장 큰 어려움
3) 영사기계에 대한 욕심의 이유
10. 비도시 지역 영화 상영과 영사 기술의 문제:

불안정한 전압과 영사기의 잦은 고장

11. 1970~1980년대와 로뗀바리 영업의 향방

1) 1970년대 초반 어려워진 로뗀바리 영업과 공장 취업 그리고 다시 시작한 순회 흥행

2) 로뗀바리 재개와 학생 동원 단체 상영 흥행 성공

3) 1980년대 비디오의 시대

4) 누구나 욕심을 낸 비도시 지역 로뗀바리 흥행

5) 산업화와 비도시 인구의 축소 그리고 로뗀바리 흥행의 소멸

1. 순회 흥행업 시작

1) 경남 사천군 곤양면 공회당에서 처음 본 영화

면담자 : 오늘은 2018년 11월 23일 금요일이고요. 경남 사천에 와서…… 어 대원영화사 대표님이시죠? (예, 김. 영. 준) 김영준 선생님 인터뷰를 시작하도록 하겠습니다. 〔인터뷰에 대한 설명〕 어떻게 해서 영화를 하기 시작해서 어디 지역에서 일하셨는가, 옛날 이야기부터 시작해주셔도 좋습니다. 선생님 영화 일을 하기 시작하실 때부터 대원영화사라는 이름을 갖고 시작하셨어요?

구술자 : 예. 내가 처음 먼저 시작할 때부터 대원영화사를, 상호를 붙여 가지고 지금까지 하고 있어요.

면담자 : 그러면 1969년에 시작하실 때 어디서 먼저 출발하셨는데요?

구술자 : 그거는 사천 곤양이라고.

면담자 : 사천면 온양이요?

구술자 : 곤양면.

면담자 : 온양면이요?

구술자 : 곤. 양.

면담자 : 곤. 양. 면이라고요?

구술자 : 예. 거기에서. 고향이 거깁니다. 거기다 보니까 앞에 바로 우리 집 앞에 극장이 있었어요.

면담자 : 극장 이름이 뭔데요?

구술자 : 그때는 공회당이지.

면담자 : 그때는 공회당이라고 불렀어요?

구술자 : 지금 시민회관 같은 거. 그런 거긴데 옛날에는 그, 군 소재지에 있는 거는 공회당. 그런 식으로 했는데 바로 집 앞이다 보니까 그때는 우리들 나이가 어렸고.

면담자 : 예. 몇 살 때였는데요?

구술자 : 그때 뭐 초등학교 다니고. 거 집 앞이다 보니까 돈을 주고 영화를 볼라카면 힘이 그 당시에는 많이 들었지요. 그래가지고.

면담자 : 선생님은 혹시 몇 년생이신데요?

구술자 : OO년 O월 O일생입니다.

면담자 : 아, 그래요? 굉장히 젊어 보이시는데요. 〔웃음〕

구술자 : 〔웃음〕

면담자 : OO년생, 굉장히 젊어 보이시는데……. 그러면은 OO년생이시면 초등학교 때면 한 58년도, 9년도 이 정도 되겠는데요?

구술자 : 한 58, 59. 이제 그 정도 때. 앞에 이제 극장이 있다가 보니까 자주 영화를 보게 된 거지요.

면담자 : 근데 그때는 공회당에서 영화를 상영했던 거죠? (예) 정식으로 극장이라는 명칭이 있었던 것은 아니죠?

구술자 : 예예. 공회당은 그때 내가 있었기 때문에 어 그때는 어려서 그런 걸 몰랐고. 그리고 자연적으로 영화를 자꾸 볼라카니까. 거 어려서

부터 영화를 좋아했고. 그러다 보니까 자연적으로 거기 가서 심부름도 해주고.

면담자 : 예. 거기 가서요?

2) 공회당에서 어깨너머로 배운 영사 기술

구술자 : 공짜로 영화를 보는 거지요. 그러다 보니까 중학교 한 2학년 정도가 되었을 땐 가봐요. 그래갖고 으예 영사기 돌리는 거기에 취미가 있어가지고, 그걸로 자연적으로 배와진 거지요.

면담자 : 그럼, 그 공회당을 왔다 갔다 하시면서…….

구술자 : 네. 바로 집 앞이다 보니까.

면담자 : 거기서 영사 기술을 이렇게 어깨너머로 배우신 거죠?

구술자 : 그렇지.

면담자 : 근데 그걸 금방 배우셨다고요?

구술자 : 어깨너머로 배우고. 그래가지고 자연적으로 그거는 뭐 오래 하다 보면 식당 뭐 '강아지도 뭐 라면을 끓인다.' 카는 그런 답이 안 있습니까?!

면담자 : 굉장히 좋아하셨던 모양이에요?

구술자 : 예……. 그래가지고 매표를, 매표 파는 아줌마가 애기를 놓게 된 거지요.[1]

면담자 : 예, 예.

구술자 : 그래가지고 표를 한 번 '아줌마 올 때까지 표를 팔아봐라.' 해라, 바로 집 앞이다 보니까. 그러니 내가 자연적으로 그 표를 팔아보니까 그 당시에 매상이 약간 많이 나온 거지요. (예) 그러니까 내도 다음에 조금 성인이 되던, 성장을 해지면은 나도 이 사업을 한번

---

1 아기를 출산했다는 말이다.

해 봐야 되겠다.

면담자 : 아, 그래서 하시게 됐어요? 그때 중학교 때요? 그 생각을 딱…….

구술자 : 예. 한 중학교 2학년 정도 되었을 때. 그래가지고 내가 중학교 결국 졸업을 몬 하고 인자 가정 형편이 어렵다 보니까.

면담자 : 그때는 다 그랬어요.

3) 공회당 영사기사 조수로 시작한 흥행업

구술자 : 중학교 3학년 때 결국 스톱을 하고 정식으로 극장 거기에……. (일단은) 조수로 들어간 기지.

면담자 : 그 저기 그니까 영사기사 조수로 들어가신 거죠? (그렇지) 어디 극장으로?

구술자 : 내나 거기 공회당에.

면담자 : 아……. 그럼, 거기가 곤양공회당이었어요? (예) 아아.

구술자 : 그래가지고 거기서 조금 하다가 보니까 부산에서 필름을 가지고 오는 사람들이 많이 있었어요.

면담자 : 그 공회당으로요?

구술자 : 네. 그 필름을, 프로가 바뀌면은 바꿔 가고, 바꿔 가고 입회를 오시는 분들이 있거든요.

면담자 : 네. 입회 오시는 분들이요?

4) '천막극장' 로덴바리의 시작

구술자 : 예. 그분들이 말하자면 '애가 작아도 일을 하는 것이 충실하다.' (눈썰미도 있고?) 그래가지고 인자 부산을 같이 따라가게 된 거지요. (예, 예) 부산 어디 대영극장에 취직을 시켜준다 (대영극장이요? 와, 큰 극장에…….) 그러니까는 촌에서 있는 것보다는 큰 데

를 가면은 안 좋겠나?! 그래가지고 부산을 갔다만은 대영극장에 취직을 안 시켜주고 어데다가 시켜줬냐면, 옛날에는 그 극장이 없는 시골에는 천막극장을 했어요.

면담자 : 예. 그 예전에 로뗀바리라고 그러지 않았나요?

구술자 : 그렇죠. 로뗀바리라고.

면담자 : 로뗀바리를 또 데리고 다니시던가요?

구술자 : 예. 그래 로뗀바리 기사를, 거기다가 여주더라고.[2]

면담자 : 그래도 바로 가자마자 기사를 하셨네요? 그 기사 조수 안 하고요?

구술자 : 예, 여기서는 조수를 하고 좀 야무지게 배운 택이지.[3] 그러니까 그 사람들이.

면담자 : 그럼 승진하신 거네요? 바로 기사로.

구술자 : 믿을 수가 있기 때문에 거기서 듣고 간 거라. 듣고 가서 대영극장에 안 넣고 그 로뗀바리, 가설극장 기사로 바로 채이더라고[4] (예) 그러니까 나이가 적어도 인건비가 많아진 택이지. 그러자 마침 6개월가량 거 따라다녔는데.

5) 순회 상영 지역과 입장객

면담자 : 어디 지역을 도셨어요?

구술자 : 그런 저, 저 부산, 저 울산 쪽으로.

면담자 : 울산, 울산에서 그 군 단위 마을 도신 거였어요?

구술자 : 그렇지. 군 단위 마을, 면 단위 마을, 그 당시는 동네가 다 크지요.

면담자 : 보통 가면은 몇 명 정도 올 정도로?

구술자 : 그 당시는 사, 오백 명?

---

2 영사기사 자격으로 로뗀바리 일원이 되었다는 말이다.

3 배운 덕택이지.

4 채용이 되더라고.

면담자 : 한 번, 하루 저녁에요? 오~ 어디……?

구술자 : 예. 많게는 천 명도 왔고 가설극장 거기…….

면담자 : 그럼 가서 포장 쳤던 거죠?

구술자 : 그렇지. 포장 쳤지.

면담자 : 그 운동장에서 쳐, 쳤겠어요?

구술자 : 그러니까 큰, 큰 공터 같은데 (예, 공터 같은데) 그런 데를 빌려 가지고 그리 했는데. 그리 다니다 보니까 손님이 많이 늘고 (예. 잘 됐는데요.) 우리 사장이 그 당시에 연세가 좀 많았어! 그러다 보니까 거기 12월 25일이 되면은 스톱을 하는 거라.

6) 순회 상영의 휴지기

면담자 : 12월 25일이요?

구술자 : 네. (왜요?) 그때부터 음력 정월 초하룻날까지는[5] 날씨가 춥다여. (추워서? 예) 저 밖에 할라카믄 춥거든. 그때부터는 쉬는 거지.

면담자 : 그럼 음력. 음력 10월 25일이요?

구술자 : 음력 말고. 양력 12월 25일 되면은.

면담자 : 아, 크리스마스 때부터?

구술자 : 크리스마스 딱 맞추고 나면은 쉬는 기라.

면담자 : 그래가지고 정월?

구술자 : 음력 정월 초하룻날.

면담자 : 정월 초하루까지. 그때가 제일 추울 때니까요.

---

5 음력 정월 초하루는 설날을 의미한다.

7) 20대 초반에 인수한 순회 영화사

구술자 : 그럼요. 정월 초하룻날부터 나오면은 계속 또 12월 달까지 가지고 나가거든. 그래가지고 그 뒤 년에 3월 달에 영감이 '나는 할 수가 없다. 나이가 드니까 할 수가 없으니까 책임을 네가 맡아라.' (어휴~ 예) 나이가 어려도 책임감이 좀 있었지요.

면담자 : 예, 그럼 그때 몇 분이 같이 다니셨는데?

구술자 : 일곱 여덟. 많게는 열둘.

면담자 : 예 그러면은 그. 아, 그 영사 일을 선생님보고 맡으라 하신 거예요? 아니면, 로뗀바리.

구술자 : 전체. (허!) 전체를 통째로.

면담자 : 그때는 몇 살……?

구술자 : 그때가 한 스무 살 가까이 되었어요. 열아홉인가 스물인가 그 정도 되었어.

면담자 : 아, 굉장히 일을 열심히 하셨던 모양이에요?

구술자 : 예. 그러니까 뭣이든지 책임감을 가지고 일을 했기 때문에. (예) 그러니까 '나는 남의 것을 갖다가 책임을 맡을 수 없다. 안 그러면은 이걸 통째로 고마 팔아라.' (아, 예) '팔면은 돈은 내가 지금 한꺼번에 주지는 몬 한다. 내가 벌어갖고 주겠다.' 그래 그 선에서 얼마는 갖다 주게 될 것 아닙니까? (예) 그래 가지고 그 당시 돈으로 사만 원인가 오만 원인가 하여튼 그 정도를 선금을 주고. 그때 기계가 그 싹 다 장비를 가지고 오는 게 그때 돈으로 35만 원이었어요.

면담자 : 그럼, 그걸 선생님께서 사신 거예요?

구술자 : 그렇지.

면담자 : 어르신들이……. 어르신이 '네가 맡아라.' 해서 사신 거예요?

구술자 : 그러니까 사만 원인가 오만 원인가 그 당시에 주고 (예) '그 나머지는 내가 벌어가 주겠다.' (예) 그래가지고 돌았더만은 석 달 만에

그 돈을 다 갚았어요.

면담자 : 아, 석 달 만에요? 얼마나 잘 됐길래 석 달 만에?

2. 순회 흥행업의 굴곡

1) 새마을운동과 전기 공급 그리고 흑백 TV의 보급

구술자 : 예, 장사가 참 잘 되었어요.

면담자 : 어디가 그렇게 잘 됐……. 그때가 선생님께서 스무 살 가까이 됐으면은…….

구술자 : 70년, 71년 그 정도 때. 그 당시에는 촌에 그 TV도 없었고. (그렇죠) TV도 없었고 촌에 사람은 많았거든. 그래서 전깃불도 그때는 없었고 발전기를 돌리가지고 영화를 했더랬어요. 그러니까 사람들이 참 많이 봤고 그 당시 〈장화홍련〉이라든지 (아……) 이런 영화를 갖다가 했거든. 옛날 〈장화홍련〉.

면담자 : 그 소리는 나왔죠?

구술자 : 그렇죠. 근데 흑백 영화. 그래 가지고 결국은 그때부터 내가 직접 주인을 했어. 그 뒤로부터는 지금까지 넘의 월급쟁이나 그런 거는 한 번도 해본 역사가 없어요. (그러시군요?) 예. 그래 가지고 나중에 우리가 또 쫄딱 망할 때가 있었어요. 그게 72년 새마을 바람이 불고 나서 (그때 TV에서 〈여로〉 바람 나올 때 아니었어요?) 그렇지. 새마을 바람이 불고 나니까 촌에 전깃불이 다 들어갔어요. (맞아요) 전깃불이 들어가니까 이거 문 여는, 티브이 거기 네발짜리 대가 있는 거야. (에에, 저도 어렸을 때 기억납니다) 그게 나와 가지고 장욱제, 태현실이 나오는 〈여로〉, 김일 레슬링이라든지 이런 것이 진짜 유행을 했을 때래요. (맞아요) 그때부터는 고마 장사가

아예 안 되는 거라.

면담자 : 사람들이 티브이 보느라고 영화를 안 본 거예요? (예. 영화를 아예 안 봤어) 선생님 그때도 35mm 돌리셨죠?

구술자 : 그렇죠. 35mm 내는 키울 때부터[6] 35mm.

면담자 : 그러면 35mm였으면 꽤 그것도 있는데요?[7]

구술자 : 예. 지금도 내가 집에 기계가 18개인가? 가까이 있어요. 그 필름도 있고.

면담자 : 아, 그러세요?

구술자 : 네. 집에 다 있어요.

면담자 : 오~ 어디 박물관에 어디 전시해야 할 것 같은데요?

구술자 : 어, 박물관에도 뭐 간 것도 있고.

면담자 : 예, 아, 그러세요?

구술자 : 내가 기계를, 기계 욕심이 많아가지고. 지금도 기계가 많아요.

면담자 : 아, 기계에 관심이 많으시군요? 기계를 잘 다루시는군요?

2) 순업 중단과 단기간의 공장 생활 그리고 순업으로 복귀

구술자 : 예. 그래가지고 티브이 나오는 바람에 결국 망했, 자빠져가지고, 내일 아침에 밥 먹을 그게 없는 거라.

면담자 : 그래도 그때 시골에 모든 사람이 다 티브이를 갖고 있는 게 아니라 몇 집만 티브이가 있었는데요.

구술자 : 잘 사는 집에만 그런 게 있었는데.

면담자 : 그럼, 사람들이 다 그리 보러 가서 영화를 안 본 거예요?

구술자 : 그렇지. 앞에 그거 그…… 멍석 깔아놔 놓고.

면담자 : 예, 돈 받잖아요. 〔웃음〕 예전에 돈 받았다는데요?

---

6 로뗀바리 사업을 시작할 때부터.

7 35mm 필름이면 16mm 영화보다 관객에 대한 소구력이 있었을 것이라는 말이다.

구술자 : 〔웃음〕 돈 받은 집도 있고. 그래가지고 쫄딱 망해가지고 결국 *을 했어요, 다시 영화를……. 스톱을 했던 기라. 그래 다른 회사를 들어가가지고 (어디……?) 다른 걸 공장에 들어갔는데. 두 달로 해보니까 아예 몬 하겠는 기라 그기. (예, 예) 그래 마슬하고 다시 기계를 구입을 해가지고 지금까지 하고 있는 거지.

면담자 : 그러면은 그…… 그때부터 티브이 같은 게 많이 나와서 사람들이 많이 티브이로 몰렸을 텐데, 다시 공장 다니시다가 다시 이렇게 영화 하셨어요? (예, 영화를 했는……) 어디로 가셔서요?

구술자 : 그건 경상남도. 집이 경남이다 보니까 경상남도를 갔다가 다니면서 고생도 많이 했어요.

면담자 : 그러면은 티브이 없는 곳으로 찾아다니셨어요?

구술자 : 아니, 티브이 하면 부잣집에 있는 기고.

면담자 : 어디, 어디로 가셨어요? 뭐 지금 경남의 군 단위 어디…….

구술자 : 군 단위는 하여튼 경상남도는 싹 다 돌았어요. 이게 뭐 한 열댓 바꾸는 다 돌았어요.

면담자 : 열댓 바꾸라는 건?

구술자 : 열다섯 이상을.

3) 수레를 이용한 경남 비도시 지역 순회 상영

면담자 : 허~ 그럼 차를 갖고 다니셨어요?

구술자 : 그 당시는 차가 없었지요.

면담자 : 그럼 어떻게 이동하셨어요?

구술자 : 저 그…… 촌에 (리어카요?) 그 뭐꼬 말 구르마[8] (네. 말 구르마요?) 말 구르마. 그래갖고 시골에서는 경운기 가지고 또 삐뜩삐득

---

8 구르마는 수레의 방언이다.

나올 때 (예) 경운기로도 또 가지고 가고 차를 갖고도 이동을 하고. 그때는 내 차가 없었기 때문에 저희는 그런 식으로 이동을 했지요. 섬 지역에도 갔고.

면담자 : 허~ 섬 지역에도 가고요? 그럼 그 당시 섬 지역 가면 사람들이 몇 명 정도 와서……?

구술자 : 아우, 그때는 많이 봤어요. 보통 뭐 최하라도 뭐 200에서 300명. 이거는 기본으로 나왔으니까.

면담자 : 그럼 그 어떤 마을에 딱 도착하시면 며칠 동안 거기서 머물면서 일을 하셨어요?

구술자 : 오 일. 빨리 나오면은 삼 일. 그래 안 하면 십 일.

면담자 : 근데 그 어떤 경우에 빨리 나오고 어떤 경우에 길게…….

구술자 : 사람이 없으면 빨리 나오는 거고.

면담자 : 그럼 그 정도 갈려면 날마다 (프로가 다 바뀌……) 매일 저녁 프로가 바뀌었겠네요? 그럼 필름들을 다 어떻게 가지고?

구술자 : 항상 열다섯 개 내지 스무 개 그걸 다 싣고.

면담자 : 무게가 장난이 아니었을 건데. 무게가요.

구술자 : 그거 필름 한 편 무게가 25킬로에서 35킬로. (우와~) 그러니까는 한 차씩 싣고 다니는 편이지.

면담자 : 그러면 그 경운기에 리어카에, 이렇게 리어카로 가면은?

구술자 : 리아카[9]는 안 했고. 그냥 저 뭐 말 구르마라든지.

면담자 : 말 구르마, 말 구르마! 말 구르마.

구술자 : 예. 그 당시에는 또 소 구르마.

면담자 : 그러면 말 구르마 한 대에 다 싣고 이동하셨어요?

---

9 리아카는 리어카(rear car), 즉 바퀴가 둘 달린 작은 수레를 말한다.

4) 학생 단체 대상 반공과 충효 주제 영화 상영

구술자 : 말 구르마 두 (두 대) 두 대로 가갖고 그런 식으로 해갖고 다 했거든요! 그리하면서 나중에 내가 반공 영화 사업하면서.

면담자 : 무슨 영화요?

구술자 : 반공.

면담자 : 아, 반공 영화요?

구술자 : 그리고 충효 영화 이걸 가지고 각 학교 그 강당을 선생님들하고 합의를 봐가지고.

면담자 : 아 그걸 많이…… 비즈니스를 많이 하셨어야 했겠네요?

구술자 : 내가 많이 했어요, 95년도까지 했으니까. 그 학교 단체를. 그래가지고 막 그때만 해도 이제 뭐 자기 생활 연명을 하고 (예) 그리하다가 내가 KBS 홀에 부산 KBS, 울산 KBS, 창원 KBS 여기에 기계도 모찌꼬미[10] 여가지고 한 3년간을 일했어요.

면담자 : 아, 기계를 갔다가?

구술자 : 영사기를 빌리줘 가지고.

면담자 : 아, 영사기를 빌려주고요?

구술자 : 내가 직접 돌리고 기사가 데꼬. 그래가지고 하면서 96년 선부터 KBS 마슬하고. 밖을 돌면서 또 가설극장을 또 했어요.

면담자 : 어디를요?

구술자 : 경상남도. 하물며 저 강원도. (아~) 전라도 일부.

면담자 : 그럼 언제까지 그니까 그러면 말 구르마에 계속 그…….

구술자 : 그때는 말 구르마. 아니지 그거는 차가 나올 때부터는 차를 가지고 했고.

---

10 모찌꼬미는 일본어로 もちこみ로서 지참한다는 뜻이다.

3. 비(非)극장 영화 상영 : 문화 관련 기관 영화 상영

면담자 : 차를 가지고 계속 로뗀바리를 하셨다는 거죠? 어휴 선생님 산 증인이신데요! 역산데요 (예, 완전) 언제까지 하셨다고요?

구술자 : 얼마쯤 한 10년 정도, 15년 정도 되네. 그 전까지는 했어요.

면담자 : 그럼 90년대 말까지 하셨다는 이야긴데요?

구술자 : 예, 그걸 다하고 그 뒤로부터는 각 예술회관이 생기뻈거든. 예술회관 청소년 수련관 뭐 복지관 이런 게 생겼기 때문에 그걸 이용을 해가지고 지금까지 돌고 있다 아입니까!

면담자 : 아, 그러면 인제 '영사기를 가지고 가서 거기에 가서 영사기를 놓고 영화를 상영하겠다.' 이런 방식으로 하셨던 거예요? (예, 돈 받고) 오, 선생님 그러면 그 무슨 예술회관 이런 데 말고 바로 현장에서. 그니까 로뗀바리 쭉 하셨을 때, 강원도 예를 들어서 여기 경상도 구체적으로 어디 지역까지 가셨던 거예요? 그니까 사람들이 티브이가 있었는데도 영화를 봤다는 거죠?

구술자 : 티브이도 나오고 그 뭐 비디오 (예) 그것도 뭐 한참 나오고 (예) 지금까지도 지금 하고 있죠. (그니까) 현재까지 지금 하고 있어요.

면담자 : 예. 그럼, 사람들이 어떤 매력으로 그걸 계속 영화를 보는 거예요?

구술자 : 그러니까 티브이가 있어도 집에서 보는 것하고 (다르죠) 밖에서 보는 것하고 (영화 보는 건 다르죠) 틀린다 이 말이지. 그러다 보니까 자연적으로 그렇게 되어지는 거지. (예) 지금 모레, 내일 말고 일요일 날 남원에 가서도 합니다.

면담자 : 남원 어디 가서요?

구술자 : 남원 춘향예술회관이요.

면담자 : 춘향예술회관 가서 영사기 들고 가서 하신다는 거죠? 선생님 그럼 갖고 계신 그. 영사기 기종이 어떤 건가요?

구술자 : 지금은 필름이 아예 상영이 안 돼. 필름이 안 나오기 때문에. 90……

저 뭐꼬 2013년 부로 필름이 일체 없어졌어요.

면담자 : 전혀 없어졌어요?

구술자 : 예. 필름은 지금 일체 나오지를 안 하고 (디지털 방식으로…….) 디지털로 갖고 하기도 하고. 내는 디지털로 갖다가 완전 영화를 사가지고 그렇게 지금 하고 있거든예. 그러니까 DVD를 직접 사가지고 (DVD를 사가지고요?) DVD를 구워가지고 저 영화사에서 바로 구워주거든, 우리는! 이것도 판권이 있기 때문에 아무 곳이라도 그냥 구워가지고 하지를 몬 합니다. 이거 복사해가지고 하다 걸리면은 (네. 맞아요) 이 벌금을 물어야 되고 그렇기 때문에 우리가 전체 사가지고 그렇게 하고 있습니다.

면담자 : 그럼 노트북, 노트북을 가져가서 거기다가 파일로 해서 파일을 연결해서?

구술자 : 모니터, 노트북이 아니고 저 머꼬 그 자체가 DC, DCP (DCP요?) 다 있어요. (아아, 그걸로) 거기다 빔 프로젝트 (아, 빔 프로젝트요?) 그걸 갔다가 활용하지. 16,000도 가지고 있고.

면담자 : 아, 빔프로젝터를 이용해서 하신다는 거죠?

구술자 : 예, 지금은. 그전에는 13년까지는 영사기를 가지고서 했고.

면담자 : 2013년까지요? (예) 영사기를요? (예) 그럼 그때 영사기 기종이 어떤 것이었는데요?

4. '천막극장' 로뗀바리 영업

1) 영사 기계의 구입과 보관

구술자 : 그 영사기 기종이 저…… '도키아'라 그런 것도 있고 (도키아?) '싱기아'라 그런 것도 있고. 또 그 머 내 이름도 다 모르겠다, 깜박깜박

하고. 기계도 기종이 많아요. (예) 나는 기계가 지금도 한 17~18개가 집에 가 있고.

면담자 : 집에 어떻게 뭐 아파트세요? 아니면 일반 가정…… 단독 주택?

구술자 : 주택.

면담자 : 주택이요? 주택에서 이렇게 보관?

구술자 : 큰 창고가 있어요.

면담자 : 그럼 박물관은 어디에다가 하나?

구술자 : 어, 박물관은 안 했어요. 박물관 뭐 할 필요도 없고. 〔웃음〕

면담자 : 아, 어디 기증은 안 하셨고요?

구술자 : 뭐 기증은 지금은 각 극장에 있던 영사기들이 박물관으로 다 가고. 극장에도 지금 영사기가 다 있거든. 그리고 또 내가 거 밑천을 많이 주고 사다 놓은 게 돼가지고 박물관에서 사러 오는 데가 있어요. 사러 오면은 뭐 헐값에 주고.

면담자 : 그럼 그때 구입하실 때는 주로 어디를 통해서 영사기를 사셨어요?

구술자 : 그 당시에는 기계 파는 사람이 서울에 있었어요. 지금도 그 사람이.

면담자 : 어디에?

구술자 : 지금은 확실히 모르겠네! 종로 쪽으로.

면담자 : 종로 쪽으로요? 거기 영화사?

구술자 : 충무로 쪽으로요.

면담자 : 아, 충무로 쪽에서.

구술자 : 거기 영사기 장사를 전국으로 하는 사람이 있어요. (아하~) 거기서도 사고. 또 극장이라든지 그 기계 그거 하면서 중고로 사기도 하고. 새 거는 너무 비싸거든. 몇 천만 원씩 하기 때문에. 그래가지고 전체를 중고로 구입해가지고 기계 깨끗한 것만. 그래가지고 지금 가지고 필름도 지금 집에 뭐 약간 있어요.

면담자 : 아, 그러세요? 그 필름, 사람들이 요즘은 다 디지털로 바뀌었다고 하더라도 여전히 필름 영사가 주는 그 참…… 멋이 있거든요. 그걸

로 해도 참 좋을 것 같은데요.

구술자 : 그런데 그거는 그놈을 뜬 걸 많이 가지고 다니기에는 그 무겁고, 자체가.

2) 양질의 필름 상영과 상영 현장의 검열

면담자 : 무겁죠. 한 열 통, 기본 열통…… 몇 통 되나요? 요즘, 예전에는 보면 한 통에 20분이었는데, 요즘에는 한 40분 정도로 늘었나요?

구술자 : 네. 40분짜리가 있고. 옛날에는 15분, 20분 그런 게 깡통이 적었거든.[11] 지금은 커 가지고 이제 다섯 개에서 뭐 여섯 개, 또 네 개짜리도 있고.

면담자 : 그러면은 옛날에는 저도 다른 지역 많이 돌아다니면서 로뗀바리 하시던 분들 이야기를 들어보면, 어떤 이야기를 하냐면은 필름이, 필름 상태…… 근데 사장님께서는 필름이 상태가 좋았을 것 같아요. 그런데 필름 상태가 뭐냐면은 대전에서, 예전에 대전에서 이렇게 예전에 뭐 순업이라고 하기도 하고. 로뗀바리라고 불렀는데. 그거를 전문으로 하시던 분이 있었대요. (예) 그러면은 그분들한테 필름을 가져올 때쯤 되면은 예전에 개봉 영화 돌고 재개봉 영화 돌고 다 끝나고 로뗀바리가 도착하니까 필름 상태가 안 좋아서 영화가 전체 한…… 뭐 한 구십 분, 한 시간 반짜리다 그러면은 '나한테 온 것은 한 시간짜리였다.' 그런 이야기를 하셨어요. 근데…….

구술자 : 그런 이야기도 할 수가 있었는데.

면담자 : 네네. 그런 이야기도 해주십시오.

구술자 : 우리는 아주 나쁜 필름은 상영을 하지를 않았고. 가지고 와서 확인을 해가지고 필름이 나쁘면은 그걸 갖다가 임시는 돈이 좋기 때문

---

11 필름을 담은 통이 작았거든.

에 그대로 해 먹겠다고 생각을 안 하겠습니까?! (예. 그렇죠) 그걸 갖다가 돌리고 나면은……. (평판이 안 좋아요?) 다음에는 가면은…….

면담자 : 욕 얻어먹어요?

구술자 : 욕을 먹는 게 아이고 '어, 내나 그 사람이네.' 그런 식이 되기 때문에, 그런 거는 아예 갖다가 소각 시삐지.[12] 소각 시삐고. 어느 정도 또 한 거는 만일 1시간 한 4, 50분 그리 되는 거는 한 5분에서 한 7분 정도는 캇트가[13] 될 수 있지만은. 그리고 밖에서 하는 거는 애들이 못 볼 장면이 있거든.

면담자 : 아, 어른들 봐, 미성년자 관람 불가.

구술자 : 그렇지. 그런 거는 삭제를 시키삐지.

면담자 : 아, 어떻게 그러면 그 필름을 와가지고 미리 보시는 거예요? 보고 이거는…… 잘라버리는 거예요?

구술자 : 그렇죠. 미리 집에서 다 확인을 해 본다 아입니까! 돌려가지고, 필름을 돌려갖고. 그래가지고…….

면담자 : 그럼, 그걸 '요거는 보여주지 말아야겠다.' 이거는 선생님께서 이렇게 딱 결정하신 거예요? 딱 잘라버리고 붙이고 또 계속 가고 그랬던 거예요?

구술자 : 예. 그렇죠.

면담자 : 아!

3) 단매(單賣)로 구입한 영화 필름

구술자 : 그리 해야 되고. 꼭 어른들만 상대할 때는 그거를 그대로 돌려야 되고. (예, 예) 그걸 표시를 딱 해놨다가 그대로 이서 줘야 되거

---

12 소각시켜버리지.

13 커트(cut)가.

든.[14] 우리는 필름을 갖다가 대여를 해오고 그런 거는 없었어요.[15]

면담자 : 아, 아예 사버렸어요?

구술자 : 예.

면담자 : 아, 선생님은 부자셨군요? 〔웃음〕

구술자 : 부자가 아니고, 넘한테[16] 거 실수하는 이걸 갖다가 참 싫어합니다. 지금까지도. 요 우리 지금 애들도. 요 지금 요 옆에 있거든, 사무실에. 걔들도 마찬가지지만 넘한테 실수하는 것 이걸 갖다 참 싫어해요. (예) 그렇기 때문에 넘한테 대여를 하는 그거를 갖다가 잘 안 하고, 웬만하면 돈이 들어도 사가지고 내가 벌어먹든 적자가 가든 (예) 그런 식으로 다 해 삔 기지.[17]

면담자 : 그러면은 그 받으실 때 가격은 그 개봉관에서 했던 거에 비해서 어느 정도 차이가 났어요? 그걸 사실 때요? (인자…….) 필름을 인제 사신 거죠? 그 영화 판권을 사는 거죠? '내가 이 지역, 내가 요것만 틀겠다.' 이렇게요?

구술자 : 그것도 경상남도 부산, 울산까지가 한 구역이고.

면담자 : 아, 부산, 울산이요?

구술자 : 예, 그리고 대구 같은 경우는 경북 대구가 (예. 그렇죠, 한 구역) 저기 울릉도까지 저쪽이 한 구역이고. 전라도 같은 경우는 전라남북도, 제주도가 한 구역이라. (예) 또 충청남북도가 한 구역이고 (한 구역) 또 경기 서울은 또 전체 구역이 나눠가 있는 거지. 우리가 가져온 필름은 똑같은 게 많기 때문에 여기 게 저쪽에 못 가고 (그렇죠) 저쪽께 이쪽으로 못 넘어오고. 그리하다 보니까 결국은 경남 거는 내가 얼핏 다 사는 거지요. (아~ 예) 그라면은 많게는

14 자른 필름을 이어서 배급사에 반납했다는 뜻이다.

15 영화 배급사에서 필름을 대여하지 않고 단매로 구매했다는 말이다. 즉, 반납할 필요가 없었다는 뜻이다.

16 남한테.

17 한 것이지.

1,500도[18] 줬고.

면담자 : 오~ 한 작품에요?

구술자 : 네 (오~ 예) 뭐 적게는 뭐 3, 400도[19] 줬고.

4) 필름 주요 거래처, 부산의 영화사

면담자 : 그럼 그 필름들은 다 어디서 사 오신 거예요? 부산에 있는 영화사에서 사 오신 거예요?

구술자 : 예, 뭐 거서 브로커[20] 하는 사람들이 있고, 또 영화사 거 직접 가서…… 사기도 하고.

면담자 : 아, 그러면 그 부산에 있는 영화사는 주로 다 어디에 몰려 있었어요? 지금 뭐…….

구술자 : 지금은 다 없어졌고. (없어졌죠. 예전…….) 이제 두 군데밖에, 남포동에.

면담자 : 남포동에요?

구술자 : 충무동, 남포동 ****** 딱 이거든.

면담자 : 그럼, 거기서 주로 거래를 하셨던 거예요?

구술자 : 예, 거기서도 하고, 또 때에 따라서는 서울…….

면담자 : 직접 서울에 있는 영화사를 가가지고 사서, 사가지고?

구술자 : 거기는 이제 영화사에서 받아오는 게 아이고, 거기서도 내랑 우리 같이 하는 사람이 있거든. 그 사람들이 브로커를 해가지고, 자기가 받아가지고 또 여기도 팔고 저기도 팔고 그리하는 사람들이 많이 있잖습니까?!

---

18 1,500만 원을 말한다.

19 300~400만 원을 말한다.

20 브로커(broker)는 다른 사람의 의뢰를 받고 상행위의 대리 또는 매개를 하여 이에 대한 수수료를 받는 중매인을 말한다.

면담자 : 그럼 영화사하고 직접 거래하기보다는 중간 거래에서 (그렇지) 브로커가 있어서 그 사람 통해서 했던 거군요? (예) 그러면은 브로커를 통하면은 어떻게 그게…….

구술자 : 조금 더 비싸지.

면담자 : 더 비싸요? 비싼데 왜 바로 직접 영화사에서 안 하시고?

구술자 : 바로 가면은 안 준, 주지를 않는다 이거야. 그럼 그 사람도 벌어먹는 길이니까 그러면 이거를 갖다가.

면담자 : 그니까, 이 필름을 팔았을 때 너무 이 영화사가 서울에서 보기에는 좀 작은 영화사니까 '필름…… 뭐 안 팔겠다.' 이런 태도인가요?

구술자 : 그런 거도 있어요. 지금 대기업 같은 데는 안 팔고 중기업, 밑에 핫바리……. 그런 데서만 하는 거지. 현재에도 지금 마찬가지고.

면담자 : 아, 그렇군요.

구술자 : 지금까지 하고 있다 카믄 뭐.

면담자 : 그러니까요. (예) 오~ 놀라운 일인데요?

5) 전국 유일의 로뗀바리라는 자부심

구술자 : 지금 이리 로뗀을 밖을 돌면서 하는 사람이 (예) 전국에서 지금 내 혼자뿐인데. 여름 되면은 야외 영화 시(市), 군(郡)에서 돈을 주고, 우리들은 가서 돌려주면은 손님들한테는 무료로 돌려주는 그게 상영을 지금 많이 하고 있지.

면담자 : 아, 선생님은 역사가시네요? 로뗀바리의 살아 있는 역사!

구술자 : 내가 그래서 저 뭐 KBS 할 때 '다큐 영화를 갖다가 하나 찍자!' 그라대.

면담자 : 아, 누가요? KBS에서요?

구술자 : 예. KBS에서 내가 3년간을…….

면담자 : KBS 부산이요?

구술자 : 예. 부산도 그렇고, 뭐 감독들 다 알고 한께네, 직접 그런 걸 일체 '나는 그런 걸 하기 싫다.' 그걸 갖다가 내가 고생한 걸 그기 티브이까지 그 놈을 내가지고. 〔웃음〕

면담자 : 아뇨. 고생한 것을 보여주겠다는 게 아니라 저는, 제가 이렇게 선생님을 만나 뵙고자 하는 게 뭐냐면 사람들이 기억하는 건 다 극장이나 아니면 눈에 보이는 것에서만 또는 제도권 안에 있는 것만 기록하잖아요?! (네) 근데 제도권이 아니라 그 바깥에서 얼마나 다양한 모습으로 세상 사람들이 살아가고, 진짜 고생한 걸 사람들이 모르는 경우도 많잖아요?! (그렇지) 근데 이제 그럼에도 불구하고 또 하나, 우리 삶의 역사고 또 우리나라의 또 하나의 역사이기 때문에 저는 온당하게 이렇게 알아야 된다고 생각을 하거든요. 그래서 '남 고생한 거를 듣겠다!' 뭐 이런 게 아니라 '아, 그때 그런 일이 있었구나.'라는 거를 알고 싶은 마음이에요. (그래, 그런…….) 아마 그때 그 PD들도 그런 생각하지 않았을까요?

6) 일개 군 지역에 서너 명은 있었던 로뗀바리 흥행사

구술자 : 예. 그 생각도 내가 그 사람들한테 뭐든 하는 행실이라든지 야물게 해주고, 자기들한테도 손해를 안 끼칠 정도가 되니까. (그렇죠) 쓰읍…… '우리 김 사장 같으면은 이거 다큐로 하나 찍어 놔도 괜찮겠는데…….' 그러면 그 찍는 데 문제가 아니고. 괜히 그 전국에 영화 하는 사람이 그 당시만 해도 엄청 많았어요. (지금 다들 안 계, 안 하시죠) 예, 일개 군에 보통 세 사람 내지 네 사람이 다 있었으니까.

면담자 : 로뗀하시는 분들이요? (예) 오, 많았었네요?

구술자 : 예. 그 당시에는 티브이가 없고. 있어도 시골에 사람이 많았다, 아닙니까?! 그러니까 70년도부터 새마을 바람 불고 나서 공장이 많아

지다 보니까 촌에 젊은 사람들 싹 다 도시로 (다 빠져나갔죠) 다 빠져나가고. 그때부터, 그때만 해도 시골에 애들이 많았다고. 애들이 많고 한 게 자연적으로 어른들이 많이 보기도 하고 애들이 많이 오거든. 그러니까 뭐 천 명도 들어왔다. (예) 뭐 우리가 최고 내가, 매상을 많이 해보기는 머⋯⋯ 하루에 한 삼천 명까지 또⋯⋯.

면담자 : 허~ 어디서, 어디 선데요? 어디 지역에서?

구술자 : 그 지역 뭐 〔웃음〕 그 이야기를 나도 하기는 그거는⋯⋯.

면담자 : 예? 아, 그런 이야기는 진짜 그야말로 들어야 되는 이야긴 아닌가요?

구술자 : 그걸 그런 거를 해주면 좋은데. 근데 지금은 극장이 다 들어섰고. 그전에는 극장이 있다가 (예) 싹 다 극장이 망해 자빠지고 (그렇죠) 예술회관이 (맞아요) 있다가 보니까. 뭐 하루 뭐 진짜 뭐 3,000명 뭐 KBS 같은 데 할 때는 하루에 뭐 4, 5,000명.

5. 비(非)극장 영화 상영

1) 비도시 예술회관의 영화 상영 참여

면담자 : 그러니까 선생님 그 요즘은 극장이 도시에만 있잖아요?

구술자 : 예, 도시도 있고 지금 촌에도 지금.

면담자 : 예, 최근에 생겼어요. 그런데 촌에 생기기 전에 예술회관 이런 데서 예전에 극장 있다가 다 없어졌잖아요. (예) 그래도 읍 단위에는 기본적으로 두 개씩 있었거든요! 다 없어지고 그러고 나서 최근에 와서야 뭐 (예, 작은 영화관) 회관이네, 작은 영화관이 들어섰지. 그전에는 다 사라져버렸어요. (예. 다 맞습니다) 그럼 그때 가서 이렇게 회관 같은 데서 상영을 하셨던 거예요?

구술자 : 예.

면담자 : 예, 그때 3,000명씩 오고 그랬던 거예요?

구술자 : 우짜다가 뭐 프로 좋은 놈은…….

면담자 : 그 어떤 프로가 그렇게……?

구술자 : 주로 많이 온 게 한동안에 뭐 하다가. 13, 14년 그때부터 거 〈실미도〉(강우석, 2003)라든지 (그렇죠) 〈왕의 남자〉(이준익, 2005) 또 〈괴물〉(봉준호, 2006) (예, 괴물이요) 이런 것이 좀 많이 들었지. 옛날에 또 그 〈로보트 태권 V〉(김청기, 1976).

면담자 : 70년대 〈로보트 태권 V〉요?

구술자 : 그런 게 많이 들었어.[21]

2) 대원여객을 보고 정한 영화사 이름 대원영화사

면담자 : 근데 선생님 로텐은 제가 알기로 로텐하면 그냥 하는 게 아니라, 가서 뭐냐면 저기…….

구술자 : 허가도 다 내야 되고.

면담자 : 허가도 내야 되고, 신고도 해야 되고, 대본도 가서 보여주고 그랬다고 하더라고요.

구술자 : 예. 싹 다 했어요.

면담자 : 근데, 그 하시면서 제일 고생했던 게, 아까 선생님 말씀하셨던 고생했던 게 어떤 게 제일 고생스러웠어요?

구술자 : 우리는 그 저기 고생스럽게 뭐 그 하지는 않았고. 정상대로 내가 그 대원영화사 간판을 걸고 내가 직접 다니면서 싹 다 그걸 했기 때문에 그렇게 외롭게 하지는 않았어요.

면담자 : 아니, 아까 고생한 걸 굳이 뭐 하러 다 방송에 만드느냐 하셔

---

21 입장 관객 숫자가 많았다는 뜻이다.

서…….

구술자 : 그거는 옛날에 그 천막극장 할 때.

면담자 : 그니까 그 천막극장 할 때 그 이야기가 선생님, 정말 역사가 없어요. 그래서 정말 듣고 싶어요……. 없어요. 어디 가서 들을라 그래도. 근데 이게 굉장히 그 당시에 천막극장을 많이 했었거든요.

구술자 : 예. 많이 했어요.

면담자 : 그런데 그거를 누구 하나 이렇게 정리를 해서 이렇게, 꼭 극장에서 영화를 본 게 아니라 바깥에서 보고, 거기서 일했던 사람도 많고. 이런 게 없더라고요. 그래서 이렇게 선생님 만나 뵈러 왔습니다.

구술자 : 〔웃음〕

면담자 : 근데 이 대원영화사라고 하는 이름이, 다른 데서도 저는 대원영화사라는 이름을 들었거든요. 그래서 이게 서울에 있는 영화사에서 이름을 빌려준 거예요? 아니면?

구술자 : 아닙니다. 대원 저 뭐고 동화라고 대원영화사 제목을, 그 대원동화.

면담자 : 대원?

구술자 : 거기가 그 대원영화사 그 지금 필름을. 지금도 거 우리가 필름을 거기서 받아쓰고 있어예.

면담자 : 아, 대원동화?

구술자 : 예. 대원동화.

면담자 : 아, 대원동화? (예)

구술자 : 예. 그걸 갔다가 내가 딴 게 아니었고. 우리 마을에 버스가 요 그 시내, 그 뭐 시외버스 대원여객이 있었는 거라.

면담자 : 아, 예. 저기 선생님 고성이에요? (예) 사천, 사천읍에요?

구술자 : 욜로[22] 다니는 대원여객이 있었는데. 그 당시 그 대원여객이 *더 있었는 기라, 버스가. 그래 저기 '내가 간판을 저걸 달아야 되겠구나!'

---

22 여기로.

면담자 : 대원여객 보고요?

구술자 : 하모. 그걸 보고 대원여객을 보고 '저 버스가 잘 돼야 될 낀데.' 그런 욕심으로 '내도 대원을 한번 해 봐야 되겠다!'

면담자 : 아, 그 이름을 대원여객, 여객에서 보고?

구술자 : 그것만 퍼뜩 머리에 떠오르더라고, 딴 것도 많은데. 경남이면 경남, 제일영화 하면 제일, 뭐 이런 걸 갖다가 붙여야 될 낀데. 그래 대원영화를 갖다가 대원영화사라고 신고, 허가 내러가 가지고 '뭣을 할낍니까, 명칭을?' 그랬지 뭐. 그래 '대원영화사를 하겠다.' 바로 붙이 뻰 기라. 그게 지금까지. 그전에는 내가 이제 정상으로 허가 낸 지가 82년도에.

면담자 : 아, 80년도에?

3) 부산의 현대영화사

구술자 : 그때가 내 명의로 처음 냈고, 그전에는 근데 영화사라카는 그 내가 나이가 좀 있고. 그래 좀 어리고 해놔 놓으니까 내 명의로 허가를 못 내겠더라고. 그래 영화사 간판을 빌리 갖고[23] 다녔지.[24]

면담자 : 그때 뭐 어떤 영화사를 빌리셨어요?

구술자 : 그때 그저 뭐꼬 현대영화사.

면담자 : 그러면 그때 그 영화사 이름을 막 그렇게 많이 하셨더라고요. 그러면 빌릴 때는 그 서울에 있는 아니면……?

구술자 : 우리 저 부산.

면담자 : 부산에 있는 영화사 이름을 가지고 이렇게 활동하신 거죠? (예) 그렇게 많이 하셨더라고요.

구술자 : 예, 전체 다 얼추 보면 다 그랬어요.

23 빌려서.

24 1982년에 대원영화사를 영화사 정식 명칭으로 등록했다는 말이다.

면담자 : 다 그렇게 했어요. 그렇게 했어요.

구술자 : 한 사람 걸 갖다 해가지고, 그때는 허가 내기가 아주 힘이 들었고.

면담자 : 그리고 또 그 영화사 쪽에서 이렇게 허락을 해주셨…….

구술자 : 내가 저거 빌린 것도 그때 또 (많이 갖다 쓰셔서?) 또 해서 빌리고 쓰니까 저가 내 빌리주는 거이거든. 한 사람이 보통은 뭐 다섯 개, 많게는 열 개씩 뭐 그리까지 쓰는데, 그 당시. 그래갖고 한 달에 얼마씩 받고 대여를 해주고 그리 할 땐데. 그래갖고 내가 8…, 82년도에 거기에 법이 또 바뀌다 보니까 군(郡)에서 허가를 해주더라고.

면담자 : 아 그러셨…….

구술자 : 그전에는 문광부서 했거든 (아, 그때) 문화공보부에서.

4) 순회 영화 상영 담당 행정 기관의 잦은 교체

면담자 : 그럼 고성군에서 이렇게 하셨던, 했던 거예요?

구술자 : 그래갖고 고성군에서 82년도 처음 거 딴 사람들이 군에 가니까, '김 사장 그리 말고 군에 지금 허가가 바뀌어 가지고 군에서도 받아준다.' 그 군에 와서 신청을 해라카대. 그래갖고 하니까 발전기, 영사기 모든 것을 갖다가 싹 다 집에 와서 확인을, 장비를 싹 확인을 해가지고 그래갖고 허가를 내주더라고.

면담자 : 아, 군에서 와서 다 확인하고요?

구술자 : 네. 사진 다 찍고. 그래가지고 그때부터 가지고 있으면서 경상남도에서 그 허가를 **를 시키고 경남도에서 또…… 했는 거라.

면담자 : 아, 또 경남도에서 관리했어요?

구술자 : 예, 경남도에서 하다가 또 얼마 안 가서 문광부서.

면담자 : 관리하는 데가 또 달라졌어요?

구술자 : 예, 그래 문광부서 또 내가지고 또 영상위원회……(아, 영상위원회요?) 예. 영상위원회까지 허가를 다 받았지. 그 계속 내는 대원영

화사만 물고 들어간 기라.

면담자 : 그러면은 처음에는 군에서 했다가 나중에 도(道)에서 했다가 나중에 문광부, 영상위원회, 그러다 영상위원회. 그러면 그렇게 관리하는 기관이 달라졌던 거예요?

구술자 : 그렇지. 자꾸 이리 가고 저리 가고 막. 지금은 또 어데로 갔느냐면은 지자체로 바로 또 넘어가 뻰 기라.

면담자 : 선생님이 생각하실 때 왜 그렇게 관리하는 기관이 달라진 것 같아요?

구술자 : 모르겠어요.

면담자 : 〔웃음〕 저도 모르겠네요, 갑자기.

구술자 : 그거 저도 해주라 카는데, 뭐 해 뻰 기지. 그러면 바뀌면 '몇 월 며칠부터 뭐 바뀐다.' 그러면 '그 다시 재신고를 해라!' 그러면 그쪽으로 여-주는 거야. 아무것도 아니께네. 그러면 한 일주일 있으면 신고필증이 내려오거든. 그래 사업자 등록이라든지 일체 다 되가 있는 기고.

6. 순회 영화 상영 풍경

1) 순회 영화 상영을 위한 기본 절차 : 장소 물색과 지역 유지의 동의서 획득

면담자 : 그럼, 그때 영상 관련해서 이렇게 영화를 상영하려면 법이 그렇게 자꾸 바뀌었던 모양이네요? (그렇지) 선생님 그러면은 예전에 로뗀 하셨을 때 이야기 다른 분들한테, 저기 전라도 쪽 가서도 이야기 들어보고 이러면, 이거를 상영하러 가기 전에 상영 장소에다가…….

구술자 : 동의서도 받고.

면담자 : 뭐요?

구술자 : 동의서.

면담자 : 동의서도 받아야 돼요?

구술자 : 동의서. '이웃에 시끄럽다.' 이 말이지.

면담자 : 예. 집회 신고서를 내야 되죠? 그럼 경찰서도 가야 되고, 거기 면 사무소도 가야 된다고 하더라고요.

구술자 : 첨에 허가를 내기 위해서 장소부터 먼저 물색을. 장소를 물색하고 나면 그 주위의 동의서를 또 받아야 돼요.

면담자 : 누구로부터 받아야 돼요?

구술자 : 구장[25] (구장이요?) 그 다음 새마을 지도자 (아이고) 요즘 같으면 이장이지. 그때는 구장이지. 동장이라든지. 이런 사람한테 받아가지고.

면담자 : 몇 사람한테 받았어야 했어요?

구술자 : 뭐 보통 일곱 사람 (허!) 많게는 열다섯 사람.

면담자 : 그니까 경찰서나 저기 (그거는……) 면사무소 말고 더?

구술자 : 그렇지, 그 전에!

면담자 : 그 전에! 장소에 대해서 일곱 사람이요? (어!) 굉장히 힘드셨겠네요?

구술자 : 그게 제일 힘이 들지.

면담자 : 그러면 어떻게 그거를 다 하셨어요?

구술자 : 가서 뭐 이야기하면.

면담자 : 이렇게 뭐 식사도 하고 〔웃음〕 밥도 사주고 술도 사고 그런 거요?

구술자 : 아니. 그런 거는 없었는데.

면담자 : 그럼 어떻게 그렇게 하셨어요? 쉽지 않았을 텐데.

구술자 : 그 처음에 들어가면은, 내가 '요 땅이 요 너리다. 요 땅이 지금 되

---

25 구장은 일제강점기 행정구역의 최말단의 직책을 말한다. 현재 도시의 통장 또는 비도시 이장에 해당한다.

겼다.' 싶으면 이 땅 주인부터 먼저 만나는 거예요.

면담자 : 만나야 돼요?

구술자 : 예. 만나가지고 '이 땅을 빌리주느냐, 안 빌리주느냐?' 땅을 안 빌리주면 동의서를 받을 필요가 없잖아요. (예) 그러면은 그라믄 '뭐 할 낀데요?' '영화 할 겁니다.' 그러면 며칠 가격을 또 정하는 거라. 그 세를 정해놔 놓고.

면담자 : 아, 무료가 아니었군요? (예. 무료가 아이지) 저는 이제까지 다 무료라고 생각했는데.

구술자 : 싹 다 해가지고. 그 다음에 장소 승낙서를 받는다. 지금은 서류 지금 아예 뭐 없는데. 장소 승낙서 받아가지고.

면담자 : 예전에 이렇게 서류 써 가지고 승낙서 받았어요?

구술자 : 예. 싹 다 받았어요.

면담자 : 그럼, 일정한 형식이 있는 게 아니라 그냥 적어. 종이에 적어 가지고,

구술자 : 그 형식을 다 짜가지고. 그래갖고 얼추 전국이 똑같지. 그라고 서울 사람 '니는 우찌하네?' 그라믄 '우찌한다!' 그라믄 또 올라가서, 그때는 팩스가 없을 당시 아입니까?! 그라믄 거기다 여갖고 우체국으로 보내준다. 그래갖고 그걸 갖다 다시 복사를 하는 거예요. 그러면 한 볼탱이 해가지고, 뭐 1년 쓸 거면 1년 쓸 거, 2년 쓸 거면 2년 쓸 거. 그래가지고 '한다.' 그라믄 동의서 받고. 그러면 제일 먼저 또 구장을 찾아가야 돼.

면담자 : 구장님이요?

구술자 : 예. 이장이나.

면담자 : 지금으로 따지면 이장이나?

구술자 : 그렇지. 그다음에 이제 새마을 지도자 (새마을 지도자) 그 사람들이 제일 오야아닙니까, 부락에서는? (예. 그렇죠) 그라믄 그 주위에 조금 시끄럽게 좀 피해를 아무래도 시끄럽고 늦게까지 뭐 한께네. 그 사람들한테 동의서 받으면 가서 초대권도 주고. 영화는 공

짜로 비춰야 될 것 아이가……?!

면담자 : 그 사람들은 동네 청년들이나 뭐 예전에 동네 어깨들 아니었어요? 〔웃음〕

구술자 : 있었어요.

2) 영화 상영장의 텃세

면담자 : 예. 그 사람들한테 뭐 이렇게 초대권 주면서 '좀 시끄러워도 봐줘라.' 이렇게 하셨던 거예요?

구술자 : 뭐 그런 것도 있고 싸움도 많이 하고.

면담자 : 그니까 뭣 때문에 싸운 거예요? 그니까 저, 저…….

구술자 : 그 당시에, 내도 싸움을 참 많이 했는데, 작아도.

면담자 : 예전에 다, 다, 다 그런 말씀 하세요. 싸우고 들어갔다!

구술자 : 예~ 많이 싸웠어요, 그런데 그 사람들이 왜 그러냐면은 그 당시만 해도 촌에 아가씨들이 엄청 많았던 거라. 그라면은 '내가 내다!' 힘 준다고 와서. 영화 하는 사람들하고 시비를 거는 거라 (아!) 그 당시에는 그런 게 참 많았어요.

면담자 : 여자들한테 잘 보이려고요? (예) 내가 이거, 이 동네 주인이고! 힘 자랑하러 온 거예요? (그렇지) 일종의 한마디로 텃세네요, 텃세.

구술자 : 결국 그렇다고 봐야지.

면담자 : 근데, 근데 그때 이렇게 초대권 주면 조용해지지 않아요? 〔웃음〕

구술자 : 초대권도 뭐 주면 또 조용한데, 또 다른 애들이 와서 개지랄 하거든.

면담자 : 뭐라고 또, 그, 그러는 거예요. 또 뭐라고 또 와서 떠드는 거예요?

구술자 : 와서, 뭐 사람, 아가씨들 다 주위에 놔놓고서는 돈도 안 준다, 돈도 안 주고, 그래 입장료 내놔라, 그리 될 것 아닙니까?

면담자 : 이, 아 무슨 입장료를 달라고요?

구술자 : 아 관람 포장을 쳤으니까 관람료 표를 살 거야 될 것 아이가? 그라믄 마지막에 준다꼬, 사람 숫자로 세어 넣는다.

면담자 : 다 넣어, 다 넣고 그 다음에 그냥 공짜로 들어가려고 하는 거예요?

구술자 : 다음, 그래갖고 그것 때문에 좀 많이 싸우는 거지.

면담자 : '왜 공짜로 들어오느냐?', '뭐 내가 좀 들어가면 어떠냐?' 뭐 이렇게 싸우는 거군요?

구술자 : 그래가 싸우는 기지.

면담자 : 그러면은 항상 누가 이겼어요? 〔웃음〕

구술자 : 전혀 무승부지. (예?) 돈은 일부는 받지. 백 프로는 다 못 받아도 결국은 무승부지 뭐.

면담자 : 무승부죠. 그렇죠. 지고 이기는 사람이 없어요. 어찌 됐건 그런 절차가 있어야만 그날 밤에 영화가 온전히 돌아갔군요? 〔웃음〕

구술자 : 〔웃음〕

면담자 : 첫째 날은 그러고 둘째 날, 셋째 날은 좀 괜찮았어요? 끝날 때까지 그랬어요?

구술자 : 끝날 때까지 그래하는 데도 있고 (아, 주로 어디 지역이?) 그럼 딴 사람들이, 그거는 지역마다 얼추 다 그랬어요.

면담자 : 그럼 뭐 특별하게 그렇게 좀 지역에 소위 텃세가 강한 지역이 있었나요? 아니면 대부분 다 그랬나요?

구술자 : 얼추 보면, 얼추 한 80%가 넘지.

3) 순회 영화 상영 장소

면담자 : 그럼 주로 어떤 지역에서 그런 거 같아요?

구술자 : 주로 해변가 쪽이 좀 드세고. 해변 쪽이 없는 곳에서는 장터가에 (예, 장터요) 왜냐면 시장가에서 많이 했거든. 그 장터가에서 하면은 자연적으로 각 지역에서 다 모여요. (그렇죠) 각 지역에서 다

모이면 뭐 저기까지 모여갖고 뭐 자연적으로 오면은 (술도 먹고) 그렇지 먹고 하면은 '내가 뭐 어떠네!' 그러면서 '내가 오늘 저기 가서 절마들하고[26] 한번 조져볼게!'(라고) 싸우면서 그런 요소들이 많이 모여 있지.

면담자 : 그러면은 그 혹시 경쟁 관계는 없었어요? 뭐 예를 들어서 갓, 물론 로뗀바리 동시에 열기는 힘들었겠지만 로뗀바리 말고 뭐 약장수나 아님 로뗀바리하고 서커스나 뭐 이렇게 같이 경쟁 관계 없었어요?

구술자 : 그 경쟁 관계는, 그는 약하고 우리하고는 분제가 틀리기 때문에.[27]

면담자 : 예, 분야가 다르기 때문에.

구술자 : 예. 그거는, 그런 거는 이상이 없는데. 업자들이 똑같은 로뗀하는 사람들이 숫자가 많아 놔놓으니까 '내가 먼저 가겠다, 네가 먼저 가겠다.' 그러면 싸움을 안 하기 위해서는 먼저 가서 해 놔 놓으면. 가면 '동의서 받아 갔습니다.' 그러면은 다른 데로 가는 거지.

면담자 : 그러니까 동의서가 제일 가장 큰 힘이었군요? 우리 먼저 받았으니까 다른 데…….

구술자 : 그러고 면사무소 가보면은 '신고가 얼마 전에 언제부터 언제까지 합니다.' 그라면 '다음 ** 오십시오.' 그렇게 이야기도 하고. 그러고 제일 어려울 때가 이제 농번기 때.

4) 흥행의 최적기 여름철

면담자 : 농번기 때요?

구술자 : 그때가 제일 고역이지.

면담자 : 왜요? 너무 그…….

구술자 : 한참 바쁘다 그래 쌌는데 허가는 안 내주지. (아!) 촌에는 요즘 맹

26 저 놈들하고.

27 분야가 다르기 때문에.

키[28] 기계가 하는 게 아이고 전체 사람 손으로 쓰는, 할 땐께네 '그 때만은 좀 피해달라!'

면담자 : 근데 물론 면사무소가 그때 바쁘겠지만, 저녁에 일하시고 저녁에 와서 보는 분들 안 있었어요? 여름에 보니까 저녁에 *** 하고 와서 보고 그런. 제일 장사 잘되는 때가 언제였어요? 철이 언제였어요?

구술자 : 머 농번기 조금 피해고 나서 그때부터 제일 낫고. 가을철에 조금 낫고. 겨울철에는 장사가 잘 안되고. 그런데 옛날에는 여름철이 제일 좋았고.

면담자 : 예. 여름철이요. 근데 행정상으로 면사무소에서 서류 절차하기가 좀 힘드셨죠?

구술자 : 제일 가을이 힘이 들지. 농번기 때, 여름 보리 베기 모내기할 그 당시. 또 지금 같으면은 나락 타작하고 가을걷이할 때 그때가 조금.

면담자 : 왜요? 그때면 그 면사무소 직원들도 일 도와줘야 하기 때문에 그랬던 거예요?

5) 읍 단위 또는 도시 변두리를 순회한 시골 마을 농번기

구술자 : 아니, '국민들이 그럴 때고 한데, 그것까지 떠들어 싸면 사람들이 더 피곤하지를 않으냐? 그걸 조금 넘겨갖고 오니라.' 그랬던 거지.

면담자 : '한창 바쁠 때 피하고 와라?'

구술자 : 그러면은 그런 때는 어디로 가냐면은.

면담자 : 어디로 가셨어요?

구술자 : 읍 단위.

면담자 : 읍 단위요? 시골이 아니라 도시 쪽 읍 단위.

구술자 : 도시 변두리로, 글로 들어가게 되지.

---

28 요즘처럼.

면담자 : 그러면 경상도 어디 읍 단위로 다니셨어요?

구술자 : 우리는 부산에 저 해운대까지도 했는데 그 당시에.

면담자 : 아, 바닷가에서 하셨던 거예요?

구술자 : 예, 저, 저 다대포도 하고 (다대포도 하고) 광안리, 송정 뭐 기장에서 저 울산 뭐 정자까지 (와~) 많이 다녔어요. 그 바닷가를 쭉 그때는 그 철로 따라서 그래 다 피해 다니고.

면담자 : 그때 말 구르마 이런 것으로 다니셨…….

구술자 : 그 당시에는 말 구르마도 그때는 차가…… 그 삼발이가 있었어요.

면담자 : 예, 압니다.

구술자 : 거기에 빨리 나오는데 말 구르마는 그리 많이 안 썼어. 시골 같은 데 아주 골짜기 들어가면은 소 구르마를 이용을 또 했지마는. 말 구르마 그런 거는 좀 힘이 들었지. 자주 안 썼지!

6) 일기의 변화와 순업 흥행

면담자 : 그러면 선생님 그 로뗀하시면서 제일 힘들었던 거는, 그니까 우리가 어찌 됐건 이거를 상영하려면은 허가를 해야 하니까요. 근데 제일 걱정되는 건 날씨 걱정이 컸겠네요? 날은 잡아놨는데 그때 비가 와버린다 이러면 진짜 난감하잖아요?

구술자 : 예. 장마 와가지고 뭐 어떤 데는 한 20일까지 백혀 가지고[29] 가지도 오지도 못 하고 있는 그런 때도 있었지요. 그때가 제일.

면담자 : 어디서, 어디서……?

구술자 : 그건 어디라고도 모리겠다, 워낙 많이 해놔 놓으니까. 어떤 때는 여름 되면은 뭐 그런 거는 자주 있게 마련인데.

면담자 : 그러면 제일 힘드셨던 게 일곱 여덟 명 움직이면 그분들 먹고 자고

29 다른 곳으로 이동하지 못하고 한 지역에서 머물렀다는 말이다.

하는 그 돈이 제일 많이 들었겠네요? 그거 진짜 그 난감하셨겠네요? 고생하셨겠네요, 한 마디로? 〔웃음〕

구술자 : 어떤 때는 시계 맡겨놓을 정도로. 영사기도 (맡겨놨어요?) 어떤 때는 영사기는 못 잡히고. 필름을 잽히놔 놓고 '저쪽 가서 벌어갖고 갖다줄게!'

면담자 : '갖다줄게!' 그런 식으로요?

구술자 : 그런 식으로도 많이 했지.

면담자 : 그럼, 장마 때는 또 장마라서 못 했겠네요? 아, 그니까 1년으로 따져보면 그렇게 1년에 한 1년 내내 했던 게 아니라 겨울 추울 때 피해야지, 여름에 농번기 피해야지 (그렇지) 장마 지면 못 가지, 추우면 또 못가지 이러면 한 1년에 절반 정도……?

구술자 : 절반 정도. 한 60% 하고 40%는 몬 한다고 봐야지.

면담자 : 그럼 40% 그때는 어떤 일을 해서 생계를 유지하셨어요?

구술자 : 내는 그래 영화는 해. (영화를요?) 어떻게 하든 간에 그…….

면담자 : 근데 돈이 안 들어오는 거죠?

구술자 : 그러면 창고를 빌리 가지고. 비가 장마가 질 때는 창고 같은 거 빌리 가지고 하기도 하고. 그래 머리를 써야지.

면담자 : 아~ 창고요 맞아요. 그런 게 있었죠?

7. 1970년대 학생 대상 반공 영화 단체 상영

구술자 : 그라믄 창고 같은 것을 빌리 갖고 하고. 또 어디로 가냐면은 각 학교 그 학생들 단체 관람.

면담자 : 예. 학교요. 예전에는 학교에서 강당에서도 많이 했었어요.

구술자 : 그렇지. 학교 강당이 있는 곳에서는 칸막이 뜯어갖고.

면담자 : 예. 학교 칸막이 뜯어가지고.

구술자 : 칸막이 뜯어갖고 상영도 하고. 그라믄 학교 가가지고 이야기를 하면은, 그 영화에 따라서 뭐 '나는 공산당이 싫어요.' 뭐 〈저 하늘에도 슬픔이〉(김수용, 1965) 그런 걸 갖다가 많이 했지. 나는 6·25 전쟁을 저기 한 〈낙동강은 흐르는가〉(임권택, 1976) 이런 영화들을 가지고 그걸 많이 했어요.

면담자 : 〈낙동강은 흐른다〉요? 6·25 전쟁 가지고요? 그 많이 어찌 됐건 경상도에서 그 많이 사람들한테 어필을 했겠네요? 왜냐면은 여기가 최후 보루였으니까요.

구술자 : 그런 것도 막. 그리고 학교마다 협조를 잘 해줬고. 그래 쭉 내는 〈홍의장군〉(이두용, 1973) (예, 〈홍의장군〉요?) 그걸 가지고 좀 많이 돌았지. (아, 그랬어요?) 그리고 의령, 함안, 합천, 거창, 창녕 쪽으로 많이 돌았지.

8. 로뗀바리 흥행의 절차

1) 영화 상영 장소의 물색

면담자 : 그러면 어떻게 돌아다니시면서 어떻게 저기서 '저 자리에서 해야 되겠다.' 그걸 어떻게 아신 거예요?

구술자 : 어떻게 보면.

면담자 : 돌아다니면서 보시는 거예요? 이렇게 보고 '저기 해야 되겠다?'

구술자 : 그렇죠. 여기 일주일 하는 동안에 그 뒷날 낮에는 영화를 몬 한다 아입니까? 그러니까 가는 거야. 내가 가면, 만일 여기서 사천 같은 경우에 '고성을 가야 되겠다.' 그럼 고성을 가는 거라. 고성 가서 한 바퀴 싹 훑어보고 '자리가 저 되겠다.' 동네도 크니까. '저기 되겠다.' 그라면 그 중심지를 갖다가 택해가지고 하고. 여기도 뭐 밖에

천막 쳐가지고 많이 했어요. 여기 사천 여기도. 각 면마다 그때는 아동 수가 보통 700에서 막 1,000명. 동네 큰 데 그런 데도 가보고. 동네 큰 데도 가보면 학생 수가 한 300명씩 그래 돼 있거든! 그런데 가도 한 200~300명씩 들어오는 거라. 어른들하고 같이 오기 때문에.

면담자 : 200~300이면 굉장히 많은 숫자가 많은 거예요.

〔면담자가 갑자기 사천시외버스터미널 위치의 변경에 관하여 물음.〕

2) 흥행 성공을 결정지은 홍보 여부

면담자 : 그러면은 저기 뭐 특별하게 어디 지역을 가면 이런 영화가 잘 되고, 예를 들어서 뭐 해안가 지역을 가면…….

구술자 : 얼추 비슷해요.

면담자 : 어, 대부분 비슷해요? 해안가라 그래서 특별하게 이런 영화 잘 되고?

구술자 : 예, 그런 거는 아니지!

면담자 : 없었어요?

구술자 : 그 당시에는 영화가 매스컴을 한 번 타삐면 어디를 가도…….

면담자 : 다 똑같아요?

구술자 : 다 똑같지. 한 개가 여기가 안 되면은 그거는 뭐 계속 안 되고.

면담자 : 어떤 영화가 안 되던가요? 매스컴 탄 것 말고. 선생님께서 이렇게 사업하시면서 이렇게 간지가 딱 감으로 느꼈을 때 '아 요런 거는 안 되더라.' 이런 게 어떤 게 안 되던가요?

구술자 : 그런데 (예) 이게 안 된다고도 볼 수가 있지만. 우리는 내는 필름을 그 당시에 80년도부터 저희들 필름을 갔다가 한 3천 개 넘게 다 해왔어요.

면담자 : 80년도부터요? (네) 선생님께서요? (예) 어떻게 그렇게 다?

구술자 : 그 부산에 영화사가 12개가 있었는데, 그 영화사 필름을 극장 개봉 떨어지고 나면, 어데로 가야 되냐면은 소각장으로 다 가야 돼! 소각장으로 가야 될 걸, 그리고 영화사에 입회를 하는 사람이 잘 아는 사람이에요. 또 있었는 거라. 그 *** 소각 거 보내기 전에 '아-들 먹고 살구로 거따가 팔아삐라.' 그러면 소각을 시키면은 돈을 줘야 저가 소각을 시켜야 되고.

3) 로뗀바리 상영을 마친 필름의 행방

면담자 : 선생님 진짜 소각장에 가서 그 필름을 태웠어요?

구술자 : 옛날에는 소각장에 가…….

면담자 : 어디 소각장이요?

구술자 : 그건 확실히 모르겠어요.

면담자 : 극장이 소각장에 가서 돈 주고 태워버렸다는 거예요? (그렇지. 옛날에는) 개봉하고 재개봉하고 끝나고 나면요?

구술자 : 다 끝나고 나면은……. 그래가지고 그 중간 브로커가 그걸 전체 사가지고. 대전에도 있었고 서울에도 있었고 많이 있었는데. 대전에도 내가 필름을 올려주기로,[30] 한 500~600개 한 1,000개 가까이 올려줬고. 광주 쪽에도 〔웃음〕 필름을 많이 올려줬어요. 많이 사가. 그 우리가 팔아먹을 적에는 그 당시에 필름을 한 개에 얼마 정도 주고 샀느냐면 20만 원에서 30만 원.

면담자 : 한 편에요, 한 작품에요?

구술자 : 그러니까는 요기서만 쓰기 때문에, 다른 데를 못 가니까. 그라고 이거는 도시 소각장에 가야 될 필름들이고, **** 그 대신 필름 짤

30 '올려주기로'는 팔았다는 의미이다.

뱅이는 99%라. 극장에만 딱 쓰고, 밖을 (돌지 않아서요?) 안 돈 거기라. 그리고 필름 한 작품이 몇 개쯤 나오냐면 이 영화 같으면 필름이 많게는 다섯 개에서 일곱 개 정도 나오니까. 그렇게 하면 잘되는 거는 한 일곱 개가 필름이, 같은 게 일곱 개가 되고 (예) 장사가 좀 안 되는 거는 한 서너 개밖에 안 되고.

면담자 : 작품이요?

4) 상설극장 상영을 마친 필름의 행방과 로뗀바리의 상영

구술자 : 내는 그 필름 프린터가 한…….

면담자 : 필름 프린터요, 몇, 몇, 다섯 벌, 일곱 벌 된다는 거죠?

구술자 : 그렇지 그라면 그걸 갔다가 싹 다 가져오는 거라. 가지고 와가지고 인자 저쪽에, 너그 안 들키거든 사가 가라, 들키거든 내가 책임 안 진다, 그라믄 들키삐면. 저쪽에서 필름 싹 다 뺏어가 삐거든, 뺏어가버리고 형사 조치를 하던 그거는 내가 책임 안 진다. 그럼 저쪽 것도 이쪽에 내려오는 거라.

면담자 : 그렇죠. 대전이나 저기 전라도에서요.

구술자 : 하면 그쪽께 또 이쪽으로 내려오거든. 나한테 내려오거든.

면담자 : 어떤 경우 그게 내려와요? 필름이 좋아서 내려와요? 아니면 저기서 벌써 끝나버렸는데 아직 여기 상영 안 했기 때문에 필름, 그런 경우에요?

구술자 : 저쪽에서는 이쪽에서는 못 받은 거.

면담자 : 아~ 저기서 끝났고?

구술자 : 그런 걸 가져와야 해 먹을 수가 있지. (그렇죠) 여도 있는데 그걸 사 올 필요가 없다아이가. 저쪽에도 있는 걸 또 즈그가 몬 산 거. 업자들은 그 몬 살 수가 있거든, 그러니까 인자 거 사가 가는 거라. 비밀리에 사가서 저 뭐 시골에 가서 뭐 저녁 틀고. 그거 한 서너

번 돌리 삐면 본전 나와 삐눈데[31] (와~) 그 당시에는 한 삼십만 원 정도밖에 안 했거든. 그걸 새 걸로 바로 사가 올라카면 비싸고. 그거는 뭐 누구 말마따나 뭐 몇 천만 원 줘야 되고, 그거는 또 팔지도 안 하고 (그러겠네요) 우리는 도둑질은 못 해 먹는 거지.

면담자 : 근데 이렇게 필름을 이렇게, 개봉 끝나고 나서 그러면 어떻게든 필름 상태가 좀 안 좋았을 건데, 어떻게 그건 하셨어요?

구술자 : 그게 필름 상태가 기계가 나쁜…… 안 좋은 기계가 걸리면은 그거는 필름이 나쁘니까 우리는 인자……. 왜 그러냐면 필름이, 아까 내가 3개에서 7개가 된다캤거든. 집에 가오면 확인을 싹 다 하는 거라.

면담자 : 어떻게 그렇게 빠르게 확인을 하셨어요?

구술자 : 아니 그 집에, 일 갔다 오고 나면 틀어보는 거라. 틀어보면.

면담자 : 그니까 필름을, 아 영사기에 돌려보시는 거예요?

구술자 : 어 영사기를 직접 화면을 보는 거라. 그러면은 그때는 질질하는 것도 있었고. 가다가 말소리도 누구 말마따나 뭐 가다가 필름이 끊어지고 하는 것도 있었고. 그런 거를 갖다가 전체 손질을 다 해가지고.

5) 불량한 상태의 필름 처리

면담자 : 다 손질한다는 건 잘라버린다는 거예요?

구술자 : 아니 그걸 갖다가 떨어질…… 이게 '째진다' 카는데, 우리 옷도 째지면 찝어든다 이거죠? 그런 식으로 싹 다 때아가지고 그래갖고 다 돌렸죠. 그리고 우리는 필름을 그래 하도 나쁜 필름을 안 썼지. 아까도 내가 이야기를 했던 소각을 시키던지. 그리고 시골이다 보니까 요즘 같으면 그게 큰일 나지.

면담자 : 그렇죠.

---

31 서너 번 상영하면 필름 본전을 뽑을 수 있다는 말이다.

구술자 : 그 당시에는 뭐 시골 같은데 그 뭐 소죽 끓이는 거기 나무하고 같이 주이여갖고[32] 소각시키고 (아~ 예) 그런 식으로 많이 했지, 지금은 그리하라 카믄 큰일 나지.

면담자 : 소각을 시킬 때 그니까, 그 부뚜막에 같이 불 땔 때 방 따뜻하게 장작처럼 〔웃음〕 쓰기도 하고 (그래하고) 그 정도로 필름이 많았나 봐요?

구술자 : 그러게 내가 한 3,000개 넘게 가지고 있었다, 안카든가요?! 그거를 갔다가 언제 다 없앴는가 하면.

면담자 : 다 없애버렸어요?

구술자 : 예, 싹 다 없애. 그게 나쁜 거, 그게 오래되니께 안에 썩어가지고.

면담자 : 저기 저 부패, 저기 곰팡이 피고 막 이러죠? (***** 다 썩어) 다 달라붙고요?

구술자 : 예. 그거는 못 써.

면담자 : 그래가지고 그걸 다 버렸어요? 서울에 영상자료원에 가면 그런 거 필름 다 깨끗이 복원해주거든요. 거기다 기증하시는 것은 어떠세요?

구술자 : 즈그 것도 뭐 보관을. 거도 내랑 똑같은 거 다 있는데 뭐.

면담자 : 아, 근데 여기 보면 매년 필름 같은 것을 기증받더라고요. 없는 필름들이 있나 봐요. 그러면 필름이 없는 거 있으면 찾아서 사가기도 해요. 그래가지고 보면 복원실이 있더라고요. 거기서 그거 다 닦아내고 뭐 다 처리한대요. 그래서 또 영화가 발견되면 또 상영도 하고 그래요. 왜냐면 영상자료원에도 지금 (그거는 지금…….) '그 많은 영화가 다 어디로 갔냐?'고. 〔웃음〕

구술자 : 그거는 언제 영화들이냐면은 지금 같으면 어 60년도 70년도 그 영화들이라 (예. 그런 영화를 찾는 거예요) 그런 영화는 벌써 색채가 다 가버렸고 못 씁니다.

---

32 같이 넣어가지고.

면담자 : 근데 어떻게 하더라고요.

구술자 : 그 사람들은 인자.

면담자 : 기술이 있어서요.

구술자 : 기술이 있다기보다도 뭐 잘 다뤘겠지. 우리들은 거기에 그런 건 아예. 우리도 그런 영화를 가지고 한 번 틀어봤어요. 틀어보니까 우리로서는 그 돈을 받고 장사를 몬 하겠더라고. (아, 그래요?) 예. 화면도 보이도 안 하는걸. 어떻게, 그 보고 가면서 끝까지 보고 가는 것들은 기분이 좋은데. 요즘 깨끗하게 나오는 거를 갖다가, 그 잘 보이도 안 하는 그런 걸 갖다가 우찌 그 볼라카겠습니까? 그 옛날에 〈저 하늘에도 슬픔이〉 지금 DVD로 내가 가지고 있거든. (예, 나왔더라고요.) DVD로 가지고 있는데. 그걸 누가 하도 〈저 하늘에도 슬픔이〉를 해달라 싸서 그래 내도 귀하게 구했지. 구해갖고 틀어줬는데, 한 40분, 한 시간 한 30~40분 얼추 보는 영환데. 한 40분 본께는 핫바리방구 새끼들 다 새삐고 사람 서이 너이가 있더라고. 그 뒤부터는 안 돌리는데.

면담자 : 아, 그랬어요?

구술자 : 그런 것 때문에 오래된 거는 안 하지.

〔잠시 대화 끊김〕

9. 이동 순회 영업의 어려움

1) 너무나 버거운 로뗀바리 영사 관련 기계 설비

면담자 : 〈저 하늘에도 슬픔이〉가 영상자료원 인터넷 홈페이지를 들어가면은요. (있어요) 예, 거기서 저 본 적이 있거든요. (예, 있어요) 그때

는 또 멀쩡해 보였는데요.

구술자 : 그런데 (그 필름이) 거기 걸 갖다가 또 가지고 나와서 누가 찾는 사람도 없고. 그리고 또 지금은 뭐 사람들이 편하게 살라카니까, 그 영사기를 하지를 안 해. 내 자신도 마찬가지고. 영사기 그거 하나 들고나와서 돌릴라카면 사람이 서이 너이 붙어야 되는데 (그러니까요) 기계가 자체가 무겁고, 그걸 또 전체 일일이 그걸 갖다가 조립을 해가지고 또 마치고 나면 뜯어갖고 또 전기도 많이 묵고.

면담자 : 아, 선생님 그럼 영사기 그대로 갖고 가는 게 아니라 분해를 했다가 가서 (그렇지) 다, 다리가, 이렇게 헤드 같은 것 놔두고 다리 같은 것 다 조립하고 또 끝나면 또 분해해서 또 싣고 이렇게 오셨던 거예요? (예) 그렇긴 하겠네요.

구술자 : 큰 거는 이것만 한데, 서이 너이[33] 끌어야 되는데. 그거를 갖다가 삼 등분, 사 등분 그래갖고 안에 그 전기지, 전체 배선 새로 싹 다 해야 되지.

면담자 : 쉬운 일이 아니네요?

구술자 : 예. 그러니까 지금은 그 빔 프로젝터 거기다가 써버 거기 간단하게 가서 뭐 컴포트 꼽는 식으로 꼽으면 된께네.

면담자 : 그러면은 로뗀할 때 그러면 기본적으로 영사기 한, 하나에 서너 명 붙었다는 거네요?

구술자 : 영사기에 하나에 한 명씩밖에 안 붙지!

2) 로뗀바리 영업의 가장 큰 어려움

면담자 : 그런데, 그러면은 운영하시면서 제일 힘들었던 거는 직원들 월급이었겠네요?

33 서너 명이.

구술자 : 월급이고. 장마 지면 먹이고 재우고 하는. 〔웃음〕

면담자 : 예. 그러니까요.

구술자 : 예. 그기 제일…….

면담자 : 월급 말고 따로 이제 숙식 해결, 선생님이 해결해줘야 했으니까요?

구술자 : 그렇지. 밥을 다 먹이고 재우고 해야 하기 때문에. 그게 문제지. 월급은 두 번째고 (아 예) 그거는 또 뭐 없을 때는 한 두어 달 딜레이 되었다가, 또 벌이면 또 왕창 다 가버리고.[34] 아직까지 내는 내가 몬 살아도 그 사람들 월급은…….

면담자 : 그러셨을 것 같아요. 다 챙겨주셨다?

구술자 : 그거는, 그카지는 안 했지.[35] 먹어도 술을 한 잔 먹어도 똑같이 먹고, 가서 뭐 고기를 사가도 같이 데꼬 가서 먹이고 그렇게 했지.

3) 영사기계에 대한 욕심의 이유

면담자 : 그런데 선생님 영화를, 아까 말했던 양곤이라[36] 그러셨죠? 그러면 거기가 그 당시 공회당은 예전에……. 일제 때 공회당이라 부르고요. 해방되고 나서는 문화관이라 부를, 문화원이라고 부르지 않았었어요?

구술자 : 문화원은 문화원이 따로 있고.

면담자 : 그럼 공회당이라고 계속 불렀어요?

구술자 : 그렇지. 공회당, 읍민관. (아, 읍민관이요?) 그러고 시 같으면 시민회관이라던지.

면담자 : 그러면 거기 영사기가 쭉 있었던 거예요? 날마다 영화를 상영했어요?

---

34 돈을 벌면 직원들 월급을 주느라 돈이 다 나갔다는 말이다.

35 순업 직원들을 소홀히 대하지 않았다는 말이다.

36 곤양을 잘못 말한 것이다.

구술자 : 있기도 있는 데도 있었고. 또 우리가 가져가서 하는 것도 많았고.

면담자 : 근데 선생님이 보셨던 양곤공회당은[37] 계속 영사기 있었던 거예요?

구술자 : 어, 처음에는 있었는데. 주인이 거기를 임대를 해가지고 했거든. 그라면 2년이 그 계약인데, 2년 끝나고 나면 기계 가져가 빼기도 하고. 또 딴 사람이 오면은 또 기계를 가지고 와서 하기도 하고. 그래가지고 나는 그 부산 잽히가지고 딴 데로 기사 하고 나서 그 기계를 인수를 받아가지고도. 그 기계를 갖다가 좀 한 2년 쓰고 버리고 또 사고, 또 사고, 기계가 자꾸 개상캐네 이상이 생기고.[38] ** 면 자연적으로 그거는 이상이 생기거든. 그때부터 기계 욕심이 엄청 많은 사람인기라.

면담자 : 선생님 보니까 영사기 때문에 고생을 많이 하셨겠네요? (그렇지) 그러니까 기계를 딱 알아야만 생각하셨군요?

구술자 : 그러니까 고장이 나도 금방 한 10분이면 교체를 할 수 있게끔.

면담자 : 그러면 그런 기술은 다 언제 다 익히신 거예요?

구술자 : 지금도 뭐 기술은, 그 어렸을 때부터 그런 거는 잘 했어요.

면담자 : 예. 그쪽에 재능이 있으셨던 거군요?

구술자 : 기계에 대한 거는 좀 지금도 취미가 웬만한 거는 내 손으로…… 해낼 수 있게끔.

10. 비도시 지역 영화 상영과 영사 기술의 문제 : 불안정한 전압과 영사기의 잦은 고장

면담자 : 아, 기계를 보면 금방 익히시는 그런 타입이었군요? (그렇지) 그때 기계는 제일, 뭐가 제일 많이 고장이 나던가요?

---

37 곤양공회당.

38 자꾸 사용하니까 고장이 났다는 말이다.

구술자 : 기계가 고장이 나는 게 돌아가다가, 뭐라 그러냐 그 안에 거 광전관이라고 있어요.

면담자 : 광전관?

구술자 : 광전관이라고. (예. 광전관) 녹음 내주는 기계가 덜덜덜덜 하면서 돌아간다 아입니까? 그럼 필름이 또 나빠가지고, 이게 앞에 소다 소리가 크거든, 거기. 요거만, 조그만 해. 그게 불빛을 비촤주면 그게 불빛을 받아갖고 녹음을 내주는 거라. 램프로 들어가 가지고. 그게 우짜다보면 자주 고장이 나는 수가 있고. 또 램프가 잘 나가거가든! (램프요?) 앞에 램프가 있어야.

면담자 : 크세논(Xenon) 램프요? 크세논 램프?

구술자 : 크세논은 아주 뒤고.

면담자 : 예. 그전에는 무슨 램프였어요?

구술자 : 그전에는 1킬로짜리 그저 뭐꼬 '아크 다마'라고 (아크 다마요?) 1킬로짜리 요고만 하지, 그 750도 있었고. 제일 밖으로 다니는 거는 그 기였고. 극장에 있을 때는 카본이라고 (예. 카본 맞아요, 카본 많이 쓰는 걸로) 이걸 갖고 붙여갖고 카본을 갖고 했거든.

면담자 : 네. 카본하고 그 불빛으로 영사기에 쏘는 거라고 그 얘기 많이 하시더라고요.

구술자 : 그렇지. 그래 카본을 갖고 하다가 발전이 돼 갖고 지금 크세논 다마가 나온 기지.

면담자 : 예. 그러면 그 램프가 좀 많이, 자주 고장이 났던 거네요. 그 이유가 뭐인 것 같아요?

구술자 : 전기가 옛날에는.

면담자 : 안정적이지 않았죠? 전기가 오는 게요?

구술자 : 그렇지. 좀 세게 들어오는 데도 있고 낮게 들어오는 데도 있고. 그, 저 화면이 흐린께네 도란스를 가지고 강압을 올리는 거라. 조금 뭣도 모르고 있다가 시골에 그때는 전기 많이 끈다 아입니까? 전기

요금 아낄라고. 그라면 그게 왕창 실릴 때는 다 가버렸던 기지.

면담자 : 그렇죠. 아, 그런 문제가 많았었군요?

구술자 : 옛날에는 그런 게 많았지.

면담자 : 그 저는, 지금 그. 그 이야기 들어보면, 무슨 이야기냐면, 항상 램프 이야기를 하세요. '도대체 왜 램프가 문제였을까?' 그랬더니 전기 문제였군요. (그렇지!) 그니까 어찌 됐건 램프도 빛을 안정적으로 쏘기 위해서는 전력을 가져와야 되는데, 전력 상황이, 전기도 플러스 마이너스 안정적으로 흘러야 되는데, 그러지 못하거나 아니면 전력을 마을 차원에서 차단을 시켜버리면, 그걸 가지고 전기를 한꺼번에 끌어올 때는 전기가 부족하니까 그때 소위 전기가 나가버리는군요? (그렇지!) 아, 이제야 알겠습니다. 저는 항상 이야기를 들으면 왜 앰프가 문제였을까 생각했는데.

구술자 : 전기가 약하면 뭐 앰프 소리 말소리도 또렷하지를 몬 하고.

면담자 : 아, 그렇죠? 몰랐네요. 저도 사운드도 이렇게 램프를 통해서 소리가 나간다는 건지 몰랐어요. (예) 그러면 그 사운드 트랙이라고 그래가지고 필름에 소리가 녹음이 된 거잖아요?

구술자 : 예. 이게 필름 같으면 여 양쪽 옆으로 보면. 〔그리려는 액션을 취하며〕

면담자 : 예. 여기, 여기다 그리셔도 됩니다. 〔종이를 드리면서〕

구술자 : 줄이 두 줄이 쭉 되어 있어요.

면담자 : 아이구! 〔물건 떨어지는 소리〕 예.

구술자 : 이게 영사기 (반댑니다[39]) 이게 필름 같으면, 옆에 이 줄 두 줄이 요렇게 (그렇죠. 사운드 트랙이라 그러죠) 이게 여서 불빛을 비촤주면 (불빛을 비추면?) 이걸 받아가지고 나가는 거지. 앰프를 통해가지고.

---

39 그림을 그리는 종이의 방향이 반대라는 말이다.

면담자 : 아, 저는 그냥 영사기가 여기는 어떤 톱니바퀴 같은 게 있어서 이렇게 지나가면서 소리를 내는 줄 알았더니.

구술자 : 예. 톱니는 찍어 넘가주는 기고.

면담자 : 그렇죠, 여기는 불빛에 의해서 그니까 불빛에 의해서 소리가 만들어지는군요? 그래가지고 그게 앰프 통해서 나가는 거군요?

구술자 : 보자, 집에 가입시다. 내가 필름을 쪼금 드릴게.

면담자 : 예. 감사합니다. 여기 사무실이요?

구술자 : 아니 여 사무실 말고. 여서 한 5분, 한 6분 그래밖에 안 됩니다.

면담자 : 댁이 있으세요?

구술자 : 예. 집이 있습니다.

면담자 : 그러면, 거기.

구술자 : 사천하고 고성하고 다 경계선에 그 집이 있어요.

면담자 : 아, 그러세요? 저는 감사하죠.

구술자 : 가 보입시다.

면담자 : 예, 감사합니다. 그럼 일단 여기까지 말씀 나눌게요. 감사합니다.

〔김영준의 집으로 향하는 차 안에서 이어지는 구술〕

11. 1970~1980년대와 로뗀바리 영업의 향방

1) 1970년대 초반 어려워진 로뗀바리 영업과 공장 취업 그리고 다시 시작한 순회흥행

구술자 : 얼추 다 가봤어요.

면담자 : 그니까 여기 그 경상도에 있는 극장들이 72년도부터 75년도.

구술자 : 서울 뭐 전국으로 다 그랬지.

면담자 : 그러면 그때도 아까 선생님이 말씀하실 때 로뗀바리도 그때 안 됐다 그랬는데, 로뗀바리도 안 됐던 거예요?

구술자 : 로뗀바리도 안 됐지.

면담자 : 72년도부터 안 됐던 것 같아요?

구술자 : 로뗀바리 안 되갖고. 내는 머리를 빨리 쓴 기, 내가 공장에 가서 2개월 있었다고 이야기를 했죠?

면담자 : 어디 공장에서 무슨 일 하셨는데요?

구술자 : 그거 저기서 뭐꼬 옛날에 뭐꼬 그 발통기 크는 거.

면담자 : 아, 발동기요?

구술자 : 예. 그 보리 타작하고 나락 타작하고.

면담자 : 그 공장이 어디 있었는데요?

구술자 : 마산에 있었거든.

면담자 : 아, 마산으로 가셨어요? 거기서 한 1년 계셨다고요?

구술자 : 2개월.

면담자 : 2개월이요? 2개월 해 보고 '아, 난 이건 아닌 것 같다.' 딱 생각하셨던 거예요?

구술자 : 이거는 도통 아인 기지. 그라믄 그 당시 내가 그 가설 영화를 해가지고 밥을 못 먹을 때라. (예. 그때는요?) 그때는 밥을 못 먹어서 기계 있는 거 탕탕 뿌사내삐고[40] (아이구, 예예) 이기 있으면 자꾸 해야 된다. (그렇지요.) 이게 없어져야…….

면담자 : 미련을 안 갖는다, 그 생각을 하셨군요?

구술자 : 하모, 내가 그래가 미련 없이 다 뿌사내삤어. (아이고) 함마를 들고 탕탕 뿌사내삐고. 그래갖고 인자 마침 우리 사장하고 그 대동회사 사장하고 잘 아는 기라. '새끼, 고집을 피우면서.' 거기 여주라![41]

면담자 : 어디를 여주라고요?

---

40 부숴버리고.

41 넣어주라.

구술자 : 거 대동에. 나는 기계를 잘 만진께네. '걸로 가라!' 그래가 갔다. 거기 가서 보니까 한 달에 인건비 천 몇 백 원 나오는데. 그리고 하루에 그때만 해도 막 여덟 시간이고, 한 열 시간 정도 일로 하는데 (하루 종일 하셨구나?!) 그렇지. 그 당시에는 사람들 다 그랬어. 그것까지고는 도저히 될 일이 아인 기라. 그래 영사 저거는 내가 거 또 영화를 해가지고 35만 원 그걸 다 갖고 (와~ 대단하신 거예요.) 그리 했는데. 그걸 받아 가지고 평생을 해봤자 되는 게 아이다, 이 말이지. 그래가지고 2개월도 몬 채우고, 고마 마쓸하고 나와 가자고[42] '사장님 기계 한 개 빌리주라. 그럼 저쪽 회사에 전화만 해주라. 내가 가서 이야기할 께.' 그란께는, 그 영화사에서도 잘 알거든. 작아도 뭐 그란께네. '니는 기계도 다 뿌사내삔 놈이 또 뭐 영화 할끼라고 기계 빌리러.' 오네.[43]

면담자 : 그 부산에서 빌린…….

구술자 : 하모. 그때는 부산에서 빌리야 되는데. '그럼 주기 싫으면 주지 마이소 고마. 안 주면 될 것 아이가?' 근께네, 저 내 그 스타일로 알았기 때문에 '그라모 그 우짤끼고?', '내가 지금 얼마를 준다는 소리는 몬 한다.' 세를 얼마를 준단 소리는 몬 하겠고. '일단 내가 밥을 먹어야 되겠다. 그 대신으로 필름을 세 개만 가져갈게.' (네) 많이 가져가야 자주 안 갈낀데. 그라믄 세 개를 가져오면. 〔웃음〕

2) 로텐바리 재개와 학생 동원 단체 상영 흥행 성공

면담자 : 자주 가게 되죠?

구술자 : 자주 가게 되는 기라. 떨어지고 나면 또 가야 되거든, 다 돌리고 나면. '그라면 벌이는 대로 내가 갖다줄게. 많이 벌이면 많이 줄끼

42 그만두고 나왔다는 말이다.

43 오냐고 묻더라.

고, 적게 벌이면 적게 주는 기고. 아-들 묵고는 살아야 될 것 아이가?' 그니까는 그리 하라카대. 그래가지고 내가 진짜배기로 데꼬 있는 놈 중에서 내하고 한 동갑짜리가, 일로 잘 하는 놈이 하나 있었는기라. 내보다 한두 살 더 많았네. 그 놈을 만나가지고, '야, 내 하는데 니 고생할래? 안 할래?', '니가 할 것 같으면 해줄게!' 그래갖고 각 학교마다 내가 섭외를 하고. 지는 지하고 내하고 가서 돌리고. 내가 섭외를 하고.

면담자 : 그 섭외하는 일이 참 쉽지 않으셨을 건데, 어떻게 다 하셨어요?

구술자 : 내가 그 동의서 받고 싹 다 그런, 면사무소 가고 지서 가고. 그래놔 논께 그거는 누구보다도 더 잘 하는 기지. 그래갖고 결국 학교를 뛴께네, 그때 학교 아-들한테 얼마 20원, 30원 받았어요. 그라면 100명이면 그래도 10만 원 뭐 만 원, 2만 원 그리 되거든! 그때는 그 기 진짜배기다, 바로!

면담자 : 그게 장사가 꽤 됐었어요?

구술자 : 학교 단체를 갔다가 고마 학교 가서 '*** 반, 반만 내주라.'

면담자 : 반만 내주라고요? (하모) 강의실, 교실 반만요?

구술자 : 말고. 총 학생수!

면담자 : 예. 총 학생 중에 반은 보게 해 달라?

구술자 : 하믄. 말고 싹 다 보이되 (아, 돈은?) '돈은 반만 내놔라!' 그러면.

면담자 : 그럼 반은 학교 주고요?

구술자 : 학교 가도 불우 이웃, 그때는 못 사는 사람들 있다 아이가? (그렇죠) 그럼 돈을 안 받는다 아이가! 그래가지고 한 기, 한 달에 6만 원, 10만 원도 되고. 막 5만 원도 되고.

면담자 : 작은 돈은 아니었네요?

구술자 : 네. 그때는 컸지 (예, 큰돈이죠. 맞아요) 그라고 난께는 아이고 조금 있으니까 비디오가 막 쌔 나오더라고.

3) 1980년대 비디오의 시대

면담자 : 그게 80년도예요. 비디오 나올 때가요.

구술자 : 그렇더라고, 비디오 쌔가 나오니까 아이고~ '또 안 되겠구나.' 했드만 비디오가 나오자 우리가 또 칼라가 정상으로 나와 버렸거든. 녹음도 잘 나오고 기계도 또 잘 나오고 한께네. 그때부터 장사가 오히려 더 괜찮은 거라.

면담자 : 왜요?

구술자 : 아, 자꾸 좋아진께네.

면담자 : 아, 기술이 좋아지니까요?

구술자 : 말고. 화면도 좋아지고. 이 마을에도 와서 내가 영화를 많이 했어요. 내가 원 고향이 아니거든. 이 마을에서 하면 보통 200~300명 그리 왔어.

면담자 : 예전에는 이렇게 밭에서도 아니 논에서도 했다고 하더라고요.

구술자 : 논에서도 하고 밭에서도. 지금부터 놈의 논에 논 빌리갖고 하는 기라. 보리 안 심고하는 거 그런 자리에. 그러 넘의 마당에도 빌리갖고 하고, 많이 했어.

면담자 : 네. 마을이 꽤 크네요. 여기가요.

구술자 : 옛날에는 여 학교가 앞에 여기가 사천시고 이쪽은 고성군이거든, 요까지는. 옆에 여 있고, 앞에 요 학교가 두 개나 있었어요.

면담자 : 아, 꽤 큰 마을이네요? 〔정적〕 근데 지금 여기 사람들 많이 다 도시로 나갔죠?

구술자 : 지금은 뭐 전체 뭐 **** 만 있지.

면담자 : 근데 요즘은 보면 또 도시에 있던 사람이 들어오기도 하고 그러죠.

구술자 : 들어오기도 하는데. 그것도 내는 뭐 전체 뭐 늙은 사람들 다 오지. 뭐 젊은 사람들은.

면담자 : 〔웃음〕

구술자 : 여가 우리 사는 곳입니다.

면담자 : 집이 넓은데요! 여기다가 필름이랑 영사기를 보관하신다는 거죠?

〔김영준의 자택에 들러서 필름과 영사기를 구경한 이후 시외버스 터미널로 향하는 차 안에서 이어진 구술〕

4) 누구나 욕심을 낸 비도시 지역 로뗀바리 흥행

면담자 : '경쟁자가 많았다.'라고 하는 거는 로뗀하셨던 분이 많았다는 거죠? 시장은 좁은데 많았다는 거죠?

구술자 : 그 당시에는.

면담자 : 하기가 쉬웠나 봐요?

구술자 : 그거는 쉬운 게 아이고. 돈이 이거는 전체 돈에 집결이 되는 거라 (예, 그렇죠) 돈이 없는 사람은 하라 캐도 하지도 몬 했는데. 전체 돈 있는 사람들이 이거를 다 했다꼬. 그리고 여는 외상이라 카는 게 절대로 없거든!

면담자 : 아, 바로 현금으로요?

구술자 : 그렇지. 전적으로 현찰인께네. 이게 재고 남는 것도 아니고, 들어 삐면 왕창 들어삐고.[44] 없으면은 뭐 쪽박 차는 기고. 뭐 낚시하러 가는 사람들 그와 마찬가지라.

면담자 : 그러니까 좀 사업 그래도 사업이 불안정한데, 그래도 사람들이 하고 싶어했었나 봐요?

구술자 : 예. 그 당시에는 뭐 진짜 니 네 할 것 없이 동네 청년들도, 그 부락에 영화 하러 가면, '우리가 사가 하겠다!'

면담자 : '우리가 할 테다!' (하모) 그런 걸로 또 싸우고 그러지 않았을까요?

---

44 흥행에 성공하면 관객이 엄청 많이 입장하였고.

텃세 부리고?

구술자 : 그래갖고 고마 귀찮은께네. 싸우기도 싫고. 그라믄 '얼마 내라!' (아~) 오천 원이면 오천 원, 그 당시. 만 원이면 만 원. 그리 받고 고마 '그 대신으로 외상은 없다!' 뭐 목돈을 '5일이면 5일, 5천 원 같으면 2만 5천 원 바로 내라!' 그리 되는 기라.

면담자 : 그리고 그 청년들이 그리고 영화를 상영한 거예요?

구술자 : 그렇지. 우리가 틀어주고. 저가[45] 선전을 해갖고.

면담자 : 아! 그럼 일종의 돈을 나누는 거군요?

구술자 : 하모, 그렇지. 저거는 그거를 가지고 적자라카던 벌이묵든! ** 우리는 제끼버리고, 고마 사람 신경을 안 썼다 이 말이지. (아, 예 알겠습니다) 그라믄 밥도 저가 믹이주고.[46]

5) 산업화와 비도시 인구의 축소 그리고 로뗀바리 흥행의 소멸

면담자 : 그러면 선생님은 영사기하고 필름만 가져가고요? (그렇지!) 근데 언제부터 그런 게 다 없어진 것 같던가요? 그렇게 마을에서?

구술자 : 그 기 없어진 지가 84, 5년 (84~5년도요?) 그때부터 동네 청년들이 없어진다 아이가!

면담자 : 아, 청년들이 없어져서 그런 게 없어졌군요? 그러면 어찌 됐건 70년도에도 항상 있었겠네요?

구술자 : 70년대는 촌에 아가씨들이 머리 이만큼 따가지고, 댕기 해가지고.

면담자 : 하하.

구술자 : 마, 발에 걸리는 게 처녀들이라.

면담자 : 70년대에도요?

구술자 : 그렇지. 그래 공장, 우리 경남 같으면 한일합섬. 옛날 국제…… 뭐

---

45 자기들이.

46 먹여주고.

고무 이런 게 생기다 보니까, 막 마산으로 간다, 창원을 간다, 부산을 간다! 어이! 막 글로 공장 따라 다 가뿠다 아이가?! 그런께는 촌에 사람이 없다 아이가. 그 전에는 뭐 촌에 아가씨들이 바글바글했지 뭐.

면담자 : 예. 〔잠시 대화 끊김〕 70년대면 그때도 공장이 많았을 건데, 여전히 시골에도 사람들은 많이 있었어요?

구술자 : 70년도 그때는 인구는 인구대로 많고. 거 뭐꼬 몬 살아서 많이 허덕일 때 아입니까? 그래 너무 시골 같은 데는 너무 못 사는 사람이 많았어.

면담자 : 너무 못 사는 사람들이요?

구술자 : 하모. 못 사는 사람이 많으니께는 머슴 (아, 맞아요. 있었어요! 예, 머슴) 부잣집 머슴 (예, 있었어요, 머슴) 그라면 또 아가씨들은 식모.

면담자 : 아, 시골에서도요?

구술자 : 하모.

면담자 : 저 머슴은 봤거든요, 외갓집에서. 근데 식모는 도시에서 식모가 많지 않았어요?

구술자 : 그 시골에도…….

면담자 : 시골에도 남의집살이 한 거죠? 남의집살이, 한 마디로.

구술자 : 그렇지. 말하자면 식모. 그 집에 거 부엌데기지 (부엌데기로) 잘 사는 집에는 부엌데기 (맞아요, 부엌데기). 그도 머슴도 상머슴, 뭐 꼴머슴 하면서. 일곱, 여덟 명 데꼬 있는 사람들도 있었고.

면담자 : 70년대도요?

구술자 : 예. 80년도도 역시 마찬가지였고. 그러니까 회사가 자꾸 생기뻬고 한께네 싹 다 잡아가 삔기지.

면담자 : 〔웃음〕 싹 다 잡아가 버렸다고요?

구술자 : 예.

구술자 : 우리 시대가 제일 그런 **가 제일 많았을 때라.

면담자 : 어떤 게 제일 많을 때요?

구술자 : 아, 그저 뭐꼬 인구가 제일 많을 때지 (인구가 제일 많을 때) 시골도 마찬가지고.

2부

이동영사, 계몽 그리고 국민의 탄생

지역 발전과 향토 계몽을 향한 마음, 고창군 문화원장 이기화

전북 고창군 고창문화원 초대 원장 이기화는 공리(公利)를 내세우며 '향토 발전'을 위해 시골 마을을 돌며 영화를 상영한 전형적인 지역 문화 엘리트(local cultural elite)이었다. 1900년 전북 고창군에서 태어난 그는 제재소를 운영하면서 고창읍 마을 구장(區長)을 지낸 선친 덕분에 일찍부터 영화를 접할 기회가 많았다. '어린' 이기화가 관람한 영화는 일제의 선전 뉴스영화였다. 하지만 영화를 보면서 일본의 산업화와 개량 농사법과 그리고 세계 변화를 알리고 전달하는 창구로서 영화의 존재를 의식하게 되었다. 무엇보다도, 그는 '영화를 직접 만드는 법을 배우고' 싶다고 생각하였다.

해방 이후 한 달에 한 번 정도 고창읍에 들리는 미공보원의 16mm 영화 상영은 새로운 문명을 전하고 지역민을 계몽하는 매혹적인 도구로 비쳤다. 이기화는 1960년 25살의 젊은 나이에 제3대 지방의회 의원으로 선출되었다. 청년 정치가로서 첫발을 내디디며 그가 시작한 일은 '지역민의 지지에 관한 사례(謝禮)'를 앞세운 이동영사 활동이었다. 나아가 1963년 개인 재산을 털어 고창문화원을 설립한 이후 2000년대 후반까지 고창문화원장을 지냈다.

이기화의 이동영사 활동은 광주 미공보원에서 제공한 〈리버티 뉴스〉의 상영부터 시작되었다. 〈리버티 뉴스〉는 자유민주주의의 우월성과 미국식 생활문화의 소개 그리고 세계의 수호자로서 UN에 관한 내용을 다뤘다. 미 공보원으로부터 16mm 영사기와 발전기를 무상으로 지원받고 영사기 사용법까지 익힌 이기화는 광목천으로 만든 스크린을 등에 지고 고창군 전역을 돌았다. 1962년 국립영화제작소 설립으로 늘어난 〈대한뉴스〉와 문화영화 역시 이동영사 품목이었다. 문화원의 영사 순서는 〈리버티 뉴스〉, 〈대한뉴스〉와 문화영화 그리고 상업 극영화 차례로 이뤄졌다. 문화원이 상영하는 영화는 순업의 그것과 다르지 않았다. 1959년 문교부가 외국 영화를 상영할 때 문화영화와 뉴스영화 각 1편 그리고 국산영화는 뉴스영화 1편을 의무 상영하도록 법률을 강화하였고, 1962년 영화법 제정과 함께 마련된 공연법에 극영화를 상영할 때 문화영화의 동시 상영 조항을 포함하였기 때문이다.

문화원의 이동영사가 순업과 달랐던 점은 영화 상영 막간을 이용한 문화원장 이기화의 계몽과 자수 간첩의 반공 강연 그리고 경찰지서의 공지사항 전달이었다. 향토 계몽이라는 열망을 지닌 이기화의 이동영사는 1960년대 초반까지도 대중매체 보급이 저조한 지역민에게 외부세계의 변화와 국내외 정보를 전달하는 주요 통로였다. 또한, 지역민의 '관심을 끝까지 붙잡아두기 위해' 무료로 상영한 상업 영화는 가난한 지역민에게 도시 문화의 대체 경험을 제공하였다. 게다가 이기화가 문화원장으로 취임하기 이전 국민학교 교사로 재직하였기 때문에 영화 상영을 위하여 마을을 방문하면 제자들이 모여들어 화합의 시간으로 변했다.

계몽과 신문화 전파 수단으로서 영화를 인식한 이기화는 지역 청년들이 영화 상영을 주도할 수 있도록 자신의 영향력을 행사하였다. 즉, 1960년대 중반 고창읍에 상설극장이 등장하기 이전까지 영화는 고창공회당에서 상영되었다. 공회당은 지역 청년운동 거점 공간이었는데, 그곳에서 영화를 상영한 자는 청년회 출신의 지역 인사였다. 하지만 고창극장으로 불리던 공회당 건물에 대한 이용을 둘러싸고 지역 집단 간 갈등이 발생하였다. 고창읍 의용소방대가 그들 활동의 재원 확보를 위하여 공회당의 영화 흥행을 주관하겠다고 나선 것이다. 이에 대하여 이기화는 '영화 사정에 정통한 개인이 책임을 지고 전력할 수 있도록' 지방의회에서 며칠에 걸쳐 설득 작업을 펼쳤다. 결국, 청년회 출신 인사는 공회당에서 영화 상영을 지속할 수 있었다. 이기화의 행동은 청년회의 추천으로 지방의회 의원으로 당선된 것에 대한 정치적 보답 행위로 읽힐 수 있다. 하지만 그의 연설이 지역 정치인의 마음을 움직인 사실은 시사하는 바가 크다. 그것은 영화 상영은 지역 발전을 위한 필수 불가결한 작업이며, '선진 문화' 전파 장소로서 극장을 인식한 '지역 정서'를 대변하였기 때문이다.

• **구술자**

이기화(전북 고창군 고창문화원 초대원장)

• **면담자**

위경혜

• **구술 주제**

한국전쟁이후 1960년대 이동영사 활동 증언 자료 수집 : 전라남북도 지역을 중심으로

• **구술 일시**

2009년 4월 14일 10:00~11:49

• **구술 장소**

이기화 자택(전북 고창군 고창읍 교촌리)

• **구술 상세 목차**

1. 복합문화 공간으로서 공회당의 등장
   1) 이봉춘과 해방 이후 고창군 공회당 설립
   2) 고창군 공회당의 영화 상영과 문화 행사 개최
2. 1960년대 미공보원의 지원과 계몽 영화 순회상영
   1) 고창읍 의원 당선과 지역민에 대한 보답으로 시작한 계몽 영화 상영
   2) 광주 미공보원(USIS) 부원장과 인연 및 영사 활동 지원
   3) 미공보원 제공 문화영화 상영
   4) 문화영화 상영과 병행한 반공 계몽 강연
   5) 문화영화 상영과 병행한 상업 극영화
   6) '고창고보' 선배의 영화 배급사 운영
   7) 어린 시절 연사 활동
   8) 지방의원 재직 당시 계몽 영화 이동영사 활동
   9) 미공보원의 16mm 영사기 조작 교육
   10) 광주의 영화 배급사와 전남의 지역별 로멘바리팀
3. 고창공보원에서 고창문화원으로 명칭 변경

1. 복합문화 공간으로서 공회당의 등장

1) 이봉춘과 해방 이후 고창군 공회당 설립

면담자 : 오늘은 2009년 4월 14일 화요일이구요. 전라북도 고창 고창문화원 전 이기화 문화원장님 인터뷰를 시작하겠습니다. 제가 좀 많이 궁금해 하는 거는 어떻게 해서 원장님께서 이 지역에서 이동영사 활동을 하시게 되셨는가?

구술자 : 그런 얘기를 시작할라면 고창의 극장 시설의 발달사를 얘기를 할 수밖에 없어요. 그것도 곁들여서 얘기할게요. 우리 고창에는 극장이 하나도 없었어요. 해방 후에까지도 극장이 없었어요. 전혀 없었어요. 그래서 일제 때에도 그냥 일본 거 뉴스만 들어오면은 학교 운동장에서 그냥 맨땅에들 앉아서 스크린 쳐 놓고. 해지면 그런 계몽 영화 아니 그런 선전영화 그런 것밖에 일제 때에 없었거든요.

전혀 없었어요. 해방되고 나서도 그런 시설이 전혀 없었는데. 우리 고창에 마침 저 유명한 저 뜻이 있는 청년 지도자가 한 분 있었어요. 이봉춘 씨라고 하는 분인데. 그 분이 무엇을 했냐면 8·15 해방이 되고 난 후에 건국준비위원회 고창촉진대장을 하신 분이에요. 그러면서 고창청년단장을 하신 분인데 이분의 활약이 대단히 컸습니다. 그 당시에 과도기에. 그래서 그 이봉춘 씨가 일제 때 우리 고창에서는 최초의 양복점을 하셨던 분이에요. 그래서 그 분이 대동아전쟁이 일어나면서 저 함경북도를 가가지고 거기서 양복점을 개설해가지고 돈 많이 벌었어요. 돈을 많이 치부를 해가지고 있었는데. 함경북도의 탄광 쪽 그 쪽에 가서 인제 노동운동도 하고. 그렇게 하다가. 또 노동운동을 하면서 거 건설 사업의 하청업을 해가지고 돈 많이 벌어가지고 괜찮했는데. 대동아전쟁이 한참 고도에 올라서니까 해산 명령이 내려서, 인자 일본군 사령부에서 노무자를 다 해체시켜 불어라고. 왜 그냐면 노무자들 다 데려다가 저 일본이나 저런 데로 다 징발해 가버리고. 왜 함경도 이런 데는 개발을 안 하려고, 일본 측 먼저 개발할라고 그래서 다 인자 해산이 되니까. 이분이 해방되기 직전에 44년도에 고향을 내려 왔어요. 근디 그분이 아주 거굽니다. 8척 거구예요. 굉장히 힘도 세고 거구고. 사람들을 하나씩을 양쪽에 양손에 들어불어요. 그렇게 힘이 쎈 장사예요. 그니까 웬만하면 그 사람 앞에 와서 쪽을 못 쓰지요. 그 사람이 여기 와서 해방이 딱 되니까 청년운동을 시작을 했어. 그러니까 여운형 씨 계보가 연락이 돼가지고 건국준비위원회의 고창촉진대장을 이제 임명을 받지요. 그러니까 이 사람이 "나는 청년 운동을 해야 하니까 고창청년단을 만들어야겄다." 이렇게 당신이 고창청년단을 만들어서, 단장이여. 그랬다가 거 '한민족대회'라고 해서 왜 경복궁 앞에서 이승만 박사랑 김구 선생이랑 전부 외지에서 독립운동 하시던 분들 와 가지고 전국의 한민족대회를 열었거든.

예를 들면, 민주의원 같은 것이여. 각 고을에 한 사람씩 대의원들 뽑아서 한민족대회를 하는디, 이봉춘 씨가 고창청년단장으로 대의원에 당선이 되어가지고 올라가서 이 박사하고 연결이 되었던 분이에요. 그런 분이었는데. 그 분이 1946년도에, 그 이듬해에 청년운동 리다[1]가 되니까 뭔 본거지가 있어야 할 꺼 아니에요! 그러니까 무엇을 지었냐믄 여기 바로 이 앞에 도서관 자리여. 이 도서관 자리가 고창공회당이라는 자리입니다.

면담자 : 아, 원래요?

구술자 : 암은! 그 고창공회당을 1946년도 가을에 이봉춘 씨가 짓기 시작을 해 가지고 47년도에 완성을 해 냈어.

2) 고창군 공회당의 영화 상영과 문화 행사 개최

면담자 : 현재 여기는 지금 교육청?

구술자 : 아, 지금은 도서관이 되었지요. 그때 110평짜리. 그때 110평이면 큰 건물이죠. 그래서 벽돌로 해서 당시 거 이북에서 함북에서 벌어가지고 온 돈을, 오십 두락을 팔아가지고 그 분이 청년운동을 하기 위해서, 본거지를 만들기 위해서 공회당 건물을 지었는데. 고 놈을 지어가지고 고창읍에다가 기증을 했지. 그니까 공식적인 공회당을 본 것이여, 된 것이여. 그래서 그 분이 1948년도에 제헌국회의원 선거 때 국회의원 출마도 했어요. 했다가 낙선이 되니까 인제 꿈이 사라지고 그 공회당 건물을 읍에서 운영을 하게 되어 가지고 하는데. 그러면 고창에 로뗀바리 같은 영화반들이 들어옵니다. 광주 영화 배급소에서 영사기 빌려가지고 관할 영화 촬영기사들이 인자 영화, 영상 기사들이 팀을 짜가지고 나와. 그럼 고창은 공회당 건

1 리더(leader).

물이 있으니까 포장 칠 필요가 없자나요. 그래서 거기서 영화를 보고 그랬었어요. 고창은 상당히 오지였었지만 그런 문화의 혜택을 이봉춘이라는 청년 지도자로 인해서 큰 덕을 보게 된 것이지요. 그래서 그분이 6·25 이후에 후퇴를 하고 없어졌는데, 그것이 발단이 돼서 고창공회당이 근본이 생긴 것이여. 그래서 거기서 모든 문화 행사가 다 이루어져. 뭐 웅변대회도 거기서 이루어지고 뭐 큰 총회도 거기서 이루어지고 영사 활동 말할 것도 없고 연기 활동도 거기서 하고.

면담자 : 여기서요?

구술자 : 암은. 바로 여기 도서관 자리지요. 저 동쪽에서부터 서쪽에서까지 쭉 있어 가지고 우리 집 앞에서 이렇게 들어가면 동쪽 저쪽 끄트머리가 무대여. 그래서 110평이니까 상당히 크지요. 근디 고창군민들이 그것을 임시 극장으로 활용을 하고 그랬지요. 그것이 고창 지역의 영사 활동의 근본이 되었는데. 누가 인자 영화인이 없기 때문에 그런 기자재가 없으니까 저런 데서[2] 들어와서 잠시 빌려서 쓰고 또 가고 그러지요. 사용료 내고. 고렇게 고창읍이라는 문화 혜택을 주면서 영화 혜택을 많이 줬어. 그래서 고창은 6·25 사변 전부터 공회당 건물을 활용을 해가지고. 하여튼 50년대, 하여튼 제3공화국이 닥칠 때까지 공회당이 꽤 활성화되었어요.

2 외부에서.

2. 1960년대 미공보원의 지원과 계몽 영화 순회상영

1) 고창읍 의원 당선과 지역민에 대한 보답으로 시작한 계몽 영화 상영

구술자 : 내가 1960년도에 민주당 정권 때 내가 그때 고창읍 의원에 당선이 되었거든요. 요새 같으면 군의원이제. 당선이 되었는데. 그때 내가 최연소자로 26세니까 최연소자지요. 만 25세니까. 그래서 고창 관내 선거권 가진 분들이 "이기화, 재는 똑똑하고 그러니까 우리가 이기화 밀어줘야 한다."고 해서 나는 거의 무투표 당선되다시피 했어요. 그래서 하도[3] 유권자들한테 고마워서 내가 어떻게 하면 저 분들한테 은혜를 갚을까 하고 한 것이 미국 공보원을 찾게 되었지요. 광주에 USIS를 가가지고. 거기 가믄 한국사람 원장이 있어. 부원장이제 그러니까.

면담자 : 잠시만요. 원장님 그러니까 지방의회 의원이었는데 5·16 나고 나서 의원직 박탈되고 나서 가신 거예요?

구술자 : 아니지. 의원직을 할 때 갔었죠.

면담자 : 아, 의원직 하실 때 가셨어요?

2) 광주 미공보원(USIS) 부원장과 인연 및 영사 활동 지원

구술자 : 예. 할 때 가가지고. 그때 그 당시에 광주 USIS에 부원장 되시던 분이 우리 고창 무장 출신이여. 진의정 씨 집안인데, 그 사람이.

면담자 : 진의정 씨 집안이요?

구술자 : 예. 진의정 씨. 국무총리 했던. 고 집안인데 고 사람이 6·25 사변 통에 통역관이 되어서 미국 사람들 통역 생활을 하다 보니까. 그

3 몹시.

사람이 사회에 나와서 미국 공보원에 부원장직을 가지고 원장 통역을 다 해줘야지요. 그래서 그 사람이 마침 있었는데 내가 그 사람한테 한 번 연락을 했어. 내가 '이래저래 해서 고창 유권자들한테 은혜를 갚아야 것는디, 돈은 없고 문화적인 혜택은 좀 줘야겠는데 길이 없다'고 했더니 한번 오라고 글대요. 그래서 갔더니 미국 공보원장 미국 사람한테 소개를 하면서, "전국에서 최연소 당선자."라고 하니까 미국사람들은 선거에 당선되면 참 높은 사람, 좋게 인격을 높게 평가를 해주더만요. "참 훌륭한 분, 26살 최연소자로 전국에서 최연소자로 되었다."고 해가지고. 아, 그럼 특별히 16mm 영사기를 발전기까지 싹 빌려줘서 무상으로 그냥. 그래서 문화원 하기 전이죠 그러니까. 그때는 미국 공보원장하고 인자 우리 고향 선배 때문에 연결이 되어서 좋은 백그라운드가 생기게 되어서 아, 16mm 영사기를 새 걸로 빌렸어요.

면담자 : 그럼, 그때가 정확히 몇 년도였는지?

구술자 : 60년도지요.

3) 미공보원 제공 문화영화 상영

면담자 : 60년도에 당선이 되신 거예요?

구술자 : 당선이 되어가지고. 그래가지고 그때부터 내가 영사기를 가지고 와서 그러면 필름을 거서 빌려주죠. 그라믄 내가 싹 차에다가 싣고 와서. 필름을 한 일주일분 또는 보름분, 이렇게 가지고 오거든요. 일주일분, 보름분. 하루에 한 세 가지 정도. 문화영화니까 미국 문화영화니까 한 30~40분짜리 그런 거 한 너댓 개 가지고 와요. 그러면 한 일주일간 로테이션 안 받고 돌리면 한 일주일 걸릴 것 아닙니까?!

면담자 : 그러면 여기 고창 읍내에?

구술자 : 촌이거든. 막 돌리지, 그때는.

면담자 : 예. 그럼 되게 젊으실 때부터 하셨네요.

4) 문화영화 상영과 병행한 반공 계몽 강연

구술자 : 암만. 그래서 했더니 경찰서장이 한 번 보자고 하더니, "그렇게 하지 말고 고창은 해안선이 88km나 되니까 상당히 간첩들의 상륙 루트다 여가. 그러니까 거 반공 계몽 강연을 겸해서, 당신은 말 잘하라고 그러니까 계몽 강연 겸해서 계몽 강연도 하고 그리고 문화영화 상영을 해주면 계몽 강연을 다 들을 것 아니냐?" 왜? 영화를 상영해주기 때문에. 긍께 잠깐 코멘트를, 반공 계몽 강연을 하고 영화 한 편을 틀어주고 또 계몽 강연을 하고 고렇게 문화 활동을 했어. 완전히 원맨쇼로.

면담자 : 그럼 그때가 지금 제3공화국 들어서기 전의 이야기인가요?

구술자 : 전의 이야기지요. 처음에는 고창읍 관내만 했죠. 내 선거구부터 했으니까. 그런데 인자 제3공화국이 들어서면서 경철서장이 만나자고 하더니 "우리가 지금 반공을 진력을 해야 할 해안선이 중요한 요새지고 하니까 고창은 그 해안 연안 주민들한테 그런 계몽 강연을 해주면 쓰겄다. 문화 강연도 하고 반공 강연도 하고 또 그 간첩들 상륙 지점이 바로 고창이니까 그런 계몽도 좀 해주고 간첩들을 신고를 꼭 할 수 있도록 해달라."고 그런 얘길 하니까. 잠깐씩 코멘트를 하지요. 한 5분 내지 10분 내로 하고 또 영사기 또 틀어주고. 그럼 그때는 관객들이 안 가. 영화 보기 위해서. 강연을 듣고 또 한 프로 보고 또 강연 듣고 한 그렇게 서너 번 하고 나면 밤 10시나 11시가 되거든.

5) 문화영화 상영과 병행한 상업 극영화

면담자 : 그럼 그때 문화영화하고 개봉 영화만 상영을 하신 거예요?

구술자 : 그러지. 미국 문화영화 주로 하고 우리나라의 극영화 같은 거 그런 거 많이 가지고 다녔지. 그때 우리나라 것이 별로 없었어. 그래가지고 〈피아골〉(이강천, 1955) 말이여, 〈아리랑〉(나운규, 1926)이고 말이여. 거 일제 때 만들어진 영화 거. 무성 영화를.

면담자 : 우리나라 영화요?

구술자 : 어. 거 〈아리랑〉 같은 영화 거 해설사가 있잖어!

면담자 : 아, 변사요?

구술자 : 어. 변사 시대 영화를 녹음을 다 해져 있거든.[4] 그 놈을 갖다가 틀어주고, 〈피아골〉 같은 것도 해주고.

면담자 : 〈검사와 여선생〉 같은 건?

구술자 : 〈검사와 여선생〉도 했지요.

면담자 : 그거 변사가 필요한데 변사 없이 했어요?

구술자 : 아니 거 광주 영화 배급소에서 다 녹화, 변사 녹음이 다 되어서 나와 그때는.[5]

면담자 : 아, 다 돼서 나와요?

구술자 : 내가 못 허니까. 내가 웅변은 잘 했지만 그때는 그건 못 허니까. 고런 〈검사와 여선생〉은 그때 많이 틀어주고 그랬어.

면담자 : 혹시, 그때 〈똘똘이의 모험〉이라는 거 혹시 기억나세요?

구술자 : 〈똘똘이의 모험〉도 뭐 한 두어 번 갖다가 했죠. 〈똘똘이의 모험〉도 그때 처음 나왔었죠.[6] 거 〈똘똘이의 모험〉 나왔을 때 그 당시에

---

4 구술자가 녹음이 된 일제 때 영화라고 구술하는 것으로 보아, 1957년 김소동 감독의 〈아리랑〉으로 추정된다.

5 윤대룡 감독이 1948년 무성으로 제작한 〈검사와 여선생〉은 같은 감독에 의해 1958년 리메이크되는데, 구술자가 기억하는 것은 1958년 제작 작품으로 보인다.

6 〈똘똘이의 모험〉은 1946년 이규환 감독과 1968년 김영식 감독에 의해 두 차례 제작된다.

토끼와 거북이 그리고 원숭이를 상대로 하는 동물 영화가 있었어. 그래서 토끼와 거북이는 우리나라 사람들이고 원숭이들은 일본 사람들이거든. 고렇게 비유를 해 가지고 원숭이를 미워하는 이런 계몽 영화인데. 문화영환데. 참 제목을 잃어버렸구만.[7]

면담자 : 그게 그 애니메이션, 만화영화인가요?

구술자 : 만화영화지요.

면담자 : 그럼, 그건 어디서 받으셨어요?

구술자 : 그건 그거 영화 배급소에서. USIS에서 광주 영화 배급소에 연결을 해가지고 미국 공보원장이 고창 이기화 씨를 도와주라고 하니까, 필름을 구해줘. 내가 필름을 요청을 하니까. 미국 영화보다 우리나라 영화가 더 필요하다고 하니까 그 영화는 한 번만 꼭 틀어줬어. 거 안 빌려 준다고 하는 것이여. 특별히 미국 공보원장이 혜택을 주라고 해서.

면담자 : 토끼하고 원숭이 이야기요?

구술자 : 토끼하고 원숭이하고 거북이하고. 토끼는 인자 우익 단체고 거북이는 중간 단체고. 또 여우가 또 나오거든 여우. 여우가 또 좌익 단체고 그 당시에. 그러고 인자 원숭이는 일본 단체인디. '원숭이가 또 우리나라를 다시 재침략을 할 것이다.' 하는 것을 인자 예상을 해가지고 '우리가 합심을 해서 저 원숭이를 물리쳐야 한다.'는 스토리 내용이었어. 근디 내가 영화 그 제목을 잊어버려 불었어요. 근디 〈똘똘이의 모험〉도 내가 두 번 갖다 해줬어요. 〈검사와 여선생〉 또 〈사랑방 손님과 어머니〉(신상옥, 1961). 또 거 최은희 영화가 주로 많이 있었는데 그때 그런 60년대 초에 그런 필름들을 많이 갖다가 내가 했구만요.

따라서 구술자가 기억하는 작품이 어떤 것인지 알 수 없다. 시간 순서상 전자의 작품으로 추정한다.,

7 잊어버렸구만.

6) '고창고보' 선배의 영화 배급사 운영

면담자 : 그러면 선생님 그런 것들 할 때 공보원에 가서 말하면 영화 배급사가 알아서 보내줬어요? 아니면?

구술자 : 아니. 미국 공보원장이 인자 부원장, 한국사람, 우리 고창 사람, 부원장 그 사람한테 연락을 해가지고. 영화 배급소에 이학룡 씨라는 분이 광주 영화 배급소장을 했어. 이학룡 씨가 나보다 고창고보[8] 4년 선배여. 아니, 5년 선배여. 그래서 고창고보 선배여. 고창 사람이여. 그러니까 고창서 한다고 하면 나하고 한 집안 간 되니까 빌려줘요.

면담자 : 이학룡 씨라는 분은 어떻게 영화사 운영을 하셨어요?

구술자 : 아, 영화 배급소를 했죠.

면담자 : 아 광주에서요? 어떤 영화사였는지 혹시 기억나세요?

구술자 : 광주, 호남 지역 유제백 씨가 하는 은영영화사? 은영영화사? 저 동경하고 동맹 맺고 있는 한국의 토탈(total) 거 유제백 씨가 하는 영화 배급소가 있어요. 거기에 광주지점장 격이지 이학룡 씨가.

면담자 : 이학룡 씨요?

구술자 : 이 학. 백일 학 자.

면담자 : 룡? 생존해 계신가요?

구술자 : 지금은 돌아가셨죠. 나보다 5년 선배니까. 근디 유제백 씨도 우리 고창고보 출신이고 유제백 씨는 6·25 사변 전부터 일본에 밀항선을 타고 다니면서 영화 배급소를 했어. 그래서 일본서 동경에 들어오는 모든 세계 각국의 영화 필름이 유제백 씨 손으로 들어와.

면담자 : 유제백이요?

구술자 : 유제백!

---

8 고창고보는 고창고등보통학교의 줄임말이다.

면담자 : 제 자가?

구술자 : 건널 제 자. 건널 제 자.

면담자 : 아, 제 자. 저 이에 백 자. 유제백 씨요?

구술자 : 인 변에 흰 백 자. 유제백 씨라고 우리 고창고보 선배여. 그 분이 한국영화, 은영영화사 배급소를 하기 때문에. 영화사가 서울에 여러 개가 있었거든 근데.

면담자 : 은영영화사요?

구술자 : 응. 은영영화사. 이학룡 씨가 은영영화사의 광주 배급소장을 했지. 그렇게 해서 나하고 연결이 되었지.

7) 어린 시절 연사 활동

면담자 : 그때가 그럼 60년대 이야기겠네요?

구술자 : 아, 60년, 61년도지 그때가. 61년 때부터 이학룡 씨가 광주 미국 공보원 무장 출신 부원장보러 "어떻게 그렇게 고창에 누구를 알간디 그냐?"고 그니께 "아, 이기화라고 스물여섯 살에 지방의원 당선된 사람이 이 사람이 크면 국회의원할지 대통령할지 모르겠다."고 하믄. 그때 내가 똘똘했거든. 왜 그냐믄 내가 국민학교 6학년 때 1948년도에 5·10 제헌국회의원 선거를 했어. 그 당시에 고창경찰서장이 군수하고 상의를 해가지고. 강연을 제일 잘하는 사람을, 학생들을 구했어. 고창중학교 학생들을 데려다 놓고 고창국민학교 대표로 내가 그거 나가서 했어. 테스트를 하드만. 원서를 써주면서 일장 연설을 시켜봐 시범적으로. 시켜서 뽑는데 거기서 내가 억양이, 인토네이션이 정확하고 낭독법이 좋고 하니까 나는 고창국민학교에서 뽑혔거든. 우리 담임선생이 국어선생인디 그 양반이 고창국민학교 학생들 중에서 제일 말을, 언어 표현이 좋은, 표현력이 좋은 애를 뽑았는데 내가 뽑혔어. 그래가지고 내가 국민학교 때부

터 웅변을 했거든. 그래서 인자 내가 고창국민학교 대표로 완전 출전하고 그랬어. 그러니까 군수실에서 서장, 군수, 유지들 몇 사람하고 해서 5·10 선거 계몽 강연회를 선거 계몽 강연회를 해야 할 것 아니여. 고창중학교 학생하고 각 국민학교에서 하나씩 대표들이 하나씩 뽑혀 왔는디 내가 선발이 되았어. 연사로, 계몽 연사로 그래가지고. 5·10 선거에 내가 선거 위원에서 거시기 받으면서 수당 받으면서 내가 강연하고 다녔어. 각 읍면에 14개 읍면에 주욱 한 달간 내가 내 공부 안 하고 6학년 때인디. 공부 안 하고 계몽 강연회를 하러 다녔어. "선거는 이렇게 하는 것이다." 하는 것을, 계몽 강연을 내가 쭉 다녔어.

면담자 : 예. 그런 경험이 있으시다?

구술자 : 예. 그래서 그런 문화 쪽에 그런 영화 쪽에 이런데 관심이 많고. 지방 의회니 그래서 발달이 돼서 지방의원이 내가 된 것이고 웅변을 잘하니까.

8) 지방의원 재직 당시 계몽 영화 이동영사 활동

면담자 : 예. 그때 그 지방의원 하시면서 이동영사 하셨던 그 이야기 좀?

구술자 : 그러지. 그것은 원맨쇼지. 왜 그냐면…….

면담자 : 그럼 혼자 다니셨던 거예요?

구술자 : 그라지. 거 아니 저 처음에는 혼자 다녔죠. 처음에는 혼자 다녔는디.

면담자 : 다닐 때 그럼 16mm 발전기 아니 저 영사기하고 발전기하고 세 개는 갖고 다니셨던 거예요?

구술자 : 예.

면담자 : 그럼, 16mm 작동법은 어디서 배우셨어요?

구술자 : 광주 미국 공보원에서 다 배웠지요.

면담자 : 아, 거기서 가르쳐줬어요?

구술자 : 거기서 다 배워서.

면담자 : 그러면 어떻게 며칠 동안 배우셨는데요?

구술자 : 거기서 한 3일간인가 배웠어.

면담자 : 아, 3일간 광주 계실 때 배우신 거예요?

구술자 : 어. 잉 거기서 배웠지. 그래서 인제 작동법을 다 배우고 렌즈 갈아 끼우는 것도 배우고. 그런 거 안 하믄 고장 나면은 일 못 하라고?!

9) 미공보원의 16mm 영사기 조작 교육

면담자 : 뭐 배우는데 어렵지 않으셨어요?

구술자 : 잉. 어렵지 않았지.

면담자 : 16mm니까 좀 간단하죠?

구술자 : 암. 간단하니까. 거 뽀떠블 미싱(machine)이라고 해서.

면담자 : 예. 포터블(portable)?

구술자 : 그 16mm 가지고 다니면서 내가 잘 알아. 뽀더블 미싱 그 영사기를 내가 잘 알아.

면담자 : 포터블 미싱이요?

구술자 : 뽀더블 미싱이라고. 거 필름 착착 물어서 날르는 거. 고것이 뽀떠블 미싱이거든. 미싱질 한단 말이여. 바느질 한단 말이여.

면담자 : 그래서 그 영사기를 포터블 미싱이라고 불렀어요?

구술자 : 암요 그러지. 16mm 뽀터블 미싱이라고 해서. 미국의 그 유명한 제너럴 모터스산가에서 만든 것인디. 이제 내가 그거는 지금도 기억이 나지. 고렇게 해서 그 영사기를 미국에서 들어온 놈. 본국에서 새로 들어온 놈을 날 줘서 말이여. 아주 기름 착착 발라서 정하게[9] 잘 썼지.

---

9 참으로.

10) 광주의 영화 배급사와 전남의 지역별 로뗀바리팀

구술자 : 그렇게 하다가 아까 이야기하던 대로 경찰서장이 "여기보다는 저 해안선을 해주면 쓰겄다." 해서 거기 다닐 때는 "아, 그럼 나 혼자 어디서 어떻게 끌고 다니겄냐?"고 했더니 군수 보러 영사기사를 하나를 팁을 좀 주고라도 쨈매주라[10] 해서, 그래서 영사기사를 김영식이라고 나하고 동기동창들인 애가 그런 로뗀바리들을 따라 다녔던 애여.

면담자 : 어떤, 누구 따라다니던 분이셨어요?

구술자 : 그 사람은 광주에서 배급소 밑에서 배급소 밑에서 또 먹고 사는 그런 로뗀바리 팀들이 있당께.

면담자 : 아, 광주에서요?

구술자 : 순천 쪽으로 나가고 목포 쪽으로 나가고 저기 뭐 화순 쪽으로 나가는 팀들이 있어.

면담자 : 그러니까 광주에도 영화사?

구술자 : 영화 배급소 이학룡 씨 밑에서 그런 조직이 있었어. 로뗀바리 조직이. 그래서 방향을 여수 쪽 목포 쪽 장성 쪽.

면담자 : 그럼, 몇 팀이 있었는지 혹시 아세요?

구술자 : 암. 그 지역별로 뻘럭별로[11] 해서. 광주에서 버스 나간 노선별로 해가지고. 그 블록이 형성 돼가지고. 해남, 장흥, 강진 그 쪽에 나간 팀들이 있고 목포, 영암, 무안 나간 데 있고. 또 저쪽에 보성 저쪽으로 해서 여수 쪽으로 팀이 있고. 요쪽 구례 쪽에도 팀이 있고 화순 쪽에도 팀이 있고 송정리 쪽으로 팀이 있고 영광까지. 요렇게 다 뻘럭별로 나눠져 있어서. 한 7~8개 팀이 있었어.

면담자 : 아, 그런데 그분들이 이학룡 씨 밑에 있는 사람들이 아니라 광주에

---

10 엮어주라.

11 블록(block)별로.

있는 배급사들 중에 이렇게 그 밑에?

구술자 : 아니! 이학룡 씨가 광주배급사 지사장을 했는데. 고 밑에서 그렇게 먹고 사는 팀이 생기더라고 그렇게.

면담자 : 아, 그래요?

구술자 : 그래서 나하고 국민학교 동기 동창생 하나가. 김문식이라고 하는 애가 영사기사 영화기계, 영사기를 잘, 손을 잘 보는 애여. 아주 잘 봐. 그러니까 영사기 기술자가 되어가지고. 이학룡 씨가 그 사람이 여기저기 좌충우돌 뛰더만. 여기저기. 그래가지고 7~8팀이 있어 아주. 버스 노선별로 있당께. 그래야 버스 가는 쪽으로 해서 쭉 돌아가지고 며칠 있으면 들어오지. 그러면 또 다음 프로 요쪽에치[12] 저리가고 저쪽에치[13] 또 필름 내려 받고 해서 또 이렇게 돌아가고. 고런 로뗀바리 팀들이 있어. 아주 포장까지 딱 준비해져가지고. 근디 그 김문식이라는 친구를 내가 불렀제. 내가 서장한테 얘기를 했지. 그랬더니 김문식이는 광주에서 일부러 왔어. 일부러 와가지고 "내 여기서 월급 줄 테니까, 서장이 월급 줄 테니까 이기화 씨 따라 다니면서 계몽 영화 이것 좀 상영을 해주라."고 하니까. 나하고 동기동창생이라서. 그 사람은 국민학교밖에 안 다녔거든. 그니까 열심히 나를 도와주고 그랬어. 내가 뭐 그 지방 선거 임했을 때에도 마이크가 없었는데 그 친구가 앰프 제작을 해서 지붕 위에 올라가서. 그때는 높은 것 스피커를 못 올려놓니까 자기가 손수 올라가서 조작하면서 나보고 연설을 하라고 하면. 고 놈이 저 스피커를 이렇게 천천히 이렇게 돌려. 그렇게 해서 그 친구가 나를 도와준 친구란 말이여. 그 친구 아니었으면 난 읍의원, 군의원 안 되었제, 지금 같으면. 왜 그냐믄 그 사람이 마이크 시설, 다른 사람은 마이크 시설이 없는데 나는 마이크 시설을 가지고 했으니까. 그 친구가, 내

---

12 이쪽의 것.

13 저쪽의 것.

가 웅변도 잘하고 그러니까 싹수가 있으니까 친구지만 키워주려고 애를 썼제. 그런 친구니까 일부러 와서 인자 그 로멘바리 집어치워 불고 나 도와주러 왔었어. 그래가지고 한 2~3년 나하고 같이 김문식이하고 같이 했어.

3. 고창공보원에서 고창문화원으로 명칭 변경

1) 미공보원의 권유와 고창공보원 설립

구술자 : 그래가지고 해안선이 고창이 7개 면이거든. 해안선이 연해 있는 면들이 7개 면이고, 연해 있지 않은 면이 7개 면이고 그려. 14개 읍면인디. 그래 가지고 김문식이 그 사람하고 나하고 해안선 7개 면을 그렇게 많이 다녔어. 다니면 우리 가면 지서장이랑 면장들이 다 밥 먹여주고. 우리 담배도 사주고. 하여튼 잠자리까지 다 봐줘 아주. 경찰서장 특명인디. 그렇게 해서 나는 그냥 반공 영화를 참 수월하게 하고 다녔어. 그렇게 하고 나니까 USIS에서 "아 거 문화원을, 공보원을 좀 하라."고 말이여 정식 공보원.

면담자 : 공보원을 하라고요?

구술자 : 어. 그래서 고창공보원을 내가 허가를 냈지.

면담자 : 그럼 그 당시 고창공보원이 생길 때쯤에는 다른 지역에도 있었나요? 전북에는 어떤 지역에 그……?

구술자 : 다른 데는 우리 전라북도에 남원, 정읍, 이리 그 세 군데밖에 없었어. 나까지 너이제.[14] 초창기니까 그때. 60년대 초니까. 그럼 나는 63년 9월 1일 날을, 9월 1일자로 고창공보원을 내가 현판식을 했

14 넷이지.

으니까. 9월 1일자로. 왜 기억하냐믄 경찰서 상무관을 내가 빌려서 썼어.

면담자 : 고창경찰서요?

구술자 : 어. 고창경찰서 상무관을. 경찰서장이랑은 그 뒤로부터 연결이 잘 되어가지고 서장들이 "우리 상무관 쓰라."고. 그래서 상무관에서 태권도 가르치고 초창기니까. 태권도장이 텅텅 비고 노니까 "우리 상무관 쓰라."고 해서 내 거기서 상무관 쓰고 그랬지. 운동할 땐 쪼금 비워주고 치워주고. 그렇게 해서 내가 처음에 건물도 없는디 고창문화원 전신 공보원 운영을 내가 그렇게 했어. 그래가지고 공보원을 하게 되니까 군에서 기사 봉급도 주게 되고 TO를 얻었제. 그렇게 해서 이제 영사 활동을 하고 반공 계몽 강연도 하면서. 인제 미국 공보원에서는 "전시 활동도 하라." 그래. 미국서 전시판이 와. 미국서 대한민국 공보처에 전시판도 오고 미국치도 오고 그러면. 전시장에다가 전시판을 또 쭉 한 50장 또 널어놔. 널어놓으면 와서 다 영화 시작하기 전에 와서 다 보거든 또! 그것도 전시회 문화 사업 아니여?! 그라고 하고 나믄 강연 시작하고 영화 하고 강연하고 영화 하고 이렇게 해서 한 4~5회를 왔다 갔다하면 밤 10시나 11시 되거든. 아, 날 새자고 하는디 어떻게 해야 혀?!

2) 문화영화 관람 : 청춘남녀의 데이트와 지역민의 회합

면담자 : 〔웃음〕 그렇게 주민들 호응이 좋았나 봐요?

구술자 : 아주 참 좋았지. 그때는 그리고 또 내 제자들이 많아 가지고. 내가 선생질을 좀 해놔서. 그래서 저 해안선 쪽에 가면 특히 해리면 동호 쪽에 가믄. 내가 동호국민학교 선생질을 했거든. 그래서 동호국민학교 출신 애들이 그때만 해도 진학을 못 했으니까 다 촌에 지금 묻혀 있을 거 아니여! 걔들은 시집 갈 나이들 되었는디 뭐 "우리

선생님 오신다."고 하믄 다 연락이 가. 이장들이 "오늘 저녁에 늬들 선상님와서 영화한다." 하면 제자들한테 쫙 연결이 다 돼가지고 사람들이 많이 나와 그냥 하여튼. 하여튼 한 천 명 이상씩은 나온당께. 겁나게 나와. 그러면 거기서 영화 보면 뭐 반공 영화하고 그런 사이에 지들끼리 두 놈들 저쪽 한쪽에서 연애하고 여러 가지여. 그냥 거 영화 하는 날은 연애하는 날이여. 한 동네 처녀 총각들이 자연스럽게 만날 수 있는 미팅장이 되야. 그래서 그래가 참 재미있었어. 그니까 촌에서는 청춘 젊은 남녀들이 영화 하는 날이 자기네들 도킹하는 날이여. 얼굴 만날 시간이 없으니까. 안 만나져. 부모가 허락을 안 해줘. 그니께 영화 하는 날에는 보내주거든. 영화 보러 간다 그러면.

면담자 : 왜 그때는 영화 보러 가면 허락을 했대요?

구술자 : 아 영화 보러 간다 그러면 어머니고 아들이고 다 가니까. 가니까 따라가거든. 나와서 헛짓거리 하지. 즈그들끼리 미팅을 해 저기 나무 밑에 가서. 그라믄 영화 보는 날은 근방에 장 선당께 그냥.

면담자 : 시장이 서요?

구술자 : 암요, 장 서 그냥.

면담자 : 진짜로 시장이 서요?

구술자 : 아니, 뭐 먹을 것 같은 것, 야참 같은 거 팔기도 하지. 하여튼 천 명 이상씩 모이니까 가는 데마다.

면담자 : 그렇게 인구가 그때는 많이 있었나 봐요?

구술자 : 아, 그때는 인구가 많았고. 또 나는 그때 총각 처녀들한테 인기가 좋았제. 아 그러니까 그냥 "이기화 공보원장이 왔다네." 하면 그냥 "고창 공보원장이 갔다."고 하믄 초만원이여 그냥. 또 지서에서 동원도 하지만 초만원이여. 또 지서는 면에서 또 그 사람들은 공지사항을 해야 할 것 아니여?! 행정 공지사항을 그 막간을 이용해서 그 사람들은 히여.[15] "어느 면에서는 추곡 수매 장려를 한다, 도로

보수를 한다." 그러면 잠깐 PR할 수 있는 시간을 2~3분씩 나한테 마이크 빌려가지고 하고 다닌다고. 그래서 고창은 그런 문화공보, 공보문화 활동을 아주 활발하게 헌디가 고창이여. 전라북도에선 나같이 한 데가 없어. 왜 그냐믄 다른 데는 영사기가 없으니까.

면담자 : 그러면은 그 이거 이동영사 작업을 하실 때 USIS의 많은 도움을 받으신 거예요?

구술자 : 그러지. 나는 계속 받았지. 그 미국 공보원장이 오랫동안 있어서.

3) 1960년대 중반 미공보원과 절연(絕緣) 및 정부 시책 영화 상영의 강화

면담자 : 그럼 언제까지 USIS하고 연결이 돼서 일을 하신 거예요?

구술자 : 그저. 60년대, 한 65년도까지는 그 사람들 덕을 봤어, 65년.

면담자 : 아, 그 뒤로는 안 하고요?

구술자 : 어. 그 뒤로는 인자 그 정부에서 우리나라 공보처에서 우리 홍보 활동을 하라고 했어. USIS꺼 하지 말고 우리 꺼 하라고.

면담자 : 아, 65년도 경쯤에요?

구술자 : 암요. 그래서 그 놈 영사기들을 빌려주라고 해서 그래서 주는디. 근디 나는 미국 공보원 USIS 미국 원장이 나한테 16mm 포타블을 줘버렸당게 그냥 아주. 요 놈 갖고 허라고 해서. 그래서 나는 그것이 있으니까 서울 가서 필름을 내가 밤에 열차로 가가지고. 그때는 공보부지? 공보부. 공보부에 가면 영사실 저쪽 중앙청 그 쪽에 안에 영화 촬영하는 데 있잖여? 거기 가면 필름을 다 줘. 난 알아, 아조. 그래서 그때부터는 공보부 직원들을 많이 상대하기 시작했거든.

면담자 : 그럼, 서울에서 그때 공보부에서 가져온 필름들은 뭐 어떤?

---

15 '히여'는 '해'라는 말이다.

구술자 : 아, 그때는 문화영화, 뉴스, 〈대한뉴스〉 오고. 정부에서 필요로 한 공보영화가 한 10분짜리 같은 거 있어.

면담자 : 어떤 내용을 다루는 영화예요?

구술자 : 정부에서 시책적으로 하는 무슨 땜을 막는 것을 촬영한 것이라든가. 뭐 산업 실적을 영화 프로, 외국에서 문화영화로 만든 것이 있어. 5분 내지 10분짜리로 있어 간단한 거. 고놈을 끼워주고 인자 극장 영화 같은 그런 작품 영화를 인자 큰 놈 한 프로를 주제. 그리고 맨 처음에 뉴스부터 하기 시작해서 최소한은 2시간 내지 3시간 한다고.

면담자 : 아, 밤 시간에도 그렇게 해요?

구술자 : 암요! 그러니까 촌사람들이 그냥 날 새도록까지 다시 보고 또 볼란식으로 해서 고창은 참 문화 사업이 잘 되았어 그 당시에.

면담자 : 그러면 그때 원장님이 보시기에 그때 공보부에서 받은 영화하고 미공보원에서 받은 영화하고 무슨 어떤 내용상에 차이 같은 게 있었어요?

구술자 : 그러지. USIS는 순 미국을 홍보하는 그런 영화고. 우리나라 공보부에서 받아온 것은 우리 정부 차원에서 대한민국을 홍보하는 영화 프로그램이고 차이가 그렇게 나죠. 완전히 갈라지죠. 그것이 박정희 대통령이 62년도에 정권을 인수하잖여, 박정희 대통령이? 그래가지고 65년도쯤에는 공보부에다가 상당히 진력을 해가지고 그런 공보 영화 장르 같은 것을 많이 해서 영화가 상당히 빨라졌지. 그래서 이제 정부에서도 'USIS 선을 끊어라.' 그래서.

면담자 : 아, 그렇게 말을 했어요?

4) 1964년 공보원에서 문화원으로 명칭 변경과 농촌 계몽 강조

구술자 : 암요. 그래서 USIS랑 할 때는 내가 사설 공보원장이었거든. 근디

65년도에서야 사단법인체를 만들었지. 그때 내가 정부에다 건의를 했지. 그때 우리 문화원연합회 전국 문화원장들이 싹 모인 지가 63년도 가을에 11월 달에 저기 남대문경찰서 있잖여. 남대문경찰서, 거 안에가 거가 무슨 동이지 필동인가? 아니, 창동? 아니. 거기를 뭔 동이라고 한디. 거기 가면은 미국 공보원에서 썼던 건물을 옛날에는 공보부에다 준 건물이 있더만. 그래서 거기서 공화당 창당 했을 때 그 놈을 공화당에서 임시로 쓰기도 하고 그랬었어. 거가 그 큰 홀도 있고 한 3층 건물 되는디.[16] 거기에서 우리가 총회를 했을 때 한 70명, 70명 전국에서 문화원장들이 모았드만. 명칭도 우리가 문화원으로 하자고 하는 것도 우리가 제안해서 통일시키고 공보원을 다 탈퇴하고 정식 명칭을 문화원으로 해서. 문화원으로 통일을 해가지고 64년도 12월 25일 날 나는 장관한테 허가서를 받았어. 법인처 허가서를 내가 받았어.

면담자 : 그러면 그때 왜 '공보원이라는 말을 안 쓰고 문화원이라는 말을 쓰자.'라고?

구술자 : 아, 우리나라도 자주의식이 생기니까. 박정희 대통령이 그런 건 참 잘한 것이여. 미국 공보원을 손 띠어버리고. 완전히 우리 공보부에 수족 역할을 하라는 것이지. 그래서 우리나라 홍보팀으로 주로 공보사업을 주로 했지. 전시, 영사 활동, 계몽 강연 같은 것을 그때부터 우리나라 식으로 두드려 고쳐서 했지. 그래가지고 64년도에 내가 허가서를 받아가지고 65년도 2월 25일 날 사단법인으로 한다고 고창문화원 등기를 냈어.[17]

면담자 : 그때 공보원이란 명칭을 없애고 문화원으로 옮긴 거는 우리나라…….

구술자 : 예. 64년도에 그렇게 했지. 63년도까지는 미국 공보원 필름 갖다

16 국립중앙공보관 회의실을 의미한다. 고창문화원, 『고창문화원 40년사』, 2004, 147쪽.
17 『고창문화원 40년사』에 따르면 24일이다.

가 하고, 64년도부터는 박 정권 들어서가지고 내가 서울 시청 앞에서 그 박정희 육군소장한테 내가 '제1회 살아 있는 상록수'를 받았거든. 그때 내가 박정희 대통령한테 건의를 했어. '아 우리나라는 공보 문화공보에 대해서 이렇게, 이렇게 정부가 시원찮게 하냐?' 그 말이여. 그래서 나는 박정희 대통령 그때부터 알게 돼가지고 청와대 방문을 많이 했어. 왜 그냐믄 박 정권이 정월, 정초에 왜 하례하잖아요?! 그러믄 나는 꼭 불렀어 박정희 대통령이. 왜 그냐믄 제1회 상록수 수상자가 되니까. 이제 바른말 듣기 위해서. 내가 박정희 대통령한테 건의도 많이 했거든. "아 저 대통령이 돼서 똑똑히 할라면 저기 큰 일을, 옛날부터 임금님 귀는 당나귀 귀란 말이여. 귀가 넓고 커야 혀. 백성들의 참된 소리를 많이 들으라면 귀가 커야 한단 그 말이여. 그럴라면 당신을 진실로 당신의 정치 노선을 이해하고 당신을 도울 수 있는 바른말 할 수 있는 그런 농촌 지도자가 필요할 것 아니냐?" 그리고 "나는 상록수 아니냐?" 말이여. 상록수가 뭐 헌것이란 말이여. 그래서 박정희 대통령이 신년 하례 되면 꼭 나는 1회 수상자라고 해서 꼭 불러 아주. 매년 다녀. 아주 그냥 박정희 대통령이 참 친절했어.

5) 미공보원의 〈리버티 뉴스 Liberty News〉 내용

면담자 : 그 부분은 나중에 더 듣고 싶고요. 그때 그 우리 공보부에 우리나라 영화를 상영을 더 많이 치중하기 전에 미공보원 USIS에서 〈리버티 뉴스 Liberty News〉를 가져와서 상영을 하셨어요?

구술자 : 아, 그럼.

면담자 : 그럼. 그 〈리버티 뉴스〉의 내용들은 주로 어떤 것이 좀 많이 들어 있었나요?

구술자 : 미국 정부용 홍보 실적 영화제, 그것이.

면담자 : 뭐 구체적으로 어떤 교육 내용 같은 건 없어요?

구술자 : 그 안에 교육용도 있고 언론 관계도 있고 정치 관계도 있고 뭔 산업 관계도 있고 각 분야별로 다 그때, 그때 촬영하는 내용이 틀리니까. 편집 내용이 틀리니까. 고런 것들이 〈리버티 뉴스〉였죠. 몇 호라고 해서 쭉 나오고. 〈대한뉴스〉 몇 호 하대끼[18] 〈리버티 뉴스〉 몇 호로 쭉 홀수로 나왔잖아요.

면담자 : 그럼 미국 공보원에서 〈리버티 뉴스〉를 가져올 때에도 〈대한뉴스〉를 가져오셨어요?

구술자 : 아, 그러지.

면담자 : 그럼 나중에 공보부에서 미공보부가 아니라 우리나라 공보부에서 〈대한뉴스〉 가져올 때 〈리버티 뉴스〉를 안 가져온 거예요?

구술자 : 안 가져왔죠.

면담자 : 일부러 안 준 거예요?

구술자 : 예. 아니 정부에서 싫어하니까. 띠라고 하니까.[19] 〈리버티 뉴스〉를 점차 띠어버렸지.

면담자 : 아 예, 그랬어요? 그러면은 저기 그렇게 해서 진짜 전라북도, 특히 고창이 이렇게 이동영사 활동이 활발하게 됐잖아요?

구술자 : 그러지. 다른 시군에 문화원이 있어도, 그런데는 영사기…… 나같이 젊지도 않고. 나는 그때 20대였으니까 그냥 활발했잖여. 그런데다가 나는 웅변도 잘 하니까 고창이 제일 활발하다고 전라북도에 소문이 돌았제 이제.

18 몇 호처럼.

19 떼어버리라고 하니까.

4. 고창공회당과 흥행 영화 상영 그리고 중앙극장 개관

1) 오관탁의 고창공회당 임대 영화 상영

면담자 : 그러면 고창에서 선생님이 이동영사를 하시기 전에 여기 고창에 공회당도 생기고 이랬었잖아요? 그럼 여기서 흥행했던 사람들, 돈 벌기 위해서 영화, 이동영사했던 사람들 있어요?

구술자 : 그럼 고창은 로뗀바리가 온 것이 아니라, 공회당 건물이 있으니까 로뗀바리 시설이 웬간해서 안 와도 되지. 안 와도 되잖어. 영사기만 가지고 오면 되지. 필름하고 갖고 와서 여기서 상영만 하면 되니까. 왜냐면 임대해가지고.

면담자 : 예. 그럼 여기서 임대해서 로뗀바리하셨던 분 계세요? 돈 벌기 위해서 흥행으로요?

구술자 : 그럼요. 그 사람이 김문식이랑게. 나하고 동창.

면담자 : 그러면은 그 전에 오관탁 씨가 안 했어요?

구술자 : 아, 그 전에 오관탁 씨는…… 김문식이 하고…… 오관탁 씨는 6·25 사변 후에. 6·25 사변 전엔 안 했어. 그 분은 6·25 사변 후에 오관탁 씨가 공회당을 임대를 맡아가지고. 자기가 아까 김문식이가 하대끼[20] 그런 광주에서 필름을 세를 내다가 상영하고 또 반환하고 또 상영하고 그렇게 했거든.

면담자 : 아, 이 공회당에서 임대를 해가지고?

구술자 : 암요. 인제 그것이 고창의 임시 극장의 시발이여.

면담자 : 상시적으로 오관탁 씨는 계속 했던 거예요?

구술자 : 아니, 50년대 이후 6·25 이후에는 오관탁 씨가 주로 했는데. 오관탁 씨를 살린 사람이 바로 나죠.

---

20 한 것처럼.

면담자 : 그러면은 김문식 씨는 6·25 전에 이렇게 영화를 상영을 했어요?

구술자 : 아니 6·25 전에는 못 했었죠. 6·25 전에는 광주의 로뗀바리에 팀원, 팀원으로 하나 끼여 들어가 있었지. 그것이 심부름꾼으로 들어가 있었지. 아주 큰 기술자가 아니니까. 자기 전문직이 아직 안 돼 있으니까. 글다가[21] 6·25 사변 후에. 6·25 사변 전부터 영화 활동에 종사를 했지만은 6·25 사변 이후에 자기가 독립을 하게 되었지. 그래서 오관탁 씨는 여기를 빌려서 읍장하고 임대차 계약을 해가지고 오관탁 씨는 늘 여기서 상주해서 하고. 김문식이는 여기 돈이 없으니까 못 들어가니까 포장마차 만들어서 각 면에 다니면서 김문식이는 하고 그랬지.

면담자 : 아, 그랬어요?

구술자 : 암 그려. 여기 파트가 딱 나눠져 있어.

2) 오관탁과 고창의용소방대의 고창공회당 운영을 둘러싼 갈등

면담자 : 그럼 오관탁 씨가 할 때는 그때 이야기도?

구술자 : 그러니까 오관탁 씨가 그렇게 50년대 활동을 했는데. 6·25 후로 활동을 했는데. 쭉 해왔는데. 민주당 정권이 60년도 딱 되니까 고창소방대에서 "우리가 할란다." 그 말이여. "왜 개인한테 임대, 개인 돈 벌어먹게 해주냐고? 우리가 소방대에서 할란다."

면담자 : 근데 그러면 오관탁 씨는 그 전에 뭐하던 분이신데 이렇게 영사 일을 하시게 된 거예요?

구술자 : 아, 그런 기계에. 이학룡 씨하고 한 동네에서 살았지만. 또 그런 기계에 취미가 있어 시계도 고치고 잘 혀. 그런 것을 그 사람은 영사기에 눈을 떴지 이학룡 씨 때문에. 광주에 있는 이학룡 씨 때문

---

21 그러다가.

에 눈을 떠 가지고. 50년대 그 분은 여기에 정착하대끼 했지. 가설 극장 저 공회당을 임대차 계약에 의해서 하고 그랬는디.

면담자 : 그럼 원장님도 영화 자주 보러 가셨어요?

구술자 : 그러지. 나도 영화 보러 많이 다녔지.

면담자 : 예. 그러면 이틀이나 삼일에 한 번씩 영화 바뀌면서 그렇게 영화 하던가요, 어떻게 하던가요?

구술자 : 한 프로가 오면 한 3~4일간 혀. 하고 나면 또 필름을 교체해 와. 저 뉴스하고. 또 그럼 다음 프로 벽보 붙여가지고 선전하고.

3) 뉴스영화의 의무 상영

면담자 : 그럼 여기 공회당에서 오관탁 씨가 할 때에도 뉴스영화를 틀었어요?

구술자 : 했제. 〈대한뉴스〉 했제. 안 하면 안 되지 그때는. 영화업자들은 의무적으로 〈대한뉴스〉를 했으니까.

면담자 : 그게 의무적으로 한 게 60년대 들어서 일이라고 저는 알고 있는데요. 50년대에도 했다는 얘깁니까?

구술자 : 50년대에는 〈리버티 뉴스〉하고 〈대한뉴스〉하고 혼용해서 했지.

면담자 : 영화를 상영하기 전에 여기서요?

구술자 : 암, 여기서 했지.

면담자 : 예. 그럼 그거 받으러 어디로 다니셨대요? 그거 〈리버티 뉴스〉랑 〈대한뉴스〉랑?

구술자 : 그거 〈리버티 뉴스〉는 미국 공보원에서 영화 배급소 이학룡 씨 영화 배급소에 가면 거기서 거 미국 공보원 USIS에다가 얘기를 해서 〈리버티 뉴스〉를 또 빌려. 빌려다 놔. 그래가지고 업자들한테 끼워주지 이렇게. 그리고 반환 날짜에 갖다줘야 하고. 고 놈을 쭉 로뗀바리 식으로 계속해서 했지.

면담자 : 아, 오관탁 씨도요?

구술자 : 잉. 오관탁 씨는 여기서 공회당을 극장 마니로[22] 가까우니 하고. 돈이 없는 김문식이는 기술은 더 좋지만은 돈이 없으니까 저어기 포장마차 치고 촌을 다니면서 하고. 근디 촌을 다니면서 하는 것도 돈 많이 벌었어. 근디 김문식 이 사람하고 나하고 출마했을 때 지붕 위에 가서 마이크, 스피카. 스피카 지가 다 만들어가지고. 이렇게 여러 사람들 들을 수 있게끄름 기호 4번, 내가 출마할 때 기호 4번인데 "기호 4번 최연소자 이기화의 저 선거 발표를 한다."고 소개를 딱 하면 나는 나가서 내 뜻을 밝히고 그때 그랬는디. 그때 하여튼 김문식이가 나를, 내 친구를 키워야 자기도 크게 생겼으니까. 하여튼 로뗀바리를 하고 다니는 것은 많이 핍박이 많거든. 왜냐믄 빽 있는 놈이 들어올 수도 있으니까. 광주에서 차고 들어올 수도 있거든. 그러니까 그것도 막기 겸해서 고창읍을 제외한 것을 전부 자기가 독식하기 위해서 나한테 특히 더 잘했지. 그래서 나도 열심히 그 친구 도와주고 해서 친구지간에 상부상조가 되었었지. 그래서 그 김문식이가 기술은 오관탁 씨보다 훨씬 낫어. 훨씬 나슨디.[23] 오관탁 씨가 여기 들어와서 영사기사 하라니께 "월급 조금 준다." 그러니께 안 한당게. 자기는 "로뗀바리해서 돈 더 벌란다." 해서 김문식이는 각 면을 다니면서 로뗀바리하고, 오관탁 씨는 여기서 허고 파트가 둘로 나눠져 있었지.

4) 상설극장 설립 필요성 강조

면담자 : 그러면 오관탁 씨가 할 때에는 어떻게 해서 60년대에 60년도에 소방대가 "우리가 하겠다."라고 이야기 한 것이에요? 왜 그런 거예요,

---

22 극장처럼.

23 훨씬 낫다는 말이다.

갑자기?

구술자 : 왜 그런고 하면 소방대 출신들이 읍의원으로 몇 사람 당선이 되얏거든. 되어놓니까 "우리 읍장을 쥐어짜서라도 우리가 얻어야겄다." 해가지고 싸움이 붙은 거여.

면담자 : 잘 됐나봐요, 굉장히?

구술자 : 암요, 그르지요. 오관탁 씨 돈 잘 벌었지 그때. 그러니까 오관탁 씨가 날 찾아왔더라고. 와가지고 "내가 이런 딜레마에 빠져 있는데 소방대들이 하면 안 되지 않겄냐?" 하는 것을 이야길 하고. "내가 개인이 해서 빨리 돈을 벌어야 내가 극장지어서 나갈 것 아니냐?" "소방대에서 하면 한낱 도로아미타불이다 말이여. 극장 운영은 되어도 발전이 안 되니까. 극장이 발전돼서 나갈 수가 없잖냐? 그러니까 내가 해야겄다."는 지론이여. 내가 들어보니까 그 말이 맞어 이론적으로. 그래서 내가 고창청년회 공천을 받아서 그때 읍의원 나왔었거든. 그렇기 때문에 내가 오관탁 씨 편을 들었지. 고창청년회에서 "소방대에서 그거 차지하면 안 된다." 해가지고 "오관탁 씨한테 우리가 밀어주자." 해가지고. 소방대 출신 읍의원들하고 나하고 일당백 싸움이 벌여졌어. 그래가지고 내가 심할 때에는 이틀 반을 내가 발언권을 세웠어 계속.

면담자 : 그때 뭐라고 말씀하셨어요?

구술자 : 암 뭐. 여러 군데. 가령, 오스트레일리아 시드니 같은 데서 극장 발달사 같은 것을 읽어보고. 아, 그런 데서도 "원래 시드니는 세계적으로 유명한 극장들이 돈이 얼마 있었냐? 최근에 포장마차에서 시작을 해가지고 이렇게 발전돼서 했는데. 발전되는 기둥이 있어야 극장이 되는 거 아니냐? 고창공회당도 소방대에서 운영하면 현실적으로 운영은 되지만 발전은 안 되지 않냐?" 말이여. "그러면 극장이 독립을 할 수가 없잖냐?" 그런 걸로 세계 각국에 치를[24] 많이 인용해서 이틀 반 동안 발언을 했당께, 오관탁 씨 올 때까지.

면담자 : 원장님은 굉장히 영화나 극장 여러 상영 될 수 있는 공간들에 애정이 있으셨던 분이었네요?

구술자 : 아니 원래 그런 취미, 취향이 많았지. 긍께 고창 지역 사회 일은 내가 국민학교 6학년 때부터 관여를 했었기 때문에 그런 관심이 많고 해서. 그러고 내가 문화원장을 하게 되고 향토사 개발을 하게 된 이유가 바로 원천이 바로 그것이여.

5) 오관탁이 운영한 논산의 가설극장

면담자 : 그래서 결국에는 오관탁 씨가 계속 하게 됐어요?

구술자 : 이겼제 그냥. 이겼어. 그냥 외부에서 투표를 하는데 내가 이겼어. 그랬더니 소방대원들은 소방대 소방차에다가 소방대 의복 있잖여. 소방대 유니폼 싹 싣고 와서 "이기화 니가 소방대장 해 먹으라."고 다 엎어불고 도망가 버렸어.

면담자 : 〔웃음〕 그랬어요?

구술자 : 그래서 "우리가 다 할란다."고 "나가라."고. 내가 고창청년회 공천을 받아서 청년회에서 "아, 느그들이 없어도 우리가 소방대원을 할란다."고 하니까 나중에 소방대원들이 아쉽게 되어 버렸지. 그래가지고 다시 소방대는 소방대로 원 위치로 가고. "당신네들은 불 끄는데 소방대 일에 의용대원이라는 생각을 펼쳐야지. 돈 볼 욕심에 잿밥에 관심을 두면 쓰냐? 오관탁 씨가 빨리 돈 벌어서 나가야 극장이 생기는 거 아니냐?" 이 말이여. 고런 지령을 가지고 내가 이틀 반을 발언을 했당게. 오관탁 씨가 여기 말고 연무대극장을 또 했거든.

면담자 : 아, 연무대요?

---

24 각국의 사례를.

구술자 : 연무대. 저기 논산훈련소 있는데.

면담자 : 예. 거 논산훈련소 있는데.

구술자 : 엉. 거기 또 극장을 하나 가설극장을 만들었어.

면담자 : 여기 하시면서 거기 또?

구술자 : 어. 여기서 돈 벌어갔고 거기 가서 또 하는디. 거기서 한참 하고 있는 중인디 여기를 올 수가 없어. 그러니까 나보고 전보가 왔어. 한 이삼일이면 좀 지연 작전을 해달라고.

면담자 : 그럼 여기도 운영을 하시면서 연무대에서?

구술자 : 암요. 여기는 영사기사 팀들한테 맡겨놓고. 그때 참여한 사람들이 김강식이니 그런 사람들이 그때 들어온 것이여. 60년대 이후에 들어온 것이여. 50년대에는 김문식이 판이었고. 그래서 그 오관탁 씨 연무대 극장이 거기서도 문제가 복잡해지니까 여기 올 수가 없어. 그러니까 나한테 전화 연락이 온 것이여 시외 전화로. 하여튼 "내가 한 이틀 걸릴 것이니까 어떻게 하던지 지연 작전을 해주면 고맙겄다." 해서 내가 "좋다! 글믄 틀림없이 이틀 후에 오면 내가 하겄다." 해서 이틀 반을 했어. 계속 하여튼 의장한테 얘기 해가지고 하여튼 세계 각국에 있는 도시의 극장 발달사를 막 공부하게 되었당게. 그렇게 해가지고 여러 군데 인용해서 발언하니까 회의록 작성하는 사람은 죽을 지경이제 그냥. 그 놈 다 회의록 적어야 하니까.

6) 고창군 최초 상설극장, 중앙극장의 개관

면담자 : 그런데 지금 참 오관탁 씨는 지금 살아 계신가요?

구술자 : 아, 고인 되았지.

면담자 : 아, 돌아가셨어요?

구술자 : 아, 그분이 여기서 해가지고 해서 나한테 그런 덕을 봐가지고 극장 지어 나간 것이 중앙극장이제.

면담자 : 중앙극장.

구술자 : 암요.

면담자 : 중앙극장 건물 헐어져 버렸죠?

구술자 : 엉. 지금은 헐어졌지.

면담자 : 건물이 전혀 없어요? 자체가 없어요?

구술자 : 어. 지금은 다 헐어져 버렸어.

면담자 : 그러니까 건물이 아예 없어요?

구술자 : 아예 없지 지금. 여기서 벌어가지고 중앙극장으로 지어 나간 것이여. 하여튼 오관탁 씨가 평생을 내 은혜를 못 잊었어.

면담자 : 예. 그러셨군요.

구술자 : 하여튼 그것이 고창에 로뗀바리 이후에 하여튼 고창 극장 발달사의 단면을 쭉쭉 얘기 드린 것이여.

5. 계몽 목적의 순회 영화 상영 방식

1) 뉴스영화에 대한 고창군 지역민 반응

면담자 : 그러면 선생님이 〈대한뉴스〉하고 〈리버티 뉴스〉하면 고창 읍내사람들이 와서 영화를 봤을 것 아니에요? 그러면 사람들이 좋아하던가요?

구술자 : 아, 그럼요.

면담자 : 뭐 영화 보는 것 말고 그것도 좋아하던가요? 뉴스도?

구술자 : 아 그럼요. 뉴스 보기 위해 하는(영화 보러 오는) 사람들도 있어 또.

면담자 : 그래요?

구술자 : 잉. 아, 뉴스를 봐야 새로운 소식이 전달되니까.

2) 광주와 서울에서 온 변사(辯士) 공연과 대도시 변사에 대한 지역민의 선호

면담자 : 그러면 그때 오관탁 씨가 여기서 극장 아니 영화 상영을 할 때에는 변사는 없고 그냥 소리나…….

구술자 : 그러지. 변사는 없고. 변사 또 유명한 영화 같으면 변사까지 데려다가 할 때도 있고 그랬어.

면담자 : 어떤 영화요?

구술자 : 아, 윤봉길 영화 같은 건 변사가 직접 와서 하고 그랬어.

면담자 : 아, 윤봉길 영화요?

구술자 : 암만.

면담자 : 그때 변사가 와요?

구술자 : 아, 그때 광주에서 변사가 와서. 서울서도 내려오고.

면담자 : 그러니까 6·25 끝나고 여기서?

구술자 : 아, 그러지.

면담자 : 저기 영화할 때 변사가 온 거였어요?

구술자 : 암만. 변사가 왔었어.

면담자 : 근데 왜 그때는 유명해서 온 거예요?

구술자 : 아니, 그때는 그 영화 프로그램 자체가 변사 영화이기 때문에.

면담자 : 아 예, 소리가 안 나는 무성영화여서?

구술자 : 그르지. 그니까 그런 필름 기다릴 때는 변사들 데려다가 하고 그랬죠. 여기서 재워서 맥이고 재우고.

면담자 : 그럼 그 변사가 서울에서 왔어요? 광주에서 왔어요?

구술자 : 광주서도 오고 서울서도 오고. 급하면 서울서도 오고. 글않으면[25] 광주서도 오고, 그러지……. 서울에서 온 사람이 하면 더 잘하고 멋지고 하면 "서울서 와서 변사가 한다네." 하면 많이들 관객이 달

---

25 그렇지 않으면.

라져부러. 광주서 변사가 온 것하고 서울서 변사가 온 것하고 틀려 그냥.

면담자 : 그럼 원장님도 그때 보셨어요?

구술자 : 암요 그럼요.

면담자 : 확실히 잘하던가요?

구술자 : 확실히 잘하고.

면담자 : 어떤 게 더?

구술자 : 희노애락의 표현이 정확하고 우리들한테 오는 감흥이 좋았지. 그러니까 서울 변사가 와서 하면 실감이 나고 훨씬 그……. 뭐이 홍보 효과가 더 있고 그랬지. 광주는 조금 설고.[26] 광주에서 온 사람들은 배운 사람들이니까 설더만. 서울서 온 사람이 확실히 잘하더만. 윤봉길 의사, 윤봉길 의사의 영화도 하고. 또 그 당시에 여기 와서 변사가 했던 영화가 〈검사와 여선생〉(윤대룡, 1948)도 여기서 와서 할 때 하고 또. 저기 무슨 영화냐? 저 춘향이 영화?

면담자 : 춘향이요?

구술자 : 거, '성춘향'이 처음 나왔을 때.

3) 1960년대 초반 '스타 배우' 이민의 고창군 무대 공연

면담자 : 혹시 그거 기억나세요? 춘향이가 혹시 선생님 이민, 배우 이민 기억나세요?

구술자 : 이민 배우 알지 내가 잘 알지.

면담자 : 이민이가 나온 〈춘향전〉(이규환, 1955) 영화였어요? 아니면 그 전에?

구술자 : 그 전에지. 그 전에.

---

26 못 하고.

면담자 : 그 전이면 일제 때 만들어진 거요?

구술자 : 어. 그 전에.[27] 이민이는 나하고 잘 아는디 뭐.

면담자 : 어떻게 잘 아세요?

구술자 : 아, 이민이가 나 때문에 여기 와서 공연도 하고 그랬어.

면담자 : 어떤 공연을 했었는데요?

구술자 : 아, 저 '이민 쑈'를 했지. 쉽게 얘기하면 오관탁 씨가 '이민'하고 문화원장이 잘 안담서 "언제 한번 데려다가 특별 쑈 한 번 하자."고 해서. 이민이 왔다는 자체가 쑈여.

면담자 : 그때가 몇 년도 언제 적 얘긴데요?

구술자 : 그때가 '이민'이 거시기 할 때가 내가 문화원장하고 나서니까 60년대 초지.

면담자 : 60년대 초에 이민 배우가 왔었어요?

구술자 : 아, 이 고창 왔어, 나 때문에.

면담자 : 여기서 했었어요?

구술자 : 아, 극장 무대에 와서 무대 출연하고 노래 한자리 하고. 가는데 그냥 돈을 많이 벌어 버렸어.

면담자 : 그럼 그때 와서 영화도 상영했었어요?

구술자 : 아니 영화 촬영한 것이 아니라…….

면담자 : 아니 영화 상영. 그 이민이가 나온?

구술자 : 아이, 나와서 무대 출연을 하고 노래 한자리 하고 들어가는데. 오관탁 씨가 캐런[28] 많이 줘 불었어.

면담자 : 노래 한 자리하고 또 뭐하고 가던가요?

구술자 : 인사말 하면서 자기 영화 얘기, 자기 주변 얘기 고런 거 하고 갔지.

---

27 해방 이후 처음 제작된 〈춘향전〉은 1955년 작품이므로, 구술자가 '일제 때'라고 하는 것은 1923년 일본 감독에 의해 제작된 무성영화 〈춘향전〉밖에 없다. 하지만 무성 영화 〈춘향전〉이 지방에서 상영된 기록은 찾을 수 없다.

28 개런티(guarantee), 출연료.

면담자 : 그럼 잠깐만 있다 갔네요?

구술자 : 그러지. 한 프로에 잠깐 한 10분 정도? 쇼 출연하고. 또 그 이튿날도 쑈 출연 해주고. 그렇게 여기 3일간이나 있다 갔어.

면담자 : 아, 그랬어요? 그럼 영화가……. 이민 씨가 나오는 영화 상영도 하고요?

구술자 : 아니 그때는 맞추지 않았지. 그 이민 씨 왔을 때는 프로그램 포스타가 문화원에 어디가 있을 것이여.

면담자 : 근데 저기 원장님 문화원에 있는 포스터나 이런 거 그때 그런 것 좀 어떻게 볼 수 없을까요?

구술자 : 긍게. 창고에 가서 어디가 쪼금 있을 것이여.

면담자 : 언제 창고 정리하실 생각은 없으세요?

구술자 : 긍게 인자.

면담자 : 말씀하신대로 프로그램도 그때 다 잡아놓으셨다고…….

구술자 : 그때 그 USIS의 프로그램 거시기가 있어. 거 팜플릿이 있어. 어디가 있을 것이여.

면담자 : 근데 그 언젠가는 문화원 창고를 정리해야 되겠네요?

구술자 : 잉 그러지 인제 싹 정리를 해야지.

면담자 : 제가 그때 와서 도와드릴게요.

구술자 : 그렇게 해 잉.

면담자 : 언제 계획하고 계세요?

구술자 : 어, 나한테 주소하고 거시기 좀 적어놔. 글면 내가 연락 해드릴게. 한가할 때 원장 그만뒀응께 시간 나니까 한가할 때 해야지.

면담자 : 예. 그럼 제가 가서 같이 하겠습니다.

구술자 : 예. 왜 그냐믄 내 자료가 대봉투 같은 게 수백 개 있어. 박스에다 갖다 막 넣어놔서. 박스가 한 예나무[29] 박스 되야. 고 놈을 다 뒤적

---

29 대여섯 개.

거려야 나와. 그 안에가 들어 있으니까.

면담자 : 예. 그럼 창고는 따로 문화원 창고는 따로 있습니까?

구술자 : 그러지 그럼. 문화원 창고는 따로 있지.

면담자 : 그거 꼭 저뿐만 아니라 다른 분들도 굉장히 중요한…….

구술자 : 이민이가 출연한다고 하는 그 포스터도 있당께. 그것도 있어.

면담자 : 그러면 꼭 그 창고를 보고 싶은데요.

구술자 : 그런게. 그때 원석으로 해서 인자 옵세트 인쇄를 해서 포스터 크게 만들어서 야그들이 붙였지. 이민이 온다고. 그때 굉장했지.

면담자 : 그래 언제 그러면 어떻게 여름날이나 한번 날씨 좋을 때…….

구술자 : 예. 좀 한가할 때 사무국장하고 나하고 작업을 해야지. 근데 지금 우리 집에가 원래 있었는디, 부속 건물이 다 헐리니까 싹 문화원 창고에다가 넣어놔버렸어 내가. 내 사물이고 뭣이고 내 필요한 거 이외에 다 문화원 창고에 다 넣어 놔버렸어. 고것이 보물단지여 고창에.

면담자 : 그러니까요. 또 고창의 역사이기도 하고요.

구술자 : 암은, 그라지. 근현대사의 자료가 되지.

면담자 : 그렇죠.

구술자 : 진짜.

면담자 : 예. 그 원장님 그리고 쪼금만 한 5분만 더 할게요.

구술자 : 예.

4) 광주 미공보원의 영화 상영 기자재 보유 실태와 영사기 무상 임대

면담자 : 그때 미공보원에 갔을 때, USIS에 갔을 때 영사기도 주고 그랬잖아요. 가면은 거기에 그 공보원이 우리나라에서 문화원 설립하는 데도 많이 도움을 주고 영화 영상기도 많이 빌려줬다라고 그러거든요. 그때 갔더니 영사기나 이런 게 도대체 몇 개 정도 있던가요?

필름이나 발전기나…….

구술자 : 아니 수십 개 있어. 수십 개, 수십 개 있는디. 각 문화원에서 오면은 서로 좋은 기계 놈 빌려갈라고 헌디. 나는 그럴 필요가 없었지. 그냥 미국 공보원장이 나는 전용으로 하나 줬는디. 나중에 안 가져가 부러서 그래서 문화원에 있었는디. 도둑맞아 부렀어. 거시기 발전기는 있어 지금도.

면담자 : 아, 지금 그 문화원에 있어요?

구술자 : 어. 발전기는 있어. 근디 영사기는 어떻게 어떤 놈이 도둑질해 가버렸어.

면담자 : 아 그랬어요?

구술자 : 에 도둑맞어버렸어. 그 발전기는 있더라고 용케…….

면담자 : 발전기도 우리나라 영화 박물관 이런 데다 기증하시면 좋을 것 같은데요?

구술자 : 좋지. 아조 그냥. 발전기 새 놈이여. 새 놈이여. 그 당시에 발전기 이렇게 혼자 이렇게 영사기도 들고 다닐 수 있었어.

면담자 : 필름은 어떻게 메고 다니셨어요?

구술자 : 필름도 등짝에다 메고 다니고 그랬지.

면담자 : 그러면 그때 미공보원에서 광주 전남지역에 있는 또는 전북지역에 있는 공보원에다?

구술자 : 아니 광주가 전남북 전부 다 관장을 했으니까. 긍게 광주가 전주보다도 문화의 중심이 광주로 갈 수밖에 없었지. 그러니까 우리는 광주가 가까우니까 고리 다니고. 또 우리 고창고보 선배들이 연결이 되니까 특히 연락이 있기 때문에 더 많이 가고 그랬지. 미국 공보원에 부원장 했던 진헌식이라는 사람이 무장 사람인데.

면담자 : 아, 그 부원장 이름이 진헌식 씨?

구술자 : 잉. 진헌식이라는 사람인디. 아니 헌제, 진헌제.

면담자 : 진헌제요?

구술자 : 아니. 진헌제가…… 진현량.

면담자 : 진현량이에요?

구술자 : 량, 제갈 량이여서 량 자. 진현량 동생이 진제량이라고 해서. 그 동생이 나하고 국민학교 동기생이여. 그래서 내 친구 형이기 때문에 알고 해서. 그 사람이 미8군에 들어가서 하우스보이 맹이로[30] 영어를 했기 때문에 미국 공보원장 밑에서 인제 한국 손님들 찾아오면 통역을 해 줘야지.

면담자 : 그러면은 지금 그때 광주 미문화원 부원장님이 진제량 씨였던 거예요?

구술자 : 예.

면담자 : 아, 예. 그럼 그 분이 미군부대에 가셔서 영어를 배우셨던 거예요?

구술자 : 예. 미8군에 6·25 전란 때 미8군에서 영어를 배워가지고. 미공보원 통역 요원 시험에 합격해 가지고 부원장이 된 것이지.

면담자 : 예. 그러면은 그때 미문화원을 갔더니 이렇게 영사기가 많이 있어서, 그걸 다른 지역에 다 나눠주고…….

구술자 : 그라지 이제 그거 나눠주고 그랐제. 나도 창고에도 가보고 그랬어.

면담자 : 창고에 갔더니 대략 한 몇 개 정도가 있었나요?

구술자 : 한 2, 30개 있더라고.

면담자 : 그걸 전라남북도에 지역에 대여를 해줬던 거네요?

구술자 : 근데 이제 전라북도는 별로 잘 안 주고 전라남도를 주로 많이 주더라고. 광주권이니까. 그리고 전라북도 원장들은 게을러서 못 혀. 남원하고 정읍하고 이리하고, 임실이 있었구나? 나까지 4명. 그런디 아유 잘 못허는디. 하여튼 나는 그 미공보원장의 큰 덕을 입었어. 나는 단독으로 그냥 나한테 항상 무상 대여를 받아가지고 있더니. 나중에 그 사람 미국으로 들어갔는데 그냥 가버리더라고. 그냥

---

30 같이.

쓰라고 해서 내가 써버렸지. 그래서 문화원에 착실히 뒀는데, 아 거, 저기로 문화원 저기로 옮기는 과정에서 밤에 어떤 놈이 와서 가져가버렸어.

면담자 : 아, 그랬어요?

구술자 : 어. 도둑맞아버렸어.

면담자 : 그때 언제 적 이야기인가요?

구술자 : 그때 그러니까 1990, 90년대에 저 건물을 짓기 시작했으니까 91년도쯤에 잃어버렸지. 거그다 쟁여놨는디 밤에 어떤 놈이 들어와서. 영사기를 냄새를 맡고 왔어. 영사기가 좋았거든. 근디 거시기 발전기가 있는 것을 몰랐어 그 놈이. 영사기만 들고 가버리더라고. 영사기 그때 안 쓸 땐게. 그때 내가 잘 두었는데 그냥 참 아까운거 잃어버렸구만.

면담자 : 그러면 그 선생님께서는 16mm 말고 35mm는 하신 적은 없으신 거네요?

구술자 : 응 그러지. 나는 그걸 언제 손댈 시간이 없었지.

5) 고창군 각 면 순회와 영화 상영 방식

면담자 : 예. 그러면 이제 그걸 가지고 돌 때에는 주로 여기 고창 읍내하고 그 다음에?

구술자 : 각 면.

면담자 : 각 면이요?

구술자 : 각 면.

면담자 : 각 면.

구술자 : 쭉. 나는 각 면을 그때 다 카바하고[31] 다녔지. 대개 다른 데는 그

---

31 커버(cover)하고. 대상으로.

문화원은 군청 소재지에서 문화 활동을 했거든. 근데 나는 각 면을 다니면서 활동을 많이 했어.

면담자 : 그러면 주로 가면 어디다가 그 영사기를 펼쳐놓고……?

구술자 : 어, 학교를 찾아가면 학교에서 다 빌려줘. 운동장이고 뭐고 다 빌려줘.

면담자 : 운동장을요?

구술자 : 암만. 글않으면 못 하니까.

면담자 : 예. 그러면 그 한 마을에 가면 며칠간 상영을 하셨어요? 한 마을에서 며칠간 상영을 하셨어요?

구술자 : 아니. 오늘 저녁에 여기 하고 내일 저녁에 또 그 다음, 그 다음 학교로 또 옮기고. 학교마다 찾아다니면서 했지. 한 일 개 면에 학교가 2개 내지 3개 있었거든. 그것 다 학교만 찾아다니면서 다 다니지. 그니까 7개 면이니까 삼칠에 이십일, 한 달이 걸려버리잖아. 긍께 되지. 한 바퀴 돌면 그렇게 되야.

면담자 : 그럼 밤에만 이렇게 상영을 하셨어요?

구술자 : 낮에는 전시 활동하고. 낮에는 면 청사 앞에다가 전시품 같은 거 걸어놓고 홍보 사항 있으면 그 면사무소 회의실에 면민들 모아다 놓고 거기서도 지도층 인사들한테 내가 토킹(talking)으로 해주고. 밤에는 일반인들한테 해주고.

면담자 : 밤에는 영화 상영하시고?

구술자 : 암만. 영화 상영도 하고 그런 토킹도 해주고. 그러니까 참 다른 데보다는 그래서 활발했다는 얘기제.

면담자 : 예. 그럼 영화 상영은 개봉 영화하고, 극영화도 하고?

구술자 : 암만. 극영화도 하고. 문화영화도 하고 뉴스하고.

면담자 : 극영화를 할 때 어떤 영화를 틀어주면 사람들이 좋아하던가요?

구술자 : 아니, 여긴 촌이니까. 어떤 영화가 아니라 무조건 극영화만 하면 하여튼 '고창문화원 계몽 영화반 왔다.'고 하믄 그냥 초만원이여 그

냥. 왜 그냐면 나는 그냥 필름을 좋은 거 많이 가져가니까. 하여튼 16mm 했지만. 하여튼 그래도 필름을 나는 구할 수 있는 여유로운 조건이 있었기 때문에 다른 지역 사회보다 여기가 훨씬 영사 활동이 빨랐었지. 그래서 고창이 오관탁 씨, 김문식 씨 이렇게 파트를 나눠 가지고 하고. 오관탁 씨는 연무대까지도 발전이 되고 그랬었지.

면담자 : 그러면은 마을에서 밤에 상영을 하실 때 영화 상영하는 순서가 있었나요?

구술자 : 그라지 대개.

6) 영화 종류별 상영 순서

면담자 : 뭐부터 상영하셨어요?

구술자 : 아니, 내가 편집을 하지. 맨 첨에 〈리버티 뉴스〉, 〈대한뉴스〉 먼저 해주고. 그러고 난 뒤에 내가 잠깐 인사말을 하고. 그러고 나서 또 한 프로 하고.

면담자 : 어떤 것 한 프로?

구술자 : 또 문화영화. 문화영화는 대개 2, 30분짜리거든 대개. 길면 40분이고. 2, 30분짜리니까 문화영화 또 해주고 또 내가 계몽 강연하고. 그 다음에 클라이막스(climax)에 가서 극영화 해주지. 나중에 하지, 극영화는 젤 나중에 허지.

면담자 : 극영화를 마지막에 하신 이유는?

구술자 : 아니, 그래야 손님들이 안 가니까.

면담자 : 아하! 주민들이 안 가니까. 〔웃음〕

구술자 : 그리 안 하믄 보고 다 가버리지.

면담자 : 그럼 사람들이 극영화 늦게 튼다고 뭐 뭐라고 성화부리거나?

구술자 : 아이 그런 것은 없어. 하여튼 더 늦게까지 더 하자고, 한 번 더 틀어보자고 한 사람들도 있는디.

면담자 : 아 그래요?

구술자 : 암만.

면담자 : 그러면 계절적으로 그…….

구술자 : 하여튼 그 마을에 갔을 때 그 사람들이 시간 구애는 안 받고.

〔녹음 끊김〕

7) 지역 순회 : 고창군 향토사에 대한 관심

면담자 : 예 그러면은 계속해서 그 아까 말씀하셨던 것 물어보겠습니다.

구술자 : 쭉 물어보세요. 물으면 내가 대답할게요.

면담자 : 각 읍면에 이동영사를 가셔서 그 어떤 활동을 하셨는가를 좀 묻고 있었는데요. 저는 궁금한 게 학교 말고 또 모정이라는 이런 공간에서도……?

구술자 : 아, 모정에서 할 때가 있죠 또.

면담자 : 그럼 어떻게? 주로 모정에서 할 때는 ** 같은 건데, 야외 공간인데 그것도 밤에 했나요? 아니면 낮에 하셨나요?

구술자 : 밤에 하지요.

면담자 : 아, 밤에 하셨어요?

구술자 : 예. 영사 활동하는 시설이 없기 때문에 밤에밖에는 안 되잖아요. 낮에는 좌담회를 하고. 그니까 내가 문화에 대해서 고창향토사에 대해서 박사가 된 이유는 낮에는 내가 말이여 시간이 남으니까 그 근동에 살고 있는 각 성씨들의 문장들을 내가 만나. 만나서 족보도 보고 여러 향토 자료를 내가 검토를 한단 말이여. 그러니까 다른 원장들은 쉴 때 나는 그런 활동을 쭉 했어. 그것을 내가 그걸 한 40여 년 했으니까 얼마나 전문가가 될 수밖에 없었지.

면담자 : 그런데 그런 활동하시면 자금적인 지원은 다 어디서 받으셨어요?

구술자 : 아이, 없었지. 내가 하고 싶어서 미쳐서 한 거였으니까. 문화원장이라는 것이 보수가 있는 것이 아니니까. 하여튼 미치지 않으면 이런 일 못 하지. 근데 하여튼 요번에도 거 이런 분이 왔디갔이. 중앙대학 국문학과 출신이라더만. 강현모 씨? 강현모. 한양대학에 나가더만. 한양대학 국문학과 있다 그래서. 한양대학 같으면 오라고 했더니, 여기 뭔 둘이 왔더만. 한 사람은 명함을 안 주고 갔는데 이 사람도 중앙대 국문과 출신이더만. 그래서 그 사람이 와서 이런 것을 물었어요. 참고로, 나한테, 나하고. 한 몇 시간…….

면담자 : 아, 선운사에 관련된 거군요?

구술자 : 여러 가지. 판소리 관계. 그때 내가 메모를 해놨어. 메모를 자꾸 해 놔야겄어. 자꾸 잊어버리니까. 긍게 나한테 오는 사람들은.

면담자 : 이번 주 토요일 날 하신 거네요?

구술자 : 예. 나한테는 각 대학에서 이런 분들이 많이 찾아와. 근데 그 분들이 다른데 가면은 이렇게 대답해줄 사람이 없다는 것이여. 그런데, 고창 오면 내가 오래 한 노하우 때문에 좋지, 대답하기가. 질문하세요.

8) 겨울 동안 중단된 순회 활동

면담자 : 예, 아까 그 말씀하셨던 것 중에서요. 그 모정에서 밤에 하셨는데 주로 그러면은 계절과 상관없이 가셨어요?

구술자 : 아, 겨울에는 안 하지. 겨울에는 추워서 못 하니까. 영사 활동도 겨울에는 안 되지요. 봄부터 가을까지.

면담자 : 봄부터 가을요?

구술자 : 암만.

면담자 : 그러면 혹시 여름 저녁에 많이?

구술자 : 여름이 주로 많고. 여름 전으로 해서 봄부터 가을까지. 이렇게 세

계절을 내가 쭉 인제 순회…….

면담자 : 영사 하셨어요?

구술자 : 예. 활동을 하고 그랬지요.

6. 문화원 주최 영화 상영과 지역민

1) 문화원 주최 영화 관람객

면담자 : 그러면은 거기 이제 영화를 보러 왔던 사람들은 모든 연령층이 다 왔던가요?

구술자 : 그러지. 모든 연령층들이 오고. 내가 하도 많이 다니고 그러니까 그 분들이 나 모르는 사람들이 없으니까. 일부러 나 볼라고 오는 사람들도 있고. 여러 가지여. 또 내가 가믄 뭣하니까 자기 집 족보 가지고 나오는 사람도 있고. "아, 이기화 씨 오면 이것 좀 물어야겄다." 해가지고. 아, 고것이 고런 문화 상담을 나한테 많이 하고. 족보 자기네가 *** 중간에 여기 와버려서 가닥이 없어진 사람들, 그런 사람들도 내가 다 찾아주고 그러거든. 다 옛날 유배족들이거든. 그러니까 유배족으로 했을 때 그 당시 자기네 *** 집 같은 거 가지고 와서. 밑에 살다가. 연결이 안 되지. 지금. 안되니까 나한테 연결시켜달라는 사람도 있고 해서 내가 고창의 유교 문화를 전부 정립하려고. 내가 원장 고만두고 나서. 그런 것은 여가 활동으로 한 것이지. 거기서 어차피 숙식을 하니까. 여가의 그런 활동을 일반 문화 활동을, 전통 문화 활동을 다른 원장들은 쉬고 있을 때 나는 했다는 것이 장점이지.

면담자 : 그러면 마을에 가셔서 밤늦게까지 하시면 어떻게 읍내로까지 다시 나오셨어요?

구술자 : 어디?

면담자 : 그러니까 그 마을에 밤에 12시까지 하셨다고 그랬는데. 그러면 거기서 묵으셨어요?

구술자 : 아. 자고 오지.

면담자 : 자고 그 다음날 아침에 오셨어요? 왜 자고 오셨어요? 그때 그…… 통금 시절?

구술자 : 아니. 그때는 아니 차가 없으니까. 면이나 지서에서 버스 정류장까지 실어다 주거든. 그러면 또 그 다음 코스로 옮기거나 들어오거나 그러기는 했지.

면담자 : 예, 그러셨어요? 그러면 이제 밤에 아까 말씀 하셨던 영화를 보러 왔던 사람들 관객들 좀 풍경에 대해서 이야기를 더 듣고 싶은데요.

구술자 : 예, 그래요.

면담자 : 그때 모든 연령층에 대해서 다 왔는데, 젊은 층이 와가지고 연애를 하거나 이런 일들이 있었잖아요?

구술자 : 예. 그런 일들 많았지요.

면담자 : 다른 지역에 가서 이야기를 들어보면 뭐 보리밭에서 연애 사건이 있었다더라, 이런 얘기가 많은데 혹시 그런 일들이 여기 고창에?

구술자 : 아, 많이 있었지! 그 이튿날 보면 보리밭이 여러 군데 이렇게 뭉개져버리거든. 그러면 그 보리밭 주인이 얘기하니까 알지요.

면담자 : 보리밭 주인이 뭐라고 그러지 않아요?

구술자 : 허지, 나한테. 원장님 어젯밤 난 영화는 잘 봤지만 우리 보리밭이 이렇게 뭉개져버렸다고 그래서. 미안하다고 하면 끝이 나제. 어떻게 할 수가 없지.

면담자 : 그때도 원장님이 미안해하실 일은 아니잖아요. 〔웃음〕

구술자 : 그래도 내가 미안하다고 했지. 내가 정말로 그 분들이 와서 그런 그 영화를 보러 오면서 그것을 빙자를 해가지고 자기네들 개인적인 그런 미팅을 하는데. 그렇게 와서 하니까 내가 참 미안하게 되

었다고 그러지.

면담자 : 그럼 청춘남녀들은 영화에도 관심 있었지만 연애에도 관심 있어서 온 거네요?

구술자 : 아, 그러지 지금.

면담자 : 그러면 그 사람들, 특히 처녀 아가씨들은 이렇게 예쁘게 꽃단장도 하고 오고 그러던가요?

구술자 : 아 그르지. 되도록 서로 만날 사람들은 곱게 단장하고 와. 암호를 해요 지그들끼리.

면담자 : 어떻게 그게 딱 보이던가요?

구술자 : 아, 눈치로 봐져. 이렇게, 이렇게 손으로 깔짝거리면 서로 연결이 돼야. 뭐 이렇게, 이렇게 하면 몇 시에 어디서 만나자고 요렇게 다 끝나고 나면 어디서 만나자고 자기네들끼리 암호를 히여. 고런 것이 눈치로 다 잽혀. 재밌었어. 하여튼 참 낭만이여, 참말로.

2) 영화 상영 현장의 풍경

면담자 : 그럼 사람들은 올 때 밤 시간이고 이러니까 먹을거리를?

구술자 : 야참. 집에서 싸가지고 오는 사람들도 있고. 인제 큰 면에서는 야참 팔러 다니는 사람들도 있고 그려. 떡도 팔고.

면담자 : 야참을 또 거기서 팔러 다니는 사람들도 있었어요?

구술자 : 암. 팔러 온 사람들도 있어. 가난한 사람들은 쑥 범벅 같은 것도 해오고. 수수도 쪄가지고 나오고 고구마도 쪄가지고 나와서. 이렇게 쭉 돌아. 돌면 그냥 어디 놓고 앉아서 있으면 와서 사가던지. 돌면 알아서 해. 아주머니에게 사기도 하고. 그렇게 해서 지그들끼리 미팅할 때 꼭 필요한 것이거든. 근데 꼭 사가더라고. 많이들 사가더라고. 사간 사람들이 많어. 꼭 요새 같으면 커피 같은 거 팔고 그러는디. 그때는 커피가 뭐여 없을땡께. 하여튼 그런 고구마 찐

것, 또 콩 찐 것 말이여. 요런 것들이 하여튼 그때 자기네들끼리 그것이 미팅하면서도 좋은 시간 보내는 게 어색하지 않도록 분위기 조성은 되잖여. 서로 먹을 것 가지고 얘기하니까 그니까 아주 참 좋지 분위기가. 수수를 자기가 직접 쪄가지고 오는 사람들도 있고.

면담자 : 그럼 와서 그걸 현장에서?

구술자 : 어. 그걸 또 와서 현장에서 또 이렇게 파는 할머니, 아주머니 있기도 하고 그려. 재미있었어 하여튼.

면담자 : 그럼 그것 사람들이 그걸 먹으면서 영화도 보고 강연도 듣고 그런 거예요?

구술자 : 아, 그러지! 그래서 연애할 사람은 또 따로 나가서 하고.

면담자 : 그럼 학교 운동장에 모여서 그런 일이 벌어진 거죠?

구술자 : 그러지. 운동장 가에 가서 미팅은 하지 운동장 가운데서 하겄어? 어디 한쪽에 조용한 데 앉아서 하지. 잔디밭에 앉아서 하거나 의자에 앉아서 하지. 재미있어. 하여튼 영화 하러 간 날은 그 면에 그 학교 근처에는 아주 문화의 날이 되아버려, 그냥 아조.

3) 고창군 지역민의 순회 영화 상영 환호 이유

면담자 : 그럼 그 사람들은 그 전에 영화를 볼 기회가 없었나 봐요?

구술자 : 아, 그러지! 볼 기회가 없어! 우리가 안 가믄 볼 기회가 없어!

면담자 : 읍내에 와서 볼 수도 있자나요?

구술자 : 여기까지 나올 시간이 있간디. 돈도 없고 뭐 나올 시간도 없고. 농사일에 쫓기고 그러니까. 가난한 사람들인께 여기 올 수가 없제.

면담자 : 그럼 원장님께서는 그 마을에 갈 때 어떻게 걸어가셨어요?

구술자 : 그러지. 걸어가지.

면담자 : 보통 몇 리 길? 몇 킬로를?

구술자 : 한 10리도 걷고. 한 2킬로도 걷고 4킬로도 걷고. 많이 걸 때는 4킬

로 걷고. 1킬로는 보통이고. 왜냐하믄 면이나 지서에서 저녁을 식당에서 우리한테 사줘. 그 놈 먹고 같이 가거든 면 직원 아가씨 따라오니까. 같이 가. 같이 들고 가서 허고 그려. 참 재미있어. 전시판도 쭉 둘러놓고. 전시판은 학교 현관 앞에다 풀 뜯은 데 현관에다 전시판 같은 거 수십 개 진열해 놓지.

4) 영화 상영 이전 미국 문화 전시물

구술자 : 그럼 항상 그 영화를 상영하실 때는 항상 낮에 이렇게 전시판을 설치를 하셨어요?

구술자 : 어. 그럼 전시판은 꼭 가지고 다녔지. 그럼 전시판이 미국 그 문화를 접할 수 있는 기회가 되지, 한국 농촌사람들이. '아 미국서는 이렇게 하는구나!' 그런 전시판을 보고. 사진 전시물 같은 거 갖고 가니까.

면담자 : 농촌사람들은 미국인, 미국 문화를 보면서 어떤 생각을 갖게 되는지?

구술자 : 아조 뭐 원더풀이지. 깜짝 놀라지 암만. '야, 우리하고는 이렇게 차이가 있구나.' 했는디. 우리가 여기서 동남아시아 사람들 텔레비전 나오면 우리들도 그런 생각들 하잖아요, 지금. 그런 식이지 뭐.

면담자 : 네 그러면 그 혹시 뭐 문화적으로 달랐던 충격 같은 것은 없었을까요?

구술자 : 예. 그런 충격 같은 것은 없었는디. 나중에 준비했다가 자기 집안에 옛날 문서 쪼가리 나왔다고 고문서가 나왔다던지, 요런 것들도 갖고 나오는 사람들도 있어. "원장님, 이것 좀 봐주쇼." 그라믄 내가 다 봐서 연도 다 적어주고. "이게 언제 적 자료인데 무슨, 무슨 자료요. 잘 보관하시오." 이렇게 얘기해주믄 그게 문화 활동 아니여? 그러니까 고창 군내에 있는 거 전통문화에 관한 그런 자료를 많이 알게 됐지 박사가 될 수밖에 없었어 그냥. 긍게 노력을 해야

혀. 공부를 해야 한단 말여. 그냥 나 문화원장이다고 강연하고 그라믄 안 되지. 나는 그런 걸 알아서 파고 들었어. 파고 들었으니까 나중엔 족보 같은 것도 보고 그랬으니까. 자기네들이 가진 옛날 문서 쪼가리 같은 것도 가지고 나오는 사람들도 있고. 나한테 자문을 구하는 사람들도 있고. 내가 나중에 찾아가는 성 씨 문중도 있고 그랬지. 참 재밌었어. 그니까 그 여자 분들도 처음에는 나 몰랐다가도 나보면 다 인사하지. "아, 원장님 오시냐?"고 그럴 정도로 되얐어. 그러니까 아주 분위기도 좋고. 또 내가 막간에 하는 토킹을 하잖어. 그럼 계몽 강연 같은 것을 길게 하면 안 되니까 잠깐씩 코믹하게 재미있게 해주거든. 그니까 "아, 원장님 말씀 들으면 시원하니 개운하고 좋다."고 말이여. "어쩌면 그렇게 말을 잘하냐?"고 촌사람들이니까 그럴 것 아니여. 원더풀이지 뭐. 그래서 대화도 좋고 분위기도 좋고, 아주 참 날씨만 좋으면 '와따!'여,[32] 뭐 아주. 아, 뭐 거리낄 것이 없었어.

7. 계몽과 오락의 협동

1) 고창문화원과 흥행 순회업자의 협조

면담자 : 그러면 그 원장님이 어찌되었건 이동영사를 하러 다니시면 그 극영화도 상영을 하셨잖아요? 그러면 진짜 흥행을 목적으로 해서 로뗀바리하고 다녔던 사람들하고 충돌이나 마찰은 없었어요?

구술자 : 아, 충돌 안 되지. 왜냐믄 김문식이가 나하고 동기동창이니까 우리 일정표를 가지고 댕기는 사람들이여. 우리를 피해서 다녀요. 아이

32 최고라는 말이다.

니까. 우리는 토킹이 안 되야.[33]

면담자 : 그럼 원장님께서 계몽 영화 갖고, 극영화 갖고 시골 돌아다닐 때 김문식 그 분은 또 따로 흥행을 목적으로 상업 영화를 가지고 돌아다니셨어요?

구술자 : 암요. 그라믄 그 사람은 꼭 문화원을 꼭 들려. 들리면 딱 내가 '이번 달에 어디 어디 며칠날 어디 어디 간다.' 그러면 자기가 그 장소를 피해서 다니지 이렇게.

면담자 : 그러면 기기도 그 〈리버티 뉴스〉나 〈대한뉴스〉 상영 안 해줬어요?

구술자 : 해주지.

면담자 : 아, 거기도 해줘요?

구술자 : 암요, 해주지. 아, 극영화 하기 전에 의무적으로 하도록 되어 있어. 로뗀바리 그 사람들도 허가를 받아야 항게. 다 하도록 돼 있어. 안 하면 안 되야. 뉴스를 언제든지 극영화 앞에 히야 혀.

면담자 : 그러면은 그 분들이 갔던 마을하고 원장님이 갔던 마을하고 부락 단위 사이 차이가 있었어요?

구술자 : 아, 그라지.

면담자 : 어떤 차이가 있었어요?

구술자 : 우리가 이 면을 가면 그 사람들은 저쪽 면으로 가버리고. 우리가 고리 가면 그 사람들은 요리 오고. 서로 그렇게 바꿔서 하게 돼 있으니까.

면담자 : 그럼 시골 사람들은 또 그 사람들이 하는 영화도 보고 그랬겠네요?

구술자 : 그러지. 그 사람들한테는 잘 안 가지.

면담자 : 왜요?

구술자 : 돈 주고 봐야 하니까. 아, 포장 거그 포장 찢고 난리 아니여. 로뗀바리 면도칼로 막 찢어 버리고 들어갈라고 그러지. 싸움하고 막.

---

33 문화원처럼 토킹이 안 된다는 말이다. 문화원의 이동영사는 강연을 포함하는 데 로뗀바리는 그렇지 않다는 말이다.

돈이 아까우니까 우리 영화반이 올 때까지 기둘리는 사람이 태반이라고 가난하니까.

면담자 : 예 그러고 이제 그 로뗀바리가 했던 영화나 문화원에서 했던 영화나 영화들이 다 개봉 영화보다는 재개봉 영화를 더?

구술자 : 아, 물론이제.

면담자 : 그러면 개봉하고 나서 한 적어도 한 6개월 내지 1년은 정도 지난 영화들이 와있었겠네요?

구술자 : 그런 것들도 있고. 재수가 있을 때는 개봉 막 끝나고 난 뒤에 바로 우리가 받아 올 수도 있고 그러지.

면담자 : 어떤 경우에요? 재수가 좋으면요?

구술자 : 아, 재수가 좋을 때. 아다리가 잘 되면[34] 금방 끝난 놈 얻어가지고 올 수도 있제. 우리는 되도록 빠른 영화를 갖다가 해주려고 하니까. 재수 없을 때는 늦은 놈 걸리지만. 재수가 좋은 날은 그래 빨리 연결될 수도 있고 그러지. 하여튼 그 로뗀바리 영화하고 문화원 영화하고 대치가 항상 되았었지만은. 나하고는 김문식이하고는 친구지간이여서 그런 그 대치 그것 같은 것은 없었어. 언제 사전에 서로 협의하고 그때 그랬으니까.

2) 고창군 순회 흥행 영화 상영업자들

면담자 : 그러면 그 김문식 어르신께서는 언제까지 로뗀바리를 하셨대요?

구술자 : 아, 60년대 중반에. 60년대, 70년대 초반까지 했어 하여튼. 솔찬히[35] 오래 했어.

면담자 : 그럼 그 이후로 그 일을 그만 두고 고창에 사셨어요?

구술자 : 어. 고창에서 살다가 죽었어 그 친구가.

---

34 시기가 잘 맞으면.

35 꽤.

면담자 : 그분은 근데 왜 로뗀바리하다가 70년대에 왜 그만 두셨답니까? 왜 그만두셨대요?

구술자 : 아니, 나이도 먹고 그러니까. 자기도 건강에 한계가 있는 거 아니요?! 여기 읍에 살았는디. 어떻게 빨리 쉽게 죽더라고. 얼굴이 검었어. 간이 안 좋았어. 쉽게 얘기하면.

면담자 : 아, 간이 안 좋았군요.

구술자 : 어. 간이 안 좋더라고. 우리 학교 때부터 얼굴이 검었어. 우리가 낌둥이라고 놀려먹고 그랬거든. 그러더니 그렇게 빨리 죽더라고. 지금 살아 있는 사람은 김강식이 하나 남아 있어 지금. 다 없고.

면담자 : 그 김강식 어르신은 어떻게, 언제부터 언제 그 일을 한 거예요? 어떻게 해서 일을 하게 된 거예요, 이동영사를요?

구술자 : 우리 문화원에서는 60년대 중반, 65년 이후에 김강식이가 노니까. 로뗀바리도 안 되고 놀 때니까. 문화원에 와서 우리 영사기 돌려주고 그때 그랬지. 무료 봉사 해줬어 나한테 많이 해주고. 또 로뗀바리 영화 오면 또 거기 가서 돈 벌고 자기는 또. 로뗀 오니까 또 도와주고 그러고. 그래서 나하고는 인간적으로 통해서 잘 연결이 잘 되었지. 시골이니까 이런 일이지. 도시 같으면 상상도 못 할 일이지.

3) 계몽 영화 순회에 대한 지역민 반응

면담자 : 저기 그러면 로뗀바리를 가면 특별하게 인기가 있는 지역이 있었어요?

구술자 : 영화를 잘 봐주는 고장이 있지.

면담자 : 어디요?

구술자 : 아 면마다 다 스타일이 다르니까. 성송면하고 대산면하고 다 틀려서로. 취향이. "아 그런 것 봐서 그런 것 보면 뭐 하냐?"는 그런

농민도 있고. "그것이 아니여. 그래도 우리가 사람답게 살라면 이것도 봐야제." 하고 일부러 기다리는 사람도 있고 그러지. 근데 로뗀바리는 돈을 내야 하기 때문에 가난한 서민층들은 엄두도 못 내지. 문화원 영화반 올 때까지 기둘려. 우리 한 달에 한 번씩 아홉 면을 찾아가니까. 점차 횟수가 줄어들었지만 하여튼 60년대까지 우리가 쭉 해줬어. 70년대 들어와서 유신 정권 때부터는 못 하게 되었지. 유신 영화 이외에는 못 허게 하니까 우리도 안 들러부렀지 그때부터는.

면담자 : 그럼 60년대 제3공화국 들어서면서 "반공 영화를 좀 해라."라고 경찰서에서 이야기했다고 그랬잖아요? 그럴 때 뭐 특별하게 무슨 뭐?

구술자 : 아니, 극영화 갖다 하라고 한 것은 아니었지. 관에서는 극영화 같은 거 하라는 것이 아닌데. 우리가 가서 극영화 빌려오지. 뉴스 빌리러 가가지고 "아, 극영화 노는 것 있으면 좀 주시오." 해가지고 거기서 가져와서 이런…….

4) 일부 지역 문화원장의 임의적인 필름 처분

면담자 : 공보원에서 가져왔어요? 극영화를 공보원에서 가져왔어요?

구술자 : 아니, 그 이제 공보부에서 가져왔지요. 공보부에서 그 촬영실이 있잖어. 거기 가면 거기 있는 사람들은 이기화 모르는 사람들이 없어요 아조. 그니까 내가 "극영화 좀 쉬는 것 있으면 빌려주쇼." 하면 빌려주고. 나는 "공신력이 좋아서 빌려준다."고. 정확하게 갖다 주고 그러니까. 또 어떤 원장들은 필름을 팔아먹고 또 띠어먹고 그러거든.

면담자 : 어디 지역에서 그랬답니까?

구술자 : 더러 서울 근처에 있는, 경기도 근처에 있는 문화원 같은 데서는 그렇게 팔아먹기도 하고 그랬어. 밀대 만드는 장사들한테 그 필름

을 팔아먹기도 하고 그랬어.

면담자 : 아, 밀대 장사요? 아, 바캉스 할 때 그 모자요?

구술자 : 밀대 장사들이 모자 테 둘러야 하니까. 그런 사람들한테 다 팔아먹고 그랬잖아요.

면담자 : 그때가 언제 적 이야기인지 혹시 기억나세요?

구술자 : 그때 50년대 후반에도 그랬고 60년대 초반에도 그랬고. 60년대에도 많이 그렇게 팔아먹고 그랬었다고.

면담자 : 아, 그랬어요?

구술자 : 필름 반환한다고 해놓고 반환 안 해 버리고 팔아먹고 도망가 버리는 사람도 있고.

면담자 : 근데 왜 그때 그 바캉스 모자에, 밀대 모자에다가 필름을 꽂은 게 유행이었어요?

구술자 : 암은. 그때 그것 아니었으면 다른 것에서는 할 수가 없으니까, 비가 오면 다 쭈글쭈글 해지니까. 필름은 비가 오나 비가 안 오나 상관없잖아요. 그니까 그 필름이 잘 팔렸지. 16mm 필름 특히 잘 팔렸지.

면담자 : 아, 16mm가요?

구술자 : 밀짚모자 사이즈가 딱 맞으니까요. 폭이 딱 맞으니까. 그래서 거 경기도 근처에는 우리같이 오래 이렇게 일생을 바친 원장 같은 분들은 그런 짓거리 않지만. 잠깐 해먹는 원장들은 그냥 몰래 임기 다 되면 팔아먹고 도망가 버리고 그러고.

5) 지역 영화 배급사의 흥망성쇠

면담자 : 그럼 미공보원 할 때도 거기에 〈리버티 뉴스〉, 〈대한뉴스〉를 가지러 갈 때도 극영화를 거기서 이학룡 씨 통해서 이렇게 얻어서?

구술자 : 암요.

면담자 : 공보부에서 나중에 할 때도 공보부에서 극영화를?

구술자 : 그러지. 공보부 할 때 내가 공보부까지 쫓아다니고. 글않으면 광주에서 초창기는 내가 광주에서 이학룡 씨 계시니까 그 양반한테 전화하면 어떤 때는 "내가 바빠서 못 가니까 선배님 좀 보내시오." 하면 버스 편에 보내. 그럼 내가 터미널에 찾어. 그럴 땐 급할 땐 그렇게 할 때도 있어.

면담자 : 그럼 이학룡 씨는 언제까지 그 필름 배급 일을 하셨습니까?

구술자 : 50년대에는 쭉 했지.

면담자 : 50년대는요? 60년대에 들어서는?

구술자 : 60년대 들어와서는 그분 아들이 하고 어쩌고, 어쩌고 하더니 망해버리더만. 영화가 잘 안 되았으니까. 갈수록 안 되았으니까.

면담자 : 60년대 영화 잘 됐었잖아요?

구술자 : 잘 됐어도 거 영화 배급사가 망할려면 쉽게 망한다고. 투자를 해야 하니까. *이 들어가야 하니까.

면담자 : 그럼, 그 분도 16mm만 전문으로 하셨어요? 아니면 35mm도 하셨어요?

구술자 : 35mm하면 16mm를 뜨지.[36] 16mm는 거저 떠 그냥. 필름 값 주고 떠버리고. 35mm로 안 된 놈 축소판으로 떠버리니까. 그것은 부수적으로 하는 것이고. 긍께 그 분이 돌아가시고 나이 먹고 그러니까 그냥 어째 그냥 잘 안 되더라고. 아들도 그냥 해찰하고[37] 그러니까 잘 안되고. 나중에는 광주에 있는 배급소가 없어부렀지.

면담자 : 그때 투기성이 좀 되게 커 가지고요?

구술자 : 그라지. 이제 그때부터는 막 극장주들한테 주는 머 있잖여. "영화 프로 좀 좋은 프로 만들 테니까 출자하라." 그래서 투자했다가 쫄딱 망하는 수도 있고 그랬어.

---

36 영화의 35mm 사이즈 필름을 16mm 사이즈로 복제한다는 말이다.

37 쓸데없이 딴 짓을 하다는 뜻이다.

8. 문화와 반공의 협동

1) 문화영화 상영과 반공 계몽 강연

면담자 : 예, 알겠습니다. 그 그러면 제가 또 한 가지 더 들어보고 싶은 것은 그때 그 반공 영화 반공 강연을 했을 때 혹시 경찰서에서 무슨 월남한 간첩들에 대한, 같이 가면서 그런 이야기들도 하라고 그런 일은 없었나요?

구술자 : 아, 그러지 그런 간첩하고 같이 들어와서 자수 간첩하고 같이 다닐 때도 있고 그려.

면담자 : 주로 어떻게 돌아다니시면서 일을 하셨는데요. 그분이 강연을 했어요? 자수 간첩이요?

구술자 : 아니, 그 분이 막간에 하지. 나는 "몇 월 며칠날 남파 간첩이었는데 자수한 아무개."라고 하고. "고창에 해안선 상하면 어디로 상륙을 했었다."는 얘기를 함서 "여러분들 조심하라."고 말이여. "간첩들이 상륙하는 루트가 고창이 제일 좋다."고 말이여 지정학적으로. "아주 간첩들이 상륙하기 좋다." 왜냐면 고창은 해안선이 완만해가지고 저 바다 한 4킬로 전방에서 간첩선에서 내리잖아! 내려가지고 거기서부터 걸어 들어와도 되니까 4킬로 정도는 걸어 들어와도 이상이 없어 잘. 간첩들 들어올 수가 있어요.

면담자 : 동호리 그 쪽?

구술자 : 암요. 동호리 근처. 동호, 상하 그 쪽 해안선 쪽에는 그런 사람들이 많이 있었어. 그 사람들이 많이 잡혀가지고 자수한 놈 그 놈은 내가 '언제 이렇게 상륙을 해서 건너 들어온 일이 있었다.'고. '어느 동네에 처음에 들어가서 고모네 집을 찾았다.'던지 '이모네 집을 찾았다.'던지 해서 친척집을 찾아들어가지고. 이북서부터 조사해가지고. 그러니까 그 사람들도 우리하고 같이 문화원에서 짬매주제[38]

정보과에서. 그러면 우리는 그 사람들 데리고 다니면서 경찰 하나 따라다니고 그렇게 해서 계몽 강연도 하고 그랬어.

면담자 : 아, 그러셨어요? 그 분하고 그럼 몇 박 며칠씩 돌아다니고?

구술자 : 아, 그러지.

2) 1960년대 중반 미공보원과 공보부

면담자 : 근데 그거 하나 더 아까 말씀하실 때 제가 더 듣고 싶었던 게 하나 있는데요. 60년대, 65년경 중반부쯤에 이제 미문화원, 미공보원에서 필름 가져오지 말고, 공보부에서 가지고 오라고 했을 때 자꾸 우리 정부에서는 미국 것보다 우리나라 걸 더?

구술자 : 아, 그제 정부 홍보를 해야 사업 보조를 좀 해준다 해가지고. 미국 공보부에서는 돈을 안 주니까.

면담자 : 예, 그럼 우리나라 공보부에서는 돈을 줬어요?

구술자 : 우리나라 공보부. 시군을 통해서 조금씩 사업비라고 해서 영사 활동비를 조금씩 줬거든.

면담자 : 문화원 사업 지원비를 준 거예요?

구술자 : 암만. 그러고, 그때부터는 USIS는 저절로 끊어져 버렸지.

면담자 : 아, 그 USIS는 제대로……. 다시요.[39] 그 말이 무슨 말인가요?

구술자 : 아니, USIS는 광주 미국 공보원이 있으면 거기서 영사 활동도 하고 그러잖아요. 거기 이외에는 활동 영역이 끊어져 버렸지. 문화원의 선이 끊어지니까. 이제 대외적인 그런 미국공보문화원의 영사 활동이 안 되지. 미국 공보원 영사실에서는 됐는디, 여기 벽지에서는 안 되잖어. 우리가 선을 띠어버리니까.

면담자 : 그러면 미공보원에서는 자꾸 '필름 가져가라.' 그런 말 안했어요?

38 엮어준다는 말이다.

39 다시 말해달라는 뜻이다.

구술자 : 왜, 많이 갖다 쓰라고도 하고 그랬는디. 5·18 이후에는 정말로 미국 공보원하고는 완전히 끊어져 버렸지.

면담자 : 아, 80년대요?

구술자 : 암은.

면담자 : 그 80년까지 안 가더라도 60년대 중반에…….

구술자 : 우리가 필요에 의해서 미국 치,[40] 가령 하버드 대학에 대한 문화영화를 필요할 때는 미공보원에 가면 있거든. 고런 놈 빌려다가 우리가 할 때가 있었어. 우리가 필요에 의해서 빌려다가 할 때도 있었어. 고런 때는 우리가 빌려왔어. 근데 5·18 이후에는 완전 끊어져 버렸지. 미국 공보원을 신용을 우리가 안 해버렸지. 미국 놈들이 우리 배신했다고 해가지고. 광주 사람들, 호남권이 그렇지 않소?

면담자 : 그럼 80년대까지 가지 않더라도 60년대 중반부터 그랬는데. 70년대에 들어와서는 유신 영화만 트라고 그래서?

구술자 : 아, 그르지. 의무적으로 고거 아니면 못 하게 하고. 또 유신정권 때 들어와서는 70년대 73년도부터 한 5년간은 정부 지원도 다 문화원에 끊어져 버렸어. 그때 문화원들이 왕창 없어져 버렸어. 그때 우리 같은 사람들 천성적으로 '아, 나는 평생을 바쳐야겠다.'고 하는 사람들은 문화원을 살리고. 그렇지 않은 사람들은 다 없어져 버렸지 문화원들이. 그 뒤로 다시 생긴 것이지. 우리같이 오래한 골동품이 없어.

면담자 : 그러면 그때 미문화원에서 영화 갖다 상영하라고 말 않던가요? 70년도에는 정부는 못 하게 하니까 미문화원에서는 "영화 좀 갖다가 더 해라." 그러지 않던가요?

구술자 : 우리가 필요로 했을 때는 우리가 가서 가져옹께 갖다가 하지. 그래가지고 하바드 대학을 설립한다던지 옥스포드 대학을 설립한다든

---

40 미국의 것.

지 할 때에는 미공보원에 그런 자료가 있으니까. 고런 건 우리가 빌리러 가지 일부러 그럴 때는.

3) 순회 상영 주제와 목록의 선정

면담자 : 그럼 원장님께서는 특별하게 '이번에는 이동영사 나가면서 어떤 주제를 특정한 주제를 정해서 거기에 맞는 필름을 가지고 가야 되겠다.' 생각을 하신 거죠?

구술자 : 그라지 인자. 응.

면담자 : 거기에 맞게끔 필름을 가지고?

구술자 : 거기서 목록집이 나오니까.

면담자 : 아 공보원에서요? 미국 공보원?

구술자 : 어. 인덱스(index)가 나오니까 그 놈에 의해서 내가 판을 짜지. 계획표를 짜가지고. 고 놈에 의해서 신청을 해가지고 갖다가 하고 그랬지.

면담자 : 그 판, 인덱스는 갖고 계세요 지금?

구술자 : 그 놈도 어디 창고 어디가 있을 것이여. 그것도 아마 골동품이제. 거 영화 제목까지 싹 나오니까, 상영 시간까지 다.

면담자 : 그게 60년대 이야기죠?

구술자 : 아, 그라지. 그래서 내가 다 안 없애고 내가 다 두었거든. 어디 지금 창고에 다 있어 지금.

면담자 : 그거를 어떻게 한 번만 받아 봤으면…….

구술자 : 그렇께. 그걸 목록집만 봐도 참 그 당시 문화의 영역을 알 수가 있지. 참 좋은 자료지. 이제 고런 것을 정확히 알려면 미국 공보원에 가면 있어요, 다. 몇 년도 판 목록집 쭉 보면 그 보믄 다 나오지 뭐.

면담자 : 미공보원이 아니라 미문화원이죠?

구술자 : 암만. 이제 거의 다 미국 문화원이지. 공보원이라 안 하고.

4) 6·25 이후 미공보원의 문화영화 상영

면담자 : 오늘 고창의 문화원에서 이동영사에 관련된 인터뷰를 쭉 말씀해주셔서 정말 고맙고요. 근데 이제 한 가지 덧붙여서 좀 듣고 싶은 거는 이 한국전쟁이 참 우리나라 역사에서 참 큰일이었잖아요?! 그래서 1950년대 한국전쟁 끝나고 그 부근, 한국전쟁 기간 동안에 혹시 뭐 정부에서 특별하게 이동영사, 영화 상영한 게 일이 있었나 싶어서…….

구술자 : 정부에서? 없었지.

면담자 : 예 여기 고창은 없었어요?

구술자 : 예. 그때는 없었어. 그때는 미공보원 아니면 아니었어. 여기까지는 *** 미치지를 안 했어요, 이런 데는.

면담자 : 그럼 여기 뭐 전쟁 때문에 사람이 많이 다치거나 그러는 건 여기는 없었나요?

구술자 : 그런 건 많이 있었지. 하여튼 전라북도에서 6·25 전란사를 통해서 사람이 제일 많이 희생당한 데가 고창이여. 2천 명이 넘으니까. 내가 작년에 집필한 책에 다 나와 있어.

면담자 : 예. 제가 그럼 그거 한번 보도록 하겠습니다.

구술자 : 잉, 내가 지금……. 여기 이 책인디. 작년에 내가 한 권 썼지.

면담자 : 그러면은 원장님, 그러면은 이동영사와 관련해서는 여기까지 인터뷰하고요. 책 보도록 하겠습니다. 고맙습니다.

해안 도시 경찰 공무원의 영화와 맺은 인연, 여수시 서양수

서양수는 일제강점기 전남 여천군 쌍봉면에서 태어났다. 일제의 강제 노역으로 친부를 잃었고 개가한 어머니와 양부 사이에 많은 형제를 두었다. 이로 인하여 동생들을 돌보고 집안일을 도우느라 학교 교육을 제대로 받을 수 없었다. 한국전쟁 동안 여수에 주둔한 인민군의 퇴각과 비행기 폭격에 따른 지역민의 사망 그리고 좌우 이념 갈등으로 인한 친인척의 죽음은 그에게 강렬한 기억으로 남았다.

한국전쟁 이후 서양수는 부산 정양원(靜養院)으로 가서 전쟁으로 다리를 잃은 집안 형님 수발을 들었다. 상이군인들의 요양소였던 정양원에서 생활하면서 고학으로 중학교와 고등학교를 졸업하였다. 신문 배달을 하면서 학교에 다니는 동안 자신에게 친절을 베푼 버스 안내양과 미군 기지촌 성매매 여성의 호의를 잊을 수 없었다. 잠시 영국부대에서 단순 잡무에 종사했으나 업무 이외에 부산물이 많았던 미군부대보다 형편이 좋지 않아서 그만두었다.

서양수가 바라본 상이군인의 모습은 다양하였다. 상이군인 처우에 대한 불만을 폭력으로 표출한 사람이 있는가 하면, 힘든 상황에서도 서울 소재의 대학 졸업장을 취득하는 자들도 있었다. 대체로 상이군인들의 집단행동은 무소불위의 힘을 지녀서 일반인들을 두렵게 만들었다. 상이군인의 영화 관람은 무료였기 때문에 서양수는 사촌 형님을 모시고 부산의 극장가에서 영화를 자주 관람하였다. 전후 부산의 전기 공급 사정은 좋지 않았지만, 극장은 연일 만원사례였고 부산극장에서 열린 '임춘앵국악단' 공연은 인기를 누렸다.

서양수는 부산에서 다시 고향을 돌아와 면사무소에서 임시 근무를 하였고, 5·16 쿠데타 이후 군대에 입대하여 전남 광주의 기갑부대에서 군 복무를 수행하였다. 제대 이후 공무원 시험에 합격하여 여수에서 경찰직에 몸을 담았다. 1960년대 여수시 파출소에서 근무하면서 시내 극장에 임검(臨檢) 업무를 나갔고, 극장 출입구에서 관객 입장표 수거함을 지켜보며 탈세 여부를 감시하였다. 1970년대 완도군으로 근무지를 옮기고 신지면과 소안면 등을 순회하면서 대공(對共) 관련 간첩 신고 교육을 담당하였다. 이후 여수로 다시 돌아왔고 화정면 일대 최소 50~300호에 달하는 가구가 있는 섬 지역 — 낭도, 제도, 상화도, 하화도 등 — 을 순회하면서 다도해 간첩 신고 교육을 이어갔다. 이 과정에서 지역민을 동원하고 신고 의식을 북돋기 위하여 상업 영화 상영을 병행하였다. 영화는 도서(島嶼) 지역민의 관심을 끄는 강력한 매체였다. 상설극장이 없었기 때문에 경찰 공무원의 계도 목적 영화 상영에도 지역민들이 '들떠가지고, 큰 명절 돌아온 것처럼' 좋아하였다. 영화 상영이 무료인 것도 있었지만, 관람을 이유로 청춘남녀의 연애장이 만들어졌기 때문이다.

서양수의 구술은 1980년대까지 도서 지역에서 이뤄진 반공 이념 교육을 위한 영화 상영에 관하여 증언한다는 점에서 흥미롭다. 해안 침투 간첩 신고가 실제로 단 한 차례에 그쳤다는 그의 기억으로 미뤄보았을 때 해당 교육이 얼마나 정치적인 작업에 불과한 것인지 알 수 있기 때문이다. 또한, 그의 구술은 1950년대 '지방' 도시의 영화 상영 문화의 일면을 전하고 있어서 주목된다. 1950년대 초중반 여수시 쌍봉면 학교 운동장에서 변사 연행으로 이뤄진 〈검사와 여선생〉(윤대룡, 1948)과 〈유관순〉(윤봉춘, 1948)의 상영은 그러한 예시라 할 것이다.

- **구술자**

서양수

- **면담자**

위경혜

- **구술 주제**

한국전쟁 이후 1960년대 이동영사 활동 증언 자료 수집: 전라남북도 지역을 중심으로

- **구술 일시**

2009년 9월 20일 13:10~15:12

- **구술 장소**

서양수 자택

- **구술 상세 목차**

1. 어린 시절 개인사
   1) 친아버지에 대한 기억
   2) 양아버지와 형제들 그리고 집안일
2. 한국전쟁의 기억
   1) 한국전쟁과 인민군 그리고 부역에 대한 기억
   2) 비행기 폭격에 의한 지역민 사망
   3) 이웃의 전쟁 인명 피해
   4) 이념 갈등과 친인척의 죽음
3. 휴전 이후 부산 생활
   1) 부산 정양원(靜養院)의 풍경
   2) 부산 정양원 상이군인의 다양한 모습
   3) 상이군인들의 행패
   4) 휴전 이후 부산의 극장가와 영화 관람 경험
4. 면사무소 임시 근무와 5·16 이후 군 입대
   1) 귀향과 면장 유세 현장 동원

2) 신문 제작 담당 면서기 생활

5. 군 제대 이후 생활과 경찰 공무원의 삶

1) 군 제대와 경찰 공무원 취직 그리고 데모 진압

2) 1960년대 초반 여수시 경찰서 발령과 여수 밀수 사건

3) 1974년 완도군 전근

4) 경찰 공무원의 간첩 신고 교육과 상업 영화 상영 활동

5) 다도해 지역 간첩 신고 교육과 영화 상영

6) 여수시 대공과(對共科) 근무

7) 간첩 신고 교육 실시

8) 도서 지역 교육과 영화 상영

9) 도서 지역민 영화 관람 행태

10) 여수시 경찰서 업무

11) 영화 상영에 환호하는 지역민

6. 어린 시절 영화 관람 기억

1) 전남 여천군 쌍봉면의 영화 관람 기억

2) 변사 연행의 영화 상영: 마을 축제로서 영화 구경과 연애 사건

3) 부산 지역 극장 영화 관람

4) 고학생 자신을 도와준 사람들

5) 고학생 시절의 아르바이트와 어린 시절 배고픔

6) 양아버지와 이복형제에 대한 기억

7. 경찰 공무원 삶에 대한 회고

1) 경찰 공무원 시작

2) 1960년대 초반 경찰 일반에 대한 인상과 기억

8. 삶의 철학과 자녀 교육

9. 부산 정양원 상이군인에 대한 기억

10. 경찰 공무원 재직 당시 영화 상영 활동

11. 지나온 삶에 대한 회고: '그런대로' 살아온 삶

1. 어린 시절 개인사

1) 친아버지에 대한 기억

면담자 : 오늘이 2009년 9월 20…….

구술자 : 오늘이 20일이네요.

면담자 : 20날 일요일이구요. 지금 시각이 오후 1시 정도 돼가고 있네요.

구술자 : 1시 10분이네요.

면담자 : 1시 10분, 네. 여수에 서양수 선생님 2차 면담하러 왔습니다.

〔이하 일제강점기 서양수 부모님의 결혼과 1941년 친아버지의 일본 강제 징용과 죽음에 관한 이야기이다. 또한, 서양수의 어린 시절 어머니의 개가와 데릴사위 양아버지에 대한 구술이다. 구술자의 개인 정보 보호를 위하여 공개하지 않음〕

면담자 : 그러면 어머님께서 집안이 좀 잘 사시는 집안이셨어요? 농사도 많이 짓고?

구술자 : 아니, 뭐 가난하죠. 옛날 뭐 농촌에 그저……. 그리고 외할아버지가 계시고 외할머니 계시고 나 하나 외손자 있고 딸이 있는디. 또 데릴사위를 또 헌거지. 〔중간 일부 구술 생략〕 우리 외할머니가 계셨기 때문에 제가 오늘 이 정도라도 그래도 눈을 뜨게 됐지. 학교를 자꾸 보낼라고. '이 아이는 눈을 뜨게 해줘야 된다.' 그래가지고. 그 부락이 조금 능력 있는 사람 있으면 '학교 좀 데려다가 넣어주라.'고 자꾸 그렇게 했어. 그래가지고 하여간 6학년을 학교를 다녀야 하는디. 이제 일제 때 2년 다니고 해방되고 4년, 6년을 다녀야

되는디. 전부 학교 나간 출석률을 제가 생각하면 한 3년이나 되는 거 같아요. 왜냐면은 학교 갈라면 '오늘 애기 봐라.' 그러면은 동생들이 많이 있었을 거 아니여, 우리 의붓동생이.

2) 양아버지와 형제들 그리고 집안일

면담자 : 그러면 선생님 의붓아버지랑 어머니랑 결혼하셔서 그 밑으로 동생을 몇 분 보셨는데요?

구술자 : 6~7인가 낳았으니까.

면담자 : 우와.

구술자 : 그러면 거 애기를 봐줘야 되잖아요. 지금은 잘 모를 거여. 〔중간 일부 구술 생략〕 전부 그렇게 애기 봐주느라 학교 못 가고. 또 오늘은 나무를 해서 땔감을 해야 되잖아, 불을 넣을라면 솥에. 나무 해오라, 그러면 또 학교 못 가. 보리타작 헌다고 못 가. 모 심는다고 못 가. 이러면 1년에 2~3달, 겨울에나 다닐까?! 거의 학교 못 가는 거지. 〔일부 구술 생략〕

면담자 : '예전에는 세상이 그랬다.'라고 저도 들었습니다.

구술자 : 그때는 책도 종이도 없었으니까 시멘트 부대 잘라가지고 묶어가지고 쓰고. 연필 동그래가지고 째깐하면 못 잡으니까[1] 대나무를 깎아가지고 꽂아가지고 쓰고 그랬어. 그래서 신발은 맨발로 다니고 거의. 어쩌다가 신발도 자기가 만들지. 일본말로 '게다'라고, 지금 쓰레빠(sleeper). 비오는 날 삼고 짚으로 삼고. 그 놈을 비오는 날 한 번 신고 갈 때는 가는 디. 올 때는 맨 발로 와. 떨어져 버리니까 비 맞아 버리면. 짚신이라. 그렇게 어려웠죠. 산에 나무 다니고 애기 보고 심부름 허느라고 학교 6년도 아니고 3년도 아마 어려울

1 연필 심지를 끝까지 쓰기 위하여 몽당연필을 썼는데, 연필이 작으면 손으로 잡을 수 없었다는 말이다.

거여, 출석헌 날이.

면담자 : 그러니까 그때가 6학년이면 선생님께서 OO년생이니까 그러면…….

구술자 : 2년을 다녔어, 일제 때.

2. 한국전쟁의 기억

1) 한국전쟁과 인민군 그리고 부역에 대한 기억

면담자 : 일제 때 2년 다니고 해방돼서 한 4년 다니시고요? 그러면 거의 전쟁 날 때까지?

구술자 : 6·25 사변이 우리 초등학교 다닐 때 났어요. 6·25 사변이 나니까 학교에 교실에는 태극기를 걸어놓잖아요. 그것을 싹 내려가지고 선생님이 딱 밑에 숨겨버리고. 전부 휴교해서 놀고.

면담자 : 인민군은 안 내려오고요? 쌍봉면까지?

구술자 : 인민군이 왔어요.

면담자 : 어디까지?

구술자 : 여수에 와가지고, 시가지에다가 벽보를 붙여요. '부산, 제주도를 향하여 앞으로!' 그래 인자 딱 써붙여놔요.

면담자 : 아, 그런 말을, 그런 구호를.

구술자 : 응. 아직 안 됐으니까 자기들이. 여수로 왔지만. 대구허고 부산허고 제주도를 못 들어갔을 겁니다. 그때는. '대구를 향하여 앞으로, 부산을 향하여 앞으로' 인민군들이 써붙여놨더라고.

면담자 : 다른 구호 같은 건 기억 안 나세요?

구술자 : 그런 건 기억 안 나고. 우리 인제 우리 부락 앞에 철도가 있어요.

면담자 : 그 쌍봉면 어디 부락이죠?

구술자 : 무선부락이라고. 거기서 철도 지나는데, 우리는 그때 어리잖아요. 초등학교 6학년 졸업허고 이럴 때니까. 우리 아이들이 노니까 인민군들이 와가지고 '들어오라.' 그러고 쓰다듬어주면서, '너희들이 돈이 없어도 학교 다 보내주고. 걱정 말아라 이제 좋은 세상이 왔다.' 그래. 그러고 조금 있다 여수 와서 저도 키가 컸거든요! 나이 들면서 줄어들었지, 키가. 그때는 키가 크고 건강했어, 그때는 힘도 있고. 어리지만은 키가 크니까 인민군들이 나오라 그래. 전부 부락에 올 적에. 이 부락에 30명 이 부락에 30명 나오라 해, 이렇게 동원을 해. 그러면 저녁에 괭이 하나 삽 하나 들고 낮에는 비행기가 위험하니까 못 나가고.

면담자 : 그런데 국민학생인데 그렇게 나오라고 했어요? 키가 커서 그랬을까요?

구술자 : 한 집에 한 명씩인데. 우리 의붓아버지가 안 갈라고 나를 보내는 거야 대신. (키가) 크니까 밤에 그냥 되거든. 누가 뭐 얼굴 쳐다보겠어. 우리 의붓아버지가 가야 되는데 안 가고 대신 나를 한 집에 한 명씩이니까 남자들. 가면 통과되는 거야. 그래서 쌍봉이 여기서 한 8km 되요. 10km. 거기서 저녁에 삽 하나 메고 여수 여기 식당 밑에 학교가 있어.

면담자 : 학교 이름이 뭐였는데요?

구술자 : 중앙국민학교라고. 모여 거기에.

면담자 : 거기가 번화가인 거죠? 예전에 상당히…….

구술자 : 그렇지요.

면담자 : 왜냐하면 '중앙'자가 붙으면 항상 〔웃음〕 번화가거든요.

구술자 : 그렇지. 중심지였으니까. 그러니 저녁에 수천 명이지. 모여 놓으니까. 그러고 기다리라 그래. 교실에 들어가 기다리고 있는디 아니 뭐이, 그 얼른 들어보면 '뭣 헌대?' 우리가 그러니까, 이 뒤에 가 종고산이거든.[2] 이 뒤에가 호를 판다 그래, 저녁에.

면담자 : 종고산이요?

구술자 : 응. 이 산이 종고산이여, 뒤가.

면담자 : 예. 지난번에 말씀하셨던 거 같아요.

구술자 : 종고산 인자 저녁에, 지금도 예비군들이 파는 것처럼 주욱 이렇게 호를 판다 그래 우리가 밤에. 낮에는 비행기가 오니까 안 되고. 그러니 호를 팔라고 그러면 갈 때가 됐는데 이상허게 일을 안 시켜.[3]

면담자 : 그러면 인민군들이 여기 쌍봉면에 있을 때 얼마 동안 주둔하고 있었는데요? 몇 주였어요? 몇 달이었어요?

구술자 : 몰라 그때 한…… 여기 와서 뭐 한 달이나 있었는가? 그 자세히는 모르겠는데.

면담자 : 아, 그러면 굉장히 짧게 있다 갔네요?

구술자 : 그러죠.

면담자 : 그러면 갔다가 또 오고 그랬어요?

구술자 : 아니, 안 왔어요.

면담자 : 그러면 그 이후로는 안 왔어요?

구술자 : 예. 그래 그런디 일을 안 시키고 '가만히 놀리나? 이상허네.' 그러고 있었는데. 아침이 되어부러. 일도 안 허고. 저녁에 일을 해야 되잖아. 호를 파야 될 텐데…….

면담자 : 처음엔 일하러 왔는데요?

구술자 : 응. 동원시켜놓고 일을 안 허니 '거 이상허다.' 그러고 아침에 보니까 '돌아가라.' 그거여. 나중에 알아보니까 그 인민군들은 벌써 정보가 들어온 거여. 여기 상륙 작전하니까. 여수에 인자 상륙 작전하니까 그러니까 후퇴를 해버린 거여 그때. 그런데 우리는 모르고 있는 거이지 그걸. 그렇지 않겠어요? 자기들이야 다 연락이 와서 지금 후퇴하라는 가보다 후퇴해 가버렸는데, 우리는 모르고 아침

---

2 종고산은 여수 지역 학교 교가 대부분에 나오는 상징적인 산으로서 높이는 199m에 달한다.
3 도대체 일을 시키지 않았다는 말이다.

까지 있는 거예요. 그러니 아침에 날이 새니까 집으로 돌아가 해산 해부렀지.

면담자 : 인민군이 해산하라고 그랬어요? 아니면…….

구술자 : 인민군들이 다 후퇴해부렀지.

면담자 : 그러면 모르시고 계셨던 거예요?

구술자 : 우리는 모르지, 그걸. 노동자들 뭐.

면담자 : 하도 조용하니까 이제?

구술자 : 우리는 일을 안 시키니까 이상허지. 동원시켜놓고 수천 명이 가만 있으라면 있지 누가 뭐랄 거여? 그걸 감히 물어볼 수도 없지 두려워서. 그런디 일을 안 시키고 아침에 날이 새니까 해산해. 가라 그 거여. 나중에 알아보니까 후퇴해부렀어. 그러고 그 담에 여기 상륙을 헌 거 같애. 그런께 저녁에 동원돼 이동할 때 담배 피우지 마라고 철저하게 단속해. 왜냐면 담뱃불이 반짝하면 비행기가 잘 보인다네. 폭격헌다고. 그렇게 했어. 그리고 여수에 인민군들이 와 있을 때 여수 가면 영단이라고 창고가 있어. 큰 창고 있으면 그거는 김도 한국에서 해 가지고 수출허고 잉! 뭐 비료도 거기다 내놓고, 창고지.

면담자 : 예. 영단이라고 하는 게 지역 이름이에요? 아니면?

구술자 : 아니, 그 창고라는, 일본 사람들이 쓰던 용어일거야.

면담자 : 아, 창고를 영단이라 불렀어요? 그러면 혹시 그러면 마루보시라는 말이 무슨 말인지 들어보셨어요? 다른 곳에 갔더니 마루보시라는 말 하대요.

2) 비행기 폭격에 의한 지역민 사망

구술자 : 마루보시라는 게……. 〔웃음〕 나도 뭐 일본 말 잘 모르니까. 창고에 재놓고 운반하고. 이런 걸 마루보시라 그러나봐. 물어봅시다.

일본말 잘 하는 사람한테. 그게 마루보시여. 그래서 인자 막 6·25 사변하니까 비행기가 와서 좀 이상허면 폭격허잖아요?! 근디도 농촌 사람들이 와서 창고를 그냥 막 뜯어버리고. 주인도 없으니까. 한국(군)도 아니고 인민군도 아니고 이래 놓으니까. 비료도 한 가마니씩 그냥 가져가는 거야, 그냥. 그러고 운 좋은 사람은 김, 마른 김도 그냥 해태 이것도 가지고 가고 또 뭐 그…… 설탕도 있드라 하고 쥐고 간 사람도 있고. 또 시내 와서 그냥 부잣집 있으면 이런 데 유리 깨버리고 뭐 안에 가서 가져가고.

면담자 : 잠깐만요. 그럼 그때 인민군도 가버리고 그렇다고 국군도 안 오고, 그 사이에 그랬단 거예요?

구술자 : 그러지. 인민군들이 들어오면 벌써 피난 간다고, 인자 가난한 사람은, 조금 여유 있는 사람은 다 저 촌으로 가잖어. 여기는 시내니까. 그러면 비어버렸잖아요. 그러면 갑자기 뭘 가져 가겄어요? 그러니까 그냥 유리 깨어버리고 가지고 가버리고, 좋은 거 있으면 이불도 가져가고 옷도 가져가고. 그렇게 창고에서 뭣도 가져가고. 그런데 인자 그것을 쌍봉서 그러면 소 구르마 있잖아요, 그거 뭐라 그럽니까, 소로 끄는 거?

면담자 : 리어카요.

구술자 : 〔웃음〕 소가 끄는 거, 소.

면담자 : 우마차. 〔웃음〕

구술자 : 〔웃음〕 응. 우마차로 이렇게 비료를 싣고 가는 거야, 여기서 공짜배기로. 그런데 미평이라고 여수 쌍봉 사이에 그 철도가 있는디. 거가 터널인디. 이렇게 거기서 여기가 보여. 철도가 위로 있고, 밑에 차 다니고 그러는디 그런 거 있잖아요, 왜! 철도가 있고 여그는 자동차 가고. 굴이 아니고. 그리 가는디 그냥 거그서 비행기가 와서 폭격을 해 불었어. 그래갖고 그 사람 죽었어.

면담자 : 거기 이름이 뭐라고요?

구술자 : 미평, 미평교라 그래야 되겄네 잉! 미평 철교. 철교 밑으로 우마차가 비료 싣고 가는디 비행기가 와서 폭격을 해가지고…….

면담자 : 우마차에다가요?

구술자 : 예. 왜 그냐면 우마차가 뭐 인민군들이 폭탄이나 운반허는 줄 알고 비행기에서 그런 거지…….

면담자 : 그런데 그 양반은[4] 영단에서 비료 싣고 가는 길이었구요?

구술자 : 그러지. 막 공짜로 다 가져가니까. 뭐 주인도 없고 엉망진창이여.

면담자 : 지금 이게 전쟁 중에 일어난 일이군요, 다?

구술자 : 응. 나도 인제 한 가마니 지고 거기서 좀 떨어진 데 더 가서 한 몇 백 미터. 그래갖고 쌩~ 허더라고. 비행기로 '다다다다' 해. 그러니 우리는 옆에 딱 드러누워 버렸지. 그런데 나중에 들어보니까 거기서 죽었어. 끌고 가니까 우마차를 인민군들이 뭐 이동허는 줄 알고.

면담자 : 예. 엄청 실어서 갖고 간 모양이네요. 〔웃음〕 비행기에서 쏴 버릴 정도면 엄청 갖고 갔다는 얘기잖아요?

구술자 : 〔웃음〕 비행기가 낮에 하여간 조그만 이상하면. 인민군들이 사이드카(side car)라고 혼자 이렇게 타고 이렇게 붙은 거 있어.

면담자 : 예, 압니다. 오토바이 옆에.

구술자 : 그거 이리 가다가 저 비행기 소리 나면 막 탁 뒤로 거꾸로 들고 있고. 굉장히 무서워했거든 이 비행기를. 항상 정찰허고 때리고 그러니까. 그런 일이 있고 그때 또 동을 저어그[5] 신월동이라고.

3) 이웃의 전쟁 인명 피해

면담자 : 동월이요?

구술자 : 동원.

---

4 비료를 싣고 가던 사람은.

5 저기.

면담자 : 아, 동원이요? 동원?

구술자 : 그 신월동이라는 거기가 바닷가인데 거기가 비행장이었어, 일본사람들.

면담자 : 신월동이 여수시 신월동이에요?

구술자 : 어. 저 바닷가에. 여수시. 그런데 인자 비행장이 있어, 일본 사람들 비행장이.

면담자 : 아, 일제 때 거기 비행장이 있었다구요?

구술자 : 응. 비행장이 인제 일본이 해방돼서 거가……. 굴이 있어. 일제 때 두드려놓은 땅굴. 그리고 해방 후에는 거기가 폐결핵 환자들 집단 수용소. 그 자리가 지금은 한국화약이고. 자꾸 이렇게, 이렇게. 이렇게 그 인자 굴에 또 이렇게 동원이 돼갔어요.

면담자 : 선생님 또 거기 동원이 되셨……?

구술자 : 예.

면담자 : 누가 불러서 거기 갔는데요?

구술자 : 인민군들이 지시허면 부락에 이장이 다 오늘 전부 나가야 된다, 그러면 다 나가잖아요. 거기 가니까 안에 굴 속에서 인민군들이 사무보고 불도 뭐 '간드레 불'인가? 하여간 뭔가 그…….

면담자 : 카보나이트(carbonated) 아니에요?

구술자 : 예. 카보나이튼가? 파아래.[6] 빨갛지 않고. 안에서 그래.

면담자 : 쉬이~ 이렇게 나는 카보나이트.

구술자 : 응. 저 굴 안에서 사무 보드라고 밤에 가니까. 거기까지 갔다가 〔웃음〕 또 일 안 하고 그냥 또 돌려보내서 오고.

면담자 : 〔웃음〕 왜 또 일을 안 했어요? 갔다가…….

구술자 : 그러니 동원만 시켰지. 일 할 처지가 아니었던갑서.[7] 자기들이 뭐 후퇴도 해야 되고. 그러니까 하여간 항상 동원을 허지. 암튼 써 먹

---

6 파란 색이라는 말이다.

7 아니었던가 보다.

을라고 그렇게 했어.

면담자 : 그러다가 이제 국군이 들어왔던 거예요?

구술자 : 응. 국군 들어오고 그……. 그때 형편은 참 말이 아니죠. 우리 고향 가까운 마을에는 인민군들이 상륙했을 때 좌익 사상 가진 사람들이 다 똑똑헌 사람들이거든! 그렇잖아요 맑스, 레닌주의 그때 막 공부허고 일본서 대학도 다니고. 이런 엘리트들은 다 그걸 옳다고 허잖아요! 그러니까 그때 희생당한 사람들이 다 똑똑헌 사람들이지. 농사짓고 이런 사람들은 희생 안 당해. 그런 사람이 있는디 그 사람이 이제 국군이 상륙하고 경찰이 들어오고 그러니까 두렵잖아요, 잡히면 죽으니까. 그러니 자기 마을 옆에 그 금굴이 있어, 탄광굴이. 거기가 인자 숨어 있는디. 어머니가 밥을.

면담자 : 선생님 이웃 주민 이야기지요?

구술자 : 예. 우리 이웃 부락에. 인제 어머니가 밥을 갖다 줄 거 아니에요? 아들이니까. 그걸 한두 번도 아니고 밥을 갖다 주니까 누가 봤을 거 아니에요, 그것을? 또 들어간 거지, 그 말이. 그러니 와서 경찰이 나오래도 안 나올 거 아녜요, 캄캄해서 들어갈 수도 없잖아요. 총을 쏠 수도 없고. 어디 있는지도 모르겠고. 그래서 소나무 가지를 많이 동원시켜가지고 앞에 갖다 재놓고 앞에 불을 피우면 연기가 굴 속으로 들어가잖아요!

면담자 : 그러면 선생님도 거기서 동원돼서 불을 지피신 거예요?

구술자 : 아니. 나는 그건 안 갔는데, 얘기만 들었지. 그러니 나와서 나오니까 그냥 곡괭이 가지고 쪼사서[8] 죽이고. 그러니 항상 국군이 들어오면 좌익 사상 가진 집 다 불태워 버리고. 불, 방화해서 태워버리고, 또 죽이고 가족. 또 인민군 쪽이 오면 이 쪽 폭도들이. 인민군들은 그런 행위 안 헌디 지방 폭도들이 또 죽이고. 왔다갔다 허면

---

8 곡괭이로 찍어서.

서 엄청나게 희생을 당하잖아.

4) 이념 갈등과 친인척의 죽음

면담자 : 그러면 선생님 댁에서는 가족 분들, 친척 분들 중에서는 전쟁 때 6·25 때 돌아가시거나 그런 분은 안 계셨어요?

구술자 : 네. 희생자는 없고. 우리 팔촌 형님이 그 여수 경찰서에서 근무를 했어. 충무 파출소 근무허다가 인민군들이 오니까 저 섬으로, 여기 돌산이라는 섬이 있는디. 조그마한 섬 그 집 하나인가 있고, 그 조그만한 섬이여. 그리 피난가가지고 잡혀가가지고 총살당했어요. 그런데 그 분이…….

면담자 : 예. 인민군한테 총살당한 거예요? 아니면?

구술자 : 그러지. 인민군헌테. 경찰이었으니까. 그런데 그 분이 착각을 헌거야. 섬에 들어가면 안전하다 한디. 그거이 오히려 위험헌 거지. 차라리 육지로 와야지, 어디로 이렇게 넓은 데 인디 거기는 좁디 좁은디, 그거 누가 말만 들어가면 그냥 잡히는디 어디 갈 데가 없잖아요. 차라리 육지로 했으면 넓으니까 어디로라도 피할 수 있잖아요. 숨어 다니면. 그래갖고 희생당한 분이 있고.

면담자 : 그렇게 팔촌 형님이 돌아가셨으면 형님의 가족들은…….

구술자 : 응. 우리 형수님이 혼자 개가 안 허고. 아들 하나 있는디. 끝까지 청상과부로 늙었어. 그랬는데 병으로 돌아가시고.

면담자 : 예. 그러면 군경 유가족이라 그래서 혜택을 좀 받으셨어요?

구술자 : 그러죠. 연금 받고.

면담자 : 연금 받고요? 전쟁 끝나고 나서요?

구술자 : 예. 그렇게 했어. 그리고 또 우리 집이랑 멀지. 한 집안이지만 계촌하기가 어려워. 몇 십촌…… 형님들…….

면담자 : 계촌하기가 어렵다고요?

구술자 : 촌수를 계산하기 어렵다는 말이여.

면담자 : 예. 〔웃음〕

구술자 : 〔웃음〕 그런데 거기도 형님 되는 분인디, 거기는 또 좌익 계통이야. 인민위원회 뭐 상당히 높은 자리여 여수시에. 그래가지고 잡혀가 가지고 시신도 못 찾고. 어디서 돌아가셨는지도 모르지. 죽은 건 확실한디. 교도소 잡혀가가지고 대전 그런데서 많이 죽였잖아요.

면담자 : 그러니까 전쟁 중에 여기서 잡히셨던 거예요?

구술자 : 그러지. 인민위원장인가 부위원장인가 그랬으니까.

면담자 : 그럼 그때 북에 올라가셨다가 인민군으로 내려오셨던 거예요? 아니면 여기서?

구술자 : 아니. 여기서. 지방에 조직을 허잖아요. 인민군 들어오면 인민위원장 뭐, 뭐 해놓으면 그걸 해가지고 이렇게 후퇴를 허니까 남아버린 거 아니야?! 남아버리면 잡힐 거 아니에요? '니 부역했구나.' 그러고 그러면 대전 저기로 갔잖아요. 수백 명, 천 명 거기서 다 사살해 버렸잖아요. 그렇게 찾지도 못 허고 그렇게. 그러니 조카들이 제사를 모시제. 날짜를 만들어 가지고 적당한 좋은 날. 그런 분이 한 분 있고. 그렇게 희생한 사람들이 있어요.

3. 휴전 이후 부산 생활

1) 부산 정양원(靜養院)의 풍경

면담자 : 그러면 그러고 나서 전쟁이 끝나고 부산으로 가신 거예요?

구술자 : 그러니까 왔다갔다 이렇게 끝났잖아요 잉! 제가 그 우리 외가로 형님 되는 분이 지금 78(세)인가 되는 분이 있어요.

면담자 : 아, 지금 현재 생존해 계시고요? 그 분이 어디 계신가요?

구술자 : 상업중학교라고 야간을 다니다가…….

면담자 : 여수 상업중학교.

구술자 : 예. 다니다가 지원을 헌 거 같애. 그때 지원을 많이 했어. 젊은 학생들이. 가가지고 인제 다리를 하나 대퇴부라고, 여기 위에 잘라져 버렸어, 한 쪽 다리가.

면담자 : 전쟁 나갔다가?

구술자 : 예. 6·25 때.

면담자 : 그때 그럼 지원을 해서 갔던 거예요? 아니면…….

구술자 : 지원이지. 그때 많이 지원을 했어요. 중학교. 중학교라 그래도 지금 중학교랑 개념이 다르지 그냥. 한 20살 야간에 다닌 거지. 그때 해방 후니까. 학제가 제대로 되겠어요? 애기 아버지도 우리 초등학교 다녔는데 국민학교를. 그렇게 지원을 해 갔는데, 전쟁에 인자 다리를 하나 잘라버리고 의족을 달고 다니지, 의족. 만든 다리. 그러고 인자 부산에 가면 부산이 안전한 데니까 대한민국에서는 그래도. 부산에 가면. 부산에 인자 거제동이라고 거기에 정양원이라고 인자 고요할 정자, 기릴 량 자. 정양원이라고. 그게 인자 전쟁에, 6·25 전쟁 때 부상병들 심한 부상자 다리 없고 눈 없고, 팔 없고 이런 사람들 수용소가 있어요, 국군들 잉!

면담자 : 그러니까 전쟁 끝나고 거기서 그리 들어가신 거예요? 전쟁 중에 다쳐가지고?

구술자 : 전쟁 중에도 무슨 치료하고 거기 가서 있었지.

면담자 : 그러면 형님께서는 전쟁 끝나고 들어가셨어요? 전쟁 중에 들어가신 거예요?

구술자 : 전쟁 중에 다쳐가지고 거기서 인제 치료도 해주고……. 거의 거기는 치료가 된 사람들이지.

면담자 : 그럼 거기서 생활을 하는 거예요?

구술자 : 그러지. 거기 나가면 굶어 죽잖아요, 먹을 것도 없고. 그러니 인자

수용을 한 거지, 정부에서. 그래 거기가 있는데. 1관동, 2관동 그래 가지고 한 마을이지. 1관동이 한 4~500명. 2관동이 4~500명 이렇게 있어요. 그게 인자 우리 형님이 상이군인 중에서도 사무를 보는. 보건사회부에 직원들이 나와서 사무는 보는데. 현장에는 볼 수 있는 군인들도 쓰거든.

면담자 : 사무 보조를 보셨네요?

구술자 : 네. 인자 일을 보는데 잘 알잖아요? 어려움을? 의붓아버지 밑에(서) 초등학교도 제대로 못 다니고 그렁께. 중학교 감히 생각할 수도 없잖아요. 밥을 못 먹어 야단인디, 굶는 시대에. 그래서 불러서 갔어. 심부름해주는 거야. 팔다리 없으니까. 업고 어디 영화관에도 가고. 버스에 태워주기도 허고. 업고 다니고 붙잡고 다니고. 인자 거기서 밥도 떠먹여주는 사람도 있고 밥도 식당에서 타다가 나눠주기도 하고. 그런 일을 했어요. 심부름. 사무실에 사무 보면 지금(으로 치면) 급사라고나 할까. 그런 일도 그러면서 학교를 다니는 거야 인자. 중학교를 나오고 고등학교를 거기서.

면담자 : 그니까 낮에는 형님 수발하고, 밤에는 이렇게?

구술자 : 응. 학교 다니고.

면담자 : 그럼 학교는 무슨 학교? 그럼 거기서 수업은 제대로 하셨어요? 수업이 그때 전쟁 끝나고 나서 좀 사회적으로 정신없을 땐데.

구술자 : 그래도 거기가 뭐 서울서 일류대학 뭐 연세대학교 고려대학교 다 피난 왔으니까. 텐트 쳐놓고 대학도 공부허고. 항공대학도 있고 옆에 우리 해양대학도 거기 우리 옆에 텐트 쳐놓고. 해양대학교가 지금 영도로 잘 짓어갖고 갔잖아, 국립으로. 그래서 저는 그 심부름 해주고 밤에 학교 다니고. 각각 항도중학교, 항도고등학교인데. 근데 지금 항도고등학교가 재단 이사가 바뀌면서 이름을 고쳤어요. 가야고등학교라고.

면담자 : 예. 지난번에 말씀해주셨어요. 〔웃음〕 여기 적혀 있대요.

구술자 : 그래갖고 지금은 잘 하고 있고. 제가 그래서 4~5년 전에 〔웃음〕 한 번 부산에 학교 다닌 데를 한 번 순례를 했어요. 어찌 되어 있는가, 돌아보고 그래서 감개무량하대. 상이군인들 있던 데는 전부 뭐 아파트가 서 버리고. 일부는 건물이 아직도 산 밑에 그대로 남아 있고.

면담자 : 그러니까 그때 그 국립 부산정양원이었을 거예요.

구술자 : 예. 정양원. 국가에서 보건사회부에서 직영해서 전부 업무 보고 그러대.

면담자 : 그럼 일부 건물 남아 있는 건 지금 뭘로 쓰던가요?

구술자 : 그냥 쓰도 안 허고 창고처럼 그냥 있대요, 산 밑이라.

2) 부산 정양원 상이군인의 다양한 모습

면담자 : 그러면 그때 그 정양원에 사촌 형님 병 수발하러 가셨지만 그때의 형님이나 아니면 다른 분들 상이용사들의 행동이나 태도 같은 거 기억나세요? 지난번 말씀하셨을 때는 쇠고기 국 제대로 안 줬다고 깽판부렸다고 말씀하셨는데. 그거 말고 다른 거는?

구술자 : 참 그때 배고파서 굶고 그럴 때잖아요. 그런디 정부에서 뭐이 없는디 얼마나 잘해주겄어. 상이군인들, 나라를 위해서 목숨 바치다가 팔 잃어버리고 다리 잃어버리고 눈도 두 개 다 잃어버리고 그런 사람들만 있는디. 뭐 밥이 적다고 와서 목발 짚고 와서 보건사회부에서 나온 직원들이잖아요. 막 때리고 밥을 엎어버리고. 뭐 소고기국을 주면 소고기는 하나도 없고 기름만 떠 다니까 그런다고 또 때리고. 보건사업소 나온 그 용도계장이라고 있어 잉! 그 노인이여, 우리가 볼 때는. 노인인디도 목발로 막 때리고 그러면 도망을 가고 그렇게 참 어려웠어. 그러니까 상이군인들을 누구도 제지할 능력이 없어, 우리 대한민국에서. 왜냐면 내가 나라를 지키다가 난 다리를 잃었다, 난 눈을 잃었다, 팔 없다 이러고 와서 때려부시면 보

겼지, 누가 그걸 제지해?! 그렇께 상이군인 내에서 경찰관을 뽑는 거야. 〔웃음〕 도와주기 위해서 형사라고 인자 잉!

면담자 : 그럼 거기 계신 분들 중에서 경찰을 뽑아서 통제를 하는 거예요?

구술자 : 똘똘 허고 능력 있고 힘도 있고 이러면 다리 하나 없는 사람은 좋은 편이거든. 목발 짚고 다니면 얼마든지 활동허잖아요? 그런 사람들이 경찰국에서 경상남도 부산시 경찰국에서 뽑아. 그러면 그 사람은 월급 얼마 준지는 몰라도, 본인도 흐뭇허지잉! 나가 형사다, 경찰관이다, 이러고. 그러니 인자 파견소장이라고 조그만한 사무실 하나 주고 거기 출근허고 오고. 우리가 보면 무슨 상이군인 사고 냈다 그러면 가서 그러지 말라고 제지허고 그런 걸 허고. 인자 그것도 여러 가지예요, 상이군인. 그렇잖아요?! 그 중에도 사회에 있을 때 고등학교라도 다니고 좀 머리에 뭔가 내가 배워놔야 한다고 하는 사람들이 또 대학도 가는 거 아닙니까. 연세대학교, 고려대학교. 하여간 그 사람들이 누구도 말 못해요. 그 사람들이 대학교 간다는데 누가 안 너주겄어, 감히?[9] 실력이 있든 없든. 대학교 우리 고려대학교 와~ 연세대학교 와~ 그러니까 거기서 다 다니고 졸업헌 사람도 있어요. 그래갖고 그 후에 나중에 들어보면 뭐 도청에 사무관, 세관에 과장, 국장.

면담자 : 잠시만요. 그러니까 국립정양원에서 연세대나 고려대 졸업한 사람이 왔다는 이야기예요? 아니면?

구술자 : 아니, 그러니까 내가 군대 갔잖아요?! 군대 갔지만 뭘 아는 거 있고. 내가 고등학교 다니다 왔다든지 잉! 졸업했다 그러면, 자기가 공부허고 싶다 그러면 일류 대학이라도 갈 수 있다니까. 그럴 거 아니에요? 그 지금 전쟁이 나서 야단인디 그 사람이 공부헌다 그러는디 누가 못 허겄어? 쉽지. 지금이야 시험 있지만 그까이꺼 뭐 적

---

9 입학을 안 시켜 주겠느냐?

당히 하고 졸업장 받아버리면 되지.

면담자 : 선생님이 지금 말씀하시다가 상이용사들이 정양원에서 깽판부리고 그러면 거기서 사람을 뽑아서 형사를 뽑았다고 이야기 하셨잖아요? 그 말씀하시다가 갑자기 고려대학교, 연세대학교 그 이야기를 하셔서.

구술자 : 〔웃음〕 대학 다니는 사람도 있다는 말이여, 거기서.

면담자 : 국립정양원 상이용사 중에 대학교 다닌 사람도 있었다?

구술자 : 네. 머리가 좀 탁 트이고 내가 공부를 해야 된다는 걸 아는 사람은 그러잖아요. 그러면 거기서 일류 대학을 다 갈 수가 있지. 전부 부산 피난 와서 텐트 밑에 공부하니까 대학교가.

면담자 : 아, 그러니까 상이용사로 국립정양원 안에 있으면서 대학교를 갔다는 거예요?

구술자 : 학교를 다니지. 자기 능력에 따라. 그럴 거 아니에요?!

면담자 : 몸은 다쳤지만 대학에는 다닌다, 그거죠?

구술자 : 그렇지. 나 다리 하나 없고 팔 하나 없고 그래도 업고 가면 되잖아. 학교에 아이들이 심부름해주는. 그러고 머리야, 본인이 이 세상 어떻게 살아 그런디. 어떤 사람들은 걍 매일 술 먹고 땡깡 부리고[10] 버스나 기차나 안에서 껌 하나 여기서 사라고 팔도 이러면서 그러면 그 누가 안 사겄어? 겁이 나서도 사고 또 불쌍해서도 사고 하지. 그래갖고 돈 버는 사람들도 있고.

면담자 : 그러니까 지금 선생님께서 말씀하시는 거는 상이용사 중에도 여러 찔이 있었다,[11] 그 말씀 하시는 거죠?

구술자 : 그러지. 긍께 국민학교도 못 나오고 한글 자기 이름도 못 쓴 사람도 있을 거 아니야? 그 사람 뭘 허겄어? 가만 그냥 놀고 밥 먹고 땡깡이나 부리고 '왜 밥 많이 안 줘?' 이런 식이고. 조금 사회서 공

---

10 행패를 부리고.

11 여러 종류가 있었다는 말이다.

부를 허다 온 사람들은 이제 또 '나 공부해야지.' 그러고 그라면 일류 대학도 갈 수 있고. 또 어떤 사람은 껌 한 통 가져가서 기차, 전차 칸 안에서 사라고 밀어댄디 안 살 사람 있겠어요, 감히? 안 산다 그러면 때려버리면 어쩔 거여, 목발로? 〔웃음〕 그럴 수도 있어, 그 시대가. 지금 이거 생각하면 잘 안 돼 그때는.

3) 상이군인들의 행패

면담자 : 예. 저도 어렸을 때 봤던가, 아니면 그 TV에서 무슨 드라마에서 봤던 거 같아요.

구술자 : 그리고 또 한 번은 이런 에피소드가 있어. 상이군인이 자기 고향을 갔어. 그럴 꺼 아녀? 고향에 인자. 상이군이 있으면서 딱 방문했어, 뭐 면사무소에 가서 자기, 내가 쌍봉면 같으면 쌍봉면 면사무소에 가서 뭘 하나 팔은 거야, 물건을 하나. 그러니까 안 사주는 거야. 그러니까 '나 상이군인인데 하나 도와줘라.' 시비가 붙어. 그러니 면장이 '니만 군대갔냐? 다 군대갔다.' 이렇게 나왔어. 그래갖고 〔웃음〕 난리가 나가지고 때리부시고. 이제 그 마을의 소식이 들어온 거여, 정양원으로. 정양원에서 수백 명이 올라간 거여. 목발 짚고 이래가지고. 기차도 소용없어. 세워 버린 거야. 40, 50명 서가지고 기차 못 가게. 기차 못 가지. 그래가지고 기차 그놈 타고 가자! 그라고 거기까지 간 거야. 그래갖고 막 면장 죽인다고 막 우~ 그래갖고 목발 짚고 들어가면 어찌 되겠어요?

면담자 : 그게 실제 있었던 일이죠?

구술자 : 그러죠.

면담자 : 어디 지역에서 있었던 일이에요?

구술자 : 그 어디인가는 몰라. 하여간 얘기를 들어보니 그랬다 그래. 기차도 뭐 자기들 불만이 있으면 그냥 세워버리고 막. 그럴 꺼 아니에요!

전쟁 통에 팔 없는 사람, 다리 없는 사람 이래갖고 백 명, 이 백 명 몰려나오면 누가 그걸 말리겠어요? 감히 누가? 〔웃음〕 경찰관이 되도 말릴 수도 없고 그런 처지야.

면담자 : 그 이야기를 선생님은 부산에 계시면서 들으셨던 거죠?

구술자 : 응. 그러니까 여러 층이지. 상이군인 중에도 그렇게 대학을, 공부를 헐라고 막 일류 대학을 다니는 사람이 있는가 허면. 껌 한 통 이런 거 가지고 버스 전차에 앉아서 강요를 해서 팔아가지고 돈 번 사람이 있는가 하면. 술이나 먹고 땡깡이나 부리고 때려부수고 사람 때리고 이런 사람도 있는가 하면은. 가지각색이지.

면담자 : 근데 그 사람들이 다 같이 한 목소리로 한 이야기는 '내가 나라를 위해서 이랬는데…….' 이런 말을, 다 그런 말을 했어요?

구술자 : 그러죠. '나가 느그 때문에 나 팔 잘랐다. 나 다리 내 놔라.' 이런 식이고. 극장도, 그때 부산하면 극장이 하여간 만원이야.

4) 휴전 이후 부산의 극장가와 영화 관람 경험

면담자 : 전쟁 끝나고 말씀이세요? 아니면 전쟁 중에요? 전쟁 중에도 만원이었어요?

구술자 : 그러지 부산에 임시수도 있잖아. 이승만이도 쫓겨 내려 와 있고. 극장이 이렇게 있으면 밀어 넣고 옆구리 버스 전에 옛날에 했거등. 문을 닫아놔도 문이 삐그덩 밀려 나올 정도여. 안에는 말할 것도 없이 입구까지. 그래가지고 만원사례, 이렇게 써 붙여놔도 상이군인이 가면 상이군인한테 열어줘야 돼. 안 열어주면 목발로 두드려 깨부러. 유리창을 다. 〔웃음〕 그러니까 열어줘야 돼. 그러니 아무도 닥칠 사람이 없지. 그 사람들한테는. 참…… 정부가 어찌게[12] 해

12 어떻게.

나갈 수가 없어.

면담자 : 선생님 그러면 그때 극장 가서 영화도 많이 보셨겠네요?

구술자 : 그러죠. 많이 봤죠.

면담자 : 그거 본 것 중에 혹시 기억나시는 것 있으시면. 지난번에 저한테 말씀을 해주시기는 했었는데요, 뭐 딱히 기억이 안 나시면…….

구술자 : 글쎄. 뭐 그때는 임춘앵국악단이 있어. 부산극장에 가서. 우리는 뭐 공짜배기니까. 뭐 상이군인들 업고 들어가야 되니까.

면담자 : 그러니까 선생님은 상이용사가 아니지만 상이용사랑 같이 왔기 때문에?

구술자 : 응. 업고 가야지. 업고 가고 그렇게 뭐…….

면담자 : 그러면 임춘앵악극단[13] 오면 그냥 가서 보고 그랬어요?

구술자 : 대만원이에요 그냥. 희한해. 시대가 그랬던 것 같어. 여기서 몇 백 미터가 쭉 그냥 5열, 6열로 서가지고 그렇게 해가지고 들어가고 그랬어요. 부산극장 하여간 유명했어요.

면담자 : 부산극장이요? 그게 어디에 있었는데요?

구술자 : 부전. 모르겠네, 그건. 저그 지금 자갈치시장에서 조금 올라오면 그때 거기가 번화가니까. 그리고 인자 그 옆에 가면 또 동아극장이라고 7층…… 동아극장이 있고, 나중에 인자 극장이 자꾸 뭐 현대극장도 짓고. 뭐 삼일극장, 북성극장 뭐 서면에 그렇게 많이 있고. 그때는 전차가 다닐 때고. 전차 가다가 전기가 그때는 막 하여간 하루 종일 전기를 켜놓으면 한 20분 있다가 불이 또 가버리고. 또 한 시간이나 있으면 쪼끔 오고. 하여간 전기 사정이 나쁘니까.

면담자 : 선생님 그때가 전쟁 중이에요, 전쟁 후에 이야기예요?

구술자 : 6·25 사변 나고 전쟁 중도 있고 휴전된 후에도 그렇고.

면담자 : 휴전된 후에도 이렇게 전기 사정이 안 좋았어요?

---

13 임춘앵국악단을 말한다.

구술자 : 그러죠. 계속이죠. 뭐 지금은 생각을 해보면 하여간 전차가 이렇게 가면 동래에서 저기 대신동까진 가거든 전철이, 전기로 가는 거이! 좀 가다가 또 전기가 가불면[14] 멈춰서 있고. 한참 있다 또 전기가 들어오면 또 가고, 그렇게 됐죠, 전철 안이니까.

면담자 : 그러면 부산에서 그렇게 생활하시다가 어떻게 부평 전문학교, 군대는 어떻게 해서 안 되버렸구요?

구술자 : 군대는 인제 부산서 그때 부산에 키가 크고 그러니까 또 경찰한테 잡혀갔어요.

면담자 : 왜요? 〔웃음〕 키 크다구요?

4. 면사무소 임시 근무와 5·16 이후 군 입대

1) 귀향과 면장 유세 현장 동원

구술자 : 극장에 들어갔는디. 그때는 뭐 영장 이런 것이 필요가 없고, 이리 눈으로 봐가지고 경찰이 봐가지고 '이놈 군대 가겄구나.' 이러면 잡아가잖아요, 무조건. 극장에서 가만히 있다가 경찰관이 와가지고. 극장이 싹 끝나면 나오잖아요? 그때 인자 딱딱 잡는 거야, 남자들을. 그때 나도 잡혔어. 키가 크고 그러니까. 그런데 '증명보자.' 그러는데 증명도 없고. 뭐 그러니까 '학생이네, 어쩌네.' 말도 듣도 않고. 또 이 사람들은 건수가 있잖아요?! 오늘 경찰이 한 명 가서 군대 갈 놈 10명 잡아와라, 하면 10명 잡아야 되잖아요. 그러면 애기가 아닌 이상 어지간 허면 데리고 가야 건수 채우잖아요. 그러니까 잡혀가가지고 동래경찰서로 갔어.

---

14 전기 공급이 끊기면.

면담자 : 그때가 몇 살 때였는지 혹시 기억나세요?

구술자 : 17, 18살 되겄네 잉!

면담자 : 그러면 전쟁 끝나고 나서 이야기겠네요?

구술자 : 그러지. 휴전 중이겠지. 그런데 가서 전부 조회해보니까 정양원에 있고 학교 다니는 게 틀림없고.

면담자 : 그럼, 고등학교 때였군요.

구술자 : 응. 경찰서에서 하룻밤 자고 뒷날 그러고 나왔지. 그때는 전부 다 그렇게 잡아서 보내잖아요. 이렇게 영장이 어딨어? 〔웃음〕 그렇게 다 학교 다니다 보니께 여기서 우리 고향에서 쌍봉에서 신체검사를 해야 되잖아요? 몇 살에 신체검사 이렇게 딱 되는디. 거기 먼디 이렇게 전화도 없고 막 이렁께 병력이 정리가 안 돼 버렸지. 그래갖고 인제 병력이 정리가 안 된 상태에서 부산서 와가지고 면회를 제가 우리 고향에 같은 서 씨가, 이천 서 씬데 면장을 출마했어요. 5·16 후에. 아니, 5·16 전이구나. 민주당서 윤보선 대통령 때. 그래갖고 그때 민선, 민주당 면장 이렇게 나가가지고 유세 하느라 잉! 그때 마이크를, 그때는 차가 없으니까…….

면담자 : 선생님 그러면은 부산에서 고등학교 졸업허고요? 그럼 형님은 어떻게…….

구술자 : 거기 그대로 있고.

면담자 : 그럼 누가 병 수발은 하시고요?

구술자 : 인자 다닐 수 있으니까. 목발 짚고 밥 만 먹고, 자기가. 고등학교 졸업하고 대학 다닐 처지도 아니고 직장이 뭐 있겄어, 그때. 지금 생각하면 연탄 찍는데 갔으면, 그건 하나 있었는디 그걸 모르고. 그리고 와서 있으니까 헐 일이 없으니까 면장 후보 연설원으로 지게꾼 하나 사가지고 마이크 지고, 나는 마이크 들고 후보 연설 허러 다녔어요. 이 부락하고 이 부락하고. 그래갖고 당선이 됐어.

면담자 : 쌍봉면 면장이요?

2) 신문 제작 담당 면서기 생활

구술자 : 예. 그러니 나가 후보도 했고. 나를 면서기로 정식 직원은 아니지만 임시직으로 넣어 준거야. 그러면 뭘 하느냐면 《면정월보》라고. 한 달에 한 번 나오는 거. 면에 대한 신문을 만들라고 그래.

면담자 : 그러면 타블로이드판으로 이렇게 등사해가지고 만든 거였어요?

구술자 : 아니. 인쇄소에서 와서 해가기로 하고. 산업가에서는 이번에 석유가 10L를 나왔는디, 이 부락에 10L, 이 부락에 20L, 이런 걸 이렇게 쭉 신문을 만들어가지고 배부 헐라고 〔웃음〕 부락마다. 그렇게 한참 허다가 군사혁명이 나버렸어, 박정희가.

면담자 : 5·16이요. 61년도가 됐네요, 드디어?

구술자 : 그래가지고 군사혁명이 나고 나니까 병역 기피자를 싹 조사허는 거야. 그런께 군대를 안 갔거든, 요거이.[15] 그런께 군대 안 간 사람은 싹 군대를 가는 거야. 나는 고의로 기피 헐라 한 게 아니라, 부산서 이러다 보니까 신체검사도 안 됐고 그래 된 거인디. 전부 따지다 보니까 그랬고. 군대 갔잖아. 늦게 갔지. 우리 같은 나이라도 제대해가지고 올 나이인데 나는 갔지. 그때 군대를 가보니까 훈련소에 가니까 우리 고등학교 국어선생님도 왔어, 거기에 훈련소에. 〔웃음〕 다 있다가 그때 온 거야.

면담자 : 〔웃음〕

구술자 : 만나 가지고. 나가 담배를 못 피우니까 군대에서 나온 담배 선생님 주고 피우라고 그렇게 돼서 군대를 간 거예요. 그래 군대 가서…….

면담자 : 그래도 선생님 군대를 다녀오시긴 하셨네요? 어디서 근무하셨는데요?

구술자 : 광주 기갑학교라고 탱크가 있어. 그러면 우리 교관이 그래. '느그

---

15 당시에 구술자가 군대를 가지 않은 상황이라는 말이다.

는 이 탱크 몰다 죽으면 영광이다.' 그래. 이 관이 뭐 그때 '5억인가 된다.' 그래. 그때 돈으로.

면담자 : 탱크가요?

5. 군 제대 이후 생활과 경찰 공무원의 삶

1) 군 제대와 경찰 공무원 취직 그리고 데모 진압

구술자 : 몇 십억을 한대. 〔웃음〕 '이 비싼 관 속에서 죽는다.' 그거여. 이렇게 기갑학교로 해가지고 제대를 허고 나오니까 직업이라고 그때 뭐 있어? 아무것도 공무원뿐이잖아요, 직업이란 거이?

면담자 : 그러면 선생님은 딱 3년간 광주에서 기갑부대에서 일을 하신 거였어요?

구술자 : 아니, 거기에다가 저그 서울 뭐 척추가 안 좋아가지고 서울 수도육군병원에 있다가 부산 삼육군병원이라고 있어요. 저그 삼육군. 제 삼육군. 일, 이, 삼. 부산 삼육군병원에서 제대를 했어요. 제대를 허고 나오니까…….

면담자 : 의가제대라고 하지 않나요?

구술자 : 의병.

면담자 : 몸이 안 좋아서 제대한 경우에.

구술자 : 예. 나와 보니까 농촌에서 농사도 쪼깐 허고 뭐 직장이란 게 그땐 뭐 없으니까 단지 공무원뿐이야. 선생 아니면 면 직원, 경찰관인디. 경찰관 시험이 있드라고.

면담자 : 부산에서 딱 제대하고 나니까.

구술자 : 예. 와서 오자마자 있어.

면담자 : 부산에서 쌍봉으로 왔어요?

구술자 : 응. 이제 모집을 해, 경찰관을. 그래서 내가 시험을 본 거지. 됐어, 합격이. 돼가지고 인천경찰전문학교 가서 교육을 받는디. 그때 박정희 정권 아닙니까?!

면담자 : 그 부평 경찰전문학교 아니었어요?

구술자 : 그러니까 부평. 인천 부평 뭔가가……. 그런데 경찰학교 교육을 받고 있는데 매일 데모 나잖아. 박정희 정권 때 서울에서. 경찰관 졸업 아직 안 했지만 신원 조사 해가지고 학력 정확허니 만들어 놓은 거야. 졸업만 하면 배치 헐 거인디. 배치허기 전에 끌어다가 데모 막 집어넣어.

면담자 : 그러면 그때가 정식 명칭이 인천경찰전문학교였나요?

구술자 : 응. 부평경찰전문학교. 위치는 부평에 있고. 경찰전문학교고. 그 다음에 나중에 한참 있다가 경찰대학이 나오고 별도로. 중앙경찰학교가 충청도 어디쯤 있다 글대.[16] 그러고 광주에도 그때 있어, 그 당시에. 광주경찰학교가 있고. 경찰전문학교가 있는데 저는 인천으로 가게 된 거야. 하고 나와서 그렇게 데모 막으러 다니다가.

면담자 : 그러면 선생님 학교는 몇 년 다니다가 데모 막으러 다니신 거예요?

구술자 : 일 년도 못 다녔지, 경찰학교를.

면담자 : 그러면 일 년도 못 다니고 졸업을 시켜줘 버린 거예요?

구술자 : 경찰이 그렇게 하고 배치를 급하니까. 지금 그까이거이 문제가 아니지 뭐. 〔웃음〕 정권이 넘어가 버리게 생겼으니. 그래갖고 여수를 배치를 받았어, 희망직으로 해서. 그래서 한참 데모 막고 다니고 그러다가 다시 보충 교육을 헌 거이지. 자꾸 교육을. 그렇게 해가지고 여수에서 쭉 근무허다가 여수 밀수사건이 터졌어요. 밀수사건이 그때는…….

---

16 그러대.

2) 1960년대 초반 여수시 경찰서 발령과 여수 밀수 사건

면담자 : 잠깐만요. 그래서 데모 진압하시다가 여수로 오셨던 거예요?

구술자 : 응. 발령받았지, 정식으로.

면담자 : 그럼 그때 발령 받으신 게 몇 년도인지 기억나세요?

구술자 : 63년 10월 4일.

면담자 : 그럼 바로 발령받으신 곳이 소속 근무처가 어디였나요?

구술자 : 충무동 파출소.

면담자 : 아, 충무동 파출소. 직책이 뭐였는데요?

구술자 : 그냥 순경으로 근무했지. 그리 허다가 다시 보충 교육 받고. 한 달도 받고 또 왔다갔다 교육을 받았지. 그러니까 저 근무허다가 여수에서 무슨 사건이 났냐면 그때 군사 정권 때니까 군에서 중령 정도 뭐 이렇게 좀 똘똘허고 정치적인 감각이 있는 사람들은 군사 정권이니까 시장도 시키고 도지사도 시키고 그랬잖아요. 군인을 갖다가 '도지사 해, 너 경찰서장 해. 세관장 해.' 그런 시대 아닙니까? 세관장이. 여수세관장이 군인 출신이여. 세관. 좋은 데 아닙니까?

면담자 : 그렇죠. 아까 거기 세무서 거기 말 아닌가요?

구술자 : 그거는 세무……. 검역소고. 세관. 외국에서 온 물건 다 이리 보내고. 그때는 여수가 밀수항으로 유명한 도시예요. 여수가. 대한민국 오명이 여수는 밀수 도시다.

면담자 : 밀수해서 돈 많이 번 데가 여수 아니에요?!

구술자 : 그러죠. 왜냐면 일본이 가장 가깝고 여수 배로 잡고 수출하니까 고기 같은. 섬이 많아가지고 들어오기도 쉽고. 여수 세관 직원이 밀수범을 잡아가지고, 선장을 잡아다놓고. 창문이 요리[17] 있는데 저 가족들 아들 마누라 여기로 넘어다 볼 거 아니야? '우리 남편이 우

17 이렇게.

리 아버지가 어떻게 조사받는가?' 하고. 그런데 조사하다가 세관 직원이 물을 이라고 갖다가[18] 쫙 얼굴에 찌끄러[19] 버린 거야. 그런께 즈그 아들이 가만 보니까 기가 막히거든 즈그 아버지한테다가. 그러니까 그냥 밖에 가서 칼 가지고 와서 찔러버렸어. 세관 직원을 그래서 죽여 버렸어.

면담자 : 그 자리에서요?

구술자 : 어. 죽어버링께 이것이 보고될 거 아닙니까, 중앙에? 또 군사 정권이라 군인들이 세관에 뭐…… 그 '여수가 어찌해서 세관 직원이 죽게 됐냐?' 이거여. 전부 여수는 밀수 도시다 공무원이고 뭐고 다 밀수 허는 놈들이다. 전부 그래서 법도 뭣도 이렇게 됐다. 그래서 여수서 오래 헌 사람들을 싹 보내 버렸어 딴 데로. 밀수를 했든 안 했든 '네가 오래 있었으니까 니는 밀수 관련되어 있었을 것이다.' 허고. 나는 완도로 갔어요.

3) 1974년 완도군 전근

면담자 : 그러면 여수서 몇 년을 근무하시다가 완도로 가신 거예요?

구술자 : 74년에 갔으니까. 63년에…….

면담자 : 꽤 오래 있다 가셨네요?

구술자 : 한 15년인가 얼마 있다. 완도로 가고 진도로 가고 구례로 가고. 그때 여수는 도시라고 좋은 데라 하거든. 영전이고. 여수 오기가 어려워요, 여기를 공무원이. 다 올라고 희망지고. 그런데 여기서 가면 좌천이잖아요. 〔웃음〕 촌에 구례, 곡성, 완도, 진도, 저는 완도를 갔어요. 완도 가서 5년 있다가 다시 여수로 오게 됐지. 고향 여그 다 있고.

---

18 이렇게 가져다.

19 뿌려.

면담자 : 그러면 여기 여수에서 계시면 계속 충무경찰서에서 순경으로서만 쭉 사셨?

구술자 : 여러 군데 많이 했지. 뭐 여러 군데. 본 서(署)에도 있고 뭐.

면담자 : 그러면 말씀 안 하시고 싶으면 괜찮고요. 여기서 구체적으로 하시는 일이 무엇이었는지 하고요. 이동영사 따라다닐 때는 여수에서는 안 하시고, 진도, 완도 갔을 때 그때 하셨던 거예요?

4) 경찰 공무원의 간첩 신고 교육과 상업 영화 상영 활동

구술자 : 아니, 완도에 있을 때도 경찰국에서 뭐 영사기 가지고 이렇게 다 갈 거 아니야? 경찰서를!

면담자 : 그러면 여수에서는 안 하셨어요?

구술자 : 그리 한다는 걸 알고. 여수서 직접 나랑 같이 여기 낭도라고 화정면 가서 하고. 그것이 목적이 그래. 문제는 자꾸 간첩선이 들어오면 다 섬으로 오잖아요?! 일단 섬으로 간첩선이 들어와. 그래갖고 거기서 거점을 잡아가지고 딱 육지로 여수로 오고. 광주로 서울로 갈 거 아닙니까? 간첩이 간첩 파견한다는 것이 북한에서 공해상으로 배가 와가지고. 큰 배가 와가지고, 큰 배에서 작은 배로 이렇게 섬으로 들어와 가지고 섬에 들어오면 또 다시 이렇게 육지로 와 그래갖고 싹 퍼질 거 아니야? 그렁께 섬에다가 신고를 잘 헐 수 있도록 우리 주민들이. 이상한 수상한 배가 들어왔냐? 수상한 사람이 부락에 들어왔냐? 뭐 이런 걸 교육을 하지. 그래갖고 빨리 신고를 허라고. 신고를 하라고 계몽을 할라 그러면 말로만 그러면 안 되니까. 그때는 영화를 구경도 못 하니까, 촌사람들이. 그 영화 가지고 와서. 일반 영화, 우리 시내에서 상영하는 영화를 가지고 와서 '재밌는 거 저녁에 구경 오시오.' 동원해가지고 학교 교실에 놓고 쿵쿵 돌아고 해놓고[20] 거기서 중간 중간 계몽을 허는 거지. 어떤 선

박이 들어오면 신고를 해라, 어떤 이상한 사람을 신고해라. 누구집 이 매일 빨래를 그 자리에 널으면 그 거이 암호니까 그런 것도 이상하게 봐라, 예를 들어서 잉! 그런 식으로 신고를 허라고 계몽을 허고 다니는 거지. 위에서 딱 한두 사람 영사기 기술 있는 사람하고 경찰관 한 사람하고 여기 서에서 같이 가가지고 안내하고 그렇게 하는 거지.

면담자 : 그러면 영사를 했던 사람은……. 잠시만요. 테이프 좀 바꾸겠습니다. 테이프가 지금 없다고 표시가 나와서요. 아니요. 한 2분 정도 더 할 수 있을 거 같습니다. 그러면은 그 영사기를 돌리셨던 분은 경찰이면서 영사 기술이 있었던 분이셨던 거예요?

구술자 : 그럼. 간단한 거니까 배우면 되잖아요. 그거 '이리 돌리는 거 여기 고장이 난다.' 그것만 알면 되지 뭐.

면담자 : 아, 그러셨어요? 그럼 그 분들은 따로 어디 가서 교육을 받으셨던 거예요?

구술자 : 〔웃음〕 그 사람들은 모르지, 어디 기술자한테 가서 배웠는가. 하여간 교육이 있겠지. 부서별로 다 다르니까.

면담자 : 그러면 그 분들은 어디서 오신 분들인데요?

구술자 : 광주에서.

면담자 : 광주 경찰국에서요? 어디 소속이……. 그런 분들은 어디 소속에서 오신 분이에요?

구술자 : 경찰국에 소속이지. 대공과라 그럴까 그렇겠지, 그 사람들은. 경찰관이지 광주.

면담자 : 거기서 두 분 오시고 선생님은 여기 지역……?

구술자 : 지역에 부서가 있잖아요. 정보과, 대공과, 보안과 뭐 수사과 이런 사람들이 같이 *웃가에 가서 동원도 허고 같이 협조를 해 줘야 되

20 영화를 상영하도록 해놓고.

잖아요. 광주에서 온 사람들은 잘 모르니까. 그 지역 사람. 〔웃음〕

면담자 : 그러면 그 영화, 저는 좀 궁금한 거는 그거보다는 그 분들은 필름을 어디서 가져오신 거예요? 그니까 극장에서 개봉한 상업 영화를 가지고 와서 틀었다는 이야기잖아요?

구술자 : 그거야 아무것도 아니지. 경찰국에서 필름 그거 못 구하겄어요? 얼마든지 헐 수 있지.

5) 다도해 지역 간첩 신고 교육과 영화 상영

면담자 : 그러면 그걸 가져와서. 특별하게 〈대한뉴스〉나 문화영화를 상영한 게 아니라 극장에서 개봉했던 영화를 틀어줬던 거예요?

구술자 : 일반 영화를 가져와서 재밌게 볼 수 있도록.

면담자 : 그러면 그렇게 하고 나서 영화를 다 상영하고 나서 계몽 강연을 했어요?

구술자 : 그러지. 신고 잘 허라는 거. 반공 사상 같은 거. 뭐 또 신고 요령 같은 거 그런 거 하는 거지.

〔테이프 교체〕

구술자 : 북한에서 간첩 파견할 때 일차적으로 하는 거이 공해상으로 모선이 와가지고 적은 배로 각 도서로 이렇게 자기 루트를 정해놓는단 말이야. 상륙허잖아요.

면담자 : 전라도 쪽에는 주로 어디로 왔어요?

구술자 : 저기 완도에 많습니다. 결국 섬이 많아야 되잖아요?!

면담자 : 예. 완도는 완전히 다도해니까요.

구술자 : 전부 섬 많죠. 완도에. 조그만 섬이 많아요. 완도, 여수 이렇게 섬이 많은 지역이고, 저그 공해상으로 서해, 좋잖아요? 공해상으로 와

가지고 모선이 와 가지고 적은 배로 인자 보트나 이런 거 타고 섬으로 상륙해가지고 올라오게 되니까. 제일 중요한 그 제일선이 도서지방이잖아요. 보통사람들도 그러잖아요. 어디서 단체로 많이 내려와도 '뭐 많은 사람들이 가는구나?' 보는 사람의 각도에 따라서 무관심할 수 있잖아요. 예를 들어서, 인민군이 한 30명 가도 '예비군 훈련인가? 뭐 군인들 오늘 훈련인가?' 그렇게 할 수 있잖아요. 관심이 없으면. 그래서 인제 우선 관심을 줘야 되잖아, 도서민들한테는! 그 사람들이 바다에서 고기 잡고, 뭐 일하고 이러는 게 주목적이지 뭔 관심이 있겠어요? 국가에 대한 안보의식이 없지. 그러니 그 사람들이 안보의식이랄까, 반공의식이랄까 이런 걸 계몽으로 교육을 해야지. 뭐이 들어오면 신고를 헐 거 아니야? 제1차적인 신고가 중요하니까. 그래서 인제 그 사람들한테 우선 1차적으로 도서민들한테 교육을 허고 신고 의식을 자꾸 심어주고 이래야지 성과를 거두기 때문에 정부에서도 가서 계몽을 허잖아요. '이렇게 이상한 사람은 신고해라. 이상한 선박이 들어오면 신고해라. 신고하면 선박은 5000만 원. 뭐 이상한 사람은 돈이 얼마. 이렇게 인센티브를 주게끔 이런 제도가 법도 있다.' 뭐 여러 가지 계몽을 하지, 영화를 가져가서. 그냥 가서 하면은 모여지지도 않고 흥미가 없으니까 영화를 딱 저녁에 일 다 끝나고 밤에 있을 때 학교 같은데 교실에 모여놓고 영화 보여주고 그 다음에 계몽을 허는 거지요.

면담자 : 그러면 여수에서 근무를 하실 때 계몽을 하기 위해서 돌아다니셨던 섬이나 동네는 어디 어디였어요? 여수만 다니셨던 거예요?

구술자 : 응. 여수경찰서니까 여수만 허고. 또 광주 국(局)의 사람들 완도 가면 완도경찰서, 진도 가면 진도경찰서 이렇게……. 여기 화정면…….

면담자 : 화정면은 거기서 이렇게 가면 유인도 사람이 사는 섬들이 많이 있었어요?

구술자 : 많지요. 낭도, 제도, 상화도, 하화도 뭐 많이 있지요. 그런 섬에…….

면담자 : 그러면 그 섬은 지금도 사람이 살고 있는 섬인가요?

구술자 : 그렇죠. 지금 다…….

면담자 : 그러면 그 섬에는 몇 가구 정도가 살고 있었나요?

구술자 : 큰 섬은 200호, 300호 되는 데도 있고. 100호 되는 데도 있고 50호 되는 데도 있고. 아주 적은 섬은 안 가지. 몇 호가 되(야) 영화도 상영하고 그러니까.

면담자 : 그러면 그 당시에 60년대 초반에 그러면은 여기 오셔가지고 근무를 하시면서 그런 일을 하셨던 거죠?

구술자 : 그때 파출소 근무 때문에 그런 건 안 하지.

면담자 : 그러면 언제부터요?

구술자 : 파출소 근무는 파출소 바운더리 내에서 치안이니까 순찰하고 범죄 예방하고 잡고 이런거 허고, 그거는 본서(本署)에 가야지. 본서에 대공과가 보안과라고 이름도 바꿨지만 거기 근무를 해야 그렇게 하는 거지. 파출소는 자기 파출소 관내만 하니까. 그런 거 안 하지.

6) 여수시 대공과(對共科) 근무

면담자 : 그러면 대공과에서 이동영사 같이 따라다니실 때는 몇 년도부터 하셨던 건데요?

구술자 : 80년부터.

면담자 : 80년이요? 아, 그러면 60년대는 안 하셨던 거예요?

구술자 : 60년대는 파출소에 있었고.

면담자 : 아, 파출소에요? 그러면은 저기 완도도……. 74년도에 완도 가셨죠? 그러면 완도 가서도 이동영사 안 하셨어요?

구술자 : 그것은 직접 그 분들이 같이 다니진 않아도 업무는 봤지.

면담자 : 따라다니면서요?

구술자 : 직접 같이 가서 영화 상영은 안 해도 업무는 봤지. 여기저기 다 그렇게.

면담자 : 그러니까 그 업무요? 영화 상영은 안 했지만 그분들 따라다니면서 하신 거죠? 그러면 여수에 63년도부터 74년도까지 여수에 계실 때 업무는 보셨던 거죠?

구술자 : 그 업무가 아니라 파출소.

면담자 : 파출소 업무만 보셨던 거예요?

구술자 : 응.

면담자 : 그러면 그 이후에 여수, 완도 가가지고?

구술자 : 응. 그 업무 보고 여러 가지도 봤지. 정보과 신원 업무도 보고 대공과도 보고 뭐 여러 가지를 보는 거지. 여기서 있을 때 외사 업무도 보고.

면담자 : 파출소에 계시면서도요?

구술자 : 아니. 본서에서.

면담자 : 그럼 본서는…… 그러니까 여수에 계시다가 완도, 진도 계시다가[21] 이제 여수에서 본서로 갔을 때가 80년도라는 거였어요?

구술자 : 응. 완도에서 80년도에 여기 왔으니까. 그래가지고 광주사태가[22] 여기 있을 때 났으니까. 광주사태 뭐 전부 다 두절돼 버리고 통신도. 그런 시절이 있었으니까.

면담자 : 그러면 여수 있다가 완도 갔을 때 완도 이야기도 좀 해주실래요? 그때 광주에서 오시면 같이 따라다니면서 업무 보셨잖아요?

구술자 : 광주 와서 그 사람들이 직접 섬에 가지 않고. 따로 다른 업무가 있지. 자기 담당 면이 있고 그러면 많이 있잖아요! 과거에 좌익 사상 가진 사람들 가족들도 있고 북한으로 넘어간 사람도 있고. 죽은 사람들도 있고 납북 어부들이 귀환해가지고 생활하고 이러는 거 알

---

21 완도를 잘못 말한 것이다.

22 '광주사태'는 1980년 5·18 민주화운동을 말한다.

아봐야 되잖아요. 그런 거지.

면담자 : 여수 같은 경우에는 화정면 사람들 다 이렇게 다 하면 그 사람들을 가서 이렇게 할 때 반공만 하고 다른 건 뭐 안 했어요? 근대화, 산업 발전 이런 얘기는 안 하고 오직 간첩선 신고하고 이런 것만 했습니까?

구술자 : 주로 그거이 목적이지, 우리가 하는 업무는. 새마을운동 이런 거는 그렇게 우리가 강조할 게 아니고. 그거는 인제 뭐 행정 기관에서 할 것이지. 우리는 그 경찰의 목적은 간첩선 갔다가 상륙하면 신고 잘 해 달라, 이런 거지.

7) 간첩 신고 교육 실시

면담자 : 그러면 그 마을에 갔을 때 사람들을 불러 모을 때는 어떻게 불러 모아요? 오늘 영화……. 뭐라고 하면서 불러 모아요?

구술자 : 지금은 이렇게 다르지만은 '경찰이 한다.' 그러면 두려워서 그런지 어쩐지 하여간 잘 말 들어요, 순박하고.

면담자 : 아니, 가서 도착해서 마이크로 마을 돌면서 선전했어요?

구술자 : 아니. 이장한테다 얘기해. 오늘 저녁에 여수경찰서에서 '이런 영화를 가지고 왔으니까 영화 보러 오시오.' 〔웃음〕 그러면 그냥 오게 돼 있어. 온 다음에 영화 틀고 거기서 계몽하고. 섬사람들이 말 잘 듣습니다. 마이크로 '모이세요.' 이러면 잘 모이고 그래. 지금은 또 다르겠지만, 그때만 해도.

면담자 : 그러면 영화를 처음부터 끝까지 쉬지 않고 쭉 영화를 틀어줬던 거예요? 아니면 영화를 틀다가 잠깐 멈추고 반공 강연하고 또 시작하고 이런 식으로 했어요?

구술자 : 거의 다 틀고 해. 다 틀고 해도 다 있으니까 안 가고. 말 잘 들어. 영화 끝나고 '뭔 부탁 말씀이 있다던지 강연회가 있으니 잠깐 기다

려주시오.' 그러면 다 기다려줘요.

면담자 : 그러면 보통 부탁의 말씀이나 강연 이런 거는 몇 분 정도 했었어요? 몇 십분…….

구술자 : 한 20~30분이지. 너무 오래도 안 허고. 거기 나오는 사람들이 얼마나 뭐 말을 잘 허겠어요?! 일반 강사처럼 말을 잘 허는 건 아니지. 그냥 이렇게 딱딱 끊어서 '신고하믄, 이러이러한 건 신고해주십시오. 이런 건 이렇게 해주십시오.' 그런 정도지.

면담자 : 그러면 하루 저녁에 한 마을에 한 번만 영화를 상영했어요? 그러면 그 다음 날은? 또 여수시…….

구술자 : 다른 데로 또 옮기고.

8) 도서 지역 교육과 영화 상영

면담자 : 아, 섬 내에서 다른 마을, 다른 섬으로요? 그렇게 해서 한 번 가시면 보통 선생님은 출장 격으로 갔었겠네요. 며칠 걸렸나요?

구술자 : 뭐, 한 5~6일도 걸리고. 또 여기 가까우니까 또 배 들어왔다가 갈 수도 있고.

면담자 : 그렇게 하셨어요. 그러면 하루 저녁에 '오늘 영화 상영하고 그러니까 어디로 모여 주십시오.' 이러면 하룻저녁에 보통 몇 분이 오시던가요?

구술자 : 크고 그러면 100명, 150명. 글않으면[23] 50명도 오는데 있고 그러지. 섬 규모에 따라서. 인구가 많은 데는 많이 오고.

면담자 : 그러면 선생님 가서 이렇게 영화 상영하면, 상영했던 영화들이 어떤 건지 대충 기억이 나세요?

구술자 : 글쎄. 기억이 안 나네. 뭐 그게 뭔 영환가 모르겠네, 그 당시에.

---

23 그렇지 않으면.

면담자 : 그래도 선생님이 인제 광주에서 이렇게 오면 다 관련 업무하고 그랬으면 다 기록이 있을 거 아녜요? 뭐, 어디 지역에서 몇 시에 뭘 상영하고?

구술자 : 아, 어느 섬에 가서 '주민 몇 명이 모여가지고 뭔 영화 상영했다.' 그러는데 〔웃음〕 뭔 영화 제목 이름이 기억이 안 나.

면담자 : 그리고 예전에 그런 사례들도 보면 지금 다 없어졌더라고요. 공식적으로 국가기록원 같은 데도 없는 거 같고요.

구술자 : 어, 시시한 건 없어지고. 중요한 것은 문서 보관 연원이 있어요. 3년짜리도 있고 5년도 있고 10년짜리도 있고. 영구보존도 있고 그러니까.

면담자 : 그런데 그거는 저도 한 번 보고 싶었는데, 그거를 볼 데가 없더라고요, 다 없어져서.

구술자 : 그거 보여주지도 않고 또 별로 없을 거예요. 영구보존이라는 거이 아주 중요한 것만 있으니까 다 3년, 5년, 10년 되면 다 파기를 하게 돼 있거든. 다 종이 집에 가든지 비밀스러운 거는 불태우지만은. 나머지는 종이 집에 팔아버리고. 긍께 뭐 10년이면 다 파기가 되니까. 아주 뭐 특별한 거나 영구보존이 될까?

면담자 : 그러면 선생님이 여수 화정면 특히, 화정면이라고 하는 데가 섬이 많은 거죠?

구술자 : 예. 많지요. 여수 섬 많습니다.

9) 도서 지역민 영화 관람 행태

면담자 : 그러면 거기 계신 분들은 그 전에 영화를 본 적이 없답니까? 아니면 그 분들이 영화를 보려면 어디로 나왔어요?

구술자 : 참 어려운 일이지만. 특히 뭐 영화를 보믄 추석이나 설이 되면 혹시 그 중에 배 타고 여수 와서 극장에서 한 번 본다는 게 어렵지.

섬에서 배 타고 와가지고 또 보고 배 시간이 되면 다행이지만 글안 하면 자야 되고 그러니까. 긍께 설하고 추석에 보통, 우리도 그랬어요. 추석 되면 큰 맘 먹고 돈 모아놨다가 여수극장 구경 한번 하기 큰~ 참 큰 맘 먹어야 가지요. 돈이 그게 크다면 크고 시간도 그렇고 거그다[24] 돈 투자하기가 어렵지, 농촌에서. 〔웃음〕 설에 추석에 첫날 하루 세배 다니고 뒷날이나 그 다음 날에나 영화나 보고. 또 추석에 혹시 그러고. 그 외에는 어렵잖아, 그게.

면담자 : 그러면 거기 영화를 가지고 가서 그 분들은 여기 와야 영화를 봤는데 영화를 갖고 갔으면 사람들이 되게 좋아했겠네요?

구술자 : 그러죠.

면담자 : 그러면 좀 생생하게 기억나는 거 있나요? 그 분들이 영화를 보러오면 왔었을 때의 표정 같은 거나?

구술자 : '영화 들어왔다.' 그러면 굉장히 반겨하죠, 젊은 사람들이. 아주 늙은 노인들은 뭐 관심이 없으니까 모르고. 그래도 조금 인자 영화를 볼 줄 알 정도 되면 좋아라 하지요. 그냥 무슨 들떠가지고, 큰 명절 돌아온 것처럼 일찍 밥 먹고 준비하고 나오고 그러지요. 오후에 가니까 오후에 가서 또 이장한테 마이크로 또 알리거든요. 저녁에 와서 좋아라 하지. 아주 기뻐하지. 동원돼서 끌려온 것이 아니라 큰 잔치 온 것 맹이로[25] 신발 넣어 놓고 웃고 재미있어 허지, 그게 오면.

면담자 : 〔웃음〕

구술자 : 보니까. 영화, 힘들잖아요![26] 고맙게 생각하지. 여기까지 이렇게 영화를 가지고 와서 보여준다고. 또 그렇게 자꾸 유도를 하지, 고마움을 사게끔. 경찰이 이렇게 여러분들을 위해서 이렇게 좋은 영화를 가지고와서 이렇게 보여준다, 그러면.

---

24 거기에다.

25 잔치에 참여한 것처럼.

26 도서 지역이라서 영화를 자주 관람할 수 없었다는 말이다.

면담자 : '주민 위안 잔치하러 왔다?'

구술자 : 예. 그러면 얼마나 좋아하겄어요! 그 어려운 시절에 영화 보기 어려운데. 또 돈도 안 주고 보는 거이고.

면담자 : 그니까 그 시절이 지금……. 연대가 60년대인가요, 70년대인가요?

구술자 : 아니, 나 할 때는 80년대지.

면담자 : 아, 선생님이 갈 때 80년도? 그러면 60년대나 70년대도 그때 나갔던 때가 있었겠네요? 선생님은 안 하셨다 하지만 다른 분들이?

구술자 : 응. 그리했을 수도 있겠지. 그때 그런 생각을 해 냈는가? 위에서 머리 있는 사람들이 했는지 모르겠지만. 할 수도 안 있겠습니까? 그 전에 뭔 그런 준비가 되고 그런 생각을 했는지 그건 모르지만. 그러면 좋았겠지. 더 어려운 시절이니까.

면담자 : 그러면 선생님, 그러면 완도는 어디? 완도도 섬이 많다고 하셨는데 완도는 그럼 어디, 완도에 계실 때 어디어디 다니셨던 거예요?

구술자 : 뭐 신지면, 소안면, 노안면[27] 섬이 엄청나게 많아요. 간첩이 들락날락해요.

면담자 : 그러니까 완도에 계실 때도 광주에서 영화를 가져오면 같이 다니셨던 거예요?

구술자 : 같이 다니지는 않아도. 또 다른 직원이 있으니까. 뭐 많으니까 직원이. 다른 직원이 다니고. 업무차 섬에 많이 다니지요.

면담자 : 예. 그럼 주로 어떤 걸 하셨는데요?

구술자 : 주로 납북 어부들이 우선 가면 납북이 아니고 가서 교육을 시키잖아요? 간첩으로. 거기서 '남한에 와서 이렇게 해라.' 그럼 그런 것을 여그 와서 신고도 하지만은 신고해도 그걸 다 믿을 수 없잖아요. 그 머릿속에서가 뭐이 생각을 해서 뭘 보고를 하는지. 만나 가지고 자꾸 접촉해서 이 얘기 허고. 뭐 감시할 사람도 안 있겠습니

---

27 노안면이 아니라 노화읍을 말하는 듯하다.

까? 인민위원장하다가 이북 넘어갔다던지, 죽었다던지 뭐 자식들이 감정이 어쩌겠어요? 그래도 아버지이고 피와 살이니까. 어떤 생각을 가지고 있는지. 그런 것도 하고.

10) 여수시 경찰서 업무

면담자 : 그러면은 그 어찌됐건 선생님께서는 대공과, 보안과 관련해서 일을 하셨으니까 아무래도 이념이나 사상 문제로 있는 사람들을 요주의로 봤겠네요? 그런 사업들도 좀 되게 신경 써서 하셨고요?

구술자 : 그런 것도 있고. 또 신원 조사 이런 것도. 외국 간다던지, 선원수첩 이런 거, 학교 교사 발령 받아도 신원 조사를 하잖아요. 그래 신원 조사 와야지 발령이 나거든, 학교 선생도. 그런 것도 하고. 여수 또 외사라고 외국인 상대, 한국에 주거하는 외국인들 그 사람들도 우리가 알아봐야 딱 백지장 만이로[28] 알아봐야 되잖아요. 이 사람이 미국서 왔는지 어디 필리핀서 왔는지 한국에 오면 뭘 허는가? 어떻게 살아가는가? 그런 것, 인제 그런 외사 업무도 보고. 또 배가 외국서 오면 또 세관허고 검역소허고 법무부하고 경찰하고 올라와서 다 조사하잖아요. '어떤 사람이 왔는가, 언제 오는가, 뭣 하러 왔는가, 언제 갈 것인가.' 그런 걸 다……. 그런 업무를.

면담자 : 그건 여수에…… 여수시 경찰서 대공과에 계실 때 하셨던 일이시죠? 그러면 64년도에서 74년까지 여수에 계셨고. 74년에서 80년까지는 어떻게 완도에 계셨어요? 진도는요?

구술자 : 거기는 안 가고.

면담자 : 그러면 여수하고 완도만 가셨어요? 그러면 여수하고 완도에서 일하셨을 때 일하는 내용이 다 차이가 있으셨어요? 아니면 뭐 비슷한

---

28 백지장처럼.

일을 하셨어요?

구술자 : 뭐 업무야 차이가 있다면 여수는 경찰서고 외국인들이 많이 이렇게 선박으로 오니까 외사계가 있고. 완도는 촌이니까 외사계는 없고 다른 업무는 다 같지요. 업무가 적고 많고 그런 차이지요. 촌이니까 거기는 뭐가 더 많고, 부서도 더 있고.

면담자 : 그럼 선생님 그 진도하고……. 아니, 완도하고 여수에서 하실 때 이제 뭐 신원 파악하고 특히, 이쪽에 섬이 많으니까 반공과 관련해서 많이 하셨겠지만, 혹시 영화 상영과 관련해서 뭐 특별하게 영화를 상영한 일이 아까 말씀하셨던 그거 말고 다른 거는 없었어요?

구술자 : 업무상 그렇게 도서 지역에 그렇게, 그렇게 순회하면서 계몽 영화라 할까? 신고 의식을 고취시키는 그런 업무 말고 일반 우리가 파출소 근무할 때 영화가 들어오면 그때 참 영화가 들어오면 그걸 많이 봤어요. 지금은 TV가 나와 버렸지만, 그때는 뭐.

면담자 : 극장 가서 보셨단 얘기예요?

구술자 : 예. 우리가 임검을 나가요. 경찰관이 가면 임검석이라고 극장 안에 높은 자리에 놔둬. 거기 가서 앉어서 보면 대만원이잖아요. 특히, 명절이 되면 촌에서 사람들까지 오니까 저 섬, 어디 뭐 저 촌 면에서 오니까 빽빽해 가지고 있지. 그때는 담배 피우면 잡아가지고 쫓아내고. 또 좀 더 얄미우면 즉심 청구라 해가지고 서류 꾸며가지고 법원에 넘기면 과료 얼마. 구류도 있을 수 있지만 구류까지는 안 허고. 〔웃음〕

면담자 : 극장에서의 그런 일을 경찰이 담당했다는 거죠? 그러면 그 임검은 몇 년도까지 있었던 거예요?

구술자 : 지금은 임검 안 할 꺼야. 〔웃음〕

면담자 : 예. 없지요.

구술자 : 그때는 하여간 우리들이 계속 그러는 거야. 그러면 극장 가면 또 업무가 희한하지, 시대가 바뀌니까. 입구에 딱 서 있어. 서 있을

필요도 없잖아요, 사실 〔웃음〕 서 있으면 표를 파는 걸 극장 주인 측에서 받아서 또 팔아. 그러면 탈세가 되는 거이지. 여기서 1,000명이 들어왔는디 표 100장을 가지고 돌려서 돌리고. 그러면 1,000명인데 100명뿐인 걸로 안 들어와 있지. 그러니 이렇게 지켜 서서 있으면 그걸 차마 여부려야[29] 되는디, 함에다. 못 였고[30] 손에 쥐고 있는디. 그걸 보까니[31] 막 들어가자고 밀어 넣고, 〔웃음〕 담배라도 사주고 경찰한테 그러지요. '그러고 나중에 인자 뭐 술이라도 한 잔 허자고.' 막 이렇게 애를 태우지. 탈세를 해야 되는디 표 파는 걸 또 여기가 딱 받아가지고 있다가 또 저 창문에다가 또 넣고 또 팔고 또 팔고 이래야 될 건디, 옆에 경찰이 서 있으면 그걸 못 허잖아요. 집어 넣어버려야지. 〔웃음〕 그런 에피소드가 있고. 하여간 극장이 하여간 대만원이 되어 가지고 뭐 미어터질 정도로 손님이 들어오고 그러지. 영화 하나 볼라면 참 촌에서. 저도 그랬어요, 추석이나 되면 영화나 보러 가야지. 〔웃음〕 막 그렇게 큰 일 치르는 것처럼 대단했지요, 그때는.

11) 영화 상영에 환호하는 지역민

면담자 : 선생님 그러면은 저기 그…… 극장, 여수에서 그럴 때는 임검을 나가셔서 주로 그런 일을 하신 거구요. 그러고 이제 완도에서 근무하실 때, 여수 와 가지고, 본서요, 본서, 본서. 여수시 경찰서가 되겠네요. 그러면 여수경찰서 거기 대공과에 계시면서 섬에 거기서 영화 상영할 때 같이 따라 가셨던 거였어요?

구술자 : 예.

---

29 관객에게서 받은 표를 입장표 수거함에 넣어야 하는데.

30 넣고.

31 그것을 임검 경찰이 볼까봐.

면담자 : 아, 그랬어요. 그러면 영화…… 아까 말씀하셨던 것처럼, 아까 영화 보러 온 사람들이 꼭 동원돼서 온 것이 아니라 즐거운 마음으로 왔다고요? 그런 이야기 좀 기억나시는 대로 더 해주실래요? 저 그 이야기가 듣고 싶은데……. 〔웃음〕

구술자 : 그래서 인제 우리는 목적이 신고헐 수 있도록 계몽할라고 가져가지만은 그 사람들은 우선 공짜배기 영화고. 그 섬에까지 가지고 와서. 돈 주고 여수 시내 배 타고 와가지고 그 영화를 보고 또 집에 갈지 어쩔지도 모르잖아요, 배 시간이 안 맞으면. 그렇게 어려운데. 근데 공짜배기고. 자기 집에서 저녁 밥 먹고 나와서 영화를 볼 수 있다면 굉장히 즐겁잖아요! 그렁께 고마운 맘으로 그냥 즐겁게 와서 하여간 그 날이 무슨 명절날 저녁처럼 그렇게 오지요. 그리고 또 젊은 사람들은 그런 기회를 만들어서 다중이 많이 한 군데 모이고 어두운 곳에서 만나면 그 속된 말로 연애를 하고 싶어할까, 뭐 그런 정서, 그런 기분도 안 들겄어요? 굉장히 좋아하지.

면담자 : 예. 그때는 연애하러 많이 왔대요. 그래서 예전에는 보리밭 연애사건도 아주 많았대요.

6. 어린 시절 영화 관람 기억

1) 전남 여천군 쌍봉면의 영화 관람 기억

구술자 : 〔웃음〕 그러지. 우리 어렸을 때는 그냥 그거 영화 하나 들어오면 들떠가지고 그 날 오후부터는 그냥 일이 안 잡힐 정도여, 농촌에서는.

면담자 : 선생님이 어렸을 때라면 언제를 말씀하시는 거예요?

구술자 : 뭐 15살, 16, 17.

면담자 : 그때 영화를 어디서 보셨는데요?

구술자 : 쌍봉. 촌에 가지고 오잖아요, 영화를.

면담자 : 누가 가지고 왔는데요? 로뗀바리라고 예전에, 로뗀바리 하셨던 분들이 있거든요.

구술자 : 로뗀바리? 난 뭔 말인지 모르겄어.

면담자 : 그 이동영사. 순업하셨던, 순회 영화 상영해서 돈 벌어먹고 살던 분이 계셨거든요.

구술자 : 그러죠. 아, 그 사람들이 가져오죠.

면담자 : 그러면 쌍봉면에서 왔다는 거예요? 그 사람들이?

구술자 : 응. 쌍봉 저…… 소재지. 학교 운동장에서 많이 했어요. 그러면 이렇게 오후에…….

2) 변사 연행의 영화 상영 : 마을 축제로서 영화 구경과 연애 사건

면담자 : 소재지는 어디 소재지요?

구술자 : 쌍봉 면소재지. 초등학교 운동장에다가 텐트를 이렇게 사방으로 쳐놓고 거기서 빙빙 돌아가면서 즈그가 한 명씩 서. 왜 그냐면 텐트 밑으로 기어들어가고 심지어 불량한 사람들은 칼로 찢어버리고 들어가고 그러니까. 어두우니까. 깜깜하고. 중간에 지키고. 표, 돈. 그런데 인제 돈이 농촌에 없잖아요. 돈 주고 가는 사람도 없고. 돈도 없이 등따라[32] 기분 좋은게. 사람이 모이니까 하지. 이 동네 저 동네서 처녀총각이 오니까 가는 거이지. 그래가지고 거기 가서 그러면 그 날은 명절 기분이 나지. 뭐 큰 좋은 일이 난 것처럼 돈이 없이 그냥 가도. 그래가지고 인제 총각도 처녀 구경허고 처녀도 총각 구경허고.

면담자 : 선생님도 그러시고요?

32 덩달아.

구술자 : 〔웃음〕

면담자 : 〔웃음〕 선생님도 인기 좋으셨을 거 같은데요?

구술자 : 그렇게까지는. 그 나이에 뭐 그런 거는 모르고. 하여간 등따라 남이 그러니까 따라 다니고 어울려 다닌 거지. 그렇게 해서 영화 안 본데라 하면 영화 보기가……. 아주 어렸을 때는 변사가 있고.

면담자 : 그 이야기 좀 해주실래요?

구술자 : 변사가 있으면 뭐.

면담자 : 아주 어렸을 때 그 이야기마저 끝내고 변사 갈게요.[33] 선생님이 아까 17~18에 쌍봉면, 그때쯤이면 부산에서 중고등학교 다닐 때 아니었나요? 17, 18이면?

구술자 : 그렇지. 졸업허고 왔고. 졸업 전에도 그랬고.

면담자 : 졸업 전에, 중학교 가기 전에 여기서 영화를 보셨다고……. 그러면 극영화 봤던 거 기억이 나세요? 제목 같은 거 기억나세요?

구술자 : 그게 〈검사와 여선생〉(윤대룡, 1948) 있고. 또 뭐 있더라? 〈유관순〉(윤봉춘, 1948) 있고.

면담자 : 그거는 그러면은 저기 부산 가시기 전에 보셨던 거 아닐까요? 근데 그거는 인제 변사가 있었겠네요?

구술자 : 응. 변사가 있지. 그런데 변사가 따라서 같이 울고 웃고 그런 거지. 변사가 눈물 나게 막 특이한 목소리로 억양 넣어서 허면은 또 울고.

면담자 : 그러면 그 변사들은……. 영화를 하셨던 분들은 광주서 오신 분들이었어요? 어디서 오신 분들이었대요?

구술자 : 모르지, 그때 어려놓으니까. 영화 가지고 와서 오늘 저녁에 있다고 이제 하면은 우~ 저녁밥도 일찍 먹고 몰려가서, 무슨 누가 환영도 안 하는디. 잔치 난 것처럼 가서 몰려가서 보고, 끝나면 또 오면서 또 건드리고 여자 아이들 가면 또 괜히 붙잡고 달아나고 그런…….

---

33 변사에 관한 이야기 물어보겠다는 말이다.

3) 부산 지역 극장 영화 관람

면담자 : 그러면 선생님 어렸을 때 영화 보실 때 이렇게 지금 말씀하셨던 〈유관순〉 이런 영화 있잖아요. 이게 상업 영화잖아요. 오락영화잖아요. 그러면 혹시 오락영화 말고 혹시 뉴스영화 뉴스나 아니면?

구술자 : 〈대한뉴스〉 그런 거 했죠, 그때.

면담자 : 언제요? 뭐 할 때요?

구술자 : 그거는 나도 커서 봤네. 그 부산서 많이 봤고.

면담자 : 예. 부산서. 〈대한뉴스〉나 문화영화 봤을 때 그 이야기 좀 해주실래요? 그니까 〈유관순〉 할 때 여기 쌍봉면에서 봤을 때는 그럼 뉴스영화는 안 보신 모양이에요?

구술자 : 못 본 것 같아.

면담자 : 그러면 부산 가서 극장에서 영화 볼 때 보셨던 거예요?

구술자 : 그때는 영화 상영하기 전에 꼭 그 의무적으로 하게 되어 있었던가 봐, 〈대한뉴스〉를. 사실 그때는 뭐 신문 보는 사람도 적고 그런께 그게 소식이지. 왜냐면 이승만 대통령이 오늘 준공식에 갔다 그러면 틀림없이 나오고. 또 뭐 하여간 좋은 건만 나올 거 아니여! 열심히 일하면 일하는 광경 나오고. 〈대한뉴스〉 그 놈 딱 틀고 나면 다음의 프로를 미리 한 번 보여주는 거 잉!

면담자 : 아, 다음에 올 영화 예고 프로요?

구술자 : 응. 그거 인자 해주고. 그때도 뭐 하여간 많이 끊어져부러. 끊어져 가지고 그냥 '칙칙칙' 끊어지면 다시 잇는가 보지, 영사기사. 기달려가지고 하고[34] 또 어떤 데는 필름이 여수에서 이 동네에서 극장에서 돌리고 그러면 여기서 받아 돌리고 그 사이에 또 와야 될 거 아니야. 여기는 안 온가 하면 또 기달려가지고 오고 그런 경우가

---

34 기다렸다가 영화를 이어서 보았다는 말이다.

있었지.

면담자 : 그러면 선생님 그때 극장에서 이승만 대통령 나오고 하는 그런 〈대한뉴스〉 보실 때 보고 있으면 느낌이 어땠어요? 그거를 그냥 소식처럼 봤어요. 뭐 의무적으로 봐야 했어요?

구술자 : 그때는 참 좋았지. '아 저런 일이 있구나.' 그렇지만 그때는 아직 또 사고력도 부족하고 그냥 돌아가믄 '아따, 저런 장면이 있구나.' 하고 그냥 좋아했지. 지금잉께 독재자니 나라 망친 이승만이라 그러지만 그때는 위대한 인물로 생각했고. 뭐 부족하니까 판단력이.

면담자 : 그러면 부산에서 선생님이 중고등학교 다니면서 형님 수발하실 때 극장 가서 영화 본 거 말고 혹시 그 포장치고 가설극장 같은 것도 왔었어요?

구술자 : 거기서는 나 못 본 거 같아. 그런 것을 시내를 안 했을 테고 그런 걸. 또 그때 그런 거 해도 그런 데를 가지도 않지. 극장도 내가 마음대로 일반인은 못 들어가도 나는 들어갈 수 있는 그런 능력이 있었는디. 왜냐하면 만원이 되어가지고 만원사례 그래갖고 빡빡 문이 찌그덕, 찌그덕 밀려나올 정도가 되도 '문 열어.' 그러면 열어주는데, 상이군이 와서 그러면.

면담자 : 그래도 선생님은 가려면 형님을 모시고 갔어야만 영화를 보지 〔웃음〕 혼자는 못……?

구술자 : 그러지. 혼자 가서는…… 혼자 다녀도 버스도 그냥 타고 다녔어요.

면담자 : 왜요? 뭐 신분증이 있었어요?

구술자 : 없었어요. 정양원이 있다면 감히 주란 말 못해, 무서우니까. 이 담에 이 학생을 건들어 가지고 상이군인…….

면담자 : 〔웃음〕 떼거리로 와서 뭐라 할까 봐요? 해꼬지할까 봐?

구술자 : 우리 회사는 큰일이다……. '나, 어딨어요.' 그러면 내려가고. 모르고 그때는 차장이 있거든. 차장들이 뭘 잘 몰라갖고 표 주라 그러면 오히려 큰소리 치고. 또 거기서 신문배달도 하고 신문팔이도 했

어요, 제가. 그러면 신문을 부산에 가져가서 버스로 올라가서 하면 버스 차장이, 그때 다 차장이 있었거든.

면담자 : 예. 알아요. 버스 안내양이요. 예. 알아요. 기억나요.

4) 고학생 자신을 도와준 사람들

구술자 : 버스가 여기서, 여기서 종점 오면 돈을 계산하잖아요, 차장 아가씨가. 차장이라 그래도 20살 뭐 이렇거든. 운전석 여기 있고, 이렇게 가면 고학생 불쌍하다고 지금 같으면 돈을 상당히 집어서 넣어줘, 운전사 모르게.

면담자 : 안내양이요?

구술자 : 예. 그런 일도 있어. 참 고맙지. 눈물겹지. 고학생이 그렇게 신문 팔러 댕긴데. 자기 돈도 아니고 하니까. 운전사는 여기 앉아 있고, 자기가 이렇게 탁 틀어가지고 여기다가 살짝 넣어주고 그래. 그런 일도 있고. 배달을 하는데, 그때 동아일보를 배달했는데 그때 양공주라 그래가지고, 우리나라 여성이 왜 미군들하고 사는 사람들 있잖아요, 여성이?

면담자 : 예. 알아요. 양색시.

구술자 : 계약 결혼도 아니고 뭣도 아니고 그냥 사는 거지.

면담자 : 예. 동거처럼. 현지 첩처럼요.

구술자 : 그러면 신문 배달을 가면 미군 군복을 깨끗이 빨아가지고 다려가지고 입으라고 줘.

면담자 : 그 양색시들이요?

구술자 : 학생이 고학생이 신문 배달을 오니까 입으라고. 그런 좋은 사람도 많이 만나고 그랬어.

면담자 : 그러면은 그 부산에서 양색시들이 많이 살던 곳은 어디던가요? 거기 신문배달 다니셨을 때?

구술자 : 연산동이라고. 그게 뭐이나면 일제 때 철도관사라 그래가지고 철도 공무원들이 거기 살던 집이 똑같이 돼 있어. 이렇게 단층이지만. 우리나라 사람들은 상상도 못 하게끔 잘 지어졌어. 거가 일본 들어가 불고 하니까[35] 일부 한국 사람들이 전부 사는데 거기 방을 얻어가지고 양공주가 낮에 있고 저녁이 되면 미군이 퇴근하고 와 자고 그런 갑드라고.[36]

면담자 : 그런데 거기가 일제 때 철도 공무원이 아니라 철도 노무자들이 살던 곳 아니었어요?

구술자 : 그런께 인자 노무자들이니까, 노상 철도에 관련된 사람들이지. 철도관사라 그래, 그때 말로. 철도관사라고 해가지고 그런 것이 많이 있었어요.

면담자 : 그때도 여전히 선생님이 부산에서 고학생으로 신문 배달하고 다닐 때도 거기를 철도관사라고 불렀다는 거죠?

구술자 : 응. 철도관사라 그러대. 요 앞에 나간 지가 한 5~6년 전에 되아붕께 철도관사가 다 없어졌는디. 저 한군데 보니까 나가 옛날에 학교 다닐 때 그 돌담장이 그대로 있어. 석축으로 그거이. 집 하나 남았어. 나머지는 다 뭐 새로 지어버리고. 아파트도 있고. 몰라보게 됐드라고 가봉께, 이번에. 철도관사라 그랬지.

면담자 : 선생님 그러면은 그 신문 배달하면서 그 돈으로 학비를 충당하셨던 거예요?

구술자 : 그러지. 학비로 보태 쓰고. 조금 받았겠죠, 그때도.

5) 고학생 시절의 아르바이트와 어린 시절 배고픔

면담자 : 그러면 여기 쌍봉면, 지금은 여수시 무슨 동? 학동이요? 학동으로

---

35 해방으로 일본인들이 물러나니까.

36 그런 것 같았다.

변해버렸다고요? 예전에 쌍봉면이 지금 여수시 무슨 동이라고요?

구술자 : 소재지 있던 면사무소였던 데가 학동이 되고. 나는 선원리라고 해서 좀 한 3km 떨어져 있고.

면담자 : 그런데 거기도 지금 여수로 편입이 됐죠?

구술자 : 다 쌍봉면이 여기 다 돼버렸습니다, 여수가. 여천군이 시(市)로.

면담자 : 그러면 여수에서는 일절 무슨 학자금 지원이나 생활비를 안 받고 부산에서 정양원 살면서…….

구술자 : 정양원에 있을 때 두 번인가? 우리 아버지, 우리 계부님이 참 고마운 분이죠. 날개라 그러거든. 여수말로. 집을 지붕을 일라면 짚을 엮어가지고 짚을 이잖아요, 옛날 초가집? 그걸 인자 팔아 여수 와서 쌍봉에서 지고 와서. 그라고 그 돈을 한두 번 받은 거 같애. 입학할 때. 그것 외에는 전부 고학이지. 그것 외에는 신문 배달도 하고. 또 영국부대를 한 번 들어갔어요. 거기 있으면…….

면담자 : 영국부대요? 부산에서?

구술자 : 예. 정양원에서 돈은 못 받잖아요. 먹고 자는 거지. 돈은 안 주니까.

면담자 : 그럼 외가 쪽 형님은 돈을 받았을 거 아네요? 상이용사니까.

구술자 : 조금 받았지. 그때 뭐 밥을 못 먹을 시댄디 뭔 돈을 주겠어요?! 취직을 할려고 아는 사람을 통해서 한 번 갔어. 미군부대로 되야 좋은디, 미군들은 뭘 많이 옷도 주고 먹을 것도 주고. 예를 들면 껌이라도 주면 팔잖아요, 밖에 나가서. 담배라도 주면. 그런데 영국부대는 짜. 그런데 영국부대는 됐어. 영국부대는 저기 부둣가로 한 번 데리고 가더라고.

면담자 : 왜 그런데 영국부대라고 불렀대요?

구술자 : 영국 군인들이 있으니까.

면담자 : 예.

구술자 : 미군이 아니라 영국 군인들이. 영국 군인들도 인자 어떻게 보면 뭐 자기들 일 해주고 어쩌고 헐건디. 그런데 돈, 예를 들면, 나가 밥을

먹고 방에 살을라면 예를 들면 10만 원이 있어야 될 거인디, 영국 부대에서 받는 돈은 5만 원이야. 그러면 살아갈 수가 없잖아요. 그러니 그만 둬 버리고 정양원에 그대로 그냥 돈 안 받아도 밥만 먹고 있으면서, 《중앙통신》이라고 통신이 있어. 하루 두 번인가 나와요. 통신 배달도 할 때 있고. 신문 배달도 하고 신문팔이도 하고. 그렇게 마련했지. 영국부대 한 번 가보고 포기해부렀어. 왜냐면 받는 돈 가지고 내가 방을 얻어야 되고 자야 되고 세 끼 먹어야 되는데, 안 돼. 그 돈이. 그래서 포기해 버렸지.

면담자 : 영국부대에서 하는 일들은 뭐였었는데요?

구술자 : 창고에서 물건 이리 옮기고 그런 거 같애요. 그런데 얘기를 들어보니까 미군부대는 좋다 그래. 뭐 선물도 담배도 주면 가지고 나와서 팔고. 껌이라도 주면 팔고. 뭐 옷도 있으면 헌 옷도 주고. 뭐 이렇게 뭐 있는디. 영국부대는 뭐 아무것도 없고 딱 돈 그거인디. 그걸 가지고 어디 세끼를 먹고 방 어디 잘 데가 없어. 그 돈 가지고. 그렇께 포기해 버리고, 정양원에 어디 돈 안 받아도 먹고 자는 건 되니까. 그리고 돈 벌어 쓰고.

면담자 : 선생님 세대는 그때가 전쟁 끝나고 참 어려운 시기여서.

구술자 : 지금으로써는 말이 서로 의사소통이 안 될 정도로 그렇게 어려웠어요. 왜냐하면 배가 고파서. 그냥 보릿고개라는 걸 잘 모를 거야. '지금은 맥령기다.' 보리 맥 자, 고개 령 자. 맥령기라고 보릿고개라 그래갖고 보리가 아직 안 익잖아요. 그러면 그 안에 곡식이 다 떨어져가지고 굶는 거야. 그러면 밖에 가서 붓보리를[37] 잘라다가 칼로 솥에 삶아가지고 볕에 말려가지고 비벼가지고 거기서 나온 보리가지고 밥을 해가지고 먹어. 그렇게 어려울 때. 그리고 또 비가 와서, 저도 경험했지만 계속 장마야, 보리가 익을 때. 보리를 딱 이

37 풋보리를 말한다.

렇게 해 논 거이 전부 썩어 버려. 그러면 먹을 거이 없어. 그러면 썩은 보리를 해먹다가 식중독에 걸려 막 아프고. 그렇게 어려웠어요. 그랑께 저도 학교 다닐 때, 초등학교 갔다 오면 고구마 한 세 뿌리나 이렇게 놔두면 그 놈 먹으면 만족하지. 그것도 한 4뿌리만 먹으면 더 배부를 거인디 세 개 뿐이 없고. 〔웃음〕

6) 양아버지와 이복형제에 대한 기억

〔서양수의 양아버지와 이복형제에 대한 구술은 개인 정보 보호를 위하여 공개하지 않음〕

7. 경찰 공무원 삶에 대한 회고

1) 경찰 공무원 시작

면담자 : 한 가지만 좀 더 물어볼게요. 선생님 근데 그 경찰학교에 지원하신 거는 특별한 이유가 있어서 그랬던 거는 아니고 그냥……?

구술자 : 아니죠. 직장 구하는 거죠, 그냥. 그때는 아무도 나같이 배경도 없고 위에 누가 돌봐줄 사람도 없고, 재산도 없고 그 가난한 집에서 헐 방법이 없잖아요. 면에 들어갔는데 〔웃음〕 그것도 혁명이 일어나가지고[38] 군대 갔다 오고. 갔다 와서 뭘 헐게 있겠어요. 단지 한다면 내 능력으로 공무원 시험 보는 수밖에 없지. 뭐 재산이 있어, 누가 빽이 있어. 그때는 다 빽이 통하는 시대 아닙니까. 오자마자 시험이 공고가 붙어 다행히 그걸 봐서 그저 우선 취업허자는 거지.

38 박정희의 5·16 쿠데타를 말한다.

뭐 특별한 뭐여. 그래 한 번 들어가니까 나오기가 어렵잖아요.

2) 1960년대 초반 경찰 일반에 대한 인상과 기억

면담자 : 그러면 그때 경찰관에 대한 사회적으로 대우가 좋았나요? 뭐 요즘 판검사, 의사 이렇게 하듯이 그 당시에는 경찰관 하면 인상이 어땠어요?

구술자 : 그때는 인상이, 지금은 많이 그 이미지가 달랐지만. 그때라도 일제 잔재 세력이 일본 경찰이 엄청나게 우리 국민들한테 악독한 행위를 했고. 그 다음에 자유당 때 그 부정선거 한 그런 거 있으니까 좋진 않지. 그러나 뭐 어쩔겁니까? 직장이라고는 없으니까. 그렇지만 대우는 비슷허지. 일반 공무원이나 우리나 다 똑같애. 그때 선생님들도 고생했어, 하여간. 나도 4,200원을 탔어요, 월급을. 그때는 기준이 모든 것이 쌀이야. 우리 뭔 '계모임 있다.' 그러면 '쌀 한 되 헌다. 쌀 두되다.' 전부 이거 쌀이거든. 그러면 그때 쌀 한 가마니 사고 천원인가 얼마 남더라고. 그때 4,200원 받으니까. 그래 밥 한 그릇이 그때 50원 했을까? 당시 충무동에서 살았는디 그러니까 쌀 한가마니하고 천원인가 얼마인가 남아도 지금 같으면 아마 200, 300만 원 받거든요, 경찰하는 사람들은. 엄청나지. 쌀이 몇 가마니입니까, 지금? 〔웃음〕 지금 뭐 쌀 70만 원인가, 한 가마니에? 그래도 그것이 농촌에서 밥을 먹기도 굶다시피, 농사 쪼끔 보통 사람들은 아주 특별한 경우. 농사 좀 많이 있는 사람은 허지만. 보통은 소농이잖아요. 소농에서 그해 남기기가 어려운 동네인디 쌀이 12가마니잖아요, 예를 들면 공무원 한다 허면은. 그러니 당시에는 엄청난 부자지, 월급이지. 그때는 부조리가 많아가지고 경찰관들 좀 이렇게 요령이 있고 뜯어 먹을라는 사람들은 봉급은 봉급으로 생각 안 하고 그냥 뜯어먹는 거라, 이거여. 착한 사람은 그리 못 허는

사람은 월급 그것으로 사는 거니까 간신히 밥 먹고 사는 거이고. 그때는 경찰관이 이발소도 그냥 허고 나와부러도 주란 말 못해, 두려우니까, 이발도. 목욕은 당연히 공짜고. 버스도 공짜 타고 기차도 공짜 타고. 공짜로 타라는 법은 없지만. 감히 경찰관 보고 차장이 서울 가는디, '기차 표 내시오. 나 경찰관이요.' 이러면은 말 못해. 왜냐면 지가 부조리하니까. 여수역에서 서울역 가는디 한 30명을 데리고 가 지도. 그래갖고 지가 다 지 호주머니 들어가거든 〔웃음〕 지가 그런디 딱딱 뒤에 따라 댕기면 지가 잽혀버리거든. 그러니까 지도 봐 줘야지. 또 목욕탕에서도 목욕탕을 공짜로 안 해주면 사사건건 시비를 하거든. 뭐 위생이 어쩌구. 그때는 그냥 약방에 감초라 해, 경찰은. '왜 위생상태가 나쁘냐, 목욕탕에?' 이것도 말할 수 있어. 또 이발소에도 '왜 이렇게 지저분하냐?'고 말하고. 그렇께 이발도 그냥, 목욕탕도 그냥, 시내버스도 그냥, 기차도 그냥 한께. 〔웃음〕 참 이런 식이야 그때 시대가. 백 가지를. 지금은 다 나눠졌잖아요 전부 다? 뭐 위생 업무는 어디서 보건소에서 뭣은 시청에서 그런디. 그때는 백 가지 다 한 거야.

면담자 : 선생님이 말씀하시는 그때는 정확히 어느 때를 말씀하시는 거예요? 선생님이 말씀하시는 그때는 경찰들이 모든 것을 다…….

구술자 : 63년부터 시작했어요, 그때 그냥.

면담자 : 그때도 그랬다는 거죠?

구술자 : 응. 도로 교통 경찰관이 서 가지고 좌측통행 안 했단 말이여. 그러면 '이리 와.' 그러면 인자 새내끼[39]를 이렇게 딱 묶어 놓고 '너네서 있어.' 그러면 아침 7시에 교통 나가는디 9시까지 서 있는 거야. 〔웃음〕 그걸 인자 봐주라고 하믄 자기 아는 사람 같으면 봐 주고 가지 그렇께. 저기 초등학교 여선생이 가다가 잡혀 부렀어. 그래갖

39 새끼줄.

고 요렇게 새내끼 한 것을 지금은 그게 인권 문제라 가지고 난리가 나지. 그렇지만 선생이 잡혀 있는 거야 한 두어 시간이고. 새내끼 줄 쳐놓고. 또 밤에 통행 금지 시간이 있잖아요. 밤에 이렇게 하면 '앵~' 사이렌 울리면 전부 나가 잡아가지고 또 이렇게 모아놓고. 즉결 심판 해고 판사가 오면 구류 3일, 과료 뭐 5,000원 머 이런 식.

8. 삶의 철학과 자녀 교육

면담자 : 예, 그 당시 풍경이 되게 재밌네요. 선생님 좀 이렇게 다른 주제로 잠깐 얘기 좀 해볼게요. 선생님 지금 자녀분이 네 분 계시죠? 선생님 혹시 사시면서 자녀분한테 특별하게 어떤 교육 방침이나 평소에 자주 하시던 말씀이 어떤 것이세요?

구술자 : 저는 제 자신이 상당히 성격이 제가 강직해요. 그래서 직장에서 저를 좋아하는 사람은 애증이 심해. 저를 좋아하는 사람은 굉장히 좋아하고, 싫어하는 사람은 굉장히 싫어해요. 왜냐하면 원칙을 얘기하거든. 그래서 여기 김영삼 정부 들어서 뭐야 막 '부정 부조리 뽑는다.' 그래갖고 나 저 섬에 정화위원인가 나가 선발이 됐어. 알아, 다! 동료고 위에 사람들이. '저것은 무지 정의파라 저게 안 통한다.' 위에 갖다가 바친 것도 없고, 뭘 적당히 허는 거이 없어. 원칙대로 해. 그러니 우리 아이들도 또 그래요. 원칙대로. 그래 우리 아이가 학교댕길 때 거시기여. 학생회 부회장하면서 만날 노태우 정권하고 싸우고. 군사 법정에도 서고.

면담자 : 아, 대학 다닐 때요?

구술자 : 응. 긍께 성격이 비슷해요. 원리 원칙대로니까. 전부 아이들이 그래요. 그래서 적당히 타협하고 그러는 것이 아니라 '탁탁탁' 끊어가지고 정의에 어긋나면 전혀 틀려. 그래서 이상하게 거 '피가 같구

나.' 그러는 게 돈하고는 멀고 이 아이들도.

〔구술자 가족사에 대한 상세한 부분은 일부 생략〕

구술자 : 그거이 그래 그 피가 그래서 그런가 전부 그런 식이야. 뭐냐면 서에 사고가 났는디 전부 내 이름으로 해서 누가 투서를 해버린 거여. 저 서울에다가. 그래갖고 나는 사실 자식을 기르니까 뭔 불만이 있어도 대놓고 '위에 상사라도 하고 이러면 안되잖냐?' 이렇게 하는디 뒤로 이렇게 모르게 투서하는 건 안 하거든요, 비굴하니까. 그런데 누가 내 성격을 알고 그런 일이 났을 때 〔웃음〕 투서를 했는디, 누가 딴 사람이 했어. 그런 일도 있고 그랬어. 그래 내가 '항상 정의롭게 살아라.' 그게 제 모토입니다.

9. 부산 정양원 상이군인에 대한 기억

면담자 : 예, 재밌네요. 선생님 말씀하신 중에 지금 제가 언뜻 생각이 났는데 선생님이 정양원에 계시면서 상이군인들, 상이……. 경찰이건 거긴 경찰하고 군인이 다 와 있었던 거죠, 부산 정양원요? 부산 정양원에 전쟁이 나가지고 다쳤던 군인 경찰들이 다 와 있었잖아요?

구술자 : 경찰은 안 오지. 군인만.

면담자 : 군인만요? 그러면 그때 경찰은 안 왔었어요?

구술자 : 예.

면담자 : 그러면 그 사람들 보면서 군인에 대해서 어떤 갖게 된 생각 같은 거 있으셨어요? 특별하게 그런 건 없으셨어요?

구술자 : 그게 제 생각에는 '아, 이렇게 나라를 위해서 와서 다리를 잃고 눈을 잃고 팔을 잃고 이렇게 허는디…….'

면담자 : 선생님 죄송한데 '나라를 위했다.'라는 건 선생님 생각이세요? 아니면 그 분들 말씀이셨어요?

구술자 : 그 분들이 우선 내세우는 것이 그거이지. 그니까 항상 오면 그거이지. '나가 나라를 위해서 나 팔을 잃었는디, 팔 내놔라.' 이런 식이지. 그러니 인자 우리가 생각해도 억울하지요. 〔웃음〕 어찌 됐든 강요에 의해서 갔건 스스로 갔던 간에 어찌됐건 간에 지키다 저리 되었으니 무엇인가 대우는 해 줘야 되는디. 아까도 말씀드렸지만 쪼끔 그런 가운데도 이미 그리 됐으니까 열심히 공부해가지고 뭔 자립해야겠다는 생각을 가진 사람들은 좋은데, 그냥 술만 먹고 땡깡부리고 그냥 뭘 때려 부수고 만날 가 이러면 그것도 안타깝지, 참 보기 그래. 그런 사람들이 있기 때문에 또 '같은 동료들이 욕도 안 먹겠는가? 정도가 심하고 지나치다.' 그런 생각도 들고.

10. 경찰 공무원 재직 당시 영화 상영 활동

면담자 : 예, 자꾸 시간이 모자란 거 같아서 제가 급하게 다른 주제로 좀 옮길게요. 선생님 그러면은 마을에 이동영사 하실 때 같이 참가하셨잖아요? 그럼 이제 거기 광주에서 영화 상여하는 사람들 오고? 그러면 딱 그 두 사람만 왔어요? 영화를 할라면 그냥 학교에 다 이런 영화 상영할 수 있는 시설이 다 되어 있었어요?

구술자 : 아니오. 가지고 오지요. 간단하지. 아 이렇게 그 뭡니까 스크린 이렇게 똘똘 말으면 뭐 요만한 것 하나만 메면 되는 것이고.

면담자 : 소리는요?

구술자 : 기계 쪼깐한 거[40] 그래, 뭐 이렇게 싣고 오면 되는 거이고.

---

40 크기가 작은 것.

면담자 : 그러면 저녁에 보통 몇 시? 계절적으로는 가을? 사시사철 다…….

구술자 : 항상 저녁이지.

면담자 : 사시사철 다 돌았어요? 아니면?

구술자 : 저녁밥 먹고 어두워지면 그래가지고 하는 거지.

면담자 : 그러면 겨울에도 상영을 했었어요?

구술자 : 겨울에는 기억이 안 나고. 하여간 봄, 가을이 좋았지. 추우니까 어렵지, 겨울엔.

면담자 : 학교 그럼 교실에서 틀어줬어요?

구술자 : 예.

면담자 : 그러면 영화, 상업 영화, 극장에서 개봉했던 거 틀고, 다른 영화는 안 틀고요?

구술자 : 다른 건 뭐 예 없어요. 그 영화 가지고 와서 다음에는 우리가 구두로 신고 요령 방법, 그 식별하는 방법, '어떻게 이렇게 본다.' 옷차림이라든지, 뭐 말을 이상하게 한다든지, 이 집에 뭐 자주 오는 손님 있는가, 예를 들면 그런 여러 가지를 설명을 해주지.

면담자 : 그러면은 보통 하루 저녁에 상영하고 그 다음에 그 다음 마을로 넘어갔는데 한 마을은 보통 주기상 며칠 만에 한 번씩 가던 거 같아요?

구술자 : 딱 주기로 정해진 건 아니고. 그때그때 위에서 그냥 가지고 오면 가서 그러지. 뭐 딱 '한 달에 한 번 헌다, 두 달에 한 번 헌다.' 그러는 건 아니지.

면담자 : 그러셨어요? 그러면은 그 영화들은 주로 어떤 영화인지 기억 안 나시고요?

구술자 : 글쎄 일반 상영한 영화인디 시중에. 특별히 뭐 거기에 상영을 위해서 제작한 영화도 아니고 뭐.

면담자 : 그래도 모든 영화가 거기서 상영된 건 아니고 뭐 특별하게 어떤 주제 같은 게 있었어요? 〈꽃피는 팔도강산〉[41]이나?

구술자 : 일반 상업 영화로 한 것 중에서 가져오는데 제목은 나도 기억을 못

하겠네……. 특별히 뭐 제작한 것도 아니고 거기에 맞춘 거 아니고. 그냥 일반 극장에서 볼 수 있는 걸 가져와서 하는 거지. 다만 목적은 흥미롭게 해주고 모이게 허게끔 하는 방법이고 이 얘기를 주민들한테 주입시킬라는 거니까.

면담자 : 목적은 원래 주입이지 영화 상영이 아니었고? 그런데 주민들은 영화 보고 되게 좋아했고요?

구술자 : 그러지.

면담자 : 그러면 이렇게 가서 반공하고 간첩선 신고하는 거였는데 실제로 그런 거 한 번씩 쭈욱 하고 나면 신고 같은 거 자주 하던가요, 사람들이?

구술자 : 신고는 거의 없죠 뭐. 여수서 때 나는 직접 그때 내가 완도 있을 땐디 삼산면에서 한 번.

면담자 : 무슨 면이요?

구술자 : 삼산면에서 간첩 신고…….

면담자 : 삼산면이요? 삼산요? 어디 있습니까?

구술자 : 여수 저 끝에 있어요. 백도도 있고 거기. 잡았든가 어쨌든가. 하여간 거기 간첩 신고 돼가지고 한 번 일이 있어. 나 여그 없을 동안에. 인자 그런 거여. 신고지만 일반 주민이 신고하는 거, 신고를 안 해서보다도 그렇게 쉽게 신고허게끔 그렇게 거의 안 들어오지. 어디어디로 들어가버린디, 그냥 평범하게 그 사람들이 '저, 이상해요.' 할 그런 정도가 아니지. 오히려 시내 같은 데서는 뭐이 신고가 들어오지. 지금은 글않은디, 그때는 자주 들어와요 뭐.

면담자 : 시내에서요?

구술자 : 예. '말이 뭐 이상허다. 뭐 담배 값을 잘 모르더라.' 시시헌 거지 그때는.

---

41 〈팔도강산〉(배석인, 1968)을 잘못 말한 것이다.

면담자 : 아이, 담배 값 모를 수도 있고, 말투는 〔웃음〕 멀리서 오면 다를 수도 있고…….

구술자 : 그러니까 그래 그렇게 시시한 거지. 그렁께 딱 들어보고 그러나 출동은 해서 가봐야지, 알아는 봐야지 들어왔으니까. 그런 정도가 오히려 시내는 들어오는디 그런 섬 같은 데서는 별로 없어요. 그렇게 뭐 섬은 그리고 자기들이 다 알아버려. 저 집이 누가 있고 친척이 어디서 오고 배가 이리 가면은, 할 일이 없으니까 전부 나와서 봐요. 뭔 사람이 오는가? 구경할라고. 사람이 귀하니까, 일 안 할 때에 부둣가에.

면담자 : 선생님 예전에 대공과에서 영화 같이 그 분들이 와서 이동영사 하면서 틀어줄 때 같이 업무상 같이 다녔던 거잖아요. 그러면 혹시 정부에서 내려오는 지침 같은 게 있었어요? '한 달에 몇 번은 영화를 상영해라.' 이런 지침 같은 게 있었어요?

구술자 : 그거 우리한테는 모르고 국(局)에서 자기들이 만들었겠지. 경찰국. 그래서 경찰서가 뭐 20개나 예를 들자면, '아, 이번에 1분기 한번 여기 한 번 싹 돌자.' 이러면 돌자면 그게 돼가지고 내려오겠지. 우리가 그걸 모르고. 그래서 우리가 볼 때는 뭐 정기적으로 분기마다 꼭 온다는 것도 아니고 그때 그냥 오면 우리가 해주고 그런 거지.

11. 지나온 삶에 대한 회고 : '그런대로' 살아온 삶

면담자 : 그러면 선생님은 여수하고 완도만 하셨던 거고요? 예, 그러면 마지막 질문 하나드릴게요. 선생님 그러면 어떻게 보면 선생님 직업도 그렇고 선생님이 살아오신 것도 그렇고 한국전쟁 이후에 군인 거기에 관련된 경찰, 반공 관련해서 직장이 그렇게 죽 살아오셨잖아요. 그런 삶에 대해서 선생님은 갖고 있는 느낌 같은 거는 어떤 게

있으십니까? 단지 직업이었다라고 하거나…….

구술자 : 글쎄요. 제가 성격 때문에 진급도 잘 못 하고. 그러나 뭐 실패한 인간으로는 안 보고 그저 열심히 살았다. 그러고 나가 꼭 바람이 있었다면 사실은 교육계를 가야 되요. 제가 그래서 연구도 하고 가르치고 그런디 제가 좀 더 마음이 더 가는데. 한 번 그때는 직장이라고는 아무것도 우리같이 배경 없고 재산 없고 한 사람들은 갈 방법이 없어, 공무원뿐이. 그런데 딱 이상하게 군에 제대하고 나오자마자 모집해서 들어간 거지. 한 번 들어가면 빠져나오기가 어렵잖아요. 보장된 어디 오란 데도 없고. 가서 또 잘 될지도 모르니까 한 번 안전한 게 끝까지 안전한 거지. 그래서 뭐 후회도 안 하고 뭐 꼭 실패한 인생이라고도 안 봅니다. 그냥 '그런대로 살았구나.' 이렇게 해서 다 되었으니까.

면담자 : 성공이냐 실패냐 그걸 물어보고 싶었던 거는 아니고요. 예전에 선생님께서 몸담았던 직장에서 일, 이런 것들에 대한 느낌이나 생각이 어떻게 남아 있나, 이런 게 궁금해서 한 번 물어봤어요.

구술자 : 그래요. 그런데 저는 성격상 참 접근성도 좀 좋고 좀 사교적이고 좀 이렇게 그런 성격이었다면 좀 더 잘 살았지 않았을까, 그러는데. 그러질 못했어요, 성격이. 그 성장한 과정이 어렵게 살아왔고, 그래서 그런지 영 그냥 웃음도 적고 사람 이렇게 접근하기도 어렵고.

면담자 : 잠시만요. 테이프 끝난 거 같아서요.

비도시 영화 상영과 공보 담당 공무원의 삶, 강원도 명주군 박영동

박영동은 1970년대 초반부터 1980년대 중반까지 강원도 명주군 공보 담당 공무원으로 일하였다. 1970년대 중반까지 16mm 영사기를 동반한 영사기술자와 함께 명주군 일대 이동영사 업무를 담당하였다. 순회 지역은 주문진부터 연곡면과 사천면 그리고 성산면과 왕산면, 구정면과 옥계면 그리고 정동진 근처 강동면 등이었다. 현재 동해시와 통합된 묵호읍도 명주군에 속하여 해당 지역도 순회하였다. 공보 담당 공무원의 업무는 〈대한뉴스〉와 문화영화 상영 이외에 정부 시책과 새마을운동 그리고 반공 안보에 관련된 계몽 강연을 병행하는 것이었다. 강연은 반공 또는 공보 강사로 위촉된 민간인이 수행하였다. 박영동 역시 공무원이 되기 이전 민방위 훈련 강사로 10년 동안 일한 경험이 있었다.

반공 강연을 포함한 이동영사 활동은 다음과 같은 순서로 이뤄졌다. 즉, 명주군 공보실에서 각 읍사무소에 공문을 발송하여 주민들을 동원하도록 조처를 하였다. 한 달에 두세 번 정도 9개 읍면을 순회했으니 각 읍면 마을의 처지에서 보았을 때 두 달에 한 번 들리는 꼴이었다. 구경거리가 부족한 탓이었는지 지역민들은 야간 영화 상영에도 자발적으로 참여하였다. 영화 상영 마을을 중심으로 반경 4km 이내의 사람들이 몰렸기 때문이다. 바닷가 또는 산간 마을의 경우, 상영 장소 인근 부락민까지 포함하여 200~300명이 참석하였다. 한 시간 정도 영화 상영이 끝나면 강사 강연이 뒤따랐다.

박영동은 이동영사 이외에 명주군 상업 극장의 임검(臨檢) 활동을 수행하였다. 한국 영화와 외국 영화의 상영 비율인 스크린 할당제(screen quota) 준수 여부를 확인하는 일도 그의 몫이었다. 박영동의 구술은 명주군의 이동영사 활동에 관하여 구체적인 정보를 풍요롭게 담고 있지 않다. 게다가 묵호읍 발한리에 형성된 대규모 성매매 집창촌의 공보 영화 상영에 관한 이야기를 들을 수 없어서 아쉽다. 하지만 그의 증언은 강원도 군 단위 극장의 변화와 강릉 시내 극장의 장소성(placeness)을 파악하는 데 도움을 준다. 그에 따르면, 1960~1970년대 항구 도시 주문진읍에서 운영 중인 극장은 3개에 달할 정도로 영화는 인기를 누렸다. 1970년대 말 또는 1980년대에 들어서 극장 관객의 감소가 눈에 띄었고 1980년대 중반부터 극장은 사라지기 시작하였다. 또한, 1970년대 강릉시 중심지로부터 일정 정도 떨어진 거리에서 문을 연 동명극장은 속칭 '205번지'와 공간적으로 연관된 것을 알 수 있었다.[1]

---

1 강릉의 극장 문화에 관한 구체적인 내용은 다음을 참고하시오. 위경혜, 「한국전쟁 이후 극장 문화 로컬리티(locality): 강원도 도시를 중심으로」, 성균관대학교 동아시아학술원 대동문화연구원, 『대동문화연구』 제77집, 2012년 3월, 543~581쪽.

• **구술자**

박영동(전 강원도 명주군 공보실 공무원)

• **면담자**

위경혜

• **구술 주제**

1960년대 이후 지역 이동영사 활동

• **구술 일자**

2011년 4월 22일 10:00~10:47

• **구술 장소**

강릉시 지방행정동우회 사무실

• **구술 상세 목차**

1. 강원도 비도시 지역 이동영사
    1) 1970년대 중반까지 실시한 강원도 비도시 지역 이동영사
    2) 강원도 명주군 일대를 순회한 공보실의 이동영사
    3) 정부 시책 홍보 영화 상영과 안보 강연
2. 이동영사 현장의 이야기
    1) 이동영사 상영 절차와 상영 장소
    2) 영사기사 동반 정부 시책 홍보 영화 상영 관련 일화
3. 강원도 명주군 주문진읍 극장
4. 주문진에서 실시한 홍보 영화 상영
5. 홍보 영화 상영 이외의 공보 활동과 임검
6. 1980년대 문을 닫은 군(郡) 단위 지역 상설극장
7. 한 달에 한 번 내려온 공보 영화 및 9개 읍면 순회 기간
8. 강릉 시내 극장들
    1) 강릉시 소재 극장들
    2) 강릉시 동명극장 주변에 관한 이야기
    3) 강릉시 극장에 대한 지역민의 평가
    4) 강릉시 극장가에서 일한 사람들

1. 강원도 비도시 지역 이동영사

1) 1970년대 중반까지 실시한 강원도 비도시 지역 이동영사

구술자 : 중요한 질문을 물어보면 내가 답변하는 식으로 하지요.

면담자 : 오늘이 2011년 4월 22일이구요, 금요일입니다. 비가 오는데 이렇게 나와 주셔서 고맙습니다. 그 조금 전에 말씀하셨던 영사 활동을 직접 영사를 하러 가셨다는 거잖아요? 선생님께서는 이제 공무 업무 담당하신 거죠? 그럼 주로 순회 상영 담당하신 거죠?

구술자 : 예, 그러니까 그 전에는 저기 이…… 농촌이고 지역에 홍보 매체가 없었습니다. 그러니까 16mm 영사기라고 조그만 거 있어요. 그걸 가지고 60년대 새마을운동이라든가 뭐 이런 정부 PR 또 그때는 또 반공을 국시 제일로 하니까 안보에 관한 사항, 이런 것을 홍보하기 위해서 군청에서 야간으로 나가 가지고 지역 주민들 대상으로 영사 활동도 하고 계몽 그 강의도 하고 그랬었죠. 그리고 자꾸 뭐 극장이 생기고 또 무슨 뭐 테레비가 생기고 여러 가지 매체들이 발달하니까 16mm 영사기 가지고 활동하던 거는 70년대…… 한 중반 이후에는 없어졌죠.

면담자 : 없어졌어요? (예) 근데 아까 말씀하셨던 직접 영사를 하셨던 분은 혹시 성함이 김 광 자, 수 자 맞으세요? (예예) 그분은 이제 지금 생존해 계신가요? 아니면…….

구술자 : 예, 아직 생존해 있어요. 근데 인제 나이 뭐 한 80이 되고 이러니까 그냥…….

면담자 : 그러면 이 김광수 선생님이랑 같이 이제 영사를 다니셨던 거예요?

구술자 : 예예.

면담자 : 그러면 선생님께서는 실례지만 그니까 정보, 제가 이제 참고삼아 묻는 건데요, 혹시 몇 년생이세요?

구술자 : OO년생.

면담자 : 아, OO년생이세요? 건강하시네요.

구술자 : 예, 그 분은 나보다 더 한 서너 살 더 많고.

2) 강원도 명주군 일대를 순회한 공보실의 이동영사

면담자 : 그래요? 예, 그러면 그 그러면 선생님께서 그 명주군 공보실에서 몇 살 때부터 이렇게 활동을 하셨던 거예요?

구술자 : 명주 공보실에 근무한 것은 내가 70년…… 초부터 80년대 중반까지 있었어요.

면담자 : 예, 그러면 그 전에는 영화 관련돼서 활동을 안 하셨던 거예요? (예) 그러면 혹시 그 전에는 뭐 하셨어요? 혹시 알아도 될까요?

구술자 : 그 전에는 뭐 다른 뭐, 뭐, 뭐 지역 사회 활동도 하고.

면담자 : 아, 그러셨어요? 그러면은 그때 그 공보 활동 아니 그 영사 활동 다니실 때 지역을 어디 어디 지역을, 뭐를 이용해서 가셔서 한 달에 한 번 정도 몇 번 정도 영사 활동 하셨는지…….

구술자 : 그때 내가 근무할 적에는 명주군이니까, 지금은 강릉시하고 명주군이 통합됐지만 (합쳐졌죠.) 명주군은 저 주문진서부터 (예, 주문진서부터) 북쪽에선 주문진, 남쪽은 나오면서 연곡면, 사천면 있고. 중간에 강릉시 있고 그 다음 저쪽으로 나가면 성산, 대관령 올라가는 데 성산면. 또 저~ 정선 넘어가는 왕산면.

면담자 : 거기까지 가셨어요?

구술자 : 예. 그 다음에 또 이쪽으로 내려오면 구정면이라고 또 있죠. 구정면. 그 다음 옥계면. 그 다음에 옥계면 가기 전에 강동면이 있고. 또 그 정동진 하는데 거기가 강동면 이래 (아, 그랬어요?) 예, 그래

거기서 나가면 옥계면. 그리고 명주군 때는 지금 동해시하고 통합 된 묵호읍도 명주군이었거든. 그러니 파운더리[2] 컸죠. 그래 가지고 뭐 한 달에 뭐 한…… 두세 번 정도는 어느 면을, 지역을 나가든지 늘 나갔었죠.

면담자 : 그러면 그 아예 담당을 하셔서 한 달 내내 쭉 도시는 게 아니라, 한 달에 한 두세 번 정도 가신 거예요? (예예) 그러면은 그 마을로 치면 몇 달에 한 번씩 방문한 꼴이 되겠네요? 그 마을 입장에서 봤을 때는요?

구술자 : 그렇죠. 뭐 한, 한, 두 달에 한 번 정도는 될 거예요.

면담자 : 아, 그랬어요. 그러면 주로 어떤 영화를 갖다가 상영을 하셨었, 하셨는데요?

구술자 : 영화는 뭐…… 주로 그 정부의 그 사업에 대한 홍보 그런 거죠. 그냥 일반 영화는 아니고!

면담자 : 아, 그럼 그때 이제 대한뉴스하고 문화영화 그런 거 상영하셨어요?

구술자 : 예, 예 그런 거죠.

면담자 : 그 다른 지역 같은 경우에는 극장에서 개봉했던 영화도 갖고 갔다라고 하는데, 그건 안 갖고 가셨어요?

구술자 : 그런 거는 민간인들이 또 이래 돌아댕기면서 (로뗀바리하셨던……) 예, 하는 사람들이 있었어요. (예예) 그런 사람들이 이 일반 영화 뭐 〈춘향전〉이니 〔웃음〕 뭐 무슨 뭐…….

면담자 : 그때 춘향전이 인기가 굉장히 많았거든요. 〔웃음〕

구술자 : 예, 그런 것들.

---

2 바운더리(boundary).

3) 정부 시책 홍보 영화 상영과 안보 강연

면담자 : 그럼 이제 공보실에서는 주로 정부 시책 알리고 홍보하고 (예예) 이런 거 하셨어요? (예) 그럼 영화 상영할 때 영화 상영만 하고 다른 활동 같은 건 안 하시구요?

구술자 : 것도 저기 안보 강연도 (했어요?) 어떻게, 어떻게 할 때도 있었고.

면담자 : 그러면 선생님께서 직접 하신 거예요? 아니면 따로 누구를 데리고 가서 그 분이 강연을 하셨던 거예요?

구술자 : 그거는 저게 우리 군(郡)에서도 하고. 또 도(道)의 홍보팀에서 와서 할 적도 있었는데. 그럴 제는[3] 도에서 강사가 (와요?) 내려와서 하고.

면담자 : 주로 그 분들은 뭐 어떤 일을 하셨던 분이세요, 강사 분들은?

구술자 : 주로 그런 저 홍보 강사…….

면담자 : 아, 담당하시는 분이 계셨어요?

구술자 : 그래 그전에 많이 댕기던 춘천에는 김태경 씨라고 그 양반도 지금 살아 있고.

면담자 : 아, 춘천에서는 김태경 선생님이요? 태 자?

구술자 : 김. 태. 경.

면담자 : 태 자, 경 자요? (예) 이 분도 그 공무원이셨어요?

구술자 : 아, 거는 공무원이 아니고.

면담자 : 예, 그럼 이분은……?

구술자 : 일반인으로서.

면담자 : 영화 상영하셨던 분요?

구술자 : 아니, 영화는 도청 공보실에서 가지고 나오고. (예) 이 사람들은 강사 요원으로 위촉을 해가지고, 홍보 강사 요원으로.

---

3 그럴 때는.

면담자 : 그럼 이 분은 홍보 강사 요원이셨어요?

구술자 : 예.

면담자 : 예, 뭐 하시던 사회에서 어떤 일을 하시던 분들이 홍보 강사 위원으로 위촉, 그러니까는 위촉이 되는 거예요?

구술자 : 그때는 그 지금 저기 뭔 무슨 뭐 그때는 그 홍보 강사…… 주로 많았어요. 저기 문공부에서 위촉을 해가지고. 저기 뭐, 뭐 **사도 있었고 (예) 도에서도 위촉을 하고 (예) 또 민방위 강사로 위촉을 해서 (예) 또 그 사람들이 나오는 것도 있었고.

면담자 : 예.

구술자 : 저도 뭐 민방위 강사도 한 10여 년 했습니다만. 뭐 그런 사람들이죠.

2. 이동영사 현장의 이야기

1) 이동영사 상영 절차와 상영 장소

면담자 : 그러면 이제 그 마을에 가서 영화 상영할 때 미리 이렇게 상영하기 며칠 전에 미리 공지를 그 쪽에 보내놔요?

구술자 : 그렇죠. 말하자면 오늘 주문진 뭐 '무슨 마을에서 한다.' 이러면 좀, 공보실에서 주문진 읍사무소에다가 미리 공문을 보내가지고 (예) 주민들 연락하라고 하면은 (예) 나와서…….

면담자 : 그러면 읍사무소에서 주민들을 연락해 가지고 (예 그렇죠) '어디 장터에 모이시오.' (예) 이런 식으로 했던 거예요? (예) 주로 그러면 영화 상영은 어디서 하셨는데요?

구술자 : 그냥 야외에서.

면담자 : 야외요? 운동장 같은 데서 하셨던 거예요?

구술자 : 그렇죠, 예.

면담자 : 아님 운동장 아니면 공터 같은 데서 하셨던 거예요?

구술자 : 그 그래, 그렇죠. 뭐 학교 운동장도 하고, 공터에서도 하고

면담자 : 그럼 하루 저녁에 보통 한 몇 시간 정도 영화 상영을 하셨어요?

구술자 : 한 뭐 한 시간 그 정도.

면담자 : 한 시간요? 한 시간 영화 상영하고 또 강사, 강연하구요? (응) 예, 그러면 그때 사람들은 어떻게 많이 오던가요?

구술자 : 그 뭐, 큰~ 뭐 무슨 뭐, 사천면 하면[4] 사천면 전체가 모이는 게 아니고. 그 무슨 뭐 바닷가 쪽 마을이던지, 저 또 뭐 산간 쪽 마을이던지 거 가면[5] 거기 인근에서 오니까 그때는 뭐 한 200~300명.

면담자 : 200~300명이요? 그럼 그 사람들은 이렇게 뭐 동원된 거예요? 〔웃음〕 아니면 그냥 영화가 보고 싶어서 이렇게 온, 어떤 거예요?

구술자 : 보고 싶어서 오죠. 그 전에는 뭐 이 영화 하는 거 귀하니까.

면담자 : 예, 그러면 뭐 길을 한, 한 200~300명 오시면 그 분들은 한, 걸어서 한 4~5km 내의 사람들도 다 오신단 이야기겠네요? 10리, 10리길을 거리에 계신 분은 오신단 이야기네요?

구술자 : 그렇죠. 한 10리 안쪽에선 〔웃음〕 온 사람들이 있었죠.

면담자 : 예예. 그러면 이제 할머니 모시고 아버지랑 손자랑 다 이렇게 오겠네요?

구술자 : 그때는 뭐 홍보 매체가 별로 없으니까 주로 그런 게 있다하면 자발적으로 구경들을 잘 나왔죠.

면담자 : 예. 선생님이 기억하시기에 그때 이제 좀 특색 있었던 지역이 있으세요? 가서 뭐 사람들이 되게 열성적으로 봤다거나 아니면 어떤 무슨 에피소드 같은 것 기억에 남을만한 일이 있었다거나 그런 지역이 있으세요? 제가 갑자기 와서 〔웃음〕 뜬금없이 옛날이야기를…….

---

4 현재 강릉시 사천면을 말한다.

5 거기에 가면.

구술자 : 〔웃음〕 갑자기…… 뭐 생각이 납니까, 뭐?

면담자 : 예, 천천히…… 기억해보시면요.

구술자 : 이런 얘기는 내가 허면 안 될 텐데 이게 이건.

면담자 : 예. 그거는 참고만. 안 적고 참고만, 참고만. 〔웃음〕

2) 영사기사 동반 정부 시책 홍보 영화 상영 관련 일화

〔구술자는 영사기사 부재와 영사기 고장 상황에서 10년 만에 만난 지인과 술자리를 가진 적이 있다. 이와 관련하여 공무원으로서 난감한 상황에 처한 경험을 이야기하다. 구술자의 요청으로 구체적인 내용은 생략한다.〕

3. 강원도 명주군 주문진읍 극장

면담자 : 그런 일이 있었어요? 예. 그러면 그 근데 주문진 쪽에서도 예전에 극장이 하나 있었죠?

구술자 : 예. 극장이 3개가 있었어요.

면담자 : 아, 3개가 있었어요? 혹시 기억나세요? 어떤 극장이었는지?

구술자 : 어~ 그 극장이 그 저기 만보극장이라고 있어.

면담자 : 만보극장. 예, 여기를 〔영화진흥공사에서 발간한 『영화연감』을 같이 보면서〕 저도 무슨 기록을 보니까 (예) 정부에서 발간하는 그 기록을 보니까 만보극장이라고 있더라고요.

구술자 : 있죠. 그 다음 동아극장.

면담자 : 예. 동아극장 말씀하시더라고요.

구술자 : 신일극장.

면담자 : 아, 신일극장이 있었어요?

구술자 : 3개가 있었어요.

면담자 : 주문진에 만보극장, 묵호에 동호극장. 이거는 지금 70년대 기록이라서 (예) 다를 수도 있어요.

구술자 : 예, 맞아요. 묵호극장도 있었고.

면담자 : 묵호극장이요.

구술자 : 또 주문진에 만보극장, 동아, 동아극장은 없네?

면담자 : 예. 이거 그니까 이거 볼게요. 〔『영화연감』을 같이 보면서〕 이게…… 62년도 기록이라서, 62년도 기록이라서 아마 없을 수 있고 동아극장은 그 이후에 생겼나 봐요.

구술자 : 동아극장도 있었고 신일극장도 있었고.

면담자 : 신일극장이요?

구술자 : 신일극장 (신일극장) 그래서, 3개가 있었는데, 동아극장만 한 80년, 한 90년대 중반까지 명맥을 유지하다 없어졌고. 그 다음 신일극장 만보극장은 (예) 한 70년대…… 중반에 (없어진 거 같아요?) 없어졌, 아, 80년대 중반에 없어졌다.

4. 주문진에서 실시한 홍보 영화 상영

면담자 : 아, 예. 그러면 그때 그 주문진 같은 데는 항구라서 이렇게 사람들이 참 많았을 것 같아요. (예예) 그러면 극장에서도 영화가 잘 됐을 것 같고. (잘 됐죠.) 또 이렇게 홍보 활동 영화 상영하러 가도 사람들이 많이 왔을 것 같은데요. (예) 그럼 주문진에 항구 같은 데 가면 어디다가 그 영사 그걸 켜놓고 영화 상영을 하신 거예요?

구술자 : 지금은 저게 아주 뭐 차들도 많고, 이 뭐 선박도 많고 이래서 복잡하지만. 그 전에 그 뭐 70년대 이때만 해도 (예) 항구 그 저기 공터에 상당히 그렇게 복잡하지 않았어요. (예, 예) 그러니 그런 공터

에…….

면담자 : 아, 공터에서 하셨어요? 뭐 이렇게 사람들은 그 보니까 바닷가로 해서 산간으로 해서 이렇게 많이 다니셨는데, 그 지역마다 뭐 특색 같은 게 있던가요? 사람들 뭐 예를 들어서, 특색이 있던가요? 영화 보러 올 때 특색이나 영화 관람할 때 특색 같은 거요.

구술자 : 뭐 저기 사람들이 다 여는 시골이고 하니까 시골 사람들은 다 그저 그런 거 좋아하고. (예) 볼라고 하고. (예) 또 질서도 잘 지키고. 뭐 난잡하게 안 하고 그래.

면담자 : 예, 뭐 난잡하게 하는 곳도 있어요? 〔웃음〕

구술자 : 그런 건 별로 없죠. 그런데 저~ 그런 바닷가 이런, 이런 데는 혹시 뭐 술 먹고 뭐, 그런 사람 더러 있지만, 그렇다 해서 뭔 그걸 뭐 방해하거나 뭐 그런 사람은 없고.

면담자 : 그때도 영화 상영하러 가실 때 그니까 그, 읍 경찰서에서 나오고 그러지 않았어요? 경찰, 뭐 저기 경찰, 지서 사람들 오거나 그러지 않았어요? 같이?

구술자 : 어, 뭐 우리도 공식적으로 같이는 안 나갔지만 그런 행사 있으면 지서에선 ** 나와서 또 보고 (예) 그래.

면담자 : 뭐 상영했던 영화 중에 기억에 또 많이 남는 그런 영화들도 있나요?

구술자 : 아, 인제 잘 모르겠네요. 〔웃음〕

면담자 : 〔웃음〕 그러죠. 하도 오래된 일이기도 하구요. (예) 그러면은 거기 그러면 공무원 활동을 한 2, 30년 하셨어요?

구술자 : 아니, 그렇게 오래 안 하고 내가 중간에 그만 뒀어요.

면담자 : 예. 그러고 이제 사회생활 하셨던 거예요? (예) 근데 그러면 어떻게 해서 그 명주군에 들어가실 때 바로 공보실로 들어가셨던 거예요? (예) 그럼 그 전에 이렇게 영사나 뭐 라디오나 전파 관련해서 일을 하셨어요?

구술자 : 아니. 그런 건 전혀 몰러.

5. 홍보 영화 상영 이외의 공보 활동과 임검

면담자 : 그니까는 공무원으로 들어갔는데 (예) 바로 이제 공보실로 가셨군요?

구술자 : 업무를 그런 걸 담당을 한 거지. 분야는 영사 하는 사람들 기술자가 따로 있고.

면담자 : 그러면 그 분야는 그렇게 하시면 영화 말고 다른 일도 공보 활동 하셨겠네요? 군(郡)에서요?

구술자 : 그렇죠.

면담자 : 어떤 거 기억에 남으세요?

구술자 : 주로 공보물 다 하니까 여그 뭐 저 군정 시책 공보, 뭐 저기 군수 연설문 작성 쓰는 (아, 작성이요?) 그런 일반 이 또 극장 이런 거 또 저기 감독하는 홍보.

면담자 : 임검[6] 나가시고요?

구술자 : 임검.

면담자 : 그 70년대요? (예) 어디, 어디 다니셨어요? 그때 이야기 좀 듣고 싶더라고요. 극장에서 임검…….

구술자 : 그때 극장은 저기 주문진에 아까 말씀드렸던 그 3개 있었고 (예) 묵호에 묵호극장, 동호극장 2개 있었고. 극장이라는 거는 명주군에는 이북 지역만 있었으니까.

면담자 : 그러면, 이제 강릉, 그때는 강릉시하고 묵호군으로. 아니죠 (명주) 명주군으로 나눠 있어서 선생님께서 담당하신 거는 강릉시가 아니

---

6 임검(臨檢)은 경찰관 또는 소방관이 극장에 가서 상영 규칙과 소방 준수 여부 등을 점검하는 것을 말한다.

라 명주군만 (명주군만, 예) 하셨다구요? 주로 가서 어떤 활동을 하셨어요? 뭐 임검 나가셔서요?

구술자 : 임검 나가믄 뭐 저게, 그냥 가서 관람하고, 뭐 이상이 없나 그런 것 보고 (예) 그리고 또 그때는 이 저기 영화를 한국 영화하고 외국 영화하고 스크린 쿼터제(screen quota)라 그래 가지고 (예, 맞습니다) 또 배분하는 그 비율이 있어요.

면담자 : 그것도 다 관리하셨어요?

구술자 : 예. 그런 것도 시행이 제대로 되는가 뭐…… 도움을 받아가지고 하고.

면담자 : 예. 그러면 그 뭐 예를 들어서 뭐 영화 대본하고 영화 상영 내용하고 같은가 그런 것도 확인하고 그러셨어요?

구술자 : 뭐 일일이 뭐 서류상으로 확인은 안 하지만 그냥 임검도 뭐 매일 나가는 건 아니고 (예) 이따금씩 나가서 보믄 뭐 별다른 이상이 없는가, 그냥 이래 보고 그렇죠.

면담자 : 그 극장에 가시면 예전에는 극장에 임검석이 따로 있었는데, 따로 거기서 앉으셔서 보셨던 거예요?

구술자 : 예. 그 전에는 임검석이라고 뒤에 (예, 있어요) 이렇게 있었어요.

면담자 : 그러면은 임검석에 가실 때 혼자 가신 거예요? 아니면 다른 분들이랑 같이 가신 거예요?

구술자 : 같이 갈 때도 있고 뭐 혼자 갈 때도 있고.

면담자 : 같이 가시는 분들은 뭐 어떤 일을 하시는지, 그니까 직책이 어떤 일을 하시는 분들인데요?

구술자 : 그러니까 그 같이 인제 공보실에 뭐 직원이 몇 명이 있을 게 아니요?! 그럼 뭐 〔기침〕 그냥 저녁에 할 일이 없으, 퇴근하고 할 일이 없으니 그냥 같이 구경삼아 가보는 거지.

면담자 : 그러면 그때 그 명주군은 강릉시를 제외하고 뭐 사천면 뭐 주문진, 정동진, 그니까 영곡, 목천, 이쪽을 다 아우르는 게 명주군이었어

요? (예예) 그럼 꽤 넓었겠네요, 범위가요?

구술자 : 그렇죠. 그래도 주문진, 영곡, 사천, 상선, 왕산, 구정, 강동, 옥계, 묵호읍까지 있을 적에는 9개 읍면이 있었는데. 에…… 묵호읍이 동해시라는 게 생기면서 묵호, 명주군에 묵호읍하고 (예) 삼척군에 부평읍이 합해서 동해시가 되고 (예. 맞습니다) 묵호읍은 명주군에서 분리해 나가고 (예) 그래가지고 지금 묵호를 제외한 8개 읍면만 명주군을 하다가 전국에 95년도에 강릉시하고 명주군이 통합이 되었죠.

6. 1980년대 문을 닫은 군(郡) 단위 지역 상설극장

면담자 : 근데 이제 제가 궁금한 게, 보니까 묵호극장이 있었던 명주군 발한리가 있잖아요? 이쪽이 해변가인가요?

구술자 : 예, 거 해변 나가는 거기에요.

면담자 : 근데 제가 어디서 책을 보니까 거기 아주 큰 유곽이 있었다고 들었거든요. 그니까는 성매매 집창촌이 형성되어 있다, 라고 들었거든요.

구술자 : 아, 여자들 그거? (예, 예)

면담자 : 그런 것도 관리하셨어요? 그런 거?

구술자 : 그거는 관리……는 그 저기 공보실 분야가 아니니까. 그런 건 뭐 보건소 뭐 그 전에는 또 뭐 저기 지금은 사회과라는 게 없지만, 사회과라는, 그전에는 그런 데서 했지.

면담자 : 아, 그랬어요? 그러면 이제 그 극장을 임검을 나가시면, 어쩌다 나가시긴 하지만, 극장마다 특색이 있는 그런 느낌을 좀 받으셨어요? 뭐 기억에 남는 극장 있으면 보셨던 영화라도 좋구요. 그니까 옛날 역사라서 저는 뭐든지 듣고 싶어가지고 이렇게 막 질문 던지고 있습니다. 〔웃음〕 그래서 천천히 생각나시는 대로만…….

구술자 : 〔웃음〕 그런데 거기에 뭐 저기……. 한 70년대…… 까지만 해도 그래도 영화가 극장에서 손님이 있고 그랬는데. 한 70년대 말부터 80년대에 이렇게 들어오면서는 극장에 손님이 자꾸 줄어가지고 극장들이 모두 애를 많이 먹겠죠. 그러니까 여 쪽에 칼라 테레비가 80년대부터 나왔잖아요? (80년대부터. 예, 80년대부터 나왔어요) 그러니까 칼라 테레비 나오면서부터는 극장에, 아주 그 인원이 많이 줄어가지고 극장들이 운영난을 겪고 그랬죠. (예) 강릉 시내 같은 극장은 또 혹시 뭐 저기 또 뭐 젊은 사람들이 많이 오고 그러니까 어느 정도 되지만. 이 저기 군 단위, 읍 단위 극장들은 잘 안됐어요. 그래 가지고 뭐 80년대 들어서 주문진 같은 것도 참 극장이 없어지기 시작을 했죠.

면담자 : 그러면 그 80년대 들어와서 칼라 티비도 있지만 그때 선생님이 보시기에도 80년대 들어와서 이렇게 인구들이 다 도시로 몰리던가요, 느낌에?

구술자 : 그렇죠. 도시 쪽으로 많이. 여 시골에도 그 전에는 그 초등학교, 그 전에는 국민학교잖아요. (예, 국민학교) 국민학교 학생들이 뭐 사천면 같은 경우만 해도 그 사천초등학교 학생이 한 학년에 3반씩 있었는데 (예) 3개 반씩 있으면 학생 수가 몇 명 되나, 그러믄?! 한 학년이 보통…….

면담자 : 80명 보통 그때는 그러지 않았어요?

구술자 : 40명 씩 만 잡아도 한 학년이 한 120명은 되면 뭐 한, 한 500~600명 되는데 지금은 뭐, 100 뭐 몇 명…….

면담자 : 예. 많이 확 줄어들었더라고요.

구술자 : 그래 거는 자꾸 도시로 나가고 또 저출산 현상에다가…… 그러니까 그때부터 벌써 그런 변동이 났죠.

7. 한 달에 한 번 내려온 공보 영화 및 9개 읍면 순회 기간

면담자 : 근데 그때 공보원 활동 하시면서 영화 상영하러 다니실 때요. 그게 뭐 어디 뭐 어디 윗 단위에서 연락이 내려오나요? 뭐 영화는, 필름은 어디서 받아가지고 와서 그렇게 하셨던 거예요?

구술자 : 필름은 여 군 단위에서는 도에서 내려오죠.

면담자 : 아, 도에서 내려와요? (예) 도 무슨, 도 공보과에서 내려와요? (예예) 아, 그럼 그게 한 달에 몇 번 꼴로 내려오는, 내려오는데요?

구술자 : 한 달에 한 번 정도 내려오죠. (한 달에 한 번 정도, 그러면) 그래서 그거 하구 또 바꾸고.

면담자 : 그럼 한 달에 한 번 나오면 그걸 가지고 군 단위를 다 도셨던 거예요? (그렇죠.) 그럼 한 번 돌고 다니시면 한 며칠 정도 걸리셨어요? 일정을 잡아서 이렇게 쭉 가신, 다니신 거죠?

구술자 : 그렇죠. (예) 뭐…… 그때는 저기 9개 읍면이니까…… 뭐 한 바퀴 돌자면 또 무슨 뭐 빠지는 날도 있고 그러니까 한 보름 걸리, 걸리죠.

면담자 : 한 보름이요? 그러면은 이제 갔다가 이제 출퇴근 식으로 왔다 갔다 하신 거예요? 이렇게 한 번 출발해서 어떤 마을에서 주무시고, 또 도시고, 도시고[7]……?

구술자 : 아, 아니 출퇴근했어.

면담자 : 출퇴근하셨어요? (그럼) 그럼 차량은 다 이렇게 군에서 다 나왔던 거죠? (예예) 그때 와서 영화 보러 왔던 군민들 가운데 뭐 기억에 나는 그런 분 혹시 없으세요?

구술자 : 〔웃음〕 없어요.

---

7 순회하고.

8. 강릉 시내 극장들

1) 강릉시 소재 극장들[8]

면담자 : 〔웃음〕 없어요? 다들 이렇게 편안하게 영화를 보셨나 봐요? (예예) 근데 그, 그러면 그때 여기 강릉서, 강릉서 사신 거죠? (예) 그러면 뭐 강릉 시내에 있는 극장, 강릉도 다니셨어요? (그렇죠) 주로 어디 어디, 어디 어디 다니셨는데요? 강릉극장은……?[9]

구술자 : 강릉은 강릉극장이 오래 됐고 (예예) 그래 강릉극장 또 신영극장. (예. 신영극장) 또 동명극장이라고 (예. 압니다) 있었고. 옛날 그 6·25 이후에는 또 뭐 재생관이라 해가지고 뭐 또.

면담자 : 어디에 있었어요, 재생관이?

구술자 : 그건 저 음 저 효동빌딩. 아, 아니 그 저 중앙시장 건너편에 (예) 효동빌딩이지 아마? 어디 그 모퉁이…….

면담자 : 혹시 그 위치가, 어제 다른 분이 가르쳐줬는데 혹시 여기가 신영극장 건너편 여기가……. 〔지도를 펼쳐 보이면서〕

구술자 : 건너편.

면담자 : 여기가 중앙시장인데 (어어) 여기가 (어어) 여기가 재생관 ***? (어어 그 모퉁이) 여기 이쪽에요? 그럼 재생관은 어떻게 뭐 개인이 운영하는 거였어요, 아니면 시에서 운영하는 거였어요?

구술자 : 그거는 개인이.

면담자 : 개인이요? 아, 근데 재생관이 언제부터 언제까지 있었대요? 기록에는 없더라고요. 다들 기억 속에는 있는데.

---

8 강원도 강릉시 극장의 역사와 극장의 장소성 그리고 문화에 관하여 다음을 참고하시오. 위경혜, 「한국전쟁 이후 극장 문화 로컬리티(locality): 강원도 도시를 중심으로」, 성균관대학교 동아시아학술원 대동문화연구원, 『대동문화연구』 제77집, 2012년 3월, 543~581쪽.

9 강릉 지역의 극장을 묻는 질문이다.

구술자 : 그게 하여튼 6·25 이후에 생겨가지고. 어…… 60, 60, 60년대 말경에 없어졌을 거야.

면담자 : 60년대 말경에. 그럼 6·25, 생겨가지, (6·25) 때 생겨가지고, 6·25 지나고 생겨가지고 (예) 60년대 말에 없어졌어요?

구술자 : 예, 거 지금 요 우체국 자리, 그것도 시공관이라 그래가지고 극장이 있었고.

면담자 : 예, 시공관. 그러면 저기 재생관은 누가 뭐하던? 강릉극장은 최 씨 집안 사람들이 했던 거구요. (예예) 재생관은 누가 운영을 하셨던?

구술자 : 그거는 그때 그 저기 누구야 상이군경 사람들이 (아, 상이군경에서?) 그 뭐 정식 극장도 아니고 그냥 뭐 허름한 건물에 뭐 이래가지고 그렇게 한 거 같애.

면담자 : 예. 그러면 재생관은 그 60년대 말에 없어지고 다시는 안 생겼어요?

구술자 : 안 생겼죠.

면담자 : 아, 없어져버렸어요?

구술자 : 그런 시설 좋은 극장들 자꾸 생기니까 (예) 그런 데는 없어졌지.

면담자 : 아, 상이군경에서 이렇게 운영한 것 같다구요? 그럼 동명극장은 누가 하셨대요? 동명극장, 동명극장!

구술자 : 동명극장은 그거 다 개인인데, 인제 오래 돼서 잘 모르겠네요,

면담자 : 근데 그 동명극장이 있던 자리가 좀 예전부터 이렇게 그 유흥가 자리였어요? 동명극장이 있는 부근은요?

구술자 : 지금 저 그게 다리 건너가는데.

면담자 : 남대천 있는데.

구술자 : 다리잖아요.

면담자 : 삼선교 있는데요. 거기가 좀 예전부터 유흥가 자리였어요?

구술자 : 아, 유흥가는 그 자리가 아니고 거, 거, 거 밑으로 그…….

면담자 : 다리 아래로요?

구술자 : 예. 그 극장 있는 그 밑으루 저게 이 아가씨들 넣고 하는 그 대포집들이 많았어요.

면담자 : 어디요? 그 남대천 지나서요?

구술자 : 그냥, 그 제방 둑 옆으로 쭉 내려가면 (아, 극장 옆에요?) 예예, 그 밑으로 (남대천 건너기 전에?) 밑으로.

면담자 : 예. 저도 이렇게 한 번 쭉, 한 번 그 극장, 제가 구경하러 가보니까 술집들이 꽤 많이 있더라고요. 그래서 참 많다, 그 생각을 했었거든요.

구술자 : 소위 뭐 205번지라 이래가지고.

면담자 : 205번지요? 예, 거기가 남산교 바로 옆에가 동명극장이고, (예) 동명극장이 지금 골프장으로 바뀌는데, 그 쪽 그 쪽에서 중앙시장 쪽 길로…….

구술자 : 글로 옛날에 대포집들 많고, 집집마다 아가씨 두세 명씩 있고, 그랬었어요.

면담자 : 예, 지금은 그럼 많이 없어진 거예요? 그래도 술집이 여전히 많이 있던데요.

구술자 : 있어도 아가씨는 거의 없죠.

면담자 : 예. 거기서 뭐 성매매 특별법 생기면서 없어진 거예요?

구술자 : 그 뭐 경기도 없고. 그, 그런 데로 하여튼 나오는 여성들도 없고. 그러니 자연스레 없어졌죠.

2) 강릉시 동명극장 주변에 관한 이야기

면담자 : 근데 어떻게 해서 거기는 그렇게, 그렇게 유흥가가 형성이 됐답니까?

구술자 : 〔웃음〕 그 원인은 잘 모르지만 그 쪽으로 시내 사람, 저 사람들이 모두 거 뭐, 장 보러 중앙시장 이런 데로 장보러 나오고 이러면 다

대포 한 잔 하고 뭐 이러다보니까 자꾸 사람이 몰리니까 형성이 되었고 (예) 사람들이 또 같은 값에 한 잔 먹어도 여자들 있는 데 (있는 데 가서 먹겠다?) 가서 먹는 걸 더 〔웃음〕 선호하고 그러니까.

면담자 : 근데 그 동명극장 앞 쪽에는 큰 주차장도 있고 공, 광장이 꽤 넓더라구요. 그래서 무슨 광장, 원래 그렇게 넓었어요? 주차장도 있고 꽤 넓던데요.

구술자 : 거기가 옛날에는 저기 지금 뭐야 저, 저, 저, 처음처럼 하는 그 소주 있잖아요. (예, 처음처럼) 예, 원래는 경월소주 거기였거든. (경월소주요?) 예, 거기가 경월소주 공장이 있던 자리야.

면담자 : 아~ 지금 주차장 자리가요? (예) 경월소주요? 예, 그럼, 그 경월소주 그 공장이 그러면 어디로 옮겨갔어요?

구술자 : 공장이 거서 하다가 저 아래 포남동 올림피아호텔 그…… 조금 위에 고 밑에 (예) 옮겨가지고 거서 또 하다가 저 회산 지금 공장 있잖아요?! 회산.

면담자 : 괴산이요? 충북 괴산이요?

구술자 : 아, 회산 (아, 회산이요 회산) 예, 저 저기 교도소 올라가다가 여기 왼쪽으로 건너 가. 그라믄 그…….

면담자 : 아, 그 쪽으로 거기서 하고 있어요?

구술자 : 회산, 저…….

면담자 : 아, 강릉교도소 그 쪽으로 가는 길에 있는.

구술자 : 가다가 왼쪽으로 건너가는 다리 있어. 거가면 경월, 지금도 공장이 그 처음처럼 공장이 그, 그…….

면담자 : 근데 이름은 바꿨죠, 경월소주가 아니라?

구술자 : 예, 경월소주고, 그 저…… 그 두산으로 넘어가가지고.

면담자 : 두산.

구술자 : 거기서 이제 이름을…….

면담자 : 아, 거기가 그니까는 양조장이 있었군요, 양조장이? (예예) 그 쪽

에. 양조장이 있고. 그 언제 있었답니까? 그때 극장 있을 때 있었던 거예요?

구술자 : 그러면 거기 거기에 70…… 70, 그 자리에 있었던 게 60년대 말, 60년대 말……. 70년대 초반까지 있었는지 하여튼 60년대 말, 70년대 초 거기까지 있다가 저 아래로 내려갔다가 포남동 내려갔다가 회산으로 갔지.

면담자 : 그럼 원래 거기가 양조장 있었고, 극장이 있었고, 거기다 또 아가씨들 있는 술집 있었고, 이랬, 이랬던 거네요. 그래서 그렇게 큰 공터가 있길래 주차장, 주차장으로 쓰이는데, 아주 좀 참 특이하다 그 생각을 했어요.

〔잠깐 구술자가 면담자의 거주지를 물었는데 개인 정보이므로 생략한다.〕

3) 강릉시 극장에 대한 지역민의 평가

면담자 : 그러면 혹시 동명극장에서도 영화를 보신 적이 있으세요? (예?) 동명극장에서도 영화 보신 적 있으세요?

구술자 : 어~ 그 전에는 우리가 강릉극장 주로 이런 데 많이 다니고, 동명극장은 그 보긴 봤는데, 그 뭐, 뭐 한두 번이야 봤겠죠.

면담자 : 그러면 강릉극장에서 상영하는 거하고 동명극장에서 상영하는 영화 프로그램이 달랐어요?

구술자 : 다 비슷해요.

면담자 : 비슷해요? 강릉극장은 극장이, 어떻게 생겼던가요? 뭐 극장 내부가…… 뭐 동명극장과 비교를 해본다면요?

구술자 : 제일 좋기는 신영극장이 제일 좋았었고.

면담자 : 예, 어떤 게 제일 좋았는데요?

구술자 : 시설이 좋으니까. 강릉극장은 아주 오래 돼가지고, 뭐 보수도 뭐 몇 번 하고 그랬지만 좀 협소하고 그랬어요. 크기는 동명극장이 더 (컸어요?) 컸죠.

면담자 : 예. 그 뭐 단층짜리, 안에 내부가 단층짜리이었어요? 아니면 1, 2 층이었어요?

구술자 : 거의 2, 2층이었죠. 동명극장도 그렇고.

면담자 : 예. 그 강릉극장은 그렇게 여기서 여기 최 씨 집안 *** 최 씨 집안에서 이렇게…….

구술자 : 강릉극장은 음…… 그 최 씨 집안들. 저 신영극장도 최 씨 집안들이 옛날 국회의원 하던 최익규 씨 그 집안이 했어.

면담자 : 언제 국회의원 하셨대요? 최익규 씨?

구술자 : 최익규 씨가…… 7, 7대 국회의원이니까 60, 80, 하여튼 70…… 년대 전이죠.

면담자 : 예. 그러셨군요. 보니까 뭐 여기 신영극장 대표님도 하셨더라고요, 최익규 님이요.

구술자 : 예. 최익규 씨 이름이 여 있네. (예) 아니, 여, 여 강릉극장은 최홍규 (예, 최홍규 님이요?)

면담자 : 그럼 이쪽 집안은 최규하 대통령 나온 그 집이죠?

구술자 : 예예.

면담자 : 동명극장 박찬조 님은 누구시래요? 혹시 아세요? 들은 이야기나?

구술자 : 모르겠는데. 〔주위의 사무실 지인을 향해〕 옛날 동명극장 사장에 누구, 주인이 누구였었어?

주위 사람 : 신, 신 뭔데.

구술자 : 그 나도 잘 기억이 안 나네.

면담자 : 네, 70년대에 신상진 님으로 돼 있거든요.

구술자 : 음.

면담자 : 그 혹시…….

〔주위 사람이 신상진의 아들에 대하여 말하였으나 개인 정보이므로 생략한다.〕

면담자 : 그, 여기 김광식 님은 지금 생존해 계시죠?

구술자 : 예.

면담자 : 이 분은 그럼 직접 영사하시고 그러면 여기 공보실에 같이 활동하신 것도 있지만, 또 극장에서도 일하신 경험 있으시겠네요?

구술자 : 없어요.

면담자 : 여기를, 공보 활동만 계속 하셨던 거예요?

구술자 : 이 사람은 원래 저기 국민학교 교사 출신인데 (예) 그 과학 이런 데 대해서 취미를 가졌어요 (예) 그러니 뭐 라디오 맨지고 뭐, 뭐 전기 맨지고 하여튼 이런 데 소질이 있어가지고, 선생 안 하고.

면담자 : 그럼 지금은 어떻게 뭐, 건강, 정정하세요?

구술자 : 아니, 한 2년 동안 연락을 못 해봤어요. 그런데 (예) 뭐, 크게 건강은 안 해도 뭐 앓아 눕거나 뭐 그렇진 않아요.

면담자 : 혹시 이 분 혹시 제가 혹시 만나뵐 수 있을까요? 혹시…… 직접 영사 활동 하셨으면, 사람들이 이제, 그 당시 풍경도 좀, 그니까 저는 그 당시 영화를 봤던 사람들의 풍경들이 참 재밌을 것 같은 생각을 많이 하거든요.

구술자 : 그 사람이 지금 그 포남동 ***에 있는데.

〔박영동의 공보 활동 당시 동행한 김광식의 개인 정보에 대하여 이야기를 나누다.〕

4) 강릉시 극장가에서 일한 사람들

면담자 : 뭐, 혹시 예전에 그, 재생관 하셨던 분 중에 문상복 님이나 아니면?

구술자 : 문상복이 죽었어요.

면담자 : 아, 돌아가셨어요? (예) 아, 임당천주교회 그 부근에 사신다, 라고 제가 어제 들었거든요. (예예) 언제 돌아가셨대요?

구술자 : 한, 뭐 한 5년 될 거예요.

면담자 : 아니 제가 어제 그, 어제 그…… 조기자 선생님이 말씀하시다가 (예) 내곡동에 이경래 선생님 이야기를 하시더라고요. 강릉시 의원 하셨던 분이요.

구술자 : 이 사람이 저게, 이…… 동명극장 '기도' 하고 그랬어요.

면담자 : 예, 그래서 이 분 좀 만나 뵐려고 댁에 전화를 했더니. 어…… 댁에 전화를 했더니 사모님이 받으시는데, 이제 이 분이 이제 중풍이어 가지고, 뇌졸중이어가지고, 이렇게 어디 몸이 좀 편찮으신가 봐요. 그러면서 이야기하기 힘드니까 '저기 임당천주교회 가면 문상복 님이 있다. 〔웃음〕 만나봐라.'라고 해서 오늘 오후에 찾아갈려 그랬는데, 작고하셨네요.

구술자 : 예.

면담자 : 그러면 문상복 님이 예전에 재생관 활동을 하셨어요?

구술자 : 강릉극장에서 주로 (일을 하셨어요?) 예.

면담자 : 근데 저는 좀 궁금한 게 여기 강릉이나 아니면 명주군 포함해서 극장에서 이렇게 일하셨던 분 좀 소개 좀 받아서…….

구술자 : 주문진에 (예) 그 저기 박월몽이라고 있어요.

면담자 : 박 (월) 월 자, (몽) 몽 자님이요?

구술자 : 이 양반이 동아극장 총무도 하고, 뭐, 하여튼 그 오래 그 했으니까 (예) 이 양반 한 번 가면은. 그리고 그 동아극장 기사도 하고, 그래 논 사람 최 뭐이라고 있었는데. 그 사람은 내가 이름을 잊어먹었으

니까 (예) 이 양반 만나가지고 물어보면 알아요. 근데, 이 사람 찾아가자면 내가 뭐 전화 그런 게 없어서 (예) 그러니까 어떻게 설명하면 〔종이를 꺼내서 지도를 그리면서〕 여그서 쭉 가면은 (예) 여 주문진 저기 시내버스 주문진 버스정류장…….

〔주문진버스터미널 인근 주유소 위치를 종이에 그리며 설명하다.〕

면담자 : 이 분께서[10] 동아극장을 오랫동안 하신 거예요?

구술자 : 뭐 만보극장도 허고. 그래, 이 양반한테 (예) 또 한 번 저기, 그 동아극장 기사 하고 그랬던 사람이 있는데 (예) 내 이름을 잊어먹었네. 최, 최뭐이라고 했는데 여 물어봐요. (예) 최, 최 씨라 그래. 그 저 예비군 뭐 저기 활동하고.

면담자 : 아, 이분이요?

구술자 : 어어, 예비군 뭐 감사원하고 그랬어요. (예) 그러니까 그렇게 물으면 이 이 양반이 알아.

면담자 : 예, 알겠습니다. 시간 내주셔서 고맙습니다.

구술자 : 아니 뭐 도움이 안 돼서 죄송합니다.

면담자 : 아닙니다. 감사합니다.

---

10 박월몽을 말한다.

마산의 문화 사업, 마산문화원 부설 영화자료관장 이승기[1]

이승기의 구술은 여러 명의 마산문화원 관계자가 참석한 가운데 이뤄졌다. 1960년대 초대 마산문화원 원장을 포함한 구술 당시 현직 원장과 부원장이 예기치 않게 동석했기 때문이다. 이들의 등장은 구술 인터뷰를 수행할 당시 마산문화원 설립의 역사를 재정립하려는 움직임과 연관된 것으로 보인다. 즉, 이들은 마산문화원의 역사를 1964년 창립총회에서 초대원장이자 이사장으로 선임된 김홍기(이후 김유진으로 개명)의 활동에서 찾고 있다. 따라서 이 구술 증언은 마산문화원 초창기 지역 문화인에 관하여 많은 부분을 할애하고 있다. 마산문화원의 영화 상영 활동에 관한 정보를 충분히 얻을 수 없었

1 마산시 역사를 간략하게 정리하면 다음과 같다. 즉, 1899년 마산포가 개항장이 되고 일본영사관이 설치되었고, 1949년 마산부는 마산시로 개편되었다. 한국전쟁 동안 낙동강 전선의 병참기지 역할을 하였고, 1960년 부정선거에 항거하는 3·15 마산의거를 일으켜 4·19 혁명의 도화선 역할을 하였다. 1970년 '마산수출자유지역'이 설치되어 경제 성장을 견인하였고, 1979년 부산과 더불어 유신체제에 항거하는 부마민주항쟁을 일으켰다. 1980년 창원시가 분리되었고, 1989년 인구 증가로 합포출장소와 회원출장소를 설치했으며 각각 합포구와 회원구로 승격되었다. 1995년 1월 창원군 일부와 마산시를 합쳐 도농복합형 통합시가 되었고, 2000년 12월 인구 감소에 따라 합포구와 회원구가 폐지되었다. 2010년 7월 1일 마산시는 창원시와 진해시와 함께 자율통합 창원시로 통합하여 출범했다. 네이버 지식백과 https://terms.naver.com

다는 점에서 아쉽지만, 문화원 설립 당시 문화계 상황과 참여자의 이력을 통하여 지역 문화원의 성격을 살필 수 있다는 점에서 가치를 지닌다.[2]

마산문화원은 두 차례에 걸쳐서 창립된 것으로 보인다. 『한국의 문화원』에 따르면, 1955년 당시 마산일보 사장 김형윤이 사설 마산문화원을 창립하였다. 이때 김형윤과 함께 문화계에서 활동한 사람들은 한국전쟁 동안 마산으로 피난을 온 사람들이었다. 김형윤이 설립한 마산문화원은 얼마 지나지 않아 활동을 중단하였다. 1965년 김홍기를 포함한 서양 고전음악에 조예가 깊은 청년들이 문화원을 설립하여 활동하였으나 김홍기의 상경으로 활동이 다시 중단되었다. 1966년 박영진이 문화원 활동을 재개하여 오늘에 이르고 있다.

이 구술은 영화자료관장 이승기의 '지방' 도시 영화광으로서 자신의 청소년기 영화 관람 경험을 들려준다. 이승기는 『마산영화 100년』(마산문화원, 2009)을 발간하여 일제강점기부터 2000년대까지 마산의 극장과 영화 및 영화인에 관하여 정리·기술하였다. 해당 도서는 마산을 중심으로 경남 일부 지역의 영화사를 이해하는 데 도움을 준다. 또한, 이 구술은 1950~60년대 경남 창원군 상남면에 자리한 리버티 프로덕션(Liberty Production)에 관한 정보를 담고 있다. 즉, 1951년 미공보원(United States Information Service, Korea)이 창원군에서 리버티 프로덕션으로 불린 상남영화제작소를 설립하여 미국적 가치와 이념을 전파한 〈리버티 뉴스 Liberty News〉를 제작하고 배포하였다. 따라서 리버티 프로덕션에 관한 구술 증언은 1949년 개원하여 50여 년 동안 활동한 부산 미공보원(이후 부산 미문화원)의 이동영사 활동

---

2 2018년 3월 6일 구술 채록을 진행할 당시 마산문화원에 관하여 약술하면 다음과 같다. 즉, 2004년 3월 19일 마산문화원 제9대 원장 보선 임기로서 임영주가 취임하였고, 2007년 10월 30일 마산문화원 부설 영화자료관을 개관하였다. 영화자료관 관장은 지역에서 오랫동안 영화 관련 자료를 수집한 이승기였다. 2008년 3월 24일 제10대 마산문화원장으로 임영주가 취임하였다. 2010년 7월 1일 마산시는 자율통합 창원시로 출범했으며, 이에 따라서 마산시 북부 지역은 마산회원구로, 남부 지역은 마산합포구로 분구되었다. 현재 마산문화원은 경남 창원시 마산합포구 3·15대로 199번지에 자리하고 있다.
마산문화원 홈페이지 https://helllight6.cafe24.com/m/index.html

을 단편적이나마 이해하는 데 도움을 준다. 특히, 초대 마산문화원장 김유진의 〈리버티 뉴스〉의 배포와 상영 활동에 관한 증언은 영화를 통한 문화 냉전 체제 구축을 이해하는 데 이바지한다.

- **구술자**

  김유진(1960년대 초대 마산문화원장, 김홍기에서 개명)

  임영주(현 마산문화원장)

  이승기(마산문화원 부설 영화자료관 관장)

  장문석(현 마산문화원 부원장)
- **면담자**

  위경혜
- **구술 주제**

  마산 지역 문화원 이동영사 활동
- **구술 일자**

  2018년 3월 6일 12:00~14:28
- **구술 장소**

  사보이호텔 일식당(경남 창원시 마산합포구 삼호로 39)
- **구술 상세 목차**

  1. 1950년대와 1960년대 마산문화원 초기 설립자들
     1) 영어에 능통한 위헨리(위혜원)
     2) 1960년대 초대 마산문화원장 김홍기(이후 김유진으로 개명)
     3) 1950년대 지역 문화 엘리트의 모임 장소, 신마산 외교구락부
     4) 1950~1960년대 지역 문화 엘리트들: 김형윤, 위헨리, 김홍기
     5) 마산일보사 사장 김형윤의 『마산야화』
     6) 이북에서 마산으로 내려온 인텔리 위헨리
     7) 문화계 다방면에서 활동한 마산일보 업무국장 송인식과 동서미술상
     8) 한국전쟁 동안 마산으로 피난 온 문화예술인들
     9) 1960년대 초대 마산문화원장 김홍기의 서양 고전음악 해설
     10) 김홍기의 교회에서 배운 음악 공부와 마산의 문화 활동
     11) 1960년대 마산문화원 설립 참여자
     12) 1960년대 초대 마산문화원장 김홍기의 상경

13) 예술관 역할을 수행한 마산의 음악다방
14) 1950년대 마산문화원 설립 인사들

2. 경남 창원군 상남면 리버티 프로덕션(Liberty Production)
   1) 창원군 상남면 리버티 프로덕션과 〈리버티 뉴스 Liberty News〉 상영
   2) 마산문화원의 〈리버티 뉴스〉 배포
   3) 마산문화원과 리버티 프로덕션
   4) 마산문화원의 〈리버티 뉴스〉 상영
3. 리버티 프로덕션 사람들과 〈리버티 뉴스〉 상영
   1) 한국전쟁 이후 마산 문화계 인사의 집합소, 외교구락부와 다방
   2) 동서미술상 제정한 송인식과 리버티 프로덕션에서 그림을 그린 최운
   3) 상남면사무소 시장 근처 〈리버티 뉴스〉 상영
   4) 지역민의 〈리버티 뉴스〉 감상
   5) 리버티 프로덕션의 위치
   6) 리버티 프로덕션에서 일한 지역민
4. 마산문화원 부설 영화자료관과 이승기
   1) 마산문화원 부설 영화자료관장 이승기의 통영 봉래극장 영화 관람
   2) 청소년기 이승기의 영화 관람과 영화감독이라는 꿈
   3) 마산문화원 부설 영화자료관 개관 및 2018년 4월 마산문화원 신축 건물로의 이전
   4) '지방' 도시 영화광 이승기의 청·장년기 문화 활동: 18년 동안의 연예협회 사무국장 활동
   5) 이승기의 영화 자료 수집과 기증의 어려움
5. 마산문화원 인사들의 활동
   1) 1960년대 초대 마산문화원장 김홍기의 어린 시절 '교회음악' 학습 계기
   2) 김홍기의 초기 마산문화원 음악 활동
   3) 1960년대 마산문화원 설립 참여자들
   4) 봉사로서 문화원 활동과 이에 찬조(贊助)한 지역 유지들
6. 마산 지역 중고등학생의 영화 관람과 규율
7. 상업 극장과 마산문화원의 관계

8. 『경남지역 영화사: 마산의 강호 감독과 창원의 리버티늬우스』에 관한 이야기
9. 마산문화원 부설 영화자료관장 이승기의 최근 활동

1. 1950년대와 1960년대 마산문화원 초기 설립자들

1) 영어에 능통한 위헨리(위혜원)

위경혜 : 오늘이 2018년 3월 6일 화요일 마산에 문화원장님, 임영주 문화원장님과 그 다음에 김유진 문화원장님 그리고…….

임영주 : 이승기 관장님.

위경혜 : 아-! 이승기 관장님하고 〔헛웃음〕 또 그 다음에…….

임영주 : 장문석 부원장.

위경혜 : 예. 장문석 부원장님 만나 뵈러 왔습니다. 그래서 예전에 마산에서의 문화원 활동 그리고 마산의 영화사, 상남영화제작소에 관련된 이야기 들으러 왔습니다. 근데 그러면, 어떻게 그 위혜원 님께서는 여기서 어떤 일을 하셨던 분인데, 마산일보 사장님이랑 같이 문화원을 만드실 생각을 하셨대요?

김유진 : 내가 알기로는 위헨리라고, 이제 영어 발음으로 '위헨리'라고 했어요, 위헨리.[3]

---

3 위헨리의 본명은 위혜원(魏惠源)이며, 그의 생년월일은 알 수 없다. 1929년 11월 20일자 『매일신보』에 따르면, 함경남도 함흥군 덕천면 협의원(協議員)으로 당선되었다. 또한 1962년 12월 18일자 『마산일보』에 50살이 넘은 것으로 보아 1900~1910년생으로 짐작된다. 해방 이후 언론에 알려진 위헨리의 공식적인 활동은 서양 고전음악의 해설자였다. 이에 대하여 각각 다음을 참고. 「금일 각지 부면의 총선거 12부 23면에 금하야, 함흥군하 19면 협의원(協議員) 선거 종료: 함흥면만 금일에」, 『매일신보』, 1929년 11월 20일, 3면; 「〔송년레터〕 위헨리 선생님께」, 『마산일보』, 1962년 12월 18일 석간 4면; 「LP 음악 감상회 위헨리 씨가 해설」,

위경혜 : 예. 그분은 왜 영어를 썼대요?

일　동 : 영어를 아주 잘하기 때문이지.

위경혜 : 위헨리요?

임영주 : 예.

김유진 : 헨리를, 원 이름은 위혜원인데.

위경혜 : 예. 영어로.

김유진 : 그거를 영어 발음으로 해가지고 위헨리라고 한 거예요.

위경혜 : 예.

임영주 : 모든 자료에 위헨리라고 나옵니다.

김유진 : 위헨리라고.

위경혜 : 그러니까 어떤, 영어 관련된 일을 하셨나 봐요?

김유진 : 그분이 내가 알기로는 저 상해에서, 중국 상해에서 임시정부 때 그 때 활동을 좀 많이 그쪽으로 했어요.

임영주 : 사진에 보면 엄청 잘 생겼어요, 단체 모습. 키도 크고, 외국인처럼.

위경혜 : 어디에 자료가 나와 있나요?

임영주 : 자료가 어디에 많이 있죠. 여기 우리 어디에도 있고 그것도 어디에 있는가? 하여튼 어디에 있을…….

위경혜 : 읽어보고 제가 다시 연락드리겠습니다. 〔누군가 운 떼려 하신 듯〕 예, 예 말씀하십시오.

김유진 : 그래서 이제 마산이 고향이 아닌데.

위경혜 : 예.

김유진 : 마산에 어떤 동기로 오신 그거는 잘 못 하겠고 좌우지간…….

이승기 : 70년대에.

김유진 : 예.

이승기 : 마산 MBC 라디오에 '위헨리의 오동동 야화'.

『마산일보』, 1958년 4월 19일 2면.

김유진 : 예. 그리 했었어요.

이승기 : 예. 그리 해가지고 아주 재밌는, 이제 일종의 라디오 칼럼이지.

위경혜 : 예.

이승기 : 예, 그래가지고 오동동의 '마산의 야사' 이렇게 해가지고, 위헨리 그…….

김유진 : 아니 70년대가 아니고, 80, 60년대?

이승기 : 1960년대.

위경혜 : 아!

이승기 : 1960년입니까? 그러니까 또…….

김유진 : 그게 그러냐면 1965년도에 돌아가셨거든.

이승기 : 예. 그래가지고 또…….

김유진 : 내가 장례식에 또 갔잖아요.

이승기 : 아, 참 1965년도에 돌아가셨습니까?

김유진 : 예. 65년도에.

이승기 : 그러면…….

임영주 : 사진이.

김유진 : 사진이 있잖아요.

임영주 : 창동에 걸려있는 사진이, 이 장례식장 안에 있잖아요.

김유진 : 장례식장 앞에…….

2) 1960년대 초대 마산문화원장 김홍기(이후 김유진으로 개명)[4]

임영주 : 여기 원장님하고 〔김유진을 가리키며〕

---

4 사단법인 한국문화원연합회 발간 『한국의 문화원』에 따르면, 마산문화원의 최초 설립연도는 1955년이다. 즉, 1955년 당시 마산일보 사장 김형윤이 부산 미국 공보원의 지원을 받아 사설 마산문화원을 설립하였으나 재정난으로 일 년도 채우지 못하고 문을 닫았다. 하지만 1965년 2월 11일 김홍기(이후 김유진으로 개명)와 최종건 등이 문화원을 재건하여 법인체 설립 허가를 받고 활동하였다. 이 역시 운영난으로 일 년 만에 휴업하였다. 1966년 마산문화원은 다시 문을 열어 오늘에 이르렀다. 이에 대하여 다음을 참고, 사단법인 한국문화원연합회, 『한국의 문화원』, 한국문화원연합회, 1974, 390쪽.

위경혜 : 예.

임영주 : 마산의 유명한 조두남 예술인이 찍은 사진이, 전부 이 사진이 크게 시내에 '옛날 문화 발굴'로 걸어놨는데, 다른 분은 다 아는데 거기에 있는 분이, 이 어른은[5] 모르는 기라.

위경혜 : 하하하.

김유진 : 하하하.

임영주 : 그래서 이제 내가 뒤에.[6]

김유진 : 앞에 앉아 있는데…….

임영주 : '초대 문화원장이다.' 그 이후에 안 계시고 활동을 하다가 서울로 가셨으니까.

위경혜 : 예.

임영주 : 그래서 그게 유명한 줄을 몰랐는데 이제 근년에 보니까 그때 유명한 분들하고 다 같이 있습니다.

임영주 : 예.

위경혜 : 아하, 그러시군요?

이승기 : 뭐라고 했었죠? 그게 지금…….

김유진 : 1965년도입니다.

이승기 : 1965년요. 그러면 MBC 라디오가 개국되고 얼마 안 됐겠네요?

김유진 : 그때 제일 처음에. '오동동 야화' 그거를 60년대에 하다가 돌아가고 난 뒤에 그 바통을 누가 받았냐면 월초 정진업[7] 선생이.

이승기 : 정진업 선생이.

김유진 : 그 바통을 이어받고 쭉 했죠.

이승기 : 그러니까 마산의 위헨리 선생께서 돌아가시고 화장터에서, 거기

---

5 김유진을 말한다.

6 나중에.

7 정진업은 마산의 대표적인 시인이자 희곡 작가 그리고 영화배우이다. 그의 활동에 대한 자세한 내용은 다음을 참고. 이승기, 『마산영화 100년』, 마산문화원, 2009, 226쪽.

옛날 마산 화장터가 지금 현재 OO 올라가는 데 있거든요. 지금 '화포고등학교' 자리입니다. 그랬는데…….

김유진 : 예. 맞아요. 그렇지.

이승기 : 그 사진을 보면 거기에 이제 아주 그 조두남 그 다음에 마산일보사 김형윤.

김유진 : 예. 김형윤.

이승기 : 거기서 찍은 한 7~8분 보면 옛날에 유명한 무용가 이후철.

김유진 : 이후철.

장문석 : 예. 거기 보면 다 거기에 계시거든요.

김유진 : 무용했던 그…….

임영주 : 그러니까 창동에다가 크게 걸어놨대요, 창동에다가.

이승기 : 그런데 이제 어느 분들은 그거를 갖다가 ** ** 일본 신사라고 〔웃음〕 이런 이야기를 하는데.

임영주 : 안 되지.

이승기 : 그거는 억지 개판이지 그게 말이 안 되지 〔웃음〕 그게.

임영주 : 창동, 말도 안 되지 그게.

이승기 : 그게 화장터입니다.

임영주 : 예.

이승기 : 저도 거기 옛날에 우리 외할머니가 돌아가셔서 그 화장하러 가고 그랬거든요. 〔웃음〕 그래서 잘 알지예. 그래서 그게 됐는데예.

김유진 : 거기에 '상하이 박'이란 분도 있었고.

이승기 : 예. 상하이 박, 그분이 유명한 콘티넨탈 다방하고 지금 말로 하면 그게 외교구락부.

김유진 : 예. 종로서 활동했고.

이승기 : 에 본명이.

김유진 : 김두한이 하고 같이 어울리고 그랬거든.

이승기 : 예. 마산에서는 유명한 인물입니다.

김유진 : 조직, 조직. 〔웃음〕

위경혜 : 그분이 어떤 그 영화 쪽에도 관련되지 않으셨나요? 극장이나? 상하이 박이라고 하시는 분이?

김유진 : 상하이 박이, 그분이 이름을 내가 알았는데.

이승기 : 박동칠이?

김유진 : 아니야.

위경혜 : 박일용 님?

김유진 : 아니야.

위경혜 : 아닙니다.

김유진 : 그것도 아니고.

이승기 : 저도 이름을 알았습니다.

위경혜 : 예.

김유진 : 알았는데…….

임영주 : 상하이 박이라고 이름 붙일 정도면 나름대로.

위경혜 : 허허허.

임영주 : 참, 한 가닥 한 분이에요.

김유진 : 일종의 상하이서 독립 운동해서 주먹을 쓰고 일했거든. 그래서 상하이 박이라고 그랬거든.

이승기 : 콧수염이 멋있습니다.

일　동 : 콧수염이 멋있어. 사진에 나온 콧수염이…….

김유진 : 위에, 위에만.

이승기 : 예.

장문석 : 카이제르.

김유진 : 카이제르 수염.

이승기 : 카이제르 수염이요. 〔웃음〕

김유진 : 예.

이승기 : 박응칠이가? (한숨) 그것도 아니고.

김유진 : 아니고, 그것도 아니고.

이승기 : 예.

3) 1950년대 지역 문화 엘리트의 모임 장소, 신마산 외교구락부

위경혜 : 아까 그 '위헨리' 님 이야기 계속해주실래요? 김형윤 님하고?

김유진 : 그분이 연세가 많은데도, 그때도 많은데도 문화 활동을 많이 하셨어요. 하는데, 주로 이제 마산일보 사장 김형윤 사장하고 같이 해서 문화 활동을 많이 하고…….

임영주 : 그 당시의 마산의 대표 지식 문화 인사가 김형윤 마산일보 사장이라. 그 분은 마산을 대표하는 유명인사라. 근데 그분하고 가까이에 있었던 분이니까 뭐 그런…….

김유진 : *** *** 안윤봉 씨도 이제 많이 같이 이제…….

임영주 : 예. 안윤봉 씨는 이제 기업인으로서.

김유진 : 예. KBS.

임영주 : 문화에 관심이 많아가지고 마산구락부?

김유진 : 예. 맞아요.

임영주 : 문화를, 문인 단체를 제일 처음 만든 분이거든요, 안윤봉 씨가.

위경혜 : 일제 때 만든 거죠? 구락부라고 했으니까요?

임영주 : 그때 일제 때.

위경혜 : 아, 후반.

임영주 : 1900 한 저…… 50년대.

위경혜 : 50년대요?

김유진 : 주로 그때 자주 모인 곳이 신마산에 외교구락부라고 했어요.

일 동 : 예, 맞아요.

임영주 : 대일 외교다방이라고, 우리가.

김유진 : 외교다방이라 그랬거든.

임영주 : 외교구락부라고 했죠, 그때?

김유진 : 외교구락부라고 그래요. 그때 거기서 많이 모였어요.

임영주 : 마산 문인이. 그러니까 이제 그때 대표하는 인물들이.

위경혜 : 예.

4) 1950~1960년대 지역 문화 엘리트들 : 김형윤, 위헨리, 김홍기

임영주 : 김형윤, 위헨리. 그다음에 상하이 박, 안윤봉. 여기 〔김유진을 가리키며〕 이 원장님은 음악실, 그때 자료를 보면 DJ를 했더라고.

위경혜 : 아, 예.

임영주 : 그 당시…….

김유진 : 음악 해설도 하고 이랬었어요.

위경혜 : 아, 그러셨어요?

임영주 : 그 당시 계명대학하고 관련이 되어가지고. 계명대학 합창단을 모시고 오기도 하고.

위경혜 : 예.

김유진 : 김** 교수.

임영주 : 여기도 같이 하고.

위경혜 : 예.

임영주 : 그 다음에 그때 또 그 사진에 나와 있는 분들이 주로 이제 그런 분들이 명사로. 문화계의 인사로 그래 이제 나와 있었는데…….

5) 마산일보사 사장 김형윤의 『마산야화』

이승기 : 마산의 〈마산일보사〉라고 했는데 지금 현재 창원에 있는 경남신문의 전신입니다. 전신인데 지금 현재 엄청 오랜 역사가 있는데 그 김형윤 사장님이 갑자기 이제 연세가 많으셔서 돌아가셨어요. 돌

아가셨는데 그 유고집이 있었어요. 그거를 저 후배들이 상당히 어려운 여건에서 내놓은 게 『마산야화』라는 게 있습니다.[8] 유일하게 일제강점기 시대에 마산의 그 어떤 여러 가지 사건 사고를 갖다가.

김유진 : 목발 자가 들어가 가지고, 목발![9]

이승기 : 예. 목발 선생이, 목발이 그랬는데. 이제…….

김유진 : 허허허.

임영주 : 『마산야화』라는 책이 있어요.

위경혜 : 예.

이승기 : 『마산야화』 근데 그게 거기에 보면 제가 이제 『마산영화 100년』이라는 책을 쓴 게 거기 보면 김형윤 선생님이 거기에 들어간 게 '극장 순례'라는 게 2페이지 딱 있어요. 2페이지가 딱 있는데…….

위경혜 : 『마산야화』에요?

이승기 : 예. 『마산야화』인데 그게 1992년인가 마산문화원에서 아주 조금 현대식으로.

김유진 : 재발행을 했지.

이승기 : 재발간했습니다. 그렇지만 이게 아주 찾기가 힘듭니다. 지금 절판되어 가지고. 〔웃음〕

위경혜 : 『마산야화』가요?

이승기 : 『마산야화』가.

임영주 : 그게.

위경혜 : 있어요?

이승기 : 예.

김유진 : 내가 그거 찾으면 뭐 하는 거는 또 증명할 용의는 있지.

이승기 : 예. 원장님 꼭 갖고 계시지요?

---

8 1973년 12월 5일 김형윤이 집필한 『마산야화』를 말한다. 1996년 도서출판 경남이 동명의 개정판을 출간하였다.

9 김형윤의 호(號)는 목발(目拔)이었다.

김유진 : 주신 거는 있을 거예요.

이승기 : 저 위편에, 시중에, 헌 책방에서 좀 찾기가 힘들어요. 그래가지고 했는데. 거기 보면 이제 마산에, 신마산에 최초의 극장이 '환서좌라는 게 있었다.'

위경혜 : 예. 환서좌.

이승기 : 그래서 제가 그걸 책에다 썼는데. 그 환서좌 전에, 일제시대의 책에 보면 '희락좌라는 게 앞에[10] 있어가지고 불이 타고 그 다음 해에 환서좌를 지었다.' 그러니까 '마산 최초의 극장은 환서좌가 아니고 희락좌'였다, 이제 이런 게 있는데. 갑자기 돌아가시고 나니까 책에 아주 귀한 그 내용들이 많은데. 이거를 신문사 사장님이 쓰셨는데 육하원칙이 없습니다.

위경혜 : 허허허.

이승기 : 그러니까 그렇게 하는 게 없어서[11] 〔웃음〕 하나의 그…….

김유진 : 가십, 가십 형태라서.

이승기 : 가십인데, 몇 월 며칠 날 어디서 했던 게 그게 전혀 안 나와 있는데.

위경혜 : 예.

이승기 : 그래서 제가 그거를 들으면서 했는데 제일 대표적인 게 마산의 신마산의 그때 당시에 일제시대 1932년에 앵관이라고 '사쿠라'라고 하는 극장을…….

위경혜 : 앵, 앵?

이승기 : 예. 극장을 하나 만들었는데 거기에 보면 김형윤 선생이 써놓은 거 보면 '요정업자가 그 해에 참여해서 극장을 만들었다.' 이렇게 돼있거든요. 그러니까 그게 또 딱 한 줄로 돼있거든. '요정업자가 만들었다.' 이렇게 되어 있는데.[12] 그거를 제가 찾아보니까 조금 다시

---

10 이전에.

11 육하원칙에 근거하여 기술한 것이 없어서.

12 김형윤의 『마산야화』에 따르면, 신마산에서 개관한 앵관(櫻舘, 1973년 당시 제일극장)은

〔웃음〕 제가 연구해본 게[13] 1932년에 그 마산연예주식회사라는 거를 일본 사람들이 만들었어요. 자본금을 만들었는데, 거기에 보면 그 당시에 마산의 최고의 여관이 그, 저 여관이 있었는데, 그게 뭡니까 저게 그 여관 이름이?

김유진 : 무슨 초?

이승기 : 아니, 저 요정 아닙니까?

김유진 : 요정?

이승기 : 요정.

김유진 : 아, 술집 말이죠.

이승기 : 망월!

김유진 : 망월, 망월.

이승기 : 망월, 망월루라고 그 요정 있었거든요. 그런데 그 사람이, 이름이, 지 이름을 따가지고 그래서 망월이었어요. 그래서 그 사람이 돈을 벌어가지고 그 '사쿠라 관'을 짓는데 주식을 투자, 자기 자본을 투자했대요. 그래서 김형윤 선생이 써놓은 게 맞는 게 '요정업자가 돈을 벌어서 극장을 지었다.'고. 〔웃음〕 그렇게 했거든요.[14] 그거를 망월여관하고 망월루를. '요정을 가지고 있던 사람이 돈을 벌어가지고 했다.' 했는데, 그래서 그거를 찾아보면 상당히 귀한 자료들인데 그 '몇 월 며칠' 그게 없어가지고. 〔웃음〕

6) 이북에서 마산으로 내려온 인텔리 위헨리

임영주 : 그러니까 이제 아까 그 위헨리 같은 분은 김형윤 선생하고 지근 거

일본인 요정업자와 최봉시의 소화택시 합자로 설립된 것이었다. 김형윤, 『마산야화』, 도서출판 경남, 1996, 30쪽.

13 연구하여 알게 된 사실이.

14 그렇게 써놨거든요.

리에서[15] 같이 활동을 했지만, 문학에 남긴 기록이나 이런 거는 별로 없어요.

위경혜 : 근데 그 분은…….

임영주 : 같이 어울려가지고 매~[16] 있어서 사진 같은 거는 있는데. 그분이 문인도 아니고.

김유진 : 그러니까.

위경혜 : 허허.

임영주 : 그러니까 문인이면 글도 있어야 되고 이런 게, 그런 게 아니니까. 그 상류사회에 어울려 같이 놀았으니까 격이 돼 있지 않겠어요?

위경혜 : 그런데 그분은 여기, 어떻게 보면 본관도 장흥인데 어떻게 여기까지 와 가지고 마산 땅에 와서…….

임영주 : 그러니까 그거는 이제 모른다, 아닙니까?

김유진 : 그거를 이제…….

임영주 : 그거를 따지면…….

임영주 : 내가 들을 때는 이북 분이라고 한 것 같아요.

김유진 : 피난, 피난 때.

위경혜 : 아!

김유진 : 예. 피난 때 왔어요.

임영주 : 왜냐하면 6·25 동란 때.

위경혜 : 예.

김유진 : 6·25 동란 때.

임영주 : 마산, 거제, 부산만 북에 안 갔잖아요?[17]

위경혜 : 예. 그렇죠.

임영주 : 그래서 많은 문화예술인이.

---

15 가까운 곳에서.

16 항상 같이.

17 인민공화국 치하에 놓이지 않았다는 말이다.

위경혜 : 다 왔죠.

임영주 : 마산에…….

김유진 : 거 ***도 마찬가지고. 평안도 출신이고. 평안남도 출신이고. 그래서 저 내가 볼 때는 부인도 없거든요. 부인도 없는데 죽을 때 돼서, 그 사진을 보면 거기 앉아 있는 젊은 여자 하나가 있죠. 그게 비서 겸으로 돌봐줬거든. 그래서 어떤 사람은 조금 요즘 말로 하~도 그…….

임영주 : 하하하.

김유진 : 뭐라 그러나요 예? 신문에 많이 나잖아요? 고은 시인도 막 이렇게 하던데.

임영주 : 하하.

김유진 : 지금 같으면 그런 오해도 받았겠지. 그런데 거기까지는 우리가 생각할 수는 없고.

임영주 : 생각할 수는 없고. 하여튼 비서를 데리고 다니면서…….

김유진 : 비서라고 해서 끝까지 이제 모든 유언도 그 사람한테 했고.

임영주 : 자녀도 없네?

김유진 : 자녀도 없어.

임영주 : 음.

위경혜 : 아, 가족이 없었어요?

김유진 : 아무도 없었어요.

위경혜 : 그럼 혈혈단신이셨어요?

김유진 : 혼자서 여기 마산에 계속 가 다녔어요.

위경혜 : 예.

김유진 : 그래가지고 여비서 겸으로 그 처녀가 미스거든.

이승기 : 음.

김유진 : 처녀가 그 장례식장도 같이. 그 장례를 같이 다닌 거야.

이승기 : 아!

임영주 : 그러니까 같이 사진 찍었잖아, 밖에.

이승기 : 아!

임영주 : 그러니까 위헨리라는 분이 식견이 굉장히 높았겠죠?! 인텔리, 인텔리였겠죠.

김유진 : 아, 인텔리죠. 아주 그 다변하고 참 다방면에서 아카데믹하고 사람이.

위경혜 : 이북에서 어떤 일을 하셨대요? 언제…….

임영주 : 그런 거를…….

7) 문화계 다방면에서 활동한 마산일보 업무국장 송인식과 동서미술상

김유진 : 그런 거는 모르겠고요. 그거는 모르겠고. 송인식 선생님도 사실은.

임영주 : 허허.

김유진 : 모든 게 비슷한 거야, 이북에서 내려왔으니까.

임영주 : 송인식 선생님도 이북에서 내려왔어요?

김유진 : 이북, 이북 분이지.

임영주 : 여기 마산의 문화계에.

위경혜 : 예.

김유진 : 그분도 참 없어서는 안 될…….

임영주 : 그런 분이 연세에, 한 3년 전에 돌아가신 분도 하나, 대부** *** 대부인데.

위경혜 : 예.

김유진 : 예.

임영주 : 화랑도 하고 이래 한 분인데. 미스터리를, 젊은 시절에는 본인이 입을 열지도 않고 생년월일도 모를 정도로 미스터리라고 하시는 분인데.

위경혜 : 예. 송 인 자 식 자 님이요?

임영주 : 송인식. 그런 분인데 그분이 젊을 때부터 마산일보에 그것도 기자는 아니고 일반 사업국에 업무국에 있었던 분인데. 업무국장, 업무국장 해. 모든 문화에 한 60년간.

김유진 : 그렇지.

임영주 : 그 분이 관여 안 된 데가 없는 분이 한 분 있어요, 송인식이라고.

위경혜 : 어디 그 분 기록도 같이 마산에 다 있나요?

임영주 : 예. 그 분 많이 있습니다.

위경혜 : 예.

김유진 : 마당발, 마당발.

임영주 : 그분은 이제 마산에 앞으로 나가면 그 다큐멘터리라도 그분의 기행 이런 게 좀 많거든요.

위경혜 : 예. 한 번 만들면 좋을 것 같네요.

임영주 : 그분도 자녀가 있어도 뭐 *** 아들이 있고, 살아서 그렇지 뭐 여기 있어도 모를 정도로 그렇게 기인이 한 분 있었는데. 한 3년 전에 돌아가셨어요.

위경혜 : 아!

이승기 : 근데 그분이 이제 살아계실 적에 동서화랑이라고 했어요.

위경혜 : 동서화랑이요?

임영주 : 미술품, 미술품 수집을 했어요.

위경혜 : 아.

이승기 : 그래서 그 당시에 자기 사비를 좀 털어가지고. '동서미술상'이라고.

위경혜 : 예.

이승기 : 지금 상당히 **이 됐어요, 한 10년 됐는가?!

임영주 : 20년, 20 몇 년.

이승기 : 아, 20 몇 년 된 동서문학상이라고. 그러니까 그런 게…….[18]

18 동서미술상을 동서문학상으로 잘못 말하다.

임영주 : 동서미술상.

위경혜 : 예.

이승기 : 조금 전에 원장님이 말씀한 것처럼 저는 약간 그런 게 있는데, 그게 우리 지역의 유명한 월간지가 있어요. 거기에서 기자가, 한 번 가서 〔웃음〕 '선생님에[19] 대해서 뭐 생년월일도 잘 모르시고 이러는데, 그거 좀 이 기회를 타서 한번 말씀 해주이소.' 하니까 이제 기자가 그렇게 질문하는 게 그게 대단히 흔치가 않은데, 그 분이 말씀하시기를 '그거 알아서 뭐할낀데 고마 〔웃음〕 그거 그냥 넘어가자.' 이렇게 인터뷰 기사에 나온 게 있어요.

위경혜 : 예.

이승기 : 그래서 하여튼 재밌는 분이신데 그래도 이제 동서미술상이라고 만들어놨잖아요.

8) 한국전쟁 동안 마산으로 피난 온 문화예술인들

임영주 : 그런 것처럼 마산에는 1950년, 휴전이 1953년 이 무렵에 주로 이제 김형윤 선생님 보면 1955년에 돼 있거든.[20] 위헨리 뭐 그런 분하고 활동하셨다는 게 이제 그런 걸로 보면 주로 뭐 저 피난 왔거나.

이승기 : 예. 피난.

김유진 : 피난왔어요.

임영주 : 이런 분으로 온 게 이제…….

김유진 : ** 선생님도 '피난 왔다.'고 써놨는데 뭐 또 다…….

이승기 : 지금 가수로서 인기 있는 사람 저 그거 좀 올드보이가 된 김세환이. 김세환이 아버지가 김동원 씨거든요.

위경혜 : 예.

---

19 송인식을 말한다.

20 1955년에 활동한 것으로 되어 있거든.

이승기 : 유명한 연극배우 아닙니까?

위경혜 : 예.

김유진 : 아, 그래요?

이승기 : 김동원 씨가 1950년도부터 1953년까지 마산에 와서 동원다방이라고 하는 다방을 마산 제일 중심지에서 운영했다는 게 정확하게 많은 분들이 알고. 먹고 살기 위해서.

김유진 : 아, 그래요?

이승기 : 예. 동원다방.

위경혜 : 예.

이승기 : 자기 이름을.

임영주 : 예술을 했어요.

이승기 : 자기 이름을 따가지고 동원다방. 거기 위치가 마산의 제일 중심지인 창동에 있었는데. 지금 와서는 '이쪽이다 저쪽이다.' 〔웃음〕 이러는데 저도.

임영주 : 와, 동원다방이라고 있었다는 거죠?

이승기 : 예. '동원다방'이라고 있었어요. 그래서 하여튼 그 당시에 6·25 전쟁 중에는 마산에 엄청난…….

임영주 : 문학 예술인이. 1950년대에 김춘수 선생 이런 사람도 여기에서 문예회장하고 그랬잖아요, 통영 사람인데.

김유진 : 그렇지. 김춘수.

임영주 : '대원문화예술인'의 유명한 예술인은 50년대 결핵을 앓아서 요양원에도 왔다 가고. 마산에서 활동하던 분이 많아요. 그래서 아마 위헨리 씨는 그런 개념으로 이제 보면 되겠고. 뭐 특별히 우리가, 나는 그 이후에 많은 자료를 봤어요. 이제 그분들의 근황이 나와 있는 자료들은, 이름은 많이 있는데 뭐 했는지는 없어. 사진에는 나와 있는데. 이 분 이름이 위헨리라고 하는데 특별히 한 거는 없어, 그리 보면 안 되겠습니까?

김유진 : 허허허.

9) 1960년대 초대 마산문화원장 김홍기의 서양 고전음악 해설

임영주 : 여기 있는 선생님은, 원장님은 〔김유진을 가리키며〕 내가 그 음악사 '마산음악사'에 보니까. 내가 그렇게 찾았다니. '마산음악사', '마산음악 50년사'를 찾아본께네 아니 그 김홍기. 무슨, 그때 다방에서 음악 감상실을 하면.

김유진 : 감상실에서 해설을.

임영주 : 그렇게 했다고. 여기가 음악을 원래 전공을 또 고등학교 때 음악교사도 하시고.

김유진 : 예. 예.

위경혜 : 그러면 어떤 음악을 다방에서 이렇게 하셨어요?

김유진 : 아니 그러니까 그때는 이제 대중음악이 아니고 클래식인데.

위경혜 : 클래식 음악.

김유진 : 특히, 이제 예를 들면 교향곡. 교향곡을 해석한다든지. 이제 그런 오페라 곡을 해석한다든지. 클래식 음악을.

위경혜 : 어디 다방에서 하셨어요?

김유진 : 여기 그 다방이, 여러 군데에서 했죠. 한성다방에서도 했고.

위경혜 : 예. 그러니까 마산 시내에서 했다는 거죠?

김유진 : 창동에서도 했고. 그 다음에 신마산에서도.

임영주 : 신마산에 무슨, 내가 그 책에 보면 써놨는데.

김유진 : 신마산의 다방일 거예요.

임영주 : 그러니까 음악사에, 그런 게 이제 결과적으로 참 내가 그렇게 음악사도 찾고 이렇게 찾아다녔는데.

김유진 : 허허허.

임영주 : 어른한테 물으니까 기억에 맞는기라. 그리고 인자 문화원장 하면

서 계명대학…….

김유진 : 계명대학교 김기욱 교수가 인솔해가지고.

임영주 : 계명대학하고. 저 원장님이 대학은 계명대학에서 하셨습니까?

김유진 : 나는 경북대학교.

임영주 : 그래가지고 이제 계명대학하고 해가지고 문화원 개원 기념…….

김유진 : 음악회를.

임영주 : 음악회도 하고.

위경혜 : 예.

김유진 : 그 다음에 이런 게 있어요. 지금 현재 마산시립합창단이, 전신이 마산시민합창단이었거든요. 그때 창립 때 또 내가 그거를 했거든 계획을 해가지고.

임영주 : 그것도 이제 사진은 있습니다.

김유진 : 아, 시민합창단하고 사진인데…….

임영주 : 내가 사진을 그래서 갖고…….

김유진 : 그게 보면 내가 그 당시에 단장이 김기우라고. 아니 김계원이라고, 김계욱.

위경혜 : 아, 김계…….

김유진 : 육군참모총장 김계원 장군의.

이승기 : 허허허

김유진 : 그 사촌 동생이 김기욱이라고, 김기욱.

위경혜 : 기 자, 욱 자요?

김유진 : 예.

위경혜 : 욱?

김유진 : 김계, 아 참 저 나무 목 변에 김계, 계수나무 계 자.

임영주 : 어, 계수나무 계 자. 김계욱.

위경혜 : 욱 자.

김유진 : 그래서 그 양반이 마산에 육군 중령 때 요즘 특무대 대장 하나 했

거든. 대장해서, 그분이 음악 전공한 분이거든. 그래서 그 사람이 단장을 했던기라, 설립해 가. 지금은 현재 시립합창단 전신의, 전신이었거든.

임영주 : 그러니까 이제 원장님 경우에는 본인 회고사 그거 보면 거창에서 교사로 계시다가 밀양에 있다가, 밀양문화원이 전국 문화원 중에서 먼저 설립된 축에 듭니다.

김유진 : ******** 김동성.

임영주 : 왜냐하면 밀양문화원에서 거기 문화원에 관리를 좀 하시다가. 그래서 이제 그 당시에 마산을 넘어 와가지고…….

위경혜 : 예.

김유진 : 밀양시에서 이제 음악 해설을 했거든.

위경혜 : 아, 근데 어떻게 원장님은 그 음악을 일찍부터 이렇게 관심을?

임영주 : 음악을 전공…….

김유진 : 예, 음악을…….

위경혜 : 아, 학교 다닐 때 음악을 전공하셨어요?

김유진 : 이제 내가 학교를…….

임영주 : 음악선생님 아니었습니까?

김유진 : 대학은 음대가 없었거든 내가 다닐 때는. 없어서 이제 음악은 교회에서 좀 음악을 익혔죠.

위경혜 : 아, 그러셨어요?

김유진 : 좀 하고. 이제 내가 쭉 어릴 때부터 음악을 뭐 내가 작곡도 하고 이러면서.

10) 김홍기의 교회에서 배운 음악 공부와 마산의 문화 활동

임영주 : 그래가지고 이제 밀양에 있을 때 문화원하고 관련하다가. 내가 이제 이 창원에 와서 '문화원 하나 열면 좋겠다.' 해서. 64년 6월 18

일은 정식으로 개원식을 한 날이고.[21]

위경혜 : 예.

임영주 : 그 이전에 사무실을 얻어가지고 문화 활동을 쭉 한 거라 여기에 와서.

위경혜 : 주로 구체적으로 어떤 문화 활동을 하셨어요?

김유진 : 그러니까 나도 이제 음악을, 음악 활동도 했기 때문에. 그게 저는 문화고, 문화 활동을 한 거라고 생각한 거지.

임영주 : 문화원 준비를 위해서.

김유진 : 그렇지.

임영주 : 설립 준비를 위해서.

김유진 : 늘 보고 있었거든. 거창에 있을 때부터, 거창문화원 설립할 때부터 내가…….

임영주 : 그런 게 사실은 정치를 안 해서 그렇지 '대단한 어른이다.' 서른한 살 때 이미 그런 거를.

김유진 : 허허.

임영주 : 열려고 했으니까.

위경혜 : 예. 그러면 어려서부터 교회를 다니셨던 거예요? 아니면 뭐 집안…….

김유진 : 내가 이제 1948년 5월 첫째 주일부터 교회를 다녔거든 해방되고 난 후에. 3년 뒤에. 첫째 주일에. 그런데 보면, 이번에 서울 간 거는 왜 갔냐면 서울에서는 여의도 순복음교회가 유명하잖아요. 조용기 목사.

임영주 : 우리 어릴 때는 이단이라 했거든.

위경혜 : 허허허.

---

21 마산문화원에 따르면 1964년 6월 18일 마산문화원 창립총회를 갖고 김유진(예전 이름 김홍기)을 초대원장 겸 이사장으로 선임하였다.
마산문화원 홈페이지 https://helllight6.cafe24.com/m/index.html

김유진 : 그 분이 1958년도에 불광동에서 천막교회부터 개척 시작했거든. 그래서 지금 그 양반도 지금 오늘, 내일 하고 있거든. 건강이, 나이는 저 82, 3밖에 안 되었거든요. 하고 있는데 그래서 금년이 60주년이라고, 여의도 순복음교회가 60주년 기념인데 대대적인 행사를 5월 달에 큰 행사를 해요 체육관에서. 올림픽 홀에서. 그래서 자료를 찾는 중에 무슨 자료를 발견했냐면 자기들의 그 어린이 찬송가에 보면, 5월 첫 주일에 보면, 어린이 주일이 5월 첫 주일인데. 거기가[22] 내 노래가 나온다고.

위경혜 : 어떤 노래인데요?

김유진 : '푸른 들의 예쁜 꽃이 방긋 웃는다. 우리들은 꽃이 되어 마음껏 ***' 그 노래가…….

위경혜 : 예.

임영주 : 그러면 작사입니까? 작곡?

김유진 : 작곡했지.

임영주 : 작곡을 한 거예요.

위경혜 : 와.

김유진 : 작사는 누가 했냐면 윤충병 씨라고 '높고 높은 하늘이라 말들 하지만 나는, 나는 높은 게 또 하나 있지.' '어머니 은혜'를 작사한 유명한 분이거든.

위경혜 : 예.

임영주 : 그러면 원장님은 그 작곡이, 그 노래의 작곡 이름도 김유진 그때는?

김유진 : 그거는 김홍기라고 돼 있지.

임영주 : 김홍기로 돼 있네요?

김유진 : 그거를 이번에 이제 김유진으로 바꿨지.

---

22 거기에.

임영주 : 아!

김유진 : 새로 이제 해가지고 반주곡을 붙였어.

임영주 : 근데 '그 작곡가가 누구냐.' 이러면?

김유진 : 그래서 국민일보에 가가지고 11층에 가서, 11층 바로 그 회사에 나도 이제 특별 초청인이 된 기야, 이번에. 그래서 ** 밖에서 줬어. 그래서 뭐 음악은 내가 어릴 때부터 많이 했어, 어려서.

위경혜 : 그러니까 1948년도에 이제 해방되고 나서 교회를 다니셨다는 거죠?

김유진 : 예. 교회를 다니기 시작했어요.

위경혜 : 어떤 계기로 해서 다니시게 되셨던 거예요?

김유진 : 그때 이웃집의 할머니의 전도를 받았어요.

위경혜 : 아, 할머니요? 〔웃음〕

김유진 : 예.

위경혜 : 그 교회 이름이 어떤 이름의 교회였는데요?

김유진 : 거기가 이제 대구 칠성교회라고 해서. 그러니까 그때 나한테 배운 제자가. '유' 거기가 무슨 천안. 아니고 이번에 그 사건 뭐야 배 가라앉은 그 몇 년 전에?

임영주 : 유병언, 세모.

김유진 : 유병언이가 나한테 배웠거든. 그때 주일 날 학생이었어.

위경혜 : 허 〔헛웃음〕

김유진 : 일본서 나와가지고.

임영주 : 유병언이.

김유진 : 그러니까 유병언이가, 그때가 초등학교 6학년인가 5학년인가, 나는 그때 이제 보면 그때는 중학교 다녀도 선생을 했거든.

위경혜 : 그럼 그때 선생님 몇 살 때셨는데, 중학교 선생님으로?

김유진 : 내가. 아니 내가…….

위경혜 : 선생님 혹시 몇 년 생이세요, 선생님?

김유진 : 내가 OO년생.

위경혜 : 아, OO년생이세요?

김유진 : 예.

위경혜 : 그러면 중학교 때부터…….

김유진 : 예. 학교 선생, 교회 선생을 했다고.

위경혜 : 주일 학교 선생님을요?

김유진 : 어. 허허허 그러니까…….

위경혜 : 그럼 일찍 하셨네요, 1948년도면?

김유진 : 예.

위경혜 : 열다섯, 열여섯일 때 바로 하신 거니까?

김유진 : 예. 중학교.

임영주 : 근게 중학교 때니까.

김유진 : 예. 중학교 때니까 선생을 했죠.

위경혜 : 예. 되게 일찍…….

김유진 : 그래서 이제 일찍이 음악을 깨우친 거지, 음악을 깨우치고. 이제 곡도 만들고…….

임영주 : 교회에는 대단한 어른이에요. 우리는 교인이 아니라서 구체적으로는 모르지만.

〔종교 유무에 관하여 서로 잠깐 이야기를 나누다.〕

11) 1960년대 마산문화원 설립 참여자

임영주 : 그러니까 이제 그래서 여기 와가지고 주로 음악 활동을 하고.

위경혜 : 예.

임영주 : 그래 이제 그때 나는 또 하나 한번 알았던 게, 장기용.

김유진 : 응. 장기용.

임영주 : 어제 안 그래도 만났는데, 내보고 그래. 용돈을 만 원을 세뱃돈으

로 대동제라고. 예술인들 정월달에 모임을 하는데, 내가 그거를 또 챙기거든.

김유진 : 예. 문화부장 한 거.

임영주 : 그때에 문화원 여기 원장 할 때.

김유진 : 예. 문화원.

임영주 : 문화부장이라고 한 분이, 지휘자가 한 분 있어요. 그때도 그 분 뭐 서른 전이지 그러면 뭐.

김유진 : 올 해 80인가?

이승기 : 올 해 79인가 80인가 그래요.

임영주 : 그래 그분이 이제. 아무도 그분이 문화원에 관여한 줄 모르는데, 내가 그거를, 신문에 딱 보면. '문화부장 장기용' 돼 있다고. 그래서 그거를 내가 막 선전을 좀 했지. '와, 이분이 이래도 마산문화원 초대의 문화부장 출신이다.'라고.

이승기 : 허허허.

김유진 : 그래, 그래 그렇게 할 수 있지.

위경혜 : 예.

임영주 : 그러니까 기분이 본인도 좋잖아.

김유진 : 응, 그렇겠지.

임영주 : 그래 요즘도 내가 만나면 되게 반가워하고 그리 합니다. 그러니까 이제 그런 자료를, 이런 어른이 나타남으로써, 사장(死藏)되는 거야. 그거 모르고 넘어가삐면 그냥 끝이라. 돌아가시고 하면은.

위경혜 : 예.

임영주 : '아, 그런가 민가.' 하는데. 그래서 여 와서 정원도 좀 하고 그래가지고 이제 문화원은 기틀을 그래 이제 '잘 하셨다.' 그래 하시다가 사실은 문화원 창립 전에 활동을 좀 하다가. 창립되고 나서 한 몇 년 후에는 뭐 여러 가지 사정이 계셨지만. 다른 분이 인수해가, 하게 됐어요.

위경혜 : 그러면 선생님께서는 65년에 그 문화원에…….

김유진 : 64년.

임영주 : 64년.

위경혜 : 64년에 문화원 설립하시고 한 2년간 여기에서 활동하셨어요?

김유진 : 활동했지. 한 2년…….

12) 1960년대 초대 마산문화원장 김홍기의 상경

위경혜 : 근데 어떻게 그럼 그 이후로는 서울로…….

김유진 : 서울로 바로 올라갔죠.

위경혜 : 그러니까 문화원을 계속하기가 좀 힘드셨어요?

김유진 : 안 됐지 뭐. 서울 같은 데는 뭐 다른…….

임영주 : 여기에서, 아니 운영도 어려웠겠지. 말씀이 그 당시 돈이…….

김유진 : 그래가지고 서울서 이제 음악학원을 처음에 이제.

위경혜 : 운영하셨어요?

김유진 : 운영한 거지, 응. 그래가지고 '전국관인음악학원'에 부회장까지 했잖아요.

위경혜 : 아, 그러셨어요?

임영주 : 예. 그때 여기 올해 여기서 하면 정영숙 씨, 할매.

김유진 : 나를 아는 사람이 있더라고. 내가 인솔해 가지고 일본 갔다 온 거 있다고 저 여자 분…….

임영주 : 정영숙이라.

김유진 : 문화원에 와가지고 그렇게 안면은 많은데. 〔웃음〕

일 동 : 〔웃음〕

김유진 : 그런데 한 번 물어 본다꼬 이야기를 하더라고. 그래서 내가 일본 갈 때 내가 여기 경남에 관인음악학원 원장들 인솔해 가지고 그 일본 음악계에 인솔해서 갔다 온 일이 있거든.

위경혜 : 언제 가셨는데요, 일본을요?

김유진 : 그때가 80년 초에 갔죠.

위경혜 : 특별하게 일본을 선택한 이유가 있으셨어요?

김유진 : 일본은 내가 잘 통했으니까. 그리고 내가 교토에, 교토에서 교환 교수로 한 6개월간 또 있었거든요, 일본 교수로.

위경혜 : 아, 그러셨어요? (예) 그럼 어디 학교에 교직에 계셨었어요?

김유진 : 예.

위경혜 : 어디 학교에 계셨어요?

김유진 : 그게 나는 주로 이제 총신대라꼬. 서울에 사단법인으로 소속 대학 교죠. 거기에…….

임영주 : 총회신학대학교.

김유진 : 거기 음악 교수로…….

위경혜 : 이수역에 있는 그 총신대.

김유진 : 예. 거기에 음악 교수로 있었고요.

위경혜 : 아, 그러셨어요. 그럼 음악은 어떻게 교회로 인연이 되어가지고?

김유진 : 그래서 했죠.

위경혜 : 예.

임영주 : 박사는 철학박사입니까, 그러면?

김유진 : 교육학과. 교육학 박사.

임영주 : 교육학 박사입니까?

김유진 : 예. 박사인데. 그 논문이 음악 논문이거든. 교육학인데 음악 논문.

위경혜 : 그럼 '문화원 활동하시면서 음악 하셨다.'라고 하는데요. 그러면?

김유진 : 서울에서 음악 활동을 더 많이 했죠. 크게 했죠.

위경혜 : 예.

임영주 : 그때는 젊을 때 성숙해가면서 음악 활동을 많이 했고.

김유진 : 그러니까 그래서 내가…….

임영주 : 초기에 문화원 하기 전에도 음악 활동을 계속 하셨어요.

위경혜 : 어떻게 하신 거예요? 뭐 다방에서 그 문인들 불러서 하신 거예요? 아니면?

김유진 : 아니 서울에서는…….

위경혜 : 일반 지역 사람들 불러서……?

김유진 : 서울에서 내가 '음협회' 음악협회 평생회원이거든.

위경혜 : 예.

13) 예술관 역할을 수행한 마산의 음악다방

임영주 : 우리 지역에도 우리 나이 적을 때도 이 지방에는 일반 음악다방이 있어.

위경혜 : 예. 압니다.

임영주 : 그 음악다방에서 DJ 불러가지고 하고.

위경혜 : 예.

임영주 : 그 당시는 다른 시설이, 그렇게 원장님이 하실 때도 음악다방에서 DJ 하고 이런 거였지.

위경혜 : 예.

임영주 : 거기 중에 주요한 명목이나 유명한 사람이 오면 요즘 안내장을 뿌려 가지고 그게 일종의 '관'이지 뭐. 일반 요즘으로 치면 예술관이지.

위경혜 : 예.

임영주 : 그래서 '오늘 뭐 누가 와서 뭐 DJ 와서 한단다.' 하면 우~ 가서 보고. 이런 형태였죠, 그때.

위경혜 : 그럼, 그때 음악다방에 와서 음악을 듣던 분들은 주로 누구셨어요? 누가 와서 들으셨어요?

김유진 : 그때는, 음악 들은 분들은 그래도 제법…….

장문석 : 수준 있는 사람들이지. 〔웃음〕

임영주 : 그렇지! 학생하고.

위경혜: 예.

김유진: 클래식이니까.

임영주: 내가 있을 때도 클래식 교향곡이든지 이런 거 틀면 지인들이 특별히 할 때는 지인들도 막 모시고 유명한 분들이 오고. 아니면 뭐 일반적인 손님 중에 음악다방에 갈 수 있는 수준이 되는 손님이라고 봐야 되지. 교향곡이나 이 클래식을 들을 수 있는 수준이 돼야 되지.

위경혜: 근데 선생님 어떻게 해서 클래식을 이렇게 많이 듣게 됐어요? 들으려면 음반도 많았어야 되고 누군가가 또 설명을 했어야 하고.

임영주: 전문가라 근께.

위경혜: 시작 단계에 하실 때[23] 어떻게 하셨는지요?

김유진: 내가 이제 교회성가대 성가 합창단을 한 15년간 지휘도 직접 했거든요. 그래서 이제 늘 음악을 접한 거죠, 어릴 때부터. 음악을 가까이 하고. 또 고등학교 교직에 있을 때도 음악 교사를 했고. 그래서…….

위경혜: 고등학교 교직은 어디서?

김유진: 거창에서 했죠

위경혜: 거창에서요?

김유진: 예.

임영주: 거창고등학교에 있었습니까?

김유진: 예. 거창고등학교는 나중에는 제법 이름이 있…….

임영주: 지금도 대한민국의 명문 아닙니까?

김유진: 예, 뭐…….

임영주: 거창고등학교.

위경혜: 그럼 대학교를 음악학과…….

김유진: 나는 음악학과는 안 나왔는데. 〔웃음〕

23 클래식 공부를 시작할 때.

위경혜 : 아, 예. 〔웃음〕

임영주 : 그때는 상치 교사가 없을 때.

위경혜 : 그렇죠.

김유진 : 예. 음악과는. 대구에서 공부를 할 때, 경북대학이라고 음악과가 없었거든 그때. 나중, 후에 생겼어요. 계명대학도 후에 생겼고, 전부. 효대도 음악과라는 게 아무 데도 없었거든. 53년도에 내가 대학을 입학을 했으니까 그때는 음악과가 없었다니까. 서울 음대가 있었고. 연대도[24] 1955년도에 생겼거든. 연대도 음악과가, 이 연대나 좀 일찍이 생겨서 음악과가 있었고, 그랬어요.

14) 1950년대 마산문화원 설립 인사들

위경혜 : 근데 아까 말씀하셨던, 아니 저는 그게 참 다른 지역에 비해서 좀 특색이라고 생각하는데요. 아까 말씀하신 것처럼 뭐 위헨리 님이나 아니면 송인식 님 다 어떻게 그분의 신분이 명확하지는 않잖아요?! 그런데 어떻게 여기서 활동을 할 수 있었는지 그게 좀 궁금해요. 아무리 전쟁 통이라 하더라도.

임영주 : 그래도 내가 볼 때 송인식 씨 경우를 보면, 내가 볼 때는 그렇지 음…….

위경혜 : 그 분들은 몇 년생이세요? 아까 말씀하신 분들?

김유진 : 송인식 선생님은…….

임영주 : 일반적으로 알려지기를 한 28년? 저, 저…….

김유진 : 20…… 내가 볼, 내가 짐작할 때는.

이승기 : 흐흐흐.

김유진 : 한 23년부터 25년 사이 출생한 것 같아요. 지금 살아 있으면…….

---

24 연세대학교.

임영주 : 〔김유진을 가리키며〕 원장님이 OO년생이라 캤습니까?

위경혜 : 원장님은 OO년생.

김유진 : 내가 OO년생이니까 나보다 한, 열 살은 이상이에요.

임영주 : 그리 많을까예?

김유진 : 열 살 이상이라고 봐야 되지. 내가 봐서는 거의 90 중반이 됐다고 봐야 돼요, 송영식 씨.

임영주 : 그럴까예?

김유진 : 예.

임영주 : 그런데 이제 그분은 주로 이런 분이라. *** 나쁜 일을 하는 그런 분은 아니고. 언론계에, 그 당시 언론계 관여를 하면 사회적인 인식이 함부로 업무과건 뭐건 간에 좀 저…….

위경혜 : 대할 수 없었죠, 함부로.

임영주 : 함부로 뭐 할 수 없는 배경이 있는 이후에. 그 분이 사업이나 이런 거를 할 때 남에게 피해를 주는 그런 업을 한 일이 한 번도 한 적이 없지.

위경혜 : 어떤 사업을 하셨는데요?

임영주 : 그림 수집하고 화랑하고 뭐 이런 거 했으니까. 그리고 뭐 수준 높게 놀고. 문제가 생긴 사람들은 장사하는 사람들이거든. 사업한 사람들은 빚도 있고 외상도 있고 이러지만. 그런 분이고 한께네 송인식 씨 별로 욕먹을 일이 없어예. 그렇죠?

〔안윤봉과 송인식 등 지역 명사의 결혼 일화에 관하여 이야기를 나누다.〕

임영주 : 그때에 김형윤 선생이 마산일보 사장일 때 송인식 선생도 거기에 교무부장이나 이런 걸 했거든.

김유진 : 교무국장.

임영주 : 교무국장을 하고 이랬거든. 그러니까 결과적으로 그렇게 연결고리가 되어서 활동하는 데 편의를 많이 본 거지 뭐. 그래서 지금 돌아가시기 전까지도 마산을 대표하는 문화 예술 인사입니다.

위경혜 : 예. 근데 원장님은 〔임영주 문화원장을 보면서〕 혹시 몇 년 생이세요? 〔웃음〕

임영주 : 나는 OO년생.

위경혜 : 아, OO년생이세요? 〔웃음〕

임영주 : 나는 OO년생인데. 이제 이런 지역 사업을 많이 하니까 그런 거를 들어서 알고. 여기 뭐 한 20년, 30년 전에 있는 인사들은 다 접촉했으니까 내가 정확하게 잘 알고 그렇지.

위경혜 : 근데 아까 말씀하신 그 위헨리라는 그 분도 몇 년생이신……?

김유진 : 그 분이 아마 그 분은 송인식 선생보다 조금 몇 살 더 위에거든. 그거는 거의 내가 봐서는 100살 좀 됩니다. 100살 넘었어요.

위경혜 : 그 분이 돌아가실 때 1965년도에 돌아가셨다 그랬잖아요?

김유진 : 1965년도에 내가…….

위경혜 : 근데 그때 어떤 젊은 여자 분이 와있었다고 그랬잖아요?

김유진 : 어, 그거는 비서였어.

위경혜 : 비서로 그러면…….

김유진 : 그러니까 일종의 이제 그때는 몸도 많이 쇠약하고 이러니까. 그러니까 이제 그거를 그렇게 말씀하시잖아 '미스'라고 불렀는데.

임영주 : 어떤 관계인지는…….

위경혜 : 모르죠?

임영주 : 모른다.

위경혜 : 근데 그 분은 어디로 갔는지 모르신 거예요, 그 이후로?

김유진 : 여자분?

위경혜 : 예.

김유진 : 모르지 그거는. 그때 그냥 떠났습니다. 여자 분도. 죽고 난 뒤에

위헨리 선생이.

위경혜 : 그러면 위헨리 님이 여기서 활동하실 때 그 여자 분은 항상 옆에 있었어요? 아니면 돌아가실 때만 나타나신 거예요?

김유진 : 아니 그분도, 그 여자 분도 돌아가신, 내가 볼 때는 한 1~2년 동안 수발한 것 같아, 오랫동안 한 그건 아니고. 혼자 밥 끼려자시고[25] 이랬거든 위헨리 선생이. 그리고 ** 이런 사항도……

임영주 : 그 사진은, 여기 마산의 50년대 대표 예술인 사진 해가지고 시내 중심가 가면 크게 확대해가 걸어놨습니다.

김유진 : 어디에 있습디까?

임영주 : 창동 예술촌에.

김유진 : 아, 예술촌에.

임영주 : 아고라 광장이라고 요새 있는가 모르겠다.

김유진 : 없어, 없어졌을……

임영주 : 이름을 다 써가지고 했는데, 그게 원장님만 없어서 내가 그래 그거 했는데, 우리 문화원에 그 사진이 있을 깁니다.

김유진 : 있을 겁니다

임영주 : 그러니까 원장님은 저기 흰 와이셔츠 입고 그거 호리호리하니 해가 탁 서가지고 있는 사진이 있지. 그거는 30대 초니까.

김유진 : 아마 위헨리 선생이 내가 봐서는 아, 정진옥 선생이 1926년생이고. 그 이전이니까 정진옥 선생이……

임영주 : 이광석 선생도 위헨리에 대해서 그렇게 잘 모르겠네?

김유진 : 인사하고 알긴 알거야. 알긴 아는데 이광석 선생이 위헨리……

임영주 : 혹시 위헨리 씨에 대해서 누가 묻는데, 어디 출신인지 아냐고 내가 전화를 한 번 해볼게요.

김유진 : 위헨리 선생은 지금 봐서는 나이가 상당히 많은 거예요. 백 한, 열

---

25 끓여먹고.

살 정도는. 지금 살아 있으면 그렇게 봐야 되거든. 그때만 해도 노인이거든 노인.

위경혜 : 근데 이승기 선생님은 혹시 몇 년생이세요? 〔웃음〕

이승기 : 제가 OO년생입니다.

2. 경남 창원군 상남면 리버티 프로덕션(Liberty Production)

1) 창원군 상남면 리버티 프로덕션과 〈리버티 뉴스 Liberty News〉 상영

위경혜 : 아, OO년생이세요? 저는 이제 이성철 선생님이 그 책에 쓰신, 글로 쓰신 것도 이제 제가 읽긴 했지만. 한 가지 궁금한 거는 그때 영화, 리버티 프로덕션(Liberty Production)에서 영화를 제작했을 때 여기에 마산이나 아니면 창원에 있는 '지역에 살고 계신 분들이 많이 영화에 출연하셨다.'라는 이야기를 들은 적 있거든요. 혹시 그런 부분에 대해서 들을 수 있을까요?

이승기 : 아, 있죠! 지금 현재 USIS(United States Information Service) 미상남*** 했던 건데. 내가 학교 다닐 적에는, 우리가 중고등학교 다닐 적에는 극장에서는 〈리버티 뉴스〉를 상영했거든요.

위경혜 : 예. 그랬어요.

이승기 : 그것만 알지. 그 외 다른 내용들은. 그 다음에 제가 어리니까 그 당시에는 잘 모르지. 그래서 이제 우리 학교 다닐 적에는 그게 그 재미난 거는, 그 당시에 학교 다닐 적에 영화 보러 잘 못 갔는데. 저는 숨어서 영화를 보면, 본 영화 시작하기 전에 〈리버티 뉴스〉 하고.

위경혜 : 항상 했었어요. 〈리버티 뉴스〉 했었어요.

이승기 : 'USIS 미공보원 제공' 이렇게 나옵니다. 그래 학교 우리 영어 시간에

'그 USIS가 뭐냐.' 그러면 제가 그걸 알았어요. 영어 시간 'United States Information Service다.' 그래가지고 내가 굉장히 영어 잘하는 것같이 꼭 그렇게 자랑을 하고 그랬지. 그 당시에는 뭐 꼭 그 영화, 본 영화 상영 전에는 〈리버티 뉴스〉인데.

위경혜 : 했었어요.

이승기 : 그 당시에 지금 기억에 로고가 '에밀레종'이.

위경혜 : 자유의 종!

이승기 : 예, 예.

임영주 : 자유의 종.

이승기 : 자유의 종이 유행을 했고. 한번은 초립동이 징을 치는 게 있고.

위경혜 : 아, 그런 것도 있었어요?

이승기 : 그대로 고정되어 있는 게 있고 두 개 로고가 있습니다.

김유진 : 그런데 이제 이거 중요한 것이 뭐냐면 부산 미국 공보원도 상남 미국 공보원에서 제작하는 〈리버티 뉴스〉를 자기들이 가지고 있다고.

이승기 : 그러니까 이제 예.

〔인터뷰 도중 대화에 참여하지 않는 누군가가 누군가에게 '선생님' 하고 부르다.〕

김유진 : 그러니까 마산은 내가 특별하게 알아서 직접 가지고 왔다고.[26]

이승기 : 명확하게.

김유진 : 거리가 가까웠어요.

위경혜 : 아, 그러셨어요?

김유진 : 예. 그러니까 서울도 역시 상남 거를 〈리버티 뉴스〉로 제작해가지고 서울로 올라가고 그렇게 된 거예요.

---

26 당시 창원군 상남면에 있는 리버티 프로덕션에 가서 〈리버티 뉴스〉를 가져왔다는 말이다.

위경혜 : 그러면 원장님 여기서 활동하실 때 그때 상남 가가지고 그렇게 하신……?

김유진 : 일주일에 한 번씩 갔다니까.

위경혜 : 아, 그거를 가지러 가셨던 거예요?

김유진 : 그 뉴스를 바로 가져와서 극장에다가 배부를 하고 이랬다고.

위경혜 : 그러면 여기서 원장님 그냥 거기서 연락이 온 거예요? '이번에 무슨 영화가 나왔으니 가져가라.' 그런 거예요?

김유진 : 아니, 임의적으로 일주일에 한 번씩 간 거지. 이게 뉴스가 나올 때마다.

위경혜 : 그럼 그 뉴스가 나올 때 무슨 '이번에 나온 영화 목차 리스트'가 딱 보내왔어요? 아니면 그냥?

김유진 : 아니…….

위경혜 : 원장님께서 그냥 자발적으로 가셔서?

김유진 : 가져가라고 그래서 가는 거지.

위경혜 : 거리가 여기서 가까웠어요?

김유진 : 가까웠지. 여기서 얼마 안 되니까.

위경혜 : 예. 그럼 뭐 걸어서 가셨던 거예요?

김유진 : 아니지. 그건 아니지.

위경혜 : 차로?

김유진 : 그래도 한, 그 당시는 버스로도 갔고. 그 지프차 타고.

위경혜 : 지프차 타고.

김유진 : 타고 가고 이랬다고.

위경혜 : 그러니까 여기서 이제 1964년~1965년도에 만드시고 여기서 활동하신 기간 동안에 상남 가가지고 그 영화를 일주일에 한 번씩 가져오셨다고요?

김유진 : 그런데 여기서 별로 멀지 않거든. 거기가 여기서 킬로 수로 한 5, 60리밖에 안 될 끼야.

위경혜 : 오, 가깝네요?

김유진 : 50, 60리밖에.

위경혜 : 한 4km, 한 30리 거리밖에 아니겠네요? 30km……?

김유진 : 30리는 넘고 한 40리쯤 될 거야.

위경혜 : 40리면 한 16km 정도 됐겠네요?

김유진 : 16km. 그 정도밖에 15~16km밖에 안 돼, 거리가. 그러니까 직접 가서 가져온 기지.

2) 마산문화원의 〈리버티 뉴스〉 배포

위경혜 : 그럼, 거기서 이제 영화가 나오면 이렇게 무슨 리스트가 있었어요? 그래서 먼저 보여줬어요? 아니면 그냥 원장님이 보시기에 '아, 이번에 라보에서 영화가 나올 거 같으니까 한 번 가봐야 되겠다.' 하고 가셨던 거예요?

김유진 : 아니, 그게 아니고 이제 임의적으로 간 거지. 왜 그러냐면 그걸 받아가지고 각 극장에다가 배부를 했으니까.

위경혜 : 원장님이 직접 배포하신 거예요?

김유진 : 예. 배부를 했어요.

위경혜 : 그러면 거기서 필름을 가져오면 필름 한 개만 가져와서 이렇게 배포를 하신 거예요? 아니면 가서 영화 몇 작품씩 가져와……?

김유진 : 어, 몇 작품씩 가져왔어요.

위경혜 : 몇 작품씩 가져와서 이제 극장마다 이렇게 나눠주신 거군요?

김유진 : 지금 내가 크게 많이는, 여러 군데, 그때는 강남극장 있었고.

이승기 : 시민극장 있었어요.

김유진 : 시민극장 있었고. 그 다음에 또 신라사거리에 또…….

이승기 : 마산극장이 있었고, 제일극장 있었습니다. 네 개 정도 있었습니다. 필름 네 개쯤 가져갔겠네요?

김유진 : 그렇지, 한 댓 개.

이승기 : 그러니까 그게 〈리버티 뉴스〉이기 때문에 크게 필름이 긴 게 아이거든요. 10분짜리밖에 안 되니까.

김유진 : 그렇게 돼. 별로 안 됐어.

이승기 : 휴대하기가 크게.

김유진 : 한 댓 개 ********

이승기 : 장편영화가 아니니까 그래서 쉬워서…….

김유진 : 극장들한테는 상당히 대우를 받지. 〔웃음〕

위경혜 : 그랬을 것 같은데요?

김유진 : 가서 극영화도 공짜로 구경하고. 또 어려운 때 좀 〔웃음〕 조금 교통비 좀 달라 그러면 주고.

이승기 : 그러니까 우리나라의 문화원의 시초가 USIS 아닙니까?

김유진 : 그렇지.

이승기 : 그러니까 거기에서 보급을 받아서 각 극장에 배부하는 게 하나의 우리 문화원이 그 당시에는 일종의 그 어떤 뭐 의무적으로 〔웃음〕 책임적으로 그렇게 했던 그런 시대 같더라고요.

김유진 : 그랬어. 그러니까 그게 뭐 정기적으로 이제 일주일에 한 번씩 가서 가져오고 이랬다고, 가까우니까.

위경혜 : 그러면 거기서 이렇게 그냥 전해주는 필름을 받아만 오신 거예요?

김유진 : 그러니까…….

위경혜 : 가서 '이거, 이거 주라.' 이렇게?

김유진 : 받아가지고 이제 분배해주고. 극장에도 분배해주고 또…….

위경혜 : 그럼 갖다 또 갖다 주고 그러셨어요?

김유진 : 그러니까 자체에서도 영사기가 있었거든, 문화원에도. 예를 들면 이 기구는 〔무언가 가리키며〕 마산 아, 부산문화원에서 기구를, **를 받았거든. 그거는 상남문화원[27]하고는 이제 업무가 틀리거든. 상남문화원은 필름만 제작하는 거고.

3) 마산문화원과 리버티 프로덕션

위경혜 : 예. 상남영화제작소.

김유진 : 이제 부산 USIS에서 공보는 책 같은 거 원서. 책 그 다음에 저 …….

위경혜 : 영사기.

김유진 : 영사기. 이 기계 이거를 부산문화원에서 협조를 얻어가지고…….

이승기 : 그러니까 마산문화원이 '용마산'에 있을 적에 가보면, 의무적으로 문화원을 개원할 적에는 35mm 영사기를 필히 설치하고 스크린이 있어야 되요. 아니면 허가를 안 해줬어요.

위경혜 : 그럼 그게 언제, 1965년도의 일인가요?

이승기 : 1965년도부터인가 그렇게 있더라고. 그래서 가보니까…….

위경혜 : 35mm를[28] 반드시 갖고 있으라고요?

이승기 : 예. 35mm를. 그러면 35mm 영사기가 있습니다. 스크린이 이제 이게 올라갔다 내려갔다 이렇게 이제 평일에는 올라갔다가 이제 영화 상영하면 내려오는데 그게 문화영화 같은 거. 주로 제가 보니까 그게 정부 홍보 영화 이런 거를 상당히 많이 그리해가지고 이제 시민들한테 보여주는 거. 그랬는데. 에, 그때까지만 해도 우리 문화원에도 35mm 영사기가 있더라고요. 가보니까 필름도 많이 있더라고요. 35mm 있고. 그 다음에 이제 16mm 필름도 좀 있었는데.

김유진 : 예. 16mm 필름도 있었어요.

이승기 : 16mm는 그 당시에는 16mm 영사기도 문화원에 필수로 가지고 있어야 되더라고요.

김유진 : 16mm 영사기도 가지고 있어야 돼.

이승기 : 예. 가지고 있더라고요.

---

27 창원군 상남면 리버티 프로덕션을 말한다.

28 35mm 영사기를 말한다.

김유진 : 처음에 16mm로 했어요.

이승기 : 예. 16mm로 했어요.

위경혜 : 그때 그 사무실이 운영하기 힘드셨을 텐데, 사무실이 있었나요?

김유진 : 사무실이 그때 마산시청 별관에 강당, 대강당이 있었다고. 그 앞에 입구에 보면 사무실을 하나 만들어줬어, 시장이.

위경혜 : 문화원이라고요?

김유진 : 예. 그리고 이제 강당 사용하라고 그랬다고 그랬죠.

위경혜 : 그럼, 거기서 봤을 때 한 거기까지 상남까지 거리가 한…….

김유진 : 한 40리 정도.

위경혜 : 40리 정도요?

김유진 : 한 15km 정도 돼요.

위경혜 : 아, 15km 정도요? 그러면 이제 뭐 자전거를 타고도 갈 수 있었겠네요?

김유진 : 그렇죠! 자전거…….

위경혜 : 또 지프차는 '시'의 지프차 타고 가신 거예요?

김유진 : 지프차는 이제 빌려가지고 타기도 하고 그래요. 버스로 가기도 하고.

위경혜 : 그럼, 거기 가면 딱 이렇게 그냥 나눠주던가요, 그렇게?

김유진 : 아뇨. 그러니까 처음에는 이제 가서 인사하고. 어떤 점심 대접도 하고, 이래가지고 이제 영화를 내줬죠. 내가 제일 처음에, 이제 그 때는 상남영화제작소에 미국원장이 있고 한국원장이 있다고. 원장이 둘이라고.

위경혜 : 예. 맞아요. 맞습니다.

김유진 : 예. 미국원장, 나도 처음에는 아무래도, 지금은 이제 쪼끔 내가 회화를 조금 할 수 있지만은. 그 당시만 해도 회화가 〔웃음〕 안 통하니까 위헨리 선생을.

위경혜 : 같이 갔어요?

김유진 : 모시고 가가지고 미국원장한테 인사하고, 그 다음에 한국원장 또 오라캐 가 또 인사시키고, 그래가지고 이제 인연이 됐죠. 그 다음에 갔더니 위헨리 선생님 다음에는 또 누구를 데리고 갔냐면 조창대 선생이라고 있거든. 조창대 씨가 그분은 18년생이거든.

장문석 : 아니 아까 질문은.

김유진 : 예.

장문석 : 거기 갔을 때 필름을 '임의로 가지고 오느냐.' 아니면…….

위경혜 : 아니오. 같이 가셨던 분 이야기도 재밌습니다.

김유진 : 그러니까 상남 미공보원도 정기적으로 '아, 오리라.'[29] 생각하고 이제 내주고 이런 거죠.

장문석 : 그러니까 '거기서 임의로 내주느냐?' 안 그러면…….

김유진 : 아니지! 그러니까…….

장문석 : 우리가…….

김유진 : 합법적으로 이제 절차에 의해서.

장문석 : '뭐를 달라고 해서 가져왔느냐.' 안 그러면?

위경혜 : 아니, 주는 대로 받아오셨죠?

김유진 : 그렇죠. 주는 대로 받아온 거죠. 그러니까 자기들도 PR용이니까. 문화원이니까 자기들도 그런 아주 조금도…….

장문석 : 그리고 아까 질문은 '다 보고 난 뒤에 그걸 또 다시 반환을 했는가?'

김유진 : 반환을 했, 그렇지.

장문석 : 아까 그걸 질문을.

위경혜 : 그럼, 얼마 동안 그거를 갖고 계실 수가 있었는데요?

김유진 : 아니, 그러니까 그게 자꾸 이제 변하니까. 어, 마치면.

위경혜 : 그럼 같이 동행하셨던 분이 처음에는 위헨리 선생님이었고, 그 다음에는 조창대 님이라고 계셨어요?

---

29 오겠구나.

김유진 : 조창대 씨.

위경혜 : 그 분은 어떤 일을 하셨던 분이신데요?

김유진 : 그분은 별로 ** 쪽으로는 내가 좀, 나이도 나보다 훨씬 위에고 하니까 그래서 좀 어려울 때는 좀 부탁도 하고.

4) 마산문화원의 〈리버티 뉴스〉 상영

위경혜 : 주로 그 필름을 가져온 필름 내용은 어떤 내용이던가요? 영화가?

김유진 : 아, 〈리버티 뉴스〉.

위경혜 : 그러니까 어떤 내용을 담고 있던가요?

이승기 : 그게 〈리버티 뉴스〉가 주로 국내 뉴스.

김유진 : 주로 외국 뉴스.

이승기 : 어, 외국 뉴스. 10분 안에 절반, 절반 정도 돼요.[30] 그래가지고 그 때는 텔레비전이 없는 시대라서 아주 흥미진진하죠, 그게.

위경혜 : 그렇죠, 그거 보려고 극장 간 사람도 많이 있었잖아요.

이승기 : 예. 맞습니다. 그게 뭐…….

김유진 : 그 다음에 나온 게 〈대한뉴스〉가 생겼다고.

이승기 : 근데 〈대한뉴스〉는 2년 뒤에요 선생님.

김유진 : 2년 뒤에 생겼죠.

이승기 : 그러니까 이제 그게 일주일 만에 바뀌니까 굉장히 그…….

김유진 : 그렇지. 일주일 만에 바뀌니까. 그러니까 바뀔 때마다…….

위경혜 : 선생님께서는 그러면 64년도부터 그러면 67년도까지 계속 다니셨던 거예요?

김유진 : 그렇게 왔다 갔다 하는 거지.

위경혜 : 3년 정도를 계속 왔다 갔다 하시면서…….

---

30 국내 뉴스와 국외 뉴스가 각 절반을 차지했다는 의미이다.

김유진 : 3년까지는 안 됐죠. 한 2년 반 정도.

위경혜 : 한 2년 반 정도요?

김유진 : 예.

위경혜 : 그럼 선생님이 거기를 알고 가셨던 거예요? 아니면 어떻게 연락이 와서 가셨던 거예요?

김유진 : 아니, 그러니까 그거를 자연히 알아지더라고.[31] '뉴스를 제작하는 영화제작소다.' 하는 거를 아니까 **** 이렇게 그렇게 해야 된다고 그렇게 했어요.

위경혜 : 선생님이 그 영화를 보신 적 있으시죠?

김유진 : 그거 늘 봤죠.

위경혜 : 보면서 어떤 생각이 드셨어요? 뭔가 좋은 생각이 드셨기 때문에 가서 그 거리에 가서 가져오시고 또…….

김유진 : 아니 그거는 왜 그랬냐 하면, 문화원에서는 그 뉴스가, 〈리버티 뉴스〉가 가장 PR하는 데 있어서…….

위경혜 : 제일 좋죠?

김유진 : 제일 적임이다 생각한 거죠.

위경혜 : 예. 그럼 문화원에서도 상영을 했었겠네요? 극장에만 준 게 아니라요?

김유진 : 어, 그러니까 예를 들어서 그거 가지고 '동읍'이라든가 그 역전 앞에서도 하고 상남시장에서도 하고 이랬거든. 그러니까 장날, 장날도 저녁에 영화는 *** 저녁에.

위경혜 : 그럼 16mm로 갖고 했었겠네요?

김유진 : 처음에 16mm로 했는데…….

위경혜 : 영사기기가 작으니까 가벼우니까요.

김유진 : 예. 그런데 내가 30mm는[32] 더 후에 생긴 것 같고, 16mm로 주로

---

31 알게 되더라고.

32 35mm 영사기를 말한다.

많이 했던 것 같아요. 내가 생각하기에는 초창기에는.

위경혜: 16mm 그러면 소리가 좀 작았을 텐데 앰프도 갖고 다니셨어요?

김유진: 그런데 야외에서도 그게 잘 됐던, 반영이 됐던 것 같은데.

이승기: 잘 되지. 16mm 영사기는 그거 휴대하기에는 수월하거든요.

김유진: 그렇죠.

위경혜: 작아서요?

이승기: 그러니까 옛날에 거의 다 16mm 영사기. 옛날에 극영화도 16mm로 많이 만들었다고요. 그때에 우리 친구가 유명한 50년대에 영사 주임이었거든예. 거기에 한 번 내가 물어볼게요. 〔웃음〕

위경혜: 예. 친구 분이 지금도 영사 주임 활동하고 계세요?

이승기: 지금은 이제…….

위경혜: 은퇴하시고?

이승기: 지금은 나이가 많아 그만뒀는데.

위경혜: 예. 어디에 살고 계세요?

이승기: 지금.

장문석: 통영에.

이승기: 통영에 있는데. 하여튼 일생을 영사 주임만 해온 분인데.

김유진: 허허.

위경혜: 저 좀 소개 좀 시켜주십시오

〔이승기의 소개로 통영의 영사기사와 통화를 나누고 인터뷰 재개하다.〕

〔소개받은 통영의 영사기사에 대한 이야기를 나누다.〕

3. 리버티 프로덕션 사람들과 〈리버티 뉴스〉 상영

1) 한국전쟁 이후 마산 문화계 인사의 집합소, 외교구락부와 다방

임영주 : 내가 조금 전에 통화 한 분이, 여기 원장님 오면 같이 이야기를 해 줄게요.[33] 아주 저 유명한 분이 또 한 분 있어, 마산의 역사에.

위경혜 : 마산에 유명하신 분이 많은가 봐요?

이승기 : 하하하.

위경혜 : 아니, 그렇게 느껴지는데요.

임영주 : 그 분이 저기 언론사 마산일보 주필도 하고 원로로. 이광석 선생이 몇 년생이고?

이승기 : 올 해 OO년생.

임영주 : 그럼, 여기 김유진 선생이 그러면 연세가 얼마 안 많은 편이다. 그죠?

이승기 : 예.

임영주 : 여기는 OO년생.

이승기 : OO년생이라대.

위경혜 : OO년생이세요.

이승기 : 그러니까 OO년생. 김유진 선생이 한 살 더 많으시네요.

임영주 : 이광석 선생이 이제 그 이야기를, 그 당시 이야기를 상세히 하네. 여기도 참 기억이 85살도 되도 짱짱한 거 보면 참 요즘 세상이 참 정정하셔.

위경혜 : 아니 요즘 다들 건강하게 사십니다, 진짜.

임영주 : 그렇께 그래 이광석 선생님이라는 분이.

위경혜 : 이 분이 다른 이광석?

이승기 : 다른 이광석이에요. 그는 이창하라고 하면 됩니다.[34]

---

33 김유진 초대 마산문화원장이 인터뷰 자리를 잠깐 비운 상황이었는데, 그가 자리로 돌아오면 이야기를 이어가겠다는 말이다.

장문석 : 작은 이광석.

임영주 : 옛날 이름이 이광석이라. 일본을 같이 한번 모시고 갔는데. 한자도 이름이 같아서 이창하라는 분을 작은 이광석, 다른 분을 큰 이광석 했던 일이. 〔김유진이 밖에 나갔다 들어오자 김유진을 보면서〕 원장님, 저기 이광석 주필한테 그게 지금 그 분의 전언을 내가 전해주는 거예요. 그 분은 마산일보 출신으로, 경남신문사거든, 지금요 이게. 주필도 하고 이사도 하신 분인데. 우리 여기 문화원 창립 기사를 그분이 문화부 기자여서 쓴 분이라. 그때는 기사 실명제가 안 되어 있어서 이름은 안 되어 있지만.[35] 기억은 다 몬 하더라도, 위헨리를 물으니까.[36] 위헨리는 자기 말에 의하면,[37] 상해에서 김구 선생의 독립 자금을 댔는데, '내가 장사를 한 게 아니고 돈 많은 일본인들이나 이런 거를 핸드백 같은 거를 날치기도 하고 주먹세계에 놀았다.' 그래서 국내의 '김두한이 하고도 관련이 깊다.' 그래서 이리 흘러왔는데, 글도 문필도 있고 음악을 잘 한대요. 음악 해설도 하고. 얼굴도 잘 생기고. 그래서 마산에 와서 보니까 외로워서 자기 제일 친한 친구가 상하이 박이랍니다. 상하이 박은 똑같이 상해에서 독립 운동에 날치기도 하고 이래가 김구 선생을 돕고 김두한이 하고 친하대. 거기도 덩치가 크고 다 잘 생겼다 크네. 부산에 있는 거를 6·25 동란 후에 이렇게 '마산 가서 같이 살자.' 그래서 상하이 박을 데리고 와 가, 외교구락부가 상하이 박에 있었다고 하네.

이승기 : 예. 그래요.

---

34 이승기가 전화로 소개해준 통영의 영사기사 이창하의 본명이 이광석이다. 그런데 마산일보 주필로 활동한 언론인의 이름 역시 이광석이다. 따라서 통영의 영사기사는 이창하로 부르면 된다는 말이다.

35 이름을 밝히지는 않았지만.

36 마산일보사 주필 이광석에게 위헨리에 대해서 물으니까 모두 기억을 못 하지만.

37 이광석의 말에 따르면.

임영주 : 상하이 박은 돈이 많고 외교구락부를 운영을 하는데, 위헨리하고 같이 그리 했다 합니다. 그래서 그 분이 마산일보에 기고도 하고 음악 해설도 하고. 젊은 여성분은 뭐 내가 비서라고 하니까 고마 그리 알면 되고. 근게 이제 그런 뭐 관계가 특수 관계로 보면 되고. 그래 있다가 호걸처럼 살다가 아무런 일이 없이 자기는 돌아가셨고. 상하이 박은 아들이 소문에, 서울에 있다카는데, 소식은 모르고. 상하이 박이 있었던 외교구락부라는 게 남았는데. 그거는 우리도 알아요. 문화 예술인의 집합소래 그게. 그런데 그 맞은편에 '피라미드'인가 무슨 다방이 하나 있었다카네예. 거기에 또 많은 분이 모였다. 그래서 상하이 박도, 안윤봉 씨는 기업인으로서 문화 예술 조직을 만들어서 활동을 한 분이고. 그 다음에 상하이 박은 조직이 없어도 마산 문화계를 돈이 많아가지고 많은 스폰서를 해서 존경받는 인물이었다! 그러고 이제 송인식 씨는 그래 제일 가까운 분이 위헨리나 이런 분이 김형윤 선생이다!

위경혜 : 예.

임영주 : 내가 다른 데 그 연구 목적이니까 『마산야화』를 한 권 내가 드릴께, 다음에. 김형윤 선생하고 그렇게 가까웠는데. 송인식 씨 이야기한께네.[38] '송인식 3불'이 '고향을 묻지 마라.', '나이를 묻지 마라.', '가족을 묻지 마라.'

위경혜 : 특별한 이유가 있으셨대요?

임영주 : 그게 별명이 '3불 선생'이래요. 그래, 그 분이 그럼 왜 욕을 안 먹었나? '맨날 뭐 문화예술 활동한다고 하면서 댕기니께네 욕 얻어먹을 게 한 게 없지 않냐?' 그랬어. 그래서 마산에 호걸처럼 살아간 송인식 선생이 돌아가시고 나니까 이제 제 이야기는, 그것까지는 이제 이광석 선생이 한 말이에요.

---

38 송인식 씨에 대해서 이야기를 하니.

위경혜 : 예.

2) 동서미술상 제정한 송인식과 리버티 프로덕션에서 그림을 그린 최운

임영주 : 예. 그래도 내하고 같이 막 어울린 것도 많은데, 동서미술상을 한 20 몇 회 됩니다. 22회인가 그렇습니다.

이승기 : 아, 그래요?

위경혜 : 예.

임영주 : 상을 만들었는데, 그게 원래 미술상을 만들면 1억이든지 2억을 유치를 해놓고 줘야 되는데. 고마 그때, 그때 돈을 준 기라. 그래 돌아가시고 난께네 이게 없어질 위기인데, 마산에 있는 '정목일'이나 이런 독지가 나서가지고 저쪽에 리베라 호텔 주인(을) 하던 친구가 스폰서를 해가 그 상을 이어가기로 하고. 그냥 화랑을, 긍께 국내 유명한 사람들이 옛날에 화랑이 별로 없었잖아요?! 전시를 하면 대관 쪼로[39] 그림을 하나 얻어놓은 게 10년, 20년 이렇게 놔 삐리면 그게 고가가 되는 기라. 초고의 화가들 데려다 전시를 한 번 하고 그림 한두 점 얻어놓으면 한 20년 지나고 본께네 대가가 되면 뭐 금액이 막 올라가고. 그러면서 남에게 뭐 세상에 나쁜 짓 할 일은 없고 그리 댕기고.

위경혜 : 예.

임영주 : 상남영화제작소는 최운 선생 압니까? 게 그림?

김유진 : 어, 어.

임영주 : '게'를 '게', 바다 게.

위경혜 : 예.

김유진 : 그게 있었다.

---

39 대관 비용을 대신하여.

임영주 : 게를 전문으로 그리는 화가가 한 분 있었는데. '최운'이라고. 돌아가신 지가 한 10여 년 넘었지요, 최운 선생?

김유진 : 거기 그림을 그렸어.

임영주 : 그분이 상남영화제작소의 직원이었는데.

김유진 : 직원 맞아.

이승기 : '구름 운' 자.

위경혜 : 예.

임영주 : 최운이라는 분이 있었는데, 이제 이광석 선생이.

김유진 : 맞다, 맞다.

임영주 : 나도 그때 견학을 갔다!

김유진 : 어. 그때.

임영주 : 최운이 놀러오라 싸서[40] 몇이 구경을 하고 왔는데. 위치는 공단을 다 밀어버리니까 생각도 안 나고.

김유진 : 그 언덕 위에 있을 거야.

임영주 : 갔던 기억만 있고. USIS에서 뉴스 같은 것도 제작해가지고 공급을 하면 문화원 같은 데에서 뭐 돌리고 했다, 그런 정도 이야기가 있고. 뒤에는 자기도 내가 뭐 그 더 이상은 특별히 아는 건 없고 뭐 고런 정도의 이야기가 있었습니다.

김유진 : 맞다. 최운 선생이 직원으로 있었다.

위경혜 : 뭐 어떤 일 하셨는지……?

김유진 : 그거 내가.

위경혜 : 예.

임영주 : 직원으로 했다고.

김유진 : 아니, 그거를 왜 했냐면 그거 〈리버티 뉴스〉에 그림이 필요한 게 있거든. 그러니까 그림을 그렸다고.

---

40 최운이 놀러오라고 요청을 해서.

위경혜 : 아, 최운 선생님이요?
김유진 : 예. 그거 제일 먼저 나오는 화면에 그림을 그리고 그랬다고. 그래서 그 지금.
임영주 : 그러니까 그 분 그림이 대표적으로 '게'. 게 그림으로 유명한 '최운'이라고.
김유진 : 지금 그래서…….
임영주 : 돌아가셨어.

3) 상남면사무소 시장 근처 〈리버티 뉴스〉 상영

위경혜 : 예. 그러면 그때 리버티, 그러니까 영화제작소가 언덕 위에 있었다고요?
김유진 : 언덕 위에 있었어요.
위경혜 : 지금은 뭘로 바뀌었어요?
김유진 : 지금은…….
임영주 : 싹 밀어뻰 거 아닙니까?
김유진 : 없어!
임영주 : 창원 공단에. 그리고 원장님도 영화제작소에 가보시고 더러…….
김유진 : 거기에는 한 수십 번 갔지.
위경혜 : 영화를, 필름을 가지러요?
임영주 : 그러니까.
김유진 : 내가 직접 가지러 갔지.
임영주 : 그게 그러면 도계동 저쪽에서 가까운 상남이었는갑데요? 어뎁니까? 이쪽 상남면이가?
김유진 : 상남면이에요.
임영주 : 그 언덕 있는데예?
김유진 : 상남면 소재지에서 이래 쳐다보인다고.

임영주 : 그라면 이쪽에 그 긴가 봐예? 오른쪽에 그, 저 마을?

김유진 : 예.

임영주 : 장곡산 쪽에 있는 덴가 봬? 상남면에서…….

김유진 : 면에서 아주 가까워.

임영주 : 내가 상남면을 잘 알거든 옛날에.

김유진 : 옛날에 거기서 영화도 돌리고 했거든, 거기서.

위경혜 : 아, 거기서도 제작소에서도 영화를 보여줬어요?

김유진 : 아니, 아니 시장.

위경혜 : 시장, 그 동네에?

김유진 : 시장 통에서. 시장 통에서 했다고.

위경혜 : 상남 면사무소 그쪽 시장 통에서요?

김유진 : 예, 그쪽에서 예.

위경혜 : 거기 있는 사람들이 영화 자주 봤었겠네요?

김유진 : 예. 〔웃음〕

위경혜 : 좋았겠네요, 자주 보고.

김유진 : 응, 맞다. 최운 선생도 거기에 있었다, 참.

위경혜 : 그럼 최운 선생님은 또 어떻게 해서 거기 정식 소속 직원으로 일을 하신 거예요?

김유진 : 직원으로 그림 그렸다고.

위경혜 : 예, 그렇죠. 영화 보면 이름도 들어가고 그래야 되니까요.

김유진 : 예, 맞아요. 그분은 또 'A, B, C'의 A자도 모르는 분이거든.

위경혜 : 예. 근데 또 어떻게 인연이 돼가지고 거기 직원으로 계셨대요?

김유진 : 그거는 내 집하고 바로 가까워서 제일 자주 만난 분이 최운 선생이거든. '주산동' 거기에. ** 거 지금 기념관, 박물관 바로 그 자리가 그 최운 선생.

위경혜 : 그러면 선생님은 거기서 이제 영화 가져오셔서 그때 시청 그 강당 들어가는 앞에 입구에다가 그 사무실이 있었다고 그랬는데 그럼

그 영화 가져다가…….

김유진 : 시청 안에 사무실이 있었다고.

위경혜 : 예. 그럼 영화를 어디서 상영했어요?

김유진 : 주로 상영했던 거는 극장에도. ****하고.

위경혜 : 문화원에서는요?

김유진 : 문화원에서는 그 강당에서도 하고.

4) 지역민의 〈리버티 뉴스〉 감상

위경혜 : 주로 반응이 어떤 영화들이 좋았어요?

김유진 : 글쎄, 뭐 뉴스니까 〔웃음〕 특별히 **한 거는 모르겠어요.

위경혜 : 근데 사람들이 관심이 많았을 것 같아요. 그때는 볼 게 없었으니까.

김유진 : 그러니까 그때만 해도 극영화도 가끔 가져왔는데.

위경혜 : 어디서 그런 극영화를 가져와요?

김유진 : 미공보원에서도 극영화를 가져온 기억이 나는데.

위경혜 : 부산 가야만 그걸 가져올 수 있었던 거예요?

김유진 : 예. 그때 가져오고.

위경혜 : 그때는 부산 다닐 때 뭘로, 이렇게 기차로 갔어요?

김유진 : 그때는 여기 버스가 없으니까 주로 기차로 갔어요.

위경혜 : 기차 타고 갔어요? 부산역으로 가셔가지고?

김유진 : 예. 부산 잠깐. 요즘에는 부산에 한 시간 걸리잖아요?

위경혜 : 아, 그러시군요. 〔임영주 문화원장을 바라보면서〕 어떻게 약속 있으시면 저기…….

임영주 : 아니, 아니 계속 이야기 하이소.

위경혜 : 뭐 자리 이동해서 제가 좀 차를 대접하면서…….

임영주 : 어디예.[41] 우리가 이제 잘 모르는 분도 이런 내용을 우리 핵심은 알아야 되거든. 내가 아는 것도 공유하고. 이 선생님 다른 일 있어요?

이승기 : 아니요!

〔임영주가 인터뷰를 계속하자고 이야기하다.〕

5) 리버티 프로덕션의 위치

이승기 : 근데 선생님. 상남영화제작소에 대해서 이제 이성철 교수가 그 장소까지 확인하는 데 지금 현재 가면, 정운상가에서 내려오면 '중앙교육센터'라고 있어요. 그 근처가 그게 미 상남…….

임영주 : 정운상가?

이승기 : 예. 정운상가 내려오면 그게 있습니다.

임영주 : 그게 면소, 면소는 지금 어디냐 하면, 면소는 그쪽이, 저쪽에 '동강광업' 거기 못 가서 창원에서 쭈욱 가면 '삼성중공업'에서 오른쪽으로 조금만 가면 거기가 면소 택인데. 그런데 저기 그때 제작소가 면소 가까이에 있었어요.

김유진 : 가까이에 있었어요. 차만 타면 있거든.

임영주 : 그러면 창원시장 못 가서, 창원시 로터리 못 가서 오른쪽에 그쯤이거든. 연덕 압니까? 옛날에 연덕.

이승기 : 연덕도 내가 정확한 위치는 모르겠지만.

임영주 : 이쪽 도로로 가면 그 '미원중기' 철둑 지나가잖아요?

이승기 : 미원중기.

임영주 : 철둑 지나가지고 그렇게 직선으로 조금만 더 가면 그게 면사무소라고.

이승기 : 저 내 친구는 상남동에서 태어나가지고 거기서 산 친구인데. 근데 그 친구는, 상남공보원이 어디 있었냐면 지금 폴리텍대학 들어가

41 '무슨 그런 말씀을요.'라는 뜻이다.

는 데. 그 언덕 있잖아요, 거기에. 그럼 지금 그쪽에 높은 언덕이 있는데 '거기에 있었다.' 이제 그러는데. 또 이성철 교수가 이제 그 동네 사람들 전부 다 찾아보니까…….

임영주 : 면소 가까운 데면 정운상가 아닙니다. 나는 내가 그걸, 면소를 그 쪽을 잘 알거든. 그 당시 우리 당숙모 친형이 거기 있어. 그때 창원공단을 완전히 만들기 전에 '율림동', 진해 쪽에 저기는 제일 늦게 개발했거든요. 미원중기 있는 그쪽. 거기에 있을 때 거기가 '연덕'이라고 그 옆에 가면 상남 면사무소가 있었다고. 면사무소 소재지 같으면 폴리텍대학 가는 쪽에 그 쪽이 가까울 수 있네. 거기는 정운상가는 상점이거든.

이승기 : 그러니까요.

임영주 : 그 폴리텍대학 입구 왼쪽에 그 창원 명 씨들 동네입니다. 내가 또 조카한테 물어보면 조카 처갓집이 명 씨거든, 그 옛날에.

이승기 : 그러니까 이야기가 좀 분분하더라고, 하도 오래되니까.

임영주 : 위치 교정은, 고정은 산 위로 됐기 때문에…… 어디 내놔도 없어.

위경혜 : 그렇죠.

김유진 : 언덕 위인데 그거를 밀었을까?

임영주 : 아휴…… 그 안에 3개 면의 산을 다 밀어뻤다 아입니까?!

김유진 : 아, 그랬구나.

위경혜 : 뭐 만들면서 그랬을 거…….

임영주 : 창원공단.

위경혜 : 공단 만들면서요?

임영주 : 창원공단 안에 몇 백만 평 만들면서 3개 면을 다 밀어가지고 공단을 만들었어요, 3개 면을.

김유진 : 아, 그랬구나.

임영주 : 3개 면을 그러기 때문에 조그만한 산은 다 밀어삐고 없습니다. 밀어가지고 다 밑으로 내려왔어요.

위경혜 : 예.

6) 리버티 프로덕션에서 일한 지역민

위경혜 : 그러면 아까 최운 선생님 이야기를 했는데요. 그러면 상남영화제작소의 리버티 프로덕션에서 일했던 직원들 좀 아세요?

임영주 : 이광석 선생이 '최운 선생이 있었다.' 하는 거 외에는.

위경혜 : 그때 어떤 기록에 보면 한국인들 서른 명 정도 있었다는 기록이 있어요. 서른다섯 명 정도. 그럼 그분들이 다 내려와서 서로 다른 지역에서 내려와서…….

김유진 : 직원은 여럿이 있었지.

임영주 : 있어도 연결된 데는 뭐 더 특별히 아는 바는 없네.

김유진 : 최운 선생은 내가 가까운 사이니까. 그 분이 21년생이거든.

위경혜 : 언제 돌아가셨대요?

김유진 : 돌아가신 지 한 10년 됐죠.

4. 마산문화원 부설 영화자료관과 이승기

1) 마산문화원 부설 영화자료관장 이승기의 통영 봉래극장 영화 관람

위경혜 : 근데 이승기 선생님은 어떻게 해서 영화에 대해서 이렇게 관심을 갖고 자료를 다 모으시게 되신 거예요?

〔잠깐 김유진의 통화로 인터뷰 중단되다.〕

이승기 : 그렇게 영화를 좋아하게 된 거는 제가 고향이 통영인데. 통영에 가

면 1914년에 개관해 가 2005년에 문을 닫은 유명한 봉래극장이라고 있습니다. 2005년에 완전히 철거된 극장이 봉래극장이라고 있어요. 그 극장 바로 앞에, 들어가는 입구 왼쪽에 일제강점기 시대에 금융조합이 있었어요. 금융조합이라는 게 지금 농협의 전신인데. 그때 저희 선친이 부산 제2 상호가 교단이신. 그래가지고 졸업하고 나서 그러니까 거기 서기로 계셨어요. 그러니까 제가 지금 제가 기억하기로 1944년, 45년에 해방되기 전에 제가 여섯 살인가 일곱 살 때 선친을 퇴근 시간에 제가 만나러 가니까 아부지가 이따가 그러면 그 극장에, 바로 이 농협에서 나오면 그 금융가로 나오면 그 극장이 앞에, 극장이에요.

위경혜 : 극장 앞에서 본 거죠.

이승기 : 영화를 들어가서 봤는데 제가 처음으로 아마 영화를 본 건데, 그 당시에 아마 태평양전쟁, 일본이 승리하고 있다는 그런 뉴스영화하고. 지금 제가 기억하기로는 사무라이 영화 그 뭐 칼 들고 막 쳐들어오고 그거 보고. 난 이것이 처음 영화였고. (예) 그 뒤에 45년에 해방되고 난 뒤에 아부지가 46년이 됐는데, 제가 1945년에 그 당시에 지금 같으면 국민학교. 지금은 초등학교. 국민학교에 입학했는데 그 당시에 1, 2, 3학년 때는 영화를 단체관람을 많이 시켰어요, 그 극장에. 그래가지고 이제 학생단체 관람을 많이 갔는데. 그때에 지금 본 영화들이 뭐 〈낙동강〉(전창근, 1952). 우리나라 영화로써는 〈불멸의 밀사〉(서정규, 1947), 그 다음에 〈심판자〉(김성민, 1949), 〈성벽을 뚫고〉(한형모, 1949) 뭐 이런 영화들을 많이 봤죠. 근데 제가 알기로 1952년에 졸업하고 아버지가 일찍이 세상을 떠나는 바람에 중학교를 진학을 못 했어요. (아) 제가 영화를 보는 재미 때문에 봉래극장에서 이제 거기 초기에 50년대에는 극장이 일제시대에 지어놓은 데는, 일본식 극장은 나무로 지어놨어요.

위경혜 : 예, 맞습니다.

이승기 : 나무로 지어놔 가지고 거기에 철사 줄을 해가지고 콜타를 발라가지고 벽을 만들었기 때문에 상당한 시간이 지나고 난 이후에는 이게 좀 삭…….

위경혜 : 삭아요.

이승기 : 삭아가지고. 힘이 좀 괜찮으면 형님들이 가서 구멍을 뚫어요. 구멍을 뚫으면 개가 한 마리 딱 지나갈 들어갈 정도로 그게, 그게 '개구멍 뚫기'라는 거예요. 보통 개구멍을 뚫어놓는 데가 어디 가면, 들어가면 무대 밑으로나 화장실 옆쪽으로 나오는 게 있어요. 그래가지고 이제 공짜 영화를 보는 거죠.

위경혜 : 예.

임영주 : 근데 그때 당시에 있어도, 그걸 봉래극장에서 이제 공짜 영화 '개구멍 뚫기'를 여러 군데 했는데. '개구멍 뚫기' 저거를 하다 보면 어느 날에, 이제 여러 번 영화를 보고 난 후에 어느 날 '개구멍 뚫기'를 했는데. 극장에 있는 책임자가 보니까 이 입구에 들어오는 사람은 얼마 몇이 없는데 저 〔웃음〕 2층에 보니까 뭣이 바글바글 앉아 있더래. 그래서 보니까 전부 이제 개구멍으로 들어온 거지. 그래서 당시에 개구멍으로 들어온 애들을 갖다가 전부 다 잡는데. 극장에 그 심부름하는 애들이 적발하니까 덩치 큰 형님들은 이제 못 건드리고. 약한 우리만 〔웃음〕 잡아가지고 그래가지고 하는데.

위경혜 : 예.

이승기 : 그때는 그게 '개구멍 뚫기' 해서 잡히면 경상도 말로 '우세시킨다.' 그래가지고 극장 간판실에 데리고 들어가 가지고 그림 그리는 페인트를 가지고 얼굴에 칠을 합니다. 그래가지고 이제 '다시는 오지 마라.'고. 그러니 얼굴에 뭐 빨간 거 파란 걸로 칠해가지고 다니니까 그렇지. 그런 식으로 해서 제가 그 영화를 해가지고. 제가 53년에 마산에 와서 중학교를 좀 이렇게 늦게 입학하면서 이제 꿈이 '영화감독이 된다!'

위경혜 : 와!

2) 청소년기 이승기의 영화 관람과 영화감독이라는 꿈

이승기 : 그래서 이제 마음먹고 보다 보니까 중학교 때에 엄청나게 영화를 많이 봤어요.

위경혜 : 어디 극장을 주로 가서 보셨어요?

이승기 : 그때 마산에는 이제 시민극장, 강남극장. 그 다음에 이게 우리 학교 다닐 적에는 학교에 규율부라고 있어가지고 적발하면 정학 처분 먹이고. 그 다음에 영화 상영 전에 그 훈육주임 선생님들이 들어와 가지고 극장을 한 바퀴 돌아가지고.

위경혜 : 돌고 잡아가지고 갔어요.

이승기 : 숙숙 잡아가지고 갔어요. 그러니까 우리 같은 경우에는 올라가면 그 창고 같은 게 있어요. 거기 다 숨어가지고 있다가, 거기는 아무도 모르게 또 숨어 있다가, 이제 규율부가 가면 조금 전에 말씀드렸던 〈리버티 뉴스〉가 끝나고, 예고편이 끝나고 본 영화 시작되면 선생님들이나 규율부가 전부 퇴장하게 돼 있습니다. 그때는 이쪽에는 영화를 공짜로 못 보니까. 그러니까 나가고 나면 그때 이제 우리가 들어가서 영화를 보고 그랬죠.

위경혜 : 〈리버티 뉴스〉까지는 무료로 다 볼 수 있었던 거군요?

이승기 : 그렇지. 〈리버티 뉴스〉 끝나고 예고편 한두 편 정도 하고 나면 이제 규율부가 다 나가지. 그라믄 본 영화 시작되면 그때 이제 다락에서 내려와서 이제 영화를 보고. 그래가지고 제가 이제 해서 엄청나게 봤습니다. 그 당시에는 중학교가 전기, 후기가 있었는데. 전기가 시험을 쳐가지고 제가 떨어졌어요. 떨어져서 후기로 갔습니다. 근데 그 당시에 후기, 내가 다니던 중학교가 그 후기가 되어놓으니까 학생들이나 하여튼 선생님이나 이래가지고 좀 〔웃음〕 느슨

한 이런 학교입니다.

위경혜 : 예.

이승기 : 그래서 제가 그 당시에는 수업 네 시간 끝나고 나면, 그 당시에는 영화를 갖다가 오후 두 시에 한 번, 그 다음에 여덟 시에 한 번 하루에 두 번뿐이 안 했어요. 연속 상영이라는 거는 그 뒤에 있었거든요. 수업 네 시간 끝나고 나면 이제 극장에 가는 거죠. 가서 이제 그때는 입장료를 갖다가 티켓을 끊어야 되는데 되게 **하고. 그 당시에 극장에 가면 극장 입구를 지키는 사람이, 표 받는 사람이 남자가 했는데. 보통 덩치 크고 이래 가지고 좀 주먹쟁이가 한 거냐면, 공짜배기가 들어오는 데니까, 이제 그거를 잡으려고 이제 좀 덩치 큰 사람이 있고. 좀 동네에서 주먹이라도 있고[42] 이래가지고 웬만한 사람들은 이제 범접 안 했죠.

위경혜 : '기도'라고 불렀죠? '기도'.

이승기 : 그때 그게 이제 속칭 '기도'라고 불렀죠. 그래가지고 '기도'가 당시에는 뭐 등빨이 굉장히 좋았죠. 그래가지고 우리는 뭐 '기도'하고 '아저씨!' 하고 가가지고 이제 거래를 하는 거지. 이제 '서이에[43] 얼마에 해줘라.' 이제 이렇게 하면 '조금 기다려라.' 기다렸다가, 왜 그러냐면 그 당시에는 극장 안에 들어가면 '돈 통'이라고 있어요.

위경혜 : 예. '기도 통'이요?

이승기 : 대개 표를 사고 들어오는 게 아니고 돈을 갖고 많이 들어오니까 돈 통이 있는데 영화 시작하고 한 10분 있으면 돈 통 가지고 그 주인은 올라가고 나머지는 이제 기도가 먹게 돼 있어요, 그때 들어오는 거는. 그게 일본말로 '기도아게'라고. '기도아게'라는 말이 있어요. 그게 참 재미가 있어요. 그래서 '기도'가 월급은 얼마 안 되는데 부수입이 좀 많이 있지. 그래서 영화를 막 뭐 그야말로 그때는 우리

---

42 싸움 잘하고.

43 세 명에.

나라에 외국 영화가 엄청나게 들어왔습니다. 3일 만에 한 번씩 바뀌었어요. 그때 게리쿠퍼(Gary Cooper), 존 웨인(John Wayne) 뭐 제인 스튜어트(Jane Stuart Wallace) 이런…….

위경혜 : 그때가 몇 살 때였어요?

이승기 : 그때가 열, 그러니까 이제 제가 통영에서 영화 볼 때는 열두 살, 열세 살. 이제 마산 와서는 열다섯 살 정도 됐죠. 그러니까 매일 갔잖아요. 제가 고등학교 가가지고 학교, 학교 3학년 때 꿈이 이제 그 당시에 서울에 서라벌예술대학이 있어요. 서라벌예술대학이…….

임영주 : 중앙대 전신.

이승기 : 예. 전신인데, 서라벌예술대학이 단과대학인데, 2년제인데, 거기가 문예창작과가 있고 체육학과가 있고 그 다음에 연극영화과가 있었어요. 이제 거기 가서 영화감독 되려고 갔는데 또 집안이 또 뭐 몰락하는 바람에 거기도 못 갔어요. 그래 가지고 영화감독 빼고, 제가 상업학교 출신인데 3학년 때 추석날에 영화 보러 가가지고 선생님한테 적발되어 가지고, 적발됐는데. 그 영화 상영 끝나고 나서 적발됐는데 연속상영이잖아요, 그 당시에?! 그래서 제가 중간에 들어갔기 때문에 또 다 봐야 되니까. 선생님이 적발해가지고 그거를 나와야 되는데 그거 죽치고 다 봤거든.

위경혜 : 하하하.

이승기 : 그거 괘씸죄로 걸려가지고. 괘씸죄가 그때는…….

위경혜 : 정학 안 당하셨어요? 〔웃음〕

이승기 : 어, 정학 당했어요. 15일간.

위경혜 : 아이고.

이승기 : 그게 15일간 정학인데 그게 유기정학이라 그래가지고. 학교는 등교하고 출석부만 결석으로 매깁니다. 그 다음에 매일 반성문 쓰고, 그 다음에 화장실 청소하고. 그렇게 해서 그런 **를 하다보니까. 그렇게 하고 영화감독이 되려고 그러니까 그때부터 이제 영화 포

스터 모으는 거 이런 것도 취미를 붙여가지고. 이제 그 당시에는 영화 포스터가 굉장히 귀했습니다. 왜냐면 서울에서 영화를 상영하고 서울, 부산, 대구, 대전 이렇게 오다가 마산 오면 포스터가 한 20~30장밖에 안 오지만. 시내에 붙이려고 하면 절대적인 숫자가 부족하면, 그때에 지금은 '리플렛'이라 그러는데. 그때는 '프로그램'이라 그래가지고 앞에는 영화배우가 있고 제목 있고, 뒤에는 해설이 있어요. 이제 저 '스토리', '영화배우 프로필' 그거를 이제 극장에서 팔았습니다, '프로그램'이라 그래가지고. 그 당시에 자유당 시대인데 한 장에 10환.

위경혜 : 와!

이승기 : 그 뒤에 20환 이렇게 팔았는데 그걸 제가 이제 사 오고. 그래가지고 이제 거기에 포스터가 적절, 모지라면, 붙일 데가 있는데 포스터가 없으면 그걸 대신 했었습니다. 그걸 대신 했었는데 뒤에다가 물감 칠을 합니다. 그 가치를 없애려고. 그래가지고 그 마산 시내에 제일 중심가에 유리창에다가 그거를 붙여놓습니다. 그거를 압삐[44] 가지고 딱 여기에 붙여놓으니까. 딱 붙여놓으면…….

임영주 : 물감을 왜 칠해요?

이승기 : 극장에서 팔기 때문에 그 가치 없으라고. 이제 그게 되면 팔아먹을 수가 있거든요. 뒤에…….

임영주 : 포스터를?

이승기 : 아니, 지금 내가 가지고 있는 그거, 그게 소형 포스터가.

임영주 : 뒤에 이렇게 해가지고 칠로만 해 놨다 그 말…….

이승기 : 그게 그러니까 제가 때운 거 아닙니까?

임영주 : 어디에 팔아먹는다고?

장문석 : 그게 원래는 극장에서 파는 건데, 파는 걸 내놓으면…….

44 압정.

이승기 : 파는 걸 갖다가 길가에 붙여놓으니까. 그걸 떼 가서 이제 팔면.[45] 이거는 페인트칠을 해 놓으면 못 팔아먹는다고.

위경혜 : 그렇죠.

이승기 : 그래서 이제 그렇게 예. 그래가지고 가면 그게 길거리에 아침에 등교하다 보면 그때는 먹고 살기가 힘든 시절이라서 유리창이 깨지면 빨리 갈아 넣지 않고 그대로 둡니다. 여기 좀 깨진 대로. 그러면 제가 학교 가면서 보면 딱 붙여놨지 않습니까? 그 포스터를 딱 붙여놨거든! 그러면 '아, 이거는 내 꺼. 오늘 저녁에 내가 떼어간다.' 그런데 그때는 '야통'[46]이 있기 때문에 열두 시 넘어서 그거 떼러 가면 그거 오다가…….

위경혜 : 걸리죠?

이승기 : 걸릴 수가 있으니까. 새벽 네 시 되면 그때는 열두 시하고 새벽 네 시에 사이렌이 울립니다.

위경혜 : 그러면 이제?

이승기 : 통행금지 해제되었다고.

위경혜 : 통행금지 해제되었다고.

이승기 : 그러면 새벽 네 시에 일어나가지고 〔웃음〕 그곳으로 가는 거지요. 그러면 시커먼 데[47] 가는데. 가면 딱 거기 가서 창문을 사악 열면 이게 딱 잡히잖아요. 착 추리면[48] '차칵, 착' 소리 납니다. 그러면 위에 양쪽이 좌악 찢어지거든요. 이거를 압정으로 붙여놓으니까. 그래가지고 그 구멍으로 사악 꺼내지. 그러니까 그때 제가 지금 가지고 있는 것 중에서 한 40편 정도가, 그게 그러니까 40~50편 정도 있는데. 그게 새벽마다 갔으니까 〔웃음〕 그게 엄청난 시간이 걸렸

45 팔면 안 되니까.

46 야간 통행금지.

47 날이 어두운데.

48 뜯으면.

죠. 걸리다 보니까 그때에 없었던 그러한 포스터들이 있는데. 제가 거기, 이제 지금 와서 상당히 좀 많이 수집도 하고 또 그 뒤에 이거를 또 파는 사람도 있고 그랬어요. 그렇게 제가…….

3) 마산문화원 부설 영화자료관 개관 및 2018년 4월 마산문화원 신축 건물로의 이전

〔영화광 이승기에 관한 이야기 및 영화자료관 개관에 관한 이야기를 나누다.〕

〔이승기 소장 영화 포스터의 디지털화 및 사후 활용 방법에 관한 이야기를 나누다.〕

〔마산문화원 부설 영화자료관과 한국영상자료원의 관계에 관한 이야기를 나누다.〕

〔마산문화원 건물 이사에 관하여 이야기를 나누다.〕

위경혜 : 그러면 (문화원 건물 이사는) 언제 가세요? 문화원 건물이요 어디로 가세요?[49]

임영주 : 이달 말에. 시내로 가는데 뭐.

위경혜 : 예.

임영주 : 가는데 이제 거기에는 우리가 포스터 중심이라서. 그래서 이제 거기 가면 여러 가지로 이제 자료원, 창고 보관이고. 한쪽에는 이제 흘러간 영화 '영상실'을 하는 그런 정도로 하고 있지. 우리가 뭐 예

---

49 2017년 2월 25일 마산문화원은 마산합포구 3·15대로 199번지에 문화원 건물 신축 기공식을 갖고 2018년 4월 11일 준공식을 마쳤다. 인터뷰를 실시한 일자는 2018년 3월 6일이었다. 마산문화원 홈페이지 https://helllight6.cafe24.com/m/index.html

산상으로 이래가지고 특별히 박물관처럼 그리하지도 못 해. 테마별 있으면 뭐 전시 포스터나 몇 개 걸고 그런 정도지.

4) '지방' 도시 영화광 이승기의 청·장년기 문화 활동 : 18년 동안의 연예협회 사무국장 활동

위경혜 : 근데 선생님 그렇게 영화를 좋아하셨는데, 대학교를 영화과로 못 가신 거죠?

이승기 : 아니. 못 가고 그거 뭐 영화에 관한 책 읽고.

위경혜 : 예. 그럼 고등학교 교육 마치시고 직장 가셨어요?

이승기 : 예. 좋아하다 보니까 그 다음에…… 제가 독립영화 총 여섯 편에 출연했어요.

위경혜 : 아. 그래요? 어떤 영화였는데요?

이승기 : 영화배우입니다. 영화배우인데. 제일 처음에 데뷔한 게 〈외계인〉(박재현, 2007)이라고. 그거 전국적으로 상영됐어요. 〈외계인〉, 박재현 감독이라고. 그래가지고 〈외계인〉 그 다음에…….

위경혜 : 예. 몇 년도 영화인 거예요?

임영주 : *** 2006, 그게 〈외계인〉이에요.

이승기 : 예. 그게 2009년? 2009년에 〈외계인〉 그 다음에 창원에 유명한 감독 있어요. 김재환 감독이라고. 그 분이 〈조용한 남자〉(김재환, 2011) 그거는 단역 출연했고요. 그 다음에 〈굿바이 마산〉이라고 있어요. 허승용 감독인데 그거는 조연으로 제법 많이 나왔어요.

위경혜 : 예. 선생님 이제 최근에 영화에 출연하신 거 말고 고등학교 졸업하시고 뭐 어떤 일하셨, 하시면서……?

이승기 : 장사도 하고. 자영업 예.

임영주 : 자영업도 하고, '예총'에 사무국장도 하고.

이승기 : 옛날에 그 '연예인협회'라고 있었어요.

위경혜 : 아, 있었어요, 지역마다 있었어요.

이승기 : 예. 그때 옛날에 '연예협회'라 그랬거든요. 지금은 '연예예술인협회'라 그러는데. 연예협회 그게 마산에 한 1970년, 마산이 7대 도시에 들어갈 적에 마산에 유흥업소가 엄청나게 있을 적에. 그거를 제가 사무국장을 한 18년 했어요.

위경혜 : 연예협회 사무국장을요?

이승기 : 예. 연예협회 사무국장을 한 18년 하고. 그 다음에 예총 사무국장. 마산시 경상남도 지부 사무국장도 한 4~5년 했고예.

위경혜 : 그럼 생계는 다 자영업하시면서?

이승기 : 자영업이 아니고. 〔웃음〕

임영주 : 생계는 어렵지, 뭐.

이승기 : 생계는 그 허허.

임영주 : 생계는 그저 고마 밥은 먹고 살았지. 어렵게 살았다고 보면 됩니다.

5) 이승기의 영화 자료 수집과 기증의 어려움

위경혜 : 그 자료를, 그렇게 평생 모은 자료를 쉽게 기증하기가 쉽지 않거든요.

이승기 : 아니, 기증하는 게 쉽지 않은 게 아니라. 〔웃음〕 원장님 계시지만도.

임영주 : 어쩔 수 없이 한 거지.

이승기 : 넘기기 쉽지 않은 게 아니라, 인수인계하는 과정이 엄청나게 어려웠습니다. 〔웃음〕

임영주 : 교수들은 중요하다고 하는데, 사회 쪽에 있는 사람은 '필요없다.' 종이, 쓰레기 노골적으로 쓰레기. 그러니까 예술 관계에 있는 의원들이나 이런 사람들이 막 '시'에다 떠들어가 '이걸 사라'카면 막상 보고는 포스터 그거 쫙악 있으면, '쓰레기잖아? 이게 뭐 가치 있냐?'고 이거 돈 '무슨 이게 몇 억 되냐?'고 이래가 안 살라카고. 그

런 중에 이거 옮겨야 되고. 옮길 데는 없잖아. 그래가지고 이제 그 런 과정이 된 거죠.

위경혜 : 그러면 자료를 수집하시는 입장에서 홍영철[50] 선생님하고도 자주 어떻게 연결돼서……?

이승기 : 아, 홍영철이 하고는 한 달에 한 번 정도는 만났어요. 그 엄청…….

임영주 : 홍영철이 하고는 나도 자주 만났는데……. 그 분도 고민이 '이 많은 자료를 내가 일생 동안 한 거를 하- 그냥 주기로는 아깝고.' 그리 죽을 줄 알았으면 그냥이라도 자료를 주면 됐을 거야.[51]

〔이승기 영화자료관을 만들 당시 영화 포스터의 감정가에 관한 이야기를 하다.〕

〔부여군 롯데리조트 옆 백제원에 소장된 자료에 관한 이야기를 하다.〕

〔부산광역시 홍영철 기증 자료에 관한 이승기의 자문 이야기를 하다.〕

5. 마산문화원 인사들의 활동

1) 1960년대 초대 마산문화원장 김홍기의 어린 시절 '교회음악' 학습 계기

위경혜 : 이제 문화원이 지역에서 생겨가지고 막 활동을 할 때 그때 그 초반이 굉장히 궁금해요. 근데 아까 선생님께서 말씀하실 때 '교회를

50 부산의 한국영화자료연구원 원장 홍영철을 말한다.
51 2016년 홍영철이 갑자기 작고한 일을 두고 하는 말이다.

통해서 클래식을 배웠다.'라고 하는데 클래식 배울 때 그냥 배우는 게 아니라 분명히 거기에 목사님 계시거나 아니면 선교사가 있어서 음악도 '이런, 이런 거'를 가르쳐 주면서 소개를 했을 거 아니에요? 그러니까 혹시 그런 경험들 있으시면 이야기 좀 해주십시오.

임영주 : 음악을 접하게 된 계기를 묻네요?

위경혜 : 이제 교회 다녔지만, 교회에서 어떻게 해서 또 클래식을 누가 가르쳐주고 뭘 배웠는지 이런 게 좀 궁금합니다.

김유진 : 그러니까 이제 음악이 '교회음악'이라는 게 있잖아요? 이제 교회를 다니다 보니까 내가 처음에 이제 음악을 접한 거는 6·25 사변 때 내가 중학교를 다닐 때. 서울에서 피난 나온, 와서, 내가 대구에 있을 때인데. 이웃에, 지금도 기억해요. '안영호'라는 친구가 있었어요. 그 친구가 음악을 잘하더라고. 그때는 피아노라는 게 별로 없었거든 학교 외에는. 그랜드 피아노가 있었는데. 그래가지고 교회에서 이제 오르간 노래가 있거든. 오르간을 아주 잘 치더라고 친구가. 뭐 나이는 열여섯, 열일곱밖에 안 되는데 6·25 때. 그러니까 걔가 음악을 하니까 아주 신기했어. 그래서 옆에서 배웠는데 그 'Oh, Danny Boy'라는 노래가 있잖아?! 〈아, 목동아〉 영국 민요, 스코틀랜드 민요! 〈아, 목동아〉[52] 피아노, 그거를 아주 잘 치더라고. 그래서 나도 이제 그 친구의 영향을 받아서 '아, 나도 음악을 해야 되겠다.' 막 이렇게 생각해서 이제 음악을 접한 거죠.

위경혜 : 예.

김유진 : 접했는데, 자기는 서가지고 있으면 교회에 성가대가 있잖아요?! 거기에서 음악을 이제 테너 파트를 해가지고 그래서 거기서 음악을 이제 익힌 거지. 익혔고. 그 다음에 내가 본격적으로 음악을 한 것은, 시작한 것은 아까도 이야기했지만 그 '높고 높은 하늘이라 말

52 〈아, 목동아 Oh Danny Boy〉는 아일랜드 민요이다.

들 하지만' 작사한 윤충병 그 분이 목사님이거든! 감리교 감독까지 하신 분인데 그 분의 영향으로서 내가 적극적으로 음악을 하게 된 기지, 뭐. 그분 돌아가셨지 1918년생이니까 뭐 100살. 우리 나이로 한 101살 되나?

2) 김홍기의 초기 마산문화원 음악 활동

위경혜 : 그러면 선생님께서 이제 문화원 활동하실 때 그때 음악을 DJ 하셨잖아요?

김유진 : 아, 예.

위경혜 : 그럼 선생님도 그냥 아무거나 틀어준 게 아니라 그냥 뭔가 선정, 선곡을 했을 거 아니에요? '아, 이 곡은 어떤 의미에서 이걸 들려주면 좋겠다.'라고 했을 때 주로 어떤 곡들을 골라서 교육을 하셨어요?

김유진 : 이제 그때는 교향곡하고. 베토벤의 〈영웅〉이라든가 〈운명〉이라든가 이걸[53] 이제 또 틀기도 하고. DJ를 하고 그 다음에 피아노곡. 피아노곡도 그래 하고. 그 다음에 이제 슈베르트의 곡 같은 거 〈마왕〉이라든가 그랬고.[54] 주로 그 클래식 음악을 틀고 해설하고 그랬지.

위경혜 : 예. 그 당시에 클래식을 하는 사람들이 그렇게 많지는 않았을 거 아니에요?

김유진 : 그래, 그렇지. 암만 해도 상당히 많이 모였어요.

위경혜 : 그럼, 거기서 오셨던 분들은 클래식 음악을 들으면서 뭐 교양을 쌓기 위해서 오신 분이에요? 아니면 음악 공부를 하기 위해서 들으러 오신 분들이었어요?

김유진 : 음…….

위경혜 : 다방에서 하셨다고 그랬죠?

---

53 이런 것을.

54 들려주었고.

김유진 : 다방에서 했는데. 그래서 이제 간혹 몇 달에 한 번씩 정기적으로 음악다방에서는 '클래식 감상회'라 했거든. 그래서 내가 이제 해설을 하고 이랬지.

위경혜 : 그럼 음악다방이라고 하는 거는 주로 클래식만 들었던 음악다방이에요?

김유진 : 어⋯⋯ 그 당시는 주로 이제 별로 대중음악에서는 해설 쪽⋯⋯.

위경혜 : 그렇죠. 없죠.

김유진 : 학위가 없잖아. 그래서 클래식, 주로 클래식을.

위경혜 : 그럼, 거기가 대구에 있는 다방이었던 건가요?

김유진 : 아니지. 여기 마산.

위경혜 : 마산에 오셔서요?

김유진 : 예. 또 밀양도 있을 때. 그 전에 마산에 오기 전에 밀양에서도 하고.

위경혜 : 예. 근데 어떻게 또 대구에서 밀양, 마산에는 오시게 되셨네요?

김유진 : 어. 마산은 우리 어른이 법조계에 계셨거든.

위경혜 : 아, 집안 어르신께서요?

김유진 : 예. 집안. 여기 마산 지방에. 그래서 마산에 오게 된 거고. 거창은 내가 교편 잡았던 곳이고. 밀양도 역시 내가 학교 관계로 온 거지.

위경혜 : 그러면, 문화원에서는 64년도에서 한 2년 반 정도 하셨던 거예요?

김유진 : 예. 2년 반. 그 전에 63년부터 했지, 하기는.

위경혜 : 어떻게 해서 문화원하고 인연이 되셨던 것인데요?

김유진 : 그러니까 그전에 보면 주로 거창이나 밀양이나 문화원들이 먼저 생겼거든, 마산보다도.

위경혜 : 예. 맞습니다.

김유진 : 도시는 좀 적은 도시라도.

위경혜 : 예.

김유진 : 먼저 생겼는데. 문화원 활동을, 문화 활동이 상당히 활발하게 잘 움직였거든. 그래서 거기에서 주로 이제 옆에서 본 것이 있어가지

고. 또 문화원 주최로 음악 감상회를 한다든지. 그럼 내가 해설자로 나가고. 그래서 '아, 문화원에서 이런 문화 활동을, 예술 문화 활동을 하는 곳이구나, 내 고장을 위해서!' 그래서 거기에서부터 관심을 가지게 된 거죠.

위경혜 : 근데 문화원, 65년에 문화원장님…….

김유진 : 64년에.

3) 1960년대 마산문화원 설립 참여자들

위경혜 : 64년도에 이제 문화원장을 하실 때 같이 협력하셨던 분들은 다 어떤 일 하셨던 분이세요? 그리고 또 어떻게 해서 원장직을 맡게 되셨던가요?

김유진 : 음. 그때 이제 내가 창설을 했기 때문에, 설립을 했기 때문에.[55]

위경혜 : 어떤 마음으로 그때 하셨던 거예요?

김유진 : 글쎄, '나와 내 고장을 한번 살려보겠다!'

위경혜 : '살려보자?'

김유진 : 하는. 예. 하는…….

위경혜 : '발전시켜 보겠다.'라는 생각을 했어요?

김유진 : 그때는 마산이 7대 도시에 들어갔거든.

위경혜 : 그렇죠. 그럼 그때 같이 협력하셨던 분. 그러니까 협조자…….

김유진 : 어. 그때 한 분들 음악 한 분도 있고. 그 다음에 이제 좀 교직에 있는 분도 있었고. 그래서 그런 분들이 모였었거든.

위경혜 : 그때도 미공보원의 어떤 후원을 받으셨어요?

김유진 : 후원 받았지.

위경혜 : 어떤 걸 후원을 받으셨어요?

---

55 문화원을 설립했다는 의미이다.

김유진 : 주로 이제 서적하고 원서하고 또 미국 공보원에서, 부산 미국 공보원에서.

위경혜 : 예.

김유진 : 영사기하고. 그 다음에 여러 가지 홍보물 같은 거 그런 거.

위경혜 : 그러면 이제 이동영사도 하시면서 영화 상영하셨어요?

김유진 : 어. 그렇지. 했어요.

위경혜 : 어디 그럼 지프차랑 어디를 도셨어요?

김유진 : 지프차랑. '시'에 지프차도 빌리고 뭐 이렇게 해서 주로 여기 마산 여기 면 소재지 쪽.

위경혜 : 그럼 면 소재지는 한 달에 몇 번 정도 가셨어요?

김유진 : 아, 그러니까 뭐 한 달에 한두 번, 세 번 정도.

위경혜 : 두 번, 세 번 정도. 어느 한 면 소재지를요?

김유진 : 어. 한 면 소재지 하고. 또 그 다음에 영화뿐 아니라 다른 이제 반공 교육, 반공 전시회도 하고 사진 전시회도 하고. 그 다음에 에- 뭐 여러 가지 음악회도 하고 등등 문화 사업 관련된…….

위경혜 : 그러니까 면 소재지 가셔가지고?

김유진 : 예.

위경혜 : 몇 개 면을 도셨는데요?

김유진 : 뭐 내가 돈 거는 뭐 한 7~8개 면을 돌았다고 봐야지.

위경혜 : 그러면 여기 마산 인근에 있는 면 소재지?

김유진 : 예. 옛날 창원군 쪽에.

위경혜 : 그럼 가셨을 때 지역민의 반응은 어땠어요?

김유진 : 반응은 좋았죠. 그거는 아주 좋았다고.

위경혜 : 주로 누가 와서……. 어디서 하셨는데요, 그런 거 하시면?

김유진 : 그게 이제 주민들, 그 주위에 사는 분들 왔었죠. 그 주위에는 극장이 없으니까,

위경혜 : 극장이 없으니까…….

김유진 : 그러니까 이제 극영화도 들려주고 하니까 뉴스하고. 그래서 많이 모이더라고.

위경혜 : 그러면 영화 같은 경우에는 어디 운동장 같은 데다 포장을 치셨어요?

김유진 : 에-.

위경혜 : 전시회는 어떻게 하셨어요?

김유진 : 아니지. 포장 치고 그런 거는 아니고.

임영주 : 밤에, 밤에.

김유진 : 밤에 하는 거니까. 그러니까 이제 스크린만…….

임영주 : 주로 밤에 하지.

위경혜 : 그럼 전시회 하려면 이렇게 뭐 캠퍼스 판도 갖고 다니시고 그러셔야 하셨네요?

김유진 : 아니, 그 뭐 그때 전시회는 보통 낮에 할 수 있죠. 사진 전시회라든가. 반공 사진도 전시회 했거든, 사진도 받아가지고.

위경혜 : 그럼, 거기를 도실 때 혼자만 도셨던 거예요?

김유진 : 아니죠! 그게 제가 이제 한 서너 사람이 합니다.

임영주 : 문화원 직원이.

김유진 : 직원들이. 영사기사도 가고.

임영주 : 문화부장도 가고 뭐.

김유진 : 영화부장, 영사기사가 있고.

임영주 : 거*도 가고 뭐 한 네댓 명. 그러니까 그 당시는 전부 사비로 운영한 거예요.

위경혜 : 그때 그 영사기사님들은 문화원에 소속된 영사기사님이었어요?

김유진 : 그랬지! 그렇죠.

위경혜 : 그럼, 문화원 영사기사로 소속됐으면, 소속돼가지고 매일 돌아다니면서 영화를 상영하셨던 거예요?

김유진 : 그렇죠. 같이 이제 움직일 때.

위경혜 : 그럼, 그분들은 그 영사 기사님은 어디서 돈을 받으셨어요?

4) 봉사로서 문화원 활동과 이에 찬조(贊助)한 지역 유지들

임영주 : 위 교수님. 그 중에 내가 이야기를 할게요.

위경혜 : 예.

김유진 : 조금 돈도 없고…….

위경혜 : 예.

임영주 : 왜냐면 그때는 이 문화예술계가 지금도 마찬가지고 돈이 없는기라. 그러니까 그때도 내가 우리 옛날 자료를, 경리 장부를 보면 여직원이나 남자 국장이라고 해서 소액의 월급을 줍니다.

위경혜 : 예. 압니다.

김유진 : 그래. 아주 적어.

임영주 : 그리고 나머지는 전부 봉사예요.

김유진 : 봉사활동이라고 해가지고 한 거.

위경혜 : 그래도 그때 그 영사를 하시려면 영사 자격증도 있어야 됐었고 그럴 때였는데 그때는. 영사기사들이 잘 나가던 때였는데, 돈 안 받고 일하지 않았을 건데?

김유진 : 그때 조금씩. 왜 그러냐면 조금 이제 여유가 있는 사람 예를 들면, 한태일 씨 아들 같은 한** 씨 같은…….

임영주 : 찬조, 협찬.

김유진 : 조금씩 내놨거든.

이승기 : 음.

김유진 : 그때 이사하고 그 다음에 '유원산업'에, 지금도 살아 있어 그 옛날 이야기하면 최재섭 씨.

임영주 : 예.

김유진 : 상공회의소 회장. 이 분들 하루에 조금씩 내 놓고…….

임영주 : 지원으로.

김유진 : 이렇게 유지들이.

임영주 : 조금씩.

김유진 : 조금씩.

임영주 : '교통비로 줬다.' 이리 보면 되죠.

김유진 : 예.

임영주 : 원장도 거의 사비를 대.

김유진 : 예. 나도…….

임영주 : 그러니까 경제…….

김유진 : 참 어려웠어.

임영주 : 요즘도요. 요즘도 그렇게 국비나 시비가 지원이 되는데 원장은 무보수 명예직으로 되어 있습니다.

위경혜 : 예. 그렇죠.

김유진 : 그럴 때였어.

임영주 : 그러니까 이기[56] 일은 있는데 무보수 명예직으로 해놓은 거는 문화계가 그렇게 열악한 거예요.

위경혜 : 선생님께서 이제 그러면 66년, 한 중반 정도에 서울로 가셨는데요?

김유진 : 예.

〔1960년대 초대 문화원장 김홍기의 서울로 이사 및 이후 문화원 원장의 취임에 관한 이야기를 나누다.〕

위경혜 : 그럼 서울로 이동하실 때 뭔가 마침 무슨 기회가 있으셔서 가셨던 거예요? 아니면 그냥 어쩔 수 없이 가셨던 거예요?

김유진 : 기회가 뭐 겸사겸사 간 거지.

위경혜 : 예. 근데 〈리버티 뉴스〉는 선생님이 64~66년도까지?

김유진 : 예. 계속.

---

56 이것이.

위경혜 : 계셨는데 67년도에 〈리버티 뉴스〉는 문을 닫아요.[57]
김유진 : 그런 거는 모르겠어요, 그때는…….

〔〈리버티 뉴스〉와 〈대한뉴스〉의 제작 시작 연도에 대한 이야기를 나누다.〕

위경혜 : 그러면 그때 그 〈리버티 뉴스〉를 열심히 보러 오시던 분들도 계셨어요?
김유진 : 그랬지, 뭐. 〔웃음〕
위경혜 : 주로 어떤 분들이 그렇게 보러오셨어요?
김유진 : 주로 일반 사람들 다 오는 거야.
임영주 : 전국에 초대 원장이, 있는 분이 아마 전국에 아무도 없을 거예요.
김유진 : 없을 거야.
임영주 : 그러니까 서른 살 무렵에 원장을 한 분이 없거든.
김유진 : 그러니까. 그렇지예.
임영주 : 유일할 거예요, 제 생각에.
김유진 : 예, 맞아요, 그러니까 그런…….
임영주 : 전국에, 1964년도에 원장 한 분이, 지금 대한민국에 231개 문화원이 있는데 한 분도 없을 거예요, 내가 알기로.
김유진 : 그러니까.

〔1960년대 전국의 문화원장 가운데 구술 당시까지 생존한 사람들에 관한 이야기를 나누다.〕

김유진 : 1965년 1월 달에 홍성철 문화원 장관하고[58] 같이 찍은 사진에 앞

57 제작을 중단했다는 말이다.
58 1965년 공보부 장관은 홍종철(洪種哲)이었다.

에 내가 한복 두루마기 입고 찍은 게 있는데.

임영주 : ** 김동선 회장할 때.

김유진 : 김동선 회장할 때.

임영주 : 그 사진, 여기 건물 밑에 있는 거? 한복 입은 겁니까?

김유진 : 한복 입은 게, 내가 한복 입은 건데 한복 입고 다녔거든. 두루마기 입고 한복 입고 앞에 앉아 있는…….

임영주 : 얼굴을 모르겠더만.

김유진 : 사진 보면 나왔다고.

임영주 : 그 사진 있어요.

〔초대 온양문화원장 박노을에 관하여 언급하다.〕

김유진 : 그때 거제문화원장도 좀 젊었는데 내하고 비슷한…….

이승기 : 돌아가셨습니다.

김유진 : 돌아갔지.

이승기 : 예. 오래 하셨습니다. 한 20년인가 했습니다.

임영주 : 그 당시에는 문화원장을 30년씩 했었어요.

이승기 : 30년씩 했었어요?

위경혜 : 예.

김유진 : 너무 오래 했어.

임영주 : 노무현 대통령 때 '문화원 이거 개혁해야 된다.'고. 그래가지고 전부 임기를 만들고 다 쫓아냈잖아.

김유진 : 그랬지, 그때는.

임영주 : 30년에 한 분이 많이 있었어요.

이승기 : 그래, 많았어요.

위경혜 : 예.

임영주 : 그래서 하셨으니까 알지만, 1965년도부터 사단법인이 만들어졌다

가 1990 몇 년도 그때에 지방 문화진흥법이 만들어지면서 특수 법인으로.

〔임영주가 문화원의 성격 변화를 개괄적으로 이야기하다.〕

6. 마산 지역 중고등학생의 영화 관람과 규율

위경혜 : 〔이승기 선생을 바라보며〕 그 선생님이 쓴 『마산영화 100년사』, '영화 100년사'에 보면.[59]

이승기 : 음.

위경혜 : 마산 극장가에서 최고로 무서웠던 사람이 '호박장군'이라고 불렸던 박일용 님이라고 돼있거든요?!

이승기 : 아, 그런데. 〔웃음〕

위경혜 : 이분 어떤 일을 하셨던 분이에요?

이승기 : 학교 선생님입니다.

위경혜 : 아, 어떻게 해서 왜 극장가에서 일을 하셨어요?

이승기 : 아니, 그 선생님한테 잡히면, 체육 교사인데. 원래 그 학교 선생인데…….

장문석 : 학교 선생인데 학생 잡으러 다녔어, 문 앞에서.

이승기 : 어, 그 학교 다닐 때 단속 선생인데 씨름 선수였어요. 그런데 아주 덩치 참 그분한테 그 적발되면…….

위경혜 : 그러니까 규율부장 선생님이셨군요?

이승기 : 그러니까예. 이제 옛날에는 자기 학교 학생만 단속하는 게 아니고. 그 선생님이 오면 전 학생을 다 단속할 수가 있어가지고. 예를 들

59 이승기가 쓴 『마산영화 100년』(마산문화원, 2009)을 말한다.

어서 뭐 마산고등학교 학생이 영화를 보다 잡혔으면 다른 학교 선생님이 해도 그 학교에 통보하면 이제 처벌받는 그런 시대인데.

위경혜 : 그 당시에 이 선생님은 어디 학교 선생님이셨는데요?

이승기 : 공고 선생이었어요. 마산공업고등학교. 선생인데 별명이 '호박장군'인데. 그 분 호(號)가 호박이라고 하더라고. 그 분 호가 호박인가 이러는데, 그분이 씨름선수였어요 아주 덩치 좋지. 근데 이분이 이제 '왜 무섭냐?' 하면 적발됐다 그러면 용서 없이 정학처분 가는 거예요.

위경혜 : 아, 저는 이 분이 흥행계 쪽에서 일하셨던 분인 줄 알고…….

이승기 : 아니! 학교 단속 선생님. 체육 선생님.

이승기 : 전직, 학교 다닐 때는 씨름 선수.

임영주 : '연예계는 아니다!'

이승기 : 연예, 연예계가 아니고 선생! 예. 그러니까 '한 번 적발됐다.' 그러면 무조건 거의 90프로가 정학 처분이에요. 용서가 없고. 그러니까 '호박장군'. 뭐 돌아가셨어요. 〔웃음〕

위경혜 : 예, 그러셨군요.

7. 상업 극장과 마산문화원의 관계

임영주 : 또 말씀 하이소.

김유진 : 강남극장에 **하던 나이 좀 많은 분 있지?

이승기 : 어, ****분이 그분입니다. 그 저 '배…….'

김유진 : '배', 키가 좀 작고…….

이승기 : '영근'이!

김유진 : 배영근 씨.

이승기 : 아니, 키가 큽니다.

김유진 : 아니! 그거 말고, 그 분 후에. 배영근 씨는 내가 알거든.

이승기 : 예.

김유진 : 잘생겼잖아요, 그 분이? 키가 크고.

이승기 : 아휴, 그분 별명이 영국 신사 아닙니까?

김유진 : 영국 신사고. 육군 대위 출신인가 그럴 거예요.

이승기 : 그 배영근 씨가 여동생이 있었거든요. 여동생의 남편이 저 '김경해' 라고. 마산상고 출신으로서 전국 중앙 검사부장 했습니다.

임영주 : 아, 김경해!

이승기 : 김경해.

임영주 : 김경해 검사장 유명했지.

이승기 : 유명했어요, 김경해가. 마산상고 출신인데. 근데 그분의 처남 되는 사람이 배영근 씨 아닙니까? 배영근 씨가 별명이 영국 신사입니다. 그때는 강남극장 가면 그 2층에 관장실이라고 유일하게 관장실이라고 딱 써놨어요.

김유진 : 그 분하고 친한 사람이 '이' 뭐 전에 정치하던 분?

임영주 : 공화당에?

김유진 : 공화당에.

임영주 : '이동한'이.

김유진 : 아니, '이동한'이 아니고 저, 하- 이름 있었는데.

이승기 : '최'…….

김유진 : '최우영'이.

이승기 : 최우영이.

김유진 : 최우영이 하고 아주 친했습니다.

이승기 : 최우영이 하고 둘이서 명콤비지.

이승기 : 최우영이가 그거 했다면서요? **사회 고아원 원장도 했죠.

김유진 : 그거 죽었는데. 그래서 이제 배 관장 후에 나이든 사람이 관장했던 사람 있다고.

이승기 : 하- 그때 그 뒤에 관장은 제가 잘 모르겠는데요.

김유진 : 그 분이 문화원 사무국장을 했다고, 내 밑에서.

이승기 : 그 분이예?

김유진 : 예. 강남극장 관장 그만두고, 그 배 관장 바로 후임이라고.

이승기 : 후임이에요?

김유진 : 예. 아주 나이가 내 아버지뻘 되지, 그 당시에.

이승기 : 음.

김유진 : 예. 사무국장.

8. 『경남지역 영화사 : 마산의 강호 감독과 창원의 리버티늬우스』에 관한 이야기

이승기 : 이성철 교수님은 USIS 가지고 일종의 발표도 하고 책도 내고 그 다음에 그때 살았던 사람들을 전부 찾아가지고 증언록을 다큐, 다큐를 찍고 있었습니다.

위경혜 : 다큐도 찍으셨어요?

이승기 : 예. 그리고 옛날에 상남문화원, 그 상남 USIS가 찍은, 원장이 찍은 오리지널 필름이 있어요. 저한테 보여줬는데 '하나 보내주라.' 그러니까 그거는 일종의 DVD로 만들어놓은 게 아니고 어…….

위경혜 : 파일로 있군요?

이승기 : 파일이 있기 때문에, 나는 파일을 모르니까. 〔웃음〕 그래서 했는데 거기 보면 USIS 정문도 나오고 지프차 타고 들어가는 장면이 있고. 그 원장님의 생일인가 뭐 이래 가지고 기념식 하는 것도 있고 다양하게 나와 있습니다. 그렇게 나와 있는데. 하여튼 USIS 상남 공보원은 이성철 교수가 고마 〔웃음〕 전매특허라고 해도 과언이 아닌 게, 그 분이 엄청나게 노력해가지고 많이…….

임영주 : 발굴시켜서 발굴 잘 했고…….

9. 마산문화원 부설 영화자료관장 이승기의 최근 활동

임영주 : 〔이승기를 가리키면서〕 여기는 영화만 내놓으면 이제 이게 다 나오니까. 이 지역의 유명 인사입니다.

김유진 : 그래, 그래.

임영주 : 여기 다 보면 아이고. 그리고 또 방송에 TV에.

위경혜 : 또 영화배우시고요.

이승기 : 그 〈마산 극장역사를 찾아서〉 다큐멘터리를 제가 찍었어요. 원장님이 지원 해줘가지고 찍었는데. 그거 '서울노인영화제'.

위경혜 : 실버영화제.

이승기 : 상영해가지고 우수상 받았다는 거 아닙니까?

위경혜 : 영화 제목이 어떻게 된다고요?

이승기 : 〈마산 극장역사를 찾아서〉.

위경혜 : 예.

임영주 : 거기 있습니다.

위경혜 : 몇 년도에 우수상을 받았어요?

이승기 : 2009년에 찍어가지고 제3회 서울노인영화제 거기에 우수상 받았어요. 상금 50만 원. 〔웃음〕

임영주 : 그래, 그 우리 문화원에서 해 가 그래했어요.

이승기 : 심사위원장이 유명한, 이두용 감독님이 심사위원장으로 해가지고. 그래가지고 우수상 받고. 그 다음에 부산영상제 가가지고도 그때 홍영철 씨가 있었지. 그때 '와보라.' 그래서 갔다가 거기서도 우수상 받고. 두 번 받았어요.

위경혜 : 그럼 그거 다 DVD 아니, CD로 갖고 계시겠네요? DVD 형식의?

이승기 : DVD로 있습니다.

〔이승기에 대하여 이야기를 나누다.〕

〔임영주 원장이 초대 문화원장 김홍기의 존재에 대하여 다시 언급하다.〕

위경혜 : 〔이승기를 향하여〕 선생님 그럼 이거 영화 찍으실 때 이거를 다큐멘, 디지털 6mm 필름으로 찍으셨던 거예요?

이승기 : 아니, 지금 HD카메라로 찍었습니다.

위경혜 : HD로 찍으셨어요?

이승기 : 예, HD로.

위경혜 : 아! 편집하고 이럴 때 교육은 다 어디서 받으셨어요?

이승기 : 편집하고 그거는 이제…….

위경혜 : 영상미디어센터 이런 데에서 받으셨어요?

이승기 : 그 영상, 여기에 박재현 감독이라고. (예) 제가 좋아하는 감독이 있습니다. (예) 그 친구한테 그, 뭐 제가 각본하고 연출은 되는데 편집이나 이런 거는 제가 못 하니까.

위경혜 : 아!

이승기 : 그래서 그거는.

위경혜 : 편집은 다른……?

이승기 : 다른 사람이 만들어가지고. 이번에 또 옛날에 최정민 감독이라고 있는데. 그 〈앵커〉라고 책 제목이 〈앵커〉인데, 그 뉴스에 나오는 앵커가 아니고.

위경혜 : '닻', '닻'이요?

이승기 : 어, 저 달리기에서 제일 마지막에 뛰는 주자를 '앵커'라고 하더라고. 그런 뜻이 있더라고. 거기에 또 제가 할아버지 역할로 나와 찍

어놨습니다. 그거 몇 달 후에, 지금 그 후반 작업하고 있다고 하더라고요.

임영주 : 교수님 내가 인터뷰하는 걸 찍어가지고 하나 드릴게. 찍어가지고 내가 이렇게 하나 있는 것 드리고.

위경혜 : 예.

4·19 세대의 문화 운동과 영화 상영, 대전시 대전문화원장 황충민

황충민은 20대 초반이었던 1964년 사무직원으로 업무를 시작하면서 대전문화원에 몸을 담았다.[1] 대전문화원은 1953년 미국 공보원 대전분원의 폐원과 함께 영사 차량과 기자재를 인수하여 발족했으며, 1995년 대전중구문화원으로 명칭을 바꿨다. 황충민은 2000년 2월 12대 박동규 원장의 잔여임기(3년) 원장으로 취임하면서 13대 문화원장이 되었다.[2]

1960년대 대전문화원의 주요 업무는 미공보원(United States Information Service, Korea)에서 제공한 문화영화의 상영이었다. 대전문화원은 미공보원 제공 영화 카탈로그 가운데 작품을 선정하여 상영하였다. 〈모세 할머니〉와 〈베트남 이모저모〉 등은 상영 작품 가운데 일부였다. 또한, 대전문화원은 1965년 한일협정 체결 이후 일본대사관이 제공한 문화영화도 상영하였다. 영화 상영은 문화원 회의실을 포함하여 대전 시내 인근 주요 기관과 시

---

1 대전문화원의 역사와 활동 그리고 성격에 대하여 다음을 참고하시오. 위경혜, 「문화냉전의 지역성 - 대전문화원의 활동을 중심으로」, 인하대학교 한국학연구소, 『한국학연구』 49집, 2018년 5월, 123~154쪽.

2 대전중구문화원의 역사에 대하여 대전중구문화원 홈페이지(http://www.djcc.or.kr)를 참고하시오.

설, 즉 대규모 방직회사 ㈜중화실업과 군부대 '9병참 기지창' 등 노동자와 군인 그리고 일반 시민을 대상으로 이뤄졌다. 군부대 하루 상영에 800명이 관람했으며, 초등학교 운동장에서 개최한 '시민위안의 밤'에 1,500명에 달하는 사람이 몰렸다.

순회 영화 상영은 예식장과 같은 민간 사업체 또는 공터에서도 이뤄졌는데, 일주일에 보통 3~4차례 실시되었다. 문화영화 상영은 극장에서 개봉을 마친 상업 극영화 상영을 병행하였다. 대전시 변두리 또는 비도시 영화 상영은 지역민으로부터 인기를 얻었다. 대전문화원이 소장한 16mm 빅터(Victor)와 벨(Bell & Howell) 영사기는 무게가 가벼워서 어디든지 이동할 수 있었다. 영사기는 서울 미공보원에서 정기적인 관리를 받았다.

대전문화원은 영화 상영 이외에 전시회와 음악 감상회 그리고 일본어를 포함한 강좌 등 각종 행사를 아울렀다. 또한 유네스코(UNESCO) 업무도 병행하여 대전에서 '문화'로 수렴되는 모든 기관 활동의 중심 역할을 하였다. 더불어 대전 시내의 상업 극장가와 긴밀한 관계를 유지했으며, 한때 상설극장인 시민관 건물에 문화원 사무실이 '더부살이'하기도 하였다.[3]

황충민의 구술은 2014년 10월 27일, 2015년 1월 13일과 8월 20일, 2017년 5월 25일 총 4차례에 걸쳐 이뤄졌는데, 이 책에 실린 것은 제일 처음 실행한 구술이다. 구술 채록은 대전중구문화원 2층에 자리한 향토자료실에서 진행하였다. 구술 중반부터 자료실 곳곳을 돌아다니며 대전중구문화원이 소장한 자료를 확인하였다. 1960년대 중반부터 기록한 '영화일지(日誌)'와 '총무일지'는 해당 문화원이 현재까지 소장하고 있다. 몇 차례 이뤄진 문화원 원사(院舍)의 이사에도 불구하고 보관 중인 기록물은 역사적 가치를 지닌다.

---

3 한국전쟁 이후 대전의 극장 역사와 극장 문화에 관하여 다음을 참고하시오. 위경혜, 「극장 문화의 지역성 - 한국전쟁 이후 대전을 중심으로」, 순천향대학교 인문학연구소, 『순천향 인문과학논총』 36권 2호, 2017년 6월, 91~124쪽.

• **구술자**

황충민(대전광역시 전 중구문화원장)

• **면담자**

위경혜

• **구술 주제**

대전문화원의 이동영사 활동

• **구술 일자**

2014년 10월 27일 11:00~11:49

• **구술 장소**

대전광역시 중구문화원 2층 향토자료실

• **구술 상세 목차**

1. 미공보원과 대전문화원의 관계
   1) 1964년부터 시작한 문화원 업무
   2) 미공보원에서 출발한 대전문화원
   3) 미공보원으로부터 인수한 영사기로 시작한 영화 상영
2. 대전의 극장가
3. 미공보원과 일본대사관에서 제공받은 문화영화
4. 대전문화원의 영화 상영
   1) 영화 상영 대상과 기관
   2) 16mm 영사기를 이용한 순회 영화 상영
   3) 영사 활동의 기록과 보존
   4) 군부대까지 포함한 순회 영화 상영 대상과 지역
   5) 문화영화 상영에 주력한 대전문화원의 영사 활동
   6) 미공보원의 영사기 관리
5. 다양한 공간에서의 문화영화 상영
   1) 민간 사업체 공간에서도 상영한 문화영화 상영
   2) 다양한 영화 상영 지역과 대상

1. 미공보원과 대전문화원의 관계

1) 1964년부터 시작한 문화원 업무

면담자 : 제가 여기를 오게 된 거는 한참 한국 영화가 잘 되고 극장이 잘 되었을 때 이제 대전에…… 대전에서의 영화 문화, 극장 문화에 관해서 관심이 있어서 왔어요. (예) 또 중요한 거는 지금 문화원에서…… 그때 영화 상영을 굉장히 많이 하셨거든요.

구술자 : 예, 많이 했지.

면담자 : 그런 것들이 이제 기억이 다 잊혀지고 있어서……. (음) 그래서 이제 제가 대전 쪽을 잘 몰라서 대전 원장님…… 문화원 연결해서 원장님하고 말씀했더니, 바로 '전(前) 원장님이 그 부분에 대해서는

제일 잘 아실 것이다.' (허허) 그래서 잠깐 이야기 나눠보려고 왔습니다. 원장님께서 예전의 문화원에서의 활동이나 아니면 원장님의 개인사를 말씀해주셔도 되고요. (응) 혹시 제가 뭐라고 불러 드려야 될까요? 원장님이라고 부를까……?

구술자 : 전 원장이라 그래.

면담자 : 아, 전 원장님이요? 혹시 존함이 어떻게……?

구술자 : 예. 황. 충. 민!

면담자 : 아, 황 충 자, 민 자 님이요?

구술자 : 예. 황 충 자. 충성 충 자 쓰는 것이여.

면담자 : 아, 좋은, 좋은 멋진 이름이시네요! 〔서로 웃음〕 그럼 전 원장님께서는 여기 64년도에 오셨던 거예요?

구술자 : 여기 처음 64년도에 발을 들여놓기 시작해서, 여기 전임에 전임…… 원장이.

면담자 : 전 전 원장님이요?

구술자 : 전임 원장님이 1999년도에 돌아가셨어. (예) 그래서 그 이제 후임으로 내가 그때 원장직을 내가 잔여 임기 3년하고서 퇴임한 거야, 내가.

면담자 : 그럼, 그 99년부터 원장님이 하시기 전에 64년부터 오셔서 어떤 일을 주로 하셨어요?

구술자 : 저 문화원 밑바닥부터 시작했지, 이제.

면담자 : 아, 바로 이제 실무를 담당하셨군요. (예) 그러면.

구술자 : 그때 처음 와가지고…….

면담자 : 거의 30년을 넘게 일하셨군요?

구술자 : 그때 극장에 있었지만, 여기 저 뭐야 시민관 그때 문화원 있던 곳이 시민관이라는 건물 3층에 있었어요.

면담자 : 예. 그니까는 구(舊) 구(舊) 원사(院舍)네요?

2) 미공보원에서 출발한 대전문화원

구술자 : 그렇죠. 옛날 원사. 그런 게 원래 그 자리에는 미국 공보원 자리예요. 미국 문화원 자리.

〔전화벨 울리는 소리〕

면담자 : 예, 괜찮습니다.

구술자 : 〔전화 통화하는 소리〕 예, 예. 여기 좀 머 손님 있어서 오늘은 뭐 그러네. 그려, 그려 고마워 어.

면담자 : 그러면 그 3층이었으면 1층은 시민관 극장이었어요?

구술자 : 그때 그 전체가 극장인데, 이쪽 저기 위로 3층, 3층 자리를 회관으로 회관 겸 전시장, 사무실, 도서관 3층에 있었어요, 그게.

면담자 : 그러면 그때가 미공보원이 그때가.

구술자 : 아니, 그건 전이고.

면담자 : 공보원은 공⋯⋯ 공보원은 나가고요?

구술자 : 극장 건물 생기기 전에, 미국 저기⋯⋯ 공보원 자리거든. 미국 공보원 (예) 미국 공보원이 (예) 대전에서 1953년도에 물러나가는, 없어지면서 그걸 인수받은 거야. (예) 인수 받아 가지고 대한민국에서 제일 처음 문화원이 발족한 거야.

면담자 : 맞아요. 저 기록에서 봤습니다. 맞아요.

구술자 : 예, 53년도 거기에, 그래 가지고 그때 그 건물에서 하다가 나중에 시민관이 건물이 새로 들어서는 바람에 그 3층으로 더부살이를 한 거죠.

면담자 : 아, 원래 쓰고 있었던 곳에서 시민관이 들어온 거였군요. (예) 그래서 같이⋯⋯.

구술자 : 그게 시의 땅이었어요, 그게. (아, 그랬군요.) 그게 이제 개인이 극

장을 짓는 바람에 (예) 조건부로 문화원이 들어간 거죠.

면담자 : 잠시만요. 그러면은 미공보원에서 문화원이 작업을 하시다가?

구술자 : 그니까 미국 공보원이 저기 물러나면서 문화원이 인수를 받고, 문화원이 발족됐고, 활동하다가 시민관이 됐고.

면담자 : 아, 시민관이 됐어요?

구술자 : 예. 그렇게 하고.

면담자 : 같은 건물을 쓰셨던 거네요?

구술자 : 그렇죠. 건물 이동은 또 요 짝에 대흥동 쪽으로 다시 또 원사를 지어가지고. (예) 독립 건물로 문화원이 들어와 있는. 지금 현재 문화원 건물이 있어요. 조금 협소해서 지금 여기로 온 거지, 지금.

3) 미공보원으로부터 인수한 영사기로 시작한 영화 상영

면담자 : 예, 그렇죠. 여기가 그러면 그때는 64년도부터 문화원에 계셨으면 그때 들어오셔서 이제 실무 담당하시면서 영화 상영…….

구술자 : 그때 인자 그 돌아가신 전 원장하고 그때.

면담자 : 그 전 전 원장님의 존함이 어떻게 되시는지?

구술자 : 박동규.

면담자 : 아, 박 동자 규 자님이요?

구술자 : 동녘 동자에 쌍 토 규 자. (아, 예) 어 그때는 기사로 명칭이 되어 있었는데. 박동규 원장이 그래서…….

면담자 : 그때 이제 선생님께서 기사로.[4]

구술자 : 학교 선배야.[5] (아~) 학교…… 그래서 같이.

면담자 : 같이 다니셨어요?

구술자 : 예. 같은 입장으로. 그때 영화 관계는 미국 공보원 그 16mm 영사

4 영사기사로 일했는지를 묻는 질문이다.

5 박동규가 황충민의 학교 선배였다는 말이다.

기 빅터(Victor).

면담자 : 예. 빅터 영사기. 〔웃음〕

구술자 : 왜 내 말이 민망하나? 또 벨, 또 영화 영사기 2개가 있었어요.

면담자 : 빅터하고 뭐요?

구술자 : 벨.

면담자 : 벨이요? (예) 아, 그.

구술자 : 그 독일제.

면담자 : 아, 예. 그 선생님…….

구술자 : 빅터는 미제고.

면담자 : 예. 아까 저기 원장님 그 방에 보니까 영사기가 있던데요?

구술자 : 그게 빅터야.

면담자 : 그게 미공보원에서 인수받은 거예요?

구술자 : 그렇죠. 미국 공보원에서 준 거지, 그것이.

면담자 : 근데 저기에 놔두기에는 좀 너무 아깝고 어디 전시해놔야 될 것 같은데, 그니까.

구술자 : 허허 지금 사용을 못 하고 있으니까.

면담자 : 그래도 이렇게 좀 손질해 가지고.

구술자 : 저거 만질 사람이 나뿐이 없어요, 다른 사람은 못 만져.

면담자 : 손질하셔서 어디 나중에 전시관에 전시하시면 좋을 것 같은데…….

구술자 : 허허.

2. 대전의 극장가

면담자 : 예. 그래서 빅터하고 벨 영사기를 가지고 이동영사를 다니셨던 거예요?

구술자 : 그리고 순회 영화를 그때는 극장이 한두 개뿐이 없어가지고. (아) 극장 영화 말고는 영화 관람이 그렇게 쉬운 건 아니었거든.

면담자 : 그니까 그때 극장이 대전극장하고…….

구술자 : 대전극장 있었고.

면담자 : 신도극장.

구술자 : 저기, 중앙극장.

면담자 : 중앙극장이요? (예) 그리고, 그리고 또 신도극장.

구술자 : 신도극장, 동아극장.

면담자 : 동아극장이요? (예) 동아극장도 있었어요……. 맞아요. 예.

구술자 : 동아극장 있었어요. 고런 정도로 (예) 이렇게 있었거든요.

3. 미공보원과 일본대사관에서 제공받은 문화영화

면담자 : 그럼 어디로 순회를 나가신 거예요?

구술자 : 그거는 이제 순회는 그…… 기관들, 저…… 큰 기관들, 종업원 많은 그런 기관들 있잖에요?

면담자 : 예. 아, 기관으로 나가셨구나?

구술자 : 기관들 사람들 많이 있는 곳, 요청받아서 가서 영화 해주고 (예) 그렇지 않으면 또 그냥 큰길에 저기 공터에서, 밤에 에…… 시민들을 위해서 영화를 상영해주고 (예) 그때 뭐 극영화도 해주고 (예) 주로 문화원이 많이 그때는 극영화를 순회를 많이 했고.

면담자 : 뉴스영화나 문화영화.

구술자 : 예, 그때 인자 뉴스영화 필름이 극장에서 나오는 거 있죠. (예) 그것도 같이 16mm로 나오는 거 있었거든요! (예) 같이 겸사해서 틀어주고 (예) 영화 필름은 문화영화 미국 공보원에서 제공받고, 서울. 그리고 저 일본, 서울 대사관 (예) 거기서 지원받아서 가서 우

리가 필름 갔다가 보여주고 했던 거예요.

면담자 : 일본대사관에서 어떤 지원을 받으신 거예요?

구술자 : 문화영화들 (아!) 각 외국 문화원들은 그때는 문화원이라 안 하고 그 대사관 (예) 공보원! 미국은 공보원이라고 했고 (예) 다른 데는 대사관 이렇게 됐잖아요?! 그런 데서 필름 있는 거 그 나라의 문화를 시민들한테 소개하는 입장이죠.

면담자 : 아, 그러면 일본대사관에서도 필름을 가져다가 상영을 했어요? (예) 그럼 일본말이 나오는 그 영화였어요?

구술자 : 그렇죠. 일본말로 자막이 또 한글로 나오고 하니까.

면담자 : 한글로 자막 처리하고요? (예) 그러면은 우리가 65년도에 그…… 한일수교를 했으니까 그…… 63년도에 한일수교인가요? 〔웃음〕

구술자 : 64년도.

면담자 : 64년도요? 그러면은 그 이후에 일본에서 문화영화가 들어오면 그걸 상영을 했다는 거죠?

구술자 : 거기 비치되어 있는 거.

면담자 : 비치되어 있는 거요? 대사관에…….

구술자 : 가서 정기적으로 가서 몇 편씩 갖다가 해주고 갖다 주고 그렇게 했었죠.

면담자 : 그러면 여기 문화원에서 직접 가서, 거기가 선정을 했던 거예요?

구술자 : 그렇죠.

면담자 : 거기서 뭐 '이거 해라.'가 아니라?

구술자 : 아니, 아니죠.

면담자 : 아, 선정하셨어요?

구술자 : 우리가 가서 골라가지고 하는 거예요.

면담자 : 그러면은 미공보원도 가셨고 일본대사관도 가시고 또 다른 곳은요?

구술자 : 다른 데는 지금 별 기억이 없네! 지금.

면담자 : 아~ 그런 대표적으로 (예) 그 2개가 기억나신다는 거예요?

구술자 : 예. 일본하고 미국 께 많이 비치가 되어 있더라고.

면담자 : 에…… 그러면 그 문화영화하고 뉴스영화도.

4. 대전문화원의 영화 상영

1) 영화 상영 대상과 기관

구술자 : 그리고 그 외에 극영화 (예) 극장에서 하는 극영화는…….

면담자 : 어디서 가져오셨어요?

구술자 : 다른, 그게 무슨 어디 뭐 영화협회라든가 어디 빌린 데가 내가 지금 기억이 없는데, 에 빌려가지고 상영을 해주고 그랬어.

면담자 : 아, 그러셨어요? (예) 그러면 아까 말씀하신 것처럼 상영을 갈 때 기관은 정부 기관이에요?

구술자 : 아니에요. 민간 단체 기관.

면담자 : 예를 들면, 어떤?

구술자 : 에, 그때 기관이 머여? 여자들 공장들 많이 하는, 취업하는 데 공장들 있잖아요?

면담자 : 예. 그때 여공이라고 부르는…….

구술자 : 생사 뭐 공장이라든가[6] 그런 공장들이 더러 있기 때문에 그런데 가서 해주고.

면담자 : 공장에…….

구술자 : 아니면 에…… 저기 기관 같은 경우는 음, 직원들이 많이 있는 곳

---

6 생사 공장은 대전을 대표하는 지역 방직회사 중화실업을 말한다. 중화실업은 '중화실업 대전 견방(絹紡) 공장'을 칭한다. 중화실업은 1950년대 초반 설립된 지역 기반 기업 가운데 충남방직과 풍한방직 다음으로 많은 숫자의 노동자를 고용했다. 또한, 1960년대 중반 국내 유일의 견직물과 페니(Peni)사를 생산하여 전량 수출했다.

빌딩 같은 데서 요청이 들어오면 가서, 빌딩 가서 직원들 모아놓고 해주고 그랬어.

면담자 : 아, 그럼 보통 가시면 그 사람들은 한 몇 명 정도?

구술자 : 기관마다 틀리고 뭐, 빌딩 하나에서야 직원들이 한정돼 있으니까 별건 아니겠지만. 큰 공장 단체 기관은 몇 백 명 되잖아요?!

면담자 : 그러면?

구술자 : 주로 이게 시설이 안 되어 있는 곳이니까 밤에 가서 주로 해주는 거예요.

면담자 : 컴컴해야 영화 상영하니까!

구술자 : 낮에는 할 수가 없지. 기관들은 건물 안에서는 할 수 있지만. 큰 공장 같은 데는 그렇게 빌딩 아니 기관 그때 큰 공장 관계는, 회관이 큰 데가 있으면 뭐 낮에도 할 수 있는 거고.

〔대화하는 도중 조성남 대전광역시 중구문화원장이 들어와서 간단한 대화를 나누다.〕

면담자 : 그러면 그때 있는 공장들은 대전에 있는 공장들이었나요?

구술자 : 예, 대전 공장. 근데 그 공장들은 인제 다 없어졌죠.

2) 16mm 영사기를 이용한 순회 영화 상영

면담자 : 그러면 그, 그때 가기 전에 이쪽에서 먼저 연락을, 연락을 먼저 했나요? 아니면 그쪽에서 요청이 왔나요? 영화를 뭐 상영해…….

구술자 : 그쪽에서 요청이 오죠, 우리가 하는 것을 아니까. 그리고 그런 거 없을 때는 우리가 자체적으로 기획해 가지고 뭐…… 저기 저녁으로 큰 공설 운동장이라든가 넓은 터가 있는 곳에서 그때 시네마 스크린으로 길게 하는 거. 그것 이게 극장 영화. 그건 극영화는 다

극장 영화잖아? 그걸…… 16mm로 나온 게 있기 때문에.

면담자 : 예 16mm로 바꿔서요?

구술자 : 35mm로는 할 수가 없고, 35mm는 기기 자체가 카본 태워서 하는 거기 때문에 (예) 야외에서는 안 되잖아요? 기계를 움직일 수 없으니까. 그니까 16mm가 딱 맞아요.

면담자 : 예. 그……16mm, 16mm는 뭐로 했어요? 그…… 램프로?

구술자 : 전기, 그니까 전구가 1,000와트예요.

면담자 : 예에, 전구로 하시고?

구술자 : 예.

면담자 : 그리고 35mm는 카보나이트(carbonate)를 태워서 해야 하는 거구나?!

구술자 : 예. 극장에서만 할 수 있죠, 카본을 태우는 건.

면담자 : 그러면 그 16mm 영화 상영을 몇 년도까지 쭉 하셨던 거예요?

구술자 : 글쎄 그건 들춰 봐야 되는데. 내가 그니까 64년도…… 에…… 그니까 그때 내가 들어가기 쓰…… 그전에는 어떻게 했는지, 안 했는지 잘 모르겠는데. 내가 들어갈 때는 하여튼 활동을 많이 한 거로 알고 있거든요! 뭐 그 돌아가신 양반하고 같이 그냥 일주일이면 서너 번씩 계속 다닌 거여.

면담자 : 아, 그러면 대전 시내만 도셨던가요?

구술자 : 시내만. 아, 그리고 시외도 간 적, 가는 때가 있죠, 멀리서.

면담자 : 어디……?

구술자 : 요청이 오면.

면담자 : 어디를 가셨어요?

구술자 : 가까운 데 저 저기 뭐야 충남이죠, 충남 지역.

면담자 : 그럼 대전 시내에서 할 때는 이렇게 기관, 공장 가서 상영하시기도 하고. 그러면 시민들에게 할 때는 뭐 공터나 국민학교 건물을 빌려서 하셨던 거예요? (예) 그러면 그게 규칙적으로 그렇게 쭉 나가셨

던 거예요?

구술자 : 뭐 꼭 날짜 정해서 정기적인 게 아니고. 임의적으로 기획을 해가지고.

3) 영사 활동의 기록과 보존

면담자 : 그럼 그때 그 활동하셨던 것을 다 영화 일지로 다 써놓으신 거예요?

구술자 : 일지 있어요.

면담자 : 그럼 일지는 몇 년도부터⋯⋯ 일지가 있으세요?

구술자 : 뭐 내가 들어갈 때부터 쓴 게 저⋯⋯ 64년도 그때부터 찾으면 다 나오죠.

면담자 : 그럼 굉장히 많겠네요?

구술자 : 그렇죠, 그죠.

면담자 : 어디에 있나요?

구술자 : 이 안에 다 있⋯⋯ 이게⋯⋯.

면담자 : 아, 이 안에 있어요?

구술자 : 지금 충대 교수가 옛날 거⋯⋯ (예) 강의한 것 좀 누구 강사 좀 찾아, 알아봐 달라 그래서 들춰보고 있어요.

면담자 : 아, 그러세요?

구술자 : 나는 기억이 없는데, 그거 자꾸만 우기잖아. '또 했다.' 그러는데 알 수가 있어야지⋯⋯. (예) 그래서 한번 지금 들춰보고 있는 중.

면담자 : 예. 그러면 영화일지는 아직 이렇게 순서를 정해서 다 보관?

구술자 : 영화일지는 따로, 총무일지 있고 (예) 도서일지, 영화일지 따로 이렇게 따로 구분해서 해놨어. 영화 일지를 쭉 보면 거기에 나올 거야.

면담자 : 혹시 잠깐 지금 하나 구경할 수 있을까요?

구술자 : 그래.

면담자 : 아, 이건 꽂고 가셔도 됩니다. 꽂고 가셔도 되고요.[7] 이렇게, 예 됐습니다.

구술자 : 가만있어. 불 좀 켜야 되겠네. 이쪽에 있어, 이쪽에.

면담자 : 이거 빨리 디지털 작업을 해야겠네요. 종이가 상할 수가 있으니까요! 종이 상하면 부서지거든요. 디지털 카메라로 찍어가지고 보관해 놓으면 오랫동안 볼 수 있을 것 같아요. 이걸 어떻게 다 보관하셨대요? 와~ 원사 다 이사 다니면서 이걸 보관하기가 쉽지 않았을텐데요. 짐이 엄청나잖아요!

구술자 : 영화일지가 어디에 가 있나?

면담자 : 여기요. 75년 자료.

구술자 : 그때는 총무일지에 속해져 있는 모양이네. 그 속에 들어가 있는 모양이네……. 여기 65년부터인데. 아이구, 아마 여기 있었던 거로 아는데 따로.

면담자 : 따로, 따로요?

4) 군부대까지 포함한 순회 영화 상영 대상과 지역

구술자 : 따로 있었는데. 총무 쪽 알겠지.

면담자 : 총무일지 66년도…….

구술자 : 66년도, 67년도, 으 65년도, 65년도 이게 (어유, 너덜너덜해졌……) 허허 이것은 그 전 원장 글씨네! (아~ 잘 쓰셨네요!) 제가, 내가 모신…… 이전에 (붓글씨로……) 세 분을 모셨네! 내가 허허허.

면담자 : 아, 그래요? 어, 그 박동규 원장님 그…….

구술자 : 그 전에 박윤석 그 다음에 또 이일찬. 이게 65년도 정초.

---

7 구술 증언을 녹음하기 위한 기기의 마이크 착용한 상태로 이동해도 된다는 말이다.

면담자 : 인하공대 입체음향 음악 감상회…….

구술자 : 어, 음악 감상.

면담자 : 재향군인회 영화.

구술자 : 회관……. 재향군인회관에서 했다는 거네……. 이건 낮에 가서 이건 기관에 건물이니까 낮에 가서 할 수 있잖아요?!

면담자 : 예. 일본어 강좌도 했었네요? (예) 여기서 문화원에서…….

구술자 : 예. 문화원에서 하는 거죠. 회의실에……, 회관에서 그 회관이 있기 때문에 여기서.

면담자 : 여기 문화원에서 했군요?

구술자 : 문화원에 회관이 있어요.

면담자 : 또 문화원에서 영화 시사회를 했었…….

구술자 : 예, 거기도 회관에서 할 수 있으니까.

면담자 : 그럼, 그때 이 말은 재향군인회 사람들이 와서 영화를 봤다는 거죠?

구술자 : 그렇죠. 영화 시사회는 이거…… 이걸 얘기하는 거.

면담자 : 아, 재향군인회!

구술자 : 그러네…… 똑같은 얘기야.

면담자 : 아…… 거기 가가지고요?

구술자 : 예. 같은 내용이고.

면담자 : 그때 일본어 강좌를 열심히 하셨네요?

구술자 : 글쎄. 뭐 여러 가지 했겠죠?

면담자 : 음…….

구술자 : 그때는 이게 그 이 양반이 총무과장 시절이네.

면담자 : 이…… 이 양반이?

구술자 : 원장, 원장! 돌아가신.

면담자 : 그 박동규 원장님 말씀하시는 거예요?

구술자 : 아니, 그 전 원장.

면담자 : 그 전 원장이요?

구술자 : 예. 그 전 원장이 할 때 직접 쓰신 거네. 글씨 보면 알죠. 그니깐 문화행사, 영화, 전시회 (예) 구분해서 한 거니까 (예) 다 나와요.

면담자 : 일본어 강습 수업을 열심히 하셨네요? 일본어 강습을요?

구술자 : 허허 9병참 기지창.[8]

면담자 : 9병참 기지창?

구술자 : 그니깐 군인부대.

면담자 : 예. 아 군인부대 가가지고요?

구술자 : 예.

면담자 : 대전에 있는 군인부대 가가지고요?

구술자 : 예.

면담자 : 출장 영사를 7시부터 (예) 그럼, 이게 저녁 7시부터 9시겠죠?

구술자 : 그렇죠. 밤이죠.

면담자 : 각종 문화영화 8백 명 왔다구요?

구술자 : 예, 군인들한테.

면담자 : 와~

5) 문화영화 상영에 주력한 대전문화원의 영사 활동

구술자 : 보여준 그게 문화영화 상영이네! 문화영화. 극영화가 아니고 이건.

면담자 : 문화영화 상영이 굉장히 중요해요. 왜냐면 극영화도 있지만 문화영화…….

구술자 : 예. 그러니까 그때 이게 문화원이 초창기 때에는 주로 미국 문화를 많이 해준 거예요, 미국 문화.

면담자 : 이거는 체육 영화 상영인가요?

---

8 9병참 기지창은 육군 9병참부대(兵站部隊)를 말한다. 해당 병참부대는 한국전쟁 휴전 이후 후방 군사도시로 변한 대전의 정체성을 대변했다. 부대는 군사 작전에 필요한 인원과 물자의 관리와 보급 및 지원을 담당했다.

구술자 : 예. 체육 영화.

면담자 : 예. 여기 있네요. 〈통신의 새 시대〉, 〈미국의 군사력〉.

구술자 : 아니, 이것은 전시! 전시! 전시!

면담자 : 전시요?

구술자 : 예. 아, 이게 일어 강좌할 때 영화 상영해줬다는. 아닌가?! 아! 2시, 4시네? 회의실에서 별도로 상영한 거네.

구술자 : 체육 영화 상영 이후.

면담자 : 체육회 주최로 해서 영화 상영을 했군요?

구술자 : 그니까 문화원…… 회의실에서 한 거야, 이거는. 낮에니까.

면담자 : 그니까 어떤 영화를 상영한 건지 제목은 안 적었지만…….

구술자 : 쓰…… 제목도 적어 놓은 게 있을 텐데…… 이건 또 안 적어 놓은 거 보니깐…….

면담자 : 이거를 그때 다 누가 작성을 하셨을까요?

구술자 : 쓰…… 이거…… 이 글씨는 지금 저 그때 원장. 그때는 총무과장 시절이니까. 〔일지를 넘기면서〕 여기는 수요음악회!

면담자 : 아. 수요음악회, 출장 영화!

구술자 : 예. 이게 제목이 〈모세 할머니〉네!

면담자 : 제목이 〈모세 할머니〉요? 제목이 〈모세 할머니〉?

구술자 : 〔웃음〕 뭐야, 영사기 등 대여 기제 일절 미공보원에 반환.

면담자 : 왜 반환했을까요?

6) 미공보원의 영사기 관리

구술자 : 그…… 그때만 해도(예) 초. 초창기에는 거…… 인수받았는데 (예) 기계만은 대여 형태로 놔뒀던 거야. 그니까 정기적으로 가서 검사받고 또 가져오고…… 그렇게 했었어요. 서울 가서 용산에 있는 미군 공보원[9] 그…… 가서 직접 들고 가서 검사 맡고 또 가져오고 그때는

그렇게 했었어요. 이때는 영화가 그렇게……. 영화가 없었네? (예)

면담자 : 문화원 계절 대학 학생에게…… 시온 회관, 문화원…….

구술자 : 아니네? 이거…… 가족기획 영화? 어…… 이건 문화영화인가? 기네.[10]

면담자 : 가족기획 영화?

구술자 : 뭐…… (공로?) 공로 가족계획 영화 이런 거…….

면담자 : 가족계획 영화요? 가족 기획 영화를 상영한 그런……. (예)

구술자 : 그렇겠죠.

면담자 : 웅변대회, 방청인의 시사, 문화영화, 〈대한뉴스〉.

구술자 : 에…… 〈대한뉴스〉. 예.

5. 다양한 공간에서의 문화영화 상영

1) 민간 사업체 공간에서도 상영한 문화영화 상영

면담자 : 동원예식장에서 〈우리 마을 이야기〉 영화 상영했나요?

구술자 : 예…… 동원예식장에서.

면담자 : 경영 강좌 수강생에게요? 카~~

구술자 : 경영 강좌 수강생들에게 〈우리 마을 이야기〉를. 문화영화다! 이거도…….

면담자 : 뉴욕 세계 박람회에 대한 스틸 전시.

구술자 : 에…… 이건 전시. 문화원 회관에서 〈베트남의 이모저모〉 (〈베트남의 이모저모〉). 예식장에서 (제일예식장에서) 이런 거. 우리들 〈우리 마을의 이야기〉 이런 것들이네…… (관광) 이게…… 1965년

---

9 미공보원(USIS, United States Information Service, Korea)을 잘못 말한 것이다.

10 '기네'는 '맞다'는 뜻의 지역어이다.

도가 그때 일하는 해구나!

면담자 : 무슨 해요?

구술자 : 일하는 해……. 그 정부에서 정하는 해마다 그때 무슨 해, 무슨 해 정했었거든요. 이 65년도가.

면담자 : 그 해를 일하는 해로?

구술자 : 일하는 해에 보니깐 65년도가……. (예)

면담자 : 관광 수강생에게 〈가족계획〉?

구술자 : 관광 수강생에게…….

면담자 : 이게 문화영화죠?

구술자 : 문화영화죠.

면담자 : 이쪽에 보니까 관광 문화 아니 문화 관광 연감 같은 게 있네요?

구술자 : 네.

2) 다양한 영화 상영 지역과 대상

면담자 : 〈촌색시〉 영화 상영…….[11]

구술자 : 아, 이건 극영화네. 탄방동, 거 동네에 가가지고.

면담자 : 〈촌색시〉를 했는데 1,000명이 왔다, 이거죠?

구술자 : 예에, 천 명이 왔다. 이거예요. (오~) 그때는 무료 뭐.

면담자 : 공짜였어요.

구술자 : 아, 어…… 다들 아무나 다 올 수 있잖애!

면담자 : 〈월남 동물서커스〉 (〈월남 동물서커스〉) 그때 경영 강좌 수강생은 문화원에서 주최하는 경영 강좌였을까요?

구술자 : 경영 강좌! 여기 있네. 저기 관광 강좌라는 게 있고. 이건…… 문화원에서 한 거 〈민요잔치〉가 있고. 또 예식장에서는 〈서독 동물서

---

11 〈촌색시〉(장황연, 1949)는 일명 〈며누리의 설음〉으로 불린 영화이다.

커스〉 이런 문화영화 해줬다는 얘기고.

면담자 : 그리고 에…… 몇 명이 왔는가? 아, 백 명이 참여, 80명이 참여했다고요? (예) 그럼 이게 문화원에서 상영한 영화예요? (예) 아, 그럼, 사람들이 그때 와서 봤다는 거죠?

구술자 : 그렇죠. 그러고 가서 이게…… 그 직접 이거는 가서 해준 거네. 예식장 (예식장에서요?) 회관.

면담자 : 그러면 누가 어떤 사람이 요청이 있었을까요?

구술자 : 그렇죠. 다 이렇게 요청이 있어서 가는 거지.

면담자 : 어디서 요청을 했는지 그거는 알 수가 없는…….

구술자 : 어. 글쎄 뭐 거기 행사가 있기 때문에 (예) 요청을 한 거겠죠.

면담자 : 그리고 시온회관은 어디? 시온회관은 종교 단체 같기도 한데…….

구술자 : 시온회관이 그때 어디 크…… 어디 있었는지 모르겠네. 확인해봐야 알겠네.

면담자 : 네.

구술자 : 그때는 그 당시에는 예식장에 요 많이 갔구나! (예) 문화원에서 한 것도 있고.

면담자 : 장소가 마땅치 않아서 예식장을 많이 이용했나 보군요? (예) 대전공업 180명.

구술자 : 저기 영화 내용도 다 나오고, 인원 나오고, 시간 나오고.

면담자 : 예. 탄방리?

구술자 : 공전. 공업전문학교는 철강 공업. 탄방은 아까 탄방동에…….

면담자 : 탄방동은 뭐가 많이 있어요? 〈강화도령〉은 극영화인데요?

구술자 : 지금 탄방동은 저기…… 저 둔산 지구에 저…….

면담자 : 그니까는 거기가 공장 지역이었나요?

구술자 : 아니 그때는 그냥 민간 지역에.

면담자 : 근데 천 명이 왔어요.

구술자 : 아니 그때 동네에 가면 이웃 동네에서도 다 올 것 아니에요……?!

(아~) 좁은…… 그때만 해도 대전 좁은 동네니까…… 다 와요.

면담자 : 다 와요. 막 6, 7킬로 걸어서 십 리길 걸어서 와요. 그리고 세계예식장…….

3) 극영화 상영 작품

구술자 : 〔웃음〕 예식장 주로 (저녁 시간…….) 어 저녁 시간이네 이건. 이건 아까 군인부대.

면담자 : 구, 구병, 구병참 기지창이 군부대, 군 병참 기지창은 어디에 있었어요?

구술자 : 아. 이게 지금 저 시민회관 알아요?

면담자 : 정확히 모릅니다. 제가 다 알아갈 겁니다.

구술자 : 아. 여기 지금 시민회관 허물고 새로 지었어요. (예) 대전시 문화센터라고 (예) 바로 그 자리예요.

면담자 : 거기가 군부대예요? 그럼 그 군부대는 다 어디로 갔어요? 지금은?

구술자 : 없어졌죠.

면담자 : 없어졌어요? 다른 지역으로 이, 이동.

구술자 : 이동했죠. 예, 이것도 군인…… 저 극영화네.

면담자 : 아……. 〈의적 일지매〉(장일호, 1961) (예) 군부대 가가지고 500명이 참가했네! 의적 일지매.

구술자 : 이건 예식장. 저기 저 천주교회 가서 한 거 (〈옹고집〉[12]) 허허 시온회관…… 천주교…… 이거 다 극영화네. 이거 〈모정의 뱃길〉(양종해, 1963) (〈모정의 뱃길〉) 극영화고[13]……. 이것은 (〈서독서커스〉) 문화영화고 (문화영화이고.) 회관에서 한 거고.

면담자 : 〈산 위……〉, 문화영화.

---

12 〈옹고집〉(이강원, 1963).

13 〈모정의 뱃길〉은 극영화가 아니라 기록영화이다.

구술자 : 문화영화죠. 그, 저…… 문화영화야 (20분짜리?) 예.

6. 대규모 관람객의 동원과 비도시 지역 순회 상영

1) 1,500명도 모였던 '시민위안의 밤' 영화 상영

면담자 : 시민위안의 밤.

구술자 : '시민위안의 밤' 타이틀을 그렇게 해가지고 학교 운동장에서 하는 거니까 천오백 명 정도 모였다는 얘기죠. (예) 학교가 그때는 제일 하기가 제일 좋죠, 넓으니까. 이건 중앙국민학교.

면담자 : 중화실업.

구술자 : 중화실업 아…… 공장! (공장 가서 했네요?) 중화실업 여직원들 (아~) 많이 있는 곳이에요. (예)

면담자 : 〈두만강아 잘 있거라〉(임권택, 1962) 저기 임권택 감독의 데뷔작이거든요. 3백 명 왔네! 3백 명. (예) 8시에서 11시까지 꽤 긴 시간 동안 했네요?

구술자 : 공장 저녁에 저…… 일 안 할 때 그 직원…… 공장 직원들한테 보여준 거지, 그러니까.

면담자 : 예. 근데 3시간 동안 하는 거면 영화 말고 또 따른 것도 하지 않았을까요?

구술자 : 아니 이제 극영화니까.

면담자 : 3시간짜리는 아닌 거…….

구술자 : 3시간……. 그 전에 문화영화가 들어가 있을 거 아니야 허허 (아~ 뉴스영화, 문화영화) 이건 천주교회에서 한 거고…….

면담자 : 어문연구발표회?

구술자 : 아니, 이건 아니라 이건 문화원에서 한 거고. 시청각 교육원.

면담자 : 시청각 교육원 시사회구나?!

구술자 : 아까 군인부대.

면담자 : 〈두만강아 잘 있거라〉……. 군부대가 자주 했었네요?

구술자 : 예. 그런 것 같애.

면담자 : 탄방동에서 〈철종과 복녀〉(신상옥, 1963)요?

구술자 : 예? 〈철종과 복녀〉. 극영화네 뭐

면담자 : 천오백 명 크~ 많이 왔다.

구술자 : 동화동……. 동화 동민위안회 (동민 위안) 영화. 〔웃음〕

2) 대전을 벗어난 군 단위 지역에서의 순회 상영

면담자 : 금산군 추부중학교.

구술자 : 추부중학교 그니까 여기는 대전이 아니고 금산.

면담자 : 아. 금산까지 갔군요?

구술자 : 에…… 그때는 금산이 전북이거든요. 전라북도.

면담자 : 예, 맞아요.

구술자 : 여기가 그 좀 가까운 곳이니까.

면담자 : 지금은 충청도 지역 아닌가요?

구술자 : 예, 지금은 충청도죠. (예)

3) 경찰서와 예식장까지 아우른 영화 상영 장소

면담자 : 〈개미와 배짱〉이 저거는 저기…… 그 문화영화고 (예) 〈모정의 뱃길〉은 극영화예요. 200명 왔구나……. (뭐 동화동……. 동민 위안 영화) 〈박서방〉(강대진, 1960) 1,000명. 아, 〈박서방〉 그때 꽤 인기 있었던 영화거든요. (하하) 제3 지구인쇄소 (인쇄소), 〈서울로 가는 길〉? 제3지구 인쇄소는 어떤 것이에요?

구술자 : 이, 제3지구 이거 뭐.

면담자 : 공장이죠?

구술자 : 공장지대 같으네. (오!)

면담자 : 구병 싸우는…… 〈싸우는 사람들〉, 〈싸우는 사람들〉?

구술자 : 9병참!

면담자 : 9병참. 아, 9병참 기지 가가지고 (예) 하셨군요?

구술자 : 예식장에서 한 거고.

면담자 : 야, 숫자 봐. 〈의적 일지매〉.

구술자 : 경찰서에 가서 했네.

면담자 : 500명. 와…… 정말 부지런히 일하셨네요? (하하하) 〈개척자의 땅〉.

구술자 : 〈미국의 역사〉. 이게, 이게 다 문화영화들이에요. (제일예식장)

면담자 : 그럼 예식장에서 누구를 불러다가 상영을 했을까요?

구술자 : 그때는 무슨 저 무슨…… 저 모임 행사가 있기 때문에 가는 거지. 에 그니깐 그렇지 않으면…….

면담자 : 그거는 이제 안 적혀 있네요……. 뭐 누구 주최, 누구 주관. (예)

구술자 : 글쎄 아마 그런 거일 거 같애.

면담자 : 관광강좌? (네) 이게 지금 이상한…… 이게…… 잠시만요. 관광강좌, 경영강좌 이거 어디서 했던 걸까요? 관광강좌. 관광강좌…….

구술자 : 에…… 그니깐 문화원 행사에 관광강좌하고, 학생음악연구회 문화원 행사에 (예) 영화를 상영해준 거네.

면담자 : 근데 관광은 누가?

구술자 : 이건 이제, 그때는 그 대전대학장으로 있는 사람이 강의한 거고.

면담자 : 아, 알겠어요. 시온회관?

구술자 : 시온회관 그때 어디에 있었나 모르겠다, 정말…… 〈직업여성〉.

면담자 : 〈직업여성〉

구술자 : 씁…… 그때 내 미국 문화를 많이 홍보한 거예요, 그때.

면담자 : 그니까 그때 미공보원이 없어졌는데 문화원에서 한 것이죠? (예) 그니까 미국 영화를 어디서 가져왔던 거…….

구술자 : 그니깐 미국 대사관 가서 가져와야지…….[14]

면담자 : 대사관 가서?

구술자 : 서울 가서.

면담자 : 서울. 서울대사관 가서? (예) 그럼 직접 서울까지 가서? (예)

구술자 : 가서 가져와야 돼요.

면담자 : 아, 그럼 규칙적으로 정기적으로…… 하셨던 거예요?

구술자 : 예. 정기적으로 가져와서 해주는 거지.

7. 영화 상영 이외의 각종 강좌 실시

면담자 : 문화원에 그때 관광강좌를 했었나 보네요?

구술자 : 그때 관광강좌를 했어요, 그러니까.

면담자 : 특별하게 어떻게 그때 관광강좌를 여기서…… 어떤, 되게 재밌네요.

구술자 : 시민 뭐 강좌죠. 그러니까 시민을 위한 강좌.

면담자 : 그니까 극장에 올 수 없던 사람 또는 극장에서……?

구술자 : 극장에서는 뭐 한정되어 있으니까 (그렇죠?) 극영화가 한정돼 있으니까…….

면담자 : 아, 종이 막 떨어져 가네요. 〔웃음〕

구술자 : 9병참. 〈고바우〉, 〈교향곡〉.

면담자 : 이게 지금…… 봤던 게 65년……?

구술자 : 예. 65년, 이것은 66년도.

면담자 : 이게 65년 거구요? 1월에서 6월까지 (예) 1월에서 6월까지…….

---

14 미국대사관이 아니라 미공보원에서 문화영화를 가져왔다.

구술자 : 그 당시에는 그때 그저…… 한 데가 한정되어 있구나?!

면담자 : 그 9병참 기지창은 군인들이 꽤 많았었나 봐요?

구술자 : 예. 유일하게 그때 있었던 곳이고.

면담자 : 대전 시내에 있었던……?

구술자 : 예. 대전 시내 가까우니까. (예) 문화원 그런 거리 관계도 가깝고.

8. 한국전쟁 당시 경험

면담자 : 그리고 혹시 그…… 전 원장님께서는 혹시 몇 년도에 태어나셨어요?

구술자 : 저요? (예) OO년생이에요.

면담자 : 아, OO년생이세요? 그럼 그때 한국전쟁 그 이후에 다 기억 있으시겠네요? 50년도 이때……?

구술자 : 6·25 전쟁 대전에……. 그때 피난 가다가…… 피난도 가고 다 해봤어. 그때가…….

면담자 : 어떻게 피난은 가셨어요?

구술자 : 그때 가다가 여기 신도안 지뿐이[15] 못 갔어.

면담자 : 신도안이요?

구술자 : 신도안. 지금 3군기지 있는데. (예) 계룡산 밑에 (예) 거기가 신도안이라는 곳이거든 . (예) 아니 저기 옛날 수도 물망지였던 신도안.

면담자 : 신도안이요?

구술자 : 예, 거기…….

면담자 : 왜 거기까지밖에 피난을 못 가셨어요?

구술자 : 걸어가다가 더 못 가서 거기서 아주 있었던 곳이죠. 그때 인민군 들어와 있을 때 같이 있었던 거야. 그리고 또.

---

15 신도안까지만 피난을 갔다는 말이다. 신도안은 충남 계룡시에 있는 종교취락이며 조선 초기의 도읍지였다.

면담자 : 그럼 인공 치하에 있었던 거네요?

구술자 : 그렇죠. 그리고 대전에 갔다가 거기 집까지 걸어 다녔거든. 대전에 신안동인데.

면담자 : 신안동이요?

구술자 : 예, 신안동 응…… (예) 지금 철도역 뒤에 있어요. 그 동네 거기에 인민군들하고 같이 있었으니까. 그때가 내가 초등학교 2학년 때니까. 그때 인민군들하고 같이 지낸 생각이 있어 아직도 기억이.

면담자 : 근데 고생 많이 하셨겠네요? 인민군 간 다음에 또 여기 국군들이 와서. 그때 인공 치하에서 있었던 사람들이 (그렇죠.) 많이 힘드셨을 텐데.

구술자 : 아니, 도시에서는 그렇게 큰 뭐는 없었어요.

면담자 : 아, 그랬어요? 어떻게 같이 식사하고 오실까요?

구술자 : 그래요.

면담자 : 갔다가 다시 와도 괜찮겠어요?

구술자 : 예.

〔식사 이후 대전광역시 중구문화원 향토자료실 소장 자료를 둘러보면서 구술 계속 진행하다.〕

9. 대전시 상설극장 시민관과 대전문화원 위치의 역사에 관한 이야기

구술자 : 근데, 그래 가지고 자수성가한 사람이야.

면담자 : 여기 오셔 가지고요? (예) 그분은 이제 그 혹시 동양백화점 하셨다는 그분?

구술자 : 그 후로 '동양백화점' 했죠. 극장 없애고. (예)

면담자 : 그럼, 시민관을 갔다가 건물을 지으면서 거기 문화원을 **하고 생

각을 하셨던 거군요?

구술자 : 아니, 그건 그 사람이 한 게 아니고. 이 시(市)한테, 시한테 허락받기를 (예) 이걸 지어주면서 문화원 주는 조건으로 (예, 지었던 거예요?) 예, 지은 거니까.

면담자 : 그럼 이북에서 오시면, 이북 어디 지역에서 오셨던 분인 거예요?

구술자 : 글쎄, 그건 나도 잘 모르겠는데.

면담자 : 구체적으로 그 무슨 활동하셨던 분인가는……?

구술자 : 그건, 그냥 피난 와가지고. 여기서 그 내가 알기로는 고물 장사해서 돈 벌었을 거야, 아마. 그래서 돈을 많이 벌어서 이렇게 된 거야. 그리고 여기가 선화동 시절이고 (예) 여기가 대흥동, 대흥동 건물 지어가지고. (예)[16]

면담자 : 문화동 시대라고 했네요. 그땐 문화동이었나요?

구술자 : 아, 그러니까 아, 참 대흥……, 문화동.

면담자 : 문화동이라 하고 (예) 지금은 이제 대흥동이라는……?

구술자 : 아니, 지금 여기가 대흥동이고. (예)

면담자 : 여기가 대흥동이고.

구술자 : 저기가 옆에 문화동이고 (예) 처음 지은 건물이 이렇게 모양, 겉모양이 좀 바뀌었지.

면담자 : 아아! 바뀌었네요. (예) 예……증축도 하고?

구술자 : 여기서 처음에는 2층까지만 지었어요. (예) 여기가 2층 (아!) 아니…… 아니 이건 아니에요. 이건 3층까지 그런데…….

면담자 : 3층 지었고?

구술자 : 이전 건물이 없네.

면담자 : 이젠 4층 할 때고?

구술자 : 이게 3층, 4층 (예) 이거, 이것도 4층 지은 거야 (예) 아니 이것도

---

16 대전문화원의 역사를 담은 사진집을 보면서 과거 문화원 건물이 있었던 시절을 이야기하는 중이다.

3층까지.

면담자 : 근데 3층 증축 건물로 되어 있네요?

구술자 : 예, 3층까지 이게 된 거고 (예) 아니 요게 4층 증축 건물로.

면담자 : 위에다가 뭐 씌웠네요?

구술자 : 예, 이게 4층이 돼서. (예) 예. 4층에 도서실 향토자료실이 있었어요.

면담자 : 그때부터 이렇게 자료는 굉장히 잘……. (예)

구술자 : 그때부터 그대로 보관했던 거지. (예) 그때 그 동안에 옮겨 다니면서 많이 없어졌지. 그런 상황이야.

면담자 : 근데, 그 오영근이라는 그분은 그 자제분들은 지금 다 어디 계신데요?

구술자 : 쓰…… 그건 몰라요. 제가 잘. (예)

면담자 : 대전에 안 사신대요?

구술자 : 대전에 그 후손들이 있을 거예요, 아마 있기는. (예)

면담자 : 어떻게 연락이 닿을 방법은 없대요?

구술자 : 글쎄, 그건 한번은 저 이따 조 원장에게 한번 물어, 알겠네, 그때 활동했던 어…… 그 사진들이니까. (예) 그게 이거 문화원 회관에서 여기서 다 영화 상영 여기서 다 한 거니까. (예) 스크린이 있으니까.

면담자 : 그니까 이때가 어디 그 대흥…… 문화동 시대인가요?

구술자 : 선화동!

면담자 : 선화동 시대요?

구술자 : 선화동 시대에 이거, 이거 이 건물!

면담자 : 이 건물이요? (예) 건물 되게 좋아 보이는데요?

10. 유네스크(UNESCO) 업무를 병행한 대전문화원

구술자 : 여기에 회관이 있고. (예) 여기서 그때 그 유네스코…… 업무를 또 같이 봤어요.

면담자 : 문화원에서요? (예)

구술자 : 문화원에서 유네스코를 창립해가지고 문화원이 그 업무를 같이 본 거예요.

면담자 : 그니까 선화동 시대 문화원이 유네스코 업무도 같이 보셨다고요? (네) 아~ 건물을 같이 쓰신 게 아니라 (예) 업무를 보셨다고요?

구술자 : 문화원 아니 저 유네스코가 협회 연맹이 생겨가지고, 여기 문화원에다 됬어요. (아~) 그니깐 별도 직원을 둔 게 아니고 (같이) 문화원 직원이 같이 운영한 거예요.

면담자 : 아, 그러셨군요.

구술자 : 그때 이게 음악 감상하던…… 내가 활동하던 때지. 내가 여기 있네.

면담자 : 아! 그러세요? 젊으실 때군요! 〔웃음〕

구술자 : 여기 베토벤 음악 감상할 때 베토벤 그림도 또 그리고. 그때 내가 포스터니 내가 다 했거든, 글씨 전부.

면담자 : 근데, 원래 그림이나 글씨에 소질이 있으셨나 봐요?

구술자 : 〔웃음〕

11. 군대 제대 이후 시작한 대전문화원 생활

면담자 : 그러면 64년도에 들어오실 때 그때 오셨으면 갓 스무 살, 스물한 살에 하고 계셨던 거네요?

구술자 : 스물…… 뭐 몇 됐을 거예요. 처음에…….

면담자 : 그럼 학교 졸업하시고 바로 이쪽으로 오셔…….

구술자 : 군대 갔다 와서.

면담자 : 근데 어떤 생각으로 이렇게 문화원으로 바로 오셨어요?

구술자 : 글쎄, 우연찮게 들어온 거지, 그때 뭐.

면담자 : 20대 때 진짜 그 한창 팔팔할 때 (예) 어떻게 여길 딱 오셨네요?

구술자 : 〔웃음〕

면담자 : 평생 직장을 여기서 사신 거잖아요?

구술자 : 그렇죠. (예) 그때 처음 모셨던 원장.

면담자 : 아…… 처음 원장님 존함이 어떻게 되시나요?

구술자 : 이일찬! 여기 여기에 다 나와 있지!

면담자 : 아, 역대 원장님이요? (예) 예.

구술자 : 예. 여기 초대, 2대, 3대, 4대, 4, 5, 6대 그 다음에 7, 8, 9, 10대. 그 다음에 내 바로 전, 나, 지금 조 원장 이렇게 되어 있어요. (예) 그니깐 지금 다 돌아가셨고 아무도 없어요, 지금. 나만, 나만 남았어요, 지금.

면담자 : 아, 그랬어요? 〔웃음〕

구술자 : 〔웃음〕 지금 내용 보면…… (예) 여기에 그 옛날…… 영화 관계도 여기 다 나와요. (아!) 그럴 거야 아마 (예) 그때 저 미국 공보원에서 냄겨가지고[17] 개원식 한 거 (예) 그 자리에서.

12. 대전의 극장 관계자들

면담자 : 그러면 선생님, 예전에 여기서 그…… 극장 문화원 말고 일반 극장 운영하셨던 분들…… 그분들 혹시 알고 계세요?

구술자 : 쓰…… 그거 관계는 (예) 극장 관계는 모르죠. 우리가 (예) 문화원

---

17 넘겨줘서.

하고는 관계가 없으니까.

〔대전시 극장 관계자의 정보에 관한 내용은 구술 주제와 직접적 관련이 없어서 생략하다.〕

면담자 : 예.

구술자 : 근데 그때 60년대 영화 관계……. 한 사진들이 안 보이네 참.

면담자 : 그때 사진도 다 포함시키셨어요? 여기 있던 거……?

구술자 : 글쎄 사진이 있어야 되는데. 사진이 있을 텐데. 어디 기록만 남아 있지 사진이 없는 것 같다?!

13. 대전문화원 활동을 모두 기록한 총무와 보관 중인 기록물

면담자 : 그때 활동을 하시면 매번 그 행사를 다 사진으로 남겨놓으신.

구술자 : 그렇죠. 사진 쭉…… 그러니까 뭐…… 직원이 많지 않기 때문에 영화할라 사진 찍고 머 할라 다 (예) 행사 관계 포스터도 내가 직접 써가지고 시내에다가 붙이고 그때는, 인쇄를 할 그런 상황이 아니었기 때문에 직접 포스터도 만들었어요. (예) 그리고 인쇄물도 그때 가리봉으로 그리는 것 있죠? 여기서 이거! (예) 이것도 다 직접 한 거야.

면담자 : 자[18] 대 가지고 다 글로 쓰신 거예요?

구술자 : 저기 가면 저…….

면담자 : 틀거리가 있어요?

구술자 : 견본이 있어 견본 (아, 견본요?) 보여줄게. 〔웃음〕

---

18 자막대기를 말한다.

면담자 : 여기 이거 말씀하시는 거죠? (예)

구술자 : 여기, 여기 이 안에.

면담자 : 아, 여기요?

구술자 : 여 음악 감상 해가지고 이걸 직접 다 써 가지고 가리봉으로 써서 (참……) 프린트 한 거요.

면담자 : 이…… 이 자료가 다 있다는 거네요? (네) 그때 했던 거요?

구술자 : 예. 그때 했던 것 (허! 와!)

면담자 : 이거 40년, 50년 된 자료잖아요?

구술자 : 60년대.

면담자 : 차이콥스키? (예) 모래알 음악회. 그때 모래알 음악회?

구술자 : 예, 모래알 음악회에서 (예) 운영한 거야. 그때 내가 총무를 봐가면서 이걸 했던 거야.

면담자 : 아 그래요? 오, 이야, 이걸 어떻게 여기에만 놔두는 게 너무 아까운데요. 어떻게 해야 될 것 같은데. 〔웃음〕

구술자 : 〔웃음〕 그래도 이걸 여기에 보관된 게, 없어가지고 내가 집에서 가지고 있던 거 여기다 갔다가 준 거야.

면담자 : 아, 그러셨어요? 흠, 국가기록원이 탐내겠는데요? 〔웃음〕

구술자 : 〔웃음〕

면담자 : 참 어떻게 다 하셨네. 옛날에 고신문들이네요. (예? 아~) 옛날 신문들.

구술자 : 예, 옛날 신문들.

면담자 : 이게 몇 년도 신문인가요?

구술자 : 이게 오래됐을 거야. 60년대 그 이전 꺼도 있을 거야, 아마. 그게 그때 누구 기증했을 것 같애, 누가.

면담자 : 이게 저기 대전일보인가요?

구술자 : 아니, 저 중앙 신문일 거야, 이게.

면담자 : 중앙지요? (예) 그럼, 여기 지역 신문은?

구술자 : 지역 신문은 그렇게 보관 안 했을 것 같은데. 최근 거 이게 최근 것 같은데?!

면담자 : 요즘 중앙지 같은 경우는 다 pdf 파일로 그 다 컴퓨터로 찍어서 다 그렇게.

구술자 : 신문사마다 다 보관하잖아? (예)

면담자 : 근데 이제 지역 신문은 어떻게 하는지 지역 신문은 안 돼 있죠.

구술자 : 지역 신문도 마찬가지일 거야. 다 보관할 거야, 자기네들이.

면담자 : 근데 이렇게 찍어서 보관하는지…….

구술자 : 다 필름으로 보관할 거야.

면담자 : 필름으로요?

구술자 : 신문사는. 이 영화 필름도 많이 있었는데, 이사하면서 다 없어졌어, 보니까.

면담자 : 아, 이렇게 다 보관해뒀는데 보통 필름은 상영하고 다시 돌려주고 그랬는데 안 돌려줬나요?

구술자 : 아니 여기 자체 보관할 때도 많이 있었는데 어떻게 소리도 없이 없어졌어.

면담자 : 1955년도의 회고록이죠? (어) 국내 편이요? (뭐냐…….) 와~ 저 프린터기 그대로 있다니.

구술자 : 회고록 국내 편.

면담자 : 이게 어떤, 어떤 걸까요?

구술자 : 그건 뉴스 관계일 거야, 아마. (뉴스?) 뉴스.

면담자 : 안에 지금 필름은 없죠?

구술자 : 필름 있어요, 있어!

면담자 : 안에도요?

구술자 : 예. 필름 있어요.

면담자 : 그러면…… 와~ 그러면 이거 진짜 영상 자료로 진짜 적어야 되는데! 그러면 이거를 필름, 다시 이렇게 보존하고 이렇게 해서.

구술자 : 이거 필름 이거 말고 또 어디에 쓰, 있을지도 모르겠는데! 전부인가 모르겠네, 내가. 이게 4288년도 문화원에서 만든 사진첩! 그 당시.

면담자 : 1966년도네요? (네) 우와 저거 혹시 좀 볼 수 있을까요?

구술자 : 예. 볼 수 있을 거예요.

면담자 : 1966년도 사진첩이에요 이게 지금. (예) 사진첩 뭐 '약진 대전 사진첩'이죠? (네)

구술자 : 이걸 딱 붙여놔 버려. 아니 요 우에 열렸구나? (아!) 됐어.

면담자 : 조심하세요. 그거 1966년도 것, 65년도 것.

구술자 : 영화, 영화일지도 한 번.

면담자 : 와!

구술자 : 71년도…….

‘접촉지역’ 공보 전달과 영화 상영, 경기도 파주군 공보 담당 정형진

정형진은 파주군 금촌읍에서 태어나 성장하였다. 군 제대 이후 수원농고 서무과를 거쳐 파주군청 공무원이 되었다. 그는 군복무 당시 육군통신학교에서 영사 교육을 받고 해병대 사단본부 정훈과와 통신과에서 일한 경험이 있다. 1960년대 중후반 영사 기능직 공무원이 된 정형진은 1996년 정년 은퇴할 때까지 공보 업무를 수행하였다. 북한과 ‘접촉지역’인 파주의 공무원 정형진에게 공보 활동은 ‘종합적인 문화 사업’이었다. 국책 전달과 주민 계몽 영화 상영 및 무장간첩에 대한 지역민의 경계심을 독려하는 거리 방송은 기본 업무였다. 이외에, 농번기 주민의 농사를 돕기도 하였고, 기지촌 미군 위안부 야간 단속에 나서는 부녀계 업무 수행에 동행했으며, 농촌지도소의 농사 지도를 위한 환등기 상영에도 참여하였다.

파주 군민을 대상으로 수행한 이동영사 활동은 영사 담당 정형진과 보조원 그리고 이들을 태운 자동차 운전사까지 3명이 참여하였다. 이동영사 프로그램은 〈대한뉴스〉와 문화영화 그리고 서울의 미공보원에서 제공한 홍보영화 상영 및 ‘자수 간첩’을 동반한 반공 강연회로 이뤄졌다. 야간 통행 금지가 있던 시절, 자정을 넘겨 영사를 끝내도 야간 통행증이 있어서 복귀하는

데 어려움은 없었다.

파주는 미2사단이 주둔한 미군부대 도시였으며 군부대를 삶의 구심점을 놓고 생계를 유지하는 사람들이 많은 동네였다. 미군은 '양놈'이었지만 지역의 경제를 움직이는 돈줄이었고, 양공주로 불린 미군 위안부는 '애국자'로 평가되기도 하였다. 정형진의 기억에 따르면, 미군 상대 미군 위안부의 등록 숫자는 약 7,000명 정도에 달했다. 지역 행정 기관장은 미군부대 책임자와 정기적으로 만났으며, 그들의 주요 안건은 미군의 성병 문제였다.

미군부대를 바라보면서 사는 사람들이 많아서인지 파주의 상업 극장도 번성하였다. 1960년대 중후반 관공서 건물마저 자가발전에 의존할 정도로 도시로서 기반 시설이 부족했지만 상업 극장은 늘어났다. 파주 군내 극장은 최고 9개에 달할 정도였다. 현재 확인되는 곳은 문산읍 문산극장과 문산복지관, 금촌읍 금촌극장과 금촌복지관, 파평면 장마루극장, 파평면 늘노리극장, 적성면 마지리극장, 그리고 광탄면 신산리에 있었던 극장이었다.

정형진의 구술 도중 갑자기 두 명의 외부인이 끼어들었다. 파주시 전통연(鳶)문화연구회 회장인 하찬룡과 지방행정동우회 파주시지부장 송영길이었다. 인터뷰 장소가 (사)지방행정동우회 파주시지부 사무실이어서 구술자 이외의 사람이 대화에 쉽게 참여하는 분위기였다. 하지만 하찬룡의 이야기는 2000년대 미군부대 기지촌 연예 사업의 일면을 들려주었다. 그가 과거 한국인 미군 위안부를 대체한 필리핀 여성과 해외 연예인을 대상으로 숙박업소를 운영했기 때문이다.

- **구술자**

정형진(전 경기도 파주군청 공보실 공무원)

- **면담자**

위경혜

- **구술 주제**

1960년대 이후 지역 이동영사 활동

- **구술 일시**

2017년 10월 16일 10:50~12:04

- **구술 장소**

(사)지방행정동우회 파주시지부 사무실

- **구술 상세 목차**

1. 1960년대 중후반 파주 지역 상황
   1) 1960년대 중후반 파주군청 공보실 직원으로 시작한 공무원 생활
   2) 1960년대 중후반 자가발전에 의존한 관공서
2. 이동영사 업무 내용
   1) 영화 상영을 앞세운 반공 강연회 선전
   2) 공보 영사 담당 공무원의 야간 통행증
   3) 1970년대 초반 지역민에게 공급된 전기
   4) 상업 영화와 함께 상영한 공보 영화
   5) 서울 미공보원에서 골라서 가져온 영화 상영
3. 9개에 달한 파주의 상업 극장
4. 이동영사 상영 목록
   1) 〈대한뉴스〉와 문화영화를 상영한 공보실
   2) 군청 공보실의 다양한 업무
5. 미군부대 주둔과 파주 지역
   1) 미군부대로 인해 번성한 상업 극장
   2) '양놈'과 '애국자', 미군과 미군 위안부

3) 파주 군수와 미군 연대장의 정기적인 만남 및 주요 안건으로서 성병 문제

6. 파주군 공보 업무 내용

   1) 다양한 업무에 동원된 공보 담당 공무원

   2) 16mm 영사기와 광목천 영화 상영

   3) 각 읍면을 순회한 공보 직원

   4) 행정 기관 요청과 슬라이드 상영

   5) 영화 상영 현장 인력

   6) 영사 기능직의 업무

7. 군복무 시절 익힌 영사 기술

   1) 군 제대 이후 생활

   2) 군복무 일환으로서 육군통신학교에서 배운 영사 교육

   3) 해병대 사단본부 정훈과 업무

8. 파주군 공보 업무와 관련된 다양한 이야기

   1) 파주군 공보 담당 업무 내용

   2) 남북적십자회담 개최 당시 도로변 지붕 개량 사업 이야기

   3) 날씨와 관련된 이동영사 현장 일화

   4) 자수 간첩을 동반한 이동영사

9. 개인의 성격과 봉사자 기질

   1) 1996년 정년퇴임 이후 생활

   2) 자원봉사자 기질

10. 종합적인 문화 사업으로서 공보 활동

   1) 파주군 공보과와 파주문화원의 관계

   2) '접촉지역' 파주의 공보 활동: 종합적인 문화 사업

11. 군부대 지역 미군 위안부를 관리한 부녀계

12. 미군부대 주둔과 지역민

   1) 미군부대 주둔과 지역민의 일상

   2) 미군부대 이전 이후 주둔지 활용

   3) 파주 지역 미군부대 상대 동남아시아 연예인

12. 순회 영화 상영을 요청한 마을 이장

1. 1960년대 중후반 파주 지역 상황

1) 1960년대 중후반 파주군청 공보실 직원으로 시작한 공무원 생활

면담자 : 오늘이 2017년 10월 16일이구요. 파주에 정형진 선생님 만나 뵈러 왔습니다.

구술자 : 감사합니다.

면담자 : 선생님 시간 내주셔서 감사합니다. 마침 공보를 담당하시는 분을 만나게 돼서 개인적으로 영광입니다.

구술자 : 예.

면담자 : 저는 아까 간단하게 말씀하셨던 것처럼 이 지역에서 공보 활동하셨던 것을 편안하게 말씀하십시오.

구술자 : 제가 그때 파주군이었어요, 군청, 군청. 공보실에서 67년도부터 근무를 했는데, 그때 환경부터 말씀드릴게요. 파주의 환경이, 전기도 없지요. 또 공무원이래야 뭐 정 필요한 인원만 있고 숫자도 적었고. 그러니까는 국민들이 파주 시민들이 문화 혜택을 조금도 못 받고 있는 거죠. 전기도 없으니까 더군다나 더.

면담자 : 그때 파주군청이 어디 있었어요?

구술자 : 그때 군청이 여기 있었어요. 여기 위에서부터 여기에요. 그 자리입니다.

면담자 : 그럼, 관공서에도 전기가 보급되고 그 외에는 없었다는…….

2) 1960년대 중후반 자가발전에 의존한 관공서

구술자 : 없었어요. 관공서두 전기가 자가발전이었지. 전기 공급이 안 되었어

요. 한전이 없었으니까. 자가발전을 주로 했고. 어, 그러니까 뭐 극장도 초창기에는 아주 없었어요.[1] 그러다가 60년대 후반서부터 극장이 생기기 시작했고. 거기도 자가발전 가지고 운영을 하고. 공보실에서는 문화 사업을 하긴 해야 되겠는데, 뭐 방법이 없으니까. 도시성 띄운 데는 그래도 극장도 있고 이러니까 나은데. 시골 산골짝은 전기도 없죠. 아무것도 시골에 흑백 테레비 동네 한 대 있으면 동네 사람들이 모여서 다 구경할 판이니까. 그런 세월을 겪으면서 군청에서 공보실에서 조그만 차를 하나 꾸며가지고 발전기하고 16mm 영사기 그걸 갖춰 가지고 장비를 갖춰서 영화를 부락, 부락 다니면서 밤에 하믄서, 하는 도중에 정부에서 그때 당시는 반공 위시로 했으니까 정부 시책이. 그때는 반공 강연회라는 게 있었어요.

면담자 : 아, 예 맞아요.

구술자 : 반공 강연회는 뭐라면 일반 유지들도 있지만 주로 자수 간첩들!

〔정형진 인터뷰 도중 (사)지방행정동우회 파주시지부 사무실 근무 여성 직원이 들어오다.〕

2. 이동영사 업무 내용

1) 영화 상영을 앞세운 반공 강연회 선전

면담자 : 〔여성 직원을 향하여〕 말씀 좀 듣고 있습니다.

---

1 영화진흥공사에서 발행한 『한국영화연감』에 따르면, 1967년 9월 15일 파주군 금촌읍 금촌극장이 공연장 허가를 받은 것으로 기록된다. 또한 1960년 8월 8일 문산읍 문산극장, 1959년 7월 9일 천현면 해동극장이 공연장 허가를 받았다. 영화진흥공사, 『한국영화연감』, 집문당, 1978, 182쪽.

구술자 : 반공 강연을 하는데, 부락에 들어가서 사람 모이라 하면 모이냐고? 안 모이지! 그러면, 우리가 공보실에서 영사기를 갖고 영화를 가지고 부락에 낮에 인제 오후에 나가. 나가서 그 주위에 가두방송을 해요. '오늘 어디 국민학교 광장에서 영화를 한다.'고 해요.

면담자 : '반공 강연회를 한다.'가 아니라 영화를 한다? 〔웃음〕

구술자 : 그렇지. 영화를 해야 사람이 모이니까.

면담자 : 강연회가 아니라 영화를 한다고……?

구술자 : 그렇죠.

면담자 : 그래서요?

구술자 : 그래 가지고서 그렇게 해놓고 사람이 모이면 영화 우선 한 편 보여주고. 영화는 주로 〈팔도강산〉(배석인, 1967) 같은 거.[2]

2) 공보 영사 담당 공무원의 야간 통행증

면담자 : 〈팔도강산〉 인기 많았잖아요? 김희갑 나오고…….

구술자 : 가두방송하면 애들이 구경할라고 차를 쫓아댕기고 쫓아오고 그런 기억이 나는데. 영화 한 편을 모여서 보여준 다음에 고 다음에 '반공 강연회가 있겠습니다.' 그래가지고 한 삼 사십 분. 그렇게 되면 천상 밤에 해야 하니까. 열 시나 열한 시나 돼야 끝나죠. 그때는 통금 시간이 있었기 때문에, 저희는 특별 케이스로 야간 통행증이 있어 가지고 거리가 먼 데는 거기서 끝나고 짐 걷어 가지고 귀가하면 1시가 넘거든.

면담자 : 밤길을 차로 몰고 오셨던 거예요?

구술자 : 그럼요. 그래서 그때는 통금이 있으니까, 검문소도 많았고. 통행증이 있었으니까 이제 무사히. 그렇게 문화 활동을 했어요. 그렇게

2 〈팔도강산〉(배석인, 1967)은 국립영화제작소가 제작한 극영화로서 흥행에 성공한 작품이다.

주로. 그러다가 이제 전기가 들어오고.

3) 1970년대 초반 지역민에게 공급된 전기

면담자 : 언제 정도쯤 전기가 들어왔던 것 같아요?

구술자 : 70…… 60년대 후반서부터 시작이 돼가지고. 에…… 70년대 초에 좀 그때 국회의원이 좀 빽이라고 할까, 좀 힘이 좀 있는 분이었어요. 그래서 전국에서 아마 최고로 먼저 전기 가설 확률이 여기가 높았다고.

면담자 : 아, 그랬어요? 다행이네요.

구술자 : 다른 데는 뭐 3, 40프로밖에 안 되는데, 여기는 그래두 6, 70프로까지 끌고 올랬드랬으니까. 그 바람에 인제 문산이구 법원이구 인제 이렇게 금천이구 극장도 인제 생기구, 그렇게 했구. 요 시내에도 발전소가 있어 가지구, 개인 발전소가. 그래 가지고 개인들이 인제 저 전기를, 등을 키구. 또 라디오도 없으니까 유선 방송을, 한 개인이 유선 방송을 차려가지고 선을 늘여서 스피카를 설치해서 방송을 해서 그렇게 듣구, 그렇게 지나왔습니다.

4) 상업 영화와 함께 상영한 공보 영화

면담자 : 아, 그러셨어요? 예. 그러면 선생님 그 이렇게 영화, 공보하러 가실 때 영화는 아까 〈팔도강산〉도 있지만 혹시 뭐 무슨 홍보용 영화 같은 거 없었어요?

구술자 : 많죠.

면담자 : 예를 들어 어떤 홍보 영화가 있었어요?

구술자 : 지금 제목이 전부 이제 기억이…….

면담자 : 예, 그냥 내용만…….

구술자 : 기억이 안 나는데. 그때 인제 한참 그 새마을 사업 때문에, 새마을 사업 때문에 정부에서 새마을 사업을 코치하기 위한 단편 영화도 맨들구 해서 그게 보급이 됐구. 또, 미, 미국 한국 주재 미국 대사관, 미국 대사관에 가서 필름도 빌려오고.

면담자 : 아, 그러면 선생님께서 직접 가서 빌려오셨던 거예요?

구술자 : 예.

5) 서울 미공보원에서 골라서 가져온 영화 상영

면담자 : 그럼 혹시 그거 그때 미국 공보원이라고 그러지 않았어요? 미국 공보원. 미공보원.

구술자 : 예, 공보원.

면담자 : 공. 보. 원.

구술자 : 공보원 외에 유솜이라고 있었어요, 유솜(USOM).[3]

면담자 : 예, USIS.

구술자 : 아, USIS다.

면담자 : 예, USIS라고 있었…….

구술자 : 예, 거기에서 문화 사업을 했어요. 그래. 거기 가서 그냥 공짜로 가서 신청하면 빌려줘, 그래 가지구 반납하고 또 바꿔 오고.

면담자 : 아 그럼 선생님 서울, 서울로 가셔서……?

구술자 : 그렇죠.

면담자 : 직접 가져오셨어요?

구술자 : 그럼요.

면담자 : 아, 거기서 보내준 게 아니고 직접 갔어요?

구술자 : 아니, 아니, 다녔어요.

---

3 USOM은 미국 대외 원조 기관인 United States Operations Mission의 약자이다.

면담자 : 그럼 공보…… 그러니까 파주 근처 공보, 공보실인가요?

구술자 : 공보실이죠.

면담자 : 공보실에서 USIS에다가 이렇게 신, 가서 가져오셨던 거예요?

구술자 : 예, 예.

면담자 : 그러면 가서 필름이 많이 있었을 텐데 어떤 걸 가져오셨어요? 가서 미리 가서 이렇게 목, 목록을 보셨어요? 아니면 미리 목록을 보내줬어요?

구술자 : 걔네들이 한국 사람한테 그 빌려주는 필름이 따로 보관이 돼 있더라고. 거기서 제가 가서 골라왔죠.

면담자 : 그럼 주로 어떤 걸로 골라오셨어요?

구술자 : 주로 걔네들이 보급하는데 뭐냐면 그…… 자기네들 피알(PR). 각국 소개하는, 소개하는 거 자기네들 인제 미국에 소개하는 거. 또 한국에 또 소개하는 것도 나오고, 더러 있고. 그런 걸 주로…… 길지는 않지만은.

면담자 : 그렇죠. 되게 짤막짤막 몇 분짜리 있었어요.

구술자 : 20분짜리.

면담자 : 맞아요. 그러면은 그거를 언제까지 그거를 빌리러 가셨어요? 대략한 60년대에 빌리셨나요, 아니면 70년대에도 빌리셨나요?

구술자 : 60년대부터 다녔어요. 60년대부터 다니고. 에~ 70년대 하반기, 80년대 초에 가서 없어졌어요.

면담자 : 아, 80년대 초에 없어졌어요?

3. 9개에 달한 파주의 상업 극장

구술자 : 예, 안 했다구 우리가. 우리가 극장도 생기고 뭐 저 극장이 그때 파주시에 10개가 있었어요.

면담자 : 허, 그래요? 아, 열 개요?

구술자 : 그럼요.

면담자 : 뭐 도대체 어떤, 어떤 게 있었는데 제가 알고 있는 게 문산극장…….

구술자 : 문산극장, 해동극장, 법원리 해동극장. 문산복지관, 문산에 둘이 있었어요.

면담자 : 맞아요, 문산복지관.

구술자 : 예, 복지관이 있었고, 또……

면담자 : 그 다음에 장파리 극장.

구술자 : 제가 장파, 장마루 극장, 장마루 극장. 그 다음에 늘노리.

면담자 : 늘노리 극장.

구술자 : 늘노리 극장이 있고, 적성 마지리 극장이 있고.

면담자 : 아, 적성에 마지리 극장이 있어요?

구술자 : 예. 거기도 있었고. 광탄 신산리에도 있었고.

면담자 : 아, 광탄 신산리에요?

구술자 : 예, 금천에두 이제 금천극장, 금천복지관 두 개가 또 있었고.

면담자 : 그러면 문산에도 문산복지관이 있었고, 금천에도 금천복지, 금천복지관이 있었던, 금천복지관이 있었던 거예요?

구술자 : 예예. 복지관이 있었어요.

면담자 : 굉장히 많았었네요?

구술자 : 많았어요.

4. 이동영사 상영 목록

1) 〈대한뉴스〉와 문화영화를 상영한 공보실

면담자 : 그런데 이제 그러면 선생님께서 USIS에 70년대 내내 거기 가서 필름을 가져오셨던 거예요?

구술자 : 예.

면담자 : 아, 그러면은 그때도 극장에서는 USIS 영화 상영을 안 했었어요?

구술자 : 안했죠.

면담자 : 그러면 공보원에서만 했었어요?

구술자 : 그때 극장에서는 뭐냐면 〈대한뉴스〉라고 있잖아요.

면담자 : 맞습니다. 〈대한뉴스〉하고 문화영화라고 있죠.

구술자 : 응, 문화영화라고 해가지고 그거를 섞어서 내보낸 거지. 아주 딸려서 보내.

면담자 : 맞아요. 그때 의무적으로 상영을 해야 했었어요.

구술자 : 예, 극영화하고 저 중앙에서 배부할 적에 그 으레.

면담자 : 〈대한뉴스〉하고 문화영화는 필수 의무였어요.

구술자 : 필수품으로 그냥 보내준다구. 먼저부터, 그거부터 해야 돼.

면담자 : 그러면은 그 공보원에서 그 영화를…… 아니 저기 그 군청, 선생님 공보, 공보실에 계셨죠? 그러면은 거기서도 상영할 때 극영화하고 USIS 영화하고, 거기서는 〈대한뉴스〉나 문화영화 안 했어요?

구술자 : 안 했어요.

면담자 : 아, 그럼 공보, 미국 공보원 영화하고 극영화 하셨군요?

구술자 : 극영화하구 그 PR영화. 새마을 사업에 대한 PR 영화. 또 〈대한뉴스〉도 꼭 했지요.

면담자 : 아, 그렇죠. 그러면은 선생님이 67년도부터 군청에서 일하셨으면 그러면은 그…… 70년대 내내 그 상영을 하셨다는 거예요?

구술자 : 그럼, 그럼.

면담자 : 아, 그랬어요?

구술자 : 아이구, 오랫동안 했어요. 참 그때 공무원들 고생 많았습니다.

면담자 : 예, 그러셨을 것 같아요.

구술자 : 뭐 그렇게 댕겨도. 지금은 이제 공무원들이 뭐 시간 외 수당도 있구 출장비도 있구 그렇지만 그때는 시간 외 수당이 없었어요.

면담자 : 그러면은 근무 중에 가신 거예요? 그러면 낮에 갔다가 밤늦게까지 다 하고 오셨던 거예요?

구술자 : 그럼요!

면담자 : 고생하셨네요.

2) 군청 공보실의 다양한 업무

구술자 : 내 오후에 여그서 사무실에서 업무 보고, 제가 맡은 것만 해도 관광 업무, 유선 방송 업무, 그때는 인원이 그렇게 없었어요. 공보실에 대여섯 명밖에 없었거든.

면담자 : 공보실에요? 공보실에서 관광 업무하고 또 유선 업무요?

구술자 : 유선 방송.

면담자 : 유선 방송이요?

구술자 : 예, 유선 방송이 나중에 생겼지. 유선 방송허구 또 문화재.

면담자 : 문화재 관련도 하시고요? 와, 많이 일을 하셨네요?

구술자 : 아우, 업무가 많았어요.

면담자 : 그때는 그럼 파주문화원은, 문화원은 같이 사업 안 하셨어요?

구술자 : 문화원은 뭐 장비가 없으니까…… 별루.

면담자 : 아, 그랬어요?

구술자 : 어.

면담자 : 다른 지역에 가보면 문화원에서, 그 문화원이 이렇게 영화를 상영

하고 다녔더라고요. 근데 이제 파주는 좀 상황이 좀 달랐나 봐요?

구술자 : 네네. 여기는 일선이 돼가지고. 아주 그냥 참 파주 사람들 불쌍하게 살았지요, 이때까지. 〔웃음〕

면담자 : 뭐가 제일 불쌍하게 느끼셨어요?

구술자 : 전부터 접촉지역이니까 맘대로 자기네들이 활동을 못 허고. 맘대로 이 건축이라든가 자기 맘 먹은 대로 못 허구. 구애받는 게 너무 많아 가지구. 그래서 파주가 이렇게 늦게 발전이 되기 시작한 거예요, 다른 데보다도.

5. 미군부대 주둔과 파주 지역

1) 미군부대로 인해 번성한 상업 극장

면담자 : 근데 여기가 이제 미군부대도 많이 있었잖아요?

구술자 : 아유, 많이 있었죠, 그러기 때문에 극장도 많이 생긴 것이 바로 그 문산, 적성, 무슨 뭐 광탄, 법원리 이 극장들이 그 미군들 때문에 번성이 된 거예요.

면담자 : 미군들 있어서, 양색시 있어 가지고.

구술자 : 많았죠.

면담자 : 양색시 그때 규모가 몇, 몇 만 정도였어요?

구술자 : 제가 알기로는 그때 등록된 것만 해도 한 7,000여 명 정도.

면담자 : 아, 그때가 몇 년도 정도 돼요?

구술자 : 그게 6·25 하여튼 저, 60년대부터 70년대까지는 계속 있다가 여기 미군이 철수하는 바람에 그때 없어진 거예요.[4]

---

4 닉슨(Richard Nixon) 행정부는 1969년 닉슨 독트린(Nixon Doctrine)을 선포하고 1971년 주한 미군 제7사단 2만 명을 철수하였다.

면담자 : 그때 철수가 언제였어요?

구술자 : 가만 있어봐라 이게 기억이…….

면담자 : 71년…….

구술자 : 넘었을걸?

면담자 : 그죠? 넘었죠?

구술자 : 예, 넘었어요.

면담자 : 73, 4년…….

구술자 : 아니야, 80년도 거즘 돼서.

면담자 : 아, 그랬어요? 그…… 갑자기 확 나간 게 아니라 천천히 나갔어요, 여기서? 확 나가버렸어요?

구술자 : 확.

면담자 : 확 나가버렸어요?

구술자 : 어.

면담자 : 그때가 언제였어요, 확 나간 버린 게…… 8, 80년대였어요?

구술자 : 80년대 초(일) 거예요. 그때가 좀 이렇게, 우리 지부장이 아는, 지부장이 머리가 좋아서 잘 아는데, 지부장이 좀 어디 갔어.

면담자 : 그 여기 미군부대 부대명이 어떤 부대가 있었는데요?

구술자 : 미2사단.

면담자 : 아, 미2사단. 맞아.

구술자 : 미2사단이 있었구. 여기 무슨 헬리콥터 부대도 있었구. 뭐 파주에 그냥 아주 전자, 전, 전쟁 도구는 다 그냥 파주에 집중돼 있다시피 했지 뭐. 의정부하고 여기 파주하고. 여기 사단이 있다가 사단이 의정부로 가고. 여단이 이제 여기서 계속…… 여단이 주둔해 있었죠.

면담자 : 예. 그럼 이제 그때가 저 사단이 간 건 80년대였어요?

구술자 : 예예.

면담자 : 그러면, 그래서 그때 양색시가 한 7,000명 정도 등록이 돼 있었다고?

구술자 : 예, 등록된 거는 제가 알기로는 그래요.

2) '양놈'과 '애국자', 미군과 미군 위안부

면담자 : 그러면 이제 꼭 양색시 말고라도, 그 또 그 다양하게 뭐 이렇게 그 발달이, 사업이 발달했을 것 같은데, 그럼 주민들도 굉장히 많았었겠네요?

구술자 : 많았죠, 장사 때문에. 양, 양놈들 때문에 많이들 벌어먹고 살았지. 그때는 양놈 애들이…… 왜냐하면 보릿고개니까. 뭐 고향에서 먹을 게 없으니까. 돈 벌어서, 여기서 돈 벌어서 동생들 가르키고. 집 가정집에 전부 다 보탬이 돼두, 그리고 해서 그 사람들 참 양공주들 참 설움도 많이 받구…… 애국자면 애국자고.

면담자 : 그렇게 말씀하시더라고요.

구술자 : 그래서 지금 그걸 그때 당시에 또 지금 이걸 얘기해야 될지 모르겠네. 지금은 여기 저 모 기자하는 분이, 그때 당시에 양공주들을 갖다가 시에서 그냥 성병 검사 해다가 그냥 붙잡아다가 가둬놓고 그냥 치료허고 막 그렇게 했다구.

면담자 : 예, 그랬어요.

구술자 : 그렇게 안 하믄 안 되거든. 왜냐면 그렇게 안 하면은 양놈들이 여기를 외출을 못 나와. 성병 걸리면…….

면담자 : 부대 내에 문제 있다고?

구술자 : 문제가 생기니까. 자칫 그 법이 있어가 아니라 그냥 우리 행정 자치에서 이제…… 그렇게 맨들어가지구, 그렇게 했는데. 그게 불법, '불법이 아니냐?' 그래 가지구 지금 저…… 그때 당시에 태어난 저 혼혈아…….

면담자 : 예, 혼혈인.

구술자 : 혼혈아들이 지금 미국서 한국에 오믄 어디 갈 데가 없어. 의지할

데도 없고. 엄마 나라에 여기 와도. 그래서 지금 상당히 애를 쓰고 있어요. 그래 가지구 여기 미2사단 연대본부 자리 같은 데 미군기지가 지금 있는데, 거기다가 제가 알기로는 거기다가 그 고향 마을을 조성을 할려구 아마 지금 연구들을 하고 추진 중에 있는 거 같애. 그리구 정부에다가 고발 조치를 해가지고, 그래서 1차. 요 내용은요 제가 지금 얘기하는 거 보덤두 여기 이용남이라고 기자가 있어요. 걔 찾아가면 걔가 지금 주관이 돼 가지고 하고 있는데, 자세히 잘 알고 있습니다.

면담자 : 어디 신문?

구술자 : 파주 바른신문. 이용남이라고 내 전화번호를 아르켜 줄게. 내가 또.

면담자 : 이 용 자 남 자 님이시죠?

구술자 : 예예.

〔잠시 정적〕

구술자 : 010-XXXX-XXXX

면담자 : 010-XXXX-XXXX요? 예, 알겠습니다. 제가 연락해보도록 하겠습니다. 선생님 말씀 인제 끝나시면 제가 만나보도록 하겠습니다.

구술자 : 지금 있는지 모르겠다. 그래가지구 지금 계속 추진 중에 있고 1차 재판에서는 승리한 걸로 보고 있어. 승리를 했는데, 2차 하구, 지금 아마 2차로 들어가고 있는 모양이더라고.

3) 파주 군수와 미군 연대장의 정기적인 만남 및 주요 안건으로서 성병 문제

면담자 : 그러면 그때 미군부대에도 사단이 있었고 양공주도 있었고 또 여기가 바로 이북하고 가까운 지역이었으니까 미군부대에서 나와서 무슨 했던 공보나 홍보, 공보 활동은 없었어요? 미군부대에서 하는

공보는 없었어요?

구술자 : 그거는 없었어요.

면담자 : 아, 그거는 없었어요?

구술자 : 예.

면담자 : 그러면 이 지역에 그 주민들에 대한 공보 활동은 다 군청에서 다 전담을 하셨던 거예요?

구술자 : 그때 당시에 미군하고 관계가 뭐냐면 군수하고 미군 그 저 연대장하고 매달 간부들끼리 모임이 있어요. 한 번은 군수가 저녁 식사를 내고. 내면서 간담회하고. 또 고 다음 달에는 미군부대 연대장이 주관이 돼서 또 간담회 하면서 거기서 식사를 하고. 그게 쭉 유대를 가지고 왔죠.

면담자 : 그럼 주로 이제 간담회를 하면 주로 나왔던 안건들은 어떤 이야기였나요?

구술자 : 주로 성병이 많죠.

면담자 : 아, 주로 성병이었어요? 다른 문제는 또 없었고요, 성병 문제였어요?

구술자 : 예. 그 뭐 다른 문제는 가끔 가다가 저 미군들도 나와서 술 먹고 행패 좀 부리는 거 인제 더러 있고. 그런 경찰 계통에서 같이 또 미군하고 또 합의해 가지고 처리하고 그러니까는 무난히 잘 이뤄졌다고 봐요.

면담자 : 예?

구술자 : 무난히 잘 유대가 됐다고.

면담자 : 그러면은 그 군청에서도, 공보실에서도 성병과 관련해서 그런 공보 활동 같은 것도 많이 하시지 않으셨어요?

구술자 : 아니. 그 성병 관련은 그 부녀계라고 있어가지고.

6. 파주군 공보 업무 내용

1) 다양한 업무에 동원된 공보 담당 공무원

면담자 : 아, 부녀계에서?

구술자 : 네, 부녀계에서 주관을 하는데 보건소하고 같이 합동으로. 제가 공보실에서 뭘 취급을 했냐면 특수 유흥업소라 그래 가지고 미군 홀이 있어요.

면담자 : 예예, 압니다. 특수 관광업소 이렇게 해가지고.

구술자 : 예, 그게, 그게 이제 미군 홀에 있었는데, 그게…… 면세 맥주가 들어간다고. 근데 그거는 면세 맥주는 군수의 허락이 있어야 세무서에서 허가증을 떼어준다고. 그래서 공보실에서 그거를 취급을 했어요. 그것도요.

면담자 : 아, 또 그것도요?

구술자 : 허가도 그렇고. 유흥업소 허가도 그렇고. 그래서 거 부녀계에선 여자들만 밤에 나가서 단속할 수가 없으니까. 제가 또 많이 따라 댕겼어요. 지원을 나갔지.

면담자 : 그러니까 어떤 단속을 하셨는데요?

구술자 : 나가서 보건증 조사하는 것도 그렇고. 유흥업소에서 뭐 예를 들어서 그 면세 맥주가 한국 개인한테는.

면담자 : 가면 안 되죠? 업소 줘야죠.

구술자 : 나가믄 안 되거든. 근데 그런 거 등등해서 시설 미비라던가 이런 것도.

면담자 : 굉장히 많은 일을 공보실에서 다 하셨네요?

구술자 : 아유 참, 그때 공무원들 참 고생 많이 했죠. 공무원들이 이렇게 일명 농무원들이라고 그랬으니까.

면담자 : 농무원요?

구술자 : 예. 왜냐? 공무원들이 그냥 모낼 적엔 댕기면서 모 내줘야지, 벼 벨 적엔 나가서 벼 베줘야지, 피사리할 땐 또 도로변에 특히 또 잘 벨라고…… 〔웃음〕 도로변에 그 피 있는 거 그냥…….

면담자 : 뽑아줘야 돼요? 확 뽑아줘야 돼요?

구술자 : 개인들, 개인들이 손이 모자라니까. 그냥 어떤 때는 학생들도 동원을 시켜가면서 그런 식으로 해서 우리나라가 이렇게 발전이 된 겁니다.

면담자 : 농부 더하기 공무원 해가지고 농무원이라고 불렀군요?

구술자 : 그렇지. 〔웃음〕 별명이 그렇게 붙었드랬드니까 그때 당시에.

2) 16mm 영사기와 광목천 영화 상영

면담자 : 그러면 그 아까 말씀하신 것처럼 이제 영화를 가지고 공보를 쭉 다니시면 주로 이렇게 몇 개 부락을 가셨던 거예요? 그니까 어떻게 됩니까? 몇 개 부락을 다 아울러서 가셨어요?

구술자 : 지금 농촌은 그 부락이 전부 산골짜기마다 있으니까, 여러 부락을 한꺼번에 보지 못해. 많이 못 허고. 고 근처에 주위에서 도보로 걸어올 수 있는 데는 다들 와요 이렇게.

면담자 : 도보로 한, 뭐 10리 정도는 기본으로 다 왔나요? 한 20리?

구술자 : 어, 10리 정도는 오는 사람들은 와요.

면담자 : 그럼 약간 산골 같은 부락에서 다 오셨던 거예요?

구술자 : 국민학교 운동장이 없으면 부락에 들어가서 광장이 넓은 데 그런 데다가 설치해 놓고, 스크린 달구 발전기 놓구, 발전기 틀구 영화 보여주구. 〔웃음〕

면담자 : 그러면 그때 스크린은 뭐 광목천으로 대개 하셨나요?

구술자 : 광목으로 했죠.

면담자 : 그렇게 하고…… 소리는 또 어떻게, 그 앰프를 갖고 가셨어요?

구술자 : 앰프는 그 저기 영사기에 거 16mm 영사기에 붙어 있어. 스피카만 연결시키면 되는 거야.

면담자 : 아, 스피카에 연결시켜서 소리 좀 확장해서?

구술자 : 예. 그러면 뭐 그냥 3, 4, 500명은 뭐 충분히 청취하구두.

면담자 : 아, 그래요? 그럼 매번 그 정도 사람들이 모였었어요? 3, 4, 500명 정도요?

구술자 : 아니. 그 매번 그렇게는 못 모이고. 평균 한 3, 2, 300은 평균 2, 300 잡고. 적은 데는 그래도 한 100여 명, 150명 이렇게.

3) 각 읍면을 순회한 공보 직원

면담자 : 그럼 어디 갈 때 뭐 날마다 이렇게 순회를 하셨어요? 아니면 뭐 한 달에 몇 번 어디 마을로 간다, 이렇게 정해놓고 다니셨어요?

구술자 : 우리가 정했죠. 공보실에서.

면담자 : 이번에 어디 마을 간다 이런 식으로요? 그러면 한 달에……?

구술자 : 근데 이제 그 면사무소를 통보를 해서 그 동네 이장한테. 그때는 뭐 저 출장비도 없구 아무것도 없구 밥도 굶으니까. 나가면 꼭 이장한테 저녁을 얻어먹었으니까.

면담자 : 예예, 그러셔야죠.

구술자 : 이장 없었으면 굶었어요.

면담자 : 아, 그러셨겠네요.

구술자 : 굶어가지고 저 배고파서 저 참외밭에 가서 참외두 사먹고.

면담자 : 예예, 그러셨겠네요. 아니 출장비가 없었다면 그렇게 하셔야겠네요.

구술자 : 그렇게 공무원 생활들을 그렇게 했어요.

면담자 : 그러면 어떤 한 마을에 갔을 때 그 마을, 예를 들어서 뭐 A라는 마을을 갔으면 거기에 뭐 한 달에 한 번 꼴로 꼬박꼬박 가셨던 거예요? 아니면…….

구술자 : 꼬박꼬박이 안되죠, 전체 파주군을…….

면담자 : 다 아울러야 되니까요?

구술자 : 응. 오늘은 이제 예를 들어서 문산읍을 갔다, 그러면 내일 뭐 적성면을 간다든지, 이렇게 돌았지. 한 면에 가서 계속 돌지는 못했었지.

면담자 : 그렇죠. 그러면 한 일 년에 한 마을에 몇 번 정도 가셨던 거예요?

구술자 : 한 마을에 일 년에 한 번두…… 못 찾아가는 데도 있어요.

면담자 : 왜, 너무 넓어가지고요?

구술자 : 예.

면담자 : 너무 넓고 근데 인력은 너무 적고.

구술자 : 그렇죠.

4) 행정 기관 요청과 슬라이드 상영

면담자 : 그래서 일 년에 한 번 정도. 부락 마을이면 이제 뭐 무슨 문산읍, 무슨 리, 무슨 부락 이렇게 가신 거죠?

구술자 : 또 그것도 있고. 또 타 기관에서 예를 들어서 농협이다, 농협에서도 밤에 PR을 하러 다니잖아?! 그러면 거기서 요청이 들어오면 거기 지원 나가고, 영사기 가지고 지원도 나가구. 나중에 또 그 환등기라고 생겼어요.

면담자 : 슬라이드요?

구술자 : 예. 슬라이드를 가지고 환등기라고. 그 타 기관에서 그걸…… 자기네들이 사업을 확장을 할려니까, 그 슬라이드를 맨들어 가지구 보급이 되더라구. 또 환등기 가지고 또 쫓아댕기구. 〔웃음〕

면담자 : 그러면 농협에서도 이렇게 농협에서도 그, 농협에서 제작한 영화가 있는데 '그거를 좀 틀어주라.' 그러면 또 이렇게 공보실에서 또 나갔던 거예요?

구술자 : 뭐 자체에서 영화 같은 건 없고. 그때는 인제 그 타 기관에서는 거

의 다 슬라이드예요.

면담자 : 슬라이드로요?

구술자 : 그래 가지고서는 직원이, 농협 직원이 나와서 차드 가지고 설명을 하는 거지. 〔웃음〕

면담자 : 아. 그럼 주로 농사에 관련된 걸 많이…… 그…… 하셨어요? 아니면?

구술자 : 농협 같은 데는 처음에 초창기에 출자금을 걷어야 되니까 벼 한 가마씩 걷는 거야. 그걸 한 가마 내놓으라고 가서 PR을 하는 거지.

면담자 : 아, 그런 거예요? 농민들한테 그 부락에 가가지고 그거를 내 놓으라는 거죠?

구술자 : 그렇죠. 그것 보구 자신이, 뭐 강제는 아니지만은 그때 출자를 해 가지고 우리나라 농, 농협이 그래서 탄생이 된 겁니다, 그게.

5) 영화 상영 현장 인력

면담자 : 아, 그렇군요. 그러면 이렇게 부락, 부락 다니시면서 그 영화를 상영하거나 슬라이드 보여줄 때 직원 분들 선생님하고 또 누구랑, 혼자 가셨어요? 아니면 몇 분이서 같이 움직이셨어요?

구술자 : 아니, 주로 3명이 가요. 운전수가 하나 있지.

면담자 : 누구요?

구술자 : 운전수.

면담자 : 아, 운전수가 있어야 되죠.

구술자 : 예, 운전수가 있어야 되고. 내가 기술 담당이니까 기술을 하고.

6) 영사 기능직의 업무

면담자 : 그때 선생님 혹시 직함이 어떻게 되셨어요, 그때?

구술자 : 그때는 기능직이라고 해가지고.

면담자 : 그러면 군청에서 무슨 뭐 부르는 호칭이 있었을 것 아니에요?

구술자 : 그냥 기능직이에요. 영사 기능직.

면담자 : 아, 영사 기능직이에요?

구술자 : 예, 제가 사진까지도 했으니까.

면담자 : 아, 그러셨어요.

구술자 : 그 관광 업무도 봤고 뭐 기냥 말할 것 없어.

면담자 : 그니까 그 군청 소속 공무원이면서 기능직으로 분류가 돼 있었군요?

구술자 : 그렇죠.

면담자 : 그럼 직급은 뭐 주사, 대리 이렇게 불렀나요?

구술자 : 그런 게 없었어요. 예를 들어서 처음에는 임시직이었드랬어요, 그게. 처음에 시작은. 나중에 여기 저 계신 송달용 씨가 도에 저 내무국장 할 적에……. 〔벽에 걸린 사진을 가리키며〕

면담자 : 아, 몇 대?

구술자 : 지금 저, 저쪽에서 두 번째.

면담자 : 아, 예예. 저기요?

구술자 : 저 분이 도에, 여기서 군수도 하고 시장도 하고 내무과장도 하고. 여기 사람이구.

면담자 : 존함이 어떻게 되신다고요?

구술자 : 송달용.

면담자 : 달 자, 용 자 님이요?

구술자 : 달 자, 용 자. 저 양반인데. 저 양반이 경기도에 그 각 시군에 공보실 기능직을 그냥 임시직을 갖다가 기능직 티오(TO)로 만들어 준 거야.

7. 군복무 시절 익힌 영사 기술

1) 군 제대 이후 생활

면담자 : 아, 예예. 그 이야기 들은 적 있습니다. 그러면서 선생님께서 군청으로 들어오신 거였어요?

구술자 : 아니, 그건 그 전에 임시직으로 왔어요. 제가 처음에 저 해병대 제대를 했는데. 수원 농고의 교장이…… 제가 제자거든. 여기 토백이 문산 제일고 교장 했다가 문산, 저 수원농고로 전근을 가셨는데, 내가 제대했다는 소리 듣고 나와서 '같이 일 좀 하자.' 그래서 그냥 제대하자마자 바로 수원농고 서무과에 가서 일 좀 하다가.

면담자 : 선생님 그럼 45년도에 제대를 하셨다고…… 아니 언제 제대하셨다고요?

구술자 : 61년도에.

면담자 : 61년도에요? 선생님 혹시 몇 년생이세요? OO년생이세요?

구술자 : 예?

면담자 : 선생님 몇 년생……?

구술자 : 내가 양력으론 OO년생이고, 음력으론 OO년생이에요.

면담자 : 아, 그러세요? 그럼 OO년도에…… 가만 있어봐, 61년도에 제대하셨다구요?

구술자 : 예. 그래 가지구 거기서 한 5년 동안 근무하다가. 그래 가지고서는 부모님이 여기 계시니까 연세하니까 자주 오게 되더라고 편찮으시면 오게 되고, 거리두 멀구. 그전에는 버스 하루에 몇 번밖에 없는 것 타고 왔다 갔다 하려면 힘들고 하니까. 여기서 마침 자리가 난다 그래서 공보실에.

면담자 : 그럼, 수원 계시다가 이쪽으로 오신 거군요?

구술자 : 예.

면담자 : 여기 오신…… 게, 언제 오셨나요?

구술자 : 여기 온 지, 65년도에요.

면담자 : 아, 65년도에요. 그럼 수원에서 한 4년간 계셨던 건가요?

구술자 : 그렇죠.

면담자 : 그래서 여기 와서 이제 그…… 기능직으로 일을 시작하신 거군요?

구술자 : 예.

면담자 : 그래서 이동하실 때는 선생님하고 그 운전수하고. 또 한 사람……?

구술자 : 예, 직원 하나 또 보조원으로…… 이제 같이 붙었죠. 그래도 그때 당시에 불평도 없이 다들 그냥 했어요.

면담자 : 그땐 그랬죠.

구술자 : 그렇게 일궈 놓은 국간데…… 지금 이제 이 꼴이지. 〔웃음〕

면담자 : 지금이 어때서요? 〔웃음〕

구술자 : 아니 지금은 이제 젊은 사람들이 저절로 이렇게 된 줄 안단 말이야. 그렇게 우리 선조, 선배들이 이렇게 고생한 걸 모르고. 그게 안타깝더라고.

면담자 : 그렇죠. 그럼 선생님께서는 여기서, 여기서 나고, 죽 태어나고 죽 여기 금촌에서 태어나시고……?

구술자 : 네. 태어나고 여그 조상도 여기가 있으니까 400년 돼요, 우리 조상이.

면담자 : 아, 어디 정 씨…… 세요?

구술자 : 저기 다산 할아버지 알죠?

면담자 : 아, 예 알죠. 당연히 알죠.

구술자 : 정약용.

면담자 : 그 후손이시군요?

구술자 : 고무래 정 씨. 정약용 씨가 제 5대손 할아버지예요.

면담자 : 아, 그러세요? 예. 뼈대 있는 집안이시네요?

구술자 : 아니, 뼈대 없는 집안이 어딨어? 다 있지.

2) 군복무 일환으로서 육군통신학교에서 배운 영사 교육

면담자 : 근데 선생님께서는 그러면 예전에 사진을 하셨다면, 그 공보하기 전에 사진을 하셨다면, 원래 취미로 사진을 좀 하셨던 거예요? 아니면 사진을 따로 배우셨어요?

구술자 : 제가요 해병대 나가서 가만히 군대 생활을 하는데, 그때 해군들이 3년 했어요, 36개월 그때는.

면담자 : 예전에는 군 생활이 길었었어요.

구술자 : 이게, 군대 생활이 헛생활 하는 거다 이게 3년을 갖다가 헛세월을 보내는 것 같은데, 그래서 뭐 기술을 하나 배워야겠다. 그래 가지고 기술을 배울려고 작정을 했죠. 그게 제가 학교 다닐 적에도 공작부에서 있어 가지고서는 그냥 통신 같은 걸 제가 좀 취미가 있어 가지고. 통신학교를 갔다가, 해병대는 자체 학교가 없어요. 육군 학교에다가 위탁을 하지 전부 거의 다. 공군도 그렇구, 육군 통신학교를 가서 영사 교육이라고 해가지고 영화, 영사기, 사진 그 두 가지를 갖다가…….

면담자 : 배우셨어요?

구술자 : 예, 배웠죠.

면담자 : 육군통신학교 가가지고요?

구술자 : 예. 그 과가 있어, 거기에.

면담자 : 그러면 해병대 근무하시면서 육군 통신학교를 다니셨던 거예요?

구술자 : 아, 다닌 게 아니고, 거기 가서 그냥…….

면담자 : 교육을 받으셨군요?

구술자 : 그럼. 먹구 자구 3개월 동안. 3개월인가 6개월인가?!

면담자 : 근데 군부대에서 그걸 허락을 했었나봐요?

구술자 : 아, 그걸 허락을 받아야 파견 근무 시키지. 교육생을 차출해서 육군에다가 이첩을 시킨 거지.

면담자 : 그때 육군 통신학교는 어디 있었는데요?

구술자 : 처음에 광주에 있다가 나중에 대전으로 왔어요.

면담자 : 아, 전라도 광주에 있다가 대전으로 갔다고요?

〔잠시 대화가 끊기고 사무실 여직원의 말이 들리다.〕

면담자 : 맞아요. 통신학교가 대전에 있었어요, 맞아요, 그때쯤 그쪽으로 옮깁니다.

구술자 : 옮겼어요. 〔웃음〕 거기서 제대를 했는데.

면담자 : 그 통신학교에서…….

구술자 : 아, 제대가 아니고. 거기서 졸업을 했는데. 에피소든데 자랑 한 번 해야겠다. 이 저…… 영사기하고 사진 관계가 이게 수학이 고등 수학이 나오드라고. 난 고등학교밖에 못 나왔거든!

면담자 : 그때 고등학교는 굉장한 학곤데요.

구술자 : 근데 육군은, 육군은 뭐 이리공대니 무슨 뭐 공대 나온 애들만 보내는 거야, 거기를. 그러니 수업을 하는 데 따라갈 수가 있어야지?! 내가 내 실력 가지곤. 그래서 죽어라 하고 그냥 뭐 토요일 일요일 외출도 안 나가고 죽어라고 팠지. 죽어라고 팠어. 그래 가지고 졸업식 날 상장을 준다 그러길래, 나를 1등을 주는 거야.

면담자 : 와아!

구술자 : 1등을 주고서는, '1등이 왜 됐냐?', 이리공대 나온 놈하고 나허고 둘이 똑같이, 똑같은 점수를 1등이 둘이야. 근데, 그 교수진에서, 교수진에서 회의를 해가지고…….

면담자 : 예. 어떤 건지 알겠습니다. 〔웃음〕

구술자 : 어, '누굴 하겠느냐?' 하니까 근데 육군은 거기서 1등을 하게 되면 자기 가고 싶은 데로 가는데, 해병대는 그게 아니거든. 도루 원대 복귀니까. 근데 이 사람이 정 해병이 저 해병이 평상시에도 그 나가

서들 술도 먹고 땡강도 부리고 해병대는 그랬는데. 그 열심히 그냥 공부 열심히 허구 모범이 돼서 나를 갖다가 1등을 준거야. 〔웃음〕

면담자 : 축하드립니다.

구술자 : 그런 일이 있었다고요, 내가.

3) 해병대 사단본부 정훈과 업무

면담자 : 그러면 거기서 그 교육 받고 다시 복귀를 하신 거예요?

구술자 : 예, 사단본부로, 포항이지.

면담자 : 아, 포항으로 가셨어요?

구술자 : 포항 사단본부로 가서, 사단본부에 가서 정훈.

면담자 : 정훈국에 계셨어요? 사단본부 가가지고요?

구술자 : 예, 정훈과죠. 예, 정훈과. 정훈과에서 그 영사도 하고…….

면담자 : 그랬어요.

구술자 : 사진도 하고.

면담자 : 그랬었어요.

구술자 : 사단장이 어디 움직이면 쫓아가야 되고 사진 가지구. 사단장이 그 때 김동화 장군이라구 어디 뭐 ***.

면담자 : 김종화 장군요?

구술자 : 김동화.

면담자 : 김동화.

구술자 : 장군 있었어.

〔주위 사무실 사람들 소리가 들리다.〕

구술자 : 〔주위 사람들을 향해서〕 여기 대담 중이니까 조용히 좀 해 줘. 〔다시 면담자를 보면서〕 그때 나가 쫓아나가야 되구.

면담자 : 예. 그럼 해병대 근무하시는 동안에 이렇게 정훈과에서 일을 하셨던 거군요?

구술자 : 정훈과에서도 근무했었구, 통신과에서도 근무했었구. 그게 주로 정훈과에서 많이 했지요. 많이 허다가 나중에 이제 봉사 참모실이라고 해가지구 예하 부대 그 저 대원들 봉사활동 어 그걸 그 부서가 생겨 가지구 내가 차출이 돼서 또 거기를 가서, 거그서 제대하게 됐는데.

면담자 : 원래 포항에서 군 해병대 생활하시다가, 그 대전 가서 교육 받으시고 다시 포항으로……?

구술자 : 그렇죠, 그 조건으로 날 보내준 거니까.

면담자 : 그럼 그때 사진들 많이 찍고 그럼 그 사진들은 다 부대에다 놔두고……?

구술자 : 그때는 흑백이니까 그냥 사진 찍고 가서 내 손으로 만들구 그래야 돼.

면담자 : 예예, 현상하고 인화 다 하셨다는 거죠? 그럼 그걸 다 부대에 놓고 나오신 거죠?

구술자 : 그럼요.

면담자 : 그럼 제대하고 61년도에 제대하시고 그 수원 가서, 수원서 어떤 일을 하셨다고요, 수원농고…….

구술자 : 서무, 서무과.

면담자 : 서무과요?

구술자 : 예.

면담자 : 수원농고요?

구술자 : 수원농고.

8. 파주군 공보 업무와 관련된 다양한 이야기

1) 파주군 공보 담당 업무 내용

면담자 : 아, 거기서 서무과 근무하시다가, 여기서 이…… 들어오셨군요?

구술자 : 예, 파주군 공보실 임시직을 위해 오게 된 거지, 부모님 때문에.

면담자 : 그럼 공보실에서 일을 하실 때 그 영화 상영도 하고 슬라이드 상영도 하지만, 가서 사진도 찍고 그러진 않으셨어요?

구술자 : 아유, 사진. 군수가 어디 출장 나간다 하면 쫓아나가야 돼 또.

면담자 : 그럼, 그건 다 이제 군청에다가 다 뭐야 제출했겠네요?

구술자 : 그럼요, 다.

면담자 : 따로 개인적으로 찍진 않으셨죠?

구술자 : 개인 소유가 될 수가 없지. 그리구 그땐 뭐냐면 또 군수…… 어디를 이동하게 되면 그 군수가 여기서 활동한 앨범을 다 만들어서 줘야 돼. 주고 그랬다고. 그리고 내가…… 슬라이드 그때 한참 '통일로' 개발하고 그럴 적에, 통일로가 74년돈가, 70년돈가 남북적십자 회담 할 때 그때 그 통일로가 개발이 된 거거든. 그 지붕 개량이고 뭐고 전부 다 하는 걸, 전부 그때 다 찍어서 청와대까지 보고를 해야 돼. 그 슬라이드로. 그걸 혼자 다 했어요. 〔웃음〕

〔사무실 담당 직원 여성분에게 면담자를 소개하고 대화를 나누느라 인터뷰를 잠시 멈추다.〕

면담자 : 아, 그러셨군요. 아 이야기 중에…… 말씀을 못, 제 이름은 위경혜입니다. 선생님 예전에 공보 활동 하셨다 그래서 그 이야기 들으러 왔습니다.

여성 직원 : 네, 안 그래도 아침에 말씀 들었습니다.

구술자 : 어디 가지마. 같이 점심 먹으러 가.

여성 직원 : 네네, 저 여기 아래층에 있을게요.

구술자 : 오케이, 오케이.

2) 남북적십자회담 개최 당시 도로변 지붕 개량 사업 이야기

면담자 : 그러면 선생님 이야기를 진짜 듣다 보니까 고구마 줄기처럼 계속 이야기가 굉장히 재미있을 것 같다는 생각이 드는데요. 일단은 오늘은 그 선생님 그 공보하시면서 돌아다녔던 마을들이 굉장히 많았잖아요?

구술자 : 많죠.

면담자 : 근데 그 마을들의 무슨 재미났던 에피소드나 아니면 뭐 기억에 남는 일이 있었던가 아니면 그 마을마다 무슨 특성 같은 게 있었나요? 그런 이야기도 좀 듣고 싶은데…….

구술자 : 그때는 박정희 시대니까 강제. 강제 아니면 그거 이뤄질 수가 없었지.

면담자 : 오라 하면 안 와요? 바빠서 안 나와요? 영화, '영화를 상영합니다.' 라고 하면 사람이 오고 강연회 하면 안 오는 이유가……?

구술자 : 고럴 땐 그걸 피해서 다른 데로 가지.

면담자 : 아, 그래요? 사람들이 바빠서 못 나온 거 아니에요? 일하, 일하느라고.

구술자 : 아니, 그 촌에는 그런 게 없었으니까. 여기 주로 통일로변에 적십자회담 때문에 걔네들이 오니까[5] 그 주변을 갖다가 눈에 띄는데, 눈에 띄는 그 전부 초가집들 전부 다 벗기구 뺑끼칠하구,[6] 그걸 못하게 와서 똥통 가져와서 똥바가지 씌운 사람도 있었구.

---

5 적십자회담에 참석하기 위하여 북한 측 대표가 오니까.

6 페인트칠하고.

면담자 : 아, 그 마을 사람들이요?

구술자 : 그럼.

면담자 : '괜히 왜 저 지붕을 걷어내냐?' 이러면서.

구술자 : '왜 남의 집 맘대로 막 허물고 그러냐?' 이거지. 〔웃음〕 그런 일도 있었…… 비일비재로 있었어요.

면담자 : 비일비재로요?

구술자 : 공무원들이 그런 거 다 해가면서 그렇게 했어.

면담자 : 그럼 그때 남북적십자회담 하기 위해서 이렇게 지붕, 지붕 소위 개량 사업을 하신 거잖아요? 그럴 때 그럼 홍보 활동을 위해서 그런 영화도 제작한 거를 갖다가 상영하고 그러지 않으셨어요?

구술자 : 아니, 그거 가지구 영화 자체에서 못 만들었으니까. 슬라이드를 많이 했지.

면담자 : 아, 슬라이드를요?

구술자 : 환등기로.

면담자 : 근데 왜 슬라이드였을까요? 영화가 아니라 슬라이드를 많이 사용했네요? 무슨 특별한 이유가 있었어요?

구술자 : 그거는 그…… 우리 군에서 그 영화 촬영사한테, 개인 촬영사한테 의뢰해 가지고 그…… 단편으로 만든 건 있었어요. 그거 가지고 돌려주고 그랬죠.

면담자 : 근데 이제 지붕 개량 사업할 때 주민들이 반발이 좀 많았다는 거죠? 그럼 어떻게 그 사람들을 설득시켰어요? 설득시켰어요 아니면 그냥 반발하건 말건 그냥…… '우리는 일한다.' 이렇게 하신 거예요?

구술자 : 그렇지. 그런 뭐 그런 식이지 뭐 그냥.

면담자 : 그때 지붕 걷어내는 데가 집을 많이 허물어야 했었나 봐요? 아무래도 그렇죠? 이렇게 철판때기로 바꾼 거니까요.

구술자 : 그럼, 울타리도 또 허물건 허물고. 다 해야 되니까. 모양새를 갖출려니까.

면담자 : 반발이 있긴 있었겠네요, 왜냐면…….

구술자 : 전부 다 빵끼까지 전부 다 그냥 정부에서…… 다 대 줘가지고 그냥 다 한 건데 뭐.

3) 날씨와 관련된 이동영사 현장 일화

면담자 : 근데 뭐 지붕 개량 사업 말고 평소에 영화 상영하러 갔을 때는 뭐 특별한 재, 일은 없었어요?

구술자 : 아이, 그 에피소드는 더러 있죠.

면담자 : 예, 그런 이야기를 해주십시오. 그래야지 아니 그, 그때를 살아보지 않은 사람들은 그런 이야기를…….

구술자 : 한 번은 무슨 일이 있었냐면 운동장에서 한참 재밌게 사람도 많이 모이구 재밌게 인제 영화를 트는, 도, 돌고 있는데, 적성 거기가 감악산이라고 산이 높아요. 감악산. 아실 거예요.

면담자 : 들어는 봤습니다.

구술자 : 거기가 산이 높고 그래 가지구 소나기가 가끔 잘 와.

면담자 : 아, 산세 지형이 그렇군요?

구술자 : 그래 가지구 영화 돌리는데 그냥 소나기가 별안간 그냥 소나기가 별안간 오잖아. 별안간 쏟아지는데, 금방 운동장이 발목이 차는 거야.

면담자 : 아, 그, 그런 지형이군요? 비가 오면 확 오는 지형이군요?

구술자 : 그러니까는 그냥 뭐 엉망이지. 나는 나대로 기계부터 이제…….

면담자 : 간수를 해야죠?

구술자 : 간수를 해야 되구 발전기 가서 또 그냥…….

면담자 : 비 안 맞게 해야죠.

구술자 : 〔웃음〕 별의별 에피소드가 많아요.

면담자 : 그러면 영화 보다가 소나기 오면 또 비 그치면 와서 또 앉아서 보

고 그랬어요?

구술자 : 아유, 그렇게, 그렇게는 뭐 안 되더라고.

면담자 : 사람들 가버리는 거예요?

구술자 : 어, 그냥 뭐 풍비박산이 돼 가지구, 그냥.

면담자 : 그때도 극영화 상영하고 그러셨던 때에요?

구술자 : 예.

4) 자수 간첩을 동반한 이동영사

면담자 : 그럼 항상 극영화 상영하고, 그 공보원 영화 상영하고, 그리고 반공 강연하고 그러셨어요?

구술자 : 그죠.

면담자 : 항상 세트로 이렇게 갔던 거예요?

구술자 : 그럼요. 이제 그 자수 간첩을 중앙에서 배정을 해줘. 자수 간첩들. 그래서 자수 간첩이 여그 와서 여그서 금천에서 여인숙 같은 데 나하고 같이 자구 다니구 이렇게 했죠.

면담자 : 그럼, 그때 영화 상영을 할 때 무슨 뭐 경찰서에서 사람이 나오거나 그러진 않았어요?

구술자 : 그런 건 없었어요.

면담자 : 군청에서 나가는 거니까 당연히 하는 걸로 생각했군요?

구술자 : 예예. 당연히 PR하는 거구. 반공 강연회 그 저…… 자수 간첩은 또 뭐 다 통보가 된 거니까 경찰에서 다 알고, 오히려 보호할 판이니까.

9. 개인의 성격과 봉사자 기질

1) 1996년 정년퇴임 이후 생활

면담자 : 그럼 선생님이 여기 65년도에 임시직으로 오셨고 67년부터 정규직이 되셨던 거예요?

구술자 : 정규직이 아니라니까.

면담자 : 아, 기능직으로 쭉?

구술자 : 응, 그냥 기능직으로 그냥 제대한 거예요.

면담자 : 그럼 언제까지 군청에 계셨는데요?

구술자 : 96년도에 제가…….

면담자 : 정년 퇴임하셨어요?

구술자 : 예.

면담자 : 아, 굉장히 오랫동안 쭉 일을 하셨네요.

구술자 : 그리고 제대하고, 정년퇴직하고, 연장이 안 되가지고, 또 시청에서 저 송 군수, 송 시장이 그 주민들을 위한 뭐 저 기구를 하나 맨들어가지구, 자네가 좀 맡아가지고 좀 운영을 해보라고, 그래가지고 시에서 지원 받아가지고, 부락, 부락 다니면서 집도 고쳐주고 뭐 이런 거 사업도 좀 하구. 그래가지고 이제 한 2000년도까지 한 4~5년 동안 또 계속, 또 그런 것만 했었어요.

면담자 : 그럼 선생님께서 지금 OO년생이시면 지금 딱 80이시네요?

구술자 : 그렇죠, 음력으론 지금 여든 하나.

면담자 : 그렇게 안 뵈이시는데요.

구술자 : 아이, 감사합니다. 〔웃음〕

2) 자원봉사자 기질

면담자 : 건강해 보이시고. 기억력도 아주 좋으시고 말씀도 잘 하시구요. 아마 홍보 활동, 공보 활동을 하셔서 그랬을 것 같아요.

구술자 : 아 그게 아니고 저는 원래 성질이 그 자원봉사 좋아해요.

면담자 : 아, 지역 사회에……?

구술자 : 지금도 자원봉사 지금 많이 나가고 있어요.

면담자 : 어떤 활동을 하고 계시는데요?

구술자 : 아니 뭐 겨울이면 요 밑에 자원봉사 센터가 있잖아?! 여그서 겨울이면 연탄 나르고, 뭐 또 어디 행사하면 교통정리 이런 나가서 그거 봐주구. 여러 가지죠, 자원봉사…….

면담자 : 그러면 선생님 그…… 나이대 분들 여기 지역의 어르신들은 그런 어떤 지역 발전을 위해서 이렇게 자원봉사활동을 많이 하시나 봐요?

구술자 : 기회가 있으면 할라고들 노력을 하는데, 그 그런, 그런 뭐야 그 기구가 없어.

면담자 : 아, 지역에요?

구술자 : 정부에서 좀 그런 기구를 확장을 해서 나이 있는 분들, 아직도 씽씽한 사람들 많거든. 지금 70대는 늙은이로 안 봐요.

면담자 : 그러니까요, 다들 젊으셔서. 〔웃음〕

구술자 : 80이나 돼야 이제…….

면담자 : 아니, 요즘 90대도 보세요, 굉장히 정정하시고.

구술자 : 이제 90 돼야 늙은이라 그런다고. 〔웃음〕

10. 종합적인 문화 사업으로서 공보 활동

1) 파주군 공보과와 파주문화원의 관계

면담자 : 근데 선생님 그, 그, 아까 선생님 이제 공보실에서 음…… 하는 문화재 사업도 하셨다고 그랬잖아요?

구술자 : 예.

면담자 : 그러면 그거 관련해서 뭐 파주 문화원하고 무슨 사업을 하거나 그러지 않으셨어요? 문화원은 어떤 활동을 했었어요? 왜냐면 다른 지역에서는 문화원이 이렇게 영사 활동을 했더라고요. 근데, 여기는 아닌 것 같아요.

구술자 : 여기서는 영사 활동을 안 했어요.

면담자 : 주로 어떤 걸 하셨어요? 초창기에요, 파주문화원은요?

구술자 : 글쎄요, 문화…… 문화 사업도 하게 되면…….

면담자 : 이제 공보실하고 같이 뭐 같이 합동해서 한 사업 있었나요?

구술자 : 같은 저 합…… 저 합동으로 뭐 한 건 없어요.

면담자 : 아.

구술자 : 왜냐면 예산이 수반되니까, 사업을 할려면. 문화원은 문화원도 상당히 어려운 처지에 있거든.

면담자 : 예예, 압니다.

구술자 : 시에서 지원 받아가지고 움직일려니까. 지금은 그래도 뭐 다각적으로 많이 발전이 돼서 운영을 많이 하고 있는데. 그때만 하더래도 뭐 그렇게 뭐 크게 저거 한 건 없어요.

면담자 : 그러면 주로 파주에서는 저기 군, 군청 공보실에서 대부분 활동을 전담해서 하셨던 거군요?

구술자 : 그렇죠. 문화원은 문화원대로 또 뭐 업무가 있었죠. 내가 다 기억을 못 하지만은. 거기도 뭐 문화 사업*가 문화재 뭐 현황 **도 맨

들구, 파주 소식도 맨들구 해서 문화 사업도 많이 했더래요.

면담자 : 예. 저도 그 문화원 인터넷 홈페이지에 가서 했던 책자도 보고, 또 직접 가서 보기도 했습니다.

구술자 : 그 우관제 씨가 더 잘 알 텐데, 문화원장을 했었기 때문에.

면담자 : 예, 말씀을 해주셔서요, 그리고 또 그 전에 이제 이윤희 선생님한테 이야기 듣기도 하고, 또 인터넷 홈페이지가 참 잘되어 있더라고요. 여기서 작업한 거를 다 올려놔서 제가 읽어볼 수 있었습니다.

구술자 : 그 이윤희가 아주 그…… 젊었을 때부터 문화원에 몸담아가지고 활동을 많이 했어요. 지금도 여기…….

면담자 : '파주 이야기 가게'라고 그 사무실에도 갔었습니다, 제가.

구술자 : 예, 그리고 여기 뭐냐면 향교, 향교에서 아카데미 교육이 있어요. 거기에도 강사로 나와서 강의도 하고. 파주 소식이라던가 파주 역사라던가. 파주 역사에 대해선 이윤희를 따라갈 사람이 없어. 그리고 그 계통으로 많이 연구를 했기 때문에.

2) '접촉지역' 파주의 공보 활동 : 종합적인 문화 사업

면담자 : 그런데 저는 이제 문화원 소식도 있지만, 이 지역이 파주라는 지역이 다른 데 비해서는 좀 특별한 지역이잖아요?! 바로, 바로 이북도 있고. 그렇기 때문에 이제 공보 활동에 대해서 많이 이야기가 좀 듣고 싶은 거죠.

구술자 : 공보 활동은 참 특히, 여기 접촉지역이기 때문에 간첩들이 나와가지고. 여기 무장간첩들이 나와가지고 출범을 해서 해코지했잖아요, 그 전에?! 그럼 공보실에서 방송 차량을 가지고 가두방송 예를 들어서 이게 저 탄현 지구 강가에 산이 있어, 근데 간, 간첩이 일로 숨어들어 온 거 확실해. 그래가지고 우리 아군들이 가서 포위를 2겹, 3겹으로 포위를 하고, 내가 나가서 가두방송으로 자수 공*를

하지 또. 방송도 하고. 아이, 뭐 그렇게 고생 좀 했습니다. 군인들 하고 나가서 합동으로 간첩 잡는 데는…… 그냥 했고.

면담자 : 그러면 선생님 여기 군청에 그 일단은 들어오시기 전에 그 전에는 다른 분들이 하셨어요? 아니면 언제, 그 전에는 어떻게 했답니까, 공보 활동을요?

구술자 : 그 전에는 별루 없는 걸로. 내가 오고서부터 이렇게 활성화된 것 같애.

면담자 : 그런데요. 저기 우관제 선생님한테 들었는데, 예전에 농촌지도소라 그래서 지금은 그게 농업기술센터라고 하는데…….

구술자 : 예, 그렇죠.

면담자 : 이 '농촌지도소에 가면, 예전에 공보 활동했던 기록이 있을 것이다.'라고 말씀하신 것으로 제가 기억을 하는데요.

구술자 : 그 지도소도 저…… 여러 번 지원 나갔더랬어요, 영사기 가지고.

면담자 : 아, 그랬어요? 어떤, 그 농촌지도소에 가서 어떤 걸 하셨는데요?

구술자 : 거그두 그때 지도소 계통도 그 예산 때문에 옛날엔 전부 어려웠으니까. 예산 때문에 영화는 뭐 그렇게 많지 않았었구. 슬라이드를 중앙에서 농촌진흥청이나 이런 데서 작물에 대한 병충해 관계라던가 이런 거 슬라이드로 나와. 그 환등기 가지고 가서 지도소에서 가서 사람 많으면 내가 환등기 갖고 가서 돌려주구.

면담자 : 그럼 주로 농사에 관련된……?

구술자 : 그렇죠. 지도소는 그거죠, 뭐.

면담자 : 그리고 또 이제…….

구술자 : 농축, 농축 관계.

면담자 : 그러니까 이제 파주 군청에서 중점을 두고 했었던 영사 활동은 농사에 관련된 것, 그 다음에 또 하나는 반공에 관련된 것, 이렇게 두 개를 집중적으로 하셨어요?

구술자 : 지도소는 그 농사에 관한 것, 그렇게 하고. 공보실에는 종합적인

문화 사업이라고 이렇게 일컬으면 좋을 것 같애요.

면담자 : 종합적인 문화 사업은…… 뭐 영화 상영하고 슬라이드 상영하고요?

구술자 : 그럼.

11. 군부대 지역 미군 위안부를 관리한 부녀계

면담자 : 그리고 또 아까 말씀하셨던 것처럼 양공주가 굉장히, 군부대 때문에 양공주가 많았기 때문에 거기 관련해서 특별하게 뭐 하거나 그런 건 없었어요?

구술자 : 특별히 뭐 그저 업무 담당 부서가 따로 있었으니까.

면담자 : 그 담당 부서 이름이 뭔데요?

구술자 : 부녀계라고.

면담자 : 아, 부녀계에서 다 했던 거예요?

구술자 : 응, 부녀계에서. 주로 부녀계에서 다 하고, 보건소하고. 보건소는 주로 성병 관리를 많이 맡았죠.

면담자 : 부녀계에선 주로 부녀계에서 했던 교육 활동들은…….

구술자 : 그때 그 양색시들한테는 보건증이라는 게 있었어. (예, 압니다.) 그게 보건증이 발부가 돼야 자기가 영업을 할 수가 있었어.

면담자 : 그렇죠.

구술자 : 그거 없으면 안 돼. 그래가지고 주기적으로 성병 검진을 받고. 받아가지고 검진이 나타나면 무조건 여기 '화이트 하우스'라고 해가지고서는 여기 관리소에 와서 치료 받고, 일주일이면 일주일 동안 완전히 다 낫은 다음에 나가지. 그렇게 처리를 했어.

면담자 : 그럼 부녀계에서 했던 그 활동이나 기록들은 혹시 어디 있을까요? 어디 가면 볼 수 있을까요? 보통 그…… 뭐 관공서에 서류는 몇 년

지나면 파기하는 걸로 알고 있는데.

구술자 : 그렇죠, 많이 파기되었을 거여. 많이 파기됐을 거예요. 지금 그때 사람들이 있어야 대충 아는데…….

면담자 : 아니면 선생님 그때 공보 활동 가셨을 때 가시면 항상 보고하고 기록하셨을 것 아니에요?

구술자 : 일지는 썼죠.

면담자 : 일지요. 그 일지 혹시 있을까요? 〔웃음〕

구술자 : 아유, 없지.

면담자 : 근데 그 일지는 군청에다가 항상 놔두셨던 거죠?

구술자 : 그럼, 거기다 서, 서류보관소에다가 보관이 되는 건데…….

면담자 : 지금은 볼 수가 없는 거죠?

구술자 : 그렇죠. 나도 뭐 별도로 일지를 써놓은 것도 없구, 그때는 내 일이 바빴으니깐. 그런 엄두도 못 냈고. 지금 후회가 나.

면담자 : 왜요?

구술자 : 그 작성을 못해놓은 게.

면담자 : 아, 개인적으로 해 놨으면…….

구술자 : 응, 개인적으로 해놨으면 참 요긴하게 참고가 될 텐데.

면담자 : 근데 말씀하신 것처럼 여기가…… 굉장히 중요한 지역인데. 말씀하신 것처럼 공보실에서 인력이 적었었잖아요? 근데 왜 이렇게 많은 인력을 배치를 안 했대요? 선생님께서 뭐 다 하셨잖아요, 관광도 하시구 문화도 하시구…….

구술자 : 아니, 그건 중앙 행정부에서 그 정규 인원을 책정을 그렇게밖에 안 했으니까.

면담자 : 아, 근데 선생님 식사하러 가실까요? 저기 그 어디 가시는 것 같은데.

구술자 : 글쎄, 가만 있어봐.

면담자 : 제가 하겠습니다.

〔인터뷰를 잠시 중단한 이후 다시 시작하다.〕

12. 미군부대 주둔과 지역민

1) 미군부대 주둔과 지역민의 일상

면담자 : 굉장히 중요한 지역이었음에도 불구하고 이렇게 그 중앙에서 그 인력 배치를 안했다는 거는 좀……. 〔웃음〕

구술자 : 아이, 그냥 등한시 여긴 거지 뭐, 확실히.

면담자 : 이렇게 굉장히 중요한 지역인데 이렇게 등한시했다는 거예요?

구술자 : 그럼요. 오히려 여기선 뭐 군부대 아니면 움직이질 못했었으니까.

면담자 : 그니까 여기는 주로 군부대 중심으로 움직였던 동, 동네군요?

구술자 : 그럼요. 하다못해 내 집에 화장실을 수리해도 부대에서 허가 안 하면 못 해.

면담자 : 아, 군청 그러면 군청에서 허가를 하는 게 아니라 군부대에서……?

구술자 : 군청에서 허가를 해도 부, 부대에서 노우하면 그냥 못 해.

면담자 : 그럼 부대도, 부대도 최고…… 결정권은 미군부대에 있지 않았었어요? 한국군 부대보다는.

구술자 : 아니 한국군 부대였어. 사단장이 쥐고 있는 거지. 그 나중에 사단장에서 지역…… 연장으로 업무가 이양이 되고 그랬는데. 지금두 많이 이양돼가지고 지역 대대장이 우선권이 있고, 그렇게 돼 있더라구.

면담자 : 아, 그런 식으로 바뀌었군요?

구술자 : 예, 좀 바뀌었어요, 그게.

면담자 : 근데 여기 점심시간은 12시부터 식사하시는 거 아니에요?

구술자 : 아니 여기 여기서는 아무 때나 가도 돼. 가서 식사나 하시죠, 뭐

대충…….

면담자 : 예예, 아 식사하시면서 그럼 이야기할까요?

〔식사 이후 인터뷰를 계속 이어가다.〕[7]

2) 미군부대 이전 이후 주둔지 활용

면담자 : 그, 그러면 그 부대에는 어떻게 미군부대 이전하고 남은 터는 어떻게 하실…….

구술자 : 국방부에서 인수해가지고 아마…….

하찬룡 : 시에서 인계서 안 된 거여.

구술자 : 안됐어.

면담자 : 뭐 공원으로 만들고 이러면…….

구술자 : 그 아까 얘기 중에 2사단 저…….

면담자 : 아, 그 분요?

구술자 : 2사단 그 저 했던 자리 거기다가 그런 식으로 꿈을 꾸고 있는 거야.

하찬룡 : 선유리도 뭐가 좀 들어와야 하는데.

구술자 : 그래 거기두 증말 뭐가 들어와야 선유리가 살지. 그냥, 아유 증말 아까워.

하찬룡 : 진짜 그 좋은 땅 왜 다 그걸 그냥 묵히나 모르겠어. 난 도대체 이해가 안 가. 차라리 곡식이라도 심어 먹으라고 하던지. 전부 아주 풀밭 되었지. 지금. 공그리까지 다 깨냈거든요.

면담자 : 아, 그랬어요?

하찬룡 : 다 철수해갖고, 철거해갖고.

---

7 정형진과 점심 식사 이후 인터뷰 도중 대화에 갑자기 참여한 하찬룡은 2017년 파주시 '전통연(鳶) 문화연구회' 회장이었다.

면담자 : 어떻게 콘크리트까지 다 깨버렸대요?

하찬룡 : 정부에서 거 전부 싹 다 해버렸는데. 아, 위치야 좋지. 그 서울 제3한강교 마냥 철교로 다리 놓고 아치 식으로 해 멋있죠. 근데 뭐 땅이 다 비어 있으니 너무 아까워.

구술자 : 〔누군가에게 전화하면서 혼잣말로〕 뭐 또 어디까지 갔길래 전화 안 받냐?

면담자 : 뭐 어떻게 할 계획이 있는가 보죠, 정부에서? 어떻게 모르겠지만.

하찬룡 : 정부에서 인제, 국방부에서 이제 시로…….

구술자 : 아니, 한 군데 또 이대가 들어온다 그래 가지고 또 한참 바람이 불어가지고

면담자 : 이대요? 학교가 들어온다고요?

구술자 : 이대가 들어온다고.

면담자 : 이대가 여기까지…….

하찬룡 : 여기는 이대, 저기는 무슨 대 들어온다 그랬나?

면담자 : 계장님 전화 안 받으세요?

구술자 : 내 전화를 안 받네.

하찬룡 : 봉변대 자리? 그러고 저 비행기 자리…….

구술자 : 전화 안 받으면 나중에 문자를 넣어보세요.

하찬룡 : 광탄 비행기장 자리는 국민대가 들어온다 했나?

구술자 : 아니, 먼저 저 시장들이 계속…….

하찬룡 : 이화선 씨가 좀…….

구술자 : 그럼. 괜히 거짓말을 만들어 가지고서 바람만 집어 넣구, 여러 사람들 그냥 맘만 들뜨게 만들었지.

하찬룡 : 예전 필립 때문에 필립스 들어온다 해갖고 이 문산 바닥을 다 버려놓은 거예요.

구술자 : 그렇지.

하찬룡 : 거기가 필립스 들어온다 그래갖고. 그러고 선유리에 37층 복합 상

가 짓는다 해갖고. 하여튼간 하루 저녁 자고 일어나면 부동산 하나씩 생기는 거요. 선유리 일대가 전부 부동산이야, 양짝이. 그래갖고……. 〔사무실 문을 열고 들어오는 누군가를 향하여〕 어, 어서 오세요.

송영길 : 아니 어떻게 아까 아침에 저기 인제 오신 거야?

구술자 : 어? 아니 점심 먹고 왔어요.

하찬룡 : 식사하셨죠?

구술자 : 우리 저기 지부장님이셔.

송영길 : 아, 예 안녕하세요. 송영길입니다.[8]

면담자 : 예, 안녕하십니까? 저는 위경혜입니다.

하찬룡 : 식사 안 하셨으면 같이…….

면담자 : 제가 명함이 다 떨어져서, 아니 명함을 보니까…….

하찬룡 : 식사 했어요, 안 했어요?

송영길 : 네, 알겠습니다.

하찬룡 : 형님 식사 하셨어요, 안 했어요?

구술자 : 응? 먹었어 지금.

하찬룡 : 안 먹었으면 가고.

구술자 : 술을 안 먹었어.

면담자 : 아, 원래 반주를 하시는 스타일이신가 봐요?

구술자 : 주사 맞을라고 오늘 독감 주사 맞을라고 오늘……. 〔웃음〕

하찬룡 : 아유, 낼 맞으면 되지. 뭘 오늘 맞을 거 내일 맞으면 되지.

〔인터뷰 도중 잠시 정적이 흐르다.〕

구술자 : 어디 갔다 오신 거예요?

---

8 정형진의 구술 도중 갑자기 대화에 참여한 송영길은 2017년 (사)지방행정동우회 파주시지부장이었다.

〔하찬룡의 해외 연예인 상대 숙소 운영에 관한 이야기를 나누다.〕

3) 파주 지역 미군부대 상대 동남아시아 연예인

하찬룡 : 숙소 맹글어[9] 놨었으니까.

면담자 : 그러면 그 미8군 쇼단이었으면 뭐 조용필도 오고 다 뭐 왔겠네요, 가수들도 오고?

하찬룡 : 예, 필리핀.

구술자 : 많이 왔지.

하찬룡 : 미 음악은 필리핀 애들이 최고니까, 세계적으로. 밴드 단이…… 우리 집에 와서, 엄청나게 왔어요, 한 달에 한 번씩 교체되니까. 그러면 한 번 오면 한 팀이 오는 게 아니라 많이 오면 7~8팀. 제일 적은 게 2인조, 3인조. 많으면 한 7인조, 8인조 이렇게 왔고.

면담자 : 언제부터 왔는데요, 필리핀 밴드들이요?

하찬룡 : 노무현 대통령 한 뒤로 그게 올 스톱이 되었고, 미군들 다 보내는 바람에. 그야 뭐 60년대서부터 계속했지.[10]

면담자 : 아, 60년대…….

하찬룡 : 미군들 여기 들어오면서 그게 생긴 거지.

면담자 : 그러면 우리나라 공연 말고 필리핀에서도 와서 공연을 했다는 거예요?

하찬룡 : 아, 필리핀 이름 있는 그 애들이 그 필리핀에선 돈이 적으니까 일류 가수도 여길 오는 거예요, 돈이 되니까. 여기서 중국서 우리나라 돈 벌러 오듯 그 식하고 똑같은 거예요.

면담자 : 아, 근데 60년대부터 왔다는 이야기는 처음 듣는 거 같습니다.

하찬룡 : 회장님이 잘 알지 그건.

---

9 만들어.

10 미군 대상 밴드 공연은 1960년대부터 있었다는 뜻이다.

송영길 : 내가 어떻게 알아? 〔웃음〕

하찬룡 : 진짜 내가, 그때 조금 재미를 본 거여. 아, 미군들 그냥 토요일 날, 일요일 날이면 한 6~70명이 들끓는 거여. 양놈들이 토요일 날, 일요일 날 와서 별자리까지 동두천에서. 세단 끌고 오면 차 뚜껑만 열면 냉장고가 설치가 돼 있어. 그럼 거 소고기…… 그냥 스테키 해서.[11] 근데, 그걸 알면, 한국 여자 알으면은, 이거래요. 〔최고라는 듯 손짓을 하면서〕

송영길 : 으으.

하찬룡 : 그러니까 아주 옷 *** 탁 해 입고 모자 푹 뒤집어쓰고, 그러고 와서 놀다가. 우리가 별자리인지 어떻게 알아요. 그럼 거기 아가씨가 그러는 거예요. '아저씨, 저래 보여도 미군 별자리예요. 동두천 총책임자요.' 그래. 그 여자한테 미쳐 갖고, 어 이렇게 애들 뭐 전부 춤추는 애들을 그냥 노래 부르고, 스트립 쇼하는 애들이니까.

구술자 : 굶주린 늑대들인데 그거 뭐…….

하찬룡 : 아주 한국 부대는 1사단은 내가 꽉 잡구 있었지. 뭐 창설회 기념이다, 허면 얘들은 세상을 거꾸로 사는 거죠. 저녁에 일하고 낮에 자는 거예요. 그러면 내가 '야, 여기 7년차 오늘 창설 기념인데 가야겄다.' 그러면 '아이, 가야지요.' 가서 해주면 면세품 까짓 것 소주 맥주 몇 푼가요? 그 몇 잔씩 얻어주면 그거 먹구 살아. 걔들은 돈 안 드는 거야. 어디 그냥 매일같이 '사장님 어디 일 없느냐.'고, 그래서 그때 한참 얼굴 팔고 다녔지. 내가 구레나룻 이러니까 내가 앞에 타면 매니저인 줄 안다고, 전부. 미군은 그냥 판문점까지 다 전국 관광업소는 그냥 다 돌아댕겼어요, 부대하고. 그 밴드 차만 타고서 앞에 가면. 〔웃음〕

면담자 : 뭐 클럽 운영하셨어요?

---

11 스테키는 스테이크(stake)를 말한다.

하찬룡 : 아뇨, 밴드들 숙소를 했는데.

면담자 : 아, 숙소요? 그럼 여관업 하신 거예요?

하찬룡 : 방이 한 37개 맹글어 놓고. 방 하나에 무조건 이부자리 주고 연탄 불만 넣어주고, 13만 원씩 그 당시에. 그러니까 돈이 되는 거예요, 그게.

송영길 : 에고, 돈 됐네.

면담자 : 어마어마한 돈이었네요.

구술자 : 그때 돈으로 13만 원이면.

송영길 : 아, 신성일이가 67년도에 670만 원 세금 냈다고, 지금 30~40억 냈대는 거 아니야?! 670만 원. 67년도에.

면담자 : 뭐 하셨길래…….

송영길 : 아니 신성일이가…….

면담자 : 아, 신성일요, 신성일…… 아, 신성일이가요?

송영길 : 아, 67년도에 670만 원 세금 냈대요.

면담자 : 그렇죠. 어마어마한 돈이요.

송영길 : 그럼 지금으로 치면 한 30~40억이래. 그럼 나두 대한민국에 굉장히…….

하찬룡 : 신성일이가 지금 팔십 한 살이더만.

송영길 : 아니야.

하찬룡 : 아, 자기 입으로 81살이라 그래.

송영길 : 그럼 마, 마누라도 하나구만.

하찬룡 : 그 아침에 나와서, 며칠 전에 '아침마당'에 나와서요. 아니 저기 '아침마당'이 아니고 영화 저기…….

송영길 : 부산 국제시장, 저 국제영화제.

하찬룡 : 부산 국제시장 거기 나와서 하는데 81살인데, 그 엄앵란이가 나와서 말하는데 참 팔자는 좋데.

면담자 : 지금 암 환잔데…….

하찬룡 : 폐암인가?

송영길 : 폐암 3기야.

면담자 : 폐암 걸렸어요.

하찬룡 : 그런데 뭐 쌩쌩허대 또. 말도 잘하고.

송영길 : 말 잘하지, 아직은.

하찬룡 : 아주 말 타고, 아주 잘하고 살아요. 집을 어마어마하게 잘 짓고.

송영길 : 집 잘 짓지.

하찬룡 : 말 타고 아주 그냥 신선놀음이야. 이름 그대로 신성일이 신선놀음. 거 엄앵란이가 국회의원도 맹글어 놓은 거 아니여?! 자기가 그 안 맨들어났으면 징역도 안 갔을 텐데. 엄앵란이가 나와서 그러더라고, 내가 징역 보낸 거나 마찬가지라고.

송영길 : 그것 때문에 징역 간 거야.

〔잠시 정적이 흐르다.〕

면담자 : 그러면 그 밴드를 그 필리핀에서 오면, 어떻게 연결하는 국내에 연결하는 사람이 있었어요?

하찬룡 : 아, 프로덕션이 있어요, 회사가. 유니버설이라고.

면담자 : 서울에 있었어요?

하찬룡 : 서울 삼각지 가면은 유명해요. 거기가 그러는데. 내가 여기 와 갖고는 그 유니버설을 찾아갔지.

송영길 : 아, 유니버설은 지금도 영화 전부 다 유니버설인데.

하찬룡 : 예, 유니버설 찾아 들어가 갖고 하는데, 사장이라 그러고. '어디서 왔냐?'고. 아, 문산에서 왔다고. 나도 밥 좀 같이 좀 먹고 살자고 그랬더니, 거기 막스라고 있어요, 필리핀 애가 거기 총 책임자야. 외국서 필리핀에서 들어온 놈, 그 놈이 한국 여자하고 결혼을 해갖고 애들이 큰데. 애가 너무 착해. 그래서 그 놈 소개로 해서 들어

갔지. 찾아 들어갔지. 그랬더니 아 그러냐고, 아주 반갑다고. 그래서 방 자든 안 자든 13만 원씩 나오게 맹글어놨지, 또. 어?! 왜냐? 서울서 방 하나 얻어 주자면 걔들 50만 원. 그 당시에. 우리 집에 오면 13만 원이란 말이야. 그러면 출퇴근 시켜도 맞거든. 대한민국 관광 업소는 전 지역 다 유니버설에서 관광업소 다 뛰는 거예요. 그러니까 그 필리핀 애들이 그 쇼 단 애들이 몇 팀이야, 몇 십 팀이야. 어?! 데려다 우리 집에다 갖다 놓구, 그냥 차만 보내면 되니까. 뭐 강원도 춘천 관광 업소든 부산에 있는 뭐 아주 어?! 영등포를 내가 그 중 많이 댕겼네. 관광업소. 심심하면 놀러가자 하면 걔들도 일하면 참이 나오는 게 있어요, 걔들 몫으로. 그럼 가서 먹고. 내가 기분 좋아서 돈이 좀 많이 생겼다 그러면 한 턱 또 쏘고. 〔웃음〕 그때는 *** 몰랐어.

면담자 : 그럼 그때가 몇 년대 정도 됐어요?

하찬룡 : 80, 82년도 들어와서부터 내가 자리잡았으니까.

송영길 : 〔하찬룡을 향해〕 가자!

면담자 : 그러면은 아 예, 어디 다녀오시……?

하찬룡 : 어디 가세요? 갔다 오세요?

송영길 : 어, 가서 만나보고 와야지, 시간이 없다는 데.

면담자 : 예, 선생님 또 뵙겠습니다.

송영길 : 내가 인사를 드려야 되는데…….

면담자 : 죄송합니다, 제 이름은 위경혜입니다.

송영길 : 아이, 성이 특별해서. 〔웃음〕

면담자 : 예예, 반갑습니다. 다음에 또 뵙겠습니다. 〔구술자를 보면서〕 제가 보니까 명함을 많이 안 챙겼더라고요. 케이스에 있는 거라고 생각했는데…… 아, 이분은 지금 예전에 선유리에서 숙박업을 하셨어요? 하셨나 봐요?

구술자 : 나도 이 양반을 안 지 얼마 안 돼.

여성 직원 : 네, 숙박업 하셨대요. 저도 들었어요.

면담자 : 방이 37개면 어마어마한, 전문…….

구술자 : 근데 지금 이제 연 사업을 하는데, 연 날리는 거.

면담자 : 예, 연도 지금 1,000개 정도 갖고 계신다고 말씀해주신 것 같은데.

구술자 : 아니 그 저 우리 행정동우회 사회대전 할 적엔 이 양반이 와서 한 층을 저…….

면담자 : 연 전시회 했어요?

구술자 : 응, 연시회[12] 허고, 한다고.

면담자 : 그 선생님 그러면 잠깐 이 분 말씀하셨는데, 그럼 선생님 그 군청에 계실 때 이런 숙박업 그런 그 뭐 관련은 일 안 하셨어요?

구술자 : 그거는 우리 업무가, 업무가 아니야.

면담자 : 아, '관광 쪽도 하셨다.'라고 하니까요.

구술자 : 아니, 관광 업소지.

면담자 : 아, 관광 업소요?

구술자 : 어.

면담자 : 아, 그렇군요?

구술자 : 예, 그 숙박업은 안 했어요.

면담자 : 그러면 부녀계 쪽에서도 하셨을 것 같은데요, 이, 숙박업은…….

구술자 : 부녀계 쪽에선 여관하구 관계없으니까. 가만있어, 여, 여관을 어디서 허가를 했든가? 긴가민가하네.

면담자 : 흠, 지금 이용남 선생님은 전화 연결이 안 되는, 안 되었던 거죠?

구술자 : 어, 안 되네.

면담자 : 그 이용남 선생님은 제가 따로 연락을 해서 한 번 만나 뵙도록 하겠습니다.

구술자 : 예, 연락이 닿으면 좀 찾아 가시면 좀 도와드리라고 얘기를 해 놓

12 연 전시회.

을게요.

12. 순회 영화 상영을 요청한 마을 이장

면담자 : 근데 선생님 그 그때 공보활동 하실 때 어떤 특별하게 어떤 마을을 어디 중점적으로 관리해야 된다는 그런 마을이 있었어요?

구술자 : 그런 건 없었어요.

면담자 : 그런 건 없었어요?

구술자 : 예, 뭐 전체적으로 그냥 골고루 혜택을 줄려니까 뭐 이렇게 한 개 부락을 가지고 예산 투입을 하거나 무슨 집중 육성은 없었다구.

면담자 : 그럼, 그때 뭐 마을 이장님들이 특별하게 우리는 이 마을에 뭐 좀…… '영화 좀 갖다가 틀어주라.' 이런 요청은 없었어요?

구술자 : 아이, 뭐 더러 있죠.

면담자 : 예를 든다면 어, 어떤 거를 갖다가 틀어달라고 했던…….

구술자 : 아니 그니까 그냥 무슨 영화 이름도 몰르구. 아 그 좀 '우리 동네도 와서 저 영화 좀 틀어달라구.' 그냥 그렇지. 뭐 어떻게 그 사람들이 뭐 영화 이름을 알아? 뭘 알아?

면담자 : 그러면 그 분들은 그때는 뭐 군내 버스 이런 게 없이 주로 그냥 걸어 다녔던 시대였나요?

구술자 : 그렇죠. 아니, 버스는 더러 있긴 있었는데, 그까짓 것 하루에 몇 번 떠?!

면담자 : 아, 그랬었군요.

구술자 : 어디 행사가 있어서 이제 거기 가서 만나게 되면 '아유, 우리 동네도 와서 한 번 틀어줘.' 이제 그리구.

면담자 : 예, 그 여기 선생님 말씀해주신 거랑 또 제가 받은 책이랑 이제 제가 차분히 이제 그 좀 읽어보고요.

구술자 : 한 번 *** 한 번 해보세요.

면담자 : 제가 또 읽어 보고 궁금한 점 있으면 전화 연락하거나 아니면 또 만나 뵈러 오겠습니다.

구술자 : 네.

면담자 : 예, 선생님 오늘 시간 내주셔서 감사합니다. 고맙습니다.

구술자 : 아유, 별 말씀을요.

미공보원 영화를 통해 깨달은 세계의 변화,
목포시 김정섭

목포에서 출생한 김정섭은 장흥과 목포를 거쳐 해남에서 국민학교를 졸업하였다. 한국전쟁 동안 국방부 정훈국이 주최한 영화를 해남군 마산면에서 관람하였다. 영사기와 발전기를 갖춘 '쓰리쿼터(three/quarter)'로 불린 군용차가 순회하며 상영한 계몽 영화였다. 해당 영화의 상영은 1946년 해남군에서 발생한 농민 추수 봉기와 연관된 것으로 보인다. 하지만 지역민은 영화의 내용과 상관없이 영화 관람을 신기한 경험으로 받아들였다.

김정섭은 한국전쟁 발발로 중학교 공부를 할 수 없게 되자 광주로 옮겨와 YMCA에서 일종의 보충 학습과 같은 교육을 통하여 영어와 수학 등을 배웠다. 또한, 광주시 황금동에 자리한 광주 미공보원 독서실에 '거의 살다시피' 들락거리면서 영화를 관람하였다. 미공보원에서 상영한 영화는 자막이 없었지만, 그곳에서 알게 된 한국인 친구들과 상의하면서 영어 표현을 익혔다. 김정섭은 광주에 머무는 동안 동방극장(무등시네마의 전신)에서 영국과 프랑스 등 유럽 영화를 관람하였다. 이들 영화는 일제 강점 말기 관람한 군국주의 영화의 민족 차별적이고 '충격적'인 장면과 비교되었으며 서정적인 느낌을 불러일으켰다.

한국전쟁 이후 김정섭은 공군에 입대하여 대전에서 군복무 생활을 하였다. 복무 기간에도 외출 허가를 받으면 대전의 극장가에서 영화를 관람하였다. 1950년대 중후반 변사 연행을 수반한 〈검사와 여선생〉(윤대룡, 1948)을 관람했으며, 〈바람과 함께 사라지다 Gone with the Wind〉(1939)도 보았다. 후자는 1부와 2부로 나뉘어 각기 다른 날에 상영되었다. 영화 이외에 여성국극 역시 대전의 극장가에서 인기를 누렸고, 김정섭은 권선징악을 주제로 다룬 작품에 '통쾌한' 느낌을 받았다.

김정섭은 군대를 제대한 이후 목포의 적십자병원과 삼학소주에서 오랫동안 근무하였다. 취미 삼아 목포의 마을을 돌면서 지역에 관심을 두게 되었으며, 1991년 『목포지』 발간 사업에 참여하여 일본어 번역을 담당하였다. 『목포지』는 1914년 목포지편찬회가 발간한 『목포지(木浦誌)』를 한국어로 번역한 것이었다. 공부에 대한 열정이 넘친 그에게 어울리는 작업이었다.

김정섭은 순회 영화 상영 활동과 직접적인 연관을 맺은 인물은 아니다. 하지만 1950년대 이동영사 관람에 관한 기억은 영화 문화를 이해하는 데 중요한 사료로 보인다. 특히, 한국전쟁 동안 국방부 정훈국이 해남에서 상영한 영화와 한국전쟁 이후 후방 군사도시로 변한 대전의 극장 문화에 관한 구술은 지역 영화사를 이해하는 데 중요한 가치를 지닌다.

• **구술자**

김정섭(전남 목포시 향토사학자)

• **면담자**

위경혜

• **구술 주제**

한국전쟁이후 1960년대 이동영사 활동 증언 자료 수집 : 전라남북도 지역을 중심으로

• **구술 일시**

2009년 4월 13일 13:00~14:22

• **구술 장소**

전남 목포시 목포문화원 사무실

• **구술 상세 목차**

1. 출생과 어린 시절
   1) 목포 출생과 여러 곳을 거친 국민학교 시절
   2) 한국전쟁과 중학교 중퇴
2. 광주 YMCA의 학습과 군 입대
   1) 한국전쟁 동안 광주 YMCA의 학습반 공부
   2) 한국전쟁 휴전 이후 군 입대
3. 군 제대와 목포 적십자병원과 삼학소주 근무
4. 군 입대 이전 광주 생활: 미공보원과 YMCA 학습
   1) 미공보원의 영화 관람
   2) 1950년대 초반 광주 동방극장 영화 관람: 변사 연행이 아닌 자막 처리 외화 상영
   3) 광주 미공보원과 YMCA에서 공부
   4) 미공보원의 영화 관람과 영어 공부
5. 일제강점기 어린 시절 기억
   1) 일제강점기 목포의 영화 관람과 민족 감정 발로

1. 출생과 어린 시절

1) 목포 출생과 여러 곳을 거친 국민학교 시절

면담자 : 오늘이 2009년 4월 13일이구요. 향토사학자 목포의 김정섭 선생님 하고 인터뷰를 시작하겠습니다. 아까 설명하고 말씀드렸던 것처럼 선생님 편안하게 예전에 언제 태어나서 어디서 교육을 어디까지 받으시고, 특히 해방 전후부터 아니면 50년대, 60년대까지 선생님이 경험하셨던 이동영사에 관한 이야기 있으면 해주십시오. 특히,

아까 말씀하셨던 미문화원이나 미공보원 이야기, USIS 이야기는 다른 데에서는 들을 수 없는 이야기거든요. 그 말씀을 편안하게 해 주십시오.

구술자 : 어. 그때 내가 태어난 건 OO년 O월 OO일생이구요.

면담자 : 해남에서 태어나셨어요?

구술자 : 목포에서 태어났어요.

면담자 : 예.

구술자 : 목포에서 태어났는데 초등학교를 세 군데를 다녔어요. 왜 그랬냐면 초등학교는 마침 누님이 저기 장흥에서 교편을 잡고 계셔서 그래서 거기서 일 학년 동안 다니다가 목포로 가서, 목포서 학교 다니다가 1945년도에 일제가 소개를 하라고 그래서. 소개라는 걸 알죠? 그 전쟁을 피해서 시골로 가라고 그래서 해남 고향으로 들어갔죠. 그래서 해남서 초등학교를 졸업하고.

면담자 : 그러면 해방되던 해에 몇 학년이셨는데요?

구술자 : 초등학교 5학년.

면담자 : 그럼, 해방되던 해에 해남으로 가셨던 거예요?

구술자 : 그렇죠, 긍께 그 저 해방되기 전에 그러니까 4월 달에 해남으로 가서 해남서 5학년으로 전학을 간 거죠. 해남 마산 쪽[1] 국민학교 5학년……. 뭐 저기하면 이동 영화를 꼭 특별히 저기를 얘기할 것은 없고.

면담자 : 그러면 한국전쟁 때는 학교, 중학교를 다니고 계셨던 때네요?

구술자 : 그렇지. 중학교 다닐 때 한국전쟁이 일어났죠.

면담자 : 그러면, 전쟁 끝나고 나서 또 다시 학교를 다니셨어요? 아니면?

---

1 전남 해남군 마산면을 말한다.

2) 한국전쟁과 중학교 중퇴

구술자 : 전쟁을 끝나고 나서 학교를 못 다녔어요.

면담자 : 그러면 중학교 다니다가 그만두신 거였어요?

구술자 : 그렇죠. 중학교 4학년…….

면담자 : 중학교 3학년?

구술자 : 3학년, 4학년 올라갈 때. 그때 인제 그때는 6월 달이…… 학기 시작이 한 동안 그럴 때가 있었을 거예요. 처음에 9월…… 원래 일제 시대에는 4월이 학기 초고. 그랬다가 저기해서, 그때 군정 시대였을까? 그때 9월 달로 바뀌었다가. 그래갖고 아마 6월, 6월 달이었을 거예요. 그런데 그렇게 하고 학교를 못 다니게 된 이유가 1950년도 2월 달인가? 해남중학교 (예) 빨치산들이 내려와서 학교 불을 질러뿌렀어요. 그래갖고 저기가 학교를 다 만들질 못하고, 만드는 사이에 6·25가 나면서 그나마도 다 없어져 버렸어.

2. 광주 YMCA의 학습과 군 입대

1) 한국전쟁 동안 광주 YMCA의 학습반 공부

면담자 : 그러면 6·25 전에 해남초등, 국민학교에 빨치산들이 들어왔어요?

구술자 : 해남중학교.

면담자 : 아, 중학교에,

구술자 : 중학교에 교무실하고 교사 일부를 불이 나갖고 전부 타져 버렸어요.

면담자 : 빨치산들이 와갖고 불태워 버려가지고요?

구술자 : 예. 그라고 6·25가 나버렸고. 6·25 후로 학적을 정리하는데. 학적을 정리하는 게 아니라 그때는 뭐 새로 입학하는 그런 형식이었어요.

면담자 : 예. 그러면 전쟁이 끝나고 나서 공식적으로 기록이 안 남게 된 것이었어요?

구술자 : 그러죠. 학교에가 기록이 안 남았죠.

면담자 : 그러면 선생님은 공식적으로 그냥 국졸이 되어버렸겠네요? 〔웃음〕

구술자 : 그러죠.

면담자 : 그러면 그 이후에 학업을 계속하시지는 않으셨어요?

구술자 : 그랬지. 그래갖고 그래서 해남 가 안 있고 광주로 와갖고. 그때는 광주 같은데 뭐가 있었냐면 이렇게 보습 기관처럼 그런 저기가 있었어요.

면담자 : 보습 기관이요?

구술자 : 예. 보충 학습하는 그런 식의 저기가 있었는데. 그게 광주 YMCA에 가면 영어, 수학…… 하는 학습반들이 있었어요. 그래갖고 2단계, 3단계 정도를 이렇게 하는 그런 학습반이 있었는데, 그런 데에서 공부를 한 거죠.

면담자 : 그때가 연도로 혹시 몇 년도인지 기억나세요? '정확하게'라도요?[2]

구술자 : 정확하게 51년인가, 52년서부터 그랬으니까.

면담자 : 광주에서요? 그럼 광주에서도 그때 한창 전쟁 중이었는데도 그런 교육이 계속 이루어지고 있었나 봐요?

2) 한국전쟁 휴전 이후 군 입대

구술자 : 그렇지. 그래갖고 50, 54년. 54년에 이제 군대를 갔어요. 군대 가갔고…… 54년에 군대를 가서, 그러니까 인제 단기로 하면 1987년.[3] 그리고 54년, 87년인가 되고. 91년, 58년. 58년 12월 달에.

면담자 : 그럼 햇수로 4년간 계셨네요?

---

2 정확하게 기억하는지 묻는 말이다.

3 1954년을 단기로 계산하면 4287년인데, 이를 잘못 말한 것이다.

구술자 : 4년 4개월.

면담자 : 오! 꽤 오래하셨네요 그때는?

구술자 : 그때는 '아, 다음 달쯤 제대가 되것다!' 그라면 법이 바뀌는 거예요. 그래갖고 그 확정이 잘 안 돼 갖고 늦어지고, 늦어지고 그러면서 4년 4개월 복무했어요. 그래갖고 나와서 그냥 사회생활을 한 거죠.

면담자 : 예. 사회생활을 뭘로 시작을 하셨나요? 제대해서 어디 해남으로 가셨나요, 광주로 오셨나요? 목포로?

구술자 : 아니 제대해 갖고 해남에 안 있고. 저기 저…… 해남에 몇 달 있었을 거예요. 몇 달 있다가 광주로 와갖고. 광주로 와 있었는데, 60, 61년도…… 아, 지금 저 5·16이 61년도?

면담자 : 예.

3. 군 제대와 목포 적십자병원과 삼학소주 근무

구술자 : 62년 2월 달에 목포 적십자병원으로 와서 근무하다가.

면담자 : 적십자병원에서 어떤 일을 하셨는데요?

구술자 : 거 서무, 서무. 원무 담당. 쪼금 하다가 거기서 그 다른 데로. 얼른 얘기하면 삼학소주. 거리 가서 좀 있다가.

면담자 : 삼학소주에서 근무하셨어요?

구술자 : 예.

면담자 : 목포로 오셨겠네요?

구술자 : 그렇지. 62년 그 1월 말에 목포로 왔죠. 그때서부터 목포서 산 거예요.

면담자 : 그럼 그때부터 이야기를 좀 쭉 좀 해주십시오. 아니면 아까 말씀하시려다가 차분히 할려고 미뤄뒀던 그 미공보원, 미문화원, USIS 그거 기억에 대한 이야기를 해주십시오.

구술자 : 그러니까 군대 가기 전에.

면담자 : 예. 광주에서 일이군요?

4. 군 입대 이전 광주 생활 : 미공보원과 YMCA 학습

1) 미공보원의 영화 관람

구술자 : 그렇죠. 군대 가기 전에. 광주를 가 있으면서 6·25 수복, 수복. 50년 지나고 51년, 51년. 그래갖고 52년서부터 거기서 가면 독, 도서실이 있었고.

면담자 : 그러니까 광주에 계시면서 미문화원 가셨던 거예요?[4]

구술자 : 아, 맞죠. 거기서 낮에는 거기서 거의 살다시피 했어요.

면담자 : 특별하게 미문화원 가셨던 이유가 있으세요?

구술자 : 아니, 거기 가서 저기…….

면담자 : 보충수업을 거기서 했어요?

구술자 : 그렇지. 나 같은 사람들이 그때는 많았으니까. 학교를 대학 진학도 못 하고 하는 사람들 그런 사람들하고 어울리고. 거기 그, 그리고 일주일에 두 번인가 세 번씩인가?! 기억이 확실치 않는데 그 미문화원서 영화가 있었어요.

면담자 : 아, 영화요?

구술자 : 어. 그라믄 거기 가서 영화 구경도 하고.

면담자 : 그 영화 구경할 때 영화가 제목이 무엇인지 기억나세요? 아님 내용이라도?

4 이 글에서 미문화원은 미공보원을 지칭한다.

2) 1950년대 초반 광주 동방극장 영화 관람 : 변사 연행이 아닌 자막 처리 외화 상영

구술자 : 그거, 그 기억은 없고. 오히려 다른 극장에서 봤던 영화 같은 것은 내용보다도 그 제목 같은 것은 몇 가지 생각이 나는데.

면담자 : 어떤 거요? 광주에 오셔 가지고 어디 그 제국관, 아니 동방극장 가서 보셨어요?[5]

구술자 : 그렇죠. 동방극장, 동방극장 주로 많이 다녔지. 그래 동방극장에서 그때 뭐 무슨 영화가 있었냐면 〈레드 슈즈 The Red Shoes〉(1948).

면담자 : 〈레드 슈즈〉요?

구술자 : 어. 거 그거……. 아이고, 그 있잖어? 영국의 발레리나. 아, 이름도 잊어버렸다. 거기 그 얘기인데. 〈레드 슈즈〉라는 것이 그 발레 할 때 신는 그 신. 내용은 아이고…….

면담자 : 기억나시는 대로 말씀해주십시오.

구술자 : 〈레드 슈즈〉 같은 거. 그땐 뭐, 뭐 〈싱고아라 Singoalla〉(1949).

면담자 : 예. 〈싱고아라〉.

구술자 : 그런, 그런 영화들. 막상 생각할라니까 얼른 안 나네.

면담자 : 그럼 그때 그 외국 영화들 밑에 영화 자막이?

구술자 : 자막, 자막이 다 있었으니까.

면담자 : 근데 자막으로 하고 변사는 없었어요?

구술자 : 그때 변사는 없었어요. 그 동방극장에 그 동방극장에 그때. 하튼, 임원이었는지 상무였을까?! 하여튼 그런 분이 변사 출신이라고 들었어요.

면담자 : 아, 거기 동방극장 그 중역이신 분이 변사 출신이라고요?

구술자 : 예. 주인은 아닌데 거기에 간부지. 간부가, 그런 얘기를 들었었고.

---

5 동방극장은 일제강점기 일본인이 설립한 제국관에 기원을 두고 있다. 동방극장은 1970년대 무등극장으로 이름을 바꿨고 2000년대 멀티플렉스 무등시네마가 되었으나 현재 폐관된 상태이다.

광주에 있으면서 모도 그…… 다른 거는 없고.

면담자 : 그러니까 전쟁인 와중에도 동방극장에서 외국 영화 상영을 하고 있었던?

구술자 : 아, 그랬죠.

면담자 : 선생님 그때가 나이가 한 열일곱, 여덟?

구술자 : 아니지 그때는. 그때는 OO년생인데 52년이니까 열여덟, 열아홉.

면담자 : 그럼 그때는 어떻게, 돈은 내고 보셨어요? 아님 어떻게? 〔웃음〕

구술자 : 아니지. 그때 저기 그때 그 아까 얘기했던 그 저기 간부 되시는 분. 그분이, 그분을 알고 그래갖고.

면담자 : 아, 안면이 있으셔서 가셨구나?!

구술자 : 거의 돈을 내고 구경한 기억은 별로 없어요.

면담자 : 그럼, 선생님께서는 해남에서 광주로 오실 때, 그때 어떻게 해서 광주로? 아까 본인이 말씀하셨지만…….

구술자 : 광주, 광주에 가 누님들이 계셔서 그래서 왔어요. 처음에 학교를 다니려고 왔어. 그래 고등학교 진학 수속이 다 됐는데. 엉뚱한 일이 벌어져 가지고 그 학교를 형편상 못 가게 됐어요.

면담자 : 그 엉뚱한 일이라고 하는 거는 말씀하시기가 불편하신건가요?

구술자 : 아니, 저기 한 것이. 그때 송정리에[6] 큰 형님이 계셨는데 형님이 사고가 나 가지고. 말하자면 학비를 댈 수 없는 그런 상황이, 사건이 벌어져 버렸어요. 그래서 학교를 수속했다가 등록을 못 하고 그저 학업을…….

3) 광주 미공보원과 YMCA에서 공부

면담자 : 그래서 미문화원을 다니게 되신 거?

---

6 1950년대 전남 광산군 송정리를 말한다. 현재 광주광역시 광산구 송정동이다.

구술자 : 그래 미문화원, 광주 YMCA.

면담자 : 광주 YMCA, 지금 현재 광주에 있는 YMCA 그 건물 내에?

구술자 : 지금 그 건물 아니에요. 저기, 저기 학생회관이 있는. 옛날 학생회관이 있는 그 저기 뒤쪽으로. 광주 우체국 뒤쪽으로 일본 건물이 2층 건물이 있었어요. 그런데 그게 다 없어졌대요, 그 건물들이. 거기가 있었는데 거기 2층에가 방이 몇 개 있어 갖고, 보통 학생들이 뭐 한 반에 가 30명. 아주 적은 데가, 고급 영어 같은 거 하는 데가 한 20명 정도 되고. 보통, 보통 반 30명. 뭐 수학 같은 거 하면 거기 40명, 50명씩 들어오고. 그때 인제…….

면담자 : 그러면 거기를 YMCA 건물로 사용했었는데, 거기 미문화원이 방에 들어와 있었어요? 사무실에?

구술자 : 아니, 거기 미문화원 건물은 따로 있었고.

면담자 : 예, 미문화원은 황금동에 있잖아요, 있었잖아요!

구술자 : 그래 그 황금동, 황금동인데. 거기서 쭉 더 들어가면. 지금도 길이 그렇게 나있는지 모르겠는데. 거기서 서동 쪽으로 광주천 쪽으로 이렇게 쭉 들어가면…….

면담자 : 예. 거기 미문화원이 있었어요.

구술자 : 그래 오른편 골목으로 이렇게 들어가면 거기에 미문화원이 있었어요. 그래 거기 가면 뭐라 그럴까? 우리가 공부할 만한 그런 저기가 장소도 있고 그랬어요.

면담자 : 예. 그러면 선생님께서 보충 학습하신 거는 YMCA 거기 건물 안에서 하셨던 거예요?

구술자 : 그렇죠. 거기서 우리가 인제…….

면담자 : 그럼 영어를 가르치고 그랬던 곳도 YMCA에서 가르쳤던 거예요? 아님 미문화원이 가르쳤던?

구술자 : 아니 YMCA는 YMCA대로 하고. 미문화원은 미문화원대로 USIS에서[7] 거기는 거기대로 또 인제. 거기는 공부를 가르치고 그런 것이

아니고.

면담자 : 예, 그렇죠. 그럼 선생님은 YMCA에서 영어공부를 하셨던 거죠?

구술자 : 그렇지. 그때 이제 그런 공부를 하고 그랬어.

면담자 : 그럼 그때 공부를 하면 무슨 수료증 같은 것이 나왔어요?

구술자 : 그런 것은 없고.

면담자 : 거기서 영어를 배우신 거예요? 처음으로요?

구술자 : 그때 중학교를 다녔으니까 영어를 쪼금 저기 했고.[8]

4) 미공보원의 영화 관람과 영어 공부

면담자 : 그럼 미공보원 아니 미문화원에 가서 자주 영화를 보셨던 겁니까?

구술자 : 그렇죠. 자주, 자주 보죠.

면담자 : 그러면 그때도 미문화원에서 하는 영화가 화면에 밑에 자막이 나왔어요?

구술자 : 그때는 자막, 미문화원은 자막이 없어요.

면담자 : 그럼 어떻게 보셨어요? 그냥 보신 거예요?

구술자 : 그냥, 그냥 보는 거죠.

면담자 : 그때 그게 상업 극영화였던가요? 아니면 뉴스영화이었던가요? 그거 기억나세요?

구술자 : 뉴스도 있고 극영화도 나오고.

면담자 : 그럼, 그거 보시면서 어떤 생각이 드셨어요? 그런 거 한 번씩 보면 재미있었어요, 보러 가는 게?

구술자 : 그러죠. 처음, 처음에는 거기를 다닐 때는 뭐라고 그럴까. 영어 공부한다고, 그라고 다녔던 것이고. 지금 그렇게 그 뚜렷하게 그 거기

---

7 USIS는 United States Information Service의 약칭으로 해외에서 미국의 공보를 전달하는 문화 기관을 말한다.

8 영어를 공부했다는 말이다.

에서 어떤 영향을 받았다 하는 그런 저기는 없는데.[9] 친구들을 거기 서 많이 사귀었고. 그러면 그 전부 다 귀가 뚫려지지 않았습니까?

면담자 : 예. 영어가 안 들리니까.

구술자 : 예. 만나서 '대략 줄거리가 이런 거 아니냐?' 하고 얘길 하고. 거기서 저기 하면 거기에 무슨 특별하게 귀에 들어오는 말 한 마디가 있으면 서로가 다 다르니까, 그런 대목에 가서는 '아, 이렇게 표현을 하더라!' 하고 그런 이야기를 하고 그렇게 모두 했죠. 그리고 지금도 잊혀지지 않는 친구가 하나 있는데. 그 연세대학교 교수로 거기서 정년 했을 거예요, 조용남이라고.

면담자 : 조영남?

구술자 : 용남! 그 친구가 있었는데, 그 친구가 그때 공고를 다녔어요. 공고를 다녔는데.

면담자 : 광주공고?

구술자 : 광주공고. 그런데 영어 YMCA 영어반에를 그렇게 했어.[10] 그리고 그 친구는 공고라는 것은 아니, 공부에 대해서 고등학교 공부는 아마 거의 거의 내팽개치고 순전히 거의 24시간을 영어책만 갖고 영어만 판 친구였어요. 그래갖고 그 친구는 결국은 그렇게 영어로 대학교수까지, 영어과 교수 한다고 듣고. 꽤 오래 전에 그 얘기를 들으니까 거기서 정년 했다고 그러대.

면담자 : 그럼 선생님께서는 미문화원을 들락거리면서 영어 공부를 열심히 했던 특별한 이유가 있으셨어요?

구술자 : 특별한 이유라기보다는 그때 뭔가를 배워야 하니까. 그래서 거기를 다녔던 것이고. 더구나 집이 내가 묵었던 데가 미문화원하고 가까웠고, YMCA하고도 가까웠고. 그리고 거기에 YMCA에 있는 배종철 선생이라고 영어를…….

---

9 영향을 받았다고 하는 증거는 없는데.

10 영어반에서 공부를 열심히 했다는 말이다.

면담자 : 배종철이요?

구술자 : 영어를 가르친 분이 계셨는데. 또 그분을 알게 돼갖고. 그 분하고 시간 나면 저기 상관없이, 강의 시간에 상관없이 거기 가서 같이 놀기도 하고 그랬어.

5. 일제강점기 어린 시절 기억

1) 일제강점기 목포의 영화 관람과 민족 감정 발로

면담자 : 그러면 그렇게 해서 영화에 대해 처음 접한 거는 광주 와서 처음으로 접하셨던 거예요?

구술자 : 아니죠. 목포에서 그 초등학교 때 목포에 있으면서 영화를 한두 편 본 것이 있어요.

면담자 : 몇 살 때 그때가?

구술자 : 그때가.

면담자 : 해방 전이죠?

구술자 : 그렇죠, 해방 전이죠.

면담자 : 봤던 게 어떤 것인데요?

구술자 : 그 일본영환데, 〈노예선〉이라는.

〔잠깐 목포문화원 사무실 옆 소음 발생〕

면담자 : 〈노예선〉이요? 상업 영화? 극장 가서 보셨던 거예요?

구술자 : 극장에서 봤지.

면담자 : 아, 일본영화. 단체 관람이었어요? 아니 돈 주고 가서 보셨어요?

구술자 : 목포극장에서 봤는데.

면담자 : 〈노예선〉이요? 어떤 내용이었던가요?

구술자 : 일본 나가사키에서 〔다시 소음 발생〕 일본 나가사키에서 그 하와이로 가는 사람들. 하와이에서 사탕수수밭으로 가는 사람들. 그 사람들 배 속에서 노예처럼 이렇게 취급당하는 그런, 요즘 같으면 뭐랄까 사회를 고발하는 그런 영화로 생각이 되는데. 좀 으시시하기도 하고. 배 속에서 그냥 매 맞고 하는 그런 장면도 있었고.

면담자 : 일본 사람들이 매를 맞는 장면? 누구한테 매를 맞아요?

구술자 : 그러니까 뭐냐면, 일본 사람들이 사람을 사 갖고 하와이에다 갖다 팔아먹는 거야. 그러니까 인력을 모집을 해갖고 가는데. 모집하는 저기에서 그랬던 것 같은데. 돈을 주고 사서 그리 가는 그런 사이 고통스런 그런 배 속에서. 그러니까 그것이 노예 같은 그런 취급을 받으면서 하와이로 건너가는 그런 사람들을 이렇게 그려논 것[11] 같은데. 그것이 〈노예선〉이었었고.

면담자 : 또 다른 영화?

구술자 : 그라고 〈목란종군〉이라고,

면담자 : 〈목란종군〉이요?

구술자 : 응. 그건 일본, 일본 저기였던 거 같은데. 중국, 그 중국이 무대여.

면담자 : 아, 중국이 영화 속 이야기 무대예요?

구술자 : 응. 그런데 그 '목란'이라는 여자가 말을 타고 전쟁에 나가서 활동하는. 종군기. 목란이라는 여자의…….

면담자 : 종군기?

구술자 : 어, 종군기를. 아마 그 영화를 그때, 형님하고 같이 가서 그때 몰래 가서 봤어. 학생들 못 보게 하는데. 그 두 가지 영화를 봤어. 그때 목포극장에서 봤던 것이고.

면담자 : 그때 그 영화를 보시면서 들었던 생각은 어땠어요? 그니까 뭐 그

---

11 놓은 것.

노예선에서 채찍질하는 그 사람들이 뭐 나쁜 놈이다! 〔웃음〕 뭐 이런 생각이 들었어요?

구술자 : 그때 그 우리가 저기를 하면서…… 근께 그 뭐라고 그럴까, 일본 학생들한테 차별 대우를 받고 지내는 때 그때니까 좀 분개, 분하다고 그럴까?! 그렇게 그런 생각을 많이 가졌던 것 같아요.

면담자 : 그니까 누구한테 분하다고요?

구술자 : 이제 그 일본 사람들……. 우리가 어떤 일이 있었냐면 저쪽 옛날에 그 문화원 있던 그 앞에 동네가 전부 일본 사람들이 살던 데예요.[12]

면담자 : 예. 압니다.

2) 일본인과 갈등 및 영화에의 감정 이입

구술자 : 우리들이 그때 거기서……. 저쪽 대방동 신안비치에 있는. 신안비치 자리가 옛날 해수욕장 자린데 그 앞으로 그렇게 잘 못 다녔어요.

면담자 : 아. 거기에 일본인들이 많이 살고 있었어요?

구술자 : 일본인들이 많이 살고. 가다가 일본 애기들 만나면 '조센징, 조센징' 하고 그 친구들이 놀리고. 좋게 그냥 아무 소리 안 하고 지나가면, 그때는 그 비포장도로니까 돌멩이 주워서 던지고.

면담자 : 일본 애기들이요?

구술자 : 그럼. 같이 돌팔매질을 하기도 하고. 그것이 발전해갖고 역전에서, 44년도 같은 때는 역전에서 그 출전 군인들 전송하고 하면 저쪽에는 한국 청년들하고 저쪽에서는 일본 청년이 출전할 때 국기 흔들면서 일본 노래를 '갓데 구르세 이사마시' 하고 노래를 부르고 국기를 흔들면서 전송하면은 딱 나와. 나와서 그 목포역에서 나와서 저

12 여기서 '문화원'은 대한제국기 일본영사관 건물을 말한다. 해방 이후 일본영사관은 여러 차례 용도 변경을 하였는데, 1947년 목포시청, 1974년 시립도서관, 1990년 1월부터 2009년까지 목포문화원으로 사용되었다. 2014년부터 목포근대역사관으로 쓰이고 있다.

쪽 교보문고 쪽으로 가는데, 거기가 옛날에 갯고랑 자리가 돼 갖고 하수도가 넓었어요. 한 20미터 가까이 되는 그런 갯고랑이여. 그럼 이쪽, 저쪽으로 갈려갖고 일본 애기들하고 그 돌팔매질하고. 막 욕하고 그렇게 살았지. 그랑께 그런 거에 대한 그 일본 애들에 대한…….

면담자 : 감정이 있으셨군요?

구술자 : 그렇지, 그런 감정!

면담자 : 그런 감정이 있었으면 그 영화 〈노예선〉이라는 영화에서 일본 사람들이 채찍 맞고 그러면 좀 통쾌하지 않으셨어요?

구술자 : 그런데, 그게 그 저기하고 하는데. 일본 사람, 일본 사람이 아니야.

면담자 : 아, 그럼 누구였어요?

구술자 : 그때 그 '한국 사람이 아닌가?' 하는 그런 생각을. 일본 사람들 같은 저기니까 동양인이니까 하는데. 뭐라고 그럴까, 한국사람 같은 그런 느낌을 받은 거야. '같은 일본 사람들끼리 저렇게 한다.' 하는 그런 생각보다도. 저게 한국 사람들 징용, 징용하고 잡아다가 팔아먹은 거 아닌가 하는 그런.

면담자 : 아, 그럼 채찍 하는 사람이 그 서양 사람이 아니고 일본 사람이었어요? 같은 동양사람?

구술자 : 그렇지.

면담자 : 그럼 그 영화를 보시면서 이렇게 분노 같은 게 나셨다고요?

구술자 : 그렇지. 그런 저기를.

면담자 : 그게 일본 사람에 대한 분노였겠네요?

구술자 : 그렇지. 일본 사람에 대한 분노였을 거야. 하여튼 그 어떤 사람에 대한 어떤 대상을 분노를 하는 것보다도 그 채찍질하고 저기 하고 하는 밑에서 밥을 먹기 위해서 그 밑에다가, 발에다가 쇠사슬 이렇게 차고. 이렇게 가서 밥통 뒤지는 그런, 그런 것을 쪼금 생각이 나지. 그런 것을 보면서 뭐라고 그럴까 아무 대상도 없는 그런.

면담자 : 분노?

구술자 : 분노!

면담자 : 그럼 그 영화가 혹시 소리가 났던?

구술자 : 소리가 났었지.

면담자 : 그게 일본말인지?

구술자 : 일본말로 나오죠.

면담자 : 그럼 그 노예도 일본말로 썼어요? 아님 중국말로 썼어요?

구술자 : 아, 다 일본말이지.

면담자 : 아, 다요? 그런데 그 노예들이 마치 조선사람 같다는?

구술자 : 그렇지.

면담자 : 그러면 〈목란종군〉은 보통 남자 이야기가 아니라 여자 이야기잖아요?

구술자 : 그러지, 여자 이야기지.

면담자 : 그러면, 그런 영화 보면서 어떤 생각이 드셨어요?

구술자 : 그런 여자는.

면담자 : 일본 여자였던 거죠?

구술자 : 아니. 중국, 중국.

면담자 : 중국 배경으로 한 중국 여자 이야기?

구술자 : 중국 배경으로 한 중국 영환데.

면담자 : 예.

구술자 : 그때 기억이 저기였었던 거 같아. 그 중국 영환데 일본말로 더빙해 놨던 것 같애.

면담자 : 아, 예.

구술자 : 지금 생각하니까 그것도 전부 일본말이었어.

면담자 : 그러면 '여자가 전쟁터에 나간다.'라는 이야기 접했을 때 드셨던 생각은?

구술자 : 옛날, 옛날 전쟁이니까. 총 들고 칼 들고 모도 창 들고 하는 그런

노가다 같다는 그런 얘기, 거기에는 그냥 제목만 저기하고 그렇게 뚜렷하게 뭣이 남아 있는 것이 없어요.

6. 1950년대 광주 미공보원 영화 관람

면담자 : 그럼, 선생님께서 해방 전에 보셨던 일본 영화하고 해방 이후에 광주, 한국전쟁 때 광주 와 가지고 동방극장이나, 그때는 동방극장이었으니까. 동방극장이나 아니면 미문화원에서 봤던 미국 영화를 보면서 들었던 어떤 감회나 생각, 좀 다른 느낌들이 있으셨어요?

구술자 : 전혀 달랐지.

면담자 : 어떻게 다르셨어요?

구술자 : 내가 그 영화를 본. 머릿속에 처음 봤던 〈노예선〉이라는 그 영화가 항상 머릿속에서 그 영화하고 비교를 해지는 거예요. 여기는 정말로 뭐랄까 뭐라고 그럴까, 평화적이고 그 〈레드 슈즈〉 같은 그렇게……. 어떻게 얘기를 할까? 그 가슴 찡한 그런 스토리가 그 저기를 영화 제목을 잊어버리지 않게 만드는.

면담자 : 아, 굉장히 기억에 오래 남게 하는 영화였던 것? 선생님께서 그 〈노예선〉을 항상 다른 영화를 볼 때 '비교를 하게 된다.'라고 하는 것은 〈노예선〉이 영화가 좀 선생님한테 특이하게 다가왔나 봐요?

구술자 : 아, 굉장히 특이하게 다가왔지! 그 '사람이 사람한테 저럴 수 있는가?' 하는 그런 것도 있었고. 그라고 그렇게 '혹독하게 사람한테 대할 수 있는가?' 그런 것이었지. 그런 것이 어린 마음에 굉장히 그.

면담자 : 상처가 됐군요?

구술자 : 충격이었지!

면담자 : 충격이요! 그런데 이제 보셨던 미국 영화나 미문화원에서 봤던 영화들은?

구술자 : 굉장히 서정적이고 저기 하는 영화들이니까. 그런 것들이야 인제 보면 그냥 그때 '아! 참 좋다. 재밌더라.' 하는 그런 정도로 하고. 그냥 그것은 잊어버리는 거여.

면담자 : 아, 미국 영화는요?

구술자 : 어. 그라고 그렇게 나중, 나중 저기해서 예를 들어서 이게 군대 가서 본 영화지만 〈바람과 함께 사라지다〉[13] 같은 그런, 그런 영화는 '참 명작이다.' 소설 자체가 참 훌륭한 소설이지만. 그런 느낌을 받았었고.

7. 군 생활과 대전에서의 영화와 국극 관람

1) 군 생활과 1950년대 중후반 대전의 영화 관람

면담자 : 군대를 54년부터 가셔서 58년도까지 계셨는데 군대에 계시는 동안 영화를 자주 보셨어요? 영화를 자주 틀던가요?

구술자 : 영화 자주 못 봤어요.

면담자 : 그럼 〈바람과 함께 사라지다〉는 어떻게 보셨는데요?

구술자 : 그거 〈바람과 함께 사라지다〉는 이제 그 특별히 그거 아주 절호였지.

면담자 : 어디? 그러니까 부대 나와서 보신 거예요?

구술자 : 그렇지, 부대 나가 가지고.

면담자 : 아, 휴가 나와 가지고요?

구술자 : 그게 토요일 날 저기 아니, 일요일 날 저기 외출 나와서 보고.

면담자 : 그때 군 생활을 어디서 하셨는데요?

구술자 : 대전.

---

13 〈바람과 함께 사라지다 Gone with the Wind〉(1939)를 말한다. 한국 개봉은 1957년이었다. www.imdb.com

면담자 : 아, 대전에서요? 그럼 대전 시내에 있는 극장에서 보셨어요?

구술자 : 그렇지.

면담자 : 혹시 극장 이름 기억나세요? 대전 시내에서 봤던 극장?

구술자 : 그때 중도극장.

면담자 : 중도극장이요? 아 그럼 그때 몇 년도인지도 기억나세요? 군대 들어가서 몇 개월 만에 나와서 보셨는지?

구술자 : 88년, 89년…….

면담자 : 단기 89년이요?

구술자 : 응, 그것이 89년이니까, 56년이겠지?

면담자 : 56년이요? 그때 가서 보실 때?

구술자 : 58, 56년? 56년, 57년, 57년도에 가서 봤다.

면담자 : 그럼 혼자 가셔서 보셨던 거예요?

구술자 : 내가 그걸 두 번 본 기억이 나는데. 그때 두 번이……. 그때 길어서 전편, 후편으로 이렇게 노나져[14] 있었던 것 같은데.

면담자 : 예, 길어요. 영화가 4시간짜리 영화예요.

구술자 : 어. 그 1편은, 1편은 부대에서 나가서 봤고. 2편은 어 몇 사람 같이 가서 봤는데. 우리 그 저 공군에 있으면서.

면담자 : 아, 공군 근무하셨어요?

구술자 : 예. 그때 내가 그때 상급 장교 가족들하고 같이 가서. 그때 인제 내가 가서 보자고 했던 거 같아. 좋은 영화라고 가서 보자고 그래 갖고. 거기 그때 그 양반이 소령, 소령 사모님하고 거기 처제하고 그렇게 셋이 가서 그때 봤던 거 같아.

면담자 : 그러면 그 당일 날 가서 전편, 후편을 본거 아니라, 전편 보고 또 나중에 가서 후편 보고 이렇게 했어요?

구술자 : 그럼, 그럼.

---

14 나눠져.

면담자 : 아, 극장에서 영화를 그렇게 상영했어요?

구술자 : 그럼. 그렇게 상영했어.

면담자 : 오, 당일 날 하루에 쫘악 한 게 아니라?

구술자 : 그럼, 하루에 다 한 게 아니라.

면담자 : 오, 그러면 전편 보시고 나서 얼마 안 있어서?

구술자 : 바로, 바로 그냥 이 주일에 가서 보고 그 다음 주에 했지.

면담자 : 그러면 다른 분들은 〈바람과 함께 사라지다〉를 후편부터 보신 거네요?

구술자 : 그래 후편만 봤지.

면담자 : 그분들 나중에 전편 안 봤어요? 〔웃음〕

구술자 : 허허 모르겠어, 봤는지 그건. 〔웃음〕

면담자 : 선생님 기억하시기에 〈바람과 함께 사라지다〉는 영화가 어떤 기억으로 남아 있습니까? 보통 대서사시, 사랑이야기 이렇게 기억을 하는데. 선생님한텐 특별한 다른 의미가 있는 영화인가요?

구술자 : 글쎄 그게 저…… 그 챕터(chapter)가 쪼금 아쉽다는 그런 생각을 첫째 했고. 그때는 뭐 다른 사람들이 이야기하듯이 그냥 거기 누구지? 저 저 '비비안 리'.

면담자 : 예, '비비안 리'.

구술자 : '비비안 리' 한참 연기가, 그때 생각해도 연기가 '잘한다. 참, 멋진 배우다.' 그런 생각을 했었고.

면담자 : 여자 배우로서 '매력적이다'는 생각은 안 하셨어요?

구술자 : 글쎄 그러니까 매력적이고 연기도 잘하고. 그런 생각도 했었고. 뭐 글쎄 모르겠어. 군대 생활에 쫒기다 보니까. 그거 뭐, 그렇게 거, 뭘 그렇게 정서적으로 생각하고 하는 그런 저기가 말라 있었어. 왜 그러냐면 그때 우리가 그 군대 생활을 할 때는 부대 내에서 책을 못 읽었어요. 책을 못 봤어요.

2) 군 복무와 독서에 대한 갈증

면담자 : 그러면 〈바람과 함께 사라지다〉 소설은 어디서 읽으셨어요?

구술자 : 그 전에. 전에, 전에 몰래 몰래 저기 한 것이고.

면담자 : 아, 입대하고 읽으신 거예요? 아니면?

구술자 : 아니, 입대 전에 읽은 것이고. 그라고 책들을 몇 권 갖고 있었는데. 그 사병으로 들어가 있으니까 상급자들이 다 그것 갖고 트집을 잡고.

면담자 : 왜요, 영화 봤다고요? 〔웃음〕

구술자 : 아니, 책 읽는다고. 소설이 아니고 그때 소설은 소설이지만. 그때는 무슨 말로 세계문학 같은 것이 없었으니까. 일본말로 된 세계문학 전집 같은 거 그런 거 이렇게 보고 있고 그라면 틀림없이 그 다음날 보복이 와. 아침에 어디 누구, 누구 화장실 청소를 하고 이런 식으로 오거나, 그렇지 않으면 그 한 달에 한 번 정도씩 내무 검사라는 것이 있어 갖고 토요일 날, 토요일 날 내무 검사를 하는데. 그 내무 안에다 책을 놔두질 못하는 거야. 그러니까 다른 데 싸갖고 비행, 조그만 비행장이 있었으니까 솔밭에, 솔밭 같은데다 감춰놓고 저기해서. 그 끝나고 그 다음날 찾으러 가면, 그 옛날 내무 검사를 하면 그날로 거기서 끝나고 '잘했어.' 하고 끝나는 법이 없어. 뭣이다 한 번씩 뭣이 해서 토요일 날 찾으러 그날 거기 찾으러 가는 게 잊어버린단 말이야. 다른 일정에 쫓겨서. 그래갖고 그 다음. 그라고 일요일 날은 어떻게 해서 좀 벗어나고 싶으니까, 외출증 끊어갖고 아침에 나가면 그냥 놔두고 월요일 날 저녁에나 가서 보면 없어져 버린 경우도 있고, 거기 없을 때도 있고. 그라고 그 이렇게 쪼금 잘못하면 그때는 체벌이 굉장히 심했으니까. 책을 읽고 그라면 '건방지다.'고 그래서 책을 어떻게 하냐면, 그때도 시내 헌 책방에 같은데 가면은 쪼금 몇 달은 지났지만 일본 『문예춘추』 같은 것도 있고, 일본 책들이 있어. 그걸 종이를 해서 카바를

싸. 그래갖고 거기다 무슨 뭐, 뭐라고 쓰냐면 『민주주의 이론』이라던지 뭐 엉뚱한 그런 제목을 붙여서 놔둬. 한국 제목은 쪼금 덜 하거든. 그런데 만약에 일본책을 읽고 있으면 더 건방진 거야, 이제.

면담자 : 그런데 왜 일본책을 읽고 있으면 그랬대요?

구술자 : 그럴 때, 그때.

면담자 : 아는 체한다고요?

3) 한국전쟁 직후 현역 군인에 대한 기억

구술자 : 그때만 해도 대부분이 6·25 때 내가 그때 이등병, 일등병 적에 그때 중사, 하사 되면 대부분이 4, 5년 가까이 된 사람들이거든. 54년 저기하니까 그 6·25 때, 대부분이 그런 사람들이에요. 대부분이 그 사람들이 뭐라고 그럴까, 정서적으로 굉장히 메마른 사람들이 돼서 좀 거칠어. 그라고 조금 나쁘게 얘기하면 자기네들이 배우질 못했어. 그러니까 반 질투하는 거여. 그래갖고 그런 속에서. 그러니까 저기도 그 이등병, 일등병, 상등병까지도 그렇게 그 말을 못했어. 그래갖고 병장 돼서 만 2년 반, 3년, 3년이 지나고 나서부터 인제 쪼금 여유로워졌어요. 그라고 그때부터 쪼금 그 전 사람들이 나가버리고. 6·25 때 저기해서 조금 정서적으로 메마른 사람들이 이제 전부 제대를 해버리고. 그 뒤로 저기한 사람들이 인제 53년도, 52년도 후반, 53년도 이렇게 54년 초반 이렇게 들어온 사람들이 특히나 53년도 중반서부터 이렇게 들어온 사람들이 이제, 공군은 시험을 봐서 들어오는데. 쪼금 그 육군에 가기 싫어서 막 그때만 해도 5 대 1, 6 대 1 막 이렇게 해 갖고. 그런 사람들이 쪼금 좀 있고 하면서 할 때. 밤에 불을 못 켜니까 사무실에서 그땐 이렇게 백열등이니까 거기다가 이렇게 종이를 높이 이렇게 백열등을 한 카바(cover)를 이렇게 만들어가지고, 앞에다 이렇게 쪼금 책 들

어갈 그런 공간만 이렇게 만들어갖고 그 속에다 책 넣어 놓고 새벽에 4시쯤 일어나서 이렇게 옆 사람 사무실에서 책들 읽고. (예, 말씀하십시오.) 그렇게 그걸 했을 때 그때라서. 그리고 군대에 있으면서 뭐라고 그럴까, 쪼금 이렇게 그 엉뚱한 얘기를 하거나 그라면 뭐 바로 체벌이 들어오니까.

〔잠깐 소음〕

면담자 : 굉장히 어려운 환경 속에서 책을 보셨네요?

구술자 : 그러죠. 우리 정말 눈물겹게 봤어요. 책도 많이 잊어버리고[15] 이렇게 해서 책도 많이 잊어버리고. 심지어 보고 있는 책을 뺏어다가 경찰에 이렇게, 그때만 해도 석탄가루를 갖다가 물로 이겨서 우에다가 이렇게 넣고 구멍 이렇게 연탄처럼 뽕뽕 뚫어놓고 거기서 불 나와서 저기 하고. 그라고 10시 되면 취침 시간 되면 그놈들 불 다 꺼서 하고 그런 때거든. 그러니까 9시쯤 지나면 불이 잘, 아주 잘 타는데. 그때쯤 되면 시간이 쪼금 10시까지 한 1시간 정도 저기 있으니까. 내무반에 앉아서 그 점호 받기 전에 책이라도 조금 보고 있고 그러면 괜히 저기한 사람들이 일과 끝나고 외출 나가서 술 한 잔 먹고 들어와 갔고, '건방진 자식, 또 그 체하고 있다.'고 그라고. 책 뺏어갖고 **에 집어 넣어버려서 그런 꼴도 당하고 그러면서 그렇게.

면담자 : 책을 굉장히 좋아하셨나 봐요?

구술자 : 그때는 참, 책 좋아했어요.

---

15 잃어버리고.

4) 군 복무 동안 대전의 국극단 공연 관람

면담자 : 선생님께서는 그 군 생활하시면서 외출 나와서 영화 말고 다른 건 보신 기억 안 나세요? 영화나 아니면 다른 뭐 국극이나 창극 이런 공연은 안 보셨어요, 대전에서? 아님, 휴가를 나와서라두요?

구술자 : 대전에서 저기 한 번 본 것이 있네요. '김진진국극단'.

면담자 : 아, 휴가 나와, 외출 나와 갔고?

구술자 : 외출 나와 갖고 그걸 한 번 보고.

면담자 : 어디서 보셨는데요?

구술자 : 대전, 대전. 가만있어 봐, 아까 대전극장이 이쪽 역에 가깝고, 중도극장이 저쪽? 가만 있어봐 어 쪽에 중도극장, 대전극장이…….

면담자 : 저는 대전 지역은 지리를 정확히 알 수는 없어서요.

구술자 : 아니, 중도극장. 이쪽이 중도극장. 아까 그 저기 대전극장이었던 것 같애…….

면담자 : 그 당시에 그럼 대전에 극장이 몇 개?

구술자 : 두 개.

면담자 : 그럼 대전극장하고 중도극장이었어요?

구술자 : 어. 그런데 대전극장은 역에서, 대전역에서 가깝고. 그라고 중도극장은 그 목척교 지나서 역에서 한 200, 300미터, 200미터, 250미터 정도 거리에 있었고. 여기는 100미터 정도 되고.

면담자 : 그러면 '김진진국극단' 공연을 보신 거였어요?

구술자 : 그것, 그것 본 기억이 나네요.

면담자 : 저는 국극단 봤던 세대가 아니니까 그 당시에 국극단 어떻게 공연을 했는가 되게 궁금하거든요. 그때 혹시 기억나는 장면, 장면이나 내용들 있으면 혹시 말씀 좀 해주실래요?

구술자 : 글쎄요……. 그게 뭘 했든…… 이렇게 〈춘향전〉이나 됐을까? 〈춘향전〉이었을까? 그때 대부분이 〈춘향전〉, 〈심청전〉 그런 거. 〈춘

향전〉이었을까? 〈춘향전〉 같애. 그런데 그때 저기가……. 그때 저기했던 그 어사 출동 해갖고 그렇게 했던 그때 '통쾌하다!' 하는 〈춘향전〉이었던 것 같애, 통쾌한 기분이었던 거 같애.

면담자 : 춘향전이요?

구술자 : 어, 통쾌하다! 하는 그런. 권선징악 하는 그런 저기가 그걸 강하게 느꼈던 거 같애.

5) 국극단, 외화, 그리고 변사 연행의 영화 상영

면담자 : 그럼 그 당시에 그 영화를 봤을 때 하고, '김진진국극단' 공연을 했을 때 관객들은 어디가 더 많이 든 것 같던가요? 사람들은 어디에 더 좋아하는 것 같던가요?

구술자 : 아무래도 영화가 더 많지.

면담자 : 영화가 더 많이 왔어요?

구술자 : 국극단은 그때 저기를 해도 그때만 해도 쪼금 나이든 분들 저기를 많이 왔고. 내가 특히 대전서 다른 영화는 잘 모르겠는데 〈바람과 함께 사라지다〉를 봤을 때는 그 1부 할 때는 자리를 앉아서 봤는데, 2부 할 때는 자리가 없어서 서서 구경했어.

면담자 : 그게 몇 좌석인 극장이었는지 기억나세요?

구술자 : 그때 한 500석 정도 됐을까? 500석, 500석 못 되것다. 1, 2층 해서 한 350석, 400석 정도니까.

면담자 : 서서 봤다고 할 정도면 한 1,000명 이상 든 거예요, 그때,

구술자 : 그렇지, 700명 들어왔다고 그렇게 말을…….

면담자 : 그럼, 군대 휴가 나와서 보셨던 영화가 〈바람과 함께 사라지다〉 말고 다른 영화 보신 기억은?

구술자 : 다른 영화는 기억에 없어요.

면담자 : 다른 영화 보신 적은 있으세요? 기억은 없다 하더라도?

구술자 : 다른 뭔가 본 것도 같은데.

면담자 : 한국 영화요? 아님 미국 영화요?

구술자 : 아니, 한국 영화여. 맞다! 〈검사와 여선생〉[16]이었을까?

면담자 : 〈검사와 여선생〉은 변사(辯士)가 있어야 되는데요. 변사가 공연하는 거.

구술자 : 어, 변사가 공연하는 거.

면담자 : 아, 보셨어요?

구술자 : 어. 그것도 한 번 본 기억이 나.

면담자 : 그것도 인제 대전에서 보셨다는 거예요?

구술자 : 어, 대전서 봤고.

면담자 : 휴가 나와 갔고요? 외출 나와 갔고? 그때도 변사가 있었겠네요?

구술자 : 변사가 있었어.

면담자 : 그러면 선생님 54년과 58년 그 사이에 변사가 〈검사와 여선생〉을 했다는 거죠?

구술자 : 그럼!

면담자 : 그거 혹시 기억나는 대목이 있으면 좀 이야기 해주십시오. 그때 사람들이 정말 변사 말에 따라서 울고 짜고 했는지?

구술자 : 어, 그랬어. 박수치고 그랬어.

면담자 : 관객들 많이 들었었는지 이야기 좀 해주십시오.

구술자 : 관객들 많이 들었어.

면담자 : 어떻게 해서 〈검사와 여선생〉을 보러 가신 거 같아요? 그때는 미국 영화를 보고 싶은 마음이 없으셨어요? 아님, 워낙 유명해서 그걸?

구술자 : 아니, 워낙 유명해서가 아니고, 호기심에 간 거지. 한국 영화고 변사, 한국 영화고 무슨 무성 영화다 그래서 호기심에서 그때 몇 사

---

16 〈검사와 여선생〉은 윤대룡 감독에 의해 1948년과 1958년에 각각 제작되었다. 구술자가 변사 연행을 수반한 〈검사와 여선생〉을 관람한 것으로 증언한 것으로 보아, 이때 관람한 영화는 1948년 작품이다.

람이 갔던 거 같애.

면담자 : 군대 동료들이랑 간 거예요?

구술자 : 그렇지.

면담자 : 그럼 무성 영화를 그때 처음 보신 거였어요?

구술자 : 그래, 첨 봤지.

면담자 : 일제시대 때는 그땐 유성으로 보고요?

구술자 : 그렇지. 일제시대 때는 유성으로 봤고.

면담자 : 〈검사와 여선생〉 할 때 사람들은 어떻게 많이 와 있던가요?

구술자 : 그때 기억으로는 사람들 많이 왔어. 그리고 그 뭐라고 그럴까, 호응이라고 그럴까, 호응도 좋았고. 박수치고 막 그……. 맞아, 그거 한 번 있었다. 그라고는 뭐…….

면담자 : 그러면 선생님께서는 군대에 계실 때 외출 나가서 보셨던 이야기, 보셨던 영화는 기억하시는데. 혹시 군대 내에서 상영했던 영화는 없었던가요? 군대 근무하고 있는 동안에 보셨던 영화 없습니까?

구술자 : 군대에서, 부대 내에서 본 영화 했던 그런 저기가 별로 기억이 없어요. 특별히 한 적이 없고. 그때 그 대전 비행장에는 그렇게 영화를 상영할만한, 밤에 연병장에서 모이면 모를까, 그렇지 않으면 상영할만한 강당이라든지 공간이 없었어.

면담자 : 영화를 하기는 했었던가요? 상영을?

구술자 : 아니, 기억 없어요.

8. 군 제대 이후 목포 향토사에 대한 관심

면담자 : 제대하시고 나와서는 광주 조금 계셨다가 이제 목포로 오셔서 직장 생활만 쭉 하셨던 거예요? 그럼 어떻게 해서 향토에 관한 역사를 쓰시게 되거나 아님 문화원과 관련된 일을 언제부터 하시게 되

신 거였어요?

구술자 : 아, 90년도부터였어요. 그전에는 향토사라는 건 크게 관심은 없었지만은. 관심은 있었는데, 그게 그 관심을 있게 만든 것이 뭐냐면 내가 여기 와 갖고 60년대 중반부터 그 사진을 쪼금 한다고 했어요.

면담자 : 아, 60년대 중반부터요? 목포에서요?

구술자 : 예.

면담자 : 그전에는 전혀 어떤 그 활동은 안 하시고요? 역사와 관련된?

구술자 : 아, 그 전에는 전혀 활동 안 했고. 그라고 60년대, 70년대 들어와서 이제 모도[17] 시류에 따라서 수석(壽石)한다고 하고, 난(蘭) 캐러 댕긴다고 다니고 하면서. 시골 같은데 가서 이렇게 촌로들하고 얘기를 해보믄 참 그 마을 마을마다 재밌는 얘기들이 많더라고요. '아, 이거 재밌구나!' 그라고 그런 정도로만 넘어 갔어요 그냥. 그랬다가 1990년에 『목포지』를 번역을 하게 됐어요.

면담자 : 어떻게 하다가 『목포지』를? 어떤 인연이 있어서?

구술자 : 그때 그 목포문화원 사무국장이 『목포지』를 번역을 하겠다고, 목포지 복사본을 어디서 구해가지고 목포지를 번역을 해야겠다고 했던 모냥[18]이에요. 그런데 목포에서 한두 분한테 맡겼는데 그게 번역이, 번역을 못 해서 다 못 했어. 그래갖고 그때 내가 저기 창원, 부산에 가 있을 때였어. 여기를 한번 다니러 왔었는데. '이거 한번 번역해볼 생각 없냐?'고 그렇게 해갖고 번역을, 책을 봤더니, '아 이거 목포사람들이 한 번쯤 읽어볼만 하겠다!' 그래서.

면담자 : 시작하게 되신 거?

구술자 : 그래서 그걸 해놓고 나니까. '아! 이거 이 목포가 참 재밌는 곳이구나!' 그래서 저 부산 가는 거 포기해 버리고 목포 그냥 목포에서 눌러 앉아 버린 거예요.

---

17 모두.

18 모양.

면담자 : 예, 알았습니다. 잠깐만 쉬고 하겠습니다.

9. 한국전쟁 동안 군대 정훈국의 영화 상영

1) 한국전쟁 동안 군대 정훈국 주최 계몽 영화 관람

구술자 : 50, 51년쯤인가?

면담자 : 그러니까 50년대 해남에서 영화 관련된 이야기를 하고 계신 거군요.

구술자 : 50년대는 그런 저기는 없고……. 그러니까 51년쯤으로 기억이 되는데. 그런 어렴풋이, 이건 내가 지금 장담은 못 하겠는데. 그 군대 정훈 부대라는 것이.

면담자 : 있었습니다. 정훈국이라고 있었어요.

구술자 : 정훈국인지. 하여튼 그런 저기로 해 갖고 그 학교 운동장에서 그 계몽 영화를 했던 그런.

면담자 : 기억이 있으세요?

구술자 : 기억이 어렴풋이 나는데. 그때가 언제쯤인지도 모르겠고, 무슨 영화를 했는지도 모르겠는데. 그런 것이 그때, 그때 그런 영화가, 영화가 있었어. 그래서 이 마을에 낮에 차에다 스피커 저기해서 하고 다니면서 마이크로 오늘 밤에 영화한다고 이렇게 돌아다니고 했던 그런 기억이 어렴풋이 있어.

면담자 : 그럼 그때 해남에 계실 때가 어디 면에 계셨어요? 어디 국민학교에서?

구술자 : 마산, 마산면.

면담자 : 마산면, 마산국민학교에서요? 거기서 마을사람 불러다 하셨던 거예요?

구술자 : 어, 그렇지. 상당히 먼 데서까지 왔었어. 사람들이 한 3, 4킬로 떨어진 데서도 모도 밤에 오고 그랬어.

면담자 : 그러면 선생님 그때 학생들도 동원을 해서 같이 봤던 거예요? 학생이랑?

구술자 : 아니, 학생용이랑 그때 동원한 게 아니고. 긍께 마을마다 다니면서 앞에다가 차 세워놓고 그 저기, 노래 저기해서 한 곡조 끝나면 마이크에다 대고 저기하고. 또 다른 마을로 가고 이렇게 하면서 했던 거 같애.

면담자 : 예.

구술자 : 그래서 거기서 3, 4킬로 떨어진. 그때 거기 거 사람들도 와서 밤에 구경하고 그라고. 거기서 발전기 갖고 댕기면서 발전해서 돌리고 그러니까. 그 운동장 한 쪽에서 발전기 돌리니까 발전기 돌리는 소리하고, 저 거기서 나오는 소리하고 같이 그냥 와글와글 했었던 기억이 나요.

면담자 : 예. 그러면 그때 영화를 상영하러 오셨던 분들은 한두 사람이던가요? 아니면 여러 명이 와서 영화를 상영하던가요? 돈은 받던가요?

구술자 : 아니, 돈 받는 것 아니고. 몇 사람, 몇 사람 안 왔던 거 같애. 그때만 해도 '쓰리쿼터(three/quarter)'라고 있었거든. '쓰리쿼터'라고 군용차. 4분의 3톤 차. 4분의 3톤 차에다가 발전기 싣고 영사기 싣고. 그라고 사람이 셋인가?![19]

면담자 : 정훈 부대라고 불리는 사람들이었어요?

구술자 : 어, 정훈, 정훈 부대로 그렇게 생각이 드는데. 하여튼 그런 저기가

---

19 김정섭이 구술하는 정훈국 주최 영화 상영은 한국전쟁 이전 발생한 해남군의 농민 추수 봉기와 한국전쟁 동안 보도연맹 사건과 연관된 것으로 보인다. 즉, 1946년 11월 11일부터 13일까지 해남군 화산면을 제외한 해남읍, 송지면, 계곡면 등 모든 읍면에서 동시다발적인 추수 봉기가 일어났다. 봉기의 주도자는 자주적 민족국가 수립을 주장하고 미군정기 농업 정책의 실패를 비판하였다. 추수 봉기 이후 생존자 대부분은 1949년 결성된 국민보도연맹에 강제로 가입되었다. 한국전쟁이 발발하자 해남경찰서는 보도연맹원들을 예비 검속하였고 학살하였다. 해남군 추수 봉기에 대하여 '오마이뉴스'를 참고. http://www.ohmynews.com

와 갖고. 그라고 거기는 뭐 돈은 받을 수도 없으니까. 그렇게 해서 그 포장을 친다던지 저기를 하는 그런 장소가 아니었으니까.

면담자 : 그때가 국민학교 몇 학년인지 기억나세요?

구술자 : 아니지, 국민학교가 아니지 그때는.

2) 계몽 영화에 대한 관객 반응 : 영화가 아니라 '활동사진'

면담자 : 그럼 언젠데요?

구술자 : 50년, 51년도니까 저기지. 중학교.

면담자 : 아, 중학교. 그러면은 그때 사람들, 영화를 본 사람들의 분위기, 마을 분위기 기억나세요?

구술자 : 아, 마을 분위기. 굉장히 신기한 거지! 그라고 내용, 내용이 문제가 아니고. 그냥 '아 그 저 저 활동사진, 활동사진 봤다!' 그러지. 영화를 봤다는 거보다도. 그때 뉴스가 있었고 무슨 계몽 영화였었는데 뭔지를 잘 모르겠어.

면담자 : 그런데 그때 전쟁 중이었는데도 이렇게?

구술자 : 전쟁 후로 그러니까 51년도니까. 그러니까 전선에서는 전쟁…….

면담자 : 후방에서는……?

구술자 : 그럼. 그러니까 저기라니까 계몽 영화였던 걸로…….

면담자 : 그럼 그 해남에서는 전선에 나오는 것처럼 빨치산들이 있지 않았어요? 빨치산들이 와서?

구술자 : 6·25 전에는 쪼금 심했지. 마산면 지서도 불타지고. 다른 데는 몰라도, 가까운데 내가 알 수 있는 것은 해남, 해남중학교 교사도 불타지고 그런 저기가 있었고. 그라고 그 너머 계곡면 같은 데서는 낮에는 경찰관들이 와서 온 마을 주둔하고. 밤에는 흑석산에서 빨치산들이 내려와 갖고 이렇게 곡식 같은 것 밥 같은 거 해 내라고 그래 갖고 밥 먹고 가고, 그런 꽤나 오래 저기 했었어요.

면담자 : 예. 그러면 아까 선생님이 말씀하실 때 해남에서도 이제 계몽 영화 비슷하게 영화를 상영했는데, 그러면 선생님 광주 와서, 전쟁 기간에 광주 와서 53년까지 광주에 계셨잖아요? 54년 군대에 가기 전에요. 그러면 광주에 있을 때도 그때 이렇게 뭐 이동영사나 계몽 영화 상영하던 일이 있던가요?

구술자 : 그런 것은 못 봤어요.

면담자 : 아, 광주 시내에서는 못 보셨어요? '다른 지역에서 했다.'라는 이야기도 들으신 적 없으세요?

구술자 : 그런, 그런 얘기는 못 들었고.

10. 한국전쟁 이후 공군 입대

면담자 : 그럼 전쟁 끝나고 나서 광주 분위기, 휴전되고 나서의 광주 시내 분위기 혹시 기억나시는 것 있으세요?

구술자 : 휴전되고 나서도……. 내가 휴전 그 내가 7월 달에 갔으니까, 휴전 뒤로 (군대에) 갔는데. 휴전되고 그렇게 특별하게 뭐 '휴전이 됐다, 저기했다.' 하는 그런 것에 대해서 그 뭣이 그 감 잡은 그런 것은 없고.

면담자 : 결국에는 느낌이 없으셨나 봐요?

구술자 : 젊은 사람들은 어떻게 하면 군대를 빠질까 전전긍긍하면서 그런 것만 저기 했지. 혹시 모르겠어 '아, 휴전됐으니까 쪼금 좋아지지 않을까.' 그런 생각을 가진 사람이 있었을런지 모르지만. 여전히 그렇게 그 전시(戰時)라는 그런 것은 바뀌지 않았고.

면담자 : 휴전이 되고 나서도요?

구술자 : 그럼. 나도 저기 해서 공군에 지원을 하게 된 이유 중에 하나가 그 때 해남서 광주에다가 기류계를[20] 안 냈어. 그때는 ** 삼는다고 그

래 갖고. 지금 같으면 주민등록을 옮기면 되지만 그때는 그런 것이 아니고 기류한다고 해서. 기류계 내고…….

면담자 : 기류계요?

구술자 : 어. 기류를 하는 거. 그런 광주에 사는 그런 수속을 안 해갖고 있었어. 그래서 병역 기피자라고 끌려 들어갔어.

면담자 : 어디로요?

구술자 : 그때만 해도 이렇게 병역 기피자들이나 이런 사람들은 잡아들여갖고 한꺼번에 논산훈련소로 보냈었는데. 그때 광주 수창국민학교 끌려가서 거기서 하룻밤 자고. 다행히 나는 거기서 빠져나왔는데. 그래서 '아이고 이거 안 되겠다! 여기 있으면 안 되겠다.' 그래갖고 '군대나 가자.' 그라고 군대를 가 버렸지.

면담자 : 그런데 군대에 있어서도 뭐 육군, 해군 있었을 텐데 공군을 가신 이유는 따로 있으셨나요?

구술자 : 그때 아니, 따로 있는 게 아니여. 그때 어떻게 보니까 공군 모병 광고가 나와 있더라고. 그래서 그냥 '에이 모르겠다!' 그라고 그냥 지원서 내갖고 시험 봐서 그냥 가 버렸어. 뭐 특별하게 공군에 가야겠다, 해군에 가야것다 그런 뜻도 없이. '어차피 군대 갈 바에는 그냥 내 발로 걸어 들어간다.' 그라고 간 것이 공군이었어. 그런데 마침 공군에서도 신병 교육을 마치고 두 달, 그러니까 군부대 갈 때서부터 쪼금 그 뭐라 그럴까. 그 재수가 좋지 않았다고 그럴까? 좀 이상한 이야기지만은. 보통 저기 신병 교육 두 달을 마치면 휴가가 있는데, 해필 우리 기(기수)만 그 휴가, 휴가를 못 갔어. 그때, 그때가 무슨 전염병, 장질…… 하여튼, 무슨 이유로 휴가를 못 가고 그대로 그냥 근무지로 저기를 가는데. 공군에 가면 전부 그 특기 학교를 가야 돼. 가령, 정비사 저기 하면 정비사 교육 받으러

---

20 기류계(寄留屆)는 기류 신고를 말한다. 기류는 본적지 이외의 일정한 곳에 주소 또는 거소(居所)를 두는 것을 관할 관청에 보고하는 행위 또는 그런 서류를 말한다.

가고, 행정이면 그 부관 학교를 행정 교육 받으러 가고, 전부 교육을 받으러 가는데. 나하고 또 한 친구만 거기서 교육도 받지 않고 그냥 바로 인사처로 특명이 나버려 갖고. 거기서 한 자리에서 4년 4개월 동안 근무를 했어.

11. 한국전쟁 동안 정훈국 계몽 영화 관람

면담자 : 아, 그러셨어요? 아까 말씀하실 때 해남 있을 때 영화, 계몽 영화 상영할 때, 그거 자주 있었던 일이었어요?

구술자 : 아니지.

면담자 : 한 번만 있었던 일이었어요? 아 그럼, 그 하시고 하셨던 분들은 또 다른 지역으로 돌고?

구술자 : 그렇지. 거기서 다하고. 그 오늘 여기 끝나면 그 다음날. 왜 그러냐면 저녁에밖에 못 하니까. 그 저기 그 다음 그 옆에 면으로 가든지 다른 면으로 가갔고 또 하고, 하고.

면담자 : 한 몇 분 정도 상영을 하던가요? 몇 분, 몇 시간?

구술자 : 그때 몇 시간…… 한 시간, 한 시간 쪼금 넘었지 아마.

면담자 : 꽤 길게 했었네요?

구술자 : 뉴스, 뉴스도 하고. 하여튼 무슨 극영환지, 극영화였어. 그런, 그런 계몽적인 그런 영화. 그런 영화를 한 시간, 한 시간 쪼금 더 했던 거 같아.

면담자 : 그럼 온 마을 집집마다, 뭐 할아버지, 할머니, 아들, 손자까지 다 나와서?

구술자 : 그렇지. 온 마을마다, 마을마다 해서 많이 나왔지.

면담자 : 그러면 그때 한 몇 명 정도 모였는지 기억나세요?

구술자 : 그것은 잘 모르겠는데, 몰라. 그 한 2, 3백 명 들었던 거 같애.

면담자 : 그럼, 사람들이 단지 신기하단 생각만 있었어요? 아니면 뭐 영화 재밌다거나 그런 건 없었어요?

구술자 : 그러지. 처음 본 저기고 그러니까 신기하고 재밌고 그랬겠지. 그 뭐 와글와글 하고. 갈 때 저기하니까. 가면서 같이 그 저 마을마다 이렇게 해서 동네, 동네 이렇게 해서 같이 가자고 찾는 사람으로 그냥 막 떠들고 그러지. '아무개야, 어딨냐?', 막 한 쪽에서는 '어느 동네 같이 갑시다.' 한쪽에서는 이라고 모도 있고 그러니까. 뭐라 그랄까, 거기 '재미있었다, 어쨌다.' 하는 그런 것을 느끼기 이전에. 그래 갖고 이 사람들이 모여서 모도 가면서 뭐 어쩌고 저쩌고 하는 거 상당히 신기해하고 아마…….

12. 일제강점기 가족사

면담자 : 그러면 그 전에는 같이 마을 단위로 모여서 행사가 없었나 봐요?

구술자 : 그런, 그런 행사는 없고. 일제시대 일본 사람들한테 있으면서 그 사람들한테 공출 당하고 불안하게 살던 그런 생활에서 쪼금 해방돼서 쪼금 마음 놓고 살만하니까 그 빨치산이 와 갖고 지서 불태우고. 그라고 지서 갓으로[21] 대발로 엮어서 이렇게 그 목채처럼 이렇게 해서 그 방위를 싸놓고. 그라고 저기 젊은 사람들 이렇게 차출되 갖고 밤에 경비 서고 하는 그런 생활을 하니까 뭐라고 그럴까? 항상 불안했지. 일제에서 풀려났다 그라고 막 좋아할라 했는데, 또 그런 상황이 닥치니까. 그러니까 굉장히 불안한 생활들, 생활들을 한 거여.

면담자 : 그럼 선생님 아버님께서는 일제시대 때 경제적으로 좀 여유…….

---

21 가장자리로.

어떤 일을 하셨어요?

구술자 : 아버지가 일찍 돌아가셨는데. 원래 본 고향은, 본적은 계곡면인데.

면담자 : 해남?

구술자 : 해남 계곡면 방춘리라는 곳인데.

면담자 : 방촌리요?

구술자 : 방춘!

면담자 : 방춘.

구술자 : 예. 방춘 사람은 김종서 선생을 배양하는 사당이 있는 동네예요.

면담자 : 김 누구요?

구술자 : 종서! 조선시대 단종 저기를 왕위 찬탈한 그 거기 그 아들하고 같이 맞아죽은. 그 양반이 순천 김 씬데, 우리 같은 순천 김 씨여서 그게 사당이 있는 그 동넨데. 옛날에는 그 동네에서 밖으로 나가라면 우리 땅을 밟지 않고는 못 나간다고. 그랬던 그렇게 쪼금 여유롭게 살았던, 살았었는데. 아버지가 목포로 이사 오셔갖고, 목포 이사 오셔갖고, 보증 잘못 서고 해갖고, 그냥 가산을 전부 날려버렸어요.

면담자 : 예. 그럼 몇 남 몇 녀 중에?

구술자 : 내가 삼남. 삼녀 삼남 중에 막둥이.

면담자 : 예. 그럼 그 이후로 쭉 해남이나 목포에서 쭉 생활을 하셨던 거……?

구술자 : 그러죠. 그래서 그런 저기를 해서…… 속 끓여가지고 해서 아버지가 내가 일곱 살 때 돌아가셨어요.

면담자 : 그러면 경제적으로 어려움 같은 것은 크게 없으셨나 봐요?

구술자 : 아니지. 굉장히 경제적으로 어려웠지. 일제시대, 일제시대 그런 일을 겪으면서, 그런 일을 겪으면서. 내가 어렸을 때 옛날 집이 목포, 지금 신안군청 옆에 성결교회 자리가 우리 집터였었는데. 거기서 그 옛날 신안군청 가시 철망에다가 생선을 이렇게 말리고 있는 걸,

옛날에는 이렇게 밑 터진, 이렇게 터진 바지를 입었을 땐데. 거기서 생선을, 아마 걸어진 것을 내서[22] 먹었던가, 어쨌던가? 하여튼 어머니한테 엉덩이를 맞은 그런 어렴풋한 그런 기억이 있어요. 그라고는 어떻게 됐는지, 그 집이 이렇게 파산을 하면서 모도 경매로 날라 가고 그라면서 셋방살이 쭉 했어. 그러니까 그때가 아마도 38년, 9년 그렇게 되지 않았을까 싶은 생각이 들어요. 그래 갖곤 그 전에는 저기 했으니까. 마침…….

면담자 : 선생님, 죄송한데요. 지금 테이프 다 돼서 잠깐 멈췄다가 하겠습니다.

---

22 꺼내서.

찾아보기

인명

작품

용어, 지명

ㅇ